判例刑法教程
分则篇

本书得到北京市优秀博士论文导师项目资助

判例刑法教程

分则篇

CASEBOOK OF CRIMINAL LAW SPECIFIC PART

陈兴良 主编　江溯 副主编

刑法判例教程

分则篇

CASEBOOK OF CRIMINAL LAW SPECIFIC PART

作者简介

第一章	黑静洁	北方民族大学法学院副教授
第二章	王志远	吉林大学法学院教授
第三章	孙运梁	北京航空航天大学法学院副教授
第四章	李立众	中国人民大学副教授
第五章	陈毅坚	中山大学法学院副教授
第六章	陈银珠	安徽师范大学法学院副教授
第七章	方鹏	中国政法大学刑事司法学院副教授
第八章	阎二鹏	海南大学法学院教授
第九章	张曙光	井冈山大学政法学院副教授
第十章	蔡桂生	北京大学法学院博士后研究人员
第十一章	马寅翔	华东政法大学博士后研究人员
第十二章	汪明亮	复旦大学法学院教授
第十三章	高艳东	浙江大学光华法学院副教授
第十四章	刘艳红	东南大学法学院教授
第十五章	欧阳本祺	东南大学法学院教授
第十六章	付玉明	西北政法大学法学院副教授
	吴雨豪	北京大学法学院博士研究生
第十七章	车浩	北京大学法学院副教授
第十八章	何庆仁	中国青年政治学院法律系副教授
第十九章	文姬	湖南大学法学院讲师
第二十章	周微	华中科技大学博士后人员

序

陈兴良

大陆法系的法学教育是以法典为中心的,具有法教义学的性质。作为大陆法系的我国,也是如此。因此,我国刑法教科书体系与刑法的法条体系之间具有密切的对应性,法学院的课堂教学也是以讲授刑法为主。通过刑法课程的学习,学生(这里主要是指本科生和法律硕士研究生)对于刑法的内容具有了框架性与结构性的知识,这为今后从事法律职业奠定了基础。但是,刑法条文只是呈现为文字的法律,它与事实上的法律还是具有重大差异的。如果法学院的学生只了解纸面上的刑法,而不了解现实生活中的刑法,那还不能说真正地掌握了刑法。因此,法科学生不仅应该掌握法律条文,而且应该了解法律实施状态。对于法律实施状态的了解,阅读案例是一个极好的途径。案例是法律实施的结果,案例所包含的案情具有较强的可读性,案件的裁判结论与裁判理由则具有生动的逻辑性。通过案例,学生可以获取各种关于法律的知识,这是在法理讲授以外,案例教学所能发挥的作用。

随着我国案例指导制度的建立,案例指导成为司法规则的来源之一,将在司法活动中发挥重要作用,在某种意义上,指导性案例将会成为我国的判例。在这种背景之下,案例(判例)教学也会成为重要的教学方法,将在法学教育中发挥重要作用。《判例刑法教程》(总则篇、分则篇)的编写,正是在我国的案例指导制度建立以后,为高校刑法教学提供最新的案例教材所做的一种尝试。案例指导制度在我国的建立,不仅对司法活动带来重大影响,而且也会对法学教育带来重大影响。以往在我国法学教育中,虽然也以案例作为一种辅助性手段,但就刑法案例而言,基本上是以案说法的形式,案例与法律处于一种分离的状态。本书根据刑法的体系,对《刑法》总则和分则的基本问题,以案例的形式呈现给读者。《判例刑法教程》(总则篇)共12个专题,涉及我国刑法中的重大问题;《判例刑法教程》(分则篇)共20个专题,涉及我国刑法中的重要罪名。书中的每个案例主要由以下五个部分构成:

1. 基本案情

基本案情是案例的事实部分,也是案例的基础。案情对于此后展开的分析具有重要意义,是需要认真阅读的内容。每个案例的案情基本上都是在判决书中所认定的案件事实,为了方便分析,案情较为简洁,删去了与定罪没有关系的细枝末节。

2. 诉讼过程及裁判理由

诉讼过程及裁判理由是案例的法律程序与司法判决,是每个案例十分重要的内容。诉讼过程描述了每个案件所经过的审理程序,对于了解一个案件的司法过程具有参考价值。诉讼过程本身反映了一个案件的处理进程,虽然大多数案件只是走完了一审与二审的普通程序,但有些案件还是经历了再审等特殊程序,表明这些案件的复杂性。裁判理由也是一个案例中最为重要的内容,它是对判决结论的法理论证,也是法官在法律适用过程中的逻辑推理过程。通过裁判理由,我们可以发现法官是如何理解法律与适用法律的思维活动。裁判理由是法条在具体案件中的适用,但它又不是简单的逻辑演绎过程,而是包含了某些价值内容。我们可以从裁判理由中推演出一些司法规则,这些司法规则对于此后处理同类案件具有参照意义。这也正是指导性案例的价值之所在。

3. 关联法条

关联法条是司法裁判的法律根据。这部分内容相对简单,只是对法条和司法解释的罗列而已。当然,法律是不断修改的,刑法也是如此。对于变动之中的法律,作为一个司法人员应当及时跟踪与掌握,只有这样,才能保证法律适用的正确性。实际上,作为司法裁判的法律根据不仅包含刑法条文,还包括司法解释。司法解释也是裁判准据,凡是以司法解释作为定案根据的,都应当在判决书中加以引用。相对于法律来说,司法解释的变动更为频繁,对此司法人员更应当予以关注。对于法条以及司法解释的敏感性,是每一个法律人应当具备的职业素养。虽然并不是每一条法律都需要朗诵于口,但应当了然于心。

4. 争议问题

争议问题是入选案例的学术价值之所在。一般案件可以分为两种:一种是没有争议的普通案件;另一种是存在争议的疑难复杂案件。应该说,普通案件所占比例在95%左右,只有5%左右的案件是疑难复杂的案件。对于普通案件来说,因为事实认定与法律适用都较为简单,不存在争议。因此,处理起来相对容易一些。但那些疑难复杂的案件,有些是在事实认定上存在疑难之处,有些是在法律适用上较为复杂,处理起来就困难一些。而引起关注的往往是疑难复杂的案件,其中涉及一些法律问题需要专门研究。一般来说,具有指导性的案例都是疑难复杂的案件。因为只有疑难复杂的案件才需要专门加以讨论,并可能创设一些司法规则,对于此后处理类似案件具有指导作用。在争议问题部分,只是提出相关的争议点。

5. 简要评论

简要评论是作者对争议问题的法理评述。因为篇幅的原因,对于各个案例涉及的争议问题不可能展开论述,而是予以点评式的讨论,以便留有余地,在课堂教学中让老师有更大的发挥空间,让学生有更多的思考空间。当然,这些点评的观点只能代表作者本人,仅供参考,而并非定论。

除了上述五个主要部分以外,每个案例还标明了出处,需要说明的是,收入本书的判例大部分来自陈兴良、张军、胡云腾主编的《人民法院刑事指导案例裁判要旨通纂》(北京大学出版社2013年版)一书。这些案例虽然不是指导性案例,但因为它曾经刊登在最高人民法院业务庭、室编辑的《最高人民法院公报》《刑事审判参考》《人民法院案例选》等刊物上,撰写者主要是承办法官。因此,这些案例具有一定的参考性,至少较为真切地反映了刑法在我国司法实践中的适用状态。

本书由我担任主编,江溯副教授担任副主编。我和江溯共同拟定写作大纲,并审读了全部内容。与此同时,江溯副教授还协助我开展了各种协调工作。应当指出的是,参与本书写作的都是目前活跃在我国各高等院校刑法教学第一线的中青年教师,同时也是我国刑法学界的中坚力量。没有写作者的共同努力,本书就不可能以目前这样一种面貌展现在读者面前。因此,本书是全体写作者智慧和心血的结晶。在本书统稿过程中,徐凌波、邹兵建、马寅翔、丁胜明、袁国何和吴雨豪同学为本书承担了校对工作,特此表示感谢。

谨识于北京海淀锦秋知春寓所
2015年9月10日

简 目

第一章	故意杀人罪 / 001
第二章	过失致人死亡罪 / 015
第三章	故意伤害罪 / 035
第四章	强奸罪 / 053
第五章	绑架罪 / 071
第六章	拐卖妇女、儿童罪 / 097
第七章	盗窃罪 / 119
第八章	抢劫罪 / 144
第九章	毒品犯罪 / 160
第十章	诈骗罪 / 179
第十一章	侵占罪 / 202
第十二章	敲诈勒索罪 / 225
第十三章	以危险方法危害公共安全罪 / 246
第十四章	重大责任事故罪 / 264
第十五章	交通肇事罪 / 285
第十六章	生产、销售伪劣产品罪 / 303
第十七章	贪污罪 / 327
第十八章	挪用公款罪 / 350
第十九章	受贿罪 / 371
第二十章	玩忽职守罪 / 393

详 目

第一章 故意杀人罪 / 001

案例1-1 夏锡仁故意杀人案 / 001
一、基本案情 / 001
二、诉讼过程及裁判理由 / 001
三、关联法条 / 001
四、争议问题 / 001
五、简要评论 / 001

案例1-2 王征宇故意杀人案 / 003
一、基本案情 / 003
二、诉讼过程及裁判理由 / 003
三、关联法条 / 003
四、争议问题 / 004
五、简要评论 / 004

案例1-3 杨政锋故意杀人案 / 005
一、基本案情 / 005
二、诉讼过程及裁判理由 / 005
三、关联法条 / 005
四、争议问题 / 006
五、简要评论 / 006

案例1-4 蒋勇等过失致人死亡案 / 007
一、基本案情 / 007
二、诉讼过程及裁判理由 / 007
三、关联法条 / 007
四、争议问题 / 008
五、简要评论 / 008

案例1-5 彭建华等故意杀人、聚众斗殴案 / 009
一、基本案情 / 009
二、诉讼过程及裁判理由 / 009
三、关联法条 / 009
四、争议问题 / 010
五、简要评论 / 010

案例1-6 姚国英故意杀人案 / 011
一、基本案情 / 011

二、诉讼过程及裁判理由 / 011
　　三、关联法条 / 011
　　四、争议问题 / 011
　　五、简要评论 / 011

　案例1-7　李春林故意杀人案 / 013
　　一、基本案情 / 013
　　二、诉讼过程及裁判理由 / 013
　　三、关联法条 / 013
　　四、争议问题 / 013
　　五、简要评论 / 013

第二章　过失致人死亡罪 / 015

　案例2-1　杨春过失致人死亡案 / 015
　　一、基本案情 / 015
　　二、诉讼过程及裁判理由 / 015
　　三、关联法条 / 015
　　四、争议问题 / 016
　　五、简要评论 / 016

　案例2-2　曲龙民等过失致人死亡案 / 017
　　一、基本案情 / 017
　　二、诉讼过程及裁判理由 / 017
　　三、关联法条 / 018
　　四、争议问题 / 018
　　五、简要评论 / 018

　案例2-3　郑甲、刘乙过失致人死亡案 / 020
　　一、基本案情 / 020
　　二、诉讼过程及裁判理由 / 020
　　三、关联法条 / 020
　　四、争议问题 / 021
　　五、简要评论 / 021

　案例2-4　李卫东过失致人死亡案 / 022
　　一、基本案情 / 022
　　二、诉讼过程及裁判理由 / 022
　　三、关联法条 / 023
　　四、争议问题 / 023
　　五、简要评论 / 023

　案例2-5　张栓成过失致人死亡案 / 024
　　一、基本案情 / 024

二、诉讼过程及裁判理由 / 025
三、关联法条 / 025
四、争议问题 / 025
五、简要评论 / 025

案例 2-6　穆志祥过失致人死亡案 / 027
一、基本案情 / 027
二、诉讼过程及裁判理由 / 027
三、关联法条 / 028
四、争议问题 / 028
五、简要评论 / 028

案例 2-7　田玉富过失致人死亡案 / 030
一、基本案情 / 030
二、诉讼过程及裁判理由 / 030
三、关联法条 / 030
四、争议问题 / 031
五、简要评论 / 031

案例 2-8　赵某过失致人死亡案 / 032
一、基本案情 / 032
二、诉讼过程及裁判理由 / 032
三、关联法条 / 032
四、争议问题 / 032
五、简要评论 / 033

第三章　故意伤害罪 / 035

案例 3-1　李尚琴等故意伤害案 / 035
一、基本案情 / 035
二、诉讼过程及裁判理由 / 035
三、关联法条 / 035
四、争议问题 / 036
五、简要评论 / 036

案例 3-2　黄剑新故意伤害案 / 038
一、基本案情 / 038
二、诉讼过程及裁判理由 / 038
三、关联法条 / 038
四、争议问题 / 039
五、简要评论 / 039

案例 3-3　洪志宁故意伤害案 / 040
一、基本案情 / 040

二、诉讼过程及裁判理由 / 040
　　三、关联法条 / 041
　　四、争议问题 / 041
　　五、简要评论 / 041
案例 3-4　陈晓燕等故意伤害案 / 042
　　一、基本案情 / 042
　　二、诉讼过程及裁判理由 / 042
　　三、关联法条 / 043
　　四、争议问题 / 043
　　五、简要评论 / 043
案例 3-5　韩善达等故意伤害案 / 044
　　一、基本案情 / 044
　　二、诉讼过程及裁判理由 / 044
　　三、关联法条 / 044
　　四、争议问题 / 045
　　五、简要评论 / 045
案例 3-6　李小平等故意伤害案 / 046
　　一、基本案情 / 046
　　二、诉讼过程及裁判理由 / 046
　　三、关联法条 / 047
　　四、争议问题 / 047
　　五、简要评论 / 047
案例 3-7　夏侯青辉等故意伤害案 / 048
　　一、基本案情 / 048
　　二、诉讼过程及裁判理由 / 048
　　三、关联法条 / 048
　　四、争议问题 / 049
　　五、简要评论 / 049
案例 3-8　王俊超等故意伤害案 / 050
　　一、基本案情 / 050
　　二、诉讼过程及裁判理由 / 050
　　三、关联法条 / 051
　　四、争议问题 / 051
　　五、简要评论 / 051

第四章　强奸罪 / 053

案例 4-1　盛柯强奸案 / 053
　　一、基本案情 / 053

二、诉讼过程及裁判理由 / 053
　　三、关联法条 / 053
　　四、争议问题 / 054
　　五、简要评论 / 054

案例 4-2　王卫明强奸案 / 055
　　一、基本案情 / 055
　　二、诉讼过程及裁判理由 / 055
　　三、关联法条 / 055
　　四、争议问题 / 055
　　五、简要评论 / 055

案例 4-3　荣会山强奸案 / 057
　　一、基本案情 / 057
　　二、诉讼过程及裁判理由 / 057
　　三、关联法条 / 057
　　四、争议问题 / 057
　　五、简要评论 / 058

案例 4-4　谭荣财、罗进东强奸案 / 059
　　一、基本案情 / 059
　　二、诉讼过程及裁判理由 / 059
　　三、关联法条 / 059
　　四、争议问题 / 060
　　五、简要评论 / 060

案例 4-5　滕开林强奸案 / 061
　　一、基本案情 / 061
　　二、诉讼过程及裁判理由 / 061
　　三、关联法条 / 062
　　四、争议问题 / 062
　　五、简要评论 / 062

案例 4-6　周学昌强奸案 / 063
　　一、基本案情 / 063
　　二、诉讼过程及裁判理由 / 063
　　三、关联法条 / 064
　　四、争议问题 / 064
　　五、简要评论 / 064

案例 4-7　许哲虎强奸案 / 066
　　一、基本案情 / 066
　　二、诉讼过程及裁判理由 / 066

    三、关联法条 / 066
    四、争议问题 / 066
    五、简要评论 / 066
  案例 4-8　姜洪生、许广琳强奸案 / 068
    一、基本案情 / 068
    二、诉讼过程及裁判理由 / 068
    三、关联法条 / 068
    四、争议问题 / 069
    五、简要评论 / 069

第五章　绑架罪 / 071

  案例 5-1　白宇良、肖益军绑架案 / 071
    一、基本案情 / 071
    二、诉讼过程及裁判理由 / 071
    三、关联法条 / 071
    四、争议问题 / 072
    五、简要评论 / 072
  案例 5-2　杨锋等抢劫、绑架案 / 074
    一、基本案情 / 074
    二、诉讼过程及裁判理由 / 074
    三、关联法条 / 074
    四、争议问题 / 075
    五、简要评论 / 075
  案例 5-3　陈宗发故意杀人、敲诈勒索案 / 076
    一、基本案情 / 076
    二、诉讼过程及裁判理由 / 077
    三、关联法条 / 077
    四、争议问题 / 077
    五、简要评论 / 077
  案例 5-4　颜通市等绑架案 / 079
    一、基本案情 / 079
    二、诉讼过程及裁判理由 / 079
    三、关联法条 / 079
    四、争议问题 / 079
    五、简要评论 / 080
  案例 5-5　蔡克峰绑架案 / 082
    一、基本案情 / 082
    二、诉讼过程及裁判理由 / 082

三、关联法条 / 083
　　四、争议问题 / 083
　　五、简要评论 / 083
案例 5-6　杨占娟等绑架案 / 085
　　一、基本案情 / 085
　　二、诉讼过程及裁判理由 / 085
　　三、关联法条 / 085
　　四、争议问题 / 085
　　五、简要评论 / 085
案例 5-7　张兴等绑架案 / 088
　　一、基本案情 / 088
　　二、诉讼过程及裁判理由 / 088
　　三、关联法条 / 088
　　四、争议问题 / 088
　　五、简要评论 / 089
案例 5-8　吴德桥绑架案 / 090
　　一、基本案情 / 090
　　二、诉讼过程及裁判理由 / 091
　　三、关联法条 / 091
　　四、争议问题 / 091
　　五、简要评论 / 091
案例 5-9　章浩等绑架案 / 094
　　一、基本案情 / 094
　　二、诉讼过程及裁判理由 / 094
　　三、关联法条 / 094
　　四、争议问题 / 095
　　五、简要评论 / 095

第六章　拐卖妇女、儿童罪 / 097
案例 6-1　吕锦城、黄高生故意杀人、拐卖儿童案 / 097
　　一、基本案情 / 097
　　二、诉讼过程及裁判理由 / 097
　　三、关联法条 / 098
　　四、争议问题 / 098
　　五、简要评论 / 099
案例 6-2　张世林拐卖妇女案 / 099
　　一、基本案情 / 099
　　二、诉讼过程及裁判理由 / 099

三、关联法条 / 100
四、争议问题 / 100
五、简要评论 / 100

案例 6-3　王金和等拐卖妇女案 / 101
一、基本案情 / 101
二、诉讼过程及裁判理由 / 101
三、关联法条 / 102
四、争议问题 / 102
五、简要评论 / 102

案例 6-4　周玉祥等拐卖妇女案 / 103
一、基本案情 / 103
二、诉讼过程及裁判理由 / 103
三、关联法条 / 104
四、争议问题 / 104
五、简要评论 / 104

案例 6-5　郑建有等拐卖妇女案 / 105
一、基本案情 / 105
二、诉讼过程及裁判理由 / 106
三、关联法条 / 106
四、争议问题 / 107
五、简要评论 / 107

案例 6-6　余玉齐、胡维强拐卖儿童案 / 108
一、基本案情 / 108
二、诉讼过程及裁判理由 / 108
三、关联法条 / 108
四、争议问题 / 109
五、简要评论 / 109

案例 6-7　尹发等拐卖妇女案 / 110
一、基本案情 / 110
二、诉讼过程及裁判理由 / 110
三、关联法条 / 110
四、争议问题 / 111
五、简要评论 / 111

案例 6-8　杜修坤、耿培培拐卖儿童案 / 112
一、基本案情 / 112
二、诉讼过程及裁判理由 / 112
三、关联法条 / 112

四、争议问题 / 113
　　五、简要评论 / 113
案例6-9　闫永保抢劫、拐卖儿童案 / 114
　　一、基本案情 / 114
　　二、诉讼过程及裁判理由 / 114
　　三、关联法条 / 115
　　四、争议问题 / 115
　　五、简要评论 / 115
案例6-10　陈俊宏拐卖妇女案 / 116
　　一、基本案情 / 116
　　二、诉讼过程及裁判理由 / 116
　　三、关联法条 / 117
　　四、争议问题 / 117
　　五、简要评论 / 117

第七章　盗窃罪 / 119

案例7-1　孔庆涛盗窃案 / 119
　　一、基本案情 / 119
　　二、诉讼过程及裁判理由 / 119
　　三、关联法条 / 120
　　四、争议问题 / 120
　　五、简要评论 / 120
案例7-2　孟动、何立康盗窃案 / 121
　　一、基本案情 / 121
　　二、诉讼过程及裁判理由 / 121
　　三、关联法条 / 122
　　四、争议问题 / 122
　　五、简要评论 / 122
案例7-3　张泽容、屈自强盗窃案 / 122
　　一、基本案情 / 122
　　二、诉讼过程及裁判理由 / 123
　　三、关联法条 / 123
　　四、争议问题 / 124
　　五、简要评论 / 124
案例7-4　孙伟勇等盗窃案 / 125
　　一、基本案情 / 125
　　二、诉讼过程及裁判理由 / 125
　　三、关联法条 / 125

四、争议问题 / 125
　　　五、简要评论 / 126
　案例 7-5　曹根富盗窃案 / 126
　　　一、基本案情 / 126
　　　二、诉讼过程及裁判理由 / 126
　　　三、关联法条 / 127
　　　四、争议问题 / 127
　　　五、简要评论 / 127
　案例 7-6　沈某某盗窃案 / 127
　　　一、基本案情 / 127
　　　二、诉讼过程及裁判理由 / 128
　　　三、关联法条 / 129
　　　四、争议问题 / 129
　　　五、简要评论 / 129
　案例 7-7　霍东生盗窃案 / 130
　　　一、基本案情 / 130
　　　二、诉讼过程及裁判理由 / 130
　　　三、关联法条 / 130
　　　四、争议问题 / 130
　　　五、简要评论 / 130
　案例 7-8　麦麦提依明·苏力坦盗窃案 / 131
　　　一、基本案情 / 131
　　　二、诉讼过程及裁判理由 / 131
　　　三、关联法条 / 131
　　　四、争议问题 / 131
　　　五、简要评论 / 131
　案例 7-9　申宇盗窃案 / 132
　　　一、基本案情 / 132
　　　二、诉讼过程及裁判理由 / 132
　　　三、关联法条 / 133
　　　四、争议问题 / 134
　　　五、简要评论 / 134
　案例 7-10　张某盗窃案 / 134
　　　一、基本案情 / 134
　　　二、诉讼过程及裁判理由 / 134
　　　三、关联法条 / 135
　　　四、争议问题 / 135

五、简要评论 / 135

案例7-11　杨聪慧盗窃车牌后敲诈案 / 135
　　一、基本案情 / 135
　　二、诉讼过程及裁判理由 / 136
　　三、关联法条 / 136
　　四、争议问题 / 136
　　五、简要评论 / 136

案例7-12　罗忠兰盗窃案 / 137
　　一、基本案情 / 137
　　二、诉讼过程及裁判理由 / 137
　　三、关联法条 / 138
　　四、争议问题 / 138
　　五、简要评论 / 138

案例7-13　林志飞盗窃案 / 139
　　一、基本案情 / 139
　　二、诉讼过程及裁判理由 / 139
　　三、关联法条 / 139
　　四、争议问题 / 140
　　五、简要评论 / 140

案例7-14　陈建伍盗窃案 / 140
　　一、基本案情 / 140
　　二、诉讼过程及裁判理由 / 140
　　三、关联法条 / 141
　　四、争议问题 / 141
　　五、简要评论 / 141

案例7-15　高金有盗窃案 / 141
　　一、基本案情 / 141
　　二、诉讼过程及裁判理由 / 142
　　三、关联法条 / 143
　　四、争议问题 / 143
　　五、简要评论 / 143

第八章　抢劫罪 / 144

案例8-1　弓喜抢劫案 / 144
　　一、基本案情 / 144
　　二、诉讼过程及裁判理由 / 144
　　三、关联法条 / 144
　　四、争议问题 / 145

五、简要评论 / 145
案例 8-2 吴大桥等抢劫案 / 146
　　一、基本案情 / 146
　　二、诉讼过程及裁判理由 / 146
　　三、关联法条 / 146
　　四、争议问题 / 147
　　五、简要评论 / 147
案例 8-3 陈桂清抢劫案 / 147
　　一、基本案情 / 147
　　二、诉讼过程及裁判理由 / 148
　　三、关联法条 / 148
　　四、争议问题 / 149
　　五、简要评论 / 149
案例 8-4 李政等抢劫案 / 149
　　一、基本案情 / 149
　　二、诉讼过程及裁判理由 / 149
　　三、关联法条 / 150
　　四、争议问题 / 150
　　五、简要评论 / 150
案例 8-5 张玉红等抢劫案 / 151
　　一、基本案情 / 151
　　二、诉讼过程及裁判理由 / 152
　　三、关联法条 / 152
　　四、争议问题 / 152
　　五、简要评论 / 153
案例 8-6 扎西达娃等抢劫案 / 153
　　一、基本案情 / 153
　　二、诉讼过程及裁判理由 / 154
　　三、关联法条 / 154
　　四、争议问题 / 155
　　五、简要评论 / 155
案例 8-7 郭玉林等抢劫案 / 155
　　一、基本案情 / 155
　　二、诉讼过程及裁判理由 / 156
　　三、关联法条 / 156
　　四、争议问题 / 156
　　五、简要评论 / 157

案例8-8　曾贤勇抢劫案 / 157
　　一、基本案情 / 157
　　二、诉讼过程及裁判理由 / 158
　　三、关联法条 / 158
　　四、争议问题 / 158
　　五、简要评论 / 159

第九章　毒品犯罪 / 160

案例9-1　郑大昌走私毒品案 / 160
　　一、基本案情 / 160
　　二、诉讼过程及裁判理由 / 160
　　三、关联法条 / 161
　　四、争议问题 / 161
　　五、简要评论 / 161

案例9-2　傅伟光走私毒品案 / 162
　　一、基本案情 / 162
　　二、诉讼过程及裁判理由 / 162
　　三、关联法条 / 163
　　四、争议问题 / 163
　　五、简要评论 / 163

案例9-3　李惠元贩卖毒品案 / 164
　　一、基本案情 / 164
　　二、诉讼过程及裁判理由 / 164
　　三、关联法条 / 165
　　四、争议问题 / 165
　　五、简要评论 / 165

案例9-4　宋国华贩卖毒品案 / 166
　　一、基本案情 / 166
　　二、诉讼过程及裁判理由 / 166
　　三、关联法条 / 167
　　四、争议问题 / 167
　　五、简要评论 / 168

案例9-5　佟波非法持有毒品案 / 168
　　一、基本案情 / 168
　　二、诉讼过程及裁判理由 / 168
　　三、关联法条 / 169
　　四、争议问题 / 169
　　五、简要评论 / 170

案例9-6　许实义贩卖毒品案 / 170
　　一、基本案情 / 170
　　二、诉讼过程及裁判理由 / 170
　　三、关联法条 / 171
　　四、争议问题 / 171
　　五、简要评论 / 171

案例9-7　苏永清贩卖毒品案 / 172
　　一、基本案情 / 172
　　二、诉讼过程及裁判理由 / 173
　　三、关联法条 / 173
　　四、争议问题 / 173
　　五、简要评论 / 174

案例9-8　李靖贩卖、运输毒品案 / 174
　　一、基本案情 / 174
　　二、诉讼过程及裁判理由 / 175
　　三、关联法条 / 175
　　四、争议问题 / 175
　　五、简要评论 / 176

案例9-9　宋光军运输毒品案 / 176
　　一、基本案情 / 176
　　二、诉讼过程及裁判理由 / 177
　　三、关联法条 / 177
　　四、争议问题 / 178
　　五、简要评论 / 178

第十章　诈骗罪 / 179

案例10-1　余永贵诈骗案 / 179
　　一、基本案情 / 179
　　二、诉讼过程及裁判理由 / 179
　　三、关联法条 / 179
　　四、争议问题 / 180
　　五、简要评论 / 180

案例10-2　李海波等诈骗案 / 181
　　一、基本案情 / 181
　　二、诉讼过程及裁判理由 / 181
　　三、关联法条 / 182
　　四、争议问题 / 182
　　五、简要评论 / 182

案例10-3　刘志刚诈骗案 / 184
　　一、基本案情 / 184
　　二、诉讼过程及裁判理由 / 184
　　三、关联法条 / 184
　　四、争议问题 / 185
　　五、简要评论 / 185

案例10-4　仲越等诈骗案 / 186
　　一、基本案情 / 186
　　二、诉讼过程及裁判理由 / 187
　　三、关联法条 / 187
　　四、争议问题 / 187
　　五、简要评论 / 187

案例10-5　刘国芳等诈骗案 / 188
　　一、基本案情 / 188
　　二、诉讼过程及裁判理由 / 188
　　三、关联法条 / 189
　　四、争议问题 / 189
　　五、简要评论 / 190

案例10-6　田亚平诈骗案 / 190
　　一、基本案情 / 190
　　二、诉讼过程及裁判理由 / 191
　　三、关联法条 / 191
　　四、争议问题 / 191
　　五、简要评论 / 191

案例10-7　殷宏伟诈骗案 / 192
　　一、基本案情 / 192
　　二、诉讼过程及裁判理由 / 192
　　三、关联法条 / 193
　　四、争议问题 / 193
　　五、简要评论 / 193

案例10-8　詹群忠等诈骗案 / 194
　　一、基本案情 / 194
　　二、诉讼过程及裁判理由 / 195
　　三、关联法条 / 195
　　四、争议问题 / 196
　　五、简要评论 / 196

案例10-9　张航军等诈骗案 / 197
　　一、基本案情 / 197
　　二、诉讼过程及裁判理由 / 197
　　三、关联法条 / 198
　　四、争议问题 / 198
　　五、简要评论 / 198

案例10-10　成俊彬等诈骗案 / 199
　　一、基本案情 / 199
　　二、诉讼过程及裁判理由 / 200
　　三、关联法条 / 200
　　四、争议问题 / 200
　　五、简要评论 / 200

第十一章　侵占罪 / 202

案例11-1　张建忠侵占案 / 202
　　一、基本案情 / 202
　　二、诉讼过程及裁判理由 / 202
　　三、关联法条 / 202
　　四、争议问题 / 202
　　五、简要评论 / 203

案例11-2　杨飞侵占案 / 204
　　一、基本案情 / 204
　　二、诉讼过程及裁判理由 / 204
　　三、关联法条 / 205
　　四、争议问题 / 205
　　五、简要评论 / 205

案例11-3　王严侵占案 / 206
　　一、基本案情 / 206
　　二、诉讼过程及裁判理由 / 207
　　三、关联法条 / 207
　　四、争议问题 / 207
　　五、简要评论 / 207

案例11-4　列玉齐侵占案 / 208
　　一、基本案情 / 208
　　二、诉讼过程及裁判理由 / 209
　　三、关联法条 / 209
　　四、争议问题 / 210

　　　　五、简要评论 / 210
案例11-5　谌升炎侵占案 / 211
　　　　一、基本案情 / 211
　　　　二、诉讼过程及裁判理由 / 211
　　　　三、关联法条 / 212
　　　　四、争议问题 / 212
　　　　五、简要评论 / 212
案例11-6　罗忠兰盗窃案 / 213
　　　　一、基本案情 / 213
　　　　二、诉讼过程及裁判理由 / 214
　　　　三、关联法条 / 214
　　　　四、争议问题 / 214
　　　　五、简要评论 / 214
案例11-7　吴先明盗窃案 / 215
　　　　一、基本案情 / 215
　　　　二、诉讼过程及裁判理由 / 216
　　　　三、关联法条 / 216
　　　　四、争议问题 / 216
　　　　五、简要评论 / 216
案例11-8　李江职务侵占案 / 217
　　　　一、基本案情 / 217
　　　　二、诉讼过程及裁判理由 / 218
　　　　三、关联法条 / 218
　　　　四、争议问题 / 218
　　　　五、简要评论 / 218
案例11-9　何鹏盗窃案 / 220
　　　　一、基本案情 / 220
　　　　二、诉讼过程及裁判理由 / 220
　　　　三、关联法条 / 221
　　　　四、争议问题 / 221
　　　　五、简要评论 / 221
案例11-10　崔勇、仇国宾、张志国盗窃案 / 222
　　　　一、基本案情 / 222
　　　　二、诉讼过程及裁判理由 / 223
　　　　三、关联法条 / 223
　　　　四、争议问题 / 224
　　　　五、简要评论 / 224

第十二章　敲诈勒索罪 / 225

案例 12-1　林华明等敲诈勒索案 / 225
一、基本案情 / 225
二、诉讼过程及裁判理由 / 225
三、关联法条 / 226
四、争议问题 / 226
五、简要评论 / 226

案例 12-2　张舒娟敲诈勒索案 / 227
一、基本案情 / 227
二、诉讼过程及裁判理由 / 227
三、关联法条 / 227
四、争议问题 / 227
五、简要评论 / 228

案例 12-3　夏某理等人敲诈勒索案 / 228
一、基本案情 / 228
二、诉讼过程及裁判理由 / 229
三、关联法条 / 230
四、争议问题 / 230
五、简要评论 / 230

案例 12-4　孙吉勇敲诈勒索案 / 231
一、基本案情 / 231
二、诉讼过程及裁判理由 / 232
三、关联法条 / 232
四、争议问题 / 232
五、简要评论 / 233

案例 12-5　梁成志等敲诈勒索案 / 233
一、基本案情 / 233
二、诉讼过程及裁判理由 / 233
三、关联法条 / 234
四、争议问题 / 235
五、简要评论 / 235

案例 12-6　公安协警员与人合伙抓嫖私分罚款案 / 235
一、基本案情 / 235
二、诉讼过程及裁判理由 / 236
三、关联法条 / 236
四、争议问题 / 236
五、简要评论 / 236

案例 12-7　叶清益敲诈勒索案 / 237
　　一、基本案情 / 237
　　二、诉讼过程及裁判理由 / 237
　　三、关联法条 / 239
　　四、争议问题 / 239
　　五、简要评论 / 239

案例 12-8　彭文化敲诈勒索案 / 240
　　一、基本案情 / 240
　　二、诉讼过程及裁判理由 / 240
　　三、关联法条 / 241
　　四、争议问题 / 241
　　五、简要评论 / 241

案例 12-9　李书辉等敲诈勒索案 / 242
　　一、基本案情 / 242
　　二、诉讼过程及裁判理由 / 242
　　三、关联法条 / 243
　　四、争议问题 / 243
　　五、简要评论 / 243

案例 12-10　王明雨敲诈勒索案 / 244
　　一、基本案情 / 244
　　二、诉讼过程及裁判理由 / 244
　　三、关联法条 / 245
　　四、争议问题 / 245
　　五、简要评论 / 245

第十三章　以危险方法危害公共安全罪 / 246

案例 13-1　李跃等以危险方法危害公共安全案 / 246
　　一、基本案情 / 246
　　二、诉讼过程及裁判理由 / 246
　　三、关联法条 / 246
　　四、争议问题 / 247
　　五、简要评论 / 247

案例 13-2　李新军等以危险方法危害公共安全、伪造事业单位印章案 / 248
　　一、基本案情 / 248
　　二、诉讼过程及裁判理由 / 248
　　三、关联法条 / 249
　　四、争议问题 / 249

五、简要评论 / 249

案例 13-3 徐敏超以危险方法危害公共安全案 / 250
    一、基本案情 / 250
    二、诉讼过程及裁判理由 / 250
    三、关联法条 / 250
    四、争议问题 / 251
    五、简要评论 / 251

案例 13-4 赵少祥以危险方法危害公共安全案 / 252
    一、基本案情 / 252
    二、诉讼过程及裁判理由 / 252
    三、关联法条 / 252
    四、争议问题 / 252
    五、简要评论 / 252

案例 13-5 周江波抢夺公交车方向盘危害公共安全案 / 254
    一、基本案情 / 254
    二、诉讼过程及裁判理由 / 254
    三、关联法条 / 254
    四、争议问题 / 254
    五、简要评论 / 255

案例 13-6 廖某以危险方法危害公共安全案 / 256
    一、基本案情 / 256
    二、诉讼过程及裁判理由 / 256
    三、关联法条 / 256
    四、争议问题 / 256
    五、简要评论 / 256

案例 13-7 刘襄、奚中杰等以危险方法危害公共安全案 / 258
    一、基本案情 / 258
    二、诉讼过程及裁判理由 / 258
    三、关联法条 / 258
    四、争议问题 / 259
    五、简要评论 / 259

案例 13-8 王纯龙、于抉、孙学军过失以危险方法危害公共安全案 / 260
    一、基本案情 / 260
    二、诉讼过程及裁判理由 / 260
    三、关联法条 / 260
    四、争议问题 / 261
    五、简要评论 / 261

案例 13-9　张小光以危险方法危害公共安全案 / 262
　　一、基本案情 / 262
　　二、诉讼过程及裁判理由 / 262
　　三、关联法条 / 262
　　四、争议问题 / 262
　　五、简要评论 / 262

第十四章　重大责任事故罪 / 264

案例 14-1　杨克俊重大责任事故案 / 264
　　一、基本案情 / 264
　　二、诉讼过程及裁判理由 / 264
　　三、关联法条 / 264
　　四、争议问题 / 264
　　五、简要评论 / 265

案例 14-2　陈昌弟交通肇事案 / 265
　　一、基本案情 / 265
　　二、诉讼过程及裁判理由 / 265
　　三、关联法条 / 266
　　四、争议问题 / 266
　　五、简要评论 / 266

案例 14-3　李新军、韩二军等以危险方法危害公共安全案 / 267
　　一、基本案情 / 267
　　二、诉讼过程及裁判理由 / 267
　　三、关联法条 / 268
　　四、争议问题 / 268
　　五、简要评论 / 268

案例 14-4　高知先等交通肇事、教育设施重大安全事故案 / 269
　　一、基本案情 / 269
　　二、诉讼过程及裁判理由 / 270
　　三、关联法条 / 270
　　四、争议问题 / 270
　　五、简要评论 / 271

案例 14-5　黄种金等重大责任事故案 / 272
　　一、基本案情 / 272
　　二、诉讼过程及裁判理由 / 272
　　三、关联法条 / 273
　　四、争议问题 / 273

五、简要评论 / 273
　案例 14-6　肖中森等危险物品肇事案 / 274
　　　一、基本案情 / 274
　　　二、诉讼过程及裁判理由 / 274
　　　三、关联法条 / 275
　　　四、争议问题 / 275
　　　五、简要评论 / 275
　案例 14-7　汪方禄等重大责任事故案 / 276
　　　一、基本案情 / 276
　　　二、诉讼过程及裁判理由 / 276
　　　三、关联法条 / 277
　　　四、争议问题 / 277
　　　五、简要评论 / 277
　案例 14-8　李卫东过失致人死亡案 / 278
　　　一、基本案情 / 278
　　　二、诉讼过程及裁判理由 / 278
　　　三、关联法条 / 279
　　　四、争议问题 / 279
　　　五、简要评论 / 279
　案例 14-9　唐某等重大劳动安全事故案 / 280
　　　一、基本案情 / 280
　　　二、诉讼过程及裁判理由 / 280
　　　三、关联法条 / 281
　　　四、争议问题 / 281
　　　五、简要评论 / 281
　案例 14-10　牛建成重大责任事故案 / 282
　　　一、基本案情 / 282
　　　二、诉讼过程及裁判理由 / 282
　　　三、关联法条 / 283
　　　四、争议问题 / 283
　　　五、简要评论 / 283

第十五章　交通肇事罪 / 285
　案例 15-1　钱竹平交通肇事案 / 285
　　　一、基本案情 / 285
　　　二、诉讼过程及裁判理由 / 285
　　　三、关联法条 / 285

四、争议问题 / 286
　　五、简要评论 / 286
案例 15-2　刘凯交通肇事、邱秀包庇案 / 287
　　一、基本案情 / 287
　　二、诉讼过程及裁判理由 / 287
　　三、关联法条 / 288
　　四、争议问题 / 288
　　五、简要评论 / 288
案例 15-3　黄火娇交通肇事案 / 289
　　一、基本案情 / 289
　　二、诉讼过程及裁判理由 / 289
　　三、关联法条 / 290
　　四、争议问题 / 290
　　五、简要评论 / 290
案例 15-4　陈全安交通肇事案 / 291
　　一、基本案情 / 291
　　二、诉讼过程及裁判理由 / 291
　　三、关联法条 / 291
　　四、争议问题 / 292
　　五、简要评论 / 292
案例 15-5　黎景全以危险方法危害公共安全案 / 293
　　一、基本案情 / 293
　　二、诉讼过程及裁判理由 / 293
　　三、关联法条 / 294
　　四、争议问题 / 294
　　五、简要评论 / 294
案例 15-6　谢忠德危险驾驶案 / 295
　　一、基本案情 / 295
　　二、诉讼过程及裁判理由 / 295
　　三、关联法条 / 295
　　四、争议问题 / 296
　　五、简要评论 / 296
案例 15-7　李进峰过失致人死亡案 / 297
　　一、基本案情 / 297
　　二、诉讼过程及裁判理由 / 297
　　三、关联法条 / 298
　　四、争议问题 / 298

五、简要评论 / 298

　案例 15-8　韩科重大责任事故案 / 299

　　　一、基本案情 / 299

　　　二、诉讼过程及裁判理由 / 299

　　　三、关联法条 / 299

　　　四、争议问题 / 300

　　　五、简要评论 / 300

　案例 15-9　谭继伟交通肇事案 / 301

　　　一、基本案情 / 301

　　　二、诉讼过程及裁判理由 / 301

　　　三、关联法条 / 301

　　　四、争议问题 / 301

　　　五、简要评论 / 302

第十六章　生产、销售伪劣产品罪 / 303

　案例 16-1　韩俊杰等生产伪劣产品案 / 303

　　　一、基本案情 / 303

　　　二、诉讼过程及裁判理由 / 303

　　　三、关联法条 / 304

　　　四、争议问题 / 304

　　　五、简要评论 / 304

　案例 16-2　陈建明等销售伪劣产品案 / 305

　　　一、基本案情 / 305

　　　二、诉讼过程及裁判理由 / 306

　　　三、关联法条 / 306

　　　四、争议问题 / 306

　　　五、简要评论 / 307

　案例 16-3　王洪成生产、销售伪劣产品案 / 307

　　　一、基本案情 / 307

　　　二、诉讼过程及裁判理由 / 308

　　　三、关联法条 / 308

　　　四、争议问题 / 308

　　　五、简要评论 / 309

　案例 16-4　熊漓斌等生产、销售假药案 / 310

　　　一、基本案情 / 310

　　　二、诉讼过程及裁判理由 / 310

　　　三、关联法条 / 311

　　　　四、争议问题 / 311
　　　　五、简要评论 / 311
　　案例 16-5　林烈群、何华平等销售有害食品案 / 312
　　　　一、基本案情 / 312
　　　　二、诉讼过程及裁判理由 / 312
　　　　三、关联法条 / 313
　　　　四、争议问题 / 313
　　　　五、简要评论 / 313
　　案例 16-6　俞亚春生产、销售有毒、有害食品案 / 314
　　　　一、基本案情 / 314
　　　　二、诉讼过程及裁判理由 / 314
　　　　三、关联法条 / 315
　　　　四、争议问题 / 315
　　　　五、简要评论 / 315
　　案例 16-7　王岳超等生产、销售有毒、有害食品案 / 316
　　　　一、基本案情 / 316
　　　　二、诉讼过程及裁判理由 / 316
　　　　三、关联法条 / 317
　　　　四、争议问题 / 317
　　　　五、简要评论 / 317
　　案例 16-8　刘泽均等生产、销售不符合安全标准的产品案 / 318
　　　　一、基本案情 / 318
　　　　二、诉讼过程及裁判理由 / 319
　　　　三、关联法条 / 319
　　　　四、争议问题 / 320
　　　　五、简要评论 / 320
　　案例 16-9　李云平销售伪劣种子案 / 321
　　　　一、基本案情 / 321
　　　　二、诉讼过程及裁判理由 / 321
　　　　三、关联法条 / 322
　　　　四、争议问题 / 322
　　　　五、简要评论 / 322
　　案例 16-10　崔小连等生产、销售不符合卫生标准的食品案 / 323
　　　　一、基本案情 / 323
　　　　二、诉讼过程及裁判理由 / 323
　　　　三、关联法条 / 324
　　　　四、争议问题 / 325

五、简要评论 / 325

第十七章 贪污罪 / 327

案例 17-1 阎怀民、钱玉芳贪污、受贿案 / 327
一、基本案情 / 327
二、诉讼过程及裁判理由 / 327
三、关联法条 / 328
四、争议问题 / 328
五、简要评论 / 328

案例 17-2 朱洪岩贪污案 / 329
一、基本案情 / 329
二、诉讼过程及裁判理由 / 330
三、关联法条 / 330
四、争议问题 / 330
五、简要评论 / 330

案例 17-3 宾四春、郭利、戴自立贪污案 / 331
一、基本案情 / 331
二、诉讼过程及裁判理由 / 332
三、关联法条 / 332
四、争议问题 / 333
五、简要评论 / 333

案例 17-4 尚荣多等贪污案 / 334
一、基本案情 / 334
二、诉讼过程及裁判理由 / 334
三、关联法条 / 335
四、争议问题 / 335
五、简要评论 / 335

案例 17-5 杨延虎等贪污案 / 336
一、基本案情 / 336
二、诉讼过程及裁判理由 / 337
三、关联法条 / 337
四、争议问题 / 338
五、简要评论 / 338

案例 17-6 黄明惠贪污案 / 338
一、基本案情 / 338
二、诉讼过程及裁判理由 / 339
三、关联法条 / 339

四、争议问题 / 339

五、简要评论 / 339

案例 17-7　徐华、罗永德贪污案 / 341

一、基本案情 / 341

二、诉讼过程及裁判理由 / 341

三、关联法条 / 342

四、争议问题 / 342

五、简要评论 / 342

案例 17-8　高建华等贪污案 / 343

一、基本案情 / 343

二、诉讼过程及裁判理由 / 343

三、关联法条 / 344

四、争议问题 / 344

五、简要评论 / 344

案例 17-9　肖元华贪污、挪用公款案 / 345

一、基本案情 / 345

二、诉讼过程及裁判理由 / 346

三、关联法条 / 346

四、争议问题 / 346

五、简要评论 / 346

案例 17-10　胡滋玮贪污案 / 347

一、基本案情 / 347

二、诉讼过程及裁判理由 / 347

三、关联法条 / 348

四、争议问题 / 348

五、简要评论 / 348

第十八章　挪用公款罪 / 350

案例 18-1　刘国林等挪用公款案 / 350

一、基本案情 / 350

二、诉讼过程及裁判理由 / 350

三、关联法条 / 350

四、争议问题 / 351

五、简要评论 / 351

案例 18-2　陈义文挪用公款案 / 352

一、基本案情 / 352

二、诉讼过程及裁判理由 / 352

三、关联法条 / 353
　　四、争议问题 / 353
　　五、简要评论 / 353

案例 18-3　张威同挪用公款案 / 354
　　一、基本案情 / 354
　　二、诉讼过程及裁判理由 / 354
　　三、关联法条 / 355
　　四、争议问题 / 355
　　五、简要评论 / 355

案例 18-4　冯安华等挪用公款案 / 356
　　一、基本案情 / 356
　　二、诉讼过程及裁判理由 / 356
　　三、关联法条 / 356
　　四、争议问题 / 357
　　五、简要评论 / 357

案例 18-5　歹进学挪用公款案 / 358
　　一、基本案情 / 358
　　二、诉讼过程及裁判理由 / 358
　　三、关联法条 / 359
　　四、争议问题 / 359
　　五、简要评论 / 359

案例 18-6　王正言挪用公款案 / 360
　　一、基本案情 / 360
　　二、诉讼过程及裁判理由 / 360
　　三、关联法条 / 360
　　四、争议问题 / 361
　　五、简要评论 / 361

案例 18-7　鞠胤文等挪用公款、受贿案 / 362
　　一、基本案情 / 362
　　二、诉讼过程及裁判理由 / 362
　　三、关联法条 / 363
　　四、争议问题 / 363
　　五、简要评论 / 363

案例 18-8　陈超龙挪用公款案 / 364
　　一、基本案情 / 364
　　二、诉讼过程及裁判理由 / 364
　　三、关联法条 / 365

四、争议问题 / 365

五、简要评论 / 365

案例 18-9　马平华挪用公款案 / 366

一、基本案情 / 366

二、诉讼过程及裁判理由 / 366

三、关联法条 / 367

四、争议问题 / 367

五、简要评论 / 367

案例 18-10　彭国军贪污、挪用公款案 / 368

一、基本案情 / 368

二、诉讼过程及裁判理由 / 369

三、关联法条 / 369

四、争议问题 / 369

五、简要评论 / 370

第十九章　受贿罪 / 371

案例 19-1　姜杰受贿案 / 371

一、基本案情 / 371

二、诉讼过程及裁判理由 / 371

三、关联法条 / 371

四、争议问题 / 371

五、简要评论 / 372

案例 19-2　陈晓受贿案 / 373

一、基本案情 / 373

二、诉讼过程及裁判理由 / 373

三、关联法条 / 374

四、争议问题 / 374

五、简要评论 / 374

案例 19-3　方俊受贿案 / 375

一、基本案情 / 375

二、诉讼过程及裁判理由 / 375

三、关联法条 / 376

四、争议问题 / 376

五、简要评论 / 376

案例 19-4　王海峰受贿、伪造证据案 / 376

一、基本案情 / 376

二、诉讼过程及裁判理由 / 377

三、关联法条 / 378
　　四、争议问题 / 378
　　五、简要评论 / 378
案例19-5　钱政德受贿案 / 379
　　一、基本案情 / 379
　　二、诉讼过程及裁判理由 / 379
　　三、关联法条 / 380
　　四、争议问题 / 380
　　五、简要评论 / 380
案例19-6　蒋勇、唐薇受贿案 / 381
　　一、基本案情 / 381
　　二、诉讼过程及裁判理由 / 382
　　三、关联法条 / 382
　　四、争议问题 / 382
　　五、简要评论 / 382
案例19-7　周小华受贿案 / 384
　　一、基本案情 / 384
　　二、诉讼过程及裁判理由 / 384
　　三、关联法条 / 385
　　四、争议问题 / 385
　　五、简要评论 / 385
案例19-8　潘玉梅、陈宁受贿案 / 387
　　一、基本案情 / 387
　　二、诉讼过程及裁判理由 / 388
　　三、关联法条 / 388
　　四、争议问题 / 388
　　五、简要评论 / 388
案例19-9　王效金受贿案 / 389
　　一、基本案情 / 389
　　二、诉讼过程及裁判理由 / 389
　　三、关联法条 / 390
　　四、争议问题 / 390
　　五、简要评论 / 390
案例19-10　姚太文受贿案 / 391
　　一、基本案情 / 391
　　二、诉讼过程及裁判理由 / 391
　　三、关联法条 / 391

四、争议问题 / 392
　　五、简要评论 / 392

第二十章　玩忽职守罪 / 393

案例 20-1　林世元等受贿、玩忽职守案 / 393
　　一、基本案情 / 393
　　二、诉讼过程及裁判理由 / 393
　　三、关联法条 / 394
　　四、争议问题 / 394
　　五、简要评论 / 394

案例 20-2　王二团、杨哲、王利明玩忽职守案 / 395
　　一、基本案情 / 395
　　二、诉讼过程及裁判理由 / 395
　　三、关联法条 / 395
　　四、争议问题 / 396
　　五、简要评论 / 396

案例 20-3　杨某玩忽职守、徇私枉法、受贿案 / 397
　　一、基本案情 / 397
　　二、诉讼过程及裁判理由 / 397
　　三、关联法条 / 398
　　四、争议问题 / 398
　　五、简要评论 / 398

案例 20-4　郝庆林玩忽职守案 / 399
　　一、基本案情 / 399
　　二、诉讼过程及裁判理由 / 399
　　三、关联法条 / 400
　　四、争议问题 / 400
　　五、简要评论 / 400

案例 20-5　莫兆军玩忽职守案 / 401
　　一、基本案情 / 401
　　二、诉讼过程及裁判理由 / 401
　　三、关联法条 / 402
　　四、争议问题 / 402
　　五、简要评论 / 402

案例 20-6　赛跃、韩成武受贿、食品监管渎职案 / 403
　　一、基本案情 / 403
　　二、诉讼过程及裁判理由 / 403

三、关联法条 / 403
　　四、争议问题 / 404
　　五、简要评论 / 404

案例 20-7　翟鲁光受贿、玩忽职守案 / 405
　　一、基本案情 / 405
　　二、诉讼过程及裁判理由 / 405
　　三、关联法条 / 406
　　四、争议问题 / 406
　　五、简要评论 / 406

案例 20-8　龚晓玩忽职守案 / 407
　　一、基本案情 / 407
　　二、诉讼过程及裁判理由 / 407
　　三、关联法条 / 407
　　四、争议问题 / 408
　　五、简要评论 / 408

案例 20-9　陆飞荣玩忽职守案 / 408
　　一、基本案情 / 408
　　二、诉讼过程及裁判理由 / 409
　　三、关联法条 / 409
　　四、争议问题 / 410
　　五、简要评论 / 410

案例 20-10　王文强玩忽职守案 / 411
　　一、基本案情 / 411
　　二、诉讼过程及裁判理由 / 411
　　三、关联法条 / 411
　　四、争议问题 / 411
　　五、简要评论 / 412

第一章 故意杀人罪

案例1-1 夏锡仁故意杀人案[①]

一、基本案情

被告人夏锡仁与被害人吴楷蓉系原配夫妻,夫妻关系一直融洽。2004年1月的一天,吴楷蓉在结冰的路上滑倒,致一条腿折断。此后,吴楷蓉陷入伤痛之中,加之面临经济困难,产生自杀念头。被告人夏锡仁在劝说吴楷蓉无果后,在眼前艰难的压力下,也产生不想活的念头,便与吴楷蓉商量两人一起上吊结束生命。同年5月12日晚,夏锡仁在租住的地下室准备了两张一高一矮的凳子,并准备了绳子,接着先将吴楷蓉扶到矮凳子上,又从矮凳子上扶到高凳子上,让吴楷蓉站立在凳子上,将绳子一端系在吴楷蓉的脖子上,另一端系在地下室的水管上,然后将吴楷蓉脚下的凳子拿开,吴楷蓉动了几下即窒息而死。过了十几分钟,夏锡仁也准备上吊,但想到这样会连累房东,即打消自杀念头,于天明时到公安派出所自首。

二、诉讼过程及裁判理由

一审法院认为,根据本案的事实和证据,被害人吴楷蓉已有自杀意图,被告人夏锡仁帮助被害人自杀,主观上明知会出现他人死亡的结果而仍然故意为之,客观上其积极主动地帮助被害人吴楷蓉自杀,导致吴楷蓉死亡结果的发生,其行为已构成故意杀人罪。鉴于被告人夏锡仁行为的社会危害性相对较小,犯罪情节较轻,且被告人夏锡仁有自首情节,可以从轻处罚。依法判决被告人夏锡仁犯故意杀人罪,判处有期徒刑5年;作案工具绿色绳子没收。

三、关联法条

《中华人民共和国刑法》

第二百三十二条 故意杀人的,处死刑、无期徒刑或者十年以上有期徒刑;情节较轻的,处三年以上十年以下有期徒刑。

四、争议问题

帮助他人自杀的,应否以故意杀人罪论处?换言之,帮助他人自杀的行为,能否被评价为故意杀人的行为?

五、简要评论

自杀是日常生活中的常见行为,自杀者本人的自杀行为通常并不被当做刑法评价的对象。但是,对于帮助自杀的行为是否应当以犯罪论处,则存在较大争议。司法实践的一致选

---

① 参见陈兴良、张军、胡云腾主编:《人民法院刑事指导案例裁判要旨通纂》(上卷),北京大学出版社2013年版,第310页。

择是将帮助自杀的行为以故意杀人罪论处,但考虑到被害人的个人意愿,在量刑时会从轻处罚。本案就是一则典型的案例。按照法官的逻辑,帮助他人自杀结束生命,虽然该帮助人主观上没有剥夺他人生命的故意,但其同意帮助他人自杀结束生命,并且帮助意图自杀而死的人实现了这一目的,其行为在性质上属于故意杀人,符合我国《刑法》规定的故意杀人罪的构成要件。

司法实务的这一逻辑可以概括为:行为人在主观上认识到了其帮助行为会导致被害人死亡的结果,在客观上帮助自杀的行为与被害人死亡的结果之间也存在因果关系,因此,以故意杀人罪论处自无疑义。

但是,这个逻辑本身有偷换概念之嫌。构成要件是成立犯罪的行为类型,或曰"观念上的指导形象",因此,判断一项行为是否构成特定的犯罪,应当严格依照该罪的构成要件进行分析。就故意杀人罪而言,从构成要件符合性来看,行为人在客观上应当有杀人的行为,并且杀人的行为与被害人死亡的结果之间必须具有刑法上的因果关系。故意杀人罪的构成要件行为应当是杀人行为。

因此,在帮助自杀的场合,我们首先必须判断这里的杀人行为为何。所谓杀人,即指行为在客观上具有剥夺他人生命的性质,并且这种评价在一般的社会观念看来是可被接受的。如主观上具有杀人的故意,客观上采取用恶毒的言语侮辱他人的方式,逼使他人自杀的,就不应以故意杀人罪论处。原因就在于,言语攻击虽然导致了他人死亡的结果出现,但将单纯的言语攻击评价为杀人的行为不能为一般的社会观念所接受。在帮助自杀的场合,真正剥夺被害人生命的行为,应当是被害人本人的自杀行为,如上吊、用刀自戕等。而帮助者提供自杀工具、创造自杀条件的行为,很难被一般的社会观念接受为杀人行为。

另外,我们还必须考虑帮助自杀的行为与被害人死亡的结果之间是否具有刑法上的因果关系。我们所讲的因果关系,应当从事实和规范两个层面来考察。就事实而言,行为与结果之间必须满足"非 A 则 B"的条件关系;就规范层面而言,这种条件关系还应当是根据一般社会观念来看是适当的、并不逾越常理的,此即所谓的"相当的因果关系"。在帮助自杀的情形,帮助行为与死亡结果之间的确满足"非 A 则 B"的条件关系。这意味着帮助行为对于死亡结果的发生具有因果关系上的影响力。但从规范层面来考察,我们将很难接受让一般性的帮助行为(如提供自杀工具)为最终的死亡结果承担责任,这意味着杀人行为已经失去类型化的功能,很多在客观上对于死亡结果有作用力的一般性的身体举动或者不举动,都能被当做杀人的行为来看待,这显然是不妥当的。更重要的是,从因果流程的发展来看,帮助行为只是影响到杀人致死这一因果进程,但并没有主导这一过程。因此,不应当由帮助行为人为最终的结果承担责任。

法院的审理逻辑之所以会出现偷换概念的问题,究其实质是没有遵循"先客观后主观"的构成要件符合性的正向思维逻辑,而是采取了"先主观后客观"的逻辑思路。从法院的判决可以发现,法官首先是认定行为人在主观上具有放任被害人死亡结果发生的故意,并且这样的行为具有处罚的必要性,于是,最后才在客观上寻找出所谓的"杀人"行为。这种逻辑的弊端就在于忽视了客观构成要件的故意规制机能,导致刑法适用的不当扩大。

其实,在国外的刑事立法上,有关于"教唆、帮助自杀罪"的规定,将其独立于故意杀人罪。这就为处罚帮助自杀的行为提供了法律依据,这种立法模式值得我们借鉴。

案例1-2 王征宇故意杀人案①

一、基本案情

1996年6月18日零时,被告人王征宇驾驶一辆轿车沿陈海公路自东向西高速驶向高石桥路段。在该路段执勤的民警示意王征宇停车接受检查,王征宇急于赶路没有停车,以每小时100公里的速度向前行驶。由于民警躲闪,没有造成伤亡。此后,王征宇以同样的速度连续闯过两道关卡。在建设路执勤的民警得知情况后,即设置路障准备拦截王征宇。执勤民警分别站在路障之间的空当处,并打开照明设施,以便识别路障与执勤民警。王征宇驶近并看到这一情况后,仍不停车,驾车冲向路障,致使汽车撞倒民警陆卫涛并将其铲上车盖。王征宇撞人后加速逃离现场。陆卫涛当场死亡。

二、诉讼过程及裁判理由

一审法院经审理认为,被告人王征宇不服从公安人员的停车检查指令,强行闯过公安机关设置的数处车辆检查关卡,并在建设路口将正在执行公务的民警陆卫涛撞击致死。其撞人后,继续驾车高速闯过城桥镇路口、港东路两关卡后逃逸。王征宇的行为构成以驾车冲闯的危险方法危害公共安全罪。据此,判决王征宇犯以危险方法危害公共安全罪,判处死刑,剥夺政治权利终身。

王征宇不服一审判决,以驾车撞死民警系过失所致,其行为构成交通肇事为由提起上诉。

二审法院经审理认为,王征宇为逃避公安机关车辆检查,驾车连续冲闯数处关卡,在建设路口驾车冲向执行公务的公安人员,置他人的生命于不顾,将公安人员陆卫涛冲撞翻过车顶,仍继续高速驾车强行冲闯关卡,致使陆卫涛被撞击坠地后造成颅脑损伤死亡。对这种结果的发生,王征宇持放任态度,其行为已构成故意杀人罪。故而撤销一审判决,以故意杀人罪判处王征宇死刑,剥夺政治权利终身。

三、关联法条

《中华人民共和国刑法》

第一百一十五条第一款 放火、决水、爆炸以及投放毒害性、放射性、传染病病原体等物质或者以其他危险方法致人重伤、死亡或者使公私财产遭受重大损失的,处十年以上有期徒刑、无期徒刑或者死刑。

---

① 陈兴良、张军、胡云腾主编:《人民法院刑事指导案例裁判要旨通纂》(上卷),北京大学出版社2013年版,第353页。

第一百三十三条 违反交通运输管理法规,因而发生重大事故,致人重伤、死亡或者使公私财产遭受重大损失的,处三年以下有期徒刑或者拘役;交通运输肇事后逃逸或者有其他特别恶劣情节的,处三年以上七年以下有期徒刑;因逃逸致人死亡的,处七年以上有期徒刑。

第二百三十二条 故意杀人的,处死刑、无期徒刑或者十年以上有期徒刑;情节较轻的,处三年以上十年以下有期徒刑。

四、争议问题

为逃避车辆检查,故意驾车冲闯关卡,造成检查人员死亡的,构成以危险方法危害公共安全罪、交通肇事罪还是故意杀人罪?

五、简要评论

认定本案的关键有二:第一,行为人对于被害人死亡的结果持何种心理态度?第二,行为人的行为侵犯的法益是特定人的人身安全,还是不特定的多数人的公共安全?

(1)从案情来看,王征宇明知公安人员陆卫涛站在关卡中间拦截,如果继续驾车冲闯,可能会造成陆卫涛死亡结果的发生,这种认识是一种高度盖然性的认识,因此,对于可能造成的危害结果已经不可能是一种否定的态度,这从其之后的驾车冲闯,致被害人被撞击死亡的结果也可以得知。由此,笔者认为,王征宇对被害人死亡结果的发生至少持放任态度。因而其主观上具有间接故意,而非过失。王征宇所辩称的交通肇事罪不能成立。

(2)以危险方法危害公共安全罪和故意杀人罪的根本区别就在于所侵犯的法益不同,前者系公共安全,后者系特定个体的人身或财产安全。就本案情况而言,终审法院的判决认为,王征宇高速驾车冲闯关卡的目的是逃避公安人员的检查,而不是危害不特定多数人的人身、健康或公私财产的安全。王征宇驾车冲撞执行公务的人员,针对的对象是特定的个人,并非不特定的多数人。王征宇明知建设路口机动车道设有路障及站在路障中间的许多执行公务人员在拦截自己,却没有直接冲向机动车道的路障,而是转向北侧非机动车道,说明他不希望也未放任发生危害多数人人身安全的后果。可见,其主观上不具有危害公共安全的故意,故不应以危害公共安全罪定罪。

这里需要说明的一点是,我们尽管可能接受法院的判决结论,但并不意味着法院的裁判理由是妥当的。法院的逻辑是,行为人主观上只有冲闯关卡、逃避检查的目的,没有危害公共安全的目的,客观上也没有造成危害公共安全的后果,因此,只能以故意杀人罪论处。但这种判断逻辑违背了从客观到主观的正向裁判思维过程。笔者认为,对于一项案件的定性,首先需要考察的是行为人是否具有客观上的危害行为及造成的危害结果,其次才考虑行为人是否具有与该行为及结果相对应的主观心理态度,这才是对主客观相统一原则的坚持。如果我们按照由主观到客观的思维逻辑,那么,客观上的事实判断将具有对主观心理的依附性,这会导致在对事实的判断上具有某种取舍,从而忽略了构成要件的类型化功能。

本案中,我们首先应当考察的是,行为人客观上冲闯关卡的行为是否造成了对公共安全的危险,而后才需要考虑行为人在主观上是否存在相应的故意或者过失。按照这个逻辑,我们不能完全排除王征宇驾车冲闯关卡的行为具有危害公共安全的现实危险存在。法院只考虑到行为所造成的实害结果，却没有考虑可能存在的危险结果，这恰恰是颠倒定罪思考的逻辑顺序所导致的结果，法院实际上已经偷偷地将以危险方法危害公共安全罪这项危险犯置换成了结果犯。因此，这个裁判结果是可质疑的。

案例 1-3　杨政锋故意杀人案①

一、基本案情

1997 年 6 月 30 日中午 12 时许，被告人杨政锋驾驶解放牌货车行至礼泉县北环路十字路口时，路政执勤人员示意停车，杨政锋驾车强行冲过。后执勤人员陈浩明等 4 人乘三轮摩托车追赶。当摩托车行至货车左侧时，杨政锋左打方向盘，占道逼车，将摩托车逼入路边阴沟后继续逃跑。此时，交警大队干警韩瑞勇驾驶小汽车路过，问明情况后，携带路政执勤人员继续追赶。在赶上货车后，韩瑞勇鸣笛示警。当其驾车处于货车左侧时，杨政锋仍左打方向盘占道逼车，阻止追赶，将韩瑞勇驾驶的汽车逼向路边与树木相撞，韩瑞勇当场死亡，同车的两人受轻伤，车辆严重损坏。

二、诉讼过程及裁判理由

一审法院经审理认为，被告人杨政锋驾车强行冲过执勤人员拦挡，后又占道行驶，逼挡执勤交警超车，致使车辆颠覆，造成人员伤亡与车辆损毁的行为，构成破坏交通工具罪，判处无期徒刑，剥夺政治权利终身。

杨政锋不服一审判决，上诉称，其在侦查阶段所作有罪供述系刑讯逼供所致，并否认路政人员追赶和占道逼车的事实。

二审法院经审理认为，杨政锋作为司机，明知自己从事的是高度危险性作业，驾车高速曲线行驶占道逼车可能对追赶他的车辆产生危害后果，却先后两次故意左打方向盘，限制追赶车辆的前进路线，致摩托车翻下路基，小汽车撞树，车毁人亡，显然对危害结果的发生持放任态度，故其行为已经构成故意杀人罪。故而判决杨政锋犯故意杀人罪，判处无期徒刑，剥夺政治权利终身。

三、关联法条

《中华人民共和国刑法》

第一百一十九条第一款　破坏交通工具、交通设施、电力设备、燃气设备、易燃易爆设备，造成严重后果的，处十年以上有期徒刑、无期徒刑或者死刑。

第二百三十二条　故意杀人的，处死刑、无期徒刑或者十年以上有期徒刑；情节较轻的，处三年以上十年以下有期徒刑。

---

① 参见陈兴良、张军、胡云腾主编：《人民法院刑事指导案例裁判要旨通纂》（上卷），北京大学出版社 2013 年版，第 366 页。

四、争议问题

驾车故意挤占车道阻止追赶车辆,致使他人车毁人亡的,构成破坏交通工具罪还是故意杀人罪?

五、简要评论

在通常情况下,破坏交通工具罪与故意杀人罪是容易区分的。因为两者所侵犯的客体是不同的,前者是对公共安全的侵犯,后者是对特定个体的人身安全的侵犯。但当行为人利用非常见方法杀人,并同时造成其他重大物质损害的后果时,如何定罪则容易产生分歧。本案中,被告人杨政锋实施的是一个行为,其主观故意的内容只能从其行为中分析认定。从本案的具体情况来看,被告人杨政锋的行为造成了车辆损毁和人员伤亡两个后果。但这种后果又很难分清行为人的主观故意究竟是为了毁车而致人死亡,还是为了杀人而致车毁,或者对哪一个后果持放任态度。也就是说,其主观故意对认定本案性质也很难发挥作用。在这种情况下,应当从其行为,进而从其主观故意分析其犯罪所侵犯的法益。本案中,被告人杨政锋驾驶货车沿路曲线行驶,挤占车道,在韩瑞勇驾驶的小汽车处于货车左侧时打方向盘,将汽车逼向路边,虽然发生了小汽车与路边树木相撞,小汽车严重损坏的结果,但其目的是阻挡追赶的车辆超车,以逃避交管部门检查。被告人杨政锋实施上述行为时针对的只是追赶的小汽车,使之无法超车,以逃避处罚。并且,考虑到当时的客观状况,被告人杨政锋的"危险驾驶"行为并没有对不特定的多数人的人身和财产造成重大威胁,因此不符合破坏交通工具罪侵害的法益必须是公共安全的要求。被告人的行为对象是特定的,行为的危害后果也是特定的,故不能以破坏交通工具罪定罪处罚。

被告人杨政锋虽然没有追求韩瑞勇死亡的直接故意,但当韩瑞勇驾驶的小汽车处于杨政锋驾驶的货车左侧时,杨政锋作为经过正规培训取得驾驶执照的正式司机,应当知道在驾车高速曲线行驶的情况下占道逼车可能发生车辆倾覆、人员伤亡的严重后果,仍然左打方向盘,挤占小汽车车道,放任危害后果的发生,终将小汽车逼向路边与树木相撞,造成1人死亡、2人轻伤、小汽车严重损坏的后果,被告人杨政锋放任被害人韩瑞勇所驾追赶车辆车毁人亡的后果发生,其主观上具有间接杀人的故意,其行为符合故意杀人罪的特征,故对杨政锋应以故意杀人罪定罪处罚。

需要强调的是,根据《刑法》第116条的规定,破坏交通工具罪是具体危险犯,即本罪的法益是公共安全,其实行行为必须有造成不特定的多数人的人身、财产危害的现实危险,这也可以视作本罪与故意杀人罪的区别。因此,判断本案是否成立破坏交通工具罪,必须结合案情考察在当时情况下,被告人的行为有无造成公共安全损害的现实危险存在。从案情来看,由于行为人的行为对象以及危害结果是特定的,因此,对于公共安全的威胁并非现实的存在,只是一种抽象的可能性,这并不符合破坏交通工具罪的构成要件。一审法院以破坏交通工具罪对被告人定罪处罚,混淆了本罪在客观构成要件上对于"危险"性质的界定,将具体危险犯转换为抽象危险犯,因此造成定性的误差。二审法院的改判是适当的。

案例1-4 蒋勇等过失致人死亡案①

一、基本案情

被告人蒋勇、李刚驾驶农用车于2005年8月13日在一村道上行驶时,与徐维勤驾驶的农用车对向相遇,双方为让道发生争执并扭打。尔后,蒋勇、李刚驾车欲离开现场。徐维勤即冲上前拉住被告人的农用车前方并抓住右侧反光镜,意图阻止被告人离开。李刚拉住徐维勤,蒋勇驾车以20公里的时速前行。后李刚放开徐维勤跳上后车厢。徐维勤见状迅速追赶,双手抓住该车的右侧护栏欲爬上车。蒋勇从驾驶室的后视窗看到这一情况,但未停车。李刚为阻止徐维勤上车,将徐维勤的双手沿护栏扳开。徐维勤因双手被扳开而右倾倒地且面朝下,被该车的后车轮当场碾压致死。

二、诉讼过程及裁判理由

公诉机关指控蒋勇、李刚的行为构成故意杀人罪。

一审法院经审理认为,被告人蒋勇、李刚因让道问题与被害人徐维勤发生争议并扭打后,为摆脱徐维勤的纠缠而驾车离开。蒋勇在低速行驶过程中看到徐维勤的手抓住护栏,其应当预见驾车继续行驶可能发生危害结果,因急于摆脱徐维勤的纠缠,疏忽大意而没有预见。李刚在车厢内扳徐维勤抓住护栏的双手时,已经预见到这一行为可能发生危害结果,但基于被告人蒋勇行驶的速度缓慢,轻信低速行驶过程中扳开徐维勤双手的行为能够避免危害结果的发生。综观被告人蒋勇、李刚各自的主客观因素,可以认定蒋勇、李刚共同的主观目的是摆脱徐维勤的纠缠,但二人之间并无意思上的沟通。在危害结果可能发生的情况下,蒋勇、李刚分别违反了应有的预见义务和应尽的避免义务,从而导致了徐维勤死亡结果的发生。蒋勇、李刚并无共同的致害故意,只是由于对预见义务和避免义务的违反而造成致害的结果,其行为均符合过失致人死亡罪的基本特征。据此,一审法院以过失致人死亡罪,分别判处蒋勇有期徒刑4年零6个月,李刚有期徒刑3年零6个月。一审宣判后,两被告人未提起上诉,公诉机关也未抗诉。判决生效。

三、关联法条

《中华人民共和国刑法》

第二百三十二条 故意杀人的,处死刑、无期徒刑或者十年以上有期徒刑;情节较轻的,处三年以上十年以下有期徒刑。

第二百三十三条 过失致人死亡的,处三年以上七年以下有期徒刑;情节较轻的,处三年以下有期徒刑。本法另有规定的,依照规定。

---

① 参见陈兴良、张军、胡云腾主编:《人民法院刑事指导案例裁判要旨通纂》(上卷),北京大学出版社2013年版,第380页。

四、争议问题

各行为人在同时侵害被害人时,缺乏共同犯意联络,虽然相信会避免结果发生,但最终致使被害人死亡的,成立共同(间接)故意杀人罪,还是分别成立过失致人死亡罪?

五、简要评论

(1)被告人蒋勇和李刚之间存在相互信赖的关系,其行为与被害人徐维勤死亡之间有承继性的因果关系。蒋勇虽然发现徐维勤的手抓住护栏,但在低速缓慢行驶的过程中,信赖李刚能够稳妥处理徐维勤的纠缠,故而在有条件加速的情况下没有采取过激行为,仍然保持缓慢的速度行驶,一方面有意识地保护李刚的人身安全,另一方面也不希望徐维勤受到严重的损伤。李刚在扳开徐维勤双手时信赖蒋勇保持低速缓慢行驶的状况能避免危害结果的发生,意识到可能产生的危险性,故也没有采取更为激烈的行为使徐维勤的双手摆脱护栏。但是,蒋勇的驾车行为和李刚扳开徐维勤双手的行为,与徐维勤跌地被碾轧致死之间存在承继性的因果关系。也就是说,如果仅有蒋勇的驾车行为或者李刚的扳手行为,一般情况下不可能直接出现徐维勤被碾压致死的结果。正是由于蒋勇、李刚之间存在着互助、互动的关系,从而使他们与徐维勤双手被扳开后身体平衡失去控制造成跌地被碾轧致死之间形成共同的承继性的因果关系,进而造成了致人死亡的结果。

(2)蒋勇、李刚虽然各自的行为方式不同,但是他们的罪过形态是相同的。蒋勇看到徐维勤的手抓住护栏而继续驾车行驶,且在有意识的状态下保持低速缓慢行驶,可以判定其已经预见到可能会造成徐维勤人身伤害,但在低速行驶下轻信李刚能够避免危害结果的发生。李刚在车厢内采取扳开徐维勤抓住护栏的双手的行为以摆脱纠缠时,应当说也预见到这一行为可能会造成徐维勤身体伤害,但基于蒋勇驾车行驶的速度缓慢,轻信低速行驶过程中扳开徐维勤双手的行为一般也能够避免危害结果的发生。他们在主观上对于危害结果的出现应当持根本反对的态度,客观上均过于轻信自己和另一方一定的节制性行为可以避免结果的发生,终因没有采取有效的避免措施而发生了致人死亡的结果,均属于过于自信的过失。

(3)就成立共同犯罪而言,这里存在两个障碍。第一,被告人蒋勇、李刚并没有针对被害人实施侵害行为的共同犯意。如前所述,尽管被害人的死亡结果,是两被告人各自违反预见义务与回避义务共同作用的结果,但他们之间并没有就各自的行为达成事先的合意。只是同时轻信了对方的行为能够避免危害结果的发生而已。第二,根据《刑法》第25条第2款的规定:"二人以上共同过失犯罪,不以共同犯罪论处;应当负刑事责任的,按照他们所犯的罪分别处罚。"因此,两被告人的行为不能以共同犯罪论处。

(4)需要强调的一点是,关于两被告人的主观心态,之所以是过于自信的过失而非间接故意,一方面是因为,从当时的情形来看,他们对于被害人死亡的结果均没有较为明确的认识,另一方面,两被告人的目的只是想离开现场,而非致被害人于死地。因此,不属于对危害结果持放任的心态。

案例1-5 彭建华等故意杀人、聚众斗殴案①

一、基本案情

2006年4月11日晚,胡凯、魏路路等人与彭波因琐事发生争执,彭波回其打工的公司告诉同乡田茂家,田茂家即通过魏路路联系胡凯。双方约定通过打群架的方式解决纠纷。当晚10时许,田茂家纠集彭建华、彭健、向大云等三十余人,胡凯也纠集了何继春等十余人。双方均持铁器在上海市金山区工业园区附近斗殴。胡凯见对方人多,遂逃离现场,田茂家等人即行追赶,待追上何继春后,对何继春进行殴打。何继春被迫跳入路边池塘。彭建华等人在池塘边捡起石块向水中冒出头的何继春继续投掷,使继春的头部不能浮出水面,致其在该池塘内因溺水死亡。

二、诉讼过程及裁判理由

一审法院经审理认为,被告人彭建华、彭健、向大云积极参加聚众斗殴,并致1人死亡,其行为均构成故意杀人罪。被告人彭建华、彭健、向大云均积极参加斗殴,且实施了追赶被害人及向被迫跳入池塘的被害人投掷石块的行为,3人均系本案聚众斗殴致被害人死亡的共同加害人。彭建华、彭健、向大云追赶被害人及向被害人投掷石块的行为,与被害人死亡的结果具有刑法上的因果关系,3被告人均应对聚众斗殴造成被害人死亡的后果承担相应的刑事责任。彭建华、彭健系未成年人,故而判决:被告人彭建华犯故意杀人罪,判处有期徒刑8年;被告人彭健犯故意杀人罪,判处有期徒刑8年;被告人向大云犯故意杀人罪,判处有期徒刑10年,剥夺政治权利3年。

一审宣判后,被告人彭健以其行为与被害人死亡之间不具有刑法上的因果关系,其行为应构成聚众斗殴罪为由提起上诉。

二审法院经审理认为,原判定罪量刑并无不当,遂裁定驳回上诉,维持原判。

三、关联法条

《中华人民共和国刑法》

第二百三十二条 故意杀人的,处死刑、无期徒刑或者十年以上有期徒刑;情节较轻的,处三年以上十年以下有期徒刑。

第二百九十二条 聚众斗殴的,对首要分子和其他积极参加的,处三年以下有期徒刑、拘役或者管制;有下列情形之一的,对首要分子和其他积极参加的,处三年以上十年以下有期徒刑:

(一)多次聚众斗殴的;

(二)聚众斗殴人数多,规模大,社会影响恶劣的;

---

① 参见陈兴良、张军、胡云腾主编:《人民法院刑事指导案例裁判要旨通纂》(上卷),北京大学出版社2013年版,第381页。

（三）在公共场所或者交通要道聚众斗殴，造成社会秩序严重混乱的；
（四）持械聚众斗殴的。

聚众斗殴，致人重伤、死亡的，依照本法第二百三十四条、第二百三十二条的规定定罪处罚。

四、争议问题

在聚众斗殴中，斗殴的一方为躲避另一方的追赶而逃跑，在逃跑过程中跳入水中逃生而被投掷石块，终致溺水死亡的，另一方成立聚众斗殴罪还是故意杀人罪？

五、简要评论

本案定性的关键之一在于如何看待3名被告人的行为与被害人死亡结果之间的因果关系。刑法上的因果关系包括必然因果关系和偶然因果关系。在偶然因果关系的认定中，应当对介入因素是否足以中断前行为与危害结果之间的关系进行判断。在介入因素是被害人的行为时，应当看该被害人的行为是被迫的，还是其在能够选择的情况下的主动行为，如果在行为人的先前行为下，被害人不得已而选择躲避方式而引起危害后果，且该躲避方式并非超出常理、为普通人所不能预见的，并不中断该因果关系。具体到聚众斗殴中，被害人因为被殴打而跳水逃避的情形，如果发生被害人溺水死亡的后果，虽有被害人的跳水行为介入，但该介入因素系被害人在行为人先前行为造成其被伤害的现实威胁下被迫选择的，并不能中断行为人殴打行为与被害人死亡结果之间的因果关系。除非被害人仅仅面临非常轻微伤害的威胁，其跳水逃避行为超出常人所能预见，此时方能中断因果关系。

本案中，造成被害人何继春溺水死亡的结果有两方面的原因：一是被害人在遭到本案3名被告人等人持铁棒追赶，以及田茂家等人持铁棒殴打后，因势单力孤，不得已而跳入池塘逃避；二是被害人在跳入池塘后游泳逃生的过程中，遭到本案3名被告人在岸边向其浮出水面的头部投掷石块，致其头部不能浮出水面。本案同案犯田茂家持铁棒对何继春实施殴打，使何继春被迫跳入池塘的行为，并非造成何继春死亡的唯一原因，被告人彭建华、彭健、向大云等人持铁棒追赶、围攻被害人以及在池塘边向正在游泳的被害人投掷石块的行为，与被害人死亡的结果之间也具有刑法上的因果关系，该因果关系不因被害人跳水逃避而中断。

另外，还应该考察3被告人对于被害人死亡所持的主观态度如何。本案中，3被告人在被害人跳入池塘后，均目睹被害人正在游泳逃生，还用石块等向正在游泳的被害人投掷，使其头部不能浮出水面，3被告人对于向正在游水的人头部投掷石块可能造成被害人头部不能浮出水面从而溺水死亡的情况应该是明知的，但3被告人为实现殴打被害人以泄愤的目的，仍有意实施投掷石块等加害行为，可见3人主观上对死亡后果的发生是持放任的态度，这属于间接故意。

因此，本案属于典型的转化犯，即行为人在聚众斗殴过程中，造成被害人死亡结果的，应当适用《刑法》第292条第2款的规定，按照故意杀人罪论处。

案例1-6 姚国英故意杀人案[①]

一、基本案情

被告人姚国英与被害人徐树生系夫妻关系,结婚十余年间徐树生经常无故打骂、虐待姚国英。2010年5月10日晚,徐树生又寻机对姚国英进行长时间打骂;次日凌晨5时许,姚国英因长期遭受徐树生的殴打和虐待,心怀怨恨,遂起杀死徐树生之念。姚国英趁徐树生熟睡之际,从家中楼梯处拿出一把铁榔头,朝徐树生头、面部等处猛击数下,后用衣服堵住其口、鼻处,致徐树生当场死亡。当日8时30分许,姚国英到衢州市公安局衢江分局上方派出所投案。

二、诉讼过程及裁判理由

一审法院经审理认为,被告人姚国英持械故意杀害其丈夫徐树生,其行为构成故意杀人罪。但姚国英的杀人故意系因不堪忍受被害人徐树生的长期虐待和家庭暴力而引发,因此,其杀人行为可认定为故意杀人罪中的情节较轻。案发后,姚国英主动投案,如实供述自己的罪行,系自首,依法可从轻处罚。鉴于被告人系长期遭受虐待和家庭暴力而杀夫,社会危害性相对较小,根据其犯罪情节和悔罪表现,对其适用缓刑不致再危害社会,可依法宣告缓刑。因此,判决被告人姚国英犯故意杀人罪,判处有期徒刑3年,缓刑5年。

一审宣判后,姚国英未提出上诉,判决已生效。

三、关联法条

《中华人民共和国刑法》

第二百三十二条 故意杀人的,处死刑、无期徒刑或者十年以上有期徒刑;情节较轻的,处三年以上十年以下有期徒刑。

四、争议问题

妻子因长期遭受虐待和家庭暴力而杀害丈夫的,能否以正当防卫作为阻却犯罪成立的理由?

五、简要评论

本案是一起典型的由于被害人的重大过错而导致的故意杀人案件。对于被害人过错在教义学上的地位,从现有的司法实践来看,笔者更倾向于将其作为量刑情节来对待,将被害人的过错作为对被告人从轻裁量刑罚的依据。但是,被害人过错能否作为犯罪构成的要素,对于犯罪的成立与否发挥作用,至少在教义学上还存在可检讨的余地。

以本案为例,受虐妇女杀夫是比较典型的由于被害人的重大过错,导致行为人实施具有

[①] 参见陈兴良、张军、胡云腾主编:《人民法院刑事指导案例裁判要旨通纂》(上卷),北京大学出版社2013年版,第391页。

法益侵害性的行为。对此,法院一般的选择是将被害人过错视作从轻量刑的事由,从而给予行为人一定的刑罚优惠。但从一般的社会经验来看,在这种场合下,行为人的行为很有可值得原宥之处,那么,能否寻找一项理由作为出罪依据呢?

我们可能找到的阻却行为违法性的理由是正当防卫。在本案的场合,能否适用正当防卫,关键在于被告人的行为是否满足正当防卫的成立条件。根据通常的看法,成立正当防卫,必须满足以下条件:一是起因条件:存在现实的不法侵害;二是时间条件:不法侵害正在进行;三是对象条件:针对不法侵害人本人实施防卫;四是主观条件:必须具有防卫意思,即制止不法侵害、保护合法权益的意思;五是限度条件:不能明显超过必要限度造成重大损害。

在类似本案的场合下,我们说,行为人的确面临家庭暴力和虐待等不法侵害,并且行为人在主观上也的确有制止不法侵害的意思(当然,在某些情况下不排除有其他意图),也是针对不法侵害人本人在实施反击伤害行为。但问题在于,如何解释不法侵害正在进行,以及如何判断以杀人的方式来捍卫个体的身体权利的行为并未超出必要限度?

传统的刑法理论在这一点上无法作出有效的解释,因此,受虐妇女杀夫的行为被认定为故意杀人罪就无可厚非了。

但在美国法的传统上,类似情形有可能得出无罪的结论。因为,法官在司法实践中创造出了"受虐妇女综合症"(battered women syndrome)概念。这是指受虐妇女由于长期遭受家庭暴力或者性虐待,因而处于长期恐慌之中,此时,受虐妇女自身反抗能力逐渐瘫痪,这种精神上的钳制积压到一定程度,就可能导致心理异常。一旦爆发很容易丧失理智而失控,从而对压迫和虐待者实施不计后果的反击行为,从而造成危害后果。这个概念被作为一项抗辩事由(excuse),成为排除罪责的依据。据此,受虐妇女由于长期处于精神压迫和紧张的状态,因此无法对自己的反击行为所可能造成的后果有清晰的认识,可以说,很多反击是下意识的、不计后果的反应,因此,对于这种精神异常状况我们应当给予宽容,从而在限度条件的认定上作比较缓和的解释。另外,对于防卫时间的理解,不能孤立地看待每一起家庭暴力事件,而是应将受虐妇女所遭受的长期压迫与侵害当做一个整体来对待,如果能够符合经验地得出被害人在未来的时刻仍然会继续实施如其先前所实施的那种针对妇女的暴力和虐待行为的话,从整体来看,可以认为不法侵害仍处于正在进行的状态。因此,受虐妇女的反击行为并不违背正当防卫成立的时间条件。

由此可以看出,在美国法的语境下,受虐妇女综合症是一个具有规范内容的概念,并且在适用上并非无限制,它的价值在于借助法官的生活经验来弥补机械适用法律所可能导致的违背情理的裁判结果

在我国,如果从正当防卫的立法初衷来看,刑法实际上是在鼓励公民运用正当防卫来保卫个人与社会利益。但由于我们的法律适用体制的限制,使得法官在运用自由裁量权解释法律的过程中有意识地自我约束,或者过分地信赖司法解释。于是,在类似的案件当中,"有罪判决+豁免实刑"就成为兼顾合法与合理的最优选择了。但是,站在教义学层面,我们并不能排除在本案的场合有作无罪裁判的逻辑可能性。

案例1-7 李春林故意杀人案[①]

一、基本案情

2000年9月,被告人李春林到被害人刘立军承包的速递公司打工,并与刘立军同租一室共同居住。同年11月,刘立军以2万元将速递公司的经营权转包给李春林。因刘立军多次向李春林催要转包费,李春林无钱支付,遂起意杀死刘立军。2001年1月21日6时许,李春林趁刘立军熟睡之机,持斧头猛砍刘立军的头部和颈部,将刘立军的颈右侧动脉及静脉切断,致刘立军因失血性休克合并颅脑损伤而死亡。后又将死者身上的现金、活期存折及移动电话等物拿走。

二、诉讼过程及裁判理由

一审法院经审理认为,被告人李春林为图私利竟故意非法剥夺他人生命,致人死亡,并窃取他人财物数额巨大,其行为已分别构成故意杀人罪和盗窃罪。所犯故意杀人罪,性质恶劣,情节、后果特别严重,社会危害极大,应依法惩处;所犯盗窃罪,情节严重,亦应依法惩处。故而判决李春林犯故意杀人罪,判处死刑,剥夺政治权利终身;犯盗窃罪,判处有期徒刑6年,并处罚金6 000元。决定执行死刑,剥夺政治权利终身,并处罚金6 000元。

一审判决宣判后,李春林没有上诉,检察机关没有抗诉。本案经过死刑复核程序,裁定维持原判。

三、关联法条

《中华人民共和国刑法》

第二百三十二条 故意杀人的,处死刑、无期徒刑或者十年以上有期徒刑;情节较轻的,处三年以上十年以下有期徒刑。

第二百六十三条 以暴力、胁迫或者其他方法抢劫公私财物的,处三年以上十年以下有期徒刑,并处罚金……

四、争议问题

为逃避债务而杀害债权人的,构成抢劫罪还是故意杀人罪?

五、简要评论

本案的犯罪对象有些特殊,行为人实施暴力所欲达到的目的,并非获取积极的财产利益,而是为了逃避消极的债务。于是,就存在着这样的行为能否成立抢劫罪的疑问。按照法院的立场,认为本案只成立故意杀人罪,不能以抢劫罪论处。法院的理由是:

(1)在抢劫过程中故意杀人以抢劫罪定罪处罚的行为必须是当场使用暴力故意杀人并

[①] 参见陈兴良、张军、胡云腾主编:《人民法院刑事指导案例裁判要旨通纂》(上卷),北京大学出版社2013年版,第375页。

当场劫取被害人财物的行为。而在本案中,由于李春林欠刘立军2万元的转包费,李春林为逃避支付债务而将刘立军杀害,其故意杀人的动机是为了逃避债务。虽然李春林将债权人杀害是为了逃避债务,目的是非法占有债权人的2万元转包费,但这种占有方式并不是刑法意义上的当场取得财物。因此,不符合抢劫罪只能是当场劫取财物的客观特征。

(2)《刑法》第263条明确规定抢劫罪的犯罪对象是公私财物。从当场劫取财物这一抢劫罪的客观特征来看,这里的财物须有即时取得、可转移的特点,当场不能取得、不能转移的财物一般不能成为抢劫罪的犯罪对象。以逃避债务为目的故意杀人,仅可以使原有的债权债务关系归于消灭,本案被告人并没有当场取得实际已由被害人享有的承包经营权,即缺少抢劫罪的犯罪对象。

(3)从犯罪的主观故意来看,在抢劫罪中,应是先产生非法占有的目的,后发生非法占有的行为,即行为人非法占有的目的应产生于行为人实际占有他人财物之前。而在以逃避债务为目的的故意杀人行为中,行为人在产生了非法占有他人财物的主观犯意之前,已实际占有了债权项下的财物,不需要通过故意杀人去劫取。

本案的关键其实涉及如何理解刑法上的财物概念。在理论上,笔者认为财物包括有体物和财产性利益,财产性利益当中就包含有债务这种消极利益。并且在实践中,实务部门也已经接受了财产性利益作为刑法上的财物之一的观念,并且出现了相关的判例。如果行为人以非法手段免去了负担的债务,在理论上也有成立财产犯罪的余地。根据这种观点,本案中被告人李春林的行为,正是基于豁免其所负担的对被害人的债务,而实施了杀人行为。据此,被告人的行为有被评价为抢劫罪的余地。法院之所以在本案中拒绝了这一观点,关键在于对抢劫罪的成立需要满足"当场取得财物"这一要件,而在为逃避债务而杀人的场合,如何理解"当场取得财物"则成为问题。

我们通常对于取得财物的理解是从被害人那里获得对财物的占有,而在消灭债务的场合,行为人所负担的债务已经处于本人的掌握之中(比如欠款),自然不存在取得的情形,因此,也无法适用抢劫罪的规定。其实,在笔者看来,这里存在一个认识上的误区,即这里的"财物"究竟为何?事实上,在本案的情形,所谓的"财物"不是行为人所负担的债务(即2万元转包费),而是被害人享有的对行为人的2万元的"债权"。行为人通过杀人行为,消灭自己所负担的2万元债务,但从另一方面来讲,也可以说行为人取得了被害人所有的2万元债权。这样,被告人李春林当场使用暴力,当场取得债权这种财产性利益,完全符合抢劫罪的构成要件。

当然,还需要考虑一个问题,就是被告人的杀人行为能否从实体上消灭被害人的债权,这就涉及民法上对于债的消灭如何认定的问题。根据民法的相关规定,债的消灭通常有清偿、免除、混同、提存、抵消、合同解除等。据此,债权人的死亡并不必然导致债权的消灭。如果考虑到这一点,那么,用抢劫罪来规制类似行为有可能存在处罚上的不公。因而,故意杀人罪就成为比较稳妥的选择了。

第二章 过失致人死亡罪

案例2-1 杨春过失致人死亡案[①]

一、基本案情

2008年12月4日14时许,被告人杨春驾驶一辆轻型货车至吴某经营的杂货店送桶装水。吴某要求杨春将水搬入店内,遭杨春拒绝,随后杨春驾车欲离开,吴某遂用右手抓住汽车的副驾驶室车门,左手抓住车厢挡板,阻止杨春离开。杨春见状仍驾车向前低速行驶数米并右转弯,致使吴某跌地后遭汽车右后轮碾轧死亡。被告人杨春称不知道被害人在车上,其是在感觉车子颠簸后下车才发现被害人被车碾轧了。

二、诉讼过程及裁判理由

检察机关以故意伤害罪提起公诉。一审法院认为,在低速行驶中,杨春看到吴某双手抓在车上,已经预见到自己继续驾驶的行为可能发生危害后果,但过于自信地认为吴某会自动撒手,不会发生危害结果,最终导致吴某遭汽车碾轧死亡,其行为构成过失致人死亡罪。故而以过失致人死亡罪判处被告人杨春有期徒刑4年。

一审宣判后,被告人未提出上诉。但检察机关认为杨春具有伤害的间接故意,其行为构成故意伤害罪,故提起抗诉。

二审法院认为,杨春与被害人吴某虽有口角,但无明显争执与怨恨;杨春当时急于脱身且驾车低速行驶,认为吴某会自己松手,未能及时意识到吴某倒地后可能会被右转车辆后轮碾轧;事后又积极协助抢救被害人。综上,应当认定杨春主观上并无伤害吴某的故意,因此,裁定驳回抗诉,维持原判。

三、关联法条

《中华人民共和国刑法》

第十四条 明知自己的行为会发生危害社会的结果,并且希望或者放任这种结果发生,因而构成犯罪的,是故意犯罪。

故意犯罪,应当负刑事责任。

第十五条 应当预见自己的行为可能发生危害社会的结果,因为疏忽大意而没有预见,或者已经预见而轻信能够避免,以致发生这种结果的,是过失犯罪。

过失犯罪,法律有规定的才负刑事责任。

[①] 参见陈兴良、张军、胡云腾主编:《人民法院刑事指导案例裁判要旨通纂》(上卷),北京大学出版社2013年版,第419页。

第二百三十三条　过失致人死亡的,处三年以上七年以下有期徒刑;情节较轻的,处三年以下有期徒刑。本法另有规定的,依照规定。

第二百三十四条　故意伤害他人身体的,处三年以下有期徒刑、拘役或者管制。

犯前款罪,致人重伤的,处三年以上十年以下有期徒刑;致人死亡或者以特别残忍手段致人重伤造成严重残疾的,处十年以上有期徒刑、无期徒刑或者死刑。本法另有规定的,依照规定。

四、争议问题

本案的争议是两个具有一定关联关系的问题:第一,如何评价被告人杨春的客观行为?第二,如何认定被告人杨春的主观罪过心态?这两个问题总体上就是过失致人死亡罪和故意伤害罪的罪间界限问题。

五、简要评论

对于实施危及他人人身安全的行为并且造成死亡结果的情形,在刑法上可以根据杀人罪、过失伤害罪(致死)、过失致人死亡罪等罪名进行处断。一般而言,具体的犯罪情形下被告人行为性质的妥当认定,主要取决于两个方面:一是客观上对人身安全造成威胁;二是主观上行为人所持的主观心理态度。依此,对于不同情形下的行为性质认定见下表:

序号	客观行为	主观心态	判断
1	有剥夺他人生命之危险	认识到死亡结果必然发生;希望或放任结果发生	(直接故意)杀人罪
2	有剥夺他人生命之危险	认识到死亡结果可能发生;希望结果发生	(直接故意)杀人罪
3	有剥夺他人生命之危险	认识到死亡结果可能发生;放任结果发生	(间接故意)杀人罪
4	有剥夺他人生命之危险	认识到人身损伤结果必然发生,并且希望或者放任之;同时也认识到死亡结果可能发生,轻信能够避免	(直接)故意伤害罪(轻信)致死
5	有剥夺他人生命之危险	认识到人身损伤结果必然发生,并且希望或者放任之;应当预见到死亡结果可能发生,但疏忽没有认识	(直接)故意伤害罪(疏忽)致死
6	有剥夺他人生命之危险	认识到人身损伤结果可能发生,并且放任之;同时也认识到死亡结果可能发生,轻信能够避免	(间接)故意伤害罪(轻信)致死
7	有剥夺他人生命之危险	认识到死亡结果可能发生,轻信能够避免	(过于自信)过失致死罪
8	有剥夺他人生命之危险	应当预见到死亡结果可能发生,但疏忽没有认识	(疏忽大意)过失致死罪

根据以上分析模型,杨春的行为应当构成过失致人死亡罪。从客观上讲,即使在车低速行驶的情况下,对于悬吊于车辆一侧的人而言都是有致其死亡的危险的,因为根据相关的专业知识,一辆以20公里时速行驶的小轿车从驾驶员发现情况作出刹车反应,再到制动停车的距离一般为6米,而本案中杨春驾驶的是运送桶装纯净水的轻型货车,其车重超过小轿车,制动距离会更长,因此一旦被害人被卷入车下,被碾压致伤致死的可能性均存在,更何况

杨春驾车右转弯的行为客观上进一步提高了上述可能。但这只为过失致人死亡罪的成立提供了客观前提，具体构成以上何种罪名还需要结合案件具体情况分析被告人的主观罪过心态。从被告人杨春驾驶货车低速行驶，说明其并不存在积极追求致死或者伤害被害人吴某的主观心理态度，也不存在对被害人的人身安全漠不关心的态度，相反，这一情况说明的是被告人杨春认为被害人吴某具有正常的行动能力，相信其能够保护自身免于被车辆伤害这样一种过于自信的过失心态。因此，被告人杨春应当被认定为构成（过于自信）过失致人死亡罪，法院的定性是准确的。

案例2-2　曲龙民等过失致人死亡案①

一、基本案情

2008年4月3日，被告人曲龙民、刘峻玮代表北京长丰康盛房地产经纪有限公司朝阳第十五分公司与郭德海（男，56岁，北京市人）签订了房屋出租代理合同。同年4月18日，该公司又与北京紫松琳房地产经纪有限公司的销售经理即被告人刘颖心签订了房屋租赁合同。后被告人曲龙民、刘峻玮明知所代理出租的郭德海所有的建国门外光辉南里×号楼×单元×室安装的燃气热水器存在安全隐患，并向郭德海承诺在出租该房屋前予以修理排除，但却在房屋未排除安全隐患的情况下将该室出租给北京紫松琳房地产经纪有限公司。被告人刘颖心作为该公司房屋租赁的负责人，在对所租赁房屋内的设备是否安全产生质疑时未坚持进行检查，且轻信被告人刘峻玮所讲租赁房屋内的设备安全完好，并违反所签协议居住3至5人的约定，即于同年4月21日安排了10名公司员工入住，24日凌晨，致使居住在该室的公司员工田甜（女，22岁，河北省人）等9人因长时间持续使用燃气热水器而致一氧化碳中毒死亡，只有单独一人居住在该室小间卧室内的被害人王俊幸免。后被告人曲龙民、刘峻玮、刘颖心被抓获归案。

二、诉讼过程及裁判理由

一审法院经审理认为，被告人曲龙民、刘峻玮在与原房主签订租赁房屋合同时，已知房屋热水器排气设施不安全，存在安全隐患，但在没有采取措施排除隐患的情况下将房屋出租给他人，主观上存在过失，客观上实施了相应的行为，造成了9人死亡的严重后果；另被告人刘颖心在负责承租房屋时，应对房屋是否安全负有检查责任而没有尽到，且安排超出租住合同约定的人员居住，主观上亦有过失，客观上实施了行为。3被告人的行为均已触犯了刑法，构成过失致人死亡罪，应予惩处。一审法院判决被告人曲龙民犯过失致人死亡罪，判处有期徒刑5年；被告人刘峻玮犯过失致人死亡罪，判处有期徒刑5年；被告人刘颖心犯过失致人死亡罪，判处有期徒刑3年。

---

① 参见陈兴良、张军、胡云腾主编：《人民法院刑事指导案例裁判要旨通纂》（上卷），北京大学出版社2013年版，第410页。

一审宣判后,3被告人均不服,提出上诉,曲龙民、刘峻玮的上诉理由均为原判刑罚过重;刘颖心的上诉理由为,刘峻玮未告知其热水器有问题,其无法预见出租房存在安全隐患,原判量刑过重。

二审法院经审理认为,上诉人曲龙民、刘峻玮明知其代为出租的房屋内安装的热水器排气设施缺失,存在安全隐患,仍在未采取措施排除安全隐患的情况下将该房屋出租给他人;上诉人刘颖心在负责承租房屋时,明知自己负责租赁的房屋是用于本公司员工的住宿,应当对该出租屋内各项设施的安全性进行必要的检查,以保证员工住宿的安全,但其因疏忽大意未认真履行安全检查职责。3上诉人在主观上均存在过失,且造成在该室居住的9人因燃气泄漏中毒死亡的严重后果,其行为均构成过失致人死亡罪,依法应予惩处。综上,原判决定罪和适用法律正确,量刑适当,程序合法,故而裁定驳回上诉,维持原判。

三、关联法条

《中华人民共和国刑法》

第十五条第一款 应当预见自己的行为可能发生危害社会的结果,因为疏忽大意而没有预见,或者已经预见而轻信能够避免,以致发生这种结果的,是过失犯罪。

第二十五条第二款 二人以上共同过失犯罪,不以共同犯罪论处;应当负刑事责任的,按照他们所犯的罪分别处罚。

第二百三十三条 过失致人死亡的,处三年以上七年以下有期徒刑;情节较轻的,处三年以下有期徒刑。本法另有规定的,依照规定。

四、争议问题

本案主要有三个争议问题:第一,被告人曲龙民、刘峻玮、刘颖心对自己的行为会发生危害社会的结果是否具备认识能力,即能不能认识到自己的行为会导致危害结果的发生?第二,3被告人在认识到危害社会的结果可能会发生的情况下,各自的注意义务大小如何判断?第三,被告人是否尽到了自己合理的注意义务?

在上述三个问题中,第一个问题属于过失犯罪认定中行为人注意能力问题,是行为人具有注意义务的前提;第二个问题有助于解决行为人对注意义务违反的程度判断问题,进而影响到各自应受刑罚处罚的程度;第三个问题则是要解决3被告人是否具备阻却犯罪事由的问题。

五、简要评论

尽管我国《刑法》第15条没有强调对"注意义务"的违反,但注意义务作为确定过失犯罪的构成要件始终是必要的,这从"应当预见""疏忽大意而没有预见""已经预见""轻信能够避免"的立法表述中可以得到有效的逻辑推演证成。以注意义务为核心,过失犯罪的成立需满足的条件包括:第一,须有注意义务;第二,须有遵守注意义务的可能性;第三,须有怠于履行注意义务的事实;第四,违背注意义务的行为致使危害结果发生。严格地讲,过失犯罪的本质不仅仅在于行为人在主观上出于疏忽或懈怠而使其对行为结果未能预见或未加注意,而是具有注意能力的人在实施行为之时对注意义务的违反。而行为人违反注意义务的程度不同,是确定行为人的责任大小和量刑幅度的重要依据。

就本案而言,曲龙民、刘峻玮身为房屋出租公司员工,受过对房屋结构、安全性以及燃气设施等方面的专门培训,且其已经知道所出租房屋的燃气热水器的通风存在问题,二人理应具有预见危害后果发生的能力。刘颖心作为社会一般人,在为他人提供住所时,理应保证燃气热水器排风设施的安全性,即使其自身无法确定是否存在安全隐患,也可以通过专业人员实现对房屋设施安全性的检查与确证。可见,本案中,刘颖心具有预见危害结果发生的能力亦无疑问。

在通论意义上,注意义务的来源主要有法律法规以及规章制度的规定,习惯、常理的要求,职务或业务上的要求等,据此我们可以将过失犯罪分为一般过失犯罪与业务过失犯罪。业务过失比一般过失的注意义务要求更高,而注意义务要求程度较高时,其过失犯罪的应受谴责程度更高。本案中出租方的曲龙民、刘峻玮作为专业人员,维护出租房设施的安全性是业务上的要求,而刘颖心只是承租房屋的社会一般人,其对于房屋居住者虽负有人身安全上的谨慎注意义务,但却不能对其加以高于前两被告人的否定性评价。但在决定过失心态的应受谴责程度时,还必须考虑到另外一组类型差别,即重过失与轻过失。所谓重过失,是指被告人付出较低程度的努力就可以尽到注意义务的情况,相反,所谓轻过失,就是被告人付出较高程度努力才能尽到预见或者避免义务的情况。本案中,3被告人预见到危害结果、避免危害结果出现所需要的努力程度均不需太高,都属于重过失的范围,我们无法据此对3被告人的过失应受谴责程度作出进一步的区分。依此而言,法院对被告人曲龙民、刘峻玮施加重于被告人刘颖心的处罚是妥当的。

本案中,被告人曲龙民、刘峻玮明知出租的房屋存在安全隐患,但却予以隐瞒,未尽到及时发现和排除不安全隐患避免危害结果发生的注意义务,刘颖心作为承租方,其对房屋设施安全的检查并且排除隐患的义务是否已经得到了合理的履行,不无疑问。如果被告人刘颖心尽到了合理的预见或者避免义务,那么其行为就仅仅是违反所签协议居住3至5人的约定,而这显然不能够论以犯罪。事实上,刘颖心在主观上已经认识到热水器可能存在安全隐患,只是轻信了中介公司的话,没有进一步采取防范措施。关键问题是,刘颖心对于中介公司房屋设施完全安全的保证的相信是否可以认为其尽到了合理的注意义务呢?对此,笔者认为,作为为数不小的员工住所的提供者,即使出租方保证租赁房屋内的设备安全完好,刘颖心也应当进一步做安全检查,即使自己没有能力,也可以请专业人士来查找问题并确保安全。所以,被告人刘颖心并未尽到合理的注意义务。

综上,本案中3被告人的行为实质上均是在具有注意能力的前提下违反了注意义务,且造成严重后果,均构成过失致人死亡罪。鉴于曲龙民、刘峻玮属于业务行为,其违反注意义务且程度较高,刘颖心作为社会一般人,违反一般注意义务且程度较低,根据罪责刑相适应原则,曲龙民和刘峻玮的量刑应高于刘颖心。法院的定性和量刑均为妥当。

案例2-3 郑甲、刘乙过失致人死亡案

一、基本案情

2013年3月22日上午8时许,刘乙驾车和郑甲一同外出办事,在路上刘乙发现有一塑料壶,下车将壶盖拧开闻后确定是白酒的气味,便将塑料壶拎到车上,郑甲由于工作疲惫在车上闭目养神,被突然的停车惊醒,发现刘乙将塑料壶拎上车,问了一句:"什么玩意"?刘乙回答:"今天点高,捡了一壶酒。"二人开车回到工地,刘乙将塑料壶临时存放到郑甲所管理工地办公室的另一壶散装白酒旁边,打算回来时再将塑料壶取走,随后二人又驾车外出。2013年3月25日,有人问郑甲酒是哪来的?郑甲吹嘘:"是好东西、值钱,在朋友那买的。"当天晚上在工地吃晚饭的工人田丙、郑丁饮用了捡来的这壶白酒,第二天也饮用了些。后来田丙和郑丁先后于2013年3月27日10时和24时许在医院经抢救无效后死亡。经法医对两名死者尸体进行解剖检验,鉴定意见均为甲醇中毒导致死亡。对捡回来的散装"白酒"进行检验,主要成分为甲醇。此液体名叫醇基燃料。

二、诉讼过程及裁判理由

一审法院经审理认为,被告人刘乙由于疏忽大意的过失,未认识到自己捡回的并非白酒,而告诉被告人郑甲捡的是白酒并且存放在可以饮用的白酒旁边。被告人郑甲明知是捡来的东西还谎称是买的,明知有可能会被人喝掉还隐瞒酒的真实来源。二被告人的行为造成了两人死亡的损害后果。二人之间在导致死亡结果方面并未有意思上的沟通。被告人郑甲和刘乙并无共同致害的故意,只是由于对预见义务和避免义务的违反而造成致害的结果,其行为均已触犯了刑法,构成过失致人死亡罪,应予惩处。但是基于刘乙捡到的酒是自己留着并存放在工地办公室旁边,不是给别人喝的,工地要求工人不许喝酒等事实,在那里借住并饮食的工人擅自倒酒喝的行为,被害人存在一定过错,以及被告人方和被害人方按照刑事诉讼法的要求达成刑事和解。根据被告人犯罪的事实、犯罪的性质、情节和对社会的危害程度,一审法院对郑甲和刘乙作出过失致人死亡罪免予刑事处罚的判决。一审宣判后,两被告人均未上诉,公诉机关也未抗诉,判决生效。

三、关联法条

《中华人民共和国刑法》

第十五条第一款 应当预见自己的行为可能发生危害社会的结果,因为疏忽大意而没有预见,或者已经预见而轻信能够避免,以致发生这种结果的,是过失犯罪。

第十六条 行为在客观上虽然造成了损害结果,但是不是出于故意或者过失,而是由于不能抗拒或者不能预见的原因所引起的,不是犯罪。

第二十五条第二款 二人以上共同过失犯罪,不以共同犯罪论处;应当负刑事责任的,按照他们所犯的罪分别处罚。

第二百三十三条　过失致人死亡的,处三年以上七年以下有期徒刑;情节较轻的,处三年以下有期徒刑。本法另有规定的,依照规定。

《中华人民共和国刑事诉讼法》(2012年)

第二百七十七条第一款　下列公诉案件,犯罪嫌疑人、被告人真诚悔罪,通过向被害人赔偿损失、赔礼道歉等方式获得被害人谅解,被害人自愿和解的,双方当事人可以和解:

(一)因民间纠纷引起,涉嫌刑法分则第四章、第五章规定的犯罪案件,可能判处三年有期徒刑以下刑罚的;

(二)除渎职犯罪以外的可能判处七年有期徒刑以下刑罚的过失犯罪案件。

第二百七十九条　对于达成和解协议的案件,公安机关可以向人民检察院提出从宽处理的建议。人民检察院可以向人民法院提出从宽处罚的建议;对于犯罪情节轻微,不需要判处刑罚的,可以作出不起诉的决定。人民法院可以依法对被告人从宽处罚。

四、争议问题

本案主要有三个争议问题:第一,被告人郑甲和刘乙是否具有注意能力？第二,二被告是否尽到了自己合理的注意义务？第三,如何看待郑甲和刘乙的危害行为？

五、简要评论

我国传统过失犯罪理论认为,过失犯罪的责任根据就在于应当预见自己的行为可能发生危害社会的结果,因为疏忽大意而没有预见,或者已经预见而轻信能够避免,以致发生这种结果。随着刑法理论的发展,为了避免过失责任的无限延伸,更多的要求被加入到了过失犯罪的成立条件当中。

(1)需要提及的是注意能力问题。注意能力是指履行注意义务的能力,具体包括行为人认识、预见危害结果可能发生的能力,并且在认识、预见到危害结果可能发生的基础上采取措施以避免结果发生的能力。注意能力是注意义务的前提,如果行为人虽负有某种注意义务,但由于某种原因而在行为当时缺乏注意能力,致使无法履行注意义务,法律也不会责其不能。如《刑法》第16条规定的意外事件,行为人因不具备预见或避免危害结果发生的能力,其行为自然不构成犯罪。判断行为人对某一事项具有注意能力,应坚持主客观相一致的原则,既要考虑到行为人的年龄、知识、智力发育、工作经验以及所担负的职务、技术熟练程度等因素,又要考虑行为人当时所处的具体环境和条件,将这两方面的情况综合加以考虑,进行科学分析,作出符合行为人实际情况的判断。

就本案而言,被告人郑甲在被告人刘乙捡酒时,郑甲在车上没有下车,没有参与捡酒的行为,无法预见到这壶液体不是饮用酒。捡到的这壶酒无论在外形以及气味、性状上,均与农村用的散装纯粮酒酒壶别无二致。而刘乙只有初中文化水平也从来不饮酒,没从事过酿酒工作,更没有化工酒精等专业知识背景,因此,无法认识到是否为工业酒精,因此,对于这壶所谓的"白酒",二被告人均未认识到不是饮用酒的可能性,不具有注意能力。综上,仅就注意能力而言,田丙、郑丁的死亡对于郑甲和刘乙来讲应属于意外事件,不能认为构成犯罪,法院未对本案中的注意能力问题予以判断分析,不能不说有欠妥当。

(2) 如果被告人合理地履行了预见或者避免义务仍无法避免危害结果的出现,过失犯罪责任就不能被施加。例如驾驶员张某正常行车,刘某一心求死,直接撞到张某的车上导致死亡,张某显然不构成交通肇事罪。本案中,将酒壶存放到办公室旁边、工地存在禁止饮酒的规定等因素直接影响着郑甲和刘乙是否合理地履行了自己的注意义务。对此笔者认为,上述存放地点和工地禁止饮酒对于防止危害结果出现而言均难言合理,因为这些措施并不能真正有效地防止工人偷酒喝现象的发生。法院并未据此认定被告人合理地履行了注意义务是妥当的。

(3) 对于过失致人死亡罪的客观行为要件而言,并非任何意义上的行为均可以纳入其规制范围。过失致人死亡罪的客观行为必须是具有发生危害结果的相当盖然性的行为。本案中,对于田丙和郑丁的死亡而言,具有直接影响的行为是刘乙捡"酒"并存放于工地的行为和郑甲明知是捡来的东西还谎称是买的这两个行为。从事实上,二被告人的行为共同导致了田丙、郑丁的死亡。但是,这种事实上的因果联系并不能等同于刑法上的评价。根据我国《刑法》的规定,在共同过失犯罪的情况下,不能以共同犯罪论处,只能对被告人分别定罪处罚,那么上述郑甲和刘乙的行为是否符合过失致人死亡罪所要惩罚的类型化行为要求呢?按照上述"发生危害结果的相当盖然性"标准,无论是郑甲的行为还是刘乙的行为,在单独的意义上都不存在导致被害人人身安全受到损害的危险,因此均不可单独认定为过失致人死亡罪。

综上,本案中,二被告人对于田丙和郑丁的死亡均不具有注意能力,二人的行为不符合过失致人死亡罪的行为类型要求,均不应构成过失致人死亡罪。实践中不能因为结果严重就断定行为人能够预见、应当预见,这种做法是结果责任的残余,违反责任主义原则。

案例2-4 李卫东过失致人死亡案[①]

一、基本案情

2005年6月16日18时许,被告人李卫东驾驶自己的豫A13099号川路牌农用车,在少洛高速公路上施工下班回家途中,由西向东行驶至登封市君召乡水磨湾村大桥东100米处,因该公路未正常开通通行,在变更车道时,与相反方向行驶的王小红驾驶的两轮摩托车相撞,致王小红和乘车人王海娃当场死亡,王占杰受伤。登封市公安局交警大队事故责任书认定被告人李卫东负此事故的主要责任。另据法院查明,案发时少林寺至洛阳的高速公路未通车运行;案发后李卫东系自己主动到公安机关投案自首。

二、诉讼过程及裁判理由

检察机关以被告人李卫东犯交通肇事罪向法院提起公诉。一审法院经审理认为,被告

[①] 参见陈兴良、张军、胡云腾主编:《人民法院刑事指导案例裁判要旨通纂》(上卷),北京大学出版社2013年版,第53页。

人李卫东驾驶施工车辆,在处于施工阶段尚未开通运行的少洛高速公路上行驶,当与相反方向行驶的摩托车相遇时因疏忽大意致两车相撞而发生事故,造成2人死亡、1人重伤的严重后果。根据最高人民法院《关于审理交通肇事刑事案件具体应用法律若干问题的解释》第8条第2款的规定:"在公共交通管理的范围外,驾驶机动车辆或者使用其他交通工具致人伤亡或者致使公共财产遭受重大损失,构成犯罪的,分别依照刑法第一百三十四条、第一百三十五条、第二百三十三条等规定定罪处罚。"故对被告人应以过失致人死亡罪定性。检察机关指控其犯罪的事实成立,予以支持。但所指控犯交通肇事罪的罪名不妥,不予支持。被告人的辩护人辩称的"被告人的行为在客观上虽然造成了损害结果,但不是出于故意或者过失,而是由于不能抗拒和不能预见的原因所引起的,不是犯罪,应宣告李卫东无罪",与本案的事实不相符,被告人的行为很明显是疏忽大意,对造成被害人死亡的结果存在过失。故对该辩护主张,不予采纳。《刑法》第233条规定:"过失致人死亡的,处三年以上七年以下有期徒刑,情节较轻的,处三年以下有期徒刑……"被告人李卫东过失致2人死亡,另有1人重伤,不宜认定为情节较轻,应在3年以上7年以下有期徒刑的幅度内量刑。被告人在案发后主动投案自首,依法可从轻或者减轻处罚;鉴于被告人自愿认罪,案发后主动与死者家属和伤者达成赔偿协议,并已履行,得到死者家属和伤者的谅解,具有酌情从轻情节,确有悔罪表现。依照《中华人民共和国刑法》第233条、第67条、第72条、第73条之规定,判决被告人李卫东犯过失致人死亡罪,判处有期徒刑3年,缓刑4年。

三、关联法条

《中华人民共和国刑法》

第一百三十三条 违反交通运输管理法规,因而发生重大事故,致人重伤、死亡或者使公私财产遭受重大损失的,处三年以下有期徒刑或者拘役;交通运输肇事后逃逸或者有其他特别恶劣情节的,处三年以上七年以下有期徒刑;因逃逸致人死亡的,处七年以上有期徒刑。

第二百三十三条 过失致人死亡的,处三年以上七年以下有期徒刑;情节较轻的,处三年以下有期徒刑。本法另有规定的,依照规定。

第十六条 行为在客观上虽然造成了损害结果,但是不是出于故意或者过失,而是由于不能抗拒或者不能预见的原因所引起的,不是犯罪。

四、争议问题

本案主要有两个争议问题:第一,本案中被告人李卫东对事故的发生主观上是否有过失?这个问题直接关系到被告人李卫东是否构成犯罪,因而也是本案中至关重要的问题。第二,在事故发生时未通车的少洛高速公路(事故发生地)是否属于公共道路?这个问题直接关系到被告人李卫东的行为是构成交通肇事罪还是过失致人死亡罪。

上述两个问题中,第一个属于事实认定问题,第二个属于法律解释问题。

五、简要评论

在现实生活中,驾驶机动车发生事故导致人员伤亡、财产损失的案件时有发生,本案中被告人李卫东驾驶农用车在施工返程途中发生事故导致两死一伤即属此类案件。本案中有两个关键性问题决定了李卫东的行为性质,其中李卫东对伤亡结果的发生主观上是否具有过失决定了其行为的罪与非罪,事故发生地是否属于公共道路决定了其行为的罪间区分。对上述两个问题的回答是正确认定本案行为性质的关键。

(1) 李卫东对伤亡结果的发生主观上是否具有过失?登封市公安局交警大队事故责任书认定被告人李卫东负此事故的主要责任,这似乎能够证明李卫东主观上具有过失,但交管部门作出的责任认定不能直接作为法院审理刑事案件时的证据使用,因为上述证据并未经由控辩双方质证。法院在审理李卫东的行为是否构成犯罪的时候,仍须根据刑法所规定的罪名结合相关证据对李卫东的主观过错进行实质的分析判断。本案中,法院认为被告人李卫东的行为很明显是疏忽大意,对造成被害人死亡的结果存在过失,但遗憾的是法院并未对李卫东主观上具有疏忽大意的过失作出充分的论证,仅根据交管部门作出的责任认定,不能直接证明行为人主观上显然具有过失。

(2) 事故发生地少洛高速公路是否属于公共道路?在被告人李卫东主观上具有过失这一前提下,接下来的问题是李卫东的行为构成何罪。本案中公诉机关和审判机关的意见显然存在分歧,公诉机关以交通肇事罪提起公诉,而法院最终以过失致人死亡罪作出了判决。交通肇事罪和过失致人死亡罪均为过失犯罪,二者之间在行为致人死亡的场合下是特殊罪名与一般罪名的关系,二者区分的关键在于行为是否发生在公共交通领域。交通肇事罪是危害公共安全的犯罪,其客观方面表现为违反交通运输管理法规,因而发生重大事故,致人重伤、死亡或者使公私财产遭受重大损失。可见交通肇事罪要求行为发生在公共交通管理范围内。在公共交通管理范围外,驾驶机动车辆或者使用其他交通工具致人伤亡或者致使公共财产遭受重大损失,构成犯罪的则依过失致人重伤罪、过失致人死亡罪等罪名定罪处罚。

本案中,事故发生地少洛高速公路在事故发生时未通车运行,是否就属于公共交通的范围呢?笔者认为,"事故路段"如果没有正式通车一般不会被认为属于公共道路,但是这一形式化的判断不应当被绝对化。如果尚未正式通车的道路已经被过往的车辆使用,就应当被认定为公共道路,相应的交通规则亦应当被过往的行人、车辆所遵守。在这里,判断是否属于"公共道路"的标准,以实质上是否用于公共交通为准。本案审理法院对此未加详查,有欠妥当。

案例2-5 张栓成过失致人死亡案①

一、基本案情

2004年秋,张国增的女婿赵国朝因强奸张栓成的外甥女而批捕在逃。2005年2月13

---

① 参见最高人民法院中国应用法学研究所编:《人民法院案例选》(2007年第4辑总第62辑),人民法院出版社2008年版,刑事第7号案例。

日10时许,被告人张栓成等人为追查赵国朝的去向找到了张国增家,为此双方发生口角,引起厮打,被告人张栓成用拳头照张国增头部及身上击打,随后张国增身感不适,在送往医院途中死亡。经法医鉴定,张国增系轻微外伤,情绪激动诱发冠心病心肌梗死而死亡。公诉机关指控被告人张栓成构成过失致人死亡罪。

二、诉讼过程及裁判理由

一审法院经审理认为,被告人张栓成故意伤害他人身体,致他人轻微伤,并诱发他人疾病发作而致死,系因过失行为导致他人死亡的后果,其行为已构成过失致人死亡罪。检察机关指控罪名成立,予以支持。关于辩护人提出被告人张栓成的行为不构成过失致人死亡罪的意见,即被害人身体健康,被告人张栓成不知道他有心脏病,缺乏预见性,没有主观上的过失,应宣告无罪。经查,与客观事实不符,于法无据,不予采纳。故而判决被告人张栓成犯过失致人死亡罪,判处有期徒刑3年。被告人不服提出上诉,二审法院作出终审裁定,驳回上诉,维持原判。

三、关联法条

《中华人民共和国刑法》

第二百三十三条　过失致人死亡的,处三年以上七年以下有期徒刑;情节较轻的,处三年以下有期徒刑。本法另有规定的,依照规定。

第十六条　行为在客观上虽然造成了损害结果,但是不是出于故意或者过失,而是由于不能抗拒或者不能预见的原因所引起的,不是犯罪。

四、争议问题

本案的争议问题是,故意击打他人身体,致他人轻微伤,诱发他人其他疾病发作而致死,应认定为意外事件还是过失致人死亡罪?

五、简要评论

现实生活中,人们因矛盾纠纷故意辱骂、推搡、殴打他人的情况时有发生,有时上述行为会诱发相对人的其他疾病(如高血压、心脏病等)发作而导致相对人死亡。在相对人死亡的场合,对诱发疾病发作致死的故意辱骂、推搡、殴打等行为应如何定性?是意外事件还是过失致人死亡罪?问题的关键点有两个:一是行为人的行为与死亡结果之间是否具有因果关系;二是行为人对死亡结果是否具有预见可能性。前者属于犯罪客观方面的因果关系问题,后者属于犯罪主观方面的主观过错问题。只有当行为与死亡结果之间具有因果关系且行为人对死亡结果具有预见可能性时,才构成过失致人死亡罪,否则不构成犯罪。

(1)张栓成的殴打行为与张国增的死亡之间是否具有因果关系?笔者认为,因果关系是实行行为与危害结果之间符合客观法则的引起和被引起的关系,因果关系的判断内容应包括行为时存在的一切客观事实。本案中,张栓成的殴打行为与张国增冠心病发作进而死亡具有符合客观法则的引起和被引起的关系,因为殴打行为—情绪激动—冠心病发作—心肌梗死死亡这一流程合乎客观因果法则。因此,张栓成的殴打行为与张国增的死亡之间具有因果关系。

（2）张栓成对死亡结果是否具有预见可能性？如果行为人根本无法预见到自己的行为可能导致他人死亡,则属于意外事件,根据《刑法》第16条的规定不构成犯罪。如果行为人能预见到自己的行为可能导致他人死亡而没有预见到,则属于疏忽大意的过失。如果行为人预见到了自己的行为可能导致他人死亡,结合主客观条件轻信能够避免,即对死亡结果的发生持排斥态度,则属于过于自信的过失。至于行为人对死亡结果是否具有预见可能性,笔者认为,应当根据社会一般人的平均认知水平以及行为人的特别认知,考察行为本身的危险程度以及行为时相关的客观条件进行综合判断。

具体到本案,被告人张栓成用拳头照张国增头部及身上击打时,对死亡结果是否具有预见可能性？笔者认为,这需要结合案件发生时的具体情况进行判断,不能一概而论。主要应考虑如下因素:第一,社会一般人在行为时的认知水平;第二,被告人张栓成在行为时的特别认知,包括对张国增身体状况的了解程度,如对张国增患有冠心病是否知情等;第三,张栓成实施的击打行为本身的危险程度,这需要结合击打所使用的工具、击打的部位和力度等进行判断。本案中张栓成对张国增患有冠心病这一事实并不知情,而且社会一般人在行为时也无法认识到上述事实,因此张栓成在殴打张国增时无法预见到其殴打行为能诱发张国增冠心病发作而死亡。虽然张栓成在行为时对殴打行为诱发张国增冠心病发作而死亡这一因果流程缺乏预见可能性,但还不能据此排除张栓成在实施殴打行为时对张国增的死亡缺乏预见可能性,还要考察殴打行为本身的危险程度。本案中张栓成用拳头照张国增头部及身上击打,经法医鉴定,张国增系轻微外伤。据此,击打行为的工具是拳头,击打的部位是头部及身上,击打的力度较小（击打仅造成轻微外伤）。根据社会一般人的认知,张栓成的击打行为不会致人死亡,张栓成的击打行为本身未达到致人死亡的危险程度。因此,笔者认为,被告人张栓成用拳头照张国增头部及身上击打时,对死亡结果不具有预见可能性。

（3）根据《刑法》第16条的规定,行为在客观上虽然造成了损害结果,但不是出于故意或者过失,而是由于不能抗拒或者不能预见的原因所引起的,不是犯罪。本案中被告人张栓成的行为客观上虽然造成了张国增的死亡（殴打行为与死亡结果之间具有因果关系）,但是结合案件的具体情况（如上分析）,张栓成对死亡结果不具有预见可能性,对死亡结果主观上既不是出于故意也不是出于过失。因此,本案中张栓成故意击打张国增的身体致其轻微伤,诱发冠心病发作而致死属于刑法上的意外事件,不构成犯罪。

综上所述,笔者认为,故意击打他人身体,致他人轻微伤,诱发他人其他疾病发作而致死,究竟应认定为意外事件还是过失致人死亡罪,不能一概而论,要结合案情具体分析。因此,法院对本案的判决有待商榷。

案例2-6 穆志祥过失致人死亡案①

一、基本案情

1999年9月6日10时许,被告人穆志祥驾驶其苏GM27××号金蛙农用三轮车,载客驶往县城某镇。车行至苏306线某村境内路段时,穆志祥见前方有交通局工作人员正在检查过往车辆。因自己的农用车欠缴有关费用,穆志祥担心被查到而受罚,遂驾车左拐,驶离306线,并在该村3组李学华家住宅附近停车让乘客下车。因车顶触碰村民李学明从李学华家所接电线接头的裸露处,使车身带电。先下车的几名乘客因分别跳下车,未发生意外,也未发现车身导电。后下车的乘客张木森由于在下车时手抓挂在车尾的自行车车梁而触电身亡。现场勘验表明,穆志祥在其苏GM27××号金蛙农用三轮车车顶上焊接有角铁行李架,致使该车实际外形尺寸为高235厘米。按有关交通管理法规规定,该种车型最大高度应为200厘米。另外,李学明套户接李学华家电表,套户零线、火线距地面垂直高度分别为235厘米和228厘米,且该线接头处裸露。按相关电力法规规定,安全用电套户线对地距离最小高度应为250厘米以上,故李学明所接的火线对地距离不符合安全标准。

二、诉讼过程及裁判理由

一审法院认为,被告人穆志祥的行为虽造成他人死亡的结果,但既不是出于故意也不是出于过失,而是由于不能预见的原因引起,属于意外事件,不构成犯罪。公诉机关指控穆志祥犯过失致人死亡罪的定性不当,指控的罪名不能成立,故对穆志祥宣告无罪。

一审判决后,检察机关提出抗诉,认为原判对穆志祥犯罪性质认定错误,穆志祥主观上有过失,客观上造成张木森死亡的结果,过失行为与张木森死亡之间有必然的因果关系,符合过失致人死亡罪的构成要件,应当定罪处罚。二审法院在审理过程中,检察机关认为抗诉不当,申请撤回抗诉。二审法院经审查,裁定准许检察机关撤回抗诉。

最高人民法院相关业务庭在将该案编入《刑事审判参考》时,在裁判理由中提出,穆志祥违规对车辆进行改装的行为本身并不能直接引发被害人死亡的结果,不是导致后者死亡的直接原因。被害人死亡的直接原因是触电,引起触电的直接原因是李学明所接照明线路高度不符合安全用电的套户线路对地距离,以及所接电线接头处无绝缘措施致使裸露处放电。正是前述因素与被告人的三轮车角铁行李架超高因素的共同偶合,才导致被害人触电身亡的事故发生。因此,穆志祥的违规行为与被害人死亡的结果没有必然和直接的内在联系,其行为与被害人的死亡无刑法上的因果关系。

---

① 参见陈兴良、张军、胡云腾主编:《人民法院刑事指导案例裁判要旨通纂》(上卷),北京大学出版社2013年版,第414页。

三、关联法条

《中华人民共和国刑法》

第二百三十三条 过失致人死亡的,处三年以上七年以下有期徒刑;情节较轻的,处三年以下有期徒刑。本法另有规定的,依照规定。

四、争议问题

本案主要争议问题有两个:第一,被告人穆志祥对被害人张木森触电死亡的后果主观上是否具有过失?第二,行为人驾驶有故障的交通工具,被害人因为该交通工具造成人身伤亡,二者是否具有刑法上的因果关系?

五、简要评论

意外事件是因不能预见的原因所引起的,判定一个具体事件是否属于意外事件,在于认定行为人不能预见的原因为何。行为人无法主动预知客观结果的发生,这种无法预知是行为人主观能动性的缺失。因为这种主观能动性的缺失,导致行为人无法结合外界环境的改变而判定危害结果能否发生。而对于"不能预见的原因",我国刑法理论大致划定了一个认定的范围,分为以下几种情形:

(1)突发性的自然灾害、技术故障,如司机照章行车,至人行过道处踩刹车减速停车,但刹车因故障突然失灵酿成重大事故。

(2)被害方的过错行为,如被害人违反交通规则,以致发生交通事故。

(3)人体内部的潜在性疾病,如患有严重脑血管疾病的人与他人争吵、推搡,因气愤、激动致脑血管破裂,发生死亡的结果。

(4)日常生活中的偶发事件,如去别人家喝喜酒时误将他人室内桌上用葡萄酒瓶装的烧碱当酒分给同桌客人喝而导致伤亡事故发生。

本案在审理过程中,就被告人穆志祥是否构成过失致人死亡罪,有不同的两种意见:一种意见认为,被告人穆志祥虽然造成了被害人张木森死亡的后果,但其主观上既无故意,也无过失,张木森的死亡,与被告穆志祥改装车辆、违反交通管理法规的行为之间没有刑法上的因果关系,张木森的死亡属于意外事件,被告人穆志祥对该后果不应承担刑事责任。另一种意见认为,被告人穆志祥违章改装车辆,使车辆高度超过交通管理法规规定的高度,其在行车过程中应当预见可能会发生一定的危害结果,理应采取必要的防范措施,但其疏于观察周围环境,没有预见到本应预见的可能发生的危害结果,其主观上有过失,客观上造成了张木森死亡的严重后果,应当负刑事责任。

因此,本案争议的问题之一即为被告人穆志祥主观上是否存在过失。犯罪过失包括疏忽大意的过失和过于自信的过失两种。疏忽大意的过失是指行为人应当预见自己的行为可能发生危害社会的结果,由于疏忽大意而没有预见的心理状态。构成疏忽大意的过失须具备三个要件:

(1)行为人应当预见自己的行为可能发生危害社会的结果。所谓应当预见,一是指行为人有预见的义务,这种预见的义务或者来自法律和各种规章制度所规定的共同生活规则,或者来自社会多年积累形成的普遍认知;二是指行为人当时具有预见的能力(可能)。行为人是否应有预见的能力,应结合行为人本身的身心状况、知识经验、水平和能力等主观条件和行为时的各种客观条件全面考察。只有既具有预见义务又具备预见能力(可能)的,才能认定行为人应当预见。

(2) 行为人没有预见自己的行为可能发生危害社会的结果。

(3) 行为人对可能发生的危害结果缺乏认识,没能预见,是由于自己的疏忽大意造成的。

本案被告人穆志祥的主观方面不具备疏忽大意过失的上述构成要件,理由是:

(1) 穆志祥虽私自在车顶焊接角铁行李架致车身违规超高(235厘米),但对李学明所接照明电线不符合安全用电高度要求(火线对地距离仅为228厘米),且接头处裸露,不具备预见的可能。李学明家所接套户线路仅低于规定22厘米(法定最低高度应为250厘米),即使电力设施专业维护人员未经测量也未必能够预见。作为一个普通人,穆志祥在将三轮车停在李学明住宅附近时,没有义务也不可能预见李学明所接李学华的套户线不符合安全用电对地距离的要求,更不可能预见所接电线接头处裸露。

(2) 穆志祥没能预见可能导致张木森等乘客触电死亡的结果,不是因其自身的疏忽大意。根据普通人的知识经验,在正常低压照明线路下停车,不会发生车身带电的意外情况。穆志祥没有违章在过往车辆频繁的公路上停车下客,而是拐入其认为较为安全的村民住宅附近下客,其对车上乘客的人身安全已尽了必要的安全防范义务,并没有疏忽。过于自信的过失是指行为人已经预见到自己的行为可能发生危害社会的结果,但轻信能够避免的主观心理状态。也就是说,过于自信的过失必须以实际已经预见为前提,同时又自信依据一定的主客观条件能够避免危害结果的发生。

如前所述,本案被告人穆志祥无义务、不可能且没有预见其在李学华家住宅附近停车,车顶会恰巧碰上李学明家私自拉接的不符合安全用电对地高度要求且未采取任何绝缘措施的裸露电线接头处。因而也就不可能存在"轻信可以避免"的问题,故其主观上也不具有过于自信的过失,本案属于一个悲剧性的意外事件。

本案的第二个争议问题是,关于穆志祥的私自违规改装车辆的行为同张木森的死亡结果之间是否存在因果关系,对此法院给出的是否定的回答。刑法上的因果关系,是指行为人的危害行为与危害后果之间存在引起与被引起的直接与必然的关系。行为人的危害行为与危害结果的因果关系是确定行为人是否应负刑事责任的客观基础,如果危害后果是行为人的危害行为所造成的,且行为人主观上具有罪过,则行为人应负刑事责任,反之,则不负刑事责任。原则上讲,只有当行为人的危害行为对危害结果的发生起直接的决定性作用时,危害行为与危害后果之间才具有刑法上的因果关系。被告人穆志祥虽然私自对车辆进行改装,致使车辆高度违反了交通管理法规的规定。但这一行为本身并不能直接引起乘客张木森死亡的后果,不是导致张木森死亡的直接原因。张木森死亡的直接原因是触电,引起触电的直接原因,一是李学明所接照明线路高度不符合安全用电的套户线路对地距离;二是其所接电线接头处无绝缘措施,使电线接头裸露处放电。穆志祥的三轮车角铁行李架超高,恰巧又接触到不符合安全高度的电线裸露处而带电,正是这两方面因素的偶合才致乘客张木森触电身亡的事故发生。因此,应当说穆志祥的违规行为与张木森死亡的后果没有必然的直接内在联系,故其行为与张木森的死亡无刑法上的因果关系。

综上,笔者赞成一审法院的判决。

案例 2-7　田玉富过失致人死亡案①

一、基本案情

2005 年 6 月,被告人田玉富与其妻康滕青因违法生育第三胎而被本县板栗树乡计划生育工作人员带至县计划生育技术指导站实施结扎手术。6 月 25 日上午 11 时许,被告人田玉富为使其妻逃避结扎手术,而对计生工作人员谎称其妻要到指导站住院部三楼厕所洗澡。骗取计生工作人员信任后,在厕所里,被告人田玉富先用手掰开木窗户,然后用事先准备好的尼龙绳系在其妻胸前,企图用绳子将其妻从厕所窗户吊下去逃跑,但由于绳子在中途断裂,致使康滕青从三楼摔下后当场死亡。

二、诉讼过程及裁判理由

一审法院经审理认为,被告人田玉富为帮助其妻康滕青逃避做计划生育结扎手术,用绳子将康滕青捆住从高楼吊下,应当预见自己的行为会造成严重后果而没有预见,致其妻死亡,其行为触犯《刑法》第 233 条,构成过失致人死亡罪。公诉机关指控被告人田玉富的犯罪事实清楚,证据确实、充分,罪名成立,提请依法追究刑事责任的意见予以采纳。被告人田玉富犯罪以后认罪态度好,有悔罪表现,对其适用缓刑确实不致再危害社会,适用《刑法》第 72 条第 1 款,第 73 条第 2、3 款的规定,从轻处罚。据此,判决被告人田玉富犯过失致人死亡罪,判处有期徒刑 3 年,缓刑 3 年。

宣判后,被告人未提出上诉,公诉机关也未抗诉,一审判决发生法律效力。

三、关联法条

《中华人民共和国刑法》

第十五条第一款　应当预见自己的行为可能发生危害社会的结果,因为疏忽大意而没有预见,或者已经预见而轻信能够避免,以致发生这种结果的,是过失犯罪。

第二十五条第二款　二人以上共同过失犯罪,不以共同犯罪论处;应当负刑事责任的,按照他们所犯的罪分别处罚。

第二百三十三条　过失致人死亡的,处三年以上七年以下有期徒刑;情节较轻的,处三

---

① 参见陈兴良、张军、胡云腾主编:《人民法院刑事指导案例裁判要旨通纂》(上卷),北京大学出版社 2013 年版,第 409 页。

年以下有期徒刑。本法另有规定的,依照规定。

四、争议问题

本案的争议点在于,被害人的危险接受应否排除被告人的刑事责任。事实上,本案中被害人康滕青的死亡是其与被告人田玉富共同决定实施逃避计划生育结扎手术行为的过失结果,从这个意义上讲,康滕青、田玉富二人存在共同过失。但是根据我国《刑法》第25条第2款的规定,共同过失犯罪,应按照行为人各自所犯的罪处罚。因此,只能从单独意义上追究被告人田玉富的过失致人死亡罪责任。而根据过失致人死亡罪的成立条件和过失心态的认定标准,田玉富成立过失致人死亡罪一般不会有争议。但是,目前有一种观点认为,类似本案被害人康滕青自愿接受危险的情况,可以根据自我答责排除被告人的不法。这是本案的主要争议问题所在。

五、简要评论

根据相关的理论观点,在被害人危险接受的场合,符合以下主客观两方面条件的,可以排除被告人的行为不法性。首先,在客观上,被害人对相关法益具有处分权。这意味着被害人能够答责的法益,仅限于自己的个人法益,对于他人的法益、社会法益和国家法益,不适用被害人自我答责原则。其次,在主观上,被害人必须具有答责能力,被害人的主观意思决定必须是无瑕疵的,必须对行为人行为的危险具有完全的认识。

从客观条件上看,被害人康滕青似乎具有处分自己身体健康或者生命法益的权利;从主观条件上看,作为一个成年的、理智的人,被害人康滕青对于结绳从三楼滑下的危险是有完全认识的,而且完全不存在被告人田玉富欺骗、强制被害人康滕青的情形。在这种情况下,被害人康滕青仍然决定冒险,结果发生了自己死亡的后果。虽然这一结果是被告人和被害人都不希望发生的,但并不能因此将该结果归责于被告人,而是应当由被害人自我答责。因此,根据以上观点,本案被告人田玉富应当是无罪的。

然而,笔者很难赞同上述结论和立论前提。首先,评价被告人的行为是不是犯罪,原则上应当以其行为本身的因素作为考量的核心,而被害人对于其利益危险的自愿接受在绝大多数情况下属于被告人行为之外的因素,即使承认其对被告人行为不法具有影响,也应当被谨慎地限制在有限的范围内,毕竟刑法评价的对象是被告人的行为。一般认为,被害人对自身权益自愿接受风险如果属于"被害人承诺事由",可以排除被告人行为的违法性,这是因为被害人的承诺使得其法益不再受刑法的保护,因此被告人的损害行为也就不再具有刑法上所谓的法益侵害性。除了这种可以被视为放弃刑法保护的情形,被害人自愿接受的危险成为一般化的阻却违法事由,殊为可疑。其次,即使是在"被害人承诺"的场合,被害人对于生命权益的危险接受也难以被认为具有放弃刑法保护的效力。最后,过失致人死亡罪所要实现的规范目的,在于要求社会一般人在实施行为时,对于他人的生命安全尽到谨慎的注意义务,这一规范确证的需要是不应当存在被遗漏的情形的。

本案中,田玉富虽然是与其妻子康滕青基于相互的同意共同实施了危及后者生命的行为,但是这并不能否定其对妻子的生命不再具有法律上的保护义务,相反,他的行为选择更加强化了这种保护义务。以此为基础,我们可以认为,被告人田玉富对其妻子的生命安全未尽到谨慎的保护义务,其实施的行为具有危及他人生命的类型化特征,与康滕青死亡结果的出现具有因果关系。因此,完全符合过失致人死亡罪的构成要件,也不存在正当化事由,应当按照过失致人死亡罪定罪处罚。法院的判决是妥当的。

案例2-8 赵某过失致人死亡案①

一、基本案情

2011年3月19日晚6时许,赵某酒后乘雷某驾驶的出租车到市区鹰翔路附近,赵某提出要下车找人,让雷某停车等一会儿,雷某不同意。二人由此发生争执进而引发厮打。后雷某在慌忙驾车离开现场的过程中撞上了一辆停放在路边的黑色轿车,并停了下来。现场有关人员发现后,打开出租车的车门发现雷某已经不省人事,当即拨打了急救电话。后雷某经抢救无效死亡。经法医鉴定,雷某系外力、情绪改变、剧烈活动、劳累等因素诱发冠心病急性发作致心脏功能衰竭死亡。

二、诉讼过程及裁判理由

一审法院受理案件后,雷某的家属向法院提起了附带民事诉讼。一审法院审理查明上述事实后,认为被告赵某酒后与被害人雷某发生纠纷,并进而发生厮打,致使被害人雷某因心脏病猝发而死亡。2011年11月10日,经一审法院主持调解,双方当事人最终达成了调解协议,赵某赔偿被害人雷某的家属各项损失共计20万元。协议签订后,被告人的亲属及时将20万元赔偿款交给了雷某的家属。雷某的家属对其行为表示谅解,请求一审法院依法对赵某减轻或从轻处理。一审法院以过失致人死亡罪判处被告人赵某有期徒刑3年,缓刑3年。

三、关联法条

《中华人民共和国刑法》

第十五条第一款 应当预见自己的行为可能发生危害社会的结果,因为疏忽大意而没有预见,或者已经预见而轻信能够避免,以致发生这种结果的,是过失犯罪。

第二百三十三条 过失致人死亡的,处三年以上七年以下有期徒刑;情节较轻的,处三年以下有期徒刑。本法另有规定的,依照规定。

四、争议问题

本案的争议问题有三:第一,赵某的行为是否属于过失致人死亡罪所要规制的行为类

---

① 参见平顶山市中级人民法院网(http://pdszy.chinacourt.org/article/detail/2012/03/id/1610369.shtml),访问时间:2015年5月8日。

型？第二，赵某主观上对于雷某的死亡是否具有过失？这两个问题直接决定着赵某的行为是否应当被认定为过失致人死亡罪。第三，本案处理过程中的刑事和解是否妥当？这一问题直接拷问着刑罚权是否被不当发动。

五、简要评论

在一般常识意义上，本案有一个事实似乎可以肯定，那就是如果没有赵某与死者雷某的纠纷与厮打，就不会有雷某的死亡结果。法院也正是基于此认定赵某构成过失致人死亡罪，并且适用了刑事和解，基于赵某的20万元赔偿给予其从宽的处罚，即缓刑。

姑且不论上述因果关系的判断是否准确，过失致人死亡罪的认定也不能仅仅依靠因果关系的认定一者。在我们看来，过失致人死亡罪的认定应当至少满足三个条件：第一，被告人主观上对于死亡结果要有过失的心理态度；第二，被告人的行为属于过失致人死亡罪所要规制的行为范围；第三，被告人的行为与结果之间具有因果关系。在本案中，上述三个条件应当说一个也不具备。

(1) 根据我国《刑法》的规定，犯罪过失分为疏忽大意的过失和过于自信的过失两种类型。尽管两者的成立条件不一致，但是有一个共同的前提，那就是被告人应当对被害人死亡结果的出现有预见可能性。如果没有这种可能性，根本谈不到疏忽大意的过失问题；同时，如果没有对死亡结果的预见可能性，也不能苛责被告人尽到所谓的预见义务。本案中，死者雷某的死亡，经法医鉴定系外力、情绪改变、剧烈活动、劳累等因素诱发冠心病急性发作致心功能衰竭死亡。对于被告人赵某而言，他并没有对雷某实施严重的身体伤害行为，可能预见到的结果只是使雷某情绪激动，而情绪激动对于正常人而言是没有死亡危险的。因此，本案中被告人赵某对于雷某的死亡不具备过失的主观心理态度。

(2) 过失致人死亡罪所要规制的行为也不是毫无限制的，这里的要求是，过失致人死亡罪所处罚的行为必须是对于死亡结果的出现具有一定盖然性联系的行为。之所以要做这样的要求，主要是为了避免过失责任追究范围的无限延伸。过失实行行为理论的出现，从一定意义上讲也是这样一种需要的理论反应。本案中，赵某与雷某的纠纷所导致的厮打行为，并不必然存在导致后者死亡的危险，因此不能断然将其纳入过失致人死亡罪的规制范围。但是要注意，这里所谓的盖然性联系，不能在一般意义上予以把握，必须结合案件的具体发生情境。例如可能知道对方有严重的心脏病，不能受强烈的情绪刺激，但是并没有加以注意，使后者由于受刺激引发心脏病死亡，这时的刺激行为就可以被纳入过失致人死亡罪的规制范围。但是，正如上文所述，赵某在实施与死者雷某的厮打行为时，根本没有可能预见到其对于后者的刺激会引发其死亡。因此，赵某的行为不能被纳入过失致人死亡罪的规制范围。

(3) 即便可以把赵某与雷某的厮打行为纳入过失致人死亡罪的规制范围，即便是在常识意义上人们会觉得赵某的行为是雷某的死因，但也不意味着这种认知满足了刑法对于犯罪成立条件的因果关系的要求。无须论证太多，只需将这种逻辑适用在其他情况验证一下就可以了：如果甲与乙发生激烈的争吵，然后乙愤然跳楼自杀，我们可以认为甲构成故意杀人罪吗？如果不能，我们也就不能认为赵某的行为与雷某的死亡之间具有刑法上的因果关系。

  如果说赵某的行为根本不构成过失致人死亡罪,那就不能就本案适用刑事和解。刑事和解适用的前提是犯罪成立没有争议,且符合法律规定可以适用和解的范围限定要求。本案审理法院未能正确为赵某的行为定性,就贸然适用刑事和解,结果将是可怕的;那就是司法不能够为人们的行为提供合理的指引作用,司法的判断将越来越多地受制于纠纷双方的无限制要求。

第三章　故意伤害罪

案例3-1　李尚琴等故意伤害案[①]

一、基本案情

被告人李素琴与被害人张铁柱离婚后仍同住一室。张铁柱因不满法院对房屋产权的判决，多次在该住处对李素琴和李尚琴等人滋事，曾放火烧该住处。李素琴不得不经常寻求警方保护。当晚，张铁柱持木柄铁锤击打睡在客厅的李尚琴的儿子孟宪宝，孟宪宝被击伤（经鉴定为轻伤）。在北屋睡觉的李尚琴、李素琴及李素琴之子张某（15岁）听见孟宪宝的叫喊声，冲出门与张铁柱搏斗，抢下铁锤。后李尚琴见张铁柱手中握有打火机且地上汽油流淌，遂将打火机打掉，3人合力将张铁柱按倒在地。适时，李尚琴见儿子头部大量流血，情急间持木柄铁锤击打仍在地上挣扎的张铁柱后脑一下，并随即与张某一同送孟宪宝去医院。此时张铁柱躺在地上已经一动不动。李素琴持木柄铁锤继续击打张铁柱的腿部、膝盖、胳膊、手部、肩部等部位。后李素琴报警，警察来到现场，将张铁柱送往医院。张铁柱因失血性休克合并闭合性脑损伤经抢救无效死亡。

二、诉讼过程及裁判理由

一审法院经审理认为，李尚琴为了使本人和他人的人身、财产权利免受张铁柱正在进行的不法侵害，与李素琴等人合力反抗，李尚琴持铁锤击打张铁柱的时间，系在其与他人已经将张铁柱按倒在地之时，此时张铁柱虽有继续侵害能力，但危险性已经不足以严重危及他人人身安全。其正当防卫明显超过必要限度，结合其在归案后及在庭审过程中认罪、悔罪态度较好等情节，应当减轻处罚，判决其犯故意伤害罪，判处有期徒刑1年，缓刑1年。李素琴在张铁柱已经失去侵害能力的情况下，继续持械殴打，其犯罪以后自动投案，如实供述自己的犯罪事实，是自首，结合被害人侵害行为在先并具有较大过错等情节，可减轻处罚，判决其犯故意伤害罪，判处有期徒刑3年，缓刑3年。

一审宣判后，检察机关未抗诉，两名被告人未上诉，一审判决已经发生法律效力。

三、关联法条

《中华人民共和国刑法》

第二十条　为了使国家、公共利益、本人或者他人的人身、财产和其他权利免受正在进行的不法侵害，而采取的制止不法侵害的行为，对不法侵害人造成损害的，属于正当防卫，不

[①] 参见陈兴良、张军、胡云腾主编：《人民法院刑事指导案例裁判要旨通纂》（上卷），北京大学出版社2013年版，第420页。

负刑事责任。

正当防卫明显超过必要限度造成重大损害的,应当负刑事责任,但是应当减轻或者免除处罚。

对正在进行行凶、杀人、抢劫、强奸、绑架以及其他严重危及人身安全的暴力犯罪,采取防卫行为,造成不法侵害人伤亡的,不属于防卫过当,不负刑事责任。

第六十七条第一款　犯罪以后自动投案,如实供述自己的罪行的,是自首。对于自首的犯罪分子,可以从轻或者减轻处罚。其中,犯罪较轻的,可以免除处罚。

第七十二条　对于被判处拘役、三年以下有期徒刑的犯罪分子,同时符合下列条件的,可以宣告缓刑,对其中不满十八周岁的人、怀孕的妇女和已满七十五周岁的人,应当宣告缓刑:

(一)犯罪情节较轻;

(二)有悔罪表现;

(三)没有再犯罪的危险;

(四)宣告缓刑对所居住社区没有重大不良影响。

宣告缓刑,可以根据犯罪情况,同时禁止犯罪分子在缓刑考验期限内从事特定活动,进入特定区域、场所,接触特定的人。

被宣告缓刑的犯罪分子,如果被判处附加刑,附加刑仍须执行。

第二百三十四条　故意伤害他人身体的,处三年以下有期徒刑、拘役或者管制。

犯前款罪,致人重伤的,处三年以上十年以下有期徒刑;致人死亡或者以特别残忍手段致人重伤造成严重残疾的,处十年以上有期徒刑、无期徒刑或者死刑。本法另有规定的,依照规定。

四、争议问题

本案的争议问题是:本案是否成立无过当防卫?被害人的过错对于量刑有何影响?

五、简要评论

(1)李尚琴的行为是否成立刑法上的无过当防卫?我国司法实践中对正当防卫成立条件的把握比较苛刻,实践中认定为正当防卫的案件极少。本案对李尚琴行为的定性存在争议。法院认为李尚琴持铁锤击打张铁柱的时间,系在其与他人已经将张铁柱按倒在地之时,此时张铁柱虽有继续侵害能力,但危险性已经不足以严重危及他人人身安全。李尚琴正当防卫明显超过必要限度,已构成故意伤害罪。

本案中,被害人张铁柱因婚姻纠纷,经常对李素琴实施暴力,其姐李尚琴及其子孟宪宝为了保护李素琴的安全来此同住。案发当晚,张铁柱持铁锤击打孟宪宝,并在室内地上泼洒汽油,李尚琴闻声前来制止,抢下铁锤,打掉打火机,与他人将张铁柱按倒在地上,但张铁柱此时仍在地上挣扎,且现场只有两名妇女、一个未成年人张某(15岁),还有伤者孟宪宝,此时李尚琴持铁锤击打了一下张铁柱的头部,完全看不出是"明显超过必要限度造成重大损害",而应属于《刑法》第 20 条第 3 款规定的"对正在进行行凶、杀人、抢劫、强奸、绑架以及其他严重危及人身安全的暴力犯罪,采取防卫行为,造成不法侵害人伤亡的,不属于防卫过当,不负刑事责任"。笔者认为,李尚琴携儿子前来保护妹妹李素琴的人身安全,遇被害人突然持凶器行凶的重大侵害,虽然将张铁柱按倒在地上,但张铁柱仍然在挣扎,现场只有妇孺、伤者,地上又有汽油,此时李尚琴完全可以进行无过当防卫,不应限制被侵害人防卫权的行使。

(2)被害人存在重大过错的,可以对被告人从轻或者减轻处罚。犯罪现象是加害与被害互动作用的过程,被害人的因素对加害人的行为性质与罪量存在影响。2010 年 9 月 13 日最高人民法院发布的《人民法院量刑指导意见(试行)》①就故意伤害罪规定,"有下列情节之一的,可以减少基准刑的 20% 以下:……(2)因被害人的过错引发犯罪或对矛盾激化引发犯罪负有责任的……"可见,司法解释已经明确,被害人有过错的,可以减轻被告人的刑罚。

根据刑法基础理论,被害人存在重大过错的,是对被告人从宽处罚的量刑情节。根据罪刑相适应原则,刑罚应当与犯罪行为的客观危害以及行为人的主观恶性相适应。被害人存在重大过错的案件,如本案,被害人加害在先,引发被告人反抗,被告人行为对法益的损害及危险减小,主观恶性与人身危险性明显低于被害人没有过错的案件。从刑罚预防的角度来说,被害人存在重大过错的案件,被告人再次犯罪的可能性极小,也容易接受教育、矫正。

(3)根据李素琴的犯罪情节和悔罪表现,法院对其适用缓刑是正确的。此案发生在 2004 年,故适用《刑法修正案(八)》之前的缓刑规定。缓刑的适用条件是,"根据犯罪分子的犯罪情节和悔罪表现,适用缓刑确实不致再危害社会"。不致再危害社会,也就是行为人的再犯可能性小、人身危险性小、主观恶性小,这是适用缓刑的实质条件。本案中,李素琴长期遭受被害人的暴力侵扰,且案发当日更是遭受被害人的恶意侵害。李素琴持铁锤击打的是被害人的腿部、膝盖、胳膊、手部等非致命部位,李素琴庭上陈述自己回忆起张铁柱以往对其实施的种种恶行,在一种充满怨愤与悲伤的情绪下实施侵害行为,事后马上报警,等待警察来处理,属于自首。其既无预谋,也不逃避罪责,而是情绪激愤情况下临时起意伤害他人,这说明被告人主观恶性小、人身危险性小、再次犯罪可能性小,与蓄意伤人、事后逃避法律制裁的案件有明显差异。因此,根据行为人的犯罪情节和悔罪表现,可以确信其不致再危害社会,可以适用缓刑。

---

① 该指导意见已被 2015 年 1 月 19 日起施行的最高人民法院《关于废止部分司法解释和司法解释性质文件(第十一批)的决定》废止。

案例 3-2　黄剑新故意伤害案①

一、基本案情

2003年4月间，曾劲青因无力偿还炒股时向黄剑新所借的10万元债务，遂产生保险诈骗的念头。曾劲青在三家保险公司投保了意外伤害保险。曾劲青为了达到诈骗保险金的目的，找到黄剑新，劝说黄剑新砍掉他的双脚，以向保险公司诈骗，并承诺将所得保险金偿还所欠黄剑新的债务本金及红利。黄剑新在曾劲青的多次劝说下答应与曾劲青一起实施保险诈骗。由曾劲青确定砍脚的具体部位，由黄剑新准备砍刀、塑料袋等作案工具。6月17日晚9时许，曾劲青按与黄剑新之约骑上摩托车，载上黄剑新到后山小路，黄剑新用随身携带的砍刀将曾劲青双下肢膝盖以下脚踝以上的部位砍断，之后，黄剑新在逃跑途中分别将两只断脚、砍刀及摩托车丢弃。曾劲青在黄剑新离开后呼救，被周围群众发现后报警。案发后，曾劲青向公安机关、保险公司报案谎称自己是被3名陌生男子抢劫时砍去双脚，以期获得保险赔偿。8月11日，曾劲青的妻子经曾劲青同意向保险公司提出理赔申请，后因公安机关侦破此案而未能得逞。经法医鉴定与伤残评定，曾劲青的伤情属于重伤，伤残评定为三级。

二、诉讼过程及裁判理由

一审法院经审理认为，曾劲青作为投保人、被保险人和受益人，伙同他人故意造成自己伤残，企图骗取数额特别巨大的保险金，其行为构成保险诈骗罪；黄剑新故意伤害他人身体，致人重伤，其行为构成故意伤害罪。黄剑新致曾劲青重伤，应承担相应的民事赔偿责任，考虑系原告曾劲青叫被告人黄剑新砍去其双脚，曾劲青自己亦有过错，故双方各自承担一半的民事责任。黄剑新犯故意伤害罪，判处有期徒刑6年；曾劲青犯保险诈骗罪，判处有期徒刑5年零6个月，并处罚金人民币3万元。

一审宣判后，曾劲青、黄剑新二人不服提出上诉。黄剑新及其辩护人提出，黄剑新伤害他人的行为是受曾劲青教唆和胁迫，原判对其量刑畸重。

二审法院经审理认为，原判认定事实清楚，证据确凿，定罪准确，量刑适当，审判程序合法。裁定驳回上诉，维持原判。

三、关联法条

《中华人民共和国刑法》

第一百九十八条第一、二款　有下列情形之一，进行保险诈骗活动，数额较大的，处五年以下有期徒刑或者拘役，并处一万元以上十万元以下罚金；数额巨大或者有其他严重情节的，处五年以上十年以下有期徒刑，并处二万元以上二十万元以下罚金；数额特别巨大或者有其他特别严重情节的，处十年以上有期徒刑，并处二万元以上二十万元以下罚金或者没收

---

① 参见陈兴良、张军、胡云腾主编：《人民法院刑事指导案例裁判要旨通纂》（上卷），北京大学出版社2013年版，第433页。

财产：

......

（五）投保人、受益人故意造成被保险人死亡、伤残或者疾病，骗取保险金的。

有前款第四项、第五项所列行为，同时构成其他犯罪的，依照数罪并罚的规定处罚。

第二百三十四条　故意伤害他人身体的，处三年以下有期徒刑、拘役或者管制。

犯前款罪，致人重伤的，处三年以上十年以下有期徒刑；致人死亡或者以特别残忍手段致人重伤造成严重残疾的，处十年以上有期徒刑、无期徒刑或者死刑。本法另有规定的，依照规定。

四、争议问题

被害人的承诺是否可以阻却重伤行为的违法性？

五、简要评论

经被害人承诺（同意），故意造成被害人重伤致残的，应构成故意伤害罪。

被害人承诺是指行为人经被害人同意对其法益造成一定的损害。在这种情况下，行为人对造成的法益侵害后果不负刑事责任。被害人承诺之所以可以排除违法性，是因为某种法益属于他人可以支配的法益，在其可支配范围内，可以阻却法益损害行为的违法性。如果不属于他人可以支配的法益，即使经他人允许予以损害，也不能阻却违法性。具有个人处分可能性的法益主要是属于被害人自己的财产、人身权利等法益，但是对于生命与健康法益的处分却有限制，得到被害人承诺的重伤或者杀害行为，其违法性不能排除。虽然得到被害人承诺，但造成了重伤的，应认定为故意伤害罪。这是因为：

（1）生命与重大健康等法益，虽然专属于个人，但同时涉及社会公共利益，生命与重大健康一旦被侵害，个体生命会丧失，或者导致终生残疾，个体价值消失或减少，会加重社会与家庭的负担，如果法益主体行使自己决定权（承诺伤害）导致其本身遭受重大伤害时，作为个人法益保护者的国家，应适当限制其自己决定权。

（2）与得到被害人承诺的杀人比较，经被害人承诺的杀人包括未遂在内都构成故意杀人罪，不把被害人承诺的重伤认定为故意伤害罪就不妥当。

（3）在聚众斗殴中行为人可能存在对伤害的承诺，而《刑法》第292条第2款规定，聚众斗殴致人重伤的，以故意伤害罪定罪处罚。这也从另一角度表明，对重伤的承诺是无效的。[①]

本案中，被告人黄剑新在被害人曾劲青的多次劝说下，答应砍掉曾劲青的双脚，经法医鉴定与伤残评定，曾劲青的伤情属于重伤，伤残评定为三级。尽管黄剑新及其辩护人提出，黄剑新伤害他人的行为是受曾劲青教唆和胁迫，但法院认为，黄剑新故意伤害他人身体，致人重伤，构成故意伤害罪。这是正确的。

根据《刑法》第36条第1款的规定，由于犯罪行为而使被害人遭受经济损失的，对犯罪

[①] 参见陈兴良：《规范刑法学》（上册），中国人民大学出版社2008年版，第155页；张明楷：《刑法学》，法律出版社2011年版，第765页；周光权：《刑法总论》，中国人民大学出版社2007年版，第229页。

分子除依法给予刑事处罚外,还应根据情况判处赔偿经济损失。据此,法院认为黄剑新致曾劲青重伤,应承担相应的民事赔偿责任,考虑系原告人曾劲青叫被告人黄剑新砍去其双脚,曾劲青自己亦有过错,故双方各自承担一半的民事责任。

案例 3-3　洪志宁故意伤害案①

一、基本案情

被告人洪志宁与涉案的曾银好都在厦门市轮渡海滨公园内经营茶摊。2004 年某日 17 时许,洪志宁女友刘海霞在酒后故意摔坏曾银好茶摊上的茶壶,为此与曾银好女友方凤萍争吵。这时正在曾银好茶摊上喝茶的陈碰狮上前劝架,刘海霞认为陈碰狮有意偏袒方凤萍,遂对其辱骂,并与陈碰狮扭打起来。洪志宁闻讯赶到现场,挥拳连击陈碰狮的胸部、头部,陈碰狮被打后追撵洪志宁,追出两三步后倒地死亡。经鉴定,陈碰狮原患有冠心病,因吵架时情绪激动,且受胸部被打、剧烈运动、饮酒等多种因素影响,致冠心病发作,冠状动脉痉挛致心跳骤停而猝死。

二、诉讼过程及裁判理由

一审法院经审理认为,洪志宁故意伤害他人身体,致使被害人死亡,构成故意伤害罪。鉴于洪志宁归案后能够坦白认罪,且考虑到被害人原先患有冠心病及有心肌梗死的病史,其死亡属多因一果的情形,可以从轻处罚。判决洪志宁犯故意伤害罪,判处有期徒刑 10 年零 6 个月。

洪志宁不服上诉称,其实施的仅是一般的殴打行为,一审判决定罪不准;被害人死亡结果与其只打两三拳没有关系,其不应负刑事责任。

二审法院经审理认为,洪志宁故意伤害他人并致人死亡,构成故意伤害罪。

(1) 洪志宁拳击行为发生在陈碰狮与其女友争执扭打过程中,洪志宁对陈碰狮的头部、胸部分别连击数拳,其主观上能够认识到其拳击可能会损害陈碰狮的身体健康,客观上连击数拳,这是引致陈碰狮死亡的诸多因素之一,因此,对洪志宁应当按照其所实施的行为定故意伤害罪。虽然死亡后果超出其主观意愿,但这正好符合故意伤害致人死亡的构成要件,原判定罪准确。

(2) 洪志宁拳击行为与陈碰狮死亡之间具有刑法上的因果关系。洪志宁对陈碰狮胸部拳击数下的行为,一般情况下不会导致其死亡,但其拳击的危害行为,与陈碰狮情绪激动、剧烈运动、饮酒等多种因素共同作用而诱发冠心病发作,导致了死亡的发生。陈碰狮身患冠心病,洪志宁事先不知情,这介入了一种偶然因素,洪志宁拳击行为与陈碰狮死亡结果之间属于偶然因果关系,这是洪志宁应负刑事责任的必要条件。鉴于本案的特殊情况,原判对洪志宁量刑过重,罪责刑明显不相适应,可在法定刑以下减轻处罚。撤销一审判决量刑部分,在

---

① 参见陈兴良、张军、胡云腾主编:《人民法院刑事指导案例裁判要旨通纂》(上卷),北京大学出版社 2013 年版,第 447 页。

法定刑以下判处洪志宁有期徒刑5年,并依法报送最高人民法院核准。

最高人民法院经复核后,裁定核准二审法院的判决。

三、关联法条
《中华人民共和国刑法》

第六十三条第二款　犯罪分子虽然不具有本法规定的减轻处罚情节,但是根据案件的特殊情况,经最高人民法院核准,也可以在法定刑以下判处刑罚。

第二百三十四条　故意伤害他人身体的,处三年以下有期徒刑、拘役或者管制。

犯前款罪,致人重伤的,处三年以上十年以下有期徒刑;致人死亡或者以特别残忍手段致人重伤造成严重残疾的,处十年以上有期徒刑、无期徒刑或者死刑。本法另有规定的,依照规定。

四、争议问题
被害人的特殊体质对本案结果的认定有何影响?

五、简要评论
殴打患有疾病的人致其死亡的,行为人构成过失致人死亡罪还是故意伤害罪?

本案法院根据偶然因果关系认定被告人的伤害行为与被害人死亡结果之间具有因果关系。在我国传统刑法理论中,必然因果关系与偶然因果关系是分析因果关系时运用的一对范畴。有学者认为,在被害人存在特殊体质的伤害案件中,行为人先前伤害行为与被害人死亡结果之间存在必然因果关系。这种观点认为,危害行为与某种特殊条件相结合造成某种危害结果是必然因果关系的特殊表现形式之一。例如,甲、乙二人发生争吵,甲向乙左颞颥部打一拳,但是由于乙先天颅底脑血管畸形,在外力击打下致颅底出血死亡。乙的这种特殊体质,在甲的拳击作用下趋于恶化,甲拳击行为是引致乙死亡的决定性原因,与乙死亡后果之间是一种必然因果关系。根据传统的因果关系理论,被害人存在特殊体质的死亡案件,偶然因果关系说与必然因果关系说都认为伤害行为与死亡结果之间具有因果关系,但这种因果关系是偶然的还是必然的则存在分歧。

本案中,存在着"没有前者就没有后者"的条件关系,没有被告人的殴打行为就不会发生被害人死亡的后果,所以殴打行为与死亡结果间存在条件关系。但这仅仅是一种事实上的客观性联系。被害人的死亡结果能否作为一种"作品"归责到被告人的行为,需要根据客观归责理论考察。笔者认为,洪志宁殴打被害人,并没有制造被害人死亡的危险,所以被害人的死亡结果不能归属到被告人的行为。本案中,法院判决洪志宁故意伤害可以认同,但认为是"故意伤害致人死亡",将被害人死亡结果归责于被告人,笔者认为并不准确。司法机关还是没有摆脱条件关系的归因思维,认为死亡结果发生了就要归责给被告人。从本案审判过程中也可以看到,归因思维容易造成罪责刑不相适应。一审法院判决被告人成立故意伤害罪,处以有期徒刑10年零6个月。二审法院认为原判量刑过重,与其罪责明显不相适应,撤销一审判决的量刑部分,在法定刑以下判处被告人有期徒刑5年,并报最高人民法院核准。

司法机关没有将归因与归责区分开,所以才认定被告人故意伤害致人死亡,适用《刑法》第234条第2款的量刑幅度,"处十年以上有期徒刑、无期徒刑或者死刑"。如果只认定被告人故意伤害,完全可以适用该条第1款的量刑幅度,"处三年以下有期徒刑、拘役或者管制"。这样就不必在法定刑以下判处刑罚并报最高人民法院核准了,这既能做到罪责刑相适应,也节省了司法资源。[1]

案例3-4 陈晓燕等故意伤害案[2]

一、基本案情

南通市社会福利院两名精神发育迟滞(重度)女孩来月经后,因痴呆不能自理,给护理工作带来难度。为此,保育员多次向该院副院长陈晓燕汇报此事。被告人陈晓燕向被告人缪开荣(该院院长)汇报了上述事实,建议将该两名女孩的子宫切除,缪开荣表示同意。后陈晓燕打电话给被告人苏韵华(南通大学附属医院妇产科主治医师)称,福利院有两名痴呆女孩来了月经不能自理,要做子宫切除手术。苏韵华答应为此事进行联系和安排,其与被告人王晨毅(南通医科大学妇产科副主任医师)联系并告知此事后,王晨毅表示同意并与南通市城东医院有关人员就该两名女孩的子宫切除之事进行了沟通。保育员将两名女孩送至城东医院,办理了住院的有关手续,并做了术前检查,检查结果表明该两名女孩均属于正常盆腔。陈晓燕代表福利院在手术同意书上签字。王晨毅、苏韵华在未向他们所在医院科室主任汇报且未按医院规定办理有关会诊登记手续的情况下,前往城东医院,由王晨毅主刀,苏韵华做助手,对该两名女孩做了子宫体全切除手术。经南通市公安局、南通市中级人民法院、南通市人民检察院法医鉴定,两女孩子宫体被切除,属于重伤。

二、诉讼过程及裁判理由

一审法院经审理认为,被告人缪开荣、陈晓燕在对被害人行使监护人职责过程中,为降低监护难度,由陈晓燕提议,并经缪开荣决定对两被害人进行全子宫切除;被告人苏韵华在陈晓燕与其联系后,伙同被告人王晨毅,在无手术指征的情况下对两被害人施行子宫体全切除手术,致两被害人构成重伤,严重侵害了被害人的健康权,4被告人的行为已构成故意伤害罪,且系共同犯罪。案发后,缪开荣、陈晓燕按民政局通知,王晨毅、苏韵华按所在单位通知都能及时到公安机关交代犯罪事实,均属自首,依法可以减轻处罚。4被告人的犯罪情节一般,主观恶性较小,可酌情从轻处罚。以故意伤害罪,判处陈晓燕有期徒刑1年,缓刑两年;缪开荣、王晨毅、苏韵华各管制6个月。4被告人不服一审判决上诉。

二审法院经审理认为,缪开荣、陈晓燕分别作为福利院的院长、副院长,理应正确地履行

---

[1] 参见孙运梁:《致特殊体质被害人死亡案件中的刑事归责问题》,载《法学》2012年第12期,第110页。
[2] 参见陈兴良、张军、胡云腾主编:《人民法院刑事指导案例裁判要旨通纂》(上卷),北京大学出版社2013年版,第437页。

其法定职责,负有保护福利院痴呆儿童的人身、财产及其他合法权利的监护职责和义务,然而上诉人未尽监护人职责,为降低监护难度,由陈晓燕提议,并经缪开荣决定切除两被害人子宫;苏韵华在陈晓燕与其联系后,伙同王晨毅,违反医院外出会诊的操作规程,在两被害人无手术指征的情况下擅自对两被害人发育正常的子宫施行子宫体全切除手术,导致两被害人身体组织器官缺失,致两被害人重伤,4被告人的行为均已构成故意伤害罪。裁定驳回上诉,维持原判。

三、关联法条
《中华人民共和国刑法》

第六十七条第一款 犯罪以后自动投案,如实供述自己的罪行的,是自首。对于自首的犯罪分子,可以从轻或者减轻处罚。其中,犯罪较轻的,可以免除处罚。

第二百三十四条 故意伤害他人身体的,处三年以下有期徒刑、拘役或者管制。

犯前款罪,致人重伤的,处三年以上十年以下有期徒刑;致人死亡或者以特别残忍手段致人重伤造成严重残疾的,处十年以上有期徒刑、无期徒刑或者死刑。本法另有规定的,依照规定。

四、争议问题
本案中被告人的行为是否属于合法的医疗行为?

五、简要评论
并非出于医疗目的,故意切除智障女的子宫,构成故意伤害罪。

(1) 我国《婚姻法》没有明确规定禁止智障女结婚,结婚也不意味着一定生育。而且,现有医学水平也不能证明智障女生育的后代就一定不健康。即使法律出于优生优育的考虑不允许智障女结婚及生育,也不意味着智障女正常健康的身体器官可以被切除。生育权的有无、能否行使,不是剥夺他人健康生育器官的理由。众所周知,计划生育是我国的基本国策,自然人的生育权受到限制,例如已生育的妇女不能再次生育,这也就意味着已生育妇女的生育器官丧失作用或不需要生育,但是否这些妇女的生育器官就可以被摘除呢?回答当然是否定的。

(2) 故意伤害罪是指故意非法损害他人身体健康的行为。从医学上来说,身体健康指的是人的生理机能健全,而人的生理机能健全包含了以下三个含义:一是人体器官的完整性;二是器官机能的健全,身体健康不仅要人体器官存在,而且这些人体器官的机能是健全的,如果人体器官的完整性虽然没有受到损害,但是机能受到损害了,也是损害了人体健康;三是神经系统的正常性,精神错乱也是一种健康受损的状态。[①] 在本案中,被告人及其辩护人主张切除智障女的子宫不影响她们的身体健康,是为了提高她们的生活质量,但医学鉴定表明,该两名被害人的子宫是正常、健康的,没有手术指征,所以切除被害人的子宫就是侵害了她们身体器官的完整性,更是侵害了器官机能的健全,所以完全符合故意伤害罪的构成

---

① 参见陈兴良:《口授刑法学》,中国人民大学出版社2007年版,第545页。

要件。

综上,精神发育迟滞(即使是重度)不是可以对该女性实施子宫切除手术的合法理由,被告人的行为是一种犯罪行为,构成故意伤害罪。无论是私法上还是公法上的监护人,在履行监护职责时都必须遵守法律规定,不能以牺牲被监护人人身权利为代价来降低监护工作的难度,否则就要承担民事、行政责任以至刑事责任。

案例3-5 韩善达等故意伤害案[①]

一、基本案情

2008年4月23日凌晨5时许,被告人韩善达、苏洋、胡中波经预谋,在其3人承包经营的赣榆县青口至王集客运专线车线路上金山镇朱汪村南北路路段,以驾驶苏GC3745微型面包车途经此处的范圣红私自带客为由,对范圣红进行拳打脚踢,致其腰部L1、L2右侧横突多发骨折,经法医鉴定构成轻伤。案发后,被告人胡中波到公安机关投案,并如实供述全部犯罪事实,3被告人已赔偿了受害人的经济损失。

二、诉讼过程及裁判理由

检察机关以韩善达、苏洋、胡中波3人犯寻衅滋事罪向法院起诉。

一审法院经审理认为,3被告人系承包经营客运专线车的个体户,3被告人殴打被害人范圣红的行为是因为范圣红私自在其承包经营的客运线路上拉客影响其生意,客观上伤害了范圣红的身体致其构成轻伤,3被告人的行为侵犯了公民的身体健康权,符合故意伤害罪的构成要件,公诉机关指控3被告人犯寻衅滋事罪定性错误,予以纠正。胡中波案发后自首,依法予以从轻处罚。3被告人归案后认罪态度较好,且已赔偿了被害人的经济损失,依法酌情予以从轻处罚。以故意伤害罪判处韩善达有期徒刑1年,缓刑1年零6个月;判处苏洋有期徒刑1年,缓刑1年零6个月;判处胡中波有期徒刑8个月,缓刑1年。

宣判后,3被告人均未提出上诉,公诉机关亦未提出抗诉。

三、关联法条

《中华人民共和国刑法》

第二百三十四条 故意伤害他人身体的,处三年以下有期徒刑、拘役或者管制。

犯前款罪,致人重伤的,处三年以上十年以下有期徒刑;致人死亡或者以特别残忍手段致人重伤造成严重残疾的,处十年以上有期徒刑、无期徒刑或者死刑。本法另有规定的,依照规定。

第二百九十三条 有下列寻衅滋事行为之一,破坏社会秩序的,处五年以下有期徒刑、拘役或者管制:

---

① 参见陈兴良、张军、胡云腾主编:《人民法院刑事指导案例裁判要旨通纂》(上卷),北京大学出版社2013年版,第441页。

（一）随意殴打他人，情节恶劣的；

（二）追逐、拦截、辱骂、恐吓他人，情节恶劣的；

（三）强拿硬要或者任意损毁、占用公私财物，情节严重的；

（四）在公共场所起哄闹事，造成公共场所秩序严重混乱的。

纠集他人多次实施前款行为，严重破坏社会秩序的，处五年以上十年以下有期徒刑，可以并处罚金。

四、争议问题

本案中被告人的行为是否构成寻衅滋事罪？

五、简要评论

因特定事由殴打特定对象，致其伤害的，不构成寻衅滋事罪，构成故意伤害罪。故意伤害罪是指故意非法损害他人身体健康的行为。寻衅滋事罪是指出于寻求精神刺激、填补精神空虚等流氓动机，在公共场所无事生非、起哄闹事，随意殴打、追逐、拦截、辱骂、恐吓他人，强夺硬要，任意损毁、占用公私财物，破坏公共秩序，情节恶劣或者情节严重的行为。实践中，有些寻衅滋事案件中可能造成被害人轻伤以下伤害，此时在行为人行为性质的认定上，要注意故意伤害罪与寻衅滋事罪的区别。故意伤害罪与寻衅滋事罪的区别主要表现在以下几个方面：

（1）犯罪的主观动机不同。寻衅滋事罪在主观上往往具有寻求精神刺激、填补精神空虚、哗众取宠等卑劣动机；故意伤害往往是出于报复、嫉妒、恩怨等动机。本案中，韩善达等人不是出于寻求精神刺激的动机，而是报复、打击他人，所以应是故意伤害罪。

（2）犯罪对象不同。寻衅滋事罪的侵害对象往往是不特定的，随机选取的；而故意伤害罪侵害的对象往往是涉及某一事由的特定关系人，是有意的、确定的。本案中韩善达等人认为被害人在其承包经营的客运专线上拉客影响其生意，所以殴打、伤害被害人，致其轻伤，韩善达等人应构成故意伤害罪。

（3）侵犯的法益不同。寻衅滋事罪规定在妨害社会管理秩序罪中，其扰乱了公共秩序，主要是对健康良好社会秩序的破坏；而故意伤害罪侵犯的是公民的人身健康权，造成了轻伤以上的人体损害。本案中韩善达等人对被害人拳打脚踢，造成其轻伤，侵害了被害人的人身健康，所以构成故意伤害罪。

（4）客观行为表现不同。寻衅滋事罪主要表现为四种情况：第一，随意殴打他人，即无理无故殴打他人；第二，追逐、拦截、辱骂、恐吓他人，即无理无故追赶、拦挡、侮辱谩骂、恐吓威胁他人；第三，强拿硬要或者任意损毁、占用公私财物，即蛮不讲理，强行索要，或随心所欲损坏、使用他人财物；第四，在公共场所起哄闹事，造成公共场所秩序严重混乱，即在公共场所无事生非、制造事端，扰乱公共场所秩序。故意伤害罪的行为表现为以各种方式损害他人身体的完整性或者身体器官的功能健全。本案中韩善达等人并非无理无故地殴打被害人，而是以伤害的方式打击他人的竞争行为，造成被害人腰部多处骨折，破坏了他人身体器官的健全机能,构成故意伤害。

(5) 人身伤害结果的实体法、程序法意义不同。首先,在实体法上,寻衅滋事罪也有可能造成他人身体健康的损害,但应是轻伤以下的损害,致人重伤、死亡的,不能定寻衅滋事罪。故意伤害罪造成的人身损害包括轻伤、重伤、死亡,轻微伤不构成故意伤害罪。其次,在程序法上,寻衅滋事罪属于公诉案件,由公安机关侦查,启动刑事诉讼程序。故意伤害造成轻伤的,分为两种情况:一是自诉案件,由被害人直接向法院起诉;二是公诉案件,由公安机关侦查并移送起诉。本案中,韩善达等人造成被害人轻伤,由检察机关提起公诉。

案例3-6　李小平等故意伤害案①

一、基本案情

被告人刘绍伟与王某某(未成年)在途经其工作的虫草公司大门外时,遇见本厂郭某与被害人蒋良利正在争吵,便前去质问并殴打蒋良利,引起双方互殴。闻讯赶来的被告人王耀生等人手持铁水管等工具也参与殴打,迫使蒋良利逃至附近躲避。被告人何红涛等也赶来与上述被告人共同搜索、殴打蒋良利,并将蒋良利押往本公司。随后上述被告人遇上了前来解救蒋良利的李俭、殴海等人,蒋良利寻机脱身,上述被告人退入公司大院。随后,蒋良利等人聚集在公司门前,要求交出打人凶手,双方发生争吵并隔着电动闸门使用铁水管等工具相互乱扔乱捅。期间,虫草公司总监和蒋良利的表姐夫均力劝双方停止斗殴未果。李小平闻讯赶至现场劝解,仍未奏效。当蒋良利等人猛砸大门和砸烂一辆停放在门外的自行车时,李小平指使本公司员工冲出去打,把蒋良利等人抓起来。虫草公司的数十名员工手持铁水管等工具冲出大门追打已逃跑的蒋良利等人。殴海被打伤后逃脱。蒋良利在逃至离院门外约50米时,被追赶上来的何红涛拽住,何红涛与赶来的王耀生等分别用铁水管以及拳脚共同殴打蒋良利。蒋良利经送医院抢救无效死亡。法医鉴定,蒋良利系被他人用钝器打击左腰部致脾脏破裂出血性休克死亡,殴海系轻伤。

二、诉讼过程及裁判理由

一审法院认定李小平等人犯故意伤害罪,判处李小平、王耀生、张书凯有期徒刑11年,剥夺政治权利2年;刘绍伟、何红涛、井照卫、池文军、张学军有期徒刑10年,剥夺政治权利3年。

李小平等6人不服提起上诉,何红涛、张学军服判。

二审法院撤销原判,以故意伤害罪在法定刑以下判处王耀生、张书凯有期徒刑6年;刘绍伟、何红涛、井照卫、池文军、张学军有期徒刑5年;李小平有期徒刑3年,报请最高人民法院核准。

---

① 参见陈兴良、张军、胡云腾主编:《人民法院刑事指导案例裁判要旨通纂》(上卷),北京大学出版社2013年版,第463页。

最高人民法院认为,李小平等人非法故意伤害他人身体并致人死亡和轻伤,均已构成故意伤害罪。一、二审法院认定的犯罪事实清楚,证据确实、充分,定罪准确,审判程序合法。但二审法院认定被害人一方在案件起因上有明显过错以及李小平于案发期间叫人报警缺乏事实依据,在法定刑以下减轻处罚量刑不当,撤销二审判决发回重审。

三、关联法条
《中华人民共和国刑法》

第十七条第三款　已满十四周岁不满十八周岁的人犯罪,应当从轻或者减轻处罚。

第二十五条第一款　共同犯罪是指二人以上共同故意犯罪。

第二十六条第一款　组织、领导犯罪集团进行犯罪活动的或者在共同犯罪中起主要作用的,是主犯。

第二十六条第四款　对于第三款规定以外的主犯,应当按照其所参与的或者组织、指挥的全部犯罪处罚。

第二十七条　在共同犯罪中起次要或者辅助作用的,是从犯。

对于从犯,应当从轻、减轻处罚或者免除处罚。

第六十三条　犯罪分子具有本法规定的减轻处罚情节的,应当在法定刑以下判处刑罚;本法规定有数个量刑幅度的,在法定量刑幅度的下一个量刑幅度内判处刑罚。

犯罪分子虽然不具有本法规定的减轻处罚情节,但是根据案件的特殊情况,经最高人民法院核准,也可以在法定刑以下判处刑罚。

第二百三十四条　故意伤害他人身体的,处三年以下有期徒刑、拘役或者管制。

犯前款罪,致人重伤的,处三年以上十年以下有期徒刑;致人死亡或者以特别残忍手段致人重伤造成严重残疾的,处十年以上有期徒刑、无期徒刑或者死刑。本法另有规定的,依照规定。

四、争议问题
对本案被告人是否可以减轻处罚?

五、简要评论
(1)本案不具有法定减轻处罚情节,二审法院在法定刑以下减轻处罚量刑不当。刑法规定案件具有未成年人犯罪、限制责任能力人犯罪、聋哑人犯罪、盲人犯罪、防卫过当、避险过当、预备犯、未遂犯、中止犯、从犯、胁从犯、自首、立功等法定减轻处罚情节时,可以或应当在法定刑以下判处刑罚。从本案事实可以看出,除一名被告人是未成年人外,其他被告人不具有法定减轻处罚情节。本案被告人非法故意伤害他人身体并致人死亡和轻伤的行为,构成故意伤害罪,一、二审法院以故意伤害罪定罪准确。量刑上,一审法院考虑到当时作案人数多,殴打现场较为混乱,究竟被告人中谁是致被害人死亡的直接凶手已无法查清,所以认定各被告人对被害人死亡共同承担责任。同时考虑到被害人在本案中也存在过错以及案发后被告人所在单位和李小平个人对被害人亲属积极予以经济赔偿,决定酌情从轻处罚本案被告人(其中王某某因犯罪时未成年,依法予以减轻处罚)是较为适当的。二审法院在未能提出新的减轻处罚理由的情况下,即适用《刑法》第 63 条的规定,对本案被告人在法定刑以下判处处罚。而且在具体量刑时,二审判决不仅对具有主犯身份的李小平的量刑比其他被告人低,而且与具有法定减轻处罚情节的王某某的处罚相同,不符合《刑法》对主犯应当按照其所参与的或者组织、指挥的全部犯罪处罚的规定。二审法院在本案不具有减轻处罚情节以及一审法院的量刑未明显过重的情况下,对本案某些被告人在法定刑以下量刑是不适当的。

(2) 本案不具有特殊减轻处罚情节。《刑法》第 63 条第 2 款规定,犯罪分子虽然不具有本法规定的减轻处罚情节,但是根据案件的特殊情况,经最高人民法院核准,也可以在法定刑以下判处刑罚。这里所谓的特殊情况,主要是指案件的处理具有特殊性,一般指涉及政治、外交、统战、民族、宗教等国家利益层面的特殊需要。从本案事实可以看出,被告人不具有特殊减轻处罚情节,二审法院减轻处罚是不适当的。

案例 3-7 夏侯青辉等故意伤害案[①]

一、基本案情

1994 年 12 月 15 日 11 时许,在铁路分宜车站货场施工工地上,被告人夏侯玲平以被害人伍志凌踩到其菜地为由,与之发生激烈争执。夏侯玲平遂回村邀集被告人夏侯青辉等人,手持棍、锹等对伍志凌进行围殴。在殴打中,夏侯青辉持木棍朝伍志凌头部猛击一下,致伍志凌当场倒地,四肢抽搐,经送医院抢救至今仍昏迷不醒,呈植物人状态。南昌铁路公安局医学鉴定结论认定,被害人伍志凌意识丧失,呼之无反应,损伤程度为重伤甲级。

二、诉讼过程及裁判理由

一审法院经审理认为,被告人夏侯青辉、夏侯玲平故意伤害他人身体,致人重伤,其行为均已构成故意伤害罪。夏侯青辉到案后提供重要线索协助抓获夏侯玲平,根据最高人民法院《关于处理自首和立功具体应用法律若干问题的解释》第 5 条的规定,应当认定为有立功表现,依法可从轻处罚。鉴于二被告人归案后,能积极赔偿被害人的经济损失,可酌情从轻处罚。以故意伤害罪判处夏侯青辉有期徒刑 9 年零 6 个月,剥夺政治权利 1 年;判处夏侯玲平有期徒刑 9 年零 6 个月,剥夺政治权利 1 年。

一审宣判后,二人未上诉,检察机关未抗诉。

三、关联法条

《中华人民共和国刑法》

第十二条第一款　中华人民共和国成立以后本法施行以前的行为,如果当时的法律不

[①] 参见陈兴良、张军、胡云腾主编:《人民法院刑事指导案例裁判要旨通纂》(上卷),北京大学出版社 2013 年版,第 451 页。

认为是犯罪的,适用当时的法律;如果当时的法律认为是犯罪的,依照本法总则第四章第八节的规定应当追诉的,按照当时的法律追究刑事责任,但是如果本法不认为是犯罪或者处刑较轻的,适用本法。

第二百三十四条　故意伤害他人身体的,处三年以下有期徒刑、拘役或者管制。

犯前款罪,致人重伤的,处三年以上十年以下有期徒刑;致人死亡或者以特别残忍手段致人重伤造成严重残疾的,处十年以上有期徒刑、无期徒刑或者死刑。本法另有规定的,依照规定。

四、争议问题

本案应该按照新法还是旧法量刑?

五、简要评论

对于《刑法》修订前发生、《刑法》修订后交付审判的故意伤害致人重伤(手段非残忍但后果特别严重)案件,应当适用《刑法》修订后的规定,在3年以上10年以下有期徒刑的幅度内量刑。新、旧《刑法》对故意伤害罪的法定刑规定有所不同:1979年《刑法》第134条第2款规定,犯故意伤害罪,致人重伤的,处3年以上7年以下有期徒刑;致人死亡的,处7年以上有期徒刑或者无期徒刑。1983年全国人民代表大会常务委员会《关于严惩严重危害社会治安的犯罪分子的决定》(该决定已被1997年《刑法》废止)对此又作了修改。决定规定,故意伤害他人身体,致人重伤或者死亡,情节恶劣的,可以在刑法规定的最高刑以上处刑,直至判处死刑。根据该规定,在《刑法》修订前,对故意伤害致人重伤的行为,如属情节恶劣的,可判处7年以上有期徒刑、无期徒刑直至死刑。修订后《刑法》第234条第2款规定,"致人重伤的,处三年以上十年以下有期徒刑;致人死亡或者以特别残忍手段致人重伤造成严重残疾的,处十年以上有期徒刑、无期徒刑或者死刑"。据此,在《刑法》修订后,对故意伤害致人重伤的行为,除属于"以特别残忍手段致人重伤造成严重残疾的"以外,只能在3年到10年有期徒刑的幅度内确定相应的刑罚。

对《刑法》修订前发生的故意伤害致人重伤造成植物人状态的行为,应认定为属于《关于严惩严重危害社会治安的犯罪分子的决定》所规定的"情节恶劣"。决定中所谓的"情节恶劣",包括行为人伤害他人的动机特别卑劣、伤害的手段特别残忍、伤害的后果特别严重以及伤害的是老弱病残等情形。情节恶劣中的情节是多种多样的,犯罪后果属于犯罪情节之一。从《关于严惩严重危害社会治安的犯罪分子的决定》施行当时来看,将故意伤害致人重伤造成特别严重后果的,如本案造成被害人植物人状态的情形,认定为属于决定所规定的"情节恶劣"情形是合适的。

本案行为人致人重伤虽造成特别严重后果,但不应属于"以特别残忍手段致人重伤造成严重残疾"的情形。现行《刑法》规定,"以特别残忍手段致人重伤造成严重残疾的",应在10年以上有期徒刑、无期徒刑或死刑幅度内确定刑罚,应理解为包括手段和结果两个条件。也就是说,只有同时具备手段特别残忍,后果系重伤且达到严重残疾这两个要件才能适用该量刑档次。从审判实践来看，将那些使用锐器、剧烈腐蚀物等毁人容貌、挖人眼睛、砍人手足等残损他人身体的行为，认定为"手段特别残忍"合乎立法本意。但要特别注意，在认定故意伤害手段是否属于特别残忍时，绝不能以出现的伤害后果是否特别严重反推伤害的手段是否残忍，伤害后果严重并不意味着伤害手段就是特别残忍。如果只看到伤害后果特别严重，而不另外考察其伤害手段是否属于特别残忍，不加区分地一律认定为"以特别残忍手段致人重伤造成严重残疾"，会导致"特别残忍手段"的要件被虚置。就本案而言，行为人故意伤害致人重伤且造成被害人处于植物人状态，虽属伤害后果特别严重，但其伤害手段是持木棍朝被害人头部猛击一下，手段不能认定为特别残忍。

根据以上分析，本案若根据行为时法即《决定》，可在7年以上有期徒刑、无期徒刑、死刑这一幅度内确定相应的刑罚，但根据审判时法，因本案并不属于"以特别残忍手段致人重伤造成严重残疾"的情形，所以只能在3年到10年有期徒刑的幅度内确定相应的刑罚。后法为轻，故应适用现行《刑法》，在3年到10年有期徒刑的幅度内量刑。

案例 3-8　王俊超等故意伤害案[①]

一、基本案情

被告人王俊超和被害人秦新奎是在看守所服刑时相识。2004年1月11日，秦新奎刑满释放即到王俊超家暂住，第三日上午，王俊超发现自己少了10元钱，随后发现秦新奎在本村小卖部消费了10元钱，便怀疑秦新奎偷窃，王俊超等人推打秦新奎，让其离开王俊超家。下午2时许，王俊超、肖召飞等人一同去王俊超家奶牛场时，秦新奎一直在后面跟着，王俊超再次要求秦新奎离开，秦新奎未离去。当行至村南干渠桥时，王俊超、肖召飞、柴孩等人对秦新奎拳打脚踢，用皮带抽打，将秦新奎打翻后离去。王俊超家人知道后将秦新奎送医救治。秦新奎住院18天，于1月31日晚8时30分死亡。2004年2月20日，平顶山市公安局法医学检验鉴定中心出具鉴定，结论为：死者秦新奎符合饿死的症状，其损伤程度为重伤。2006年10月19日，又补充鉴定，结论为：死者秦新奎系被钝性物体打击头部，致颅内硬膜下血肿及脑出血，全身多器官功能衰竭而死亡。

二、诉讼过程及裁判理由

一审法院经审理认为，被告人王俊超、肖召飞、柴孩共同故意伤害他人身体，造成被害人秦新奎重伤，后导致死亡的严重后果，其行为均构成故意伤害（致死）罪。公诉机关指控被告人的犯罪事实及罪名成立，应予确认。王俊超案发后能主动投案，并如实供述犯罪事实，属于自首，可对其减轻处罚。柴孩作案时不满16周岁，当庭自愿认罪，亦可对其减轻处罚。肖召飞犯故意伤害罪，判处有期徒刑10年；王俊超犯故意伤害罪，判处有期徒刑7年；柴孩犯

[①] 参见陈兴良、张军、胡云腾主编：《人民法院刑事指导案例裁判要旨通纂》（上卷），北京大学出版社2013年版，第431页。

故意伤害罪,判处有期徒刑4年。

一审判决后,肖召飞不服,请求改判无罪。

二审法院经审理认为,上诉人肖召飞伙同原审被告人王俊超、柴孩共同故意伤害他人身体,造成被害人秦新奎重伤,其行为均构成故意伤害罪。王俊超案发后能主动投案,并如实供述犯罪事实,属自首,可对其从轻处罚。柴孩作案时不满16周岁,当庭自愿认罪,亦可对其从轻处罚。在二审期间,肖召飞、王俊超、柴孩自愿与附带民事诉讼原告人达成附带民事诉讼调解协议,得到了被害人亲属的谅解,在量刑时可酌定从轻处罚。原审判决认定事实清楚,定罪准确,审判程序合法,但因二审中,当事人间就附带民事赔偿达成调解协议,取得了被害人亲属的谅解,且原判对肖召飞、王俊超、柴孩量刑确有不当,予以改判:王俊超犯故意伤害罪,判处有期徒刑5年;肖召飞犯故意伤害罪,判处有期徒刑4年零6个月;柴孩犯故意伤害罪,判处有期徒刑3年。

三、关联法条
《中华人民共和国刑法》

第十七条　已满十六周岁的人犯罪,应当负刑事责任。

已满十四周岁不满十六周岁的人,犯故意杀人、故意伤害致人重伤或者死亡、强奸、抢劫、贩卖毒品、放火、爆炸、投毒罪的,应当负刑事责任。

已满十四周岁不满十八周岁的人犯罪,应当从轻或者减轻处罚。

……

第二十五条第一款　共同犯罪是指二人以上共同故意犯罪。

第二十六条第一款　组织、领导犯罪集团进行犯罪活动的或者在共同犯罪中起主要作用的,是主犯。

第二百三十四条　故意伤害他人身体的,处三年以下有期徒刑、拘役或者管制。

犯前款罪,致人重伤的,处三年以上十年以下有期徒刑;致人死亡或者以特别残忍手段致人重伤造成严重残疾的,处十年以上有期徒刑、无期徒刑或者死刑。本法另有规定的,依照规定。

四、争议问题
本案被害人的死亡结果是否可以归责于行为人?

五、简要评论
被告人构成故意伤害罪,但不构成故意伤害"致人死亡",被害人的死亡结果不能归责于被告人。

《刑法》第234条第2款规定,故意伤害致人死亡的,处10年以上有期徒刑、无期徒刑或者死刑,量刑档次比普通伤害、伤害致人重伤的都要高。要认定行为人故意伤害致人死亡,不但要求死亡结果与伤害行为有因果关系,而且要求死亡结果可归责于伤害行为。根据条件关系来判断因果关系,没有被告人王俊超等人的伤害行为,就不会发生被害人秦新奎住院期间无人看护以致饿死的后果,所以伤害行为与被害人死亡结果之间存在因果关系。本案中被告人对秦新奎拳打脚踢,用皮带抽打,将秦新奎打翻后离去,且在被害人死亡后立即作的鉴定结论为"死者秦新奎符合饿死的症状,其损伤程度为重伤",根据客观归责理论的第一个规则,行为人并没有制造被害人死亡的风险,所以死亡结果不能归责于被告人。

如果对此有疑义,也就是根据被害人死亡将近 3 年后所作的第二份鉴定结论,"死者秦新奎符合钝性物体打击头部,致颅内硬膜下血肿及脑出血,全身多器官功能衰竭而死亡",认为被告人制造了被害人死亡的风险,也必须考虑到被害人住院 18 天期间无人护理、持续饥饿的客观事实。根据客观归责理论的第二个规则,构成要件行为与构成要件结果之间的关联是常态的,才可以断定风险已经实现。这种常态的关联可以从反面来理解,即行为与结果之间不能存在明显重大的因果偏异。① 当结果是通过反常的因果历程发生,即以超出人们日常生活经验之外、令人无法预见的方式发生,即使行为和结果之间具有条件关系,该结果的发生也不是行为人所制造的风险的实现,犯罪客观构成要件也因此不具备。在本案中,即使认为被告人创设了死亡的风险,但死亡结果的发生不是该风险的实现,而是被害人持续饥饿造成的,被告人不对死亡结果承担责任。这种类型的问题属于是否实现客观构成要件的问题,不是过去人们所认为的属于故意或者过失的领域的问题。

本案一审法院认为被告人构成"故意伤害致人死亡",所以适用"十年以上"这个量刑档次;二审法院没有认可被告人"致人死亡",而是认为"致人重伤",所以在"三年到十年"这个档次内量刑。笔者认为,二审法院的意见是正确的。

---

① 参见孙运梁、张誉鑫:《刑法中客观归责理论规则体系研究》,载《法制与社会发展》2013 年第 2 期,第 146 页。

第四章 强奸罪

案例4-1 盛柯强奸案[①]

一、基本案情

2006年10月14日下午,被告人盛柯通过网上聊天搭识被害人曹某。盛柯提议出人民币1500元与曹某开房发生性关系,曹某应允。当日下午5时30分许,二人在约定的某证券公司门口见面。盛柯为了达到少付钱款的目的,将曹某骗至无锡市南禅寺商业区,当二人走至二楼一无人的楼道内时,盛柯提出要与曹某就地发生性关系,曹某不允,盛柯即打了曹某一耳光,见其未反抗,就与曹某发生了性关系,其间因听见楼道内有声响而停止。盛柯即以只要曹某好好陪其一晚便可将钱还她为由,强行从曹某的包内取出人民币160元放入自身口袋。之后,盛柯带曹某去开房,曹某乘机逃脱,并立即向公安机关报案。

二、诉讼过程及裁判理由

本案辩护人认为,被告人盛柯是来性交易的,主观上没有强奸的故意;客观上虽打了被害人一耳光,但案发现场地处闹市,正逢周六傍晚,只要被害人稍做反抗,被告人的行为就无法得逞;从性交姿势看,没有妇女的配合是不可能完成的,被害人有半推半就的情况,且"就"的一面多;故认定性交行为违背妇女意志的证据不足,盛柯的行为不构成强奸罪。

一审法院认为,两人虽是在网上聊天认识,并有性交易的约定,但被害人曹某对改变事先约定的发生性行为的场合明确表示不同意在先,被被告人打了一个耳光后,表现顺从在后。被害人没有明显反抗的行为表示,是因为一是案发现场僻静无人,二是被害人在法院审理过程中,称自己当时认为反抗没有用,符合其不愿被人知道自己是来进行性交易的,更不愿受到查处的常理。因此,综合各方面的证据全面分析,在当时特定的环境和条件下,被害人没有明显的反抗行为,并不能代表她是自愿的。被告人盛柯使用打耳光的暴力手段,违背妇女意志与被害人发生性关系,其行为构成强奸罪。一审法院以强奸罪判处被告人盛柯有期徒刑3年。

三、关联法条

《中华人民共和国刑法》

第二百三十六条第一款 以暴力、胁迫或者其他手段强奸妇女的,处三年以上十年以下有期徒刑。

[①] 参见陈兴良、张军、胡云腾主编:《人民法院刑事指导案例裁判要旨通纂》(上卷),北京大学出版社2013年版,第490页。

四、争议问题

在强奸案中,性交行为是否违背妇女意志,是最难认定的问题。本案涉及两个问题:一是基于事先的性交合意发生性关系的,是否意味着性交行为没有违背妇女意志?二是妇女对性交行为未做反抗的,是否意味着性交行为没有违背妇女意志,因而行为人不构成强奸罪?

五、简要评论

强奸罪的保护法益为妇女的性自主权。在妇女同意性交时,同意使得性交行为正当化,刑法没有干预的必要。在妇女不同意时,性交行为侵犯了妇女的性自主权,行为人构成强奸罪。性自主权是否受到侵犯,与性交行为是否违背妇女意志,其实是同一问题的不同表述。

性交行为违背妇女意志,是指行为人着手性交行为时,性交行为违背妇女意志。换言之,即便事先存在性交合意,只要实施性交行为时,妇女表示不愿性交的,即可认定性交行为违背妇女意志。作为刑法上正当化事由的同意,只能是行为时的同意,而不能是行为前或者行为后的同意。仅在性交行为时妇女表示同意的,才能表明妇女在行使本人的性自主权,因而使得性自主权法益失去了需要刑法保护的必要性。妇女的意志是随着外部形势不断变化的,事先同意性交,后来由于种种原因不同意性交,是完全可能的。只要性交之时妇女表示不同意,即使事先存在性交合意,或者事后妇女才表示原谅、认可的,也应认定性交行为违背妇女意志,行为人应构成强奸罪。

构成强奸罪,不以妇女存在反抗为必要条件,因为妇女对性交行为没有反抗,不代表性交行为没有违背其意志。实践中有一种观点认为,被害妇女如果没有表示反抗,就是默认同意性交,因此行为人不应构成强奸罪。但是,妇女未作反抗表示,或者反抗表示不明显的,并不表明妇女默认同意性交。不能认为凡是妇女"服从"的,行为人就一定不构成强奸罪,因为表面的"服从"可能是"屈服"的结果,"屈服"显然不等于"同意"。因此,必须尽可能地区分"同意"与"屈服"问题:妇女单纯因为外界因素而并非出于她本人意志而进行性交的,便是"屈服";但如果该女子是自愿的,即使是最低限度的自愿,也足以构成"同意"。① 行为人拦路持刀强奸妇女,妇女未做反抗,相反拿出安全套帮行为人戴上,然后与其性交的,不能简单地认为"戴套不算强奸"。面对性行为无法反抗时,妇女"屈服"了,帮行为人戴上安全套是为避免出现怀孕这一更大的伤害,而不是表明妇女"同意"性交。就实务而言,妇女是"屈服"还是真心"同意",可以其他妇女在同样的情境下,是否会同意性交来认定。因此,即使是妇女主动给行为人递上安全套,也应推定性交行为违背其意志。总之,认定强奸罪不能以妇女有无反抗表示作为必要条件。

在盛柯强奸案中,曹某虽为卖淫女,但其仍享有性自主权。在认定是否违背妇女意志时,不能以被害妇女作风好坏来划分。强行与作风不好的妇女发生性行为的,也应定强奸

---

① 参见赵秉志主编:《香港刑法纲要》,北京大学出版社1996年版,第67页。

罪。曹某仅是同意与盛柯开房间发生性关系,对于在楼道内发生性关系,曹某明确表示反对。在发生性关系时,曹某没有反抗,也没有进行呼救,是因为怕事情曝光从而暴露自己卖淫的事实。可见,曹某即便未做反抗,性交行为也是违背其意志的。所以,辩护人主张曹某半推半就中"就"的一面多的辩护理由不能成立,法院认定盛柯构成强奸罪的结论是合理的。

案例4-2 王卫明强奸案[①]

一、基本案情

1996年6月,王卫明与妻子钱某分居,同时向法院起诉离婚。同年10月8日,法院认为双方感情尚未破裂,判决不准离婚。此后,双方未再同居。1997年3月25日,王卫明再次提起离婚诉讼。同年10月8日,法院判决准予离婚,并将判决书送达双方当事人。双方当事人对判决离婚无争议,王卫明虽对判决涉及的子女抚养、液化气处理表示有意见,但一直未上诉。同月13日晚7时许(离婚判决尚未生效),王卫明到原居,见钱某在房内整理衣物,即从背后抱住钱某,欲与之发生性关系,遭到拒绝。王卫明将钱某的双手反扭住将其按倒在床上,强行与钱某发生了性关系。当晚,钱某向公安机关报案。

二、诉讼过程及裁判理由

一审法院经审理认为,被告人王卫明主动起诉,请求法院判决解除与钱某的婚姻,法院一审判决准予离婚后,双方对此均无异议。虽然该判决尚未发生法律效力,但被告人王卫明与被害人已不具备正常的夫妻关系。在此情况下,被告人王卫明违背妇女意志,采用暴力手段,强行与钱某发生性关系,其行为已构成强奸罪,应依法惩处。一审法院以被告人王卫明犯强奸罪,判处有期徒刑3年,缓刑3年。

三、关联法条

《中华人民共和国刑法》

第二百三十六条第一款 以暴力、胁迫或者其他手段强奸妇女的,处三年以上十年以下有期徒刑。

四、争议问题

在婚姻关系存续期间,丈夫以暴力、胁迫或者其他手段,违背妻子意志与其性交的(俗称婚内强奸),是否构成强奸罪,刑法学界乃至社会各界均存在分歧。

五、简要评论

婚内强奸行为是否构成强奸罪,就技术层面而言需要解决如下问题:其一,丈夫是否属于强奸罪的犯罪主体,或者说丈夫这一身份能否阻却强奸罪的成立?其二,丈夫强行与妻子

[①] 参见陈兴良、张军、胡云腾主编:《人民法院刑事指导案例裁判要旨通纂》(上卷),北京大学出版社2013年版,第487页。

性交的,是否侵犯了妻子的性自主权?如何解决这两个问题,取决于婚内强奸行为是否具有当罚性:如果认为婚内强奸行为具有当罚性的,必然认为丈夫属于强奸罪的犯罪主体,其行为侵犯了妇女的性自主权,因而应当构成强奸罪;反之,如果认为婚内强奸行为缺乏当罚性的,必然认为丈夫的行为不符合《刑法》第236条的规定,不构成强奸罪。可见,婚内强奸行为的当罚性是问题的核心所在。

在父权制时代,男女两性的地位是严重不平等的。婚姻的实质不过是由社会以法律的名义指定妇女为某个男人所合法占有。通过婚姻,男人对妇女如同对其财产一样享有所有权,所以,男人可以随便处分自己的女人,不用说婚内强奸,即使以妻子或小妾进行殉葬,也不会受到法律的追究。在男权文化之下,婚内强奸自然缺乏当罚性。这种封建意识仍残留在人们的潜意识之中,所以,多数人至今都倾向于认为婚内强奸不应构成强奸罪。

随着由农业社会进入工业社会,妇女开始普遍就业,经济上逐步自立。同时,避孕技术的成功,终于使妇女从频繁的生育中解放出来。这样,男女两性平等的时代蹒跚而至。在1964年到1974年间,无论是社会地位较高还是社会地位较低的妇女,10年间主要变化是更多地朝着角色平等的方向发展,它表现为妇女正把工作看做和家庭一样重要,更明显的变化表现在妇女正在使丈夫和她们一起承担家务劳动。① 西方的家庭关系逐步由父权制迈向平等、民主的伙伴关系。由此,现代婚姻的最重要变化是婚姻被视为是双方平等的合伙契约,妻子不再是屈从于丈夫的奴隶。

古今婚姻实质的变化,使得丈夫丧失了性的专政权。性生活虽然是婚姻契约的重要内容,然而,婚姻不是卖身,婚姻契约并不意味着妻子放弃了自己的性自主权。已婚妇女同未婚女子一样,享有支配自己身体的权利。妻子作为独立主体,她是自己身体的主人,天然地享有对性生活自由斟酌的权利,特别是当面临丈夫强暴之时,其有决定权。正是在这一文化背景下,1996年修订后的《瑞士刑法典》第190条、1998年修订后的《德国刑法典》第177条以及我国香港特别行政区的刑法都明文肯定婚内强奸构成强奸罪。

我国《宪法》第48条第1款规定:"中华人民共和国妇女在政治的、经济的、文化的、社会的和家庭的生活等各方面享有同男子平等的权利。"认可丈夫有性侵犯的权利,否认妻子有性拒绝的权利,是对婚姻关系中男女平等原则的否定,是对妇女人格及性自主权的践踏。从我国宪法来看,应当认为婚内强奸行为具有当罚性。

我国刑法理论有限地认可婚内强奸构成强奸罪,即一般情况下丈夫奸淫妻子不构成强奸罪,但在以下情况可构成强奸罪:一是男女双方虽已登记结婚,但并无感情,且尚未同居,也未曾发生性关系,而女方坚持要求离婚的;二是夫妻感情确已破裂,并且长期分居的。② 实务部门的看法也是如此。王卫明婚内强奸案符合第二种情形,所以法院作出了王卫明构成强奸罪的判决。

---

① 参见〔美〕J. 罗斯·埃什尔曼:《家庭导论》,潘允康等译,中国社会科学出版社1991年版,第23页。
② 参见高铭暄、王作富主编:《新中国刑法的理论与实践》,河北人民出版社1988年版,第535页。

当然,考虑到强奸罪属于公诉罪的现实,为了维护妇女家庭的完整,仅对妇女坚决要求离婚、坚决要求追究刑事责任的婚内强奸案件,才可认定丈夫构成强奸罪。妇女开始要求追究丈夫强奸罪的刑事责任,但后来要求不再追诉的,司法机关应通过撤案方式作无罪处理。

案例4-3 荣会山强奸案[①]

一、基本案情

2012年8月6日凌晨2时许,被告人荣会山闯入被害人杨某某(幼女)的租住房内,采用掐脖子等手段,强行与被害人杨某某发生性关系。

二、诉讼过程及裁判理由

一审法院经审理认为,被告人荣会山违背女性意志,采用暴力、威胁等手段强行与女性发生性关系,其行为已构成强奸罪。关于公诉机关对"被告人荣会山明知被害人是幼女"的指控,经查,被告人荣会山与被害人素不相识,仅在被告人荣会山实施作案的当天凌晨,二人才第一次接触,且当时被害人租房内的灯没亮几秒钟就灭了,无法确定被告人荣会山明知被害人未满14周岁,故上述指控不当,予以纠正。一审法院以强奸罪判处被告人荣会山有期徒刑7年,剥夺政治权利1年。

宣判后,检察机关提起抗诉:原审被告人荣会山主观上应当明知被害人系幼女,原审判决对此未予认定,导致适用法律错误和量刑不当。

二审法院经审理认为,关于抗诉机关提出的抗诉意见及原审被告人荣会山的辩解,经查,对于原审被告人荣会山是否应当明知被害人未满14周岁,证人杨某某等人的证言均证实被害人尚未发育,呈幼女特征;案发时虽然灯光亮了几秒钟,但被害人能够辨认出原审被告人荣会山,且陈述原审被告人荣会山对其有抚摸行为,其在被强奸过程中有喊叫行为,原审被告人荣会山作为一名成年人,应当知道被害人可能系幼女。综上,原审被告人荣会山应当知道被害人可能是幼女,且对其实施强奸,故原审判决认定的事实有误,应予纠正;抗诉机关的抗诉意见成立,应予支持。据此,二审法院撤销一审判决,以被告人荣会山犯强奸罪,判处有期徒刑8年,剥夺政治权利1年。

三、关联法条

《中华人民共和国刑法》

第二百三十六条第二款 奸淫不满十四周岁的幼女的,以强奸论,从重处罚。

四、争议问题

强奸妇女与奸淫幼女虽然适用同一法定刑,但是,对奸淫幼女的行为需要从重处罚。因此,有必要严格区分强奸妇女行为与奸淫幼女行为。问题在于,行为人事实上未必认识到奸

[①] 参见江苏省苏州市中级人民法院(2013)苏中刑终初字第0102号刑事判决书。

淫对象系幼女时,对行为人能否按照奸淫幼女来处理?

五、简要评论

对于行为人事实上奸淫了幼女,但主观上对对方系幼女可能并不明知的案件,应区分为如下两种类型,按照主客观相统一的原则处理:其一,行为人主观上有强奸的故意,对强奸对象是妇女还是幼女在所不问,对行为人应按奸淫幼女处理;其二,行为人主观上并无强行奸淫的故意,在对方自愿发生性关系时,行为人必须明知对方是幼女而与其性交,才可按奸淫幼女处理,否则不构成强奸罪。

行为人主观上有强奸的故意,随机选择强奸对象,对强奸对象是妇女还是幼女在所不问的,表明行为人对强奸的对象可能是幼女采取了听之任之的心态,因而可以认定行为人具有奸淫幼女的故意。换言之,行为人不管对方是否幼女,都决意进行奸淫的,应认定行为人"明知"对方是幼女。此时无须证明行为人事实上是否认识到对方为幼女,只要客观上奸淫了幼女的,就应认定行为人属于奸淫幼女。

本案即属于这种情形。荣会山随机选择强奸对象,主观上并不排斥、反对奸淫幼女结果的发生,故不论荣会山是否认识到对方是幼女,均属于奸淫幼女。二审法院以灯光亮了几秒,在被强奸过程中被害人有喊叫行为,故荣会山应当知道被害人可能是幼女为由,认定荣会山构成奸淫幼女的强奸罪,结论当然是正确的,但其证明荣会山可能知道对方系幼女的努力似乎是没有必要的。

行为人主观上并无强行奸淫的故意,在幼女自愿与行为人发生性关系时,行为人必须明知对方系幼女,才能构成奸淫幼女的强奸罪。这是因为,仅在行为人明知对方为幼女时,行为人才能明知自己的行为性质为奸淫幼女;当行为人没有认识到对方为幼女时,会认为自己在与对方进行正常的性行为,因而无法认定其具有奸淫幼女的故意。所以,2003年1月17日发布的最高人民法院《关于行为人不明知是不满十四周岁的幼女,双方自愿发生性关系是否构成强奸罪问题的批复》①明确规定,"行为人确实不知对方是不满14周岁的幼女,双方自愿发生性关系,未造成严重后果,情节显著轻微的,不认为是犯罪"。

在行为人并无强行奸淫的故意时,对于如何判断行为人明知对方为幼女这一难题,2013年10月23日发布的最高人民法院、最高人民检察院、公安部、司法部《关于依法惩治性侵害未成年人犯罪的意见》第19条规定:"知道或者应当知道对方是不满十四周岁的幼女,而实施奸淫等性侵害行为的,应当认定行为人'明知'对方是幼女。对于不满十二周岁的被害人实施奸淫等性侵害行为的,应当认定行为人'明知'对方是幼女。对于已满十二周岁不满十四周岁的被害人,从其身体发育状况、言谈举止、衣着特征、生活作息规律等观察可能是幼女,而实施奸淫等性侵害行为的,应当认定行为人'明知'对方是幼女。"可见,司法机关系根据幼女的身体特征、言谈举止、生活作息规律等资料,推定行为人是否明知对方是幼女。当然,这种推定行为人

---

① 该批复已被2013年4月8日起施行的最高人民法院《关于废止1997年7月1日至2011年12月31日期间发布的部分司法解释和司法解释性质文件(第十批)的决定》废止。

明知对方系幼女的推定并非不可推翻。幼女发育早熟,身材高大,从其言谈举止、生活作息规律等方面也不足以发现其可能是幼女时,应宣告行为人不构成奸淫幼女的强奸罪。

案例4-4 谭荣财、罗进东强奸案①

一、基本案情

2003年5月23日20时许,被告人谭荣财、罗进东与赖洪鹏(另案处理)在阳春市某水库边,持刀对在此谈恋爱的蒙某某、瞿某某(女)实施抢劫,抢得蒙某某230元、瞿某某60元。抢劫后,谭荣财、罗进东、赖洪鹏用皮带反绑蒙某某双手,用黏胶粘住蒙某某的手腕,将蒙某某的上衣脱至手腕处,然后威逼瞿某某脱光衣服、脱去蒙某某的内裤,强迫二人进行性交给其观看。蒙某某因害怕,无法进行。谭荣财等人又令瞿某某用口含住蒙某某的生殖器进行口交。在口交过程中,蒙某某趁谭荣财等人不备,挣脱皮带跳进水库并呼叫救命,方才逃脱。

二、诉讼过程及裁判理由

一审法院经审理认为,被告人谭荣财、罗进东等人以非法占有为目的,使用暴力手段劫取他人财物,其行为已构成抢劫罪;二被告人在抢劫过程中,违背妇女意志,使用暴力、胁迫手段,强迫他人与妇女发生性关系,其行为已构成强奸罪。对于强奸罪部分,一审法院分别判处被告人谭荣财、罗进东有期徒刑9年和有期徒刑8年。

一审宣判后,被告人谭荣财、罗进东不服,上诉称其强迫蒙某某与瞿某某发生性关系的目的是寻求精神上的刺激,调戏取乐,只是观看,没有强奸的故意和目的,原审法院定强奸罪有误。

二审法院经审理认为,原审被告人谭荣财、罗进东持刀胁迫二人脱光衣服,强迫二人性交,后又强迫瞿某某口含蒙某某生殖器进行口交,其主观上是寻求精神上的刺激,调戏取乐,没有强奸的目的,客观上没有强奸行为,原审法院认定该行为构成强奸罪不当,应以强制猥亵妇女罪论处。谭荣财、罗进东的该上诉理由成立,应予采纳。据此,二审法院撤销一审法院关于二人构成强奸罪的判决,以强制猥亵妇女罪分别判处谭荣财、罗进东有期徒刑各3年。

三、关联法条

《中华人民共和国刑法》

第二百三十六条第一款 以暴力、胁迫或者其他手段强奸妇女的,处三年以上十年以下有期徒刑。

第二百三十七条第一款② 以暴力、胁迫或者其他方法强制猥亵妇女或者侮辱妇女的,

---

① 参见陈兴良、张军、胡云腾主编:《人民法院刑事指导案例裁判要旨通纂》(上卷),北京大学出版社2013年版,第472页。

② 2015年8月29日通过的《中华人民共和国刑法修正案(九)》将《刑法》第237条修改为:"以暴力、胁迫或者其他方法强制猥亵他人或者侮辱妇女的,处五年以下有期徒刑或者拘役。聚众或者在公共场所当众犯前款罪的,或者有其他恶劣情节的,处五年以上有期徒刑。猥亵儿童的,依照前两款的规定从重处罚。"

处五年以下有期徒刑或者拘役。

四、争议问题

本案的争议问题为,行为人强迫他人性交,自己在一旁观看的,是构成强奸罪还是构成强制猥亵妇女罪?

五、简要评论

当本人亲自实施性犯罪时,构成强奸罪还是构成强制猥亵妇女罪,较为容易区分:存在性交行为的,构成强奸罪;实施性交之外的其他性行为的,构成强制猥亵妇女罪。但是,当行为人强迫他人违背妇女意志与妇女性交,自己在一旁观看的,构成强奸罪还是构成强制猥亵妇女罪,则存在争议。这一问题的解决取决于强奸罪是否属于亲手犯:如果认为强奸罪属于亲手犯,则本案中二被告人并未亲自实施强奸行为,就不构成强奸罪;如果认为强奸罪不是亲手犯,只要客观上违背妇女意志与其性交行为,不论这一行为是本人实施还是利用第三人作为工具来实施,都构成强奸罪,则本案二被告人就应按强奸罪处理。

一般认为,强奸罪属于亲手犯,因为强奸犯罪不同于其他犯罪,强奸犯注重犯罪的亲身感受性和自我满足性,每个参与者的强奸行为都具有亲自参与性和不可替代性。二审判决书认为谭荣财、罗进东"主观上是寻求精神上的刺激,调戏取乐,没有强奸的目的",言下之意是二被告人没有亲自实施强奸行为的目的,所以不构成强奸罪,这正是亲手犯理论的写照。

在日本,对亲手犯的概念存在不同看法。其中有力说认为,亲手犯是应受否定的概念,因为所有的刑罚法规都有其保护的法益,虽以间接正犯的形式来实施犯罪,但是,在侵犯了保护法益的场合,就没有理由否定犯罪的成立。① 以间接正犯的形式强奸他人是完全可能的,所以,强奸罪不是亲手犯。②

笔者认为,强奸罪不是亲手犯。

(1) 有些强奸行为,行为人并不是基于性的满足而实施的,而是基于报复、侮辱的动机(而不是追求快感)强奸妇女。如果强调行为人必须具有性的快感体验才能构成强奸罪,对于基于报复、侮辱的动机的奸淫行为,就不应认定为强奸罪,但这明显是不合适的。无论行为人的主观感受是什么,在妇女被奸时,都应肯定行为人构成强奸罪。

(2) 通过操控未成年人、精神病患者强奸妇女的,行为人构成强奸罪的间接正犯,这为学界所肯定。所谓间接正犯,意味着在规范评价上行为人利用他人强奸妇女,如同行为人本人独自强奸妇女一样,因而行为人应承担强奸罪的刑事责任。如果肯定强奸罪是亲手犯,则基于强奸行为的亲自参与性和不可替代性,强奸罪就应不存在间接正犯。但是,在行为人并未亲自实施强奸行为的间接正犯的场合,学界均肯定行为人构成强奸罪,这就意味着强奸罪不是亲手犯,否则就难以自圆其说。

(3) 如果重视行为人的主观感受,则强奸罪应以泄欲说作为既遂标准才是妥当的,但学

---

① 参见〔日〕西田典之:《刑法总论》,弘文堂2006年版,第72页。
② 参见〔日〕前田雅英:《刑法各论讲义》(第5版),东京大学出版会2011年版,第154页。

界均从性自主权被侵害这一客观的法益侵害结果出发,以插入说为认定强奸既未遂的标准。可见,一方面认为强奸罪是亲手犯,另一方面认为应以插入说作为强奸罪的既遂标准,这是不协调的。

(4) 如果强奸罪属于亲手犯,那么,强制猥亵妇女罪也应属于亲手犯,因为学界主张构成强制猥亵妇女罪,一般需要行为人具有刺激、满足性欲的目的。如果认为需要本人亲自实施奸淫行为才能构成强奸罪,那么,同样应认为需要本人亲自实施猥亵行为才能构成强制猥亵妇女罪。二审法院认定二被告人不构成强奸罪,却认定二被告人构成强制猥亵妇女罪,显然缺乏逻辑上的一致性。总之,主张强奸罪是亲手犯的看法,过于重视行为人的主观感受,无视妇女被奸的客观事实,并不妥当。

本案中,谭荣财、罗进东强迫蒙某某、瞿某某进行性交给其观看,二人明知性交行为违背妇女意志,仍利用无抵抗能力的蒙某某强奸瞿某某,以间接正犯的形式构成了强奸罪。当然,由于蒙某某因害怕无法实施性交行为,二被告人属于强奸未遂。一审法院认定二被告人构成强奸罪的结论是合适的,但未认定二被告人构成未遂犯,并不合适。至于谭荣财、罗进东又令瞿某某用口含住蒙某某的生殖器进行口交,属于在强奸不成的情形下另起犯意,构成强制猥亵妇女罪。对谭荣财、罗进东应按强奸罪(未遂)与强制猥亵妇女罪数罪并罚,才是合适的。因此,无论从哪个角度看,二审法院的改判都是失当的。

附带指出的是,蒙某某虽然违反瞿某某意志与其发生性关系,但这是其在生命受到胁迫的前提下不得已而实施的行为,属于紧急避险,对其不能按照强奸罪或者强制猥亵、侮辱妇女罪的胁从犯处理。

案例 4-5 滕开林强奸案①

一、基本案情

被告人滕开林与被害妇女王某系公媳关系。2001 年 8 月 18 日晚乘凉时,被告人滕开林告诉被告人董洪元,儿媳王某同他人有不正当性关系,而自己多次想与她发生性关系均遭拒绝,但是"只要是外人,都肯发生性关系",并唆使董洪元与王某发生性关系。董洪元遂答应去试试看。滕开林又讲自己到时去"捉奸",迫使王某同意与自己发生性关系。当晚 9 时许,董洪元在王某房间内与其发生性关系后,滕开林随即持充电灯赶至现场"捉奸",以发现王某与他人有奸情为由,以将王某拖回娘家相威胁,并采用殴打等手段,强行奸淫被害人,但因生理原因,滕开林的强奸行为未能得逞。

二、诉讼过程及裁判理由

一审法院经审理认为,被告人滕开林、董洪元以奸淫为目的,采取暴力、胁迫手段,强行

---

① 参见陈兴良、张军、胡云腾主编:《人民法院刑事指导案例裁判要旨通纂》(上卷),北京大学出版社 2013 年版,第 476 页。

与被害人发生性关系,其行为均构成强奸罪。公诉机关指控罪名成立。二被告人系共同犯罪,其中,被告人滕开林提出预谋、策划,并采用暴力、威胁手段,积极实施对被害人王某的奸淫行为,在共同犯罪中起主要作用,系主犯,应依法惩处;被告人董洪元参与预谋、策划,其与被害人发生性关系,虽系被害人自愿,但其行为客观上为被告人滕开林奸淫王某提供了便利条件,且其行为均在二被告人预谋范围内,在共同犯罪中起辅助作用,系从犯,依法应当从轻处罚。被告人滕开林因意志以外的原因而奸淫未成,系犯罪未遂,依法可以比照既遂犯从轻处罚。一审法院以强奸罪判处被告人滕开林有期徒刑5年,剥夺政治权利1年;以强奸罪判处被告人董洪元有期徒刑3年。

三、关联法条

《中华人民共和国刑法》

第二百三十六条第一款 以暴力、胁迫或者其他手段强奸妇女的,处三年以上十年以下有期徒刑。

四、争议问题

本案涉及通奸、强奸与轮奸的认定问题:如何区分强奸与通奸?行为人以通奸的形式为第三人强奸妇女创造条件的,对行为人应如何处理?如果认定行为人与第三人构成强奸共同犯罪,则行为人与第三人是否属于轮奸妇女?

五、简要评论

通奸是指一方或双方有配偶的男女,双方自愿发生性关系的行为。一般而言,强奸与通奸的区别是非常明显的:强奸违背妇女意志,故行为人在客观上必须采取暴力、胁迫或其他手段,主观上有强行奸淫的故意;而通奸并不违背妇女意志,故行为人在客观上无须采取暴力、胁迫等手段,在主观上也没有强行奸淫的故意。以下情形,需要加以注意:

(1) 把通奸说成是强奸。有的妇女与人通奸,一旦翻脸、关系恶化,或者事情败露后,怕丢面子,或者为推卸责任,或由于其他原因,把通奸说成强奸的,对行为人不能定为强奸罪;相反,把通奸说成是强奸的妇女,有成立诬告陷害罪的可能。

(2) 先通奸后强奸。男女双方先是通奸,后来女方不愿继续通奸,而男方纠缠不休,并以暴力或以败坏名誉等进行胁迫,强行与女方发生性行为的,应以强奸罪论处。

(3) 先强奸后通奸。1984年4月26日最高人民法院、最高人民检察院、公安部发布的《关于当前办理强奸案件中具体应用法律的若干问题的解答》①规定,"第一次性行为违背妇女的意志,但事后并未告发,后来女方又多次自愿与该男子发生性行为的,一般不宜以强奸罪论处"。这一看法获得了认同,"虽然第一次是违背妇女意志的,但是妇女意志是可以转化的。随着该妇女与男子的关系改善,谅解了男子的第一次强奸行为,后来又自愿与该男子多

---

① 该解答已被2013年1月18日起施行的《关于废止1980年1月1日至1997年6月30日期间制发的部分司法解释和司法解释性质文件的决定》废止。

次发生性交行为,说明以后的性行为完全是符合该妇女的意志的。既然强奸罪保护的是妇女的性的不可侵犯的权利,虽然第一次性行为侵犯了该妇女的性的不可侵犯的权利,但以后的自愿性交的行为又证明妇女的这种权利没有受到侵害。因此,对于这种情况,无论从行为的社会危害性上考虑,或是从稳定现实的社会关系考虑,一般没有必要以强奸妇女罪来追究行为人刑事责任"。① 笔者不认同这一看法。第一次性交行为违背了妇女的意志,侵犯了妇女的性自主权,这是不可能因为被害人事后的原谅而改变的。认为先强奸后通奸的事实说明妇女"受到的伤害不大"②,这一观点是以被害人的感受取代刑法所规定的犯罪构成,是不妥的。既然第一次性交行为符合强奸罪的构成要件,对行为人就应以强奸罪论处。

通常情况下,强奸与通奸具有排他的关系。但是,在共同犯罪案件中,通奸与强奸可能存在竞合关系,即行为人与第三人共谋,行为人以通奸的形式为第三人强奸妇女创造条件的,此时,通奸属于第三人强奸犯罪的预备行为,或者说,通奸属于为第三人强奸妇女提供便利的行为,通奸者(作为共犯人)应当承担强奸罪的刑事责任。本案中,董洪元与妇女王某的通奸行为,具有为滕开林强奸王某创造条件的属性,故董洪元的行为构成强奸罪。法院正是以共同犯罪为由,认定董洪元构成强奸罪的。

在以通奸的形式为第三人强奸妇女创造条件的案件中,虽然可以认定行为人与第三人构成强奸罪的共同犯罪,但是,不能认定二人构成轮奸。轮奸之所以法定刑要提升为10年以上有期徒刑、无期徒刑乃至死刑,是因为轮奸行为具有两次以上侵犯妇女性自主权的危险。以通奸的形式为第三人强奸妇女创造条件的,第一次的性交行为(通奸)得到了妇女的同意,客观上不存在两次以上侵犯妇女性自主权的危险,故对行为人与第三人不能认定为轮奸。

案例4-6　周学昌强奸案③

一、基本案情

2004年10月7日17时许,被告人周学昌以了解自己女儿学习情况为借口,将路经其院门口的小学生周某(女,11周岁)骗至家中。周学昌反锁院门,持菜刀将周某逼入卧室后,打开VCD放映黄色影碟,同时强迫周某脱光衣服,将周某手脚用绳子捆绑后进行猥亵。在周某反抗时,为逼迫其就范,周学昌用菜刀将周某的腿、背部等处划伤。周学昌多次试图实施强奸,均因其性无力未成,后将菜刀把插入周某的阴道。期间,周学昌多次让周某对其口淫。当晚21时许,在周学昌家,周某被前来寻找的家人解救,周学昌被当场抓获。

二、诉讼过程及裁判理由

被告人周学昌的辩护人认为,原奸淫幼女罪既遂标准是接触说,强奸罪既遂标准是插入

---

① 李邦友等:《性犯罪的定罪与量刑》,人民法院出版社2001年版,第44—45页。
② 赵秉志主编:《刑法新教程》,中国人民大学出版社2001年版,第626页。
③ 参见山东省东营市中级人民法院(2005)东刑一初字第15号刑事判决书。

说,而奸淫幼女罪名已取消,只有强奸罪,按照插入说,被告人的行为属于强奸未遂,结合被告人认罪态度较好的情节,应比照既遂犯从轻或者减轻处罚。

一审法院经审理认为,被告人周学昌采取暴力手段强行与幼女发生性关系,情节恶劣,其行为已构成强奸罪。关于辩护人提出的原奸淫幼女罪既遂标准是接触说,强奸罪既遂标准是插入说,奸淫幼女罪名已取消,只有强奸罪,故被告人的行为应认定为强奸未遂的辩护观点,经审理后认为,被害人周某系幼女,两性生殖器官发生了接触,应认定为既遂。原奸淫幼女罪名的取消,并未改变强奸幼女既遂的认定标准。认罪态度是量刑的酌定情节,本案中被告人犯罪情节恶劣,不予考虑。综上,辩护人提出的辩护观点不能成立,不予支持。一审法院以被告人周学昌犯强奸罪,判处无期徒刑,剥夺政治权利终身。

三、关联法条

《中华人民共和国刑法》

第二百三十六条第二款 奸淫不满十四周岁的幼女的,以强奸论,从重处罚。

四、争议问题

本案的争议问题是,对奸淫幼女型的强奸罪,以接触说作为认定强奸既遂的标准,是否合理?或者说,奸淫幼女与强奸妇女的既未遂标准是否应当统一?

五、简要评论

关于奸淫幼女的既未遂标准,学界多数说采取接触说,主张行为人的生殖器与幼女的生殖器接触,即构成强奸既遂。"从生理这个角度看,由于幼女性器官发育还不成熟,虽然犯罪分子企图奸入,但是实际上往往无法奸入,而且奸淫幼女的奸入比强奸妇女的奸入,其社会危害性要大得多。针对幼女特殊的生理特点及奸淫幼女的严重社会危害性,为了体现法律上对幼女的特殊保护,将男女生殖器接触作为奸淫幼女罪的既未遂判断标准,是十分科学合理的。"[①]接触说得到了司法部门的肯定。1984年4月26日最高人民法院、最高人民检察院、公安部发布的《关于当前办理强奸案件中具体应用法律的若干问题的解答》(已废止)指出,奸淫幼女"只要双方生殖器接触,即应视为奸淫幼女既遂"。

但也有学者主张,与强奸妇女一样,应当采取插入说作为判断奸淫幼女既未遂的标准。本案中,辩护律师采取插入说,以此主张被告人的行为构成强奸未遂。而法院则采取接触说,认定被告人的行为构成强奸既遂。笔者认为,对奸淫幼女既未遂标准采取插入说才是合理的。

(1) 很多幼女的性器官发育还不成熟,犯罪分子实际无法奸入,确实是客观事实。不过,这属于奸淫幼女的对象不能犯问题。因为奸淫幼女行为具有严重的社会危害性,便将对象不能犯这一犯罪未遂人为地升格为犯罪既遂,是毫无道理的。在故意杀人未遂案件中,不可能因为客观危害与主观恶性极其巨大,便将杀人未遂认定为杀人既遂。同样,不能因为奸

---

① 李邦友等:《性犯罪的定罪与量刑》,人民法院出版社2001年版,第82页。

淫行为对幼女的危害巨大,便将对象不能犯的未遂拔高认定为犯罪既遂。

(2) 对幼女实行特殊保护是通过"从重处罚"来体现的,与奸淫幼女的既未遂标准无关。各国刑法均对幼女实行特殊保护,但是,外国刑法对奸淫幼女行为并没有采取接触说,而是以插入说作为奸淫幼女既未遂的判断标准,即仅有性器官的接触而没有插入的,只成立未遂。① 如《印度刑法典》规定:与不满16岁的女子性交,无论她同意与否,都构成强奸罪,插入便足以构成强奸罪的性交。② 这表明着手奸淫幼女后如果没有插入行为,只能成立强奸罪未遂。在外国刑法中,对奸淫幼女的处罚都重于强奸妇女,外国刑法对幼女的特殊保护是通过"从重处罚"来体现的,并未通过从严认定奸淫幼女的既未遂标准来实现对幼女的特殊保护。对幼女进行特殊保护,是各国刑法的共同任务,并不存在所谓的文化、国情差异或者意识形态问题。因此,我国采取接触说作为从严认定奸淫幼女既未遂标准的做法是否合理,值得深思。按照接触说的逻辑,对于奸淫幼女共犯的认定、罪数的处理,都应比强奸妇女严格,才能体现对幼女的特殊保护。然而,理论界与实务界从未提出这样的看法。因此,幼女需要特殊保护,不能成为从严认定奸淫幼女既未遂标准的理由。

(3) 奸淫幼女既未遂的认定标准,取决于罪质本身,而不取决于立法精神。接触说论者认为,对奸淫幼女的犯罪采取比强奸妇女的犯罪更为严格的既遂标准,能更为全面地体现给予幼女以特殊保护的立法精神。③ 但是,对幼女的特殊保护与奸淫幼女的既未遂标准并没有必然联系,因为奸淫幼女的既未遂标准是由强奸罪的罪质本身所决定的,而不是取决于诸如立法精神等其他因素。强奸罪是以性交为内容的犯罪,奸淫幼女的罪质同样如此。根据当前的理解,性交是指被告人的生殖器插入受害人的生殖器。在仅有性器官的接触而无插入的情形下,性交行为尚不存在,因而无法认定为奸淫既遂。因此,"与被害幼女的两性器官已达接触,应视为性交行为已达完成"④的观点,既无事实上的根据,也无规范评价上的实质根据。

(4) 采取插入说作为奸淫幼女既遂的标准,不会轻纵犯罪分子。是否对未遂犯从轻或者减轻处罚,取决于其是否存在从轻或者减轻处罚的实质根据,即犯罪行为对法益的侵害程度是否与犯罪既遂存在相当的不同。有些犯罪虽然未遂,但对法益的侵害程度不亚于既遂。正是考虑到这一点,所以,《刑法》第23条第2款规定:"对于未遂犯,可以比照既遂犯从轻或者减轻处罚。"采取插入说作为奸淫幼女既遂的认定标准,确实存在有些行为人未能插入的情形,但是,如果奸淫行为对幼女的身心摧残与实际插入行为无异时,就不存在对行为人从轻或者减轻处罚的实质根据,此时就不应对行为人从轻或者减轻处罚。因此,即便采取插入说,也不会轻纵犯罪人。本案中,周学昌虽然未能插入,但其将菜刀把插入周某的阴道,还多次让周某对其口淫,对被害幼女的身心摧残与奸淫既遂无异,故没有理由对周学昌从轻

---

① 参见张明楷:《外国刑法纲要》(第2版),清华大学出版社2007年版,第495页。
② 参见《印度刑法典》,吉蒂译,法律出版社1957年版,第111页。
③ 参见赵秉志主编:《海峡两岸刑法各论比较研究》(上卷),中国人民大学出版社2001年版,第675页。
④ 赵秉志:《刑法各论问题研究》,中国法制出版社1996年版,第58页。

处罚。

综上所述,在强奸案中,不论行为人是强奸妇女还是奸淫幼女,应统一采取插入说作为区分既未遂的标准。在此意义上,法院认定周学昌奸淫幼女既遂,结论并不合适。

案例 4-7　许哲虎强奸案①

一、基本案情

2002 年 2 月初的一天上午,被告人许哲虎伙同李珍哲(已判刑 11 年)、李文哲(在逃)在珲春市河南街李珍哲家,以殴打、威胁等手段,先后对被害人许某(女)实施奸淫。李珍哲实施奸淫后,被告人许哲虎在奸淫被害人许某的过程中,因其生殖器未勃起而未得逞,李文哲亦因同样原因而奸淫未得逞。

二、诉讼过程及裁判理由

一审法院经审理认为,被告人许哲虎伙同他人违背妇女意志,以暴力、威胁等手段,轮流奸淫妇女,其行为已构成强奸罪,且属共同犯罪。被告人许哲虎的奸淫目的未能得逞,属于犯罪未遂,且在共同犯罪中起辅助、次要作用,系从犯,且认罪态度较好,依法减轻处罚。一审法院以被告人许哲虎犯强奸罪,判处有期徒刑 3 年零 6 个月。

三、关联法条

《中华人民共和国刑法》

第二百三十六条第一款　以暴力、胁迫或者其他手段强奸妇女的,处三年以上十年以下有期徒刑。

四、争议问题

本案涉及强奸罪中共同犯罪停止形态的认定问题。具体而言,在强奸行为的共同犯罪案件中,一人强奸既遂后,其他共犯人基于客观原因(如因生理原因无法实施奸淫)或者基于主观原因(如自动放弃奸淫)未能完成强奸行为的,对其他共犯人应认定为强奸既遂还是强奸未遂或者强奸中止?

五、简要评论

关于如何认定强奸共同犯罪的犯罪停止形态问题,存在两条思路:一是采取共同犯罪的思路,尤其是对共同实行犯,根据"部分实行全部责任"原则,一人强奸既遂时,包括未能完成奸淫行为的实行犯在内,所有实行犯均构成强奸既遂。二是虽然承认构成强奸共同犯罪,但基于强奸罪系亲手犯的理由,应以个人的"亲身感受性和自我满足性"为准认定强奸罪的既未遂,即便某一共犯人已经强奸既遂,但对那些未能完成插入行为的共犯人,不可认定为强

---

① 参见陈兴良、张军、胡云腾主编:《人民法院刑事指导案例裁判要旨通纂》(上卷),北京大学出版社 2013 年版,第 489 页。

奸既遂。法院显然是采取了第二条思路,据此认定被告人许哲虎属于强奸犯罪未遂。笔者认为,采取第一条思路认定强奸共同犯罪的停止形态,才是合理的。

(1) 以共犯人"亲身感受性和自我满足性"为准认定强奸罪的既未遂,不符合主观的超过要素理论。在目的犯中,即便目的没有实现,也能认定行为人构成犯罪既遂。即便承认强奸罪属于亲手犯,行为人具有追求个人的性体验的意思,这种性体验的意思也属于(不成文的)主观的超过要素(类似于目的犯中的目的)。只要客观事实能够印证行为人具有追求性体验的意思即可,至于这一意思是否实现,不影响犯罪既遂的认定。可见,亲手犯理论与主观的超过要素理论存在不协调之处。因此,以共犯人"亲身感受性和自我满足性"判断强奸罪的既未遂,是不合适的。

(2) 没有根据认为强奸罪是亲手犯。《刑法》并未明文将强奸罪规定为满足本人性欲的犯罪,将强奸罪理解为亲手犯,不符合立法者规定强奸罪的立法目的。刑法设立强奸罪的目的,是为了保护妇女性的自主权。侵犯妇女性的自主权的动机,未必都是出于满足个人性欲的目的,完全可能出于报复等其他动机实施强奸行为。不论行为人出于何种动机,只要侵犯了妇女性的自主权,就应认定构成强奸罪。如果强奸罪属于亲手犯,则妇女利用未成年人、精神病人强奸其他妇女的,作为实行犯(间接正犯)的妇女就不应构成强奸罪,因为其主观上并无亲自追求性体验的意思,但刑法理论与司法实务均一致认为该妇女构成强奸罪,可见强奸罪不是亲手犯。

(3) 多人参与强奸是共同犯罪的一种,没有理由说强奸共同犯罪具有特殊性,从而应采取不同于一般共同犯罪的既未遂理论来认定强奸共同犯罪的既未遂形态。一是男子乙帮助男子甲强奸妇女时,如果甲成功奸淫妇女,则作为帮助犯的乙应当构成强奸既遂。而在甲、乙共同强奸妇女时,如果甲成功奸淫妇女,而作为实行犯的乙,以其未能实际奸淫为由,认定其属于犯罪未遂,这与前述的帮助犯情形不均衡:危害轻的帮助犯构成强奸既遂,而危害重的实行犯反而构成强奸未遂,明显不合适。二是共同犯罪的本质是共犯人相互利用、齐心协力来共同侵犯法益,当一人成功侵犯法益时,在规范评价上应当认为其他共犯人对于法益侵害结果也作出了"贡献"——正是由于其他共犯人的配合、协力,某一共犯人才能顺利地侵犯法益。因此,其他共犯人都应对法益侵害结果承担责任。所以,当共犯中一人既遂时,其他共犯人也都构成既遂。同样,在强奸共同犯罪案件中,一人强奸既遂后,其他共犯人基于客观原因未能完成奸淫行为或者基于主观原因自动放弃强奸行为的,都应当构成强奸既遂,而不是构成强奸罪的未遂犯或者中止犯。①

本案中,被告人许哲虎的行为属于强奸犯罪既遂。法院认定许哲虎属于强奸犯罪未遂,并不合适。当然,在认定被告人构成强奸既遂的基础上,考虑到其基于客观原因未能完成强

---

① 在强奸罪的共同犯罪中,要成立中止犯,不仅要求行为人放弃本人的强奸行为,而且还要求行为人必须有效地制止其他共同犯罪人的强奸行为,防止奸入结果的发生。易言之,在共同犯罪的场合,强奸一经着手,共犯人仅是消极地自动放弃个人的强奸行为,而没有积极阻止其他共犯人的强奸行为,并有效地防止奸入结果的发生的,不符合《刑法》第24条"自动有效地防止犯罪结果发生"的规定,无法成立中止犯。

奸行为,在情节上与通常的强奸既遂案件有所不同,量刑时应注意适当区分。

案例 4-8　姜洪生、许广琳强奸案①

一、基本案情

2001年8月6日凌晨,被告人姜洪生酒后带被害人刘某(女)到被告人许广琳处投宿。睡觉前,许广琳与姜洪生门外小便时,姜洪生流露出想与刘某发生性关系的想法,许广琳说能,姜洪生就让许广琳装睡觉。许广琳说:"你上后,我也要上。"姜洪生说:"可以。但必须她同意你才能上,她不同意你不能强迫。"后刘某睡在床上,许广琳与姜洪生睡地上的席子。许广琳假装睡着后,姜洪生到床上搂抱刘某,要求发生性关系,两次都被刘某拒绝,第二次还被刘某抓伤了颈部,双方发生争执。这时,许广琳起来打了刘某几巴掌,说刘某要姜洪生。姜洪生阻止殴打,并把许广琳叫到外边。后姜洪生对刘某说:"许广琳在外面拿剪刀,怪可怕的,如果你不让我上,对你不利。"刘某害怕,与姜洪生发生了性关系。姜洪生奸淫后,被告人许广琳拿着剪刀进来,要求与刘某发生关系。刘某反抗,许广琳就打刘某几巴掌,并用剪刀对准其颈部。姜洪生见状上前阻拦,要许广琳不要这样,并表示愿意出钱让他找女人。许广琳就拿剪刀对着姜洪生头部,并以语言威胁,还踹他数脚。姜洪生阻拦不成,就出去了。后刘某被迫与许广琳发生了性关系。

二、诉讼过程及裁判理由

一审法院经审理认为,被告人许广琳、姜洪生采用暴力、胁迫手段,预谋并先后强行奸淫同一妇女,构成轮奸,以强奸罪分别判处许广琳、姜洪生有期徒刑13年和10年。

一审宣判后,姜洪生以强奸前自己与被告人许广琳未进行预谋,不构成轮奸为由,提出上诉。

二审法院经审理认为,姜洪生、许广琳违背妇女意志,采用暴力、胁迫手段,强行与妇女发生性关系,均分别构成强奸罪。关于上诉人姜洪生提出不构成轮奸的意见,经查,姜洪生与许广琳在奸淫前,没有轮奸的预谋,在许广琳着手强奸时,姜洪生能予以制止,因此,该理由有法律依据,予以采纳。原审法院认定为轮奸不当,应予以依法改判。二审法院以强奸罪改判姜洪生有期徒刑7年。

三、关联法条

《中华人民共和国刑法》

第二百三十六条第三款　强奸妇女、奸淫幼女,有下列情形之一的,处十年以上有期徒刑、无期徒刑或者死刑:

(一)强奸妇女、奸淫幼女情节恶劣的;

---

① 参见江苏省宿迁市中级人民法院(2001)宿中刑终字第86号刑事判决书。

（二）强奸妇女、奸淫幼女多人的；
（三）在公共场所当众强奸妇女的；
（四）二人以上轮奸的；
（五）致使被害人重伤、死亡或者造成其他严重后果的。

四、争议问题

本案的争议问题是，如何区分轮奸与普通的强奸共同犯罪？在强奸共同犯罪中，一名男性以为只有自己强奸妇女，以为另一男性在帮助自己强奸，而另一男性其实也有强奸的意思，妇女先后遭受双方强奸的，对共犯人能否按照轮奸处理？

五、简要评论

两名（以上）男性犯强奸共同犯罪时，可以分为三种类型：一是教唆犯＋实行犯的强奸共同犯罪，即一名男性教唆另一名男性奸淫妇女；二是帮助犯＋实行犯的强奸共同犯罪，即一名男性帮助另一名男性奸淫妇女；三是实行犯＋实行犯的强奸共同犯罪，即两名男性共同奸淫妇女。前两种类型属于一般的强奸共同犯罪，第三种类型属于轮奸（特殊的强奸共同犯罪）。一般情形下，轮奸与普通的强奸共同犯罪是容易区分的，但在一名男性隐瞒本人具有奸淫妇女的意思，另一名男性仅以为对方在帮助自己奸淫妇女，事实上妇女先后遭受二人奸淫时，问题就较为复杂：是双方均构成轮奸，还是双方均属于普通强奸，抑或不知情的一方属于普通强奸，而知情的一方构成轮奸？

轮奸是一种特殊的强奸共同犯罪，成立轮奸不仅要求客观上存在妇女被轮流奸淫的事实，而且要求共犯人在主观上具有轮流奸淫的故意，即共犯人不仅认识到自己将要奸淫妇女，而且认识到其他人也要奸淫妇女，认识到自己在与他人合作轮流奸淫妇女。轮奸故意是成立轮奸不可或缺的要件，因为轮奸故意使得共犯人相互利用、相互补充形成合力，共同制造了妇女被轮流奸淫的危险。所以，共犯人不仅要对本人的奸淫行为负责，而且要对其他共犯人的奸淫行为负责，即要对妇女被轮流奸淫的结果负责。共犯人的轮奸故意多产生于事前的预谋阶段，亦可产生于第一个共犯人着手奸淫的阶段，最晚不得迟于第一个奸淫行为实施完毕之前（共犯人事中达成轮奸故意）。客观上妇女虽然被数名男性先后奸淫，但如果男性之间缺乏轮奸的故意，就不能认定为轮奸，对此只能按照普通强奸案件处理。

本案中，强奸共同犯罪人之间不存在轮奸故意。姜洪生一开始就未同意许广琳强奸刘某，明确表示"必须她同意你才能上，她不同意你不能强迫"。当许广琳强奸刘某时，姜洪生阻拦许广琳，并表示愿意出钱让许广琳找女人，而许广琳则拿剪刀威胁姜洪生，还踹打姜洪生。可见，许广琳的强奸行为违反了姜洪生的意志，二人之间自始至终都不存在轮奸故意。因此，不能要求姜洪生对许广琳的强奸行为负责，姜洪生仅应对本人的强奸行为负责。一审法院认定姜洪生属于轮奸，确实不当，二审法院对此予以改判，是正确的。

二审判决遗留了对许广琳的行为应如何处理为妥的疑问。在帮助姜洪生强奸刘某时，许广琳就已产生自己也强奸刘某的意思，并基于此意思先帮助姜洪生强奸刘某，接着自己强奸刘某。这种情形可以称为轮奸的片面共犯。如果承认片面共犯可以构成共同犯罪,则对于轮奸的片面共犯人,应按照轮奸处理,因为既然片面共犯人事实上具有轮奸故意,客观上创设并实现了妇女被轮奸的风险,就应对妇女被轮奸承担刑事责任。在此意义上,一审法院认定许广琳构成轮奸的结论是合理的。如果不承认片面共犯可以构成共同犯罪,则对于轮奸的片面共犯人,就不能认定为轮奸,而只能认定为行为人前后犯有两个强奸罪——前一个是作为共犯帮助他人强奸妇女的强奸罪,后一个是作为单独犯强奸妇女的强奸罪——以同种数罪进行并罚。①

---

① 同种数罪不并罚,可谓是学界的通说。但是,对于侵犯人身法益的同种数罪不并罚,从罪刑均衡原则来看,是不合适的。

第五章 绑架罪

案例5-1 白宇良、肖益军绑架案[①]

一、基本案情

被告人白宇良与肖益军预谋绑架,自制爆炸装置3枚,购买伪造的机动车号牌1副、警服1套、弹簧刀1把、仿真枪1把,窃取机动车号牌1副,伪造身份证2张用于犯罪后潜逃,伪造警官证1本。根据白宇良制订的犯罪计划,二人采用暴力手段强行劫走白某的轿车(价值人民币206 800元),告诉白某借用一天后返还。2004年12月2日,两被告人冒充市公安局领导与陈某电话联系,谎称其子涉嫌刑事案件需向其调查,欲将陈某骗上车后予以绑架勒索财物。陈某信以为真,决定乘坐两被告人的车辆,并到门口等待车辆的到来。但后来二人因误认为陈某已产生怀疑而逃离现场,并通知白某在指定地点将轿车取回。

二、诉讼过程及裁判理由

一审法院经审理认为,被告人白宇良、肖益军为绑架他人勒索财物而准备工具,制造条件,已构成绑架罪。两被告人为实施绑架犯罪而准备犯罪工具,并设骗局意图接近被害人,因误以为骗局被识破,而未敢接近被害人,没有将犯罪行为进行下去,属于意志以外的原因,不属于犯罪中止,系犯罪预备,依法减轻处罚。辩护人辩称构成敲诈勒索罪的意见不予采纳,判决白宇良犯绑架罪,判处有期徒刑8年,剥夺政治权利1年,罚金人民币1万元;肖益军犯绑架罪,判处有期徒刑7年,剥夺政治权利1年,罚金人民币1万元。

一审宣判以后,二被告人不服,提出上诉。二审法院经审理认为,原判事实清楚,证据确实充分,量刑适当,审判程序合法,裁定驳回上诉,维持原判。

三、关联法条

《中华人民共和国刑法》

第二百三十九条第一款 以勒索财物为目的绑架他人的,或者绑架他人作为人质的,处十年以上有期徒刑或者无期徒刑,并处罚金或者没收财产;情节较轻的,处五年以上十年以下有期徒刑,并处罚金。

第二十二条 为了犯罪,准备工具、制造条件的,是犯罪预备。

对于预备犯,可以比照既遂犯从轻、减轻处罚或者免除处罚。

第二十四条第一款 在犯罪过程中,自动放弃犯罪或者自动有效地防止犯罪结果发生

[①] 参见最高人民法院刑事审判第一、二、三、四、五庭主办:《刑事审判参考》(总第69集),法律出版社2009年版,第48页。

的,是犯罪中止。

四、争议问题

本案争议问题是:第一,为了绑架他人,设骗局诱惑他人自动到自己的车上,是否属于绑架罪的实行行为?第二,为了实施绑架犯罪而抢劫他人汽车的行为如何认定?

五、简要评论

(1) 本案二被告人为绑架而设骗局诱惑他人的行为是犯罪预备还是犯罪未遂,行为人是否已经着手实施绑架行为,存在较大分歧。解决这个问题,关键在于正确界定绑架罪的客观行为。通常认为,绑架行为表现为以暴力、胁迫或其他方法劫持或以实力控制支配他人的行为。暴力是最常用的方法,指行为人直接对被害人进行捆绑、堵嘴、蒙眼、装麻袋等人身强制方法或对被害人进行伤害、殴打等人身攻击手段。胁迫是指对被害人实行精神强制,或对被害人及其家属以实施暴力相威胁。其他方法通常如药物麻醉、用酒灌醉等方法,比如在"田磊等绑架案"①中,行为人强行注射"冬眠灵"致人昏睡不能反抗,这种方法虽有一定程度的"暴力"性质,但又不同于殴打、捆绑等典型的暴力形式,而是介乎"胁迫""其他方法"与"暴力"之间。理论上争议较大的是,其他方法是否包括欺骗或者诱惑等方法。对此,笔者认为应当进行体系解释。从绑架罪的罪质出发,绑架行为是使被害人处于不能反抗或者不敢反抗的境地,从而置于行为人的实力控制之下而丧失行动自由的行为。

本案的裁判理由认为,如果欺骗"只是为以暴力、胁迫等手段剥夺被害人人身自由服务、创造条件的行为,则属于绑架罪犯罪预备行为,不应认定为实行行为。如行为人采用欺骗手段将被害人骗至或者骗离某一地点再进行挟持的,这种骗离行为尚不属于劫持行为,因为这种行为尚未真正侵害到被害人的人身自由,只有对被害人进行扣押或者关押,限制或剥夺其人身自由,才属于劫持行为。只有被告人实施了暴力、胁迫等剥夺被害人人身自由的行为,才能认定为开始实施劫持行为。在此之前的行为,不论复杂简单、时间长短、内容多少、危害大小,均属于劫持开始前为劫持目的服务的行为,不应认定为劫持行为本身,也就不能认定为着手实施绑架犯罪……在劫持人质之前的行为,只具有抽象的危险性,尚未对人质造成现实的危害,不足以解释为绑架的实行行为,否则会造成罪刑的不均衡"。判例基本采取这种立场,比如在"张舒娟敲诈勒索案"②中,被告人张舒娟为勒索财物,以中学生戴磊的父亲与人抢劫分赃不均、有人要将戴父带到南京并以戴磊做保障为借口,将戴磊哄骗至外地并暂住在酒店。在没有对其人身采取捆绑、看押等任何实质性限制的情况下,外出多次打电话到戴家勒索 8 万元。戴磊乘机与家人电话联系,后在家人的指点下离开酒店到当地公安机关求助。法院最终认定不构成绑架罪,而构成敲诈勒索罪。

因此,笔者认为,欺骗等其他方法能否成为绑架的手段,关键在于欺骗行为是否能够使被害人因为受骗而导致人身自由受到剥夺或限制,达到与暴力、胁迫同样的劫持人质的效

---

① 参见最高人民法院刑事审判第一庭、第二庭编:《刑事审判参考》(总第 26 辑),法律出版社 2002 年版。
② 参见最高人民法院刑事审判第一、二、三、四、五庭主办:《刑事审判参考》(总第 56 集),法律出版社 2007 年版。

果,比如欺骗他人外面有杀手正在追杀他而使他人滞留在住所内,则实际上控制了人质。当然,通常以达到使一般人能够产生心理强制作用的程度为判断标准,但是,如果被害人的认识能力低于一般人,比如欺骗他人屋外有鬼或者预测外出会出车祸、被雷劈等血光之灾,被害人因为害怕而滞留在住所内,则应当以被害人实际产生心理强制作用为标准。我国《刑法》第240条规定的拐卖妇女、儿童罪,将"拐骗"和"绑架"加以并列,因此,绑架应当作不同于拐骗的理解。本案中,二被告人虽然经过预谋,准备用于扣押被害人的车辆和用于胁迫被害人的爆炸装置,设骗局与被害人电话联系意图让被害人"自动地"来到其车辆上,都只是准备犯罪工具,为实施扣押行为提供便利、创造条件,并没有产生劫持人质的实力控制效果,应当属于犯罪预备。同时,二被告人在进行犯罪预备活动即编造谎言联系被害人的过程中,误以为被害人发现了真相,事情败露,遂停止了犯罪,并非主动放弃犯罪,而是因为意志以外的原因没有着手犯罪的实行,不是犯罪中止。

（2）二被告人为了准备绑架工具强行劫走他人汽车,允诺用后返还,且事后确实返还了,这一行为不构成抢劫罪。抢劫罪的主观构成要件要求具有非法占有的目的,必须同时符合持续剥夺占有的意思和至少暂时据为己有的意思两个方面。至少暂时据为己有可以表现为"保有"或"利用",为了实施其他犯罪目的劫取他人汽车,可以认为具有暂时据为己有的意思。持续剥夺占有表现为剥夺物本身和剥夺物固有的价值,将汽车使用后返还,并没有剥夺物本身的意思,如果在使用过程中,导致汽车价值的实质减少、丢失或者毁坏,则可以认为具有剥夺物的固有价值的意思。在盗窃罪中,只有暂时据为己有的意思,但没有持续剥夺占有的意思,不成立非法占有的目的,只是"使用盗窃",对于使用盗窃,除了德国等国家规定有"无权使用他人机动车罪"外,原则上并不处罚。最高人民法院、最高人民检察院《关于办理盗窃刑事案件适用法律若干问题的解释》第10条指出:"偷开他人机动车的,按照下列规定处理:（一）偷开机动车,导致车辆丢失的,以盗窃罪定罪处罚;（二）为盗窃其他财物,偷开机动车作为犯罪工具使用后非法占有车辆,或者将车辆遗弃导致丢失的,被盗车辆的价值计入盗窃数额;（三）为实施其他犯罪,偷开机动车作为犯罪工具使用后非法占有车辆,或者将车辆遗弃导致丢失的,以盗窃罪和其他犯罪数罪并罚;将车辆送回未造成丢失的,按照其所实施的其他犯罪从重处罚。"抢劫罪对非法占有目的的理解与盗窃罪相同,本案中,二被告人在主观上只是想强行借用被害人的车辆实施绑架,在绑架行为未能实施后又将车送回指定地点,因此,对车辆没有非法占有的目的。当然,该行为可以认为是绑架罪的犯罪预备行为。

最高人民法院《关于审理抢劫、抢夺刑事案件适用法律若干问题的意见》指出:"为抢劫其他财物,劫取机动车辆当作犯罪工具或者逃跑工具使用的,被劫取机动车辆的价值计入抢劫数额;为实施抢劫以外的其他犯罪劫取机动车辆的,以抢劫罪和实施的其他犯罪实行数罪并罚。"如果本案被告人劫取被害人的车辆作为绑架罪的犯罪工具,没有打算返还车辆,或者即使有返还的意思,但在使用过程中导致车辆价值的实质减少、丢失或毁坏的,则主观上就具有了非法占有的目的,该行为构成抢劫罪,应当与绑架罪的犯罪预备数罪并罚。

案例 5-2 杨锋等抢劫、绑架案①

一、基本案情

2008年1月19日,被告人杨锋提议并与被告人郭某合谋后,持刀殴打、威胁欲劫取被害人廖某钱财,后因廖某的表哥劝阻而未得逞。后二被告人持砍刀闯入廖某的母亲姚伍妹的宿舍找廖某不得,即要姚伍妹替廖某还钱,索要未果后,郭某将刀架在姚伍妹的次子廖秀停脖子上,提出交付人民币900元,不拿钱就杀害廖秀停。姚伍妹见状,拿出随身的50元,二被告人将廖秀停作为人质带走,责令姚伍妹交付剩余赎金850元。

二、诉讼过程及裁判理由

一审法院经审理认为,被告人杨某、郭某以非法占有为目的,采用暴力手段欲劫取他人钱财,因意志以外的原因未得逞,已构成抢劫罪,属未遂;两被告人提出要姚伍妹替子还钱不成后,其犯意即发生了转化,用刀将廖秀停作为人质予以控制,以此向其亲属勒索赎金,当场取得部分赎金50元,该行为属于绑架的一部分,不应单独作为抢劫罪予以重复评价;继而又以勒索财物为目的,以暴力手段控制并绑架人质,又构成绑架罪。据此判决被告人杨某犯抢劫罪,判处有期徒刑1年,并处罚金人民币1000元;犯绑架罪,判处有期徒刑6年,并处罚金人民币2000元,决定执行有期徒刑6年零6个月,并处罚金人民币3000元。被告人郭某犯抢劫罪,判处有期徒刑1年,并处罚金人民币1000元;犯绑架罪,判处有期徒刑5年零6个月,并处罚金人民币1500元,决定执行有期徒刑6年,并处罚金人民币2500元。

判决后被告人未上诉,检察机关未抗诉,判决生效。

三、关联法条

《中华人民共和国刑法》

第二百六十三条 以暴力、胁迫或者其他方法抢劫公私财物的,处三年以上十年以下有期徒刑,并处罚金;有下列情形之一的,处十年以上有期徒刑、无期徒刑或者死刑,并处罚金或者没收财产:

(一)入户抢劫的;

(二)在公共交通工具上抢劫的;

(三)抢劫银行或者其他金融机构的;

(四)多次抢劫或者抢劫数额巨大的;

(五)抢劫致人重伤、死亡的;

(六)冒充军警人员抢劫的;

(七)持枪抢劫的;

---

① 参见陈兴良、张军、胡云腾主编:《人民法院刑事指导案例裁判要旨通纂》(上卷),北京大学出版社2013年版,第520页。

(八)抢劫军用物资或者抢险、救灾、救济物资的。

四、争议问题

扣押人质当场威胁第三人、当场获取财物应当认定为勒索财物型的绑架罪还是抢劫罪？构成绑架罪是否需要具有利用被绑架人亲属或者相关人员对被绑架人安危的忧虑的意思？

五、简要评论

抢劫罪，是指以非法占有为目的，采用暴力、胁迫或者其他侵犯人身的强制方法，当场夺取他人财物或者迫使他人当场交出财物的行为。抢劫罪通常要求两个"当场"：一是当场使用暴力或者以当场使用暴力相胁迫；二是当场取得财物，既可以是当场劫走被害人随身携带的财物，也可以挟持被害人到住所等财物存放处劫走财物。而以勒索财物为目的的绑架罪则是将被害人绑架后，以被绑架人的亲属或其他人对被绑架人的安危的担忧来加以威胁，向被绑架的对象以外的第三人索取财物，被绑架人与被勒索人是分离的，不是同一人。所勒索财物与人质存在直接的交换对应关系，即拿钱赎人。

一般而言，勒索绑架具有行为复合性和时空间隔性的特征，完整的勒索绑架行为，需由劫持绑架人质和向第三人勒索财物两个行为复合构成，且两个行为之间通常呈现出时间的递延和空间的转换。但是，绑架罪并非绝对排斥绑架人质当场使用暴力或以当场使用暴力相威胁，并当场勒索财物的情形。在这种情况下，区分抢劫罪和绑架罪，关键要看行为人是否实际控制了人质，并以人质为要挟向第三人索要财物，还是直接向被控制人索要财物。即犯罪对象的相异性和同一性，如果行为对象既针对被绑架者，又针对被勒索、被要挟的第三人，应以绑架罪论处。本案中，两被告人用刀控制人质廖秀停，利用廖母对其人身安全的担忧，向第三人廖母勒索钱财。在当场取得一部分赎金后，又绑架人质继续向廖母索要赎金，其行为构成绑架罪。相反，在"杨保营等抢劫、绑架案"①中，被告人杨保营等将田某挟持至旅馆非法拘禁3天后，挟持田某回其住处取得现金5000元。该案一审认为构成绑架罪，二审认为非法拘禁的目的是向被绑架人本人索要财物，不涉及第三人，因此判定为抢劫罪。

当然，并非只要存在被扣留的人质和交付财物的第三人，就一定成立绑架罪。实践中大量案件是劫持被害人后，要求被害人与家属、亲友等第三人联系，由第三人直接交付或者汇款到指定账户取得钱款。比如"张红亮等抢劫、盗窃案"②中，被告人张红亮等在控制了被害人孔令臣的人身后威胁孔令臣，孔令臣被迫以炒股为名向家人索要现金，其家属将1.4万元分两次汇到指定账户。又如"王团结、潘友利、黄福忠抢劫、敲诈勒索案"③中，被告人王团结等殴打、持刀威胁孙建福，抢走其随身携带财物。后又挟持孙建福找到其兄孙海坛，谎称孙建福开车时撞了人送医院抢救需要交押金，孙海坛信以为真，即拿出300元和存折交给孙建

---

① 参见最高人民法院刑事审判第一庭、第二庭编:《刑事审判参考》(总第35集)，法律出版社2004年版。
② 参见最高人民法院刑事审判第一、二、三、四、五庭主办:《刑事审判参考》(总第75集)，法律出版社2011年版。
③ 参见最高人民法院刑事审判第一庭、第二庭编:《刑事审判参考》(总第36集)，法律出版社2004年版。

福。孙建福将钱和存折交给3被告人。在"陈祥国绑架案"①中,被告人陈祥国在酒店内劫取被害人何明耀现金后,对其捆绑、威胁,继续索要钱款。何明耀提出打电话向香港朋友筹钱,借此机会用陈祥国听不懂的方言暗示自己已遭到劫持,要求朋友为其报警,最终案发。以上案件均被认定为抢劫罪。

判例的裁判理由指出,被告人控制被害人并通过被害人向其家属索要钱财的情形比较复杂:有的是通过被害人转达勒赎请求,以使亲属确信其被控制的事实并增加威慑力量;有的是明确要求被害人不能暴露其被控制的事实,使家属误以为其因正当事由需要钱财而提供;有的是笼统要求被害人向其家属索要钱财,至于以何种名义索要在所不问。对此,必须视情况区别对待。前两种情形以是否胁迫第三人为标准,如是胁迫第三人,则认定绑架罪,如不是,则认定抢劫罪。第三种情形,由于第三人对被告人是否胁迫被害人处于不确定状态,需要视被害人与第三人的沟通情况而具体认定:如果被害人告知第三人其人身被控制而要钱,则被告人构成绑架罪;如果被害人并未告知第三人其人身被控制,即使被害人家属感知,在无证据证实被告人有明确的胁迫第三人的主观犯意和客观行为的情形下,以抢劫罪定罪处罚。

对此,笔者认为,构成绑架罪,要求绑架人具有利用被绑架人亲属或者相关人员对被绑架人安危的忧虑的意思,这是主观不法构成要件,也是主观的超过要素,只要行为人具有这种主观意思即为已足,而不要求客观上通知了被绑架人的亲属或相关人员,或者被绑架人的亲属或相关人员获知了绑架事实,也不要求他人因此产生了忧虑。反之,即使被绑架人家属等感知了被绑架事实并因此产生忧虑,如果行为人确实没有利用第三人忧虑的意思,而是意图胁迫被绑架人获取财物,则不应认定为绑架罪。比如上述"陈祥国绑架案",被害人使用被告人不懂的方言暗示自己被劫持,被告人对此并不知晓,主观上也不存在威胁第三人的意思,法院认定为抢劫罪是恰当的。又比如,绑架人要求被绑架人告知家属被绑架的事实,以此威胁被绑架人家属,而被绑架人出于怕家属担忧并没有告知,绑架人对此不知,则仍应定绑架罪。因此,是否构成绑架罪,不应完全取决于被害人如何与第三人进行沟通,而应该综合考虑沟通的情况、行为人是否知悉沟通内容、行为人对沟通内容的态度等间接证据,来认定行为人是否具有利用被绑架人家属等对被绑架人安危的忧虑的主观意思。

案例5-3 陈宗发故意杀人、敲诈勒索案②

一、基本案情

2002年11月9日,被告人陈宗发约制作假文凭的王小兰见面,之后陈宗发将王小兰及

---

① 参见《最高人民法院公报》2007年第1期。
② 参见陈兴良、张军、胡云腾主编:《人民法院刑事指导案例裁判要旨通纂》(上卷),北京大学出版社2013年版,第349页。

其幼子李浩带至暂住处。双方为制作假文凭的价格发生争执,陈宗发即用橡胶榔头连续猛击王小兰的头部,继而又用尖刀刺戳王小兰的头部、胸部,致被害人王小兰当场死亡。陈宗发唯恐罪行败露,又用橡胶榔头击打的方法致李浩死亡。陈宗发作案后为逃避法律制裁,肢解了两被害人的尸体,并将尸块丢弃于河道中。嗣后,陈宗发以王小兰母子已被绑架为名,向王小兰的丈夫李建兰勒索10万元,后因案发而未得逞。

二、诉讼过程及裁判理由

一审法院经审理认为,被告人陈宗发采用暴力手段,将王小兰及其携行的两岁幼儿李浩杀死,并分尸后丢弃于河道中;陈宗发杀人抛尸后,又以母子被人绑架为名向被害人亲属索取钱款,因案发而未遂。其行为已分别构成故意杀人罪、敲诈勒索罪(未遂),其犯罪手段残忍,社会危害极大,依法应予严惩。判决陈宗发犯故意杀人罪,判处死刑,剥夺政治权利终身;犯敲诈勒索罪,判处有期徒刑4年。决定执行死刑,剥夺政治权利终身。

一审宣判后,被告人陈宗发不服,提起上诉。

二审法院经审理,裁定驳回上诉,维持原判。

三、关联法条

《中华人民共和国刑法》

第二十三条第一款 已经着手实行犯罪,由于犯罪分子意志以外的原因而未得逞的,是犯罪未遂。

第二百三十二条 故意杀人的,处死刑、无期徒刑或者十年以上有期徒刑;情节较轻的,处三年以上十年以下有期徒刑。

第二百七十四条 敲诈勒索公私财物,数额较大或者多次敲诈勒索的,处三年以下有期徒刑、拘役或者管制,并处或者单处罚金;数额巨大或者有其他严重情节的,处三年以上十年以下有期徒刑,并处罚金;数额特别巨大或者有其他特别严重情节的,处十年以上有期徒刑,并处罚金。

四、争议问题

被告人在杀死被害人后,又意图非法占有他人财物,以被害人被绑架为名,向被害人亲属索取钱款,该行为如何定性?这涉及绑架罪、敲诈勒索罪的区别。

五、简要评论

绑架罪的客观不法构成要件是行为人实施了以暴力、胁迫或其他方法绑架他人的行为,并因此使被害人失去人身自由。一方面,行为人必须实施使被害人失去人身自由的绑架行为,限制被害人的人身自由。比如在"张舒娟敲诈勒索案"[①]中,被告人张舒娟只是将被害人哄骗到酒店,没有实施任何控制人身自由的行为,则不构成绑架罪。另一方面,必须有被绑架的对象。本案被告人陈宗发因制作假文凭的价格同被害人产生争执,而杀死被害人,之后

[①] 参见最高人民法院刑事审判第一、二、三、四、五庭主办:《刑事审判参考》(总第56集),法律出版社2007年版。

以绑架为名勒索钱款,因为被害人已经死亡,不可能成为被绑架对象,没有被绑架人,不构成绑架罪。

绑架罪的主观不法构成要件是有绑架他人的故意,以及勒索财物或其他不法要求的目的。勒索财物的目的是主观超过要素,虽然不要求有客观行为相对应,但却是成立绑架罪必要的主观构成要件。而且,行为人在扣押他人之前就应当具有勒索财物或者提出不法要求的意图,才能构成绑架罪。比如在"忻元龙绑架案"①中,被告人忻元龙因经济拮据而产生绑架儿童并勒索家长财物的意图,忻元龙将杨某骗上车,带到防空洞附近杀害并掩埋,之后打电话给杨某的父亲称自己绑架了杨某并索要60万元。又如在"伍金洪、黄南燕绑架案"②中,被告人黄南燕与伍金洪多次商议,决定杀死被害人许梦思再勒索财物。黄南燕将许梦思骗至变电房内,与伍金洪一起掐昏许梦思,从许梦思身上搜得60余元及1部手机,随后将许梦思捆绑后扔入河中,致许梦思溺水死亡。次日黄南燕打电话给许梦思的外婆索要5万元。审判实践中,绑架罪的行为人在使用暴力或者胁迫过程中往往造成人质的伤害或者死亡,行为人也可能出于杀人灭口的目的将人质杀害。但只要行为人实施绑架行为时是以勒索财物为目的,或者以被绑架人为人质,而不是以杀害或伤害为目的的,就应定绑架罪。对于绑架他人后,先杀害被绑架人,再以被害人被绑架为名勒索财物的行为,只要在实施杀害行为之前已经具备勒索财物的目的,通常认定为绑架罪,而且应当适用"杀害被绑架人"的死刑规定。

相反,如果在实施杀人行为时没有勒索财物等目的,在故意杀人后,以绑架为名,勒索钱款的,不构成绑架罪。比如在"梁小红故意杀人案"③中,被告人梁小红因田里用水与被害人王刚之父发生矛盾,将王刚骗出学校后与王刚发生争执,梁小红遂对王刚勒颈、捂嘴,致王刚昏迷后,梁小红以为王刚死亡,将王刚藏匿于水沟致使王刚溺水死亡。梁小红在杀害王刚后,为转移公安机关的侦查视线而写恐吓信给王刚的母亲,称王刚被绑架,并索要2.5万元。一审法院认为构成绑架罪,而二审法院和最高人民法院复核均认为构成故意杀人罪,判处死刑。

此外,以下几种情况应当特殊处理:第一,行为人事先没有勒索财物或者提出其他不法要求的目的,只是在非法扣押他人之后,在中间人的调停下获得财物的,不构成本罪。第二,出于其他目的、动机将他人控制,尔后才产生勒索财物的不法要求进而实施勒索行为的,如行为人先以出卖为目的将妇女绑架,尔后又产生勒索目的而向其亲属勒索财物的,应以本罪和拐卖妇女罪并罚。第三,收买被拐卖的妇女、儿童后以暴力、胁迫等手段对其进行实力控制,而向其亲属实施勒索行为的,也应数罪并罚。

同样,敲诈勒索罪是指以非法占有为目的,对被害人以威胁或者要挟的方法,强行索取数额较大的公私财物的行为。行为人主观上具有非法占有的目的,客观上表现为采用威胁

---

① 参见《最高人民检察院公报》2011年第1期。
② 参见最高人民法院刑事审判第一、二、三、四、五庭主办:《刑事审判参考》(总第77集),法律出版社2011年版。
③ 参见最高人民法院刑事审判第一庭、第二庭编:《刑事审判参考》(总第16辑),法律出版社2001年版。

或要挟的手段强行索取公私财物。本案中,被告人陈宗发虚构的被害人被绑架的事实,威胁被害人亲属,使其受到精神强制而被迫交付财物,构成敲诈勒索罪。相反,在"梁小红故意杀人案"中,梁小红在王刚死亡后给王刚亲属写恐吓信,虚拟被害人被绑架并要求赎人,只是为转移侦查视线,掩盖杀人罪行,而不是为勒索并非法占有他人财物,故梁小红的行为不构成敲诈勒索罪。同样,在"俸红飞故意杀人案"①中,被告人俸红飞因琐事与俸某强(殁年13岁)发生争吵,遂持长柄尖刀、铁锤先后捅刺、击打俸某强和俸某佳(殁年13岁)致死,俸红飞挖坑将尸体掩埋。之后,俸红飞为转移视线,书写两封勒索信,分别放置于两被害人家门口。法院最终只认定故意杀人罪,判处被告人死刑。

案例5-4 颜通市等绑架案②

一、基本案情

被告人颜通市和杨以才与孙冲签订购船合同,交付定金3.5万元。半个月后杨以才与孙冲另签协议,再交付现金4万元,并口头保证在半个月内不能付清,就不要7.5万元了。到期后因未付清船款,孙冲将船卖给他人。此后孙冲退给中间人胡勇3万元,胡勇得款后没有转交,颜通市和杨以才并不知情。两人在多次索款无望的情况下,伙同被告人杨以早,入室强行抱走孙冲之子孙某某(1周岁),并向孙冲索要7.5万元,两人此时得知胡勇将3万元截留。之后,孙冲付给颜通市4.5万元,将孙某某赎回。

二、诉讼过程及裁判理由

一审法院经审理认为,两被告人的犯罪目的仅是索回已预付的购船款及定金,没有提出其他额外的勒索要求;侵害对象是特定的,即与之有着买卖、中介关系的人的子女。被告人虽采取了绑架他人的手段,但其主观上是以索取债务为目的。据此,判决被告人颜通市犯非法拘禁罪,判处有期徒刑3年;被告人杨以早犯非法拘禁罪,判处有期徒刑3年。

一审宣判后,被告人未提出上诉,检察机关未抗诉,判决生效。

三、关联法条

《中华人民共和国刑法》

第二百三十八条第三款 为索取债务非法扣押、拘禁他人的,依照前两款(非法拘禁罪——编者注)的规定处罚。

四、争议问题

本案的争议问题是:第一,给付定金方违约后为索回定金而非法扣押他人,是否属于"为索取债务非法扣押、拘禁他人"?第二,扣押民事纠纷当事人之外的第三人,应否认定为绑

---

① 参见《人民法院报》2014年6月24日"最高人民法院典型案例"。
② 参见陈兴良、张军、胡云腾主编:《人民法院刑事指导案例裁判要旨通纂》(上卷),北京大学出版社2013年版,第504页。

架罪？

五、简要评论

索债型的非法拘禁罪与勒索型的绑架罪在客观上均表现为非法剥夺他人人身自由的行为，但两罪的本质区别在于正确理解"为索取债务非法扣押、拘禁他人"的规定。

1. 为索取"债务"

绑架罪是以勒索财物为目的；而索债型的非法拘禁罪是以索要债务为目的，即实现自己的债权为目的，而不是想将他人的财产占为己有。

（1）索取合法债务。构成索债型非法拘禁罪必须以存在事实上的民事债权债务关系为前提，然而在民事或经济纠纷中"债"的关系十分复杂，比如本案中未决的民事纠纷，虽然根据法律和双方协议，被告人的损失可能无法得到法律的支持，但在未经人民法院审理或有关部门调处前，双方当事人之间的权利义务关系并未依法确认和实现，其纠纷仍然存在，被告人也很难准确预见其要求可能不会被法律所支持。可以说对于该债务被告人可能没有胜诉权，但仍有诉权，因此，对于此种未决的民事债权，只要行为人确实认为"债务"是"客观、理所应当存在"的，没有非法占有他人财产的意图，则应当认为构成非法拘禁罪。

此外，为了索取合法债务非法扣押、拘禁他人，不仅影响定罪，也影响量刑。比如《人民法院量刑指导意见（试行）》规定，被告人为索取合法债务属于从轻处罚情节。为索取合法债务、争取合法权益而非法扣押、拘禁他人的，可以减少基准刑的30%以下。

（2）索取非法债务。最高人民法院《关于对为索取法律不予保护的债务非法拘禁他人行为如何定罪问题的解释》（法释〔2000〕19号）明确规定："行为人为索取高利贷、赌债等法律不予保护的债务，非法扣押、拘禁他人的，依照刑法第二百三十八条的规定定罪处罚。"实践中主要是索取高利贷、赌债、嫖资，此外还有参与非法传销活动所形成的债权债务等。判例和司法解释认为，《刑法》第238条第3款的立法本意并不在于体现对债权的特别保护，而是强调保护公民的人身权利，既然为索取正当、合法的债务非法限制他人人身自由构成本罪，那么，为索取法律不予保护的非法债务而扣押、拘禁他人的，更应以非法拘禁罪定罪处罚。

非法债务也必须是实际存在的债务，比如在"梁克财等抢劫案"①中，被告人梁克智参与网上赌博欠下巨额赌债，梁克智怀疑被害人潘汉英在赌局中设计骗取其赌资，遂与梁克财密谋，将潘汉英骗至其别墅内捆绑，以暴力迫使潘汉英转账人民币54.5万元到梁克智账户。法院认为，上述司法解释的前提条件，是实际存在高利贷、赌债等法律不予保护的债务。在没有任何证据证明存在法律不予保护的债务，也没有任何证据证明在赌博中存在骗局骗取财物的情况下，其行为不应以非法拘禁罪定罪处罚。笔者认为，在涉及赌债的情况下，应当查明是否存在赌博诈骗，根据其具体的扣押行为，认定是否构成绑架罪。故意制造骗局使他人欠债，然后以索债为由扣押被害人作为人质，要求被害人近亲属偿还债务的，应成立绑

---

① 参见《最高人民法院公报》2010年第6期。

架罪。

2. 索取"债务"的数额

索债型非法拘禁案件中,要求索取的财物数额未明显超过被害人所负的债务数额。实践中,双方在是否存在债务或具体数额上可能存在分歧,行为人可能因多种原因向被害人索要高于原债务数额的财物,比如对被害人久拖不还债务的气愤,为弥补讨债费用或商业损失,或者借机勒索更多财物等。是否构成绑架罪,应具体情况具体分析。如果索要数额大大超过原债务数额,且与其他情节相结合,足以证明行为人的主观目的已经由索债转化为勒索财物,则该行为已触犯了绑架罪和非法拘禁罪两个罪名,属于想象竞合犯,应以绑架罪定罪处罚。相反,如果索要数额超过原债务数额不大,或者虽然索要数额超过原债务数额较大,但超出部分是用于弥补讨债费用或由此带来的其他损失,行为人认为这些费用和损失应由被害人承担,其主要目的仍是索债,而不是勒索财物。如果索要数额大大超过原债务,当被害人拿出与原债务数额相近的财物后,行为人主动停止索要其他财物,这在客观上证明行为人并不具备勒索他人财物的目的,也不宜定绑架罪,而应定非法拘禁罪。

比如在"雷小飞等非法拘禁案"①中,被告人雷小飞因生意纠纷与被害人罗西发生矛盾,为了"把钱追回来,弥补自己的损失",找到另两名被告人将被害人扣押、拘禁,向被害人索要15万美元(约合人民币120余万元)。被害人认为被告人的损失仅为其所支付的2.8万余元,而被告人主张其实际损失达人民币70余万元,而超额部分系用于支付另两名被告人帮助讨债的费用。一审法院认为构成绑架罪,二审法院认为被告人犯罪的主要目的仍是"索要债务",最终改判为非法拘禁罪。因此,如果行为人主观上认为确实存在债务或者确认债务为某一数额,即使有证据证明该认识有错误,行为人也是在"索要债务"的主观认识下实施扣押、拘禁行为,不存在"勒索他人财物的目的",仍应以非法拘禁罪定罪处罚。又如在"黄永柱非法拘禁案"②中,被告人黄永柱参与传销向上线蒋月娥交纳3 900元后识破骗局,纠集其他人挟持蒋月娥的上线蒋银娥之夫邹红星,并索要6万元。被告人认为除了自己交纳的3 900元外,还有自己的路费、生活费及发展的下线交纳的费用等,合计已达6万元。法院认为其索取的数额仍是以索取债务为目的,认定构成非法拘禁罪。

3. 拘禁"他人"的

绑架罪的行为人往往是无中生有地选择富有的、不特定的犯罪对象,被害人一般无过错。索债型非法拘禁罪的行为人与被害人之间存在特定的债权债务关系,即使是非法活动中发生的不受法律保护的"债务",也属于"事出有因",而被害人大多自身有一定的过错,即欠债不还或有客观存在的债务纠纷。因此,索债型非法拘禁的对象通常是特定对象,即当事人本人。但是,由于《刑法》并没有明确规定"他人"是债权债务的当事人本人,而实践中拘禁当事人本人较为困难,故常常选择拘禁当事人的亲属特别是幼年子女,并以此向当事人索

---

① 参见最高人民法院刑事审判第一庭、第二庭编:《刑事审判参考》(总第34集),法律出版社2004年版。
② 参见《最高人民法院公报》2001年第6期。

债。比如本案拘禁的是债务人1岁的幼子。又如"辜正平非法拘禁案"①中,拘禁的是债务人已经离婚多年的前妻。可见,"他人"当然可以包括债务人以外而又与债务人具有某种利害关系的人;而为了索取债务,将与债务人没有共同财产、扶养、抚养等关系的第三者作为人质的,应认定为绑架罪。

4. 非法扣押、拘禁

绑架罪中采取的暴力、胁迫、麻醉等方法,对人的健康、生命有较大的危害。而非法拘禁罪在实施扣押、拘禁他人的过程中也可能会有捆绑、推搡、殴打等行为,但主要是侵害他人的人身自由,对他人的生命健康造成的损害一般要比绑架罪小。因此,索债型非法拘禁案件是否构成绑架罪也应当考虑对人身自由的剥夺程度,对于为了索取法律不予保护的债务,而非法扣押、拘禁他人,但不以杀害、伤害等相威胁,声称只要还债便放人的行为,宜认定为非法拘禁罪。但是,超出非法扣押、拘禁程度的行为,即使存在法律不予保护的债务,依然可能成立绑架罪。而对于为了索取法律不予保护的债务或者单方面主张的债务,以实力支配、控制被害人后,以杀害、伤害被害人相威胁,在客观上足以造成被害人亲属或者有关人对被害人的安危感到担忧的,宜认定为绑架罪。

案例 5-5　蔡克峰绑架案②

一、基本案情

被告人蔡克峰因叶晓春提出分手,为达到恢复恋爱关系的目的,于2004年11月13日上午窜至叶晓春工作的医院。为躲避蔡克峰的纠缠,叶晓春躲进三楼办公室内的更衣室并打电话告诉家人,蔡克峰见状即窜入更衣室后将门反锁,并指责叶晓春为何打电话告诉家人,同时掏出事先藏于身上的水果刀朝叶晓春的左手臂划了一刀,踢了叶晓春一脚。尔后将叶晓春挟持为人质并与民警对峙,威胁要杀害叶晓春后自杀。直至当日下午,民警被迫强行撞门进入办公室,将蔡克峰制服,解救出人质叶晓春。

二、诉讼过程及裁判理由

一审法院经审理认为,被告人蔡克峰为达到恢复恋爱的目的,采用暴力、胁迫的方法,挟持他人作为人质,其行为已构成绑架罪。被告人归案后能如实交代犯罪事实,认罪态度较好,可酌情从轻处罚。据此,判决蔡克峰犯绑架罪,判处有期徒刑10年,附加剥夺政治权利两年,并处罚金人民币1000元。

宣判后,被告人不服提出上诉。

二审法院审理后,裁定驳回上诉,维持原判。

---

① 参见最高人民法院刑事审判第一庭、第二庭编:《刑事审判参考》(总第26辑),法律出版社2002年版。
② 参见陈兴良、张军、胡云腾主编:《人民法院刑事指导案例裁判要旨通纂》(上卷),北京大学出版社2013年版,第522页。

三、关联法条

《中华人民共和国刑法》

第二百三十八条第一款　非法拘禁他人或者以其他方法非法剥夺他人人身自由的,处三年以下有期徒刑、拘役、管制或者剥夺政治权利。具有殴打、侮辱情节的,从重处罚。

四、争议问题

为达到恢复恋爱的目的,持刀劫持女友作为人质的,应如何认定?这涉及绑架罪与非法拘禁罪的区别。

五、简要评论

绑架罪是利用被绑架人的近亲属或者其他人对被绑架人安危的忧虑,以勒索财物或满足其他不法要求为目的,使用暴力、胁迫或其他方法劫持或以实力控制他人的行为。绑架罪是目的犯,属于短缩的二行为犯,在主观不法构成要件上除了要求具有非法控制、劫持人质的故意之外,还要求行为人具有勒索财物或满足其他不法要求的目的。绑架罪的勒索财物或其他不法目的是主观的超过要素,只要求行为人以此为目的绑架他人,客观上并不要求实施相对应的行为。非法拘禁罪是以拘押、禁闭或者其他强制方法,非法剥夺他人人身自由的行为。行为人没有不法要求,即使非法扣押他人,也不构成绑架罪,只能认定为非法拘禁罪。通常所认为的不法要求,包括政治目的、恐怖活动目的、泄愤报复目的以及逃避、抗拒追捕,要挟政府提供某种待遇、在某地区撤兵或释放同伙罪犯等。但是,并非行为人提出一定要求,就构成绑架罪,这涉及如何正确解释"绑架他人作为人质"的含义,以及它与非法拘禁行为的区别。

判例对这个问题的处理立场摇摆不定。与本案一样,在"张卫华绑架案"①中,被告人张卫华为达到逼迫妻子王桂华与其离婚之目的,强行挟持王桂华的外甥顾某到河塘中,用刀背架在顾某脖子上,要求顾家交出王桂华,当王桂华闻讯到场后,张卫华将菜刀丢入水中放走顾某,并随民警到派出所接受处理。法院认为张卫华的行为构成绑架罪并无疑义,但犯罪情节轻微,如果在10年以上量刑,量刑畸重,罪刑不相适应,因此适用《刑法》第37条的规定,免除对被告人的刑事处罚。

也有判例采取相反立场,比如在"胡经杰、邓明才非法拘禁案"②中,被告人胡经杰因龚某与其女友韩某谈恋爱,便邀约邓明才寻找龚某殴打报复。在龚某住处挟持龚某的朋友万某陪同寻找龚某,殴打、刺伤万某致其多处软组织损伤,途中送万某就医。胡经杰以"等着收尸"威胁韩某见面,在见面地点万某欲逃跑,两人对其进行殴打。该案裁判理由从法定刑对罪质解释的制约出发,认为绑架罪规定了最低10年以上有期徒刑,如此严厉的法定刑要求对构成要件作严格解释。因而,使用手段的极端性和索取不法要求的重要性是典型的绑架

---

① 参见陈兴良、张军、胡云腾主编:《人民法院刑事指导案例裁判要旨通纂》(上卷),北京大学出版社2013年版,第528页。
② 参见最高人民法院刑事审判第一、二、三、四、五庭主办:《刑事审判参考》(总第55集),法律出版社2007年版。

犯罪特征，科处重刑的绑架罪应当是勒索巨额赎金或者其他重大不法要求的绑架类型。区分非法拘禁罪和绑架罪，要相当谨慎地分析被告人与被害人的关系、被告人所提要求实现之难易、对被害人剥夺自由的恶劣程度、对第三人及解救方的对抗程度等，综合多方面情节分析认定。该案中，二被告人始终没有明确告知找到龚某的目的以及如果对方不能满足要求将面临的后果，没有足够理由将胡经杰要求万某陪同去找龚某归结为犯罪构成要件中的不法要求，更不宜归结为重大不法要求，因此，判决构成非法拘禁罪。又如在"付志军非法拘禁案"①中，被告人付志军为达到与分手女友禹利英继续恋爱的目的，持斧子威胁并挟持、捆绑禹利英的父亲达4小时之久。法院认为其犯罪动机只是为了让被害人同意其女儿与被告人继续恋爱，而恋爱和结婚自由是我国法律所保护的，法律禁止任何干涉婚姻自由的行为，该要求很难认定是非法要求，判决构成非法拘禁罪。

可见，在现实生活中，确有因为一时冲动或民事纠纷等，绑架人质，索要少量钱财或提出其他轻微不法条件，例如因为被害人拖欠工资、债务，而索要少量超出工资、债务范围的钱财，或者由于冲动、无知、愚昧扣押人质索取少量钱财，或者扣住岳母要求媳妇回家、扣押女友父母迫使女友同意继续谈恋爱等。支持成立绑架罪的判例通过扩大解释不法要求，肯定其符合"绑架他人作为人质"的要件，但在量刑上采用特殊减轻甚至免除处罚的方法，避免罪刑不相适应。反对成立绑架罪的判例，则通过增加不成文的构成要件要素，要求绑架人质出于"重大不法"要求。上述几个判例判处的刑罚也非常悬殊，从有期徒刑10年到3年，甚至免除处罚。

笔者认为，"不法"要求不限于刑法上的不法，更不要求达到"重大不法"。《刑法修正案（七）》对绑架罪的法定刑作了修改，增加了"情节较轻的，处五年以上十年以下有期徒刑，并处罚金"的规定。因此，判例从绑架罪罪质严重性和罪刑相适应的角度，将不法要求限定于"重大不法"，并不符合现行刑法的立场。当然，在"人质型"非法拘禁案件中，为了解决某种民事纠纷、婚姻家庭纠纷等，行为人拘禁与其关系比较特定，大多有利害关系或经济往来甚至熟识的纠纷当事人或其亲友。这些要求并不能认为是绑架罪的"不法要求"，因此，在符合非法拘禁罪构成要件的情况下，认定为非法拘禁罪更为合适。

此外，本案采取的绑架人质的方法是将被害人反锁在更衣室，不让其离开，这也是扣押人质的手段，扣押人质一般是将其带离原来的生活场所，但在特殊情况下，被害人仍然在原来的场所生活，也可以成立绑架，比如将未成年人的父母从其家中骗走，然后进入该住宅对被害人实力控制。而且，在绑架案件中，被绑架的人质和被提出要求的人通常不是同一人，一般通过扣押人质要挟被害人的亲友或其他关系人，由相关人员满足其不法要求。本案中，被挟持的人质就是被要求恢复恋爱关系的被害人，被告人甚至指责被害人告知亲属，这显然并不符合绑架罪的基本构成，法院判决值得商榷。

---

① 参见最高人民法院中国应用法学研究所编：《人民法院案例选》（2004年刑事专辑），人民法院出版社2005年版，第239页。

案例5-6 杨占娟等绑架案①

一、基本案情

2008年10月10日,被告人王其川、杨占娟伙同南红雨(另案处理)以勒索钱财为目的,将王晓悦骗至出租房内,南红雨对王晓悦进行殴打、捆绑。王晓悦趁南红雨不备逃脱,后被该村群众解救。10月14日,杨占娟打电话约王其川见面,后与其父将王其川抓获,扭送至公安局,杨占娟自动投案,如实供述了犯罪事实。

二、诉讼过程及裁判理由

一审法院经审理认为,被告人王其川、杨占娟伙同他人以勒索钱财为目的,共同绑架被害人,其行为均已构成绑架罪。王其川系初犯,其绑架行为未给被害人人身造成严重后果,社会危害性不大。杨占娟在案发后主动到公安机关投案,如实供述自己的罪行,是自首,依法可减轻处罚。庭审中,二被告人认罪态度较好,依法可酌情从轻处罚。判决被告人王其川犯绑架罪,判处有期徒刑10年,并处罚金人民币15 000元;被告人杨占娟犯绑架罪,判处有期徒刑9年,并处罚金人民币1万元。

一审宣判后,被告人杨占娟不服提出上诉称,自己协助抓获王其川,属立功情节,又系初次犯罪,原判量刑过重。

二审法院经审理认为,原判定罪准确,审判程序合法。上诉人杨占娟有自首情节,并且与其父一同抓获王其川,将其扭送至公安机关,可认定为立功,依法可减轻处罚。鉴于二审审理期间,《刑法修正案(七)》公布实施,二被告人的行为属情节较轻,依法应减轻处罚。判决王其川犯绑架罪,判处有期徒刑6年,并处罚金人民币1万元;杨占娟犯绑架罪,判处有期徒刑3年,并处罚金人民币5 000元。

三、关联法条

《中华人民共和国刑法》

第十二条第一款 中华人民共和国成立以后本法施行以前的行为,如果当时的法律不认为是犯罪的,适用当时的法律;如果当时的法律认为是犯罪的,依照本法总则第四章第八节的规定应当追诉的,按照当时的法律追究刑事责任,但是如果本法不认为是犯罪或者处刑较轻的,适用本法。

四、争议问题

如何理解与适用《刑法修正案(七)》关于绑架罪"情节较轻"的规定?

五、简要评论

1997年《刑法》规定绑架罪的起刑点为10年有期徒刑,法定最高刑为死刑,但是,随着

---

① 参见陈兴良、张军、胡云腾主编:《人民法院刑事指导案例裁判要旨通纂》(上卷),北京大学出版社2013年版,第524页。

经济社会的不断发展,绑架案件在犯罪方式和危害程度上均呈现出多样化态势,绑架罪刑罚层次偏少的弊端逐渐显露。对此,《刑法修正案(七)》第6条规定了"情节较轻的,处五年以上十年以下有期徒刑,并处罚金"。该规定是轻法,根据"从旧兼从轻"的溯及力规定,本案审判时《刑法修正案(七)》颁布实施,应当适用《刑法修正案(七)》。

"情节较轻"中的"情节"是狭义的量刑情节,是指法定量刑情节之外,以行为人的罪行大小及其人身危险程度作为评价标准,从而影响刑罚轻重的事实情况。狭义的量刑情节并不属于构成要件的内容,但与犯罪构成的主客观要件具有密切联系,例如手段是否残酷、结果是否严重以及一定的时空条件等,都与客观构成要件的行为具有紧密联系。绑架罪是严重侵犯公民人身权利的犯罪,应主要从犯罪手段、行为暴力程度、人质的安全状况、主观恶性程度及人身危险性等方面出发,结合案件实际情况,对量刑情节给予客观评价,下述几种情形,宜认定为"情节较轻":

(1) 行为人虽然实施了绑架行为,但未采用捆绑、麻醉等强制方法限制人质人身自由且绑架时间较短,也未实施殴打、侮辱行为,或仅实施了轻微的暴力行为,未使人质受到人身伤害的。

(2) 行为人实施绑架后,主动释放人质,同时未使人质受到严重人身伤害的。绑架罪属于行为犯,只要行为人实际控制和支配了人质的人身自由,就意味着使人质的身体安全处于一种危险状态,即成立绑架罪既遂。即使行为人后来主动释放人质,也不是犯罪中止,不能适用犯罪中止减轻或免除处罚的规定,这对于犯罪人明显不公,也不利于促使犯罪人主动放弃犯罪。将该种行为认定为"情节较轻",符合罪刑相适应原则。

(3) 行为人以勒索财物为目的绑架他人,未取得财物或索取财物数额较小,且没有其他恶劣情节的,比如行为人仅因公安机关及时解救等客观原因而未实际勒索到财物的,应视具体情况作具体分析。

(4) 索债型绑架案件中,行为人通过控制、支配人质,要求债务人履行债务,但主张的数额远远超出债务范围且无合理根据的,应认定为绑架罪。但双方毕竟有一定的债务存在,与单纯为勒赎而实施的绑架有所区别,若人质未受到人身伤害的,可认定为"情节较轻"。

(5) 行为人的犯罪动机、犯罪后认罪悔罪态度及其一贯表现、前科等情况,可以作为认定"情节较轻"的参考,但行为人仅具有犯罪动机的可谴责性程度较低,或认罪悔罪态度较好而不具有其他情节的,不宜认定为"情节较轻"。

此外,如果行为人有多次绑架或者绑架多人、勒索数额巨大、持枪绑架或冒充军警人员绑架、绑架行为造成严重后果或恶劣社会影响等情节的,一般不能认定为"情节较轻"。立功、自首、未遂、中止等法定从宽情节,本身就可依法从轻、减轻、免除处罚,不应作为认定绑架罪"情节较轻"的因素。对于符合"情节较轻"的,应当在5年以上10年以下有期徒刑的法定刑幅度内确定一基准刑,在此基础上再根据其具有的法定从宽情节,对其从轻、减轻或免除处罚。

值得注意的是,在《刑法修正案(七)》施行之前,不具有法定从宽量刑情节,但绑架情节较轻的情况同样存在。实务上通常引用《刑法》第63条第2款"特殊减轻"的规定,"犯罪分子虽然不具有本法规定的减轻处罚情节,但是根据案件的特殊情况,经最高人民法院核准,也可以在法定刑以下判处刑罚"。

比如在"俞志刚绑架案"①中,被告人俞志刚看到8岁的被害人魏某独自站在路边,顿生绑架勒索财物的想法。俞志刚将魏某诱骗上车,期间向魏某父亲以借为名索要人民币5万元,后俞志刚出于害怕,主动放弃继续犯罪,将魏某安全送回学校。一审认为俞志刚将被害人以拐骗方式实际控制后即达既遂,其主动将被害人送回学校,放弃继续犯罪的行为不属于犯罪中止。俞志刚虽不具备法定减轻处罚情节,但属于临时起意,绑架人质采用诱骗方式,控制人质期间未对被害人实施暴力或威胁,后能及时醒悟,主动将被害人送回,未对被害人造成身体、心理上的伤害,犯罪时间较短,犯罪手段、情节、危害后果较轻,对其在法定刑幅度内量刑明显过重,应予减轻处罚。判决被告人俞志刚有期徒刑4年,并依法逐级上报核准。

又比如在"程乃伟绑架案"②中,被告人程乃伟因偷走其舅的传呼机,受其舅指责并告诉村里人,程乃伟为报复其舅,将其表弟骗上车拉走,并向其舅索要6 000元。在公安人员到来时,程乃伟用碗片放在表弟脖子上言语威胁,并在争夺碗片过程中致被害人表皮受伤。该案一审判决程乃伟犯绑架罪,判处有期徒刑11年。二审认为,该案被绑架对象系其表弟,且事出有因,一审量刑过重,应在法定刑以下减轻处罚,改判程乃伟有期徒刑5年。省高级人民法院复核同意后,依法报请最高人民法院核准。最高人民法院经复核认为,被告人虽不具有法定的减轻处罚情节,但本案发生于亲属之间,犯罪情节较轻,被告人有悔罪表现,一审量刑过重,二审依法减轻处罚,判处5年有期徒刑仍显过重,依法改判程乃伟有期徒刑3年,缓刑5年。

又比如在"李德新绑架案"③中,被告人李德新向其兄借钱未果并被训斥而心存不满,将其侄女从学校骗走,并要求其兄借钱才放人。在收到钱后出具了借条,其中部分钱用于返还他人。一审法院认为李德新在控制被害人过程中没有实施暴力和威胁手段,犯罪情节较轻,且大部分财物已退还被害方;被告人与被害人系叔侄关系,被害方表示谅解,被告人认罪悔罪。判决李德新犯绑架罪,判处有期徒刑3年。省高级人民法院经复核认为,李德新犯罪情节轻微,裁定发回重审。重审、二审均判处李德新免予刑事处罚,并依法逐级核准。

又如"张卫华绑架案"④,被告人也因情节轻微免予刑事处罚。

此后,《刑法修正案(八)》将《刑法》第63条第1款修改为:"犯罪分子具有本法规定的减轻处罚情节的,应当在法定刑以下判处刑罚;本法规定有数个量刑幅度的,应当在法定量刑幅度的下一个量刑幅度内判处刑罚。"在此之前,减轻处罚往往不受量刑幅度的限制,因

---

① 参见最高人民法院刑事审判第一、二、三、四、五庭主办:《刑事审判参考》(总第63集),法律出版社2008年版。
② 参见最高人民法院刑事审判第一庭、第二庭编:《刑事审判参考》(总第26辑),法律出版社2002年版。
③ 参见国家法官学院、中国人民大学法学院编:《中国审判案例要览》(2009年刑事审判案例卷),人民法院出版社、中国人民大学出版社2010年版。
④ 参见陈兴良、张军、胡云腾主编:《人民法院刑事指导案例裁判要旨通纂》(上卷),北京大学出版社2013年版,第528页。

此，实践中通过"特殊减轻"而跨越多个量刑幅度减轻处罚，甚至判处缓刑、免除刑事处罚等情况大量存在。这不仅导致法院量刑不统一，而且对某些案件也量刑畸轻。在《刑法修正案（七）》施行之后，对于不具有法定从宽情节的绑架行为，如果情节较轻，应当严格在5年以上10年以下有期徒刑的法定刑幅度内裁量。当然，《刑法》第63条第2款关于"特殊减轻"的规定是否也受第63条第1款关于减轻幅度的限制，能否跨越多个量刑幅度特殊减轻，仍值得进一步研究。

案例 5-7　张兴等绑架案①

一、基本案情

2009年4月30日，被告人张兴因与被害人王凤英发生矛盾，纠集被告人符安仁、张文青、张启刚等人密谋绑架王凤英。次日，张兴、张文青将王凤英带至出租屋，张兴等人殴打王凤英并索要人民币5 000元。王凤英被迫拿出1 000元后，又打电话给亲戚朋友，要他们将钱汇至张兴的账户。后张兴等人怕被发现，挟持王凤英搭乘出租车转移，途中所乘出租车与一辆小汽车发生碰撞，王凤英因钝性外力打击头部致严重颅脑损伤死亡。

二、诉讼过程及裁判理由

一审法院经审理认为，张兴等被告人以勒索财物为目的绑架他人，均构成绑架罪。张兴等人在控制被害人的过程中，虽有殴打行为，但在转移王凤英途中发生交通事故，在案证据不足以证实王凤英头部损伤系殴打行为所致，且不能排除系交通事故所致，故不认定张兴等人的行为属于绑架致人死亡。据此判决被告人张兴犯绑架罪，判处有期徒刑15年，剥夺政治权利5年，并处罚金2万元；符安仁犯绑架罪，判处有期徒刑13年，剥夺政治权利3年，并处罚金1万元；张文青犯绑架罪，判处有期徒刑8年，并处罚金1万元；张启刚犯绑架罪，判处有期徒刑6年，并处罚金人民币8 000元。

宣判后，被告人没有提出上诉，检察机关未抗诉，判决生效。

三、关联法条

《中华人民共和国刑法》

第二百三十九条第二款②　犯前款罪，致使被绑架人死亡或者杀害被绑架人的，处死刑，并处没收财产。

四、争议问题

如何正确理解和适用绑架"致使被绑架人死亡"？

---

① 参见最高人民法院刑事审判庭主办：《刑事审判参考》（总第87集），法律出版社2013年版，第36页。
② 2015年8月29日通过的《中华人民共和国刑法修正案（九）》将《刑法》第239条第2款修改为："犯前款罪，杀害被绑架人的，或者故意伤害被绑架人，致人重伤、死亡的，处无期徒刑或死刑，并处没收财产。"

五、简要评论

绑架"致使被绑架人死亡",是绑架罪的结果加重犯。刑法将"杀害被绑架人"与"致使被绑架人死亡"并列。因此,主观上,"致使被绑架人死亡"只能是绑架行为过失致人死亡,或者在绑架过程中故意伤害过失致人死亡。如果是绑架他人后又另行起意故意伤害致人死亡,则应当数罪并罚。

客观上,首先,要求有被绑架人死亡结果的发生,被绑架人被害致伤或自杀未遂等情形,都不得引用该规定以适用死刑;其次,要求被绑架人死亡与绑架行为之间有直接因果关系,比如在绑架过程中,行为人为控制被害人,使其不得逃跑而对其进行监禁、殴打、捆绑、捂鼻、麻醉、冻饿等,直接导致其死亡。

如果在绑架行为与死亡结果之间介入了其他因素,则行为人是否对死亡结果承担刑事责任要视具体情况而定。比如在"乔中华等绑架案"[①]中,被绑架人王飞、王金才乘绑架人睡觉之机,翻窗跳楼逃跑,造成王飞轻微伤、王金才死亡的结果。法院强调被绑架人的死亡与绑架行为之间存在直接的因果关系,而不仅是间接关系。但在对直接因果关系的认定上存在分歧,一种观点认为,应从严掌握该条死刑适用条件,本案被害人在被控制及出逃时生命并没有受到实质性的严重威胁,王金才也没有受到伤害,行为人也没有预见到或追求此结果,所以死亡与绑架行为无直接因果关系。一、二审法院则均认为,被害人的死亡虽非乔中华等人的暴力行为或者虐待直接所致,但被害人跳楼是为了躲避进一步的暴力,其死亡与绑架行为有刑法上的因果关系,应按绑架致人死亡定罪量刑。

又如在"柯金星等绑架案"[②]中,被告人柯金星等人以勒索财物为目的,采用暴力手段将被害人詹传平捆绑在树上,被告人发现有人在找詹传平,赶紧逃走躲避。半个多小时后回到原地,发现詹传平已不知去向。后詹传平的尸体在小溪里被发现,经法医检验,系溺水死亡。一、二审判决均认为被害人的死亡系因路况不熟,失足落水所致,是意外事件,并非绑架行为直接引起,不具有直接的因果关系,行为人不应对死亡后果承担刑事责任。

本案的裁判理由指出,判断绑架行为与死亡结果之间是否具有刑法上的因果关系,最根本的是,实行行为在一定条件下是否合乎规律地引起危害结果的发生。被害人的死亡结果出于行为人的预料之外,行为人无法预见被害人死亡的结果,也无法预见绑架过程中会有介入因素导致被害人死亡的情况下,行为人对死亡结果缺乏主观认识基础,绑架行为与死亡结果之间也就不存在因果关系的相当性。本案是在转移被绑架人过程中,因第三人的原因发生了车祸致被绑架人死亡,这种异常介入因素中断了绑架行为与死亡结果之间刑法上的因果关系,因此张兴等人无须对被害人的死亡结果承担刑事责任。

笔者认为,判断绑架人对被绑架人的死亡结果是否承担刑事责任,应当回归到因果关系

[①] 参见国家法官学院、中国人民大学法学院编:《中国审判案例要览》(2006年刑事审判案例卷),人民法院出版社、中国人民大学出版社2007年版,第236页以下。

[②] 参见国家法官学院、中国人民大学法学院编:《中国审判案例要览》(2003年刑事审判案例卷),人民法院出版社、中国人民大学出版社2004年版,第209页以下。

和客观归责认定的基本原理上,即绑架行为是否制造了被绑架人死亡的风险、该风险是否实现以及是否在构成要件的射程范围之内。如果在绑架过程中,介入因素导致了因果流程实质、异常的偏离,死亡结果就不能归责于绑架人。反之,介入因素是社会相当的因素,只导致了因果流程的常态偏离,则应当将死亡结果归责于绑架人。一般而言,介入因素包括以下情形:

(1) 被害人自身的因素。被害人的特殊体质,如因特殊疾病而死亡,则风险没有实现,排除结果归责。因被害人基于其自由意志而实施的行为,尤其是被害人的自杀行为,导致死亡结果,则应具体分析。比如被绑架人因不堪忍受痛苦、虐待等原因而自杀身亡,不排除结果归责。又如被绑架人在没有紧迫生命危险或威胁的情形下,为逃跑而翻窗、跳楼导致死亡,应排除归责;相反,如果逃跑是救助紧迫生命危险所必要,则应归责。又如行为人将被害人绑架后,向其家属索要赎金遭拒绝,并且家属表现出极端不关心,被害人跳楼身亡,是被害人自我答责的自我伤害,不应归责。

(2) 第三方行为,关键也在于是否发生因果流程的实质偏离。比如甲绑架乙后,乙乘甲不备,逃离关押场所,恰逢警方围捕持枪逃犯,在鸣枪警告后,乙因受惊狂奔,警方误认为乙就是逃犯而将其击毙。又如甲绑架乙后,在转移乙的过程中,第三人丙酗酒醉驾,将在路边行走的甲和乙撞伤,乙抢救无效死亡。这两种情况都是因果流程的实质偏离,应当排除结果归责。相反,如果绑架过程中使用暴力引起被害人失血过多,在送往医院救治途中因路途遥远、堵车、颠簸等因素,导致被害人没有得到及时救助;或因在正常治疗期间引起并发症,导致被害人不治身亡;或者警方出面解救人质时开枪击中人质并致其死亡,则都具有社会相当性,死亡结果应当归责。

(3) 洪水、地震、火灾等自然因素,通常而言排除结果归责。但如果该自然因素的介入具有高度的盖然性,具有社会相当性,行为人对自然因素可能发生的危害后果应当能够预见,则不能排除归责。比如甲将乙绑架后,适逢连日暴雨,甲不顾乙的生死,将乙关押在山脚低洼处小屋内,后山洪暴发,甲独自逃生,乙溺水身亡,死亡结果应当归责。

(4) 其他无法预见的因素。比如甲将熟人乙绑架在室内,甲见床底下有一瓶酒,遂与乙对饮,后乙死亡,经查,该酒瓶内存放的是工业酒精,应排除归责。又如因天气寒冷,绑架人在室内烤火,不慎引发火灾,或者绑架人在看守被绑架人时,随手扔烟头导致火灾,将被害人烧死,即便行为人同时构成绑架罪和失火罪,也不宜以"致使被绑架人死亡"情形追究绑架人的刑事责任。

案例 5-8 吴德桥绑架案①

一、基本案情

被告人吴德桥与妻子闹离婚,遂将岳父的孙子谭亮绑架至家里关押,吴德桥要妻子带

---

① 参见最高人民法院刑事审判第一庭、第二庭:《刑事审判参考》(第 26 辑),法律出版社 2002 年版,第 51 页。

3 000元赎人,不许报警,否则杀死谭亮。谭家属报案后与公安人员赶至吴家,吴德桥便用刀在谭亮的脖子上来回拉割,并要岳父弄瞎眼睛、自残手足才肯放人。因要求未得到满足,吴德桥不断用刀在谭亮身上乱划,后割下其一小截拇指扔下楼。期间,谭亮因失血过多而多次昏迷,直至次日凌晨被解救。经法医鉴定,谭亮全身有20余处刀伤,伤情为重伤乙级。

二、诉讼过程及裁判理由

一审法院经审理认为,被告人吴德桥在绑架过程中杀害被绑架人致重伤乙级,其行为已构成绑架罪,判处死刑,剥夺政治权利终身。

被告人不服,提出上诉称,被害人在案件起因上有过错,其行为未造成被害人死亡的后果,请求从轻处罚。

二审法院经审理认为,上诉人为勒索钱财、泄愤报复而绑架无辜儿童,并将被绑架人伤害致重伤乙级,其行为构成绑架罪,且手段残忍,情节恶劣,应依法严惩。但犯绑架罪只有致被绑架人死亡或者杀害被绑架人的,才能判处死刑,吴德桥在绑架中并未造成被害人死亡的后果,据此改判吴德桥无期徒刑,剥夺政治权利终身。

三、关联法条

《中华人民共和国刑法》

第二百三十九条第二款① 犯前款罪,致使被绑架人死亡或者杀害被绑架人的,处死刑,并处没收财产。

四、争议问题

如何正确理解"杀害被绑架人",杀害是否必须具有死亡的后果?绑架中故意伤害(不包括致死)或者杀害被绑架人未遂的,应当如何定罪处罚?

五、简要评论

"杀害被绑架人"即所谓"撕票",主要是指独立于绑架之外的杀人,包括直接故意和间接故意。在绑架他人后,出于某种动机,故意对被绑架人实施杀害行为,但未能造成死亡结果的,即杀害被绑架人未遂的,判例的立场并不一致,主要是两种不同的做法。

第一种立场认为,"杀害被绑架人"是绑架罪的加重情节,包括杀害被绑架人致死,以及仅有杀害被绑架人的行为而无致人死亡的结果,因此应当适用死刑。比如"王建平绑架案"②、"李文清、石秀龙、盛明灿绑架、盗窃案"③、"罗伟绑架、强奸案"④等。甚至有观点认为,"致使被绑架人死亡"已包括杀死被绑架人的情形,"杀害被绑架人"应当仅指实施杀害

---

① 2015年8月29日通过的《中华人民共和国刑法修正案(九)》将《刑法》第239条第2款修改为:"犯前款罪,杀害被绑架人的,或者故意伤害被绑架人,致人重伤、死亡的,处无期徒刑或者死刑,并处没收财产。"
② 参见最高人民法院刑事审判第一庭、第二庭编:《刑事审判参考》(总第38集),法律出版社2004年版。
③ 参见最高人民法院中国应用法学研究所编:《人民法院案例选》(2005年第2辑总第52辑),人民法院出版社2006年版。
④ 参见最高人民法院中国应用法学研究所编:《人民法院案例选》(2010年第3辑总第73辑),人民法院出版社2011年版。

行为但尚未造成死亡。主要理由是：

(1) 在法条解释上，将"杀害被绑架人"扩张解释为包括杀害被绑架人未遂，更符合立法本意。若解释为"杀死"，则条文仅用"致使被绑架人死亡"即可。立法者之所以将两者并列，显然是考虑到故意杀害人质的主观恶性程度，重在杀害故意和杀害行为，而不将杀死的结果作为确定性要求，以实现其与间接故意、过失致被绑架人死亡的本质平衡。

(2) 在立法原意上，将"致使被绑架人死亡"和"杀害被绑架人"这两种情形归入绑架罪进行综合评价，其处罚理所当然应当重于对这两种行为独立发生时的处罚。如果将杀害被绑架人未遂的情况排除在可判处死刑的情形之外，显然与立法者对故意杀人罪和绑架罪的评价不相符。

(3) 在与故意伤害罪的比较上，《刑法》第234条规定，故意伤害他人身体，尽管没有造成被害人死亡，仍可能适用死刑。绑架罪是一种更为严重的犯罪，如果认为"杀害被绑架人"仅指既遂，势必可能出现故意杀害被绑架人未遂，但手段残忍造成被绑架人严重残疾的，量刑反而要比类似情形的故意伤害罪更轻。这显然不是立法者的意图，更不能视为是立法可能的疏忽。

(4) 在罪刑均衡上，故意杀害被绑架人的主观恶性明显高于过失致被绑架人死亡，对过失致使被绑架人死亡的情形尚需适用死刑，那么对故意杀害被绑架人未遂的，特别是手段残忍、后果严重的，更没有理由不适用死刑。

这种立场认为，"杀害被绑架人"包括杀害未遂，绝不等于说，对所有绑架并杀害被绑架人未遂的，一律适用死刑。在具体量刑时，要不同情况区别对待。对杀害被绑架人手段特别残忍且已造成特别严重后果的，应考虑判处死刑。但造成的后果并非特别严重，并非不能从轻判处，如判处死刑缓期执行。杀害被绑架人未遂，并非绑架罪未遂，因此，不能作为独立的法定从轻或减轻的情节，但可以作为酌定从轻或减轻处罚的情节，如根据案件特殊情况，确需在法定刑(死刑)以下量刑的，应适用《刑法》第63条的特别程序。

第二种立场认为，"杀害被绑架人"是绑架罪的加重结果，不仅要有故意杀人的行为，还要有死亡结果的发生。比如"李城、杨琴绑架案等"①。主要理由是：

(1) 在法律未对条文用语含义作出特别规定时，解释不能随意脱离人们日常所能理解的范畴，滥作扩大或限制解释。《现代汉语词典》对"杀害"的解释是杀死、害死。其日常用语的含义，既包括"杀"的行为，更强调出现"害"即"死"的结果。

(2) "杀害"和"故意杀人"是两个不同的概念。故意杀人可以出现被害人没有死亡的后果，而"杀害"只有被害人已经死亡一种结果。将"致使被绑架人死亡"和"杀害被绑架人的"情形并列，就是指在绑架过程中，被绑架人死亡的，都应当判处死刑。

(3) 如果将"杀害被绑架人"理解为还包括杀害行为，必然导致只要有杀害行为，不管结

---

① 参见陈兴良、张军、胡云腾主编：《人民法院刑事指导案例裁判要旨通纂》(上卷)，北京大学出版社2013年版，第523页。

果如何,是造成轻伤、重伤、严重残疾还是死亡,都只能无一例外、毫无选择地判处死刑,这显然不符合罪刑相适应原则,有违立法真实意图。

(4) 因为行为人中止杀人行为也会被判处死刑,对于那些已经着手实施杀人行为的绑架者,如果不杀死被绑架人,事后被绑架人不仅可以报案或提供破案线索,而且还可以证明绑架者在绑架过程中有过故意杀人行为,这样绑架者必然会被判处死刑。权衡利弊,绑架者肯定会选择杀死被绑架人。这不利于已着手实施杀人行为的绑架人悬崖勒马,停止杀人行为,也不利于保护被绑架人的生命安全。

这种立场认为,刑法并不完全排斥绑架罪和故意杀人罪或故意伤害罪的并罚。如果绑架者在绑架中对被绑架人实施了伤害(未致死)、杀人(未遂)行为,未造成特别严重后果,论罪应当判处无期徒刑以下刑罚,可以绑架罪一罪论处。如果行为人伤害手段特别残忍致人重伤且造成严重残疾,或者杀人未遂但手段特别恶劣、后果特别严重,论罪应当判处死刑的,此时的杀、伤行为不宜包括在绑架罪"暴力手段"的构成要件之内,而应单独评价,以绑架罪和故意伤害罪或故意杀人罪实行数罪并罚。此种情况下,虽然以绑架罪无法判处绑架者死刑,但以故意伤害罪、故意杀人罪完全可以判处死刑。因此,不存在配刑失衡问题,也不会轻纵绑架者。

对此,理论上也存在很大争议,主要在于对绑架杀人的性质,有结果加重犯、情节加重犯、行为加重犯、兼容犯、结合犯等不同理解。与实务界上述两种立场不同,认为绑架杀人是结合犯的观点主张,结合犯存在既遂与未遂,绑架杀人未遂的,适用"处死刑"的规定,同时适用刑法总则未遂犯从轻、减轻处罚的规定;对绑架杀人中止的,同时适用《刑法》总则中止犯"造成损害的,应当减轻处罚"的规定。至于"杀害被绑架人"是基于勒索财物的目的,还是也包括灭口,尤其是在勒索到财物之后而灭口杀人,实务中没有达成共识,比如"向成莉、曾琼珍绑架杀人案"①。

笔者认为,刑法中转化犯、结果加重犯、牵连犯等特殊规定,在本质上均可以回归到想象竞合犯、实质竞合等竞合形态加以解决,因此,应当严格解释相关规定,更多地利用竞合原理加以处理。而绑架罪的"杀害"配置了绝对确定的死刑,对其解释不能不从严掌握。因此,笔者支持"杀害"仅指故意杀人并具有死亡结果的见解,而且仅指在绑架过程中,为了勒索财物而故意杀害被绑架人。在绑架过程中,杀害被绑架人进而勒索财物,但杀害未遂的,应当认定为基本绑架罪和故意杀人罪(未遂)的想象竞合犯,从一重论处。绑架后另行起意或为了灭口而故意杀害被绑架人,或者另行起意实施强奸、故意伤害行为(包括故意伤害致死),都应数罪并罚;其中故意杀人既遂或者未遂但手段特别恶劣、后果特别严重,或者伤害手段特别残忍致人重伤且造成严重残疾的,可以适用死刑。同样,行为人使用暴力将被害人打成重伤,进而产生勒索财物目的而绑架他人的,应当以故意伤害罪与绑架罪数罪并罚;非法侵入住宅实施绑架行为的,以绑架罪与非法侵入住宅罪数罪并罚。

---

① 参见最高人民法院中国应用法学研究所编:《人民法院案例选》(2004年刑事专辑),人民法院出版社2005年版。

相反,在绑架过程中,如果故意伤害行为只是为了实现绑架控制人身,或者在绑架之后,故意伤害行为只是为了维持绑架所引起的不法控制状态,则是故意伤害罪与绑架罪的想象竞合犯;根据2001年11月8日最高人民法院《关于对在绑架过程中以暴力、胁迫等手段当场劫取被害人财物的行为如何适用法律问题的答复》的规定,"行为人在绑架过程中,又以暴力、胁迫等手段当场劫取被害人财物,构成犯罪的,择一重罪处罚",因此上述行为也构成想象竞合犯。

案例5-9 章浩等绑架案①

一、基本案情

2000年1月14日,被告人章浩向酒店服务员被告人王敏提出:有人欠债不还,去把其子带来,逼其还债。王敏表示同意。当日,王敏根据章浩的指认,将被害人吴某从学校骗出,与章浩一起将吴某带至酒店关押。后章浩告诉被告人章娟自己绑架了一小孩,要求章娟帮助打电话勒索财物。章娟表示同意,共3次打电话向被害人家属勒索50万元人民币和一部手机。次日,章浩要求章娟继续打电话勒索,章娟予以拒绝。

二、诉讼过程及裁判理由

一审法院经审理认为,被告人章浩以勒索财物为目的,绑架他人,被告人章娟在明知章浩实施绑架行为后,帮助打电话勒索财物,后来虽拒绝继续勒索,但不足以防止危害结果的发生,不属于犯罪中止,章浩、章娟的行为均构成绑架罪。被告人王敏是在章浩谎称扣押人质索债的认识支配下实施犯罪,作案后章浩也没有把真实目的告诉王敏,王敏在主观上只有非法拘禁的故意,没有绑架的故意,其行为构成非法拘禁罪。章浩、章娟系绑架的共犯,章浩系主犯;章娟系从犯,可依法减轻处罚。判决被告人章浩犯绑架罪,判处无期徒刑,剥夺政治权利终身,并处没收财产;章娟犯绑架罪,判处有期徒刑3年,并处罚金5000元;王敏犯非法拘禁罪,判处有期徒刑3年。

一审宣判后,附带民事诉讼原告人不服,提出上诉。

二审法院经审理认为,根据《刑事诉讼法》(1996年)第180条第2款的规定,附带民事诉讼原告人不能对刑事附带民事案件的刑事部分提起上诉。原审定罪准确,量刑适当,程序合法,裁定驳回上诉,维持原判。

三、关联法条

《中华人民共和国刑法》

第二十五条第一款 共同犯罪是指二人以上共同故意犯罪。

第二十六条第一款 组织、领导犯罪集团进行犯罪活动的或者在共同犯罪中起主要作用的,是主犯。

---

① 参见陈兴良、张军、胡云腾主编:《人民法院刑事指导案例裁判要旨通纂》(上卷),北京大学出版社2013年版,第506页。

第二十六条第四款 对于第三款规定以外的主犯,应当按照其所参与的或者组织、指挥的全部犯罪处罚。

第二十七条 在共同犯罪中起次要或者辅助作用的,是从犯。

对于从犯,应当从轻、减轻处罚或者免除处罚。

第二百三十八条第三款 为索取债务非法扣押、拘禁他人的,依照前两款的规定处罚。

四、争议问题

本案争议问题是:第一,基于索债目的帮助他人实施绑架行为的应如何定罪?第二,明知他人实施了绑架行为后帮助实施勒索行为的应如何定罪?

五、简要评论

(1) 基于索债目的帮助他人实施绑架行为如何定性,关键在于如何理解《刑法》第25条第1款规定的"共同犯罪是指二人以上共同故意犯罪"。通说基本上采取犯罪共同说,认为成立共同犯罪必须具有共同的犯罪故意,即各共同犯罪人基于对共同犯罪行为具有同一认识的基础上,对其会造成的危害社会的结果,持希望或者放任的心理状态。

判例也采取同样立场,认为共同犯罪故意是构成共同犯罪的主观要件,如果二人以上的主观故意内容不属于同一个犯罪构成,不成立共犯。缺乏共同犯罪故意的数人同时对同一对象实施同种犯罪,只是同时犯,而非共同犯罪。二人以上同时对同一对象实施相互支持、帮助的犯罪行为,因双方的犯罪故意内容不同,没有形成共同的犯罪故意,亦不构成共同犯罪。比如在"李彬、袁南京、胡海珍等绑架、非法拘禁、敲诈勒索案"[①]中,被告人李彬、袁南京以帮助他人要账为由纠集被告人燕玉峰等4人参与,将被害人石林清绑架,燕玉峰等人在看押石林清期间,得知不存在欠款事实,在石林清承诺给付好处后,没有和李彬等人沟通即将石林清释放。该案裁判理由认为,各被告人客观上共同实施了绑架被害人的行为,每个人的行为都是绑架这一整体行为的组成部分,行为整体上与绑架勒索钱财之间有因果关系。李彬等人勒索财物的目的是在燕玉峰等人看押被害人的协助下实现的,但主观故意内容明显不同,李彬等人的故意内容是绑架,而燕玉峰等人没有绑架的故意,其故意内容是帮人索要债务而实施非法拘禁。对客观上帮助他人实施了绑架,主观上只有帮助索要债务故意的行为,应认定为非法拘禁罪。当然,如果在明知绑架意图后仍继续拘禁人质,则转化为绑架的故意,应构成绑架罪。

同样,本案中,法院认为王敏与章浩共同实施了"绑架"行为,但其主观上只有"索取债务"的目的而不具有勒索财物的目的,因此二人不存在共同的犯罪故意,不构成共同绑架犯罪,只能按各自所构成的犯罪分别定罪量刑。王敏确因受骗不知情,而基于索取债务的主观目的帮助他人实施绑架行为,其行为应以索债型非法拘禁罪定罪处罚。

理论上则仍有不同认识,部分犯罪共同说认为,该行为在非法拘禁罪范围内成立共同犯罪,只是以勒索财物为目的的行为人应当负绑架罪的刑事责任。行为共同说认为,共同犯罪

---

① 参见最高人民法院刑事审判第一、二、三、四、五庭主办:《刑事审判参考》(总第69集),法律出版社2009年版。

是违法的类型,只要实施了共同的违法行为就可以成立共同犯罪,而责任则根据其故意内容各别认定。欺骗他人是为了索债的行为人是绑架罪的间接正犯,但两者仍然是共同犯罪,只不过仅以索债为目的的行为人承担非法拘禁罪的责任。

笔者认为,首先,间接正犯不是共同犯罪,准确地说是犯罪的共同参与,属于单独正犯。其次,本案的情形并非没有共同的犯罪故意,实际上,绑架罪是目的犯,"以勒索财物为目的"是故意之外的主观构成要件要素,本案中王敏与章浩不仅共同实施了"绑架"行为,而且都具有"非法剥夺他人自由进而控制他人"的共同的主观故意,只是王敏缺乏绑架罪所要求的勒索财物的主观目的。再次,王敏在主观故意和客观行为上都符合非法拘禁罪的构成要件,是非法拘禁罪的直接正犯。其缺乏勒索财物的目的是被章浩所蒙骗,因此,章浩属于"利用他人有故意但无目的的工具"的间接正犯,可以说这是一种特殊类型的"正犯后正犯"。最后,即使参与者本人没有勒索财物的目的,但只要该参与者对绑架行为人具有此种目的有所认识,就可以成立本罪的共犯。

(2) 明知他人实施了绑架行为后帮助实施勒索行为的,是否构成绑架罪的共犯,关键在于是否承认承继的共同犯罪。承继的共同犯罪,系指在他人实施一部分犯罪之后,行为人才开始参与他人犯罪的情况。根据参与行为的性质,主要存在承继的共同正犯和承继的帮助犯。通常而言,成立承继的共同犯罪一般是在犯罪既遂之前参与他人犯罪。但是,对于继续犯,在犯罪既遂之后犯罪完成之前,仍有可能成立承继的共同犯罪。

勒索型绑架罪的既遂标准是被害人被绑架、从而丧失行动自由而被实际支配。至于是否实施了勒索财物的行为,或者虽实施了勒索行为,但未达到勒索财物的目的,都不影响绑架罪既遂的成立,仅可作为量刑情节考虑。与即成犯不同,绑架罪是继续犯,勒索型绑架罪在绑架实施终了犯罪既遂之后,勒索财物的最终目的实现、犯罪完成之前,绑架行为一直处于继续状态。在绑架行为持续过程中,任何事前无通谋的人明知绑架行为存在,仍加入实施共同的维持绑架状态、控制被害人自由的,构成绑架罪承继的共同正犯;仍帮助绑架行为人实施勒索行为的,构成绑架罪承继的帮助犯。

承继的共同犯罪中,后续参与共同犯罪的人是否与原先的共同犯罪人负相同的责任,理论和实践中都存在肯定说和否定说两种观点。判例基本采取了肯定说,比如"朱红华等三人绑架案"①中,被告人熊洪艳在明知被告人朱红华、朱红云绑架了被害人凌勇并正在向凌家勒索钱财的情况下,积极资助朱红华、朱红云钱财,提供身份证供朱红华、朱红云住宿之用,在索要赎金过程中协助威胁凌勇之父。熊洪艳有意接受并利用了朱红华、朱红云的绑架行为而继续共同实行犯罪,因此应对整个绑架犯罪行为负责而不是只对勒索行为负责。笔者认为,原则上后续参与者只应对基本构成要件的整体行为负责,对于绑架罪,不仅要对勒索行为负责,也应对绑架行为负责,即对绑架罪的整体负责。同时,后参与者也不应对与自己的行为没有任何因果关系的结果负责,比如前行为人在绑架过程中致人重伤或死亡的,后参与者虽然参与了勒索行为,但不应对伤害或死亡结果负责。

---

① 参见最高人民法院中国应用法学研究所编:《人民法院案例选》(总第39辑),人民法院出版社2002年版。

第六章 拐卖妇女、儿童罪

案例6-1 吕锦城、黄高生故意杀人、拐卖儿童案①

一、基本案情

2008年8月下旬,被告人吕锦城、黄高生为拐卖儿童牟利,密谋偷盗被害人黄金花(殁年26岁)刚出生不足8个月的男婴,并商定如被发现就使用暴力抢走婴儿。二人为此还进行了踩点,购买了撬门的工具和行凶的匕首、啤酒瓶等物。黄高生通过潘荣国(另案处理)联系了买主。2008年9月2日3时许,黄高生骑摩托车载吕锦城到黄金花家屋外,由黄高生在屋外接应,吕锦城潜入黄金花和婴儿的卧室。黄金花和黄金花的奶奶(殁年75岁)发现后呼救。为制服被害人以抢走婴儿,吕锦城持匕首先后捅刺黄金花和她的奶奶,致二人失血性休克死亡。后二被告人抢走男婴,将其以37 000元卖出。

二、诉讼过程及裁判理由

一审法院经审理认为,被告人吕锦城、黄高生以出卖为目的,结伙偷盗婴幼儿,其行为构成拐卖儿童罪;吕锦城在偷盗过程中被发现,持刀杀死两人,其行为又构成故意杀人罪;吕锦城犯数罪,应当数罪并罚。没有证据证实黄高生与吕锦城预谋杀害被害人,黄高生主观上无杀害被害人的故意,客观上没有实施杀害被害人的行为,不能认定其行为构成故意杀人罪。故判决被告人吕锦城犯故意杀人罪,判处死刑,剥夺政治权利终身;犯拐卖儿童罪,判处无期徒刑,剥夺政治权利终身,并处没收个人全部财产;决定执行死刑,剥夺政治权利终身,并处没收个人全部财产。被告人黄高生犯拐卖儿童罪,判处死刑,剥夺政治权利终身,并处没收个人全部财产。

被告人吕锦城上诉提出,其受被告人黄高生胁迫作案,作案过程中因精神失控而杀害被害人。其辩护人提出,吕锦城刺死黄金花的行为属于间接故意杀人。被告人黄高生及其辩护人上诉,希望对黄高生从轻处罚,理由如下:第一,被告人黄高生与吕锦城预谋偷盗婴幼儿,如被发觉仅仅是制服,没有伤害被害人的犯意,黄高生不应对被害人死亡承担责任;第二,根据黄高生的犯罪动机、作案手段,黄高生不属于拐卖儿童情节特别严重。

二审法院经审理认为,原判认定事实清楚,证据确实、充分,定罪准确,量刑适当,审判程序合法。裁定驳回上诉,维持原判,并依法报请最高人民法院核准。

最高人民法院经复核认为,被告人吕锦城、黄高生以出卖为目的,绑架儿童,其行为均构成拐卖儿童罪;被告人吕锦城在实施绑架行为时,持刀捅死二被害人,其行为构成故意杀人

---

① 参见陈兴良、张军、胡云腾主编:《人民法院刑事指导案例裁判要旨通纂》(上卷),北京大学出版社2013年版,第529页。

罪,应依法数罪并罚。被告人黄高生所犯拐卖儿童罪造成两人死亡,罪行极其严重,但没有与被告人吕锦城共谋杀人,亦未具体实施杀人行为,对其判处死刑,可不立即执行。所以,最高人民法院改判黄高生构成拐卖儿童罪,判处死刑,缓期两年执行,剥夺政治权利终身,并处没收个人全部财产。对被告人吕锦城、黄高生不是适用《刑法》第 240 条第 1 款第(六)项,而是适用第(五)项。

三、关联法条

《中华人民共和国刑法》

第二百四十条 拐卖妇女、儿童的,处五年以上十年以下有期徒刑,并处罚金;有下列情形之一的,处十年以上有期徒刑或者无期徒刑,并处罚金或者没收财产;情节特别严重的,处死刑,并处没收财产:

(一)拐卖妇女、儿童集团的首要分子;

(二)拐卖妇女、儿童三人以上的;

(三)奸淫被拐卖的妇女的;

(四)诱骗、强迫被拐卖的妇女卖淫或者将被拐卖的妇女卖给他人迫使其卖淫的;

(五)以出卖为目的,使用暴力、胁迫或者麻醉方法绑架妇女、儿童的;

(六)以出卖为目的,偷盗婴幼儿的;

(七)造成被拐卖的妇女、儿童或者其亲属重伤、死亡或者其他严重后果的;

(八)将妇女、儿童卖往境外的。

拐卖妇女、儿童是指以出卖为目的,有拐骗、绑架、收买、贩卖、接送、中转妇女、儿童的行为之一的。

最高人民法院、最高人民检察院《关于执行〈全国人民代表大会常务委员会关于严惩拐卖、绑架妇女、儿童的犯罪分子的决定〉的若干问题的解答》[①]

第四条 "造成被拐卖的妇女、儿童或者其亲属重伤、死亡或者其他严重后果的",是指由于犯罪分子拐卖妇女、儿童的行为,直接、间接造成被拐卖的妇女、儿童或者其亲属重伤、死亡或者其他严重后果的。例如:由于犯罪分子采取拘禁、捆绑、虐待等手段,致使被害人重伤、死亡或者造成其他严重后果的;由于犯罪分子的拐卖行为以及拐卖中的侮辱、殴打等行为引起的被害人或者其亲属自杀、精神失常或者其他严重后果的,等等。

对被拐卖的妇女、儿童进行故意杀害、伤害的,应当以故意杀人罪或者故意伤害罪与拐卖妇女、儿童罪实行并罚。

四、争议问题

行为人在盗窃儿童过程中,被儿童家属发现后,行为人为制止反抗或者担心罪行败露将儿童家属杀害的,应该属于拐卖儿童罪的加重情节,还是属于数罪并罚?

---

① 该解答已被 2013 年 1 月 18 日起施行的最高人民法院、最高人民检察院《关于废止 1980 年 1 月 1 日至 1997 年 6 月 30 日期间制发的部分司法解释和司法解释性质文件的决定》废止。

五、简要评论

对吕锦城应当按照数罪并罚进行处理。原因在于：

(1) 从罪数理论上来看，吕锦城应当数罪并罚。原因在于，吕锦城实施了两个行为，一个是拐卖行为，一个是故意杀人行为，虽然两者之间存在手段行为与目的行为的关系，但是两者之间缺乏类型性，即通常情况下拐卖儿童的行为并不以故意杀人行为为前提条件，不属于牵连犯。缺乏类型性的两个行为，不属于牵连犯背后的原因是，这两个行为只能单独评价，一个行为不能纳入另一个行为中被评价，否则有违罪刑法定原则之嫌。

(2) 从司法解释来看，吕锦城应当适用数罪并罚。吕锦城的行为不属于《刑法》第240条规定的加重情节。《刑法》第240条中所规定的"造成被拐卖的妇女、儿童或者其亲属重伤、死亡或者其他严重后果"，按照司法解释是指，因为拐卖行为直接或间接引起被害人亲属重伤、死亡等严重结果，不包括行为人故意杀害受害人亲属的情形。

案例6-2　张世林拐卖妇女案[①]

一、基本案情

1990年3月12日，被告人张世林(男,33岁)伙同芦山县仁加乡村民竹子刚(已判刑)，以外出旅游为名，邀约被告人张世林的女友李某，并通过李某邀约四川省芦山县双石镇西川四组女青年王某一同外出。四人到达安徽省利辛县后，被告人张世林、竹子刚对王某谎称外出的钱已经用完，叫王某到竹子刚的朋友家暂住几天，等他们找到钱后再来接王某。竹子刚通过其姐夫介绍，将王某卖予利辛县赵桥乡谭阁村村民谭某为妻，获赃款1900元，除去路费，张世林分得赃款380元。谭某将王某带回家，当晚同居时发现王某有生理缺陷，遂将王某退回竹子刚姐夫家，后王某被送回芦山县。后经芦山县人民医院检查诊断，王某系以男性为主之两性人。被告人辩称，因为受害人不是妇女，自己的行为构成拐卖人口罪(1979年《刑法》的规定)，而不是拐卖妇女罪(1997年《刑法》的规定)。

二、诉讼过程及裁判理由

1990年9月4日，被告人张世林因涉嫌拐卖人口罪，被检察机关批准逮捕后在逃。1999年6月30日被逮捕。检察机关以被告人张世林犯拐卖妇女罪，于1999年8月23日提起公诉。

一审法院经审理认为，被告人张世林无视国法，以出卖为目的，采用欺骗的手段，将王某卖予他人为妻，构成拐卖妇女罪。虽事后经检查王某系两性人，但被告人拐卖时并不知情，属对犯罪对象的认识错误，并不影响其刑事责任。依照《刑法》(1997年)第12条第1款、《刑法》(1979年)第141条的规定，判决被告人张世林犯拐卖妇女罪，判处有期徒刑1年零6

[①] 参见最高人民法院刑事审判庭主办：《刑事审判参考》(总第11辑)法律出版社2000年版，第10—15页。

个月。

宣判后,张世林没有上诉,检察机关亦未抗诉。

三、关联法条

《中华人民共和国刑法》(1997年)

第二百四十条 拐卖妇女、儿童的,处五年以上十年以下有期徒刑,并处罚金;有下列情形之一的,处十年以上有期徒刑或者无期徒刑,并处罚金或者没收财产;情节特别严重的,处死刑,并处没收财产:

(一)拐卖妇女、儿童集团的首要分子;

(二)拐卖妇女、儿童三人以上的;

(三)奸淫被拐卖的妇女的;

(四)诱骗、强迫被拐卖的妇女卖淫或者将被拐卖的妇女卖给他人迫使其卖淫的;

(五)以出卖为目的,使用暴力、胁迫或者麻醉方法绑架妇女、儿童的;

(六)以出卖为目的,偷盗婴幼儿的;

(七)造成被拐卖的妇女、儿童或者其亲属重伤、死亡或者其他严重后果的;

(八)将妇女、儿童卖往境外的。

拐卖妇女、儿童是指以出卖为目的,有拐骗、绑架、收买、贩卖、接送、中转妇女、儿童的行为之一的。

《中华人民共和国刑法》(1979年)

第一百四十一条 拐卖人口的,处五年以下有期徒刑;情节严重的,处五年以上有期徒刑。

四、争议问题

本案存在两个争议问题:第一,行为人认为拐卖的是妇女,而实际上拐卖的是两性人的,是否构成拐卖妇女罪?第二,行为人实施行为时适用的是1979年《刑法》,审判时适用的是1997年《刑法》,法院应该按照哪部法律对行为人进行定罪处罚?

五、简要评论

对于第一个问题,属于对象(行为客体)认识错误问题。按照刑法理论的分类,对象认识错误可以分为构成要件等价的对象错误与构成要件不等价的对象错误。前者指的是,行为人主观上认识的行为对象与客观上实际侵害的行为对象,在刑法所保护的社会关系方面是等价的;后者指的是,行为人主观上认识的行为对象与客观上实际侵害的行为对象,在刑法所保护的社会关系方面是不等价的。对于构成要件等价的对象错误,应该按照故意犯罪的既遂进行处理,对于构成要件不等价的对象错误,按照过失犯罪或者意外事件处理。该案中需要讨论的问题是,行为人主观上欲拐卖的"妇女"与客观上所拐卖的"两性人"在拐卖妇女罪的犯罪客体方面是否等价?《刑法》第240条规定拐卖妇女罪所保护的社会关系是妇女的人身自由和人格尊严。该案行为人拐卖"两性人"是否侵犯了妇女的人身自由和人格尊严?

答案应该是肯定的。原因在于,两性人有女性的一面,也有男性的一面。拐卖两性人的行为,也侵犯了妇女的人身自由和人格尊严。因此,这个案件的行为人属于构成要件等价的对象错误,应该按照拐卖妇女罪的既遂定罪处罚。原判决认为构成拐卖妇女罪,但属于对象不能犯,因而按照犯罪未遂进行处理的做法,值得商榷。

由此引发的一个问题是,行为人明知是两性人而予以拐卖的行为,应该如何处理?笔者认为,这种行为可以构成拐卖妇女罪。从刑法解释方法来说,这属于扩大解释,把"两性人"解释到"妇女"的概念之中。扩大解释背后的根据在于,两性人具有女性的一面,侵害两性人的人身自由和人格尊严,也属于拐卖妇女罪应该保护的妇女的人身自由和人格尊严。

第二个问题,即行为时符合1979年《刑法》规定的拐卖人口罪,审判时行为符合1997年《刑法》规定的拐卖妇女罪,应该按照哪部刑法定罪量刑?首先,无论根据1979年《刑法》,还是根据1997年《刑法》,行为人都构成犯罪。其次,如果根据1979年《刑法》,法定刑为5年以下有期徒刑;而根据1997年《刑法》,法定刑为5年以上10以下有期徒刑。所以,根据1997年《刑法》第12条从旧兼从轻原则,应该按照1979年《刑法》,定拐卖人口罪而不是拐卖妇女罪。因此,原判决在适用法律上是正确的,但是在罪名方面出现了错误。

案例6-3 王金和等拐卖妇女案①

一、基本案情

2005年底,被告人刘金(1936年出生)在河南省汤阴县将一名迷失的妇女李某某(经鉴定患有精神分裂症、无民事行为能力)领回家。第二天,通过王金和(1932年出生)介绍,刘金将李某某以500元的价格卖给孙全金(1953年出生)。因为李某某不会做家务,孙全金又通过王金和以4000元价格将李某某卖给王学印(1932年出生)。王金和得款2700元,孙全金得款800元。因李某某与王家人不和,王学印通过王春喜(1954年出生)以原价将李某某卖给刘业丰。王学印得款3000元,王春喜等中间人得款1000余元。

二、诉讼过程及裁判理由

一审法院经审理认为,被告人孙全金、王学印、王春喜、刘金、王金和以出卖为目的,贩卖妇女,其行为均已构成拐卖妇女罪,在共同犯罪中,王金和、王春喜、刘金起主要作用,系主犯,王学印、孙全金起次要作用,系从犯,应减轻处罚。王春喜被抓后,积极协助公安机关抓获同案犯,有立功表现,可减轻处罚。判决被告人王金和犯拐卖妇女罪,判处有期徒刑6年,并处罚金人民币2000元;被告人刘金犯拐卖妇女罪,判处有期徒刑5年,并处罚金人民币2000元;被告人王春喜犯拐卖妇女罪,判处有期徒刑4年,并处罚金人民币2000元;被告人王学印犯拐卖妇女罪,判处有期徒刑4年,并处罚金人民币1000元;被告人孙全金犯拐卖妇

---

① 参见最高人民法院刑事审判第一庭编著:《最高人民法院拐卖妇女儿童犯罪典型案例评析及法律法规精选》,中国法制出版社2010年版,第158—163页。

女罪,判处有期徒刑4年,并处罚金人民币1000元。

被告人王春喜、孙全金均提出上诉。王春喜上诉称,一审量刑偏重;孙全金上诉称,其行为不构成拐卖妇女罪,应认定为收买被拐卖的妇女罪。

二审法院经审理认为,在拐卖妇女犯罪中,王学印让王春喜帮忙介绍将李某某出卖,王春喜在共同犯罪中的作用相对小于王学印,应认定为从犯。根据王春喜、孙全金在拐卖妇女罪中的具体犯罪情节及悔罪表现,可依法对其减轻处罚并适用缓刑。判决维持一审判决对被告人王金和、刘金、王学印的定罪量刑部分和对被告人王春喜、孙全金的定罪部分及追缴赃款部分;撤销一审判决对被告人王春喜、孙全金的量刑部分;王春喜犯拐卖妇女罪,判处有期徒刑3年,缓刑3年,并处罚金人民币2000元;孙全金犯拐卖妇女罪,判处有期徒刑3年,缓刑3年,并处罚金人民币1000元。

三、关联法条

《中华人民共和国刑法》

第二百四十条 拐卖妇女、儿童的,处五年以上十年以下有期徒刑,并处罚金;有下列情形之一的,处十年以上有期徒刑或者无期徒刑,并处罚金或者没收财产;情节特别严重的,处死刑,并处没收财产:

(一)拐卖妇女、儿童集团的首要分子;

(二)拐卖妇女、儿童三人以上的;

(三)奸淫被拐卖的妇女的;

(四)诱骗、强迫被拐卖的妇女卖淫或者将被拐卖的妇女卖给他人迫使其卖淫的;

(五)以出卖为目的,使用暴力、胁迫或者麻醉方法绑架妇女、儿童的;

(六)以出卖为目的,偷盗婴幼儿的;

(七)造成被拐卖的妇女、儿童或者其亲属重伤、死亡或者其他严重后果的;

(八)将妇女、儿童卖往境外的。

拐卖妇女、儿童是指以出卖为目的,有拐骗、绑架、收买、贩卖、接送、中转妇女、儿童的行为之一的。

第二百四十一条第五款 收买被拐卖的妇女、儿童又出卖的,依照本法第二百四十条的规定定罪处罚。

四、争议问题

被告人孙全金、王学印收买被拐卖的李某某,当时没有出卖的目的,而后改变主意将其出卖,是按照收买被拐卖的妇女罪和拐卖妇女罪数罪并罚,还是按照一罪处理?

五、简要评论

笔者认为,这种情况应该按照拐卖妇女罪进行处理。从罪数理论来看,二人应该按照数罪并罚处理。孙全金、王学印二人出于非出卖的目的实施了收买被拐卖妇女的行为,又实施了贩卖妇女的行为。二者之间属于两个相对独立的行为,虽然收买行为也是贩卖行为的条件,但是不存在牵连关系。而且这种情况也不属于其他应该按照一罪处理的情形,应该按照数罪并罚处理。但是,因为《刑法》第241条第5款已经对这种情况作了专门规定,所以不按照数罪并罚处理,而是按照拐卖妇女罪定罪处罚。

这里需要进一步思考的问题是,罪数理论与刑法规定不一致,应该如何解释刑法规定。换言之,《刑法》第241条将两个相对独立的行为按照一个犯罪行为定罪处罚的根据何在。张明楷教授在其《刑法学》教材中的解释是,这个规定属于法律拟制,不会产生处罚上的缺陷。换句话说,刑法的这个规定的合理根据在于符合罪刑相适应原则,这样定罪处罚不会出现畸轻畸重的情形,尤其不会出现重罪轻判的可能。但是仅仅因为这个理由,刑法便可以对违背罪数理论的情形作出专门规定的话,就存在以下几个值得商榷之处:

(1)刑法的专门规定没有对收买被拐卖的妇女的行为进行评价。对行为的刑法评价,实际上就是刑事责任的承担,通过定罪处罚表现出来。收买被拐卖的妇女的行为,符合收买被拐卖的妇女罪的成立条件,但是没有在定罪上反映出来。

(2)涉嫌违背罪刑法定原则。刑法的专门规定没有对符合犯罪成立条件的行为进行定罪处罚的评价,与罪刑法定原则存在内在紧张关系。

(3)如果仅仅根据罪刑相适应原则就可以进行专门规定,那么这种专门规定没有任何合理的约束。

综上,刑法对于违背刑法基础理论的情形进行专门规定或者法律拟制时,需要更充分的理由。

案例6-4 周玉祥等拐卖妇女案①

一、基本案情

2003年9月至2005年5月期间,被告人熊梅等人以"外出进货"为由,将40余名妇女从贵州省贵阳市、云南省昆明市拐骗至安徽省广德县及附近县市,交给被告人周玉祥。被告人周玉祥接到被拐骗的妇女后,安排在其他人的住处藏匿。并伙同他人以被拐骗妇女的老板欠其几万元钱或被拐骗妇女在中途遗失"贵重"物品为由,要求被拐骗妇女嫁人以换取"抚养费"还钱。如被拐骗妇女不从,周玉祥等人就采用暴力殴打、威胁的手段直至被拐骗妇女同意嫁人为止。被告人周玉祥以这种方式拐卖妇女42名,以6000元—15800元不等的价格将这些妇女卖与他人为妻。并对其中4名被拐卖妇女实施奸淫。在42名被拐卖妇女中,共有12名被解救,16名自愿留在被拐入地生活,14名下落不明。

二、诉讼过程及裁判理由

一审法院经审理认为,被告人周玉祥伙同同案被告人,以出卖为目的,拐骗、接送、中转、

---

① 参见最高人民法院刑事审判第一庭编著:《最高人民法院拐卖妇女儿童犯罪典型案例评析及法律法规精选》,中国法制出版社2010年版,第281—288页。

贩卖妇女,其行为已构成拐卖妇女罪,应依法惩处。周玉祥参与接送、中转和贩卖妇女42名,奸淫被拐卖的妇女4名,情节特别严重。在共同犯罪中,周玉祥积极实施接送、中转、贩卖妇女行为,起主要作用,系主犯,应按其所参与的全部犯罪处罚。判决被告人周玉祥犯拐卖妇女罪,判处死刑,剥夺政治权利终身,并处没收个人全部财产。

被告人周玉祥提出上诉。

二审法院经审理裁定,驳回上诉,维持原判,并核准对被告人周玉祥的死刑判决。

三、关联法条

《中华人民共和国刑法》

第二百四十条　拐卖妇女、儿童的,处五年以上十年以下有期徒刑,并处罚金;有下列情形之一的,处十年以上有期徒刑或者无期徒刑,并处罚金或者没收财产;情节特别严重的,处死刑,并处没收财产:

(一) 拐卖妇女、儿童集团的首要分子;

(二) 拐卖妇女、儿童三人以上的;

(三) 奸淫被拐卖的妇女的;

(四) 诱骗、强迫被拐卖的妇女卖淫或者将被拐卖的妇女卖给他人迫使其卖淫的;

(五) 以出卖为目的,使用暴力、胁迫或者麻醉方法绑架妇女、儿童的;

(六) 以出卖为目的,偷盗婴幼儿的;

(七) 造成被拐卖的妇女、儿童或者其亲属重伤、死亡或者其他严重后果的;

(八) 将妇女、儿童卖往境外的。

拐卖妇女、儿童是指以出卖为目的,有拐骗、绑架、收买、贩卖、接送、中转妇女、儿童的行为之一的。

《全国法院维护农村稳定刑事审判工作座谈会纪要》

……对于那些确属介绍婚姻,且被介绍的男女双方相互了解对方的基本情况……尽管介绍的人数较多,从中收取财物较多,也不应作犯罪处理。

四、争议问题

本案中主要有两个争议问题:第一,拐卖妇女的行为与介绍婚姻的合法行为之间的区别如何界定?在审理过程中,被告人辩称,他不是为了出卖,而是为了帮助他人介绍妻子,自己从中收取婚姻介绍费。第二,被告人周玉祥是否应该被判处死刑?这涉及对《刑法》第48条死刑的条件"罪行极其严重"和死缓的条件"不是必须立即执行"的理解,同时也涉及对《刑法》第240条"情节特别严重"如何理解。

五、简要评论

对于争议问题一,拐卖妇女与介绍婚姻之间区别的关键在于,行为人是否存在出卖妇女的目的。在司法实践中,一般可以综合以下因素判断:一是妇女的来源是否合法,受害人是否委托行为人介绍婚姻;二是行为人是否对妇女采用了暴力、胁迫手段逼迫其结婚;三是结婚是否为妇女真实、自愿的意思表示;四是妇女与结婚对象之间有无熟识、了解的过程;五是行为人收取财物的多少等。在本案中,妇女是被拐骗来的,这些妇女没有委托被告人介绍婚姻,被告人对妇女采取暴力、胁迫手段逼迫其结婚,结婚违背妇女真实、自愿的意思等。从这些事实来看,被告人的行为是以出卖为目的,而不是帮人介绍婚姻。被告人应该构成拐卖妇女罪。

对于争议问题二,从案件判决来看,判处死刑的说理不是很充分。拐卖妇女、儿童罪死刑的适用标准应该是,首先行为符合升格法定刑的八种情况之一,而且达到情节特别严重。从总则与分则之间的关系来看,刑法总则"罪行极其严重"和"不是必须立即执行"的标准要体现到对拐卖妇女、儿童罪"情节特别严重"的理解之中。一般来讲,"罪行极其严重"应该理解为,体现行为的客观危害、主观恶性和人身危险性的情节,都极其严重。这些情节包括:犯罪手段、犯罪结果、社会形势、被害人谅解;被害人过错、行为人受到刺激、是否预谋、精神状况、犯罪动机;犯罪前表现、犯罪后表现等,综合这些情节判断行为是否符合"罪行极其严重"。"不是必须立即执行"应当理解为是否存在令人怜悯或者谅解的情节。从这个案件来看,被告人周玉祥至少符合两个升格法定刑的条件,即拐卖妇女3人以上和奸淫被拐卖的妇女。从从严处罚情节来看,包括拐卖妇女数量众多,达42名;犯罪手段恶劣,包括暴力、威胁手段;奸淫妇女多人,达4人;犯罪后果严重,有14名妇女下落不明;被害人没有明显过错;行为人存在预谋;行为人人身危险性大,多次实施拐卖行为等。从宽处罚情节有:16名受害人愿意留在被拐卖地生活等。法院应该在判决书中说明判处死刑和死刑缓期执行的标准,并且分析案件哪些情节符合了标准。

案例6-5 郑建有等拐卖妇女案①

一、基本案情

2004年5月,被告人郑建有因犯非法拘禁罪被判处有期徒刑1年,2005年3月3日被刑满释放。因涉嫌拐卖妇女罪于2007年9月22日被逮捕。

2007年7月6日,被告人郑建有伙同郑徐良(另案处理)将从他人手中买来的四川籍妇女孔某某、云南籍未成年女子李某某分别拘禁在浙江省永嘉县瓯北镇星光宾馆706、503房间,并先后指使被告人郑俊、郑海达、郑博龙等人看守,被告人郑炜锱于2007年7月7日下午参与在706房间看守孔某某。2007年7月6日傍晚,郑建有经戴国杰(另案处理)介绍,将孔某某以8 000元的价格贩卖给被告人潘江海、戴彩弟夫妇,收取定金500元。7月7日上午,郑建有指使郑俊向潘江海夫妇收取余款7 500元后,将孔某某交由潘江海夫妇带回该夫妇在瓯北镇的住处。当日13时许,孔某某借机逃跑未成,潘江海妇女遂要求郑建有将人带回。郑建有闻讯后与郑博龙赶到潘江海夫妇住处,郑建有殴打了孔某某并将其带回星光宾

---

① 参见最高人民法院刑事审判第一庭编著:《最高人民法院拐卖妇女儿童犯罪典型案例评析及法律法规精选》,中国法制出版社2010年版,第289—298页。

馆继续监禁,并指使郑俊将5 000元钱退还给潘江海夫妇。当晚8时许,被告人郑徐良指使被告人郑俊、郑博龙、郑炜鑫、郑芳将孔某某、李某某从星光宾馆转移至瓯北镇瓯东宾馆502房间继续关押,由郑炜鑫、郑芳予以看守。期间,郑炜鑫、郑芳强行抚摸孔某某、李某某两人的胸部、阴部等隐私部位。后郑芳因故暂时离开房间,由郑炜鑫看守。当日23时许,被害人孔某某从旅馆五层502房间窗户跳楼,致全身多处皮肤擦伤,左肺裂伤,右肺挫伤,后腹膜大血肿,左右肾挫伤,左、右跟骨骨折,失血性休克死亡。案发后,被告人郑芳经郑炜鑫劝说后,向永嘉县公安机关投案。戴彩弟亦向永嘉县公安机关投案。

二、诉讼过程及裁判理由

一审法院经审理认为,被告人郑建有、郑炜鑫、郑芳、郑俊、郑海达、郑博龙、郑炜镪以出卖为目的,贩卖、接送、中转妇女二人,并致被拐卖妇女一人死亡,其行为已构成拐卖妇女罪。被告人郑建有为拐卖妇女的主犯,并直接实施了殴打被害人孔某某的行为,最终造成孔某某的自杀身亡,应对孔某某的死亡后果负主要责任;被告人郑炜鑫、郑芳、郑俊、郑海达、郑博龙、郑炜镪均直接实施看守被拐卖妇女的行为,郑炜鑫、郑芳还在看守过程中猥亵被拐卖的妇女,亦均应对被拐卖妇女的死亡后果承担责任。被告人郑炜鑫、郑芳、郑俊、郑海达、郑博龙、郑炜镪在共同犯罪中起辅助作用,系从犯,应从轻或者减轻处罚。被告人郑建有、郑海达在有期徒刑刑罚执行完毕以后5年内重新犯罪,均系累犯,应从重处罚。故判决被告人郑建有犯拐卖妇女罪,判处无期徒刑,剥夺政治权利终身,并处没收个人全部财产;被告人郑炜鑫犯拐卖妇女罪,判处有期徒刑10年,剥夺政治权利3年,并处罚金人民币1万元;被告人郑芳犯拐卖妇女罪,判处有期徒刑8年,并处罚金人民币8 000元;被告人郑俊犯拐卖妇女罪,判处有期徒刑7年,并处罚金人民币5 000元;被告人郑博龙犯拐卖妇女罪,判处有期徒刑6年,并处罚金人民币5 000元;被告人郑海达犯拐卖妇女罪,判处有期徒刑6年,并处罚金人民币5 000元;被告人郑炜镪犯拐卖妇女罪,判处有期徒刑5年,并处罚金人民币2 000元。

一审宣判后,被告人郑建有、郑炜鑫、郑芳、郑炜镪等提出上诉。

二审人民法院经审理,裁定驳回被告人的上诉,维持原判。

三、关联法条

《中华人民共和国刑法》

第二百四十条 拐卖妇女、儿童的,处五年以上十年以下有期徒刑,并处罚金;有下列情形之一的,处十年以上有期徒刑或者无期徒刑,并处罚金或者没收财产;情节特别严重的,处死刑,并处没收财产:

(一) 拐卖妇女、儿童集团的首要分子;

(二) 拐卖妇女、儿童三人以上的;

(三) 奸淫被拐卖的妇女的;

(四) 诱骗、强迫被拐卖的妇女卖淫或者将被拐卖的妇女卖给他人迫使其卖淫的;

(五) 以出卖为目的,使用暴力、胁迫或者麻醉方法绑架妇女、儿童的;

（六）以出卖为目的，偷盗婴幼儿的；

（七）造成被拐卖的妇女、儿童或者其亲属重伤、死亡或者其他严重后果的；

（八）将妇女、儿童卖往境外的。

拐卖妇女、儿童是指以出卖为目的，有拐骗、绑架、收买、贩卖、接送、中转妇女、儿童的行为之一的。

最高人民法院、最高人民检察院《关于执行〈全国人民代表大会常务委员会关于严惩拐卖、绑架妇女、儿童的犯罪分子的决定〉的若干问题的解答》[①]

第四条 "造成被拐卖的妇女、儿童或者其亲属重伤、死亡或者其他严重后果的"，是指由于犯罪分子拐卖妇女、儿童的行为，直接、间接造成被拐卖的妇女、儿童或者其亲属重伤、死亡或者其他严重后果的，例如：由于犯罪分子采取拘禁、捆绑、虐待等手段，致使被害人重伤、死亡或者造成其他严重后果的；由于犯罪分子的拐卖行为以及拐卖中的侮辱、殴打等行为引起的被害人或者其亲属自杀、精神失常或者其他严重后果的，等等。

……

最高人民法院、最高人民检察院、公安部、司法部《关于依法惩治拐卖妇女儿童犯罪的意见》

第二十五条 拐卖妇女、儿童，又对被拐卖的妇女、儿童实施故意杀害、伤害、猥亵、侮辱等行为，构成其他犯罪的，依照数罪并罚的规定处罚。

四、争议问题

本案涉及两个争议问题：第一，在共同犯罪中，部分行为人实施的行为引起的加重结果，其他行为人是否承担刑事责任？第二，在拐卖妇女过程中，强制猥亵妇女的，应该如何定罪处罚？

五、简要评论

该案中，被害人孔某某自杀身亡的结果，是由被告人郑建有的殴打和郑炜鑫、郑芳的猥亵、拘禁行为引起的，那么其他行为人是否要为这个死亡结果承担刑事责任？这个问题还可以这样表述，在共同实行犯中，行为人在共同行为决意的范围内，实现共同行为而发生加重结果，各个实行犯是否都要为这个加重结果承担刑事责任？从理论上讲，各实行犯是否要为这个加重结果承担刑事责任，关键在于各实行犯是否能够预见加重结果的发生。从常理来判断，在拐卖妇女过程中，通常违背妇女的意志，必然伴随着暴力、监禁或者威胁，往往会引起妇女的伤亡或者妇女的自杀等后果。在该案中，虽然被告人郑俊、郑海达、郑博龙、郑炜镐的行为与被害人的死亡结果之间没有因果关系，但是他们在分工实施拐卖妇女的过程中，对于被害人的自杀身亡是应该预见的。所以，4名被告人也要为这个加重结果承担刑事责任。从这个角度来看，4名被告人应该在10年以上有期徒刑、无期徒刑乃至死刑这个法定刑区间

[①] 该解答已被2013年1月18日起施行的最高人民法院、最高人民检察院《关于废止1980年1月1日至1997年6月30日期间制发的部分司法解释和司法解释性质文件的决定》废止。

判刑。但因为4名被告人是从犯,按照刑法规定应该从轻或者减轻处罚,一审法院对4名被告人作了减轻处罚。

被告人郑炜鑫、郑芳在拐卖妇女过程中,对妇女实施了强制猥亵行为,同时符合强制猥亵妇女罪的犯罪构成要件,根据罪刑法定原则,是否应对两名被告人予以数罪并罚?笔者认为,答案是肯定的,法院应对两名被告人以拐卖妇女罪、强制猥亵妇女罪两罪并罚。原因在于:第一,两名被告人既实施了拐卖妇女的行为,也实施了强制猥亵妇女的行为,而且两者之间不存在牵连犯、吸收犯、刑法特别规定等应该按照一罪处罚的理由。第二,根据上述司法解释,在拐卖妇女过程中,又对被拐卖妇女实施猥亵行为,构成强制猥亵妇女罪的,数罪并罚。本案中,法院没有对被告人强制猥亵妇女的行为进行评价,有违背罪刑法定原则之嫌,虽然最后的结果不存在罪刑不相适应的问题。

案例6-6 余玉齐、胡维强拐卖儿童案[①]

一、基本案情

2007年6月,被告人余玉齐(1975年出生)、胡维强(1976年出生)与杨思思(另案处理)预谋,以介绍工作为名,由杨思思将放学回家途中的王某某(女,时年13岁)拐骗至江苏省南通市竹行镇由余玉齐租住的房子。再由余玉齐、胡维强将王某某拐骗至宁夏回族自治区西吉县红耀乡关儿岔村胡维强家中,准备以20000元价格贩卖给当地村民为妻。2007年8月,余玉齐、胡维强先后将王某某(时年14岁)带至西吉县红耀乡关儿岔村谢锁国、西吉县碱滩村曹永胜家中贩卖,因王某某年龄小等原因,均未成交。同月14日,胡维强将王某某带至宁夏回族自治区西吉县新营乡硷滩村季虎家中贩卖。在交易过程中,胡维强被公安机关当场抓获,次日余玉齐被抓获归案。

二、诉讼过程及裁判理由

一审法院经审理认为,被告人余玉齐、胡维强以出卖为目的,拐骗、出卖儿童,其行为已构成拐卖儿童罪。本案属于共同犯罪,二被告人在共同犯罪中起主要作用,均系主犯,应依法惩处。判决被告人余玉齐犯拐卖儿童罪,判处有期徒刑7年,并处罚金人民币5000元;被告人胡维强犯拐卖儿童罪,判处有期徒刑7年,并处罚金人民币5000元。

宣判后,二被告人均未提出上诉,检察机关亦未抗诉。

三、关联法条

《中华人民共和国刑法》

第二百四十条 拐卖妇女、儿童的,处五年以上十年以下有期徒刑,并处罚金;有下列情形之一的,处十年以上有期徒刑或者无期徒刑,并处罚金或者没收财产;情节特别严重的,处

[①] 参见最高人民法院刑事审判第一庭编著:《最高人民法院拐卖妇女儿童犯罪典型案例评析及法律法规精选》,中国法制出版社2010年版,第20—26页。

死刑,并处没收财产:

(一)拐卖妇女、儿童集团的首要分子;

(二)拐卖妇女、儿童三人以上的;

(三)奸淫被拐卖的妇女的;

(四)诱骗、强迫被拐卖的妇女卖淫或者将被拐卖的妇女卖给他人迫使其卖淫的;

(五)以出卖为目的,使用暴力、胁迫或者麻醉方法绑架妇女、儿童的;

(六)以出卖为目的,偷盗婴幼儿的;

(七)造成被拐卖的妇女、儿童或者其亲属重伤、死亡或者其他严重后果的;

(八)将妇女、儿童卖往境外的。

拐卖妇女、儿童是指以出卖为目的,有拐骗、绑架、收买、贩卖、接送、中转妇女、儿童的行为之一的。

四、争议问题

本案争议问题有两个:第一,对同一犯罪对象先后实施拐骗、出卖行为应当构成一罪还是数罪?第二,在拐卖过程中,被拐卖女童成长为妇女的,罪名如何确定?

五、简要评论

对于第一个问题,刑法理论通说和司法实践基本上没有争议。对同一犯罪对象先后实施拐骗、出卖行为的,应当按照一罪处理,即拐卖儿童罪。问题是行为人实施了拐骗和出卖两个行为,而且单独来看两个行为都构成拐卖儿童罪,《刑法》为什么按照一罪来定罪,刑法理论很少提及,司法判决中更少说明。笔者认为,应当从吸收犯的角度来理解这个问题。刑法理论通说中,将吸收犯分为三种:重行为吸收轻行为、实行行为吸收预备行为、主行为吸收从行为。理论通说虽然把主行为吸收从行为仅仅理解为实行行为吸收预备行为或者教唆行为、教唆行为吸收帮助行为等,但是如果把主行为吸收从行为理解为,在整个犯罪过程中,起主要作用的行为吸收起次要作用的行为,那么这个案例中的问题就可以得到解决。本案中的出卖行为是拐卖儿童罪的主要行为,拐骗行为是次要行为,当犯罪对象同一时,出卖行为吸收拐骗行为,只定一个拐卖儿童罪。

对于第二个问题,有三种观点:第一种定拐卖儿童罪;第二种定拐卖妇女罪;第三种定拐卖妇女、儿童罪。

笔者认为,本案定拐卖儿童罪更妥,理由在于:一是这样定罪更符合罪刑相适应原则。虽然《刑法》规定拐卖儿童罪与拐卖妇女罪的法定刑是相同的,但是拐卖儿童比拐卖妇女在通常情况下社会危害性更大,应该判处更重处罚。只有定拐卖儿童罪,在罪名上才更能与罪刑相适应原则一致,其他两个罪名都不能达到这个目的。二是拐卖妇女、儿童罪这个罪名不合适。一般情况下,这个罪名专门用于行为人拐卖的对象既包括妇女又包括儿童的行为。

案例6-7 尹发等拐卖妇女案①

一、基本案情

2005—2006年间,被告人尹发(1954年出生)单独或者伙同他人共同实施拐卖妇女8次,拐卖妇女10人;被告人高正艳(1975年出生)参与拐卖妇女两次,参与拐卖妇女3人。其中,在2006年,被害人崔美华(女)联系被告人高正艳,要求高正艳为其找个人家。2006年4月17日,被告人尹发伙同高正艳,以为崔美华找到了富裕人家为由,将崔美华从辽宁省朝阳市喀左县十二德堡乡拐出,准备将其带到黑龙江卖掉。在乘坐从辽宁锦州开往黑龙江哈尔滨市的2195次列车上,因旅客举报,被列车乘警抓获。被告人尹发、高正艳到案后,公安机关根据尹发的供述,将其他被告人抓获,尹发构成立功。

二、诉讼过程及裁判理由

一审法院经审理认为,被告人尹发、高正艳等以牟利为目的,拐卖妇女,其行为均已构成拐卖妇女罪。被告人尹发在共同犯罪中起主要作用,系主犯;被告人高正艳在共同犯罪中起次要和辅助作用,系从犯,可以比照主犯从轻或者减轻处罚。被告人尹发被抓获后,能主动协助公安机关抓获同案犯罪嫌疑人,有立功表现,认罪态度较好,应对其从轻处罚。被告人高正艳辩称自己不是拐卖妇女,被害人是自愿的。经查其辩解理由不能成立,不予采纳。判决被告人尹发犯拐卖妇女罪,判处有期徒刑15年,剥夺政治权利4年,并处没收个人全部财产;被告人高正艳犯拐卖妇女罪,判处有期徒刑8年,并处罚金人民币1万元。

三、关联法条

《中华人民共和国刑法》

第二百四十条 拐卖妇女、儿童的,处五年以上十年以下有期徒刑,并处罚金;有下列情形之一的,处十年以上有期徒刑或者无期徒刑,并处罚金或者没收财产;情节特别严重的,处死刑,并处没收财产:

(一)拐卖妇女、儿童集团的首要分子;

(二)拐卖妇女、儿童三人以上的;

(三)奸淫被拐卖的妇女的;

(四)诱骗、强迫被拐卖的妇女卖淫或者将被拐卖的妇女卖给他人迫使其卖淫的;

(五)以出卖为目的,使用暴力、胁迫或者麻醉方法绑架妇女、儿童的;

(六)以出卖为目的,偷盗婴幼儿的;

(七)造成被拐卖的妇女、儿童或者其亲属重伤、死亡或者其他严重后果的;

(八)将妇女、儿童卖往境外的。

---

① 参见最高人民法院刑事审判第一庭编著:《最高人民法院拐卖妇女儿童犯罪典型案例评析及法律法规精选》,中国法制出版社2010年版,第27—33页。

拐卖妇女、儿童是指以出卖为目的，有拐骗、绑架、收买、贩卖、接送、中转妇女、儿童的行为之一的。

最高人民法院、最高人民检察院《关于执行〈全国人民代表大会常务委员会关于严惩拐卖、绑架妇女、儿童的犯罪分子的决定〉的若干问题的解答》①

第二条第（二）项　确属通过介绍婚姻……索取了财物的，不构成本罪。（指拐卖妇女罪——编者注）

《全国法院维护农村稳定刑事审判工作座谈会纪要》

……对于那些确属介绍婚姻，且被介绍的男女双方相互了解对方的基本情况……尽管介绍的人数较多，从中收取财物较多，也不应作犯罪处理。

四、争议问题

本案存在两个争议问题：第一，被害人自愿被出卖是否影响拐卖妇女行为的性质，换言之，被害人自愿被出卖是否能够阻却拐卖妇女行为的违法性？第二，拐卖妇女的行为与介绍婚姻索取财物的正当行为的区别是什么？

五、简要评论

问题一涉及被害人承诺的成立条件。一般认为，被害人承诺要阻却行为的违法性，至少应符合以下条件：被害人舍弃的法益必须是法律所允许的；被害人对于法律所保护的法益必须具有处分权；被害人必须具有承诺能力；承诺必须出于被害人本人的自由意思；承诺必须于行为前明示或者从具体行为可得知；行为人对被害人的承诺必须有所认识。其中，对于被害人舍弃的法益必须是法律所允许的这个条件，一般认为，国家法益、社会法益和一身专属的个人法益，都不得舍弃。在拐卖妇女罪中，人身自由和人格尊严属于专属的个人法益，同时也涉及社会公共利益，不得放弃。即使被害人自愿被出卖，也不能阻却拐卖妇女行为的违法性，行为人仍然构成拐卖妇女罪。但是，在量刑过程中，被害人自愿可以作为酌定从宽量刑情节。

问题二涉及如何区分拐卖妇女罪与介绍婚姻索取财物的行为。司法解释没有明确指出两者的区别，本案的判决也没有说明二者区别的标准。实际上，二者区别的关键在于是否以出卖妇女为目的。拐卖妇女罪的成立，需要行为人以出卖妇女为目的；介绍婚姻索取财物的行为并不以出卖为目的。行为人是否以出卖为目的要综合考虑以下事实：受害人是否自愿、男女双方是否经过相互了解、受害人的家人是否同意、索取财物多少、受害人是否受到尊重等，通过判断行为人对这些事实的了解情况，综合认定行为人是否以出卖为目的。本案中，仅就被害人崔美华的事实来看，受害人是自愿的，案件事实没有提到受害人家人是否同意，没有提到索取财物多少，没有提到受害人是否受到尊重等。综合这些事实来看，仅就被告人拐卖崔美华这个行为来看，要确定行为人具有出卖的目的，需要更为充分的说明。

---

① 该解答已被2013年1月18日起施行的最高人民法院、最高人民检察院《关于废止1980年1月1日至1997年6月30日期间制发的部分司法解释和司法解释性质文件的决定》废止。

案例6-8　杜修坤、耿培培拐卖儿童案①

一、基本案情

被告人杜修坤(男,1968年生)、耿培培(女,1984年生)二人未办理婚姻登记即以夫妻名义共同生活。2006年3月,耿培培在邳州市徐楼卫生院分娩一女孩,女孩出生后脸青紫、不哭,杜修坤、耿培培认为小孩有病,今后无钱医治,遂通过卫生院曹某介绍,将女孩给徐某喂养。徐某给杜修坤、耿培培6 600元人民币。此后,二被告人认为生孩子送人"抚养"可以赚钱,经过商议,决定生孩子出卖以偿还债务、维持家庭生活和做生意。2007年6月至2009年5月间,杜修坤、耿培培先后通过他人介绍将二人所生育的3个孩子卖给曹某、张某和孙某"抚养",共获赃款68 000元。

二、诉讼过程及裁判理由

一审法院经审理认为,被告人杜修坤、耿培培以牟利为目的,出卖刚出生的亲生子女,其行为均构成拐卖儿童罪。本案系共同犯罪,在共同犯罪过程中,杜修坤起主要作用,系主犯;被告人耿培培起次要作用,系从犯,依法应当从轻或者减轻处罚。杜修坤、耿培培归案后认罪态度较好,可酌情从轻处罚。为了体现宽严相济的刑事政策,结合本案的具体情况,对被告人耿培培予以减轻处罚。经考察,被告人耿培培符合社会监督改造条件,对其宣告缓刑确实不致再危害社会,可以宣告缓刑。故判决被告人杜修坤犯拐卖儿童罪,判处有期徒刑10年,并处罚金人民币5 000元;被告人耿培培犯拐卖儿童罪,判处有期徒刑3年,缓刑5年,并处罚金人民币2 000元。

宣判后,被告人杜修坤、耿培培未上诉,检察机关亦未抗诉。

三、关联法条

《中华人民共和国刑法》

第二百四十条　拐卖妇女、儿童的,处五年以上十年以下有期徒刑,并处罚金;有下列情形之一的,处十年以上有期徒刑或者无期徒刑,并处罚金或者没收财产;情节特别严重的,处死刑,并处没收财产:

(一)拐卖妇女、儿童集团的首要分子;

(二)拐卖妇女、儿童三人以上的;

(三)奸淫被拐卖的妇女的;

(四)诱骗、强迫被拐卖的妇女卖淫或者将被拐卖的妇女卖给他人迫使其卖淫的;

(五)以出卖为目的,使用暴力、胁迫或者麻醉方法绑架妇女、儿童的;

(六)以出卖为目的,偷盗婴幼儿的;

---

① 参见最高人民法院刑事审判第一庭编著:《最高人民法院拐卖妇女儿童犯罪典型案例评析及法律法规精选》,中国法制出版社2010年版,第34—43页。

（七）造成被拐卖的妇女、儿童或者其亲属重伤、死亡或者其他严重后果的；

（八）将妇女、儿童卖往境外的。

拐卖妇女、儿童是指以出卖为目的，有拐骗、绑架、收买、贩卖、接送、中转妇女、儿童的行为之一的。

最高人民法院、最高人民检察院、公安部、司法部《关于依法惩治拐卖妇女儿童犯罪的意见》

第十六条 以非法获利为目的，出卖亲生子女的，应当以拐卖妇女、儿童罪论处。

第十七条第三款 不是出于非法获利目的，而是迫于生活困难，或者受重男轻女思想影响，私自将没有独立生活能力的子女送给他人抚养，包括收取少量"营养费"、"感谢费"的，属于民间送养行为，不能以拐卖妇女、儿童罪论处……

四、争议问题

本案的争议问题是，如何区分合法的民间送养行为与构成犯罪的出卖亲生子女的行为？

五、简要评论

如何区分构成犯罪的出卖亲生子女的行为与合法的民间送养行为，关键在于行为人是否具有非法获利的目的。根据《关于依法惩治拐卖妇女儿童犯罪的意见》第17条第2款的规定，符合以下四种情况之一的，可以认定行为人具有非法获利的目的：第一，将生育作为非法获利手段，生育后即出卖子女的；第二，明知对方不具有抚养目的，或者根本不考虑对方是否具有抚养目的，为收取钱财将子女"送"给他人的；第三，为收取明显不属于"营养费""感谢费"的巨额钱财将子女"送"给他人的；第四，其他足以反映行为人具有非法获利目的的"送养"行为。

第一种情形，即以生育作为非法获利手段，生育后即出卖子女的事实可以直接证明行为人主观上具有非法获利的目的。第二种情形，即明知对方不具有抚养目的，或者根本不考虑对方是否具有抚养目的，为收取钱财将子女"送"给他人。送养人送养自己的亲生子女，主要原因是自己没有抚养能力或者没有抚养意愿。所以合法的送养行为，送养人所考虑的最重要因素是收养人的抚养意愿和抚养能力。如果送养人不在乎或者根本没有考虑收养人的抚养目的和抚养能力，这种送养行为更能说明送养人的非法获利目的。第三种情形，即为收取明显不属于"营养费""感谢费"的巨额钱财将子女"送"给他人。如果送养人收取的费用明显超出抚育成本或者"感谢费"的范围，那么更能说明送养人的非法获利目的。但是，这需要综合考虑，不能仅仅根据收取费用数额的多少来判定是否具有非法获利目的。如果收养人经济状况较好，主动自愿支付数额较大的费用，就不能说明送养人具有非法获利的目的。综上，除了第一、二种情况可以直接说明行为人具有非法获利目的以外，第三种情况并不能单独证明行为人具有非法获利的目的。

合法的民间送养行为不具有非法获利的目的，而是基于值得同情的送养动机，包括送养人不具有抚养意愿或者抚养能力。比如家庭经济状况异常困难，不具有抚养能力的；未婚先育,短期内无法结婚又不具备抚养能力的;因为犯罪怀孕而又没有养育子女的意愿的;等等。在值得同情的送养动机支配下,送养人在寻找收养人时最关心的是收养人的抚养意愿和抚养能力,而不是"感谢费"的多少。

本案中,被告人的行为符合第一种情况,即将生育作为非法获利的手段,生育后即出卖子女。被告人杜修坤、耿培培第一次将亲生女婴送给他人抚养,原因是他们认为小孩有病,无钱医治。虽然收取6 600元钱,但不足以说明被告人有非法获利的目的。但是接下来被告人为了偿还债务、维持家庭生活和做生意,先后将亲生子女3人"送"给他人"抚养",获得68 000元。连续在3年时间内将3个孩子送给他人,收取超出合理范围的费用,从这些事实可以看出,行为人将生育作为非法获利的手段,行为人具有非法获利的目的。这种行为不再是合法的民间送养行为,而是构成拐卖儿童罪。

案例6-9 闫永保抢劫、拐卖儿童案①

一、基本案情

被告人闫永保1981年因犯盗窃罪、强奸幼女罪被判处有期徒刑3年,1987年因犯盗窃罪被判处有期徒刑8年,1993年1月11日刑满释放。1999年因涉嫌强奸、盗窃被劳动教养3年。2003年4月25日,被告人闫永保因涉嫌犯抢劫罪、拐卖儿童罪被逮捕。

2002年8月1日凌晨2时许,被告人闫永保进入河南省浚县卫贤乡北纸坊村被害人郭天恩家卧室行窃时,误认为被发现,即持菜刀先后将郭天恩、于顺霞夫妇砍伤。随后,闫永保见郭某某(郭天恩、于顺霞夫妇的女儿,时年6个月)在床上熟睡,起意将其抱走贩卖。即携郭某某逃离郭家,于顺霞追赶未果。当日上午,闫永保将郭某某以350元的价格卖给浚县新镇司庄村的崔广红。16时许,崔广红听说北纸坊村一个女婴被抢,即将郭某某送至公安机关。经鉴定,郭天恩颅脑损伤构成重伤,于顺霞面部损伤构成轻伤。

二、诉讼过程及裁判理由

一审法院经审理认为,被告人闫永保在盗窃他人财物时,为避免被发现、抓捕当场使用暴力手段,致使两名被害人分别构成重伤和轻伤的严重后果,其行为已构成抢劫罪;闫永保还以出卖为目的,强行抱走被害人郭某某后出卖,其行为又构成拐卖儿童罪,依法应当数罪并罚。闫永保的辩护人所提出的关于闫永保归案后认罪态度好,应酌情从宽处罚的辩解成立,应予采纳。判决被告人闫永保犯抢劫罪,判处无期徒刑,剥夺政治权利终身,并处罚金人民币3 000元;犯拐卖儿童罪,判处有期徒刑13年,剥夺政治权利3年,并处罚金人民币1 000元。数罪并罚,决定执行无期徒刑,剥夺政治权利终身,并处罚金人民币4 000元。

宣判后,被告人闫永保未提出上诉,检察机关亦未抗诉。

---

① 参见最高人民法院刑事审判第一庭编著:《最高人民法院拐卖妇女儿童犯罪典型案例评析及法律法规精选》,中国法制出版社2010年版,第91—99页。

三、关联法条

《中华人民共和国刑法》

第二百四十条 拐卖妇女、儿童的,处五年以上十年以下有期徒刑,并处罚金;有下列情形之一的,处十年以上有期徒刑或者无期徒刑,并处罚金或者没收财产;情节特别严重的,处死刑,并处没收财产:

(一)拐卖妇女、儿童集团的首要分子;

(二)拐卖妇女、儿童三人以上的;

(三)奸淫被拐卖的妇女的;

(四)诱骗、强迫被拐卖的妇女卖淫或者将被拐卖的妇女卖给他人迫使其卖淫的;

(五)以出卖为目的,使用暴力、胁迫或者麻醉方法绑架妇女、儿童的;

(六)以出卖为目的,偷盗婴幼儿的;

(七)造成被拐卖的妇女、儿童或者其亲属重伤、死亡或者其他严重后果的;

(八)将妇女、儿童卖往境外的。

拐卖妇女、儿童是指以出卖为目的,有拐骗、绑架、收买、贩卖、接送、中转妇女、儿童的行为之一的。

四、争议问题

本案的争议问题是,被告人闫永保的暴力行为,既在抢劫罪中进行评价,又在拐卖儿童罪中评价,是否属于对同一行为重复评价?闫永保的暴力行为是转化型抢劫罪的评价对象,同时也属于《刑法》第240条第1款第(五)项,即"以出卖为目的,使用暴力、胁迫或者麻醉方法绑架妇女、儿童的"评价对象。暴力行为是转化型抢劫的构成条件,同时也是拐卖儿童罪法定刑升格的条件,这是否违反了同一行为不得重复评价的原则?

五、简要评论

按照传统刑法理论,危害行为是指在人的意志或者意识支配下实施的危害社会的身体动静。这个概念存在很多缺陷,与本案相关的缺陷是,仅仅把行为局限于人的身体动静,无法界定行为的范围。在该案中,按照传统刑法理论,行为的范围仅限于行为人的身体动静,那么被告人利用暴力行为抗拒抓捕,被转化型抢劫罪评价;被告人利用该暴力行为对受害人产生的不能抵抗的状态,实施绑架儿童的行为,被拐卖儿童罪评价。被害人一个暴力行为,被评价两次,有违同一行为不得重复评价的原则。本案中,对被告人应该按照数罪并罚进行处理,但是按照传统行为理论无法解释这个问题。传统行为理论值得反思。不应该像传统刑法理论那样,把危害行为仅仅视为人的身体动静,而应该视为特定主体控制或者应该控制特定条件作用于特定对象的过程。危害行为不是人的身体动静,而是一个特定主体控制客观条件作用于特定对象的过程。这种客观条件包括:行为人自身的身体条件、行为人外部的自然条件和他人的行为等。在本案中,被告人利用暴力这种自身条件行窃抗拒抓捕是一个行为,构成转化型抢劫罪;利用暴力行为对受害人造成的不能反抗状态抱走婴儿贩卖是另一个行为,构成贩卖儿童罪法定刑升格的条件。同一个暴力行为,与行窃抗拒抓捕结合,用来侵犯抢劫罪所保护的人身权利和财产权利时,就属于抢劫罪的行为;与暴力条件造成的受害人不能反抗状态并抱走儿童相结合,用来侵犯人身自由和人格尊严时,就属于拐卖儿童罪的行为。这里的暴力条件是抢劫罪的成立条件,也是拐卖儿童罪法定刑升格的条件。简而言之,虽然从事实上来讲,这个暴力行为是一个条件,但是从行为过程和刑法评价来看,暴力与其他客观条件相结合属于两个行为,这是两个刑法意义上的行为。两个行为,两个刑法评价,不属于重复评价。

案例6-10　陈俊宏拐卖妇女案①

一、基本案情

被告人陈俊宏(1980年生)伙同陈玉飞(另案处理)预谋拐卖妇女到浙江省桐乡市从事卖淫活动。2007年5月16日晚,陈俊宏纠集崔征飞、吕凤明(已判刑)等人,以交友为名,将被害人李某某(女,时年16岁)骗至苏州市吴江市经济开发区南海旅社208房间,采用轮奸、殴打、威胁等手段迫使李某某同意卖淫后,将李某某带至桐乡市贩卖给张广忠(另案处理)从事卖淫活动。2007年5月27日晚,被告人陈俊宏伙同崔征飞等人,以交友为名,将被害人郭某某(女,时年20岁)从酒吧骗出带上车。在车内,陈俊宏、崔征飞采用殴打、持刀威胁等手段迫使郭某某同意卖淫,并将郭某某带至浙江省桐乡市祥隆宾馆内,对郭某某实施轮奸后,将郭某某贩卖给张广忠从事卖淫活动。2007年6月1日晚,被告人陈俊宏伙同他人,以交友为名,将被害人于某某(女,时年23岁)骗至苏州市吴江市经济开发区南海旅社208房间,采用殴打、威胁等手段迫使于某某同意卖淫。并指使他人对于某某实施强奸后,将于某某带至浙江省桐乡市贩卖给张广忠从事卖淫活动。

二、诉讼过程及裁判理由

一审法院经审理认为,被告人陈俊宏以出卖为目的,拐骗、贩卖妇女,其行为已构成拐卖妇女罪。本案属共同犯罪,陈俊宏在共同犯罪中起主要作用,系主犯。其参与拐卖妇女3人,奸淫被拐卖的妇女,又迫使被拐卖妇女卖淫,罪行极其严重,但鉴于其归案后认罪态度较好,有悔罪表现,对其判处死刑,可不立即执行。故判决被告人陈俊宏犯拐卖妇女罪,判处死刑,缓期两年执行,剥夺政治权利终身,并处没收个人财产人民币5万元。

一审宣判后,被告人陈俊宏未提出上诉,检察机关亦未抗诉。

省高级人民法院核准一审法院的刑事判决。

---

① 参见最高人民法院刑事审判第一庭编著:《最高人民法院拐卖妇女儿童犯罪典型案例评析及法律法规精选》,中国法制出版社2010年版,第164—171页。

三、关联法条

《中华人民共和国刑法》

第二百四十条 拐卖妇女、儿童的,处五年以上十年以下有期徒刑,并处罚金;有下列情形之一的,处十年以上有期徒刑或者无期徒刑,并处罚金或者没收财产;情节特别严重的,处死刑,并处没收财产:

(一)拐卖妇女、儿童集团的首要分子;

(二)拐卖妇女、儿童三人以上的;

(三)奸淫被拐卖的妇女的;

(四)诱骗、强迫被拐卖的妇女卖淫或者将被拐卖的妇女卖给他人迫使其卖淫的;

(五)以出卖为目的,使用暴力、胁迫或者麻醉方法绑架妇女、儿童的;

(六)以出卖为目的,偷盗婴幼儿的;

(七)造成被拐卖的妇女、儿童或者其亲属重伤、死亡或者其他严重后果的;

(八)将妇女、儿童卖往境外的。

拐卖妇女、儿童是指以出卖为目的,有拐骗、绑架、收买、贩卖、接送、中转妇女、儿童的行为之一的。

四、争议问题

从司法的角度来看,本案并没有什么疑难问题,根据《刑法》第240条的规定,在拐卖妇女过程中奸淫被拐卖的妇女和强迫被拐卖的妇女卖淫,属于拐卖妇女罪法定刑升格的情节。但是,从立法的角度看,需要考虑的问题是,在拐卖妇女过程中,被告人奸淫被拐卖的妇女,并且强迫被拐卖的妇女卖淫,被告人应当按照一罪处理,还是应当按照拐卖妇女罪、强奸罪和强迫卖淫罪数罪并罚?

五、简要评论

根据《刑法》第240条的规定,把奸淫被拐卖的妇女、强迫被拐卖的妇女卖淫作为拐卖妇女罪的加重情节。刑法规定按照一罪定罪处罚的逻辑在于有利于打击犯罪。根据《刑法》的规定,按照拐卖妇女罪的加重情节论处,法定最高刑可以判处死刑。所以,即使按照一罪处理,也不会放纵犯罪。

从罪数理论的角度来看,被告人在拐卖妇女过程中,强奸被拐卖的妇女、强迫被拐卖妇女卖淫的,应该数罪并罚。原因在于:

(1)这三个行为符合三个犯罪的构成要件,并且不属于我国罪数理论应该按照一罪处理的情形。首先,这三个行为不属于想象竞合犯、吸收犯,因为这不符合想象竞合犯、吸收犯的成立条件。其次,这三个行为也不属于牵连犯。从事实上来看,被告人实施拐卖妇女、强奸妇女与强迫妇女卖淫之间存在手段行为与目的行为的关系。但是,这三个行为不是牵连犯,原因在于这三个行为之间不存在"类型性"的或者"通常"的联系。因此,从罪数理论的角度而言,对本案被告人应该按照拐卖妇女罪、强奸罪和强迫卖淫罪数罪并罚。

（2）对于本案被告人如果按照一罪处理,涉嫌违背罪数理论的基本原则,即穷尽判断原则。本案中,被告人实施的拐骗、出卖妇女的行为,侵犯的是妇女的人格尊严和人身自由;被告人实施的强奸行为,侵犯的是妇女的性自由权;被告人实施的强迫妇女卖淫的行为,侵犯的是社会管理秩序。对这三种行为如果只按照拐卖妇女罪定罪量刑,就没有对侵犯性自由权和社会管理秩序的行为进行评价。

刑法规定应该接受刑法理论的检验。虽然对于司法者而言,本案按照一罪处理即可。但是我们仍要不断反思刑法规定本身的合理性,立法无错的假设已经经不起理性反思和历史检验。

第七章　盗窃罪

案例7-1　孔庆涛盗窃案[①]

一、基本案情

1994年9月,被告人孔庆涛代表其所在的海南立达教育股份有限公司在华夏证券有限公司海口营业部大户室炒股票。期间,海口市建设银行信托投资公司亦在该大户室内进行股票交易操作,孔庆涛便在旁观看,并暗暗记下该信托投资公司操作的股票账户号码和密码。之后,孔庆涛用此账户号码和密码通过电话向华夏证券公司查询,得知海口市建设银行信托投资公司在华夏证券公司的股票账户上有剩余资金人民币300余万元。

1994年11月6日,被告人孔庆涛分别对其朋友周劲、宋健讲:"我提供信息给你们炒股,赚钱对半分。"周劲、宋健二人表示同意。同月8日,孔庆涛示意周劲、宋健买入股票"渝钛白"后高价卖出。当天下午,周劲即在自己的股东账户内以每股人民币3.53元的即时价格买进"渝钛白"4 500股;宋健也用陈国海的股东账户以每股人民币3.50元的即时价格买进"渝钛白"10 000股。次日上午8时许,孔庆涛指使周劲、宋健将所买的"渝钛白"股票以人民币5至6元的委托价格卖出。之后,周劲打电话给南方证券公司委托将自己账户中的"渝钛白"股票卖出,其中一笔2 500股以每股人民币5.43元的委托价格卖出,另一笔2 000股以每股人民币6.50元的委托价格卖出。宋健也委托富南证券公司将陈国海账户内的"渝钛白"股票卖出,其中一笔5 000股以每股人民币5元的委托价格卖出,另一笔5 000股以每股人民币5.40元的委托价格卖出。10时许,孔庆涛在海口市大同一横路七号用公用电话拨打华夏证券公司的股票交易委托电话,用窃取的海口市建设银行信托投资公司的股票账户和密码,委托指令以每股6.80元的价格买入"渝钛白"股票20万股,当日,实际成交金额人民币1 172 617元。孔庆涛的上述行为使海口市建设银行信托投资公司损失人民币45万元。

由于被告人孔庆涛委托高价买进,使周劲、宋健所委托卖出14 500股的"渝钛白"股票得以高价成交,共赚得差价人民币29 717.71元。事后,孔庆涛从周劲处分得赃款4 000元,从宋健处分得赃款8 400元。

二、诉讼过程及裁判理由

一审法院认为,被告人孔庆涛以非法占有为目的,秘密窃取受害单位的股票账户号码和交易密码,在受害单位毫不知情的情况下,盗用该单位名义和账上资金,高价买入包括其朋友手中股票在内的股票,从中牟利,且非法占有的财物数额巨大,其行为已构成盗窃罪。被

[①] 参见陈兴良、张军、胡云腾主编:《人民法院刑事指导案例裁判要旨通纂》(下卷),北京大学出版社2013年版,第737页。

告人孔庆涛的行为已给受害单位造成45万元的巨额损失,故应酌情从重处罚。判决被告人孔庆涛犯盗窃罪,判处有期徒刑7年,罚金人民币8 500元。

一审宣判后,被告人孔庆涛不服提出上诉。

二审法院经审理,裁定驳回上诉,维持原判。

三、关联法条

《中华人民共和国刑法》(1979年)

第一百五十一条 盗窃、诈骗、抢夺公私财物数额较大的,处五年以下有期徒刑、拘役或者管制。

《中华人民共和国刑法》(1997年)

第二百六十四条 盗窃公私财物,数额较大或者多次盗窃的,处三年以下有期徒刑、拘役或者管制,并处或者单处罚金;数额巨大或者有其他严重情节的,处三年以上十年以下有期徒刑,并处罚金;数额特别巨大或者有其他特别严重情节的,处十年以上有期徒刑或者无期徒刑,并处罚金或者没收财产;有下列情形之一的,处无期徒刑或者死刑,并处没收财产:

(一) 盗窃金融机构,数额特别巨大的;

(二) 盗窃珍贵文物,情节严重的。

《中华人民共和国刑法修正案(八)》

三十九、将刑法第二百六十四条修改为:"盗窃公私财物,数额较大的,或者多次盗窃、入户盗窃、携带凶器盗窃、扒窃的,处三年以下有期徒刑、拘役或者管制,并处或者单处罚金;数额巨大或者有其他严重情节的,处三年以上十年以下有期徒刑,并处罚金;数额特别巨大或者有其他特别严重情节的,处十年以上有期徒刑或者无期徒刑,并处罚金或者没收财产。"

四、争议问题

盗用股票账号后通过买卖股票的方式获利是否构成盗窃罪?

五、简要评论

行为人的获取钱款的关键是窃取被害单位的股票账户号码和密码之后,擅自动用被害单位股票账户上的资金高价购进股票;亦即,在受害单位不知情的情况下,擅自对账户资金进行处分,以表面上的买卖方式,实质是变相将资金(股票购入价与市场价的差价)转移至其本人及共犯的账户,该行为在本质上属于秘密地非法转移占有,故为盗窃。盗窃的数额为行为人实际获取的股票交易差价。同时,高价购进股票也给受害单位造成了其他损失,应当认定为故意毁坏财物的行为。由此,本案是毁坏型的盗窃,系盗窃罪与故意毁坏财物罪的想象竞合,应当择一重罪处断。相关司法解释,如行为时有效的最高人民法院《关于审理盗窃案件具体应用法律若干问题的解释》(法释〔1998〕4号,现已废止)第12条第(五)项规定,实施盗窃犯罪,造成公私财物损毁的,以盗窃罪从重处罚;又构成其他犯罪的,择一重罪从重处罚。现行有效的最高人民法院、最高人民检察院《关于办理盗窃刑事案件适用法律若干问题的解释》(法释〔2013〕8号)第11条第(一)项规定,采用破坏性手段盗窃公私财物,造成其他财物损毁的,以盗窃罪从重处罚;同时构成盗窃罪和其他犯罪的,择一重罪从重处罚。

案例 7-2 孟动、何立康盗窃案①

一、基本案情

被告人孟动于 2005 年 6 月至 7 月间在广州市利用黑客程序并通过互联网,窃得茂立公司所有的腾讯、网易在线充值系统的登录账号和密码。同年 7 月 22 日下午,孟动通过 QQ 聊天的方式与被告人何立康取得了联系,并向何立康提供了上述所窃账号和密码,预谋入侵茂立公司的在线充值系统,窃取 Q 币和游戏点卡后在网上低价抛售。2005 年 7 月 22 日 18 时许,被告人孟动通知何立康为自己的 QQ 号试充 1 只 Q 币并在确认充入成功后,即在找到买家并谈妥价格后,通知被告人何立康为买家的 QQ 号充入 Q 币,并要求买家将款划入其中国工商银行牡丹灵通卡内。期间,被告人何立康除按照孟动的指令为买家充入 Q 币外,还先后为自己及其朋友的 QQ 号充入数量不等的 Q 币。自 2005 年 7 月 22 日 18 时 32 分至 2005 年 7 月 23 日 10 时 52 分,何立康陆续从茂立公司账户内窃取 Q 币 32 298 只,价值人民币 24 869.46 元;自 2005 年 7 月 23 日 0 时 25 分至 4 时 07 分,何立康还陆续从茂立公司账户内窃取游戏点卡 50 点 134 张、100 点 60 张,价值人民币 1 041.4 元。两被告人共计盗窃价值人民币 25 910.86 元。案发后,茂立公司通过腾讯科技(深圳)有限公司追回 Q 币 15 019 个,实际损失 17 279 个,价值人民币 13 304.83 元,连同被盗游戏点卡合计损失价值人民币 14 384.33 元。本案被告人销赃价格高低不等,每只 Q 币最高 0.6 元,最低 0.2 元,而被害单位与运营商腾讯公司和网易公司的合同价是每只 Q 币 0.8 元。被告人孟动、何立康到案后,在家属的帮助下,分别向公安机关退缴人民币 8 000 元和 2.6 万元,其中 14 384.33 元已由侦查机关发还茂立公司。

二、诉讼过程及裁判理由

一审法院经审理认为,被害单位茂立公司作为腾讯、网易公司的代销商,其销售的 Q 币和游戏点卡是通过支付真实货币并按双方合同约定的折扣购买的,一旦失窃便意味着所有人将丧失对这些财产的占有、使用、处分和收益等全部财产权利。被告人孟动、何立康以非法占有为目的,通过互联网共同窃取被害单位的 Q 币和游戏点卡,侵犯了被害单位的占有、使用、处分和收益的权利,数额巨大,已构成盗窃罪。何立康能主动投案,如实交代全部犯罪事实,系自首,依法可减轻处罚;到案后有立功表现,依法可予从轻处罚。孟动到案后能如实坦白自己的犯罪事实,可酌情从轻处罚;两名被告人在家属帮助下能退赔被害单位的全部损失,可予酌情从轻处罚。两名被告人系初犯、偶犯,到案后确有认罪悔罪表现,依法可适用缓

---

① 参见陈兴良、张军、胡云腾主编:《人民法院刑事指导案例裁判要旨通纂》(下卷),北京大学出版社 2013 年版,第 748 页。

刑。判决被告人孟动犯盗窃罪,判处有期徒刑3年,缓刑3年,并处罚金人民币3 000元;被告人何立康犯盗窃罪,判处有期徒刑1年零6个月,缓刑1年零6个月,并处罚金人民币2 000元。

三、关联法条
《中华人民共和国刑法》

第二百六十四条 盗窃公私财物,数额较大或者多次盗窃的,处三年以下有期徒刑、拘役或者管制,并处或者单处罚金;数额巨大或者有其他严重情节的,处三年以上十年以下有期徒刑,并处罚金;数额特别巨大或者有其他特别严重情节的,处十年以上有期徒刑或者无期徒刑,并处罚金或者没收财产;有下列情形之一的,处无期徒刑或者死刑,并处没收财产:

(一)盗窃金融机构,数额特别巨大的;

(二)盗窃珍贵文物,情节严重的。

《中华人民共和国刑法修正案(八)》

三十九、将刑法第二百六十四条修改为:"盗窃公私财物,数额较大的,或者多次盗窃、入户盗窃、携带凶器盗窃、扒窃的,处三年以下有期徒刑、拘役或者管制,并处或者单处罚金;数额巨大或者有其他严重情节的,处三年以上十年以下有期徒刑,并处罚金;数额特别巨大或者有其他特别严重情节的,处十年以上有期徒刑或者无期徒刑,并处罚金或者没收财产。"

四、争议问题
盗窃"虚拟财物"是否构成盗窃罪,如何计算盗窃数额?

五、简要评论
盗窃罪的对象是财物。本案中的行为对象是Q币和游戏点卡,即所谓"虚拟财物"。具有财产属性(具有价值)的"虚拟财物",能够即时兑现,可被控制使用,可以成为盗窃的对象。当然,并非一切"虚拟财产"都能成为盗窃罪等财产犯罪的对象,只有能被认定为财物的,才能成为对象。本案盗窃数额的计算,即Q币和游戏点卡本身的价值,以通常的市场交易价格认定即可。也就是说,有以下四种计价依据:一是运营商腾讯公司和网易公司在线销售价格;二是玩家之间的离线交易价格;三是被害单位与运营商腾讯公司和网易公司的合同价;四是被告人销赃价格。在以市场价格为计价基准时,以第三种依据为计价基础为妥。

案例7-3 张泽容、屈自强盗窃案[①]

一、基本案情
2003年年底的一天,被告人张泽容利用其在舅舅刘德彬家当保姆的机会,偷配了刘家大

[①] 参见陈兴良、张军、胡云腾主编:《人民法院刑事指导案例裁判要旨通纂》(下卷),北京大学出版社2013年版,第746页。

门和铁门的钥匙。2004年2月的一天,张泽容乘刘家无人之机,使用其私配的钥匙进入刘家,将刘德彬放在卧室柜子里的1张15万元的定期存折及客厅桌子上刘德彬的身份证复印件盗走。事后,张泽容将此情况告知了被告人屈自强,并让屈自强帮忙取钱,屈自强表示同意,并约定取出钱后二人均分。因为领取大额定期存单需要存款人和取款人的身份证,张泽容便找人伪造了两张身份证,1张为刘德彬的,1张为印有屈自强照片的名为漆荣的身份证。同年3月6日,被告人屈自强携带存折和两张假身份证来到中国银行大渡口区茄子溪储蓄所,将存折上的15.2万元本金及利息共计154 704元转为活期存折。随后,屈自强又分别在中国银行马王乡储蓄所、袁家岗储蓄所、两路口储蓄所、杨家坪储蓄所、杨家坪自动取款机上将154 704元取走。事后,张泽容从屈自强处拿走7万元,将其中17 000元存入银行,其余部分用于偿还赌债等。屈自强则将剩余部分存入银行。2004年7月25日,屈自强得知公安人员在找他,便主动打电话给公安人员,并在单位等候。公安人员到达后,屈自强交代了犯罪事实,并协助公安人员抓获了张泽容。案发后,屈自强退还被害人8万元人民币,张泽容退还被害人17 000元人民币。

二、诉讼过程及裁判理由

一审法院经审理认为,被告人张泽容与屈自强以非法占有为目的,采取秘密手段窃取他人财物,其行为均已构成盗窃罪。被告人屈自强有自首和立功表现,依法予以减轻处罚。被告人屈自强已将所得赃款全部退还给被害人,且认罪态度好,酌情予以从轻处罚,并可适用缓刑。判决张泽容犯盗窃罪,判处有期徒刑10年,并处罚金2万元;屈自强犯盗窃罪,判处有期徒刑3年,缓刑5年,并处罚金2万元;违法所得继续予以追缴。

三、关联法条

《中华人民共和国刑法》

第二百六十四条 盗窃公私财物,数额较大或者多次盗窃的,处三年以下有期徒刑、拘役或者管制,并处或者单处罚金;数额巨大或者有其他严重情节的,处三年以上十年以下有期徒刑,并处罚金;数额特别巨大或者有其他特别严重情节的,处十年以上有期徒刑或者无期徒刑,并处罚金或者没收财产;有下列情形之一的,处无期徒刑或者死刑,并处没收财产:

(一)盗窃金融机构,数额特别巨大的;

(二)盗窃珍贵文物,情节严重的。

《中华人民共和国刑法修正案(八)》

三十九、将刑法第二百六十四条修改为:"盗窃公私财物,数额较大的,或者多次盗窃、入户盗窃、携带凶器盗窃、扒窃的,处三年以下有期徒刑、拘役或者管制,并处或者单处罚金;数额巨大或者有其他严重情节的,处三年以上十年以下有期徒刑,并处罚金;数额特别巨大或者有其他特别严重情节的,处十年以上有期徒刑或者无期徒刑,并处罚金或者没收财产。"

最高人民法院《关于审理盗窃案件具体应用法律若干问题的解释》(法释〔1998〕4号,已废止)

第五条第二款第(二)项 记名的有价支付凭证、有价证券、有价票证,如果票面价值已定并能即时兑现的,如活期存折、已到期的定期存折和已填上金额的支票,以及不需证明手续即可提取货物的提货单等,按票面数额和案发时应得的利息或者可提货物的价值计算。如果票面价值未定,但已经兑现的,按实际兑现的财物价值计算;尚未兑现的,可作为定罪量刑的情节。

不能即时兑现的记名有价支付凭证、有价证券、有价票证或者能即时兑现的有价支付凭证、有价证券、有价票证已被销毁、丢弃,而失主可以通过挂失、补领、补办手续等方式避免实际损失的,票面数额不作为定罪量刑的标准,但可作为定罪量刑的情节。

最高人民法院、最高人民检察院《关于办理盗窃刑事案件适用法律若干问题的解释》(法释〔2013〕8号)

第五条(二)项 盗窃记名的有价支付凭证、有价证券、有价票证,已经兑现的,按照兑现部分的财物价值计算盗窃数额;没有兑现,但失主无法通过挂失、补领、补办手续等方式避免损失的,按照给失主造成的实际损失计算盗窃数额。

四、争议问题

盗窃存折后冒名取款应如何定性?

五、简要评论

根据审判时有效的最高人民法院《关于审理盗窃案件具体应用法律若干问题的解释》(法释〔1998〕4号)第5条第2款第(二)项的规定,记名的有价支付凭证、有价证券、有价票证,如果票面价值已定并能即时兑现的,如活期存折、已到期的定期存折和已填上金额的支票,以及不需证明手续即可提取货物的提货单等,按票面数额和案发时应得的利息或者可提货物的价值计算。如果票面价值未定,但已经兑现的,按实际兑现的财物价值计算;尚未兑现的,可作为定罪量刑的情节。不能即时兑现的记名有价支付凭证、有价证券、有价票证或者能即时兑现的有价支付凭证、有价证券、有价票证已被销毁、丢弃,而失主可以通过挂失、补领、补办手续等方式避免实际损失的,票面数额不作为定罪量刑的标准,但可作为定罪量刑的情节。

现行最高人民法院、最高人民检察院《关于办理盗窃刑事案件适用法律若干问题的解释》(法释〔2013〕8号)第5条第(二)项规定:"盗窃记名的有价支付凭证、有价证券、有价票证,已经兑现的,按照兑现部分的财物价值计算盗窃数额;没有兑现,但失主无法通过挂失、补领、补办手续等方式避免损失的,按照给失主造成的实际损失计算盗窃数额。"

根据前述司法解释,盗窃有价票证并兑现的,只按盗窃罪一罪定罪处罚。其中的兑现,应当包括冒领骗取兑现。从理论层面上讲,前述司法解释事实上是将有价票证认定为财物(对票证合法持有人具有主观价值),将盗窃有价票证的行为认定为盗窃罪;后续冒领骗取兑现的行为虽可评价为诈骗罪,但因系之前盗窃所得有价票证的后续兑现行为,故为事后不可罚行为,不再另行单独定罪。

案例7-4 孙伟勇等盗窃案①

一、基本案情

2010年4月26日,被告人孙伟勇与梁建强、刘古银(均另案处理)经预谋,由梁建强向其亲戚弓寿喜借来一辆本田牌小汽车,并伪造了弓寿喜的身份证、机动车辆登记证书后,由刘古银冒充弓寿喜,与孙伟勇一起将该车以人民币(以下币种均为人民币)72 000元质押给被害人薛春强,并向薛春强作出还款赎回的书面承诺。得款后,孙伟勇与梁建强、刘古银共同分掉。同年5月8日,梁建强等人用事先另配的钥匙从薛春强处将车盗走并归还给弓寿喜。同年7月5日,孙伟勇被抓获,后检举了他人重大犯罪事实。

二、诉讼过程及裁判理由

一审法院经审理认为,被告人孙伟勇秘密窃取他人财物,且数额巨大,其行为构成盗窃罪;孙伟勇系累犯,依法应从重处罚;孙伟勇在共同犯罪中起次要作用,系从犯,依法应予从轻处罚,同时,其又有重大立功表现,依法可予减轻处罚;孙伟勇认罪态度较好,且其家属自愿代其退赃,对其可酌情从轻处罚。判决被告人孙伟勇犯盗窃罪,判处有期徒刑2年零9个月,并处罚金5 000元。

三、关联法条

《中华人民共和国刑法》

第二百六十四条 盗窃公私财物,数额较大或者多次盗窃的,处三年以下有期徒刑、拘役或者管制,并处或者单处罚金;数额巨大或者有其他严重情节的,处三年以上十年以下有期徒刑,并处罚金;数额特别巨大或者有其他特别严重情节的,处十年以上有期徒刑或者无期徒刑,并处罚金或者没收财产;有下列情形之一的,处无期徒刑或者死刑,并处没收财产:

(一)盗窃金融机构,数额特别巨大的;

(二)盗窃珍贵文物,情节严重的。

《中华人民共和国刑法修正案(八)》

三十九、将刑法第二百六十四条修改为:"盗窃公私财物,数额较大的,或者多次盗窃、入户盗窃、携带凶器盗窃、扒窃的,处三年以下有期徒刑、拘役或者管制,并处或者单处罚金;数额巨大或者有其他严重情节的,处三年以上十年以下有期徒刑,并处罚金;数额特别巨大或者有其他特别严重情节的,处十年以上有期徒刑或者无期徒刑,并处罚金或者没收财产。"

四、争议问题

盗窃质押物的应如何定性?

---

① 参见陈兴良、张军、胡云腾主编:《人民法院刑事指导案例裁判要旨通纂》(下卷),北京大学出版社2013年版,第765页。

五、简要评论

盗窃罪的对象是"公私财物",一般解释为"他人占有的财物",亦即,被害人占有效力高于行为人占有效力的财物。在孙伟勇等人从薛春强处将车盗回之前,汽车的所有权归弓寿喜,占有权归薛春强。在民法层面上,孙伟勇虽无权对汽车设置质押,但比照物权法的善意取得制度,薛春强对于汽车享有合法的质押权,因此对汽车属于合法占有。针对行为人孙伟勇而言,薛春强占有的汽车系他人占有的财物,可以成为盗窃罪的对象。孙伟勇等人可构成盗窃罪,盗窃数额以汽车价格计。对于之前孙伟勇等人伪造证件向薛春强借款并将汽车质押给薛春强的行为,因从物权法上看薛春强享有合法的质押权,不会因此而受到损失,故对此行为孙伟勇等人不构成诈骗罪。

案例 7-5 曹根富盗窃案[①]

一、基本案情

2000年12月17日零时许,被告人曹根富在朝阳区洼里乡羊坊村,见邻居张某租用的平头大卡车(价值7.3万元)停放在路边,便用砖头砸碎车玻璃,进入该车驾驶室拆接点火开关,将该车启动并驾驶至本市昌平区东小口镇中滩村其亲戚闵守红在京暂住地,卸下该车的3个轮胎(价值2100元),放在闵守红的住处。后被告人驾驶该车准备返回东小口镇陈营村附近时,被被害人的亲属发现并抓获归案。现上述车辆及3个轮胎已起获并发还。

二、诉讼过程及裁判理由

一审法院经审理认为,被告人曹根富以非法占有为目的,将他人的机动车驶离现场后,窃取机动车车轮,且所窃物品价值数额较大,其行为已构成盗窃罪,应予处罚。判决被告人曹根富犯盗窃罪,判处有期徒刑1年,罚金人民币1000元。

检察机关提出抗诉称,原判认定事实有误,量刑畸轻。曹根富窃取轮胎的行为,是其将该车秘密窃取已脱离车主控制范围后进行的,拆下3个轮胎是对该车的一种再处分行为,故应认定曹根富盗窃数额特别巨大(经鉴定平头大卡车价值7.3万元)。

在二审期间,证人张某当庭证实,其在寻找丢失汽车时,遇曹根富驾车往回行驶,曹根富发现其后停车,对其说要将车送回原处,此时张某发现该车的3个轮胎丢失。二审法院认为,根据本案事实及证据证实,原审被告人曹根富将他人汽车驶离原处,卸下轮胎,目的是盗窃轮胎,伺机变卖,后欲将该车返还时被抓获,故认定曹根富盗窃汽车证据不足。对检察机关的抗诉意见不予采纳。裁定驳回抗诉,维持原判。

[①] 参见北京市第二中级人民法院(2001)二中刑终字第01244号刑事裁定书,载阮齐林、方鹏编著:《刑法分则案例研习》,中国政法大学出版社2013年版,第266页。

三、关联法条

《中华人民共和国刑法》

第二百六十四条 盗窃公私财物,数额较大或者多次盗窃的,处三年以下有期徒刑、拘役或者管制,并处或者单处罚金;数额巨大或者有其他严重情节的,处三年以上十年以下有期徒刑,并处罚金;数额特别巨大或者有其他特别严重情节的,处十年以上有期徒刑或者无期徒刑,并处罚金或者没收财产;有下列情形之一的,处无期徒刑或者死刑,并处没收财产:

(一)盗窃金融机构,数额特别巨大的;

(二)盗窃珍贵文物,情节严重的。

《中华人民共和国刑法修正案(八)》

三十九、将刑法第二百六十四条修改为:"盗窃公私财物,数额较大的,或者多次盗窃、入户盗窃、携带凶器盗窃、扒窃的,处三年以下有期徒刑、拘役或者管制,并处或者单处罚金;数额巨大或者有其他严重情节的,处三年以上十年以下有期徒刑,并处罚金;数额特别巨大或者有其他特别严重情节的,处十年以上有期徒刑或者无期徒刑,并处罚金或者没收财产。"

四、争议问题

如何认定盗窃罪中的非法占有目的?

五、简要评论

盗窃罪中的非法占有目的实为非法所有的目的,亦即排除他人占有后归自己所有的目的。行为人为盗窃车轮胎而开走汽车,送还汽车途中被抓获,行为人对汽车虽有盗窃故意,但无非法占有的目的,只是对汽车轮胎具有非法占有目的。比照最高人民法院、最高人民检察院《关于办理盗窃刑事案件适用法律若干问题的解释》(法释〔2013〕8号)第10条的规定:"偷开他人机动车的,按照下列规定处理:(一)偷开机动车,导致车辆丢失的,以盗窃罪定罪处罚;(二)为盗窃其他财物,偷开机动车作为犯罪工具使用后非法占有车辆,或者将车辆遗弃导致丢失的,被盗车辆的价值计入盗窃数额;(三)为实施其他犯罪,偷开机动车作为犯罪工具使用后非法占有车辆,或者将车辆遗弃导致丢失的,以盗窃罪和其他犯罪数罪并罚;将车辆送回未造成丢失的,按照其所实施的其他犯罪从重处罚。"可知盗窃车辆后将车辆送回未造成丢失的,不将被盗车辆的价值计入盗窃数额,不认为具有非法占有的目的。

案例7-6 沈某某盗窃案[①]

一、基本案情

2002年12月2日晚12时许,被告人沈某某在某市高明区"皇家银海大酒店"3614房与

[①] 参见陈兴良、张军、胡云腾主编:《人民法院刑事指导案例裁判要旨通纂》(下卷),北京大学出版社2013年版,第701页。

潘某某卖淫嫖娼后准备离开时,乘潘某某不备,顺手将潘某某放在床头柜上的嫖资及一只"伯爵牌"18K黄金石圈满天星G2连带男装手表拿走,后藏匿于其租住房屋的灶台内。次日上午,潘某某醒后发现自己的手表不见了,怀疑系沈某某所为,便通过他人约见了沈某某。潘某某询问沈某某是否拿了他的手表,并对沈某某称:该表不值什么钱,但对自己的意义很大,如果沈某某退还,自己愿意送2000元给沈某某。沈某某坚决否认自己拿走了该表。潘某某报案后,公安机关遂将已收拾好行李(手表仍在灶台内,被告人未予携带或藏入行李中)准备离开某市的沈某某羁押。沈某某在被羁押期间供述了自己拿走潘某某手表的事实及该手表的藏匿地点,公安人员据此起获了此手表,并返还给被害人。另经查明,在讯问中,沈某某一直不能准确说出所盗手表的牌号、型号等具体特征,并认为该表只值六七百元;拿走潘某某的手表是因为性交易中潘某某行为粗暴,自己为了发泄不满。经价格认证中心鉴定,涉案手表价值人民币123 879.84元。

二、诉讼过程及裁判理由

一审法院审理后认为,被告人沈某某秘密窃取他人数额较大的财物,其行为已构成盗窃罪。虽然被害人将手表与嫖资放在一起,但被害人并未申明手表亦是嫖资的一部分,该手表仍为被害人所有;被告人拿走嫖资同时顺手拿走手表时,被害人虽没有睡着,但对此并未察觉,故被告人的行为仍然符合"秘密窃取"的特征。因此,检察机关指控被告人犯盗窃罪的罪名成立,应予支持。被告人沈某某关于其行为并非"秘密窃取"的辩解和其辩护人关于被告人沈某某不具有非法占有目的的辩护意见,均无事实根据,不予采纳。

被害人将价值巨大的手表与嫖资放在一起,一方面足以使对名表缺乏起码认识的被告人产生该表价值一般(而非巨大)的错误认识;另一方面也可能让一个以卖淫为生计的被告人产生谋小利的贪念。被告人在被羁押后、知悉其所盗手表的实际价值前,一直误认为其所盗取的只是一只价值数百元的普通手表。结合被告人的出身、年龄、职业、见识、阅历等状况来看,被告人误认所盗手表的价值是真实可信的,并非被告人故意规避。此节也可以从被告人始终不能准确说出该表的牌号、型号等能体现价值巨大的特征,以及在盗得手表后没有马上逃走或者将财物及时处理掉,乃至收拾好行李准备离开某市时手表仍在灶台内并未随身携带或藏入行李中得到验证。被害人在向被告人追索手表过程中,虽表示愿意用2 000元换回手表,但仅称该表"对自己意义重大",并未明确表明该表的实际价值,相反却明确表示该表并不太值钱。此节事实,并不足以使被告人对所盗手表的实际价值产生新的认识,相反更可能加深被告人对该表价值的误认。

综上,被告人顺手拿走他人手表的行为,主观上虽有非法占有他人财物的目的,但被告人当时没有认识到其所盗手表的实际价值,其认识到的价值只是"数额较大",而非"数额特别巨大"。也就是说,被告人主观上只有非法占有他人"数额较大"财物的故意,而无非法占有"数额特别巨大"财物的故意。由于被告人对所盗物品价值存在重大误解(或者认识错误),其所认识的数额远远低于实际数额,根据主客观相统一的刑法原则,不能让其对所不能认识的价值数额承担相应的刑事责任,而应按其盗窃时所能认识到的价值数额作为量刑标准。鉴于被告人犯罪后主动坦白其盗窃事实,且所盗手表已被追缴并退还失主,属于犯罪情节轻微。判决被告人沈某某犯盗窃罪,免予刑事处罚。

一审宣判后,检察机关以被告人沈某某犯盗窃罪数额特别巨大,原判量刑畸轻为由提出抗诉。后由于被告人下落不明,二审中该案依法中止审理。

三、关联法条

《中华人民共和国刑法》

第二百六十四条 盗窃公私财物,数额较大或者多次盗窃的,处三年以下有期徒刑、拘役或者管制,并处或者单处罚金;数额巨大或者有其他严重情节的,处三年以上十年以下有期徒刑,并处罚金;数额特别巨大或者有其他特别严重情节的,处十年以上有期徒刑或者无期徒刑,并处罚金或者没收财产;有下列情形之一的,处无期徒刑或者死刑,并处没收财产:

(一) 盗窃金融机构,数额特别巨大的;

(二) 盗窃珍贵文物,情节严重的。

《中华人民共和国刑法修正案(八)》

三十九、将刑法第二百六十四条修改为:"盗窃公私财物,数额较大的,或者多次盗窃、入户盗窃、携带凶器盗窃、扒窃的,处三年以下有期徒刑、拘役或者管制,并处或者单处罚金;数额巨大或者有其他严重情节的,处三年以上十年以下有期徒刑,并处罚金;数额特别巨大或者有其他特别严重情节的,处十年以上有期徒刑或者无期徒刑,并处罚金或者没收财产。"

四、争议问题

对盗窃对象的数额存在认识错误,应如何处理?

五、简要评论

本案中行为人主观上对盗窃对象的数额存在重大认识错误。客观上所盗名贵手表"数额特别巨大"(按行为当时的数额标准),但有证据表明行为人主观上可能误认其为普通手表。在量刑时,是按行为人的主观认识科处"数额较大"档次的刑罚,还是按客观数额科处"数额特别巨大"档次的刑罚?亦即,盗窃"数额特别巨大"是纯粹客观标准,还是主客观相统一的标准?应当认为,盗窃罪的数额要素是客观要素。盗窃"数额特别巨大",纯粹以客观结果论,并不要求行为人主观上认识到财物数额特别巨大。只不过,在进行刑罚裁量时,当确有证据证明行为人对于"巨大"或"特别巨大"的数额无认识时,且无认识可能性时,认为行为人存在不可避免的违法性认识错误(一般人都会认为物品价值不是特别巨大),即误将重罪认为是轻罪。可以以一般人对物品价值的估计为下限,认定行为人责任大小,以客观数额对应的法定刑档次为基准刑,相应的从轻或减轻处刑。

案例7-7 霍东生盗窃案[①]

一、基本案情

2011年5月16日14时许,被告人霍东生在北京市朝阳区十八里店乡横街子村张家店315号院内,进入室内实施盗窃,趁被害人王连生睡觉之机,用手去摸其裤兜时,将被害人王连生惊醒,被当场抓获。经查,霍东生所进入的房间,位于朝阳区十八里店乡横街子村的一个大院内右侧楼房二层,系工厂内供工人临时休息的休息室。

二、诉讼过程及裁判理由

一审法院认为,起诉书指控被告人霍东生犯盗窃罪的事实清楚,证据确实、充分,指控罪名成立。被告人霍东生系累犯,依法应从重处罚。鉴于其犯罪行为系未遂,且当庭自愿认罪,法院对其依法从轻处罚。判决被告人霍东生犯盗窃罪,判处有期徒刑6个月,并处罚金人民币1000元。

三、关联法条

《中华人民共和国刑法》

第二百六十四条[②] 盗窃公私财物,数额较大的,或者多次盗窃、入户盗窃、携带凶器盗窃、扒窃的,处三年以下有期徒刑、拘役或者管制,并处或者单处罚金;数额巨大或者有其他严重情节的,处三年以上十年以下有期徒刑,并处罚金;数额特别巨大或者有其他特别严重情节的,处十年以上有期徒刑或者无期徒刑,并处罚金或者没收财产。

最高人民法院、最高人民检察院《关于办理盗窃刑事案件适用法律若干问题的解释》(法释〔2013〕号)

第三条第二款 非法进入供他人家庭生活,与外界相对隔离的住所盗窃的,应当认定为"入户盗窃"。

四、争议问题

入户盗窃应如何认定。

五、简要评论

本案行为人进入工厂内供工人临时休息的场所进行盗窃,是否属于"入户盗窃"?根据2013年4月4日起施行的最高人民法院、最高人民检察院《关于办理盗窃刑事案件适用法律若干问题的解释》(法释〔2013〕8号)第3条第2款的规定,非法进入供他人家庭生活,与外界相对隔离的住所盗窃的,应当认定为"入户盗窃"。其中的"户"强调供家庭生活居住,与

[①] 参见北京市朝阳区人民检察院京朝检刑诉字(2011)第1663号起诉书,载阮齐林、方鹏编著:《刑法分则案例研习》,中国政法大学出版社2013年版,第271页。

[②] 该条文为经《刑法修正案(八)》修正后的条文。

"住宅"(住人的居所)含义不同。本案中,行为人进入的场所系工厂临时休息室,不是他人家庭生活场所,不属于"入户盗窃"。

案例7-8 麦麦提依明·苏力坦盗窃案①

一、基本案情

被告人麦麦提依明·苏力坦于2011年8月4日18时许,在北京市朝阳区劲松中街路口红绿灯处,趁被害人不备,窃取其所骑电动车踏板上挎包中的钱包1个(价值人民币5元),内有人民币108元及身份证等物品,后被当场抓获。

二、诉讼过程及裁判理由

一审法院经审理认为,被告人麦麦提依明·苏力坦以非法占有为目的,在公共场所扒窃公民财物,其行为触犯了刑法,已构成盗窃罪。但因系犯罪未遂,案发后能如实供述犯罪事实,故对其所犯盗窃罪依法予以从轻处罚。判决被告人麦麦提依明·苏力坦犯盗窃罪,判处拘役5个月,罚金人民币1 000元。

三、关联法条

《中华人民共和国刑法》

第二百六十四条② 盗窃公私财物,数额较大的,或者多次盗窃、入户盗窃、携带凶器盗窃、扒窃的,处三年以下有期徒刑、拘役或者管制,并处或者单处罚金;数额巨大或者有其他严重情节的,处三年以上十年以下有期徒刑,并处罚金;数额特别巨大或者有其他特别严重情节的,处十年以上有期徒刑或者无期徒刑,并处罚金或者没收财产。

最高人民法院、最高人民检察院《关于办理盗窃刑事案件适用法律若干问题的解释》(法释〔2013〕8号)

第三条第四款 在公共场所或者公共交通工具上盗窃他人随身携带的财物的,应当认定为"扒窃"。

四、争议问题

对"扒窃"应如何认定?

五、简要评论

本案中,行为人窃取被害人放置于电动自行车踏板上挎包中的钱包,是否属于"扒窃"?根据2013年4月4日起施行的最高人民法院、最高人民检察院《关于办理盗窃刑事案件适用法律若干问题的解释》(法释〔2013〕8号)第3条第4款的规定,在公共场所或者公共交通

---

① 参见北京市朝阳区人民检察院京朝检刑诉字(2011)第3135号起诉书,载阮齐林、方鹏编著:《刑法分则案例研习》,中国政法大学出版社2013年版,第272页。
② 该条文为经《刑法修正案(八)》修正后的条文。

工具上盗窃他人随身携带的财物的,应当认定为"扒窃"。亦即,"扒窃"需符合公共场所、随身携带两个特征,其中的随身携带指触手可及,不仅是指"贴身"携带。本案中盗窃发生在大街上,系公共场所;电动自行车踏板上的提包被害人触手可及,系随身携带,故可认定为"扒窃"。

案例 7-9 申宇盗窃案①

一、基本案情

2007 年 2 月 12 日 11 时许,被告人申宇在北京市海淀区羊坊店路联通华盛通信技术有限公司北京分公司库房内,在与北京北奥利康搬家有限责任公司送货员崔晓宝、李鹏办理货物交接手续过程中,趁崔晓宝、李鹏不备,窃取二人负责运送的三星 SCH-W579 型手机一箱,内有三星 SCH-W579 型手机 10 部,经鉴定价值人民币 55 000 元。藏在库房其他位置。崔晓宝、李鹏发现手机丢失后报警,民警在库房内起获被盗的手机,并将被告人申宇抓获归案。现赃物已发还。

二、诉讼过程及裁判理由

一审法院认为,被告人申宇以非法占有为目的,秘密窃取他人财物,数额巨大,其行为已构成盗窃罪,应予惩处。被告人申宇作为库房管理员,在没有他人在场的情况下将涉案手机藏于库房的其他位置后,便已完成盗窃行为,实际控制了手机;而崔晓宝、李鹏作为物流公司的送货员,库房并非他们的控制范围,丢失手机后即丧失了对手机的控制,如不报警寻求公安机关的帮助,便无法重新取得对手机的控制,因此,被告人申宇窃取手机的行为已经实施完毕并实际控制了手机,具备了盗窃罪的构成要件,属于犯罪既遂。鉴于被告人申宇在被抓获归案后及庭审过程中均能如实供述犯罪事实,认罪态度较好,且被盗手机已全部发还,未给被害人造成实际经济损失,故对其酌情予以从轻处罚。判决被告人申宇犯盗窃罪,判处有期徒刑 5 年,罚金人民币 5 000 元。

一审宣判后,申宇以其行为是犯罪未遂、原判量刑过重为由提出上诉。申宇辩护人的主要辩护意见是:原判对部分犯罪事实认定不准,认定申宇盗窃既遂不妥。申宇的行为是盗窃未遂,且具有自首情节,未给被害单位造成经济损失,主观恶性小,认罪态度好,原判量刑偏重,请求二审法院对申宇从轻处罚。

二审法院认为,对于申宇及其辩护人所提申宇系盗窃未遂的上诉理由及辩护意见,经查:证人崔晓宝、李鹏的证言证实,他们清点发现所送手机丢失一箱后,确认手机不是在运输途中丢失,遂将寻找手机的范围锁定在申宇看管的库房内,并及时报警,在民警到来后,将被盗手机起获,客观上有效阻止了申宇犯罪目的的实现,其并未完全取得对所窃财物的实际控

---

① 参见陈兴良、张军、胡云腾主编:《人民法院刑事指导案例裁判要旨通纂》(下卷),北京大学出版社 2013 年版,第 720 页。

制。因此,申宇的盗窃行为属于因意志以外的原因而未遂,是盗窃未遂,申宇及其辩护人的该点意见成立,予以采纳。

二审法院认为,被告人申宇以非法占有为目的,秘密窃取他人财物,数额巨大,其行为已构成盗窃罪,应依法惩处。鉴于其系盗窃未遂,可比照既遂犯从轻处罚。一审法院根据申宇犯罪的事实、犯罪的性质、情节及对社会的危害程度所作出的判决,定罪正确,审判程序合法,但认定申宇系盗窃既遂不当,应依法改判。考虑本案被盗手机已全部发还,未给被害人造成实际经济损失,并根据申宇的犯罪情节和悔罪表现,可对其适用缓刑。判决申宇犯盗窃罪,判处有期徒刑3年,缓刑4年,并处罚金人民币3 000元。

三、关联法条

《中华人民共和国刑法》

第二百六十四条　盗窃公私财物,数额较大或者多次盗窃的,处三年以下有期徒刑、拘役或者管制,并处或者单处罚金;数额巨大或者有其他严重情节的,处三年以上十年以下有期徒刑,并处罚金;数额特别巨大或者有其他特别严重情节的,处十年以上有期徒刑或者无期徒刑,并处罚金或者没收财产;有下列情形之一的,处无期徒刑或者死刑,并处没收财产:

(一)盗窃金融机构,数额特别巨大的;

(二)盗窃珍贵文物,情节严重的。

第二十三条　已经着手实行犯罪,由于犯罪分子意志以外的原因而未得逞的,是犯罪未遂。

对于未遂犯,可以比照既遂犯从轻或者减轻处罚。

《中华人民共和国刑法修正案(八)》

三十九、将刑法第二百六十四条修改为:"盗窃公私财物,数额较大的,或者多次盗窃、入户盗窃、携带凶器盗窃、扒窃的,处三年以下有期徒刑、拘役或者管制,并处或者单处罚金;数额巨大或者有其他严重情节的,处三年以上十年以下有期徒刑,并处罚金;数额特别巨大或者有其他特别严重情节的,处十年以上有期徒刑或者无期徒刑,并处罚金或者没收财产。"

最高人民法院《关于审理盗窃案件具体应用法律若干问题的解释》(法释〔1998〕4号,已废止)

第一条第(二)项　盗窃未遂,情节严重,如以数额巨大的财物或者国家珍贵文物等为盗窃目标的,应当定罪处罚。

最高人民法院、最高人民检察院《关于办理盗窃刑事案件适用法律若干问题的解释》(法释〔2013〕8号)

第十二条　盗窃未遂,具有下列情形之一的,应当依法追究刑事责任:

(一)以数额巨大的财物为盗窃目标的;

(二)以珍贵文物为盗窃目标的;

(三)其他情节严重的情形。

盗窃既有既遂,又有未遂,分别达到不同量刑幅度的,依照处罚较重的规定处罚;达到同一量刑幅度的,以盗窃罪既遂处罚。

四、争议问题

对盗窃既遂的认定。

五、简要评论

对于盗窃罪的既遂标准,理论通说一般采用"控制说为主,失控说为辅"的标准,亦即,行为人取得对财物的控制即为既遂,在行为人没有控制财物时,被害人失去对财物的控制,也认为盗窃既遂。在本案中,一、二审法院对盗窃罪既遂均采控制说标准。但在行为人是否控制的具体认定方面,一审法院认为,在被告人控制范围内即为其控制;二审法院认为,在库房内物主仍有部分控制,行为人没有完全控制,故为未遂。两相比较,一审判决认定本案为既遂理据更为充分一些。行为人藏匿赃物的地点为其本人管理的库房,系其控制领域;被害人虽在丢失后及时发现追回,但不能否认其已将手机丢失的事实,系失而复得,故应认定行为人盗窃既遂为宜。

案例7-10 张某盗窃案[①]

一、基本案情

2013年5月张某深夜窜至王某家,将门推开后脱下拖鞋,赤脚进入屋内,在翻动抽屉内物品时,将睡着的王某夫妇惊醒,被二人当场抓获,扭送至派出所。

二、诉讼过程及裁判理由

审理过程中,对于入户盗窃但未窃得财物的,是否认定犯罪未遂,出现了意见分歧。据此,有关部门就入户盗窃但未窃得财物如何定性的问题,向最高人民法院研究室征求意见。

经认真研究,最高人民法院研究室认为,对入户盗窃但未实际窃得任何财物的,应当以盗窃未遂论处。认为,盗窃罪侵犯的是财产权益,是结果犯。行为人仅是为了实施盗窃而入户并不构成盗窃罪的既遂,在此种情况下,被害人并未失去对财物的控制,其财产所有权没有实质被侵犯,应认定为盗窃罪未遂。只有使被害人对财物失去控制后才能认定为既遂。值得注意的是,1997年修订《刑法》时,实际已对盗窃罪入罪门槛有过修正,即将"多次盗窃"补充规定为该罪的入罪条件之一。但《刑法》作出上述修改后,理论上、实践中并未因此认为盗窃罪的性质已发生变化,即认为盗窃罪已经从结果犯变成行为犯,对于多次盗窃但未实际窃得财物的,也应认定为盗窃既遂;而是仍然认为,盗窃罪属于结果犯,只有实际窃得财物的才能认定盗窃既遂。《刑法修正案(八)》进一步将入户盗窃、携带凶器盗窃、扒窃增加规定为盗窃罪的入罪条件之后,也应坚持同样立场,也应以是否实际窃得财物作为区别既未遂的标准。

---

① 参见最高人民法院研究室编著:《司法研究与指导》(2013年第1期总第3期),人民法院出版社2013年版,第151页。

三、关联法条

《中华人民共和国刑法》

第二百六十四条① 盗窃公私财物,数额较大的,或者多次盗窃、入户盗窃、携带凶器盗窃、扒窃的,处三年以下有期徒刑、拘役或者管制,并处或者单处罚金;数额巨大或者有其他严重情节的,处三年以上十年以下有期徒刑,并处罚金;数额特别巨大或者有其他特别严重情节的,处十年以上有期徒刑或者无期徒刑,并处罚金或者没收财产。

第二十三条 已经着手实行犯罪,由于犯罪分子意志以外的原因而未得逞的,是犯罪未遂。

对于未遂犯,可以比照既遂犯从轻或者减轻处罚。

最高人民法院、最高人民检察院《关于办理盗窃刑事案件适用法律若干问题的解释》(法释〔2013〕8号)

第十二条 盗窃未遂,具有下列情形之一的,应当依法追究刑事责任:

(一)以数额巨大的财物为盗窃目标的;

(二)以珍贵文物为盗窃目标的;

(三)其他情节严重的情形。

盗窃既有既遂,又有未遂,分别达到不同量刑幅度的,依照处罚较重的规定处罚;达到同一量刑幅度的,以盗窃罪既遂处罚。

四、争议问题

入户盗窃是否存在未遂。

五、简要评论

对于《刑法修正案(八)》新增的"入户盗窃""携带凶器盗窃""扒窃"等新的盗窃形式,甚至以往规定的"多次盗窃",其既遂标准为何,在实践中争议颇多。有观点认为,这些形式的盗窃是行为犯,一实施行为即构成犯罪既遂;有观点认为,这些形式的盗窃是结果犯,仍以控制财物为既遂标准。前述最高人民法院研究室的意见认为,入户盗窃、携带凶器盗窃、扒窃、多次盗窃与数额较大的盗窃一样,都是盗窃罪的行为形式,盗窃罪的既未遂标准是统一的,均以实际窃得财物的才能认定盗窃既遂。当然,数额较大的盗窃应以实际窃得数额较大的财物为盗窃既遂;未取得数额较大的财物但有可能取得数额较大的财物,是盗窃未遂。

案例7-11 杨聪慧盗窃车牌后敲诈案②

一、基本案情

2008年3月16日至3月20日期间,被告人杨聪慧等以盗取他人汽车号牌后敲诈号牌

---

① 该条文为经《刑法修正案(八)》修正后的条文。
② 参见陈兴良、张军、胡云腾主编:《人民法院刑事指导案例裁判要旨通纂》(下卷),北京大学出版社2013年版,第755页。

所有人的钱财为目的,先后在江苏省昆山市、苏州市等地,采取强掰车牌的方式多次盗窃汽车号牌。被告人杨聪慧盗窃作案13起,窃得汽车号牌14副。被害人补办车牌所需的费用为人民币105元/副,被告人杨聪慧盗窃机动车号牌补办费用共计人民币1 470元。

二、诉讼过程及裁判理由

一审法院经审理认为,被告人杨聪慧以非法占有为目的,采用秘密手段窃取他人财物,数额计人民币1 470元,属盗窃数额较大,其行为已构成盗窃罪,故而判决杨聪慧犯盗窃罪,判处有期徒刑9个月,并处罚金人民币1 000元。

一审宣判后,被告人没有提出上诉,公诉机关亦未抗诉。

三、关联法条

《中华人民共和国刑法》

第二百六十四条 盗窃公私财物,数额较大或者多次盗窃的,处三年以下有期徒刑、拘役或者管制,并处或者单处罚金;数额巨大或者有其他严重情节的,处三年以上十年以下有期徒刑,并处罚金;数额特别巨大或者有其他特别严重情节的,处十年以上有期徒刑或者无期徒刑,并处罚金或者没收财产;有下列情形之一的,处无期徒刑或者死刑,并处没收财产:

(一)盗窃金融机构,数额特别巨大的;

(二)盗窃珍贵文物,情节严重的。

《中华人民共和国刑法修正案(八)》

三十九、将刑法第二百六十四条修改为:"盗窃公私财物,数额较大的,或者多次盗窃、入户盗窃、携带凶器盗窃、扒窃的,处三年以下有期徒刑、拘役或者管制,并处或者单处罚金;数额巨大或者有其他严重情节的,处三年以上十年以下有期徒刑,并处罚金;数额特别巨大或者有其他特别严重情节的,处十年以上有期徒刑或者无期徒刑,并处罚金或者没收财产。"

四、争议问题

盗窃机动车号牌后又敲诈如何认定?

五、简要评论

本案涉及三个问题:

(1)机动车号牌是否属于《刑法》分则中规定的国家机关证件,盗窃汽车号牌可否触犯盗窃国家机关证件罪?在属性上,机动车号牌只是一种标志,而非国家机关证件;此外,《刑法》第281条非法生产、买卖警用装备罪,第375条伪造、盗窃、买卖、非法提供、非法使用武装部队专用标志罪两罪将人民警察车辆号牌、武装部队车辆号牌归为专用标志,而非国家机关证件,以此类比,一般的机动车号牌难以认定为国家机关证件。故而,盗窃汽车号牌并不触犯盗窃国家机关证件罪。

(2)机动车号牌是否属于财物,盗窃机动车号牌可否触犯盗窃罪?《刑法》规定的财物需具备有价值、可控制的属性,其中的价值属性既可是客观价值(具有市场交换价值),也可是主观价值(对物主有价值)。机动车号牌本身是一块铁片,没有流通价值;但获取该号牌需支付相应费用(补办费用),故应认定具有价值(可以补办费用作为成本价),系财物,盗窃机动车号牌触犯盗窃罪。

(3)盗窃机动车号牌后又敲诈,罪数如何认定?盗窃机动车号牌的行为触犯盗窃罪,之后的敲诈行为触犯敲诈勒索罪,由于前后两行为针对同一对象,后行为是为实现前行为的价值,故可认定为事后(事前)不可罚行为,可择一重罪论处。当然,如果敲诈得财后不退还机动车号牌,则侵害两对象,应当数罪并罚。

案例7-12 罗忠兰盗窃案①

一、基本案情

1998年2月18日晚,被告人罗忠兰进入海南省海口市金夜娱乐广场851包厢陪伴客人唱"卡拉OK"。当晚10时许,在此消费的客人陈某某将装有现金等物的黑色手提包置于电视机上,到包厢外打电话。嗣后,包厢内其他客人结账后离开娱乐广场。罗忠兰送客人走后返回851包厢,趁正在打扫卫生的服务员未注意之机,将陈某某的手提包拿进包厢的卫生间,盗走包内现金12 000元,将手提包及包内其他物品弃于卫生盆下,熄灭卫生间的灯,锁上卫生间的门后逃离现场。陈某某打完电话回到851包厢欲取包时,发现手提包不见了。经与打扫卫生的服务员共同寻找,发现手提包被丢弃在卫生间内卫生盆下。罗忠兰于次日用所盗钱款以其男友的姓名购买诺基亚移动电话机1部、SIM卡1张、备用电池1块、充电器1个;另将7 000元现金存入银行,800元现金随身携带。案发后,公安机关已追回全部赃款赃物并已退还失主。

二、诉讼过程及裁判理由

一审法院认为,被告人罗忠兰以非法占有为目的,秘密窃取他人财物,数额巨大,其行为已构成盗窃罪。检察机关指控的犯罪事实清楚,证据充分,足以认定。被告人及其辩护人关于"罗忠兰不构成盗窃罪"的辩护意见与事实不符,不能成立。判决被告人罗忠兰犯盗窃罪,判处有期徒刑3年,并处罚金3 000元。

一审宣判后,被告人罗忠兰不服,以一审判决定性不准,量刑过重为由提出上诉。

二审法院经过审理,认定的事实、证据与一审法院相同。二审法院认为,罗忠兰的上诉理由和辩护意见与事实不符,不予采纳。原判认定事实清楚,证据确实、充分,定罪准确,量刑适当。裁定驳回上诉,维持原判。

---

① 参见陈兴良、张军、胡云腾主编:《人民法院刑事指导案例裁判要旨通纂》(下卷),北京大学出版社2013年版,第745页。

三、关联法条

《中华人民共和国刑法》

第二百六十四条 盗窃公私财物，数额较大或者多次盗窃的，处三年以下有期徒刑、拘役或者管制，并处或者单处罚金；数额巨大或者有其他严重情节的，处三年以上十年以下有期徒刑，并处罚金；数额特别巨大或者有其他特别严重情节的，处十年以上有期徒刑或者无期徒刑，并处罚金或者没收财产；有下列情形之一的，处无期徒刑或者死刑，并处没收财产：

（一）盗窃金融机构，数额特别巨大的；

（二）盗窃珍贵文物，情节严重的。

第二百七十条 将代为保管的他人财物非法占为己有，数额较大，拒不退还的，处二年以下有期徒刑、拘役或者罚金；数额巨大或者有其他严重情节的，处二年以上五年以下有期徒刑，并处罚金。

将他人的遗忘物或者埋藏物非法占为己有，数额较大，拒不交出的，依照前款的规定处罚。

本条罪，告诉的才处理。

《中华人民共和国刑法修正案（八）》

三十九、将刑法第二百六十四条修改为："盗窃公私财物，数额较大的，或者多次盗窃、入户盗窃、携带凶器盗窃、扒窃的，处三年以下有期徒刑、拘役或者管制，并处或者单处罚金；数额巨大或者有其他严重情节的，处三年以上十年以下有期徒刑，并处罚金；数额特别巨大或者有其他特别严重情节的，处十年以上有期徒刑或者无期徒刑，并处罚金或者没收财产。"

四、争议问题

盗窃罪与侵占罪的区分。

五、简要评论

本案中的行为对象是顾客外出打电话时临时置于"卡拉OK"包厢内的财物。关于该财物占有状态的认定，应当认为：置于包厢内的财物，当顾客在包厢内时，应认定归顾客占有；即使是顾客结账离开包厢之后，因其遗留在包厢区域内，也应认定归包厢区域的控制者即娱乐广场经营者（负有保管义务的临时占有人）占有。本案中顾客临时外出打电话，物主近在咫尺，应当认为财物仍归顾客占有，从而该财物不能认定为遗忘物，而是顾客占有的财物。行为人趁其不注意秘密转移占有，其行为构成盗窃罪。

案例 7-13　林志飞盗窃案[①]

一、基本案情

2008年4月初,被告人林志飞窜到位于梅县程江镇锭子桥世纪大道对面由刘权标经营的"锭子废旧购销部"店里,自称是联通公司梅州分公司的工作人员叫刘志峰,谎称公司有架设在梅县石坑镇转水潭处废弃通信发射铁塔要变卖,问刘权标要不要买,刘权标说要买,并邀同样经营废品收购的老板戴志勇合伙买。2008年4月11日,被告人林志飞为了继续取得刘权标、戴志勇的信任,伪造一份联通公司出具的证明,内容为公司位于石坑地区一座30米废旧铁塔,经总部同意,以17 000元转卖给刘权标,由买方进行拆除,并盖上伪造的"中国联通有限公司梅州分公司"假印章。刘权标付了17 000元后,戴志勇便组织雇请民工进行拆除,并将拆下角铁运回,破案后,被拆除的铁塔经物价部门鉴定价值人民币181 053元。

2008年4月21日下午,被告人林志飞使用同样手段,又伪造联通公司出具的证明,内容为公司位于梅县畲江镇大湖村一座50米铁塔,经总部批准,以45 000元的价格转卖给刘权标,由买方进行拆除,并盖上伪造的"中国联通有限公司梅州分公司"假印章。刘权标付了45 000元后,戴志勇便组织雇请民工进行拆除,并将拆下角铁运回,破案后,被拆除的铁塔经物价部门鉴定价值人民币274 860元。

二、诉讼过程及裁判理由

一审法院经审理认为,被告人林志飞无视国法,以非法占有为目的,假冒联通公司工作人员,非法伪造属于联通公司所有的通信铁塔转让证明,骗取他人购买后,采取秘密手段进行拆除,数额特别巨大,其行为已构成盗窃罪,应依法惩处。控方指控的罪名成立。鉴于被告人归案后,悔罪态度较好,其辩护人提请从轻处罚意见,可以酌情采纳。判决被告人林志飞犯盗窃罪,判处有期徒刑11年,并处罚金人民币5万元。

三、关联法条

《中华人民共和国刑法》

第二百六十四条　盗窃公私财物,数额较大或者多次盗窃的,处三年以下有期徒刑、拘役或者管制,并处或者单处罚金;数额巨大或者有其他严重情节的,处三年以上十年以下有期徒刑,并处罚金;数额特别巨大或者有其他特别严重情节的,处十年以上有期徒刑或者无期徒刑,并处罚金或者没收财产;有下列情形之一的,处无期徒刑或者死刑,并处没收财产:

(一) 盗窃金融机构,数额特别巨大的;

(二) 盗窃珍贵文物,情节严重的。

第二百六十六条　诈骗公私财物,数额较大的,处三年以下有期徒刑、拘役或者管制,并

[①] 参见陈兴良、张军、胡云腾主编:《人民法院刑事指导案例裁判要旨通纂》(下卷),北京大学出版社2013年版,第752页。

处或者单处罚金;数额巨大或者有其他严重情节的,处三年以上十年以下有期徒刑,并处罚金;数额特别巨大或者有其他特别严重情节的,处十年以上有期徒刑或者无期徒刑,并处罚金或者没收财产。本法另有规定的,依照规定。

《中华人民共和国刑法修正案(八)》

三十九、将刑法第二百六十四条修改为:"盗窃公私财物,数额较大的,或者多次盗窃、入户盗窃、携带凶器盗窃、扒窃的,处三年以下有期徒刑、拘役或者管制,并处或者单处罚金;数额巨大或者有其他严重情节的,处三年以上十年以下有期徒刑,并处罚金;数额特别巨大或者有其他特别严重情节的,处十年以上有期徒刑或者无期徒刑,并处罚金或者没收财产。"

四、争议问题

盗窃罪与诈骗罪的区分。

五、简要评论

行为人林志飞骗取废品店老板的信任,利用其盗拆联通公司通信发射铁塔,行为定性主要涉及三角诈骗与间接正犯的盗窃的区分。诈骗罪的核心是骗取对财物有处分权(转移占有)的人进行处分,故而,骗甲取得乙的财物的情形,如成立诈骗罪(三角诈骗),需甲对乙的财物具有处分权;否则就不成立诈骗罪,可能涉嫌盗窃罪的间接正犯。本案中,被骗人废品店老板并无拆走联通公司通信发射铁塔的权利,故林志飞的欺骗行为不构成诈骗罪(三角诈骗),而构成盗窃罪的间接正犯,系骗取他人利用他人的无过错行为对第三人实施盗窃的情形。

案例 7-14 陈建伍盗窃案①

一、基本案情

被告人陈建伍系某县邮政局经警队长,其职责是负责邮政局的相关工作人员及财物的安全保卫工作。陈建伍利用工作之机,于2005年4月的一天,以到邮政局金库检查为由,将邮政局出纳员的金库钥匙骗出,私自配了一把钥匙。4月17日15时许,陈建伍到县电工水暖器材商店,购买手电钻1个、钻头4个、角磨机1个、切片3个。后陈建伍主动代替同事刘治国值夜班。当晚20时许,陈建伍打开邮政局金库的门,接上电源,用电钻切割开一、二层金柜的门,又用办公室的斧子砸开4个密码箱,共盗走1 208 300元。

二、诉讼过程及裁判理由

一审法院审理认为,被告人陈建伍的行为构成盗窃罪。其主观上明知邮政局金库内存放的是邮政储蓄网点的储汇资金,而予以盗窃,具有盗窃金融机构、数额特别巨大的情形。

---

① 参见陈兴良、张军、胡云腾主编:《人民法院刑事指导案例裁判要旨通纂》(下卷),北京大学出版社2013年版,第743页。

被盗金库虽然也存放邮政局的财物资金和一些邮票,但该县邮政储蓄网点一直将储汇资金放在该金库,被盗的资金全部是邮政储蓄的储汇资金,故属盗窃金融机构。判决被告人陈建伍犯盗窃罪,判处无期徒刑,剥夺政治权利终身,并处没收个人全部财产。

三、关联法条

《中华人民共和国刑法》

第二百六十四条 盗窃公私财物,数额较大或者多次盗窃的,处三年以下有期徒刑、拘役或者管制,并处或者单处罚金;数额巨大或者有其他严重情节的,处三年以上十年以下有期徒刑,并处罚金;数额特别巨大或者有其他特别严重情节的,处十年以上有期徒刑或者无期徒刑,并处罚金或者没收财产;有下列情形之一的,处无期徒刑或者死刑,并处没收财产:

(一) 盗窃金融机构,数额特别巨大的;

(二) 盗窃珍贵文物,情节严重的。

第二百七十一条第一款 公司、企业或者其他单位的人员,利用职务上的便利,将本单位财物非法占为己有,数额较大的,处五年以下有期徒刑或者拘役;数额巨大的,处五年以上有期徒刑,可以并处没收财产。

《中华人民共和国刑法修正案(八)》

三十九、将刑法第二百六十四条修改为:"盗窃公私财物,数额较大的,或者多次盗窃、入户盗窃、携带凶器盗窃、扒窃的,处三年以下有期徒刑、拘役或者管制,并处或者单处罚金;数额巨大或者有其他严重情节的,处三年以上十年以下有期徒刑,并处罚金;数额特别巨大或者有其他特别严重情节的,处十年以上有期徒刑或者无期徒刑,并处罚金或者没收财产。"

四、争议问题

盗窃罪与职务侵占罪的区分。

五、简要评论

本案中,行为人所担任的邮政局经警队长,其职责是负责邮政局的相关工作人员及财物的安全保卫工作,职责范围内不包括对邮政储蓄资金的管理、主管、经手。其本人并无持有金库钥匙的权力,系利用邮政局出纳员对他身份的信任,骗出金库钥匙,私自配制并持有金库钥匙。故行为人仅仅利用了他人对其身份的信任以及其因任经警熟悉作案环境的便利条件,而未利用职务上的便利,故其行为构成盗窃罪,而不构成职务侵占罪。

案例7-15 高金有盗窃案[①]

一、基本案情

1998年7月初,中国人民银行陕西省铜川市分行业务部出纳申玉生(在逃),多次找被

[①] 参见陈兴良、张军、胡云腾主编:《人民法院刑事指导案例裁判要旨通纂》(下卷),北京大学出版社2013年版,第715页。

告人高金有(个体户)商议盗窃申玉生与另一出纳共同管理的保险柜内的现金,高金有未同意。后申玉生多次约高金有吃饭、喝酒,做高金有的工作,并把自己的作案计划、安排告诉高金有,同时还几次让高金有看自己掌管的钥匙。高金有同意作案后,申玉生即向高金有要了一把中号螺丝刀和一只蛇皮口袋放在自己的办公桌内,又用事先准备好的钢锯条,将业务部的钢筋护窗栏锯断,为作案后逃离现场做准备。7月23日上午10时许,申玉生将高金有带至铜川市分行业务部熟悉地形,并暗示了存放现金的保险柜和开启保险柜的另一把钥匙的存放地点。7月27日晚,申玉生找到被告人高金有,告知其近日将提款40万元存放保险柜的情况,并详细告诉高金有作案的时间、步骤、开启保险柜的方法及进出路线等。

7月30日上午7时,申玉生将被告人高金有带进该行业务部套间,藏在自己保管的大壁柜内。其他工作人员上班后,申玉生与另一出纳员从金库提回现金40万元,放进保险柜内的顶层。10时许,本市邮政财务科取走现金10万元。10时30分左右,申玉生进入套间向被告人高金有指认了放款的保险柜,后与其他本行职员聊天。10时40分,申玉生乘其他工作人员外出吃饭离开办公室之际,打开壁柜将自己保管的保险柜钥匙交给高金有,并告知人都走了,自己即离开业务部去吃饭。被告人高金有撬开另一出纳员的办公桌抽屉,取出钥匙,打开保险柜将30万元人民币装入旅行袋里,又在办公室将申玉生等人的办公桌撬开,然后从后窗翻出办公室逃离现场。

二、诉讼过程及裁判理由

一审法院经审理后认为,被告人高金有潜入金融机构盗窃,情节特别严重,数额特别巨大,其行为已构成盗窃罪。判决被告人高金有犯盗窃罪,判处死刑,剥夺政治权利终身,并处没收财产人民币1200元。

一审宣判后,被告人高金有以自己不是主犯,应以申玉生的身份定贪污罪,原判量刑过重等为由提出上诉。检察机关亦以原判定性不当提出抗诉。二审期间,检察机关认为抗诉不当,撤回抗诉。二审法院裁定准予撤回抗诉。

二审法院经审理认为,上诉人高金有撬开另一出纳员的抽屉,窃取另一把保险柜钥匙,后用该钥匙和申玉生交给的钥匙打开保险柜,窃走柜内存放的现金30万元,这些行为都是高金有单独实施的,也是造成30万元现金脱离存放地点、失去该款保管人控制的直接原因。申玉生虽为业务部出纳,也掌管着另一把保险柜钥匙,作案前进行了周密的准备,将高金有带进业务部藏匿,将其他工作人员叫出去吃饭,是利用职务之便为高金有实施盗窃提供和创造条件,但是,仅以其个人职务便利尚不足以与高金有共同侵吞这笔巨额公款,因而不能以申玉生的身份和其行为确定本案的性质。上诉人高金有在窃取巨款的共同犯罪中起了主要作用,原判认定其为主犯正确。鉴于另一案犯申玉生在逃,高金有归案后能如实坦白交代自己的罪行,认罪态度较好,有悔罪表现,故对其判处死刑,但不立即执行。判决高金有犯盗窃罪,判处死刑,缓期两年执行,剥夺政治权利终身,并处没收财产人民币1200元。

三、关联法条

《中华人民共和国刑法》

第二百六十四条 盗窃公私财物,数额较大或者多次盗窃的,处三年以下有期徒刑、拘役或者管制,并处或者单处罚金;数额巨大或者有其他严重情节的,处三年以上十年以下有期徒刑,并处罚金;数额特别巨大或者有其他特别严重情节的,处十年以上有期徒刑或者无期徒刑,并处罚金或者没收财产;有下列情形之一的,处无期徒刑或者死刑,并处没收财产:

(一) 盗窃金融机构,数额特别巨大的;

(二) 盗窃珍贵文物,情节严重的。

第三百八十二条 国家工作人员利用职务上的便利,侵吞、窃取、骗取或者以其他手段非法占有公共财物的,是贪污罪。

受国家机关、国有公司、企业、事业单位、人民团体委托管理、经营国有财产的人员,利用职务上的便利,侵吞、窃取、骗取或者以其他手段非法占有国有财物的,以贪污论。

与前两款所列人员勾结,伙同贪污的,以共犯论处。

《中华人民共和国刑法修正案(八)》

三十九、将刑法第二百六十四条修改为:"盗窃公私财物,数额较大的,或者多次盗窃、入户盗窃、携带凶器盗窃、扒窃的,处三年以下有期徒刑、拘役或者管制,并处或者单处罚金;数额巨大或者有其他严重情节的,处三年以上十年以下有期徒刑,并处罚金;数额特别巨大或者有其他特别严重情节的,处十年以上有期徒刑或者无期徒刑,并处罚金或者没收财产。"

四、争议问题

有职务者与无职务者内外勾结实施盗窃,应如何认定。

五、简要评论

本案是内外勾结窃取本单位款项的案件,高金有盗窃保险柜所使用的两把钥匙,一把来自同案犯申玉生基于职务掌管,提供给高金有;另一把是从另一出纳员处窃得,系盗窃所得。内外勾结,不同身份者各自利用自己的身份犯罪的,系共同犯罪。在我国当前司法实务中,比照最高人民法院《关于审理贪污、职务侵占案件如何认定共同犯罪几个问题的解释》第3条的规定("公司、企业或者其他单位中,不具有国家工作人员身份的人与国家工作人员勾结,分别利用各自的职务便利,共同将本单位财物非法占为己有的,按照主犯的犯罪性质定罪"),是以"主犯"身份认定为相同罪名。故而,要确定本案中高金有、申玉生二人的罪名,需首先认定二人谁对获取财物所起作用较大。一、二审法院均认为高金有实施的盗窃行为对取财所起作用大,故而认定二人构成盗窃罪。但是,从理论上讲,两把钥匙中一把来自申玉生,一把来自窃取,应当认为职务行为与盗窃行为对于取财所起的作用一样大,因此二人均应认定为主犯。在不同身份者均为主犯时,应当根据各自身份认定各自罪名,但二人仍为共同犯罪。由此,高金有构成盗窃罪,申玉生构成贪污罪,二人在盗窃罪的范围内成立共同犯罪。

第八章 抢劫罪

案例8-1 弓喜抢劫案[①]

一、基本案情

2007年8月23日22时许,被告人弓喜到其曾经工作过的工厂内,持壁纸刀向值班会计赵志江索要人民币1万元,并将赵志江颈部划伤(经法医鉴定为轻伤),因赵志江逃脱而未取得钱财。被告人弓喜次日被抓获归案。

二、诉讼过程及裁判理由

一审法院经审理认为,被告人弓喜以非法占有为目的,采用暴力手段强行劫取他人数额巨大的财物,致人轻伤,其行为已构成抢劫罪,应依法惩处。检察机关指控被告人弓喜犯抢劫罪,事实清楚、证据确实、充分,指控的罪名成立。根据被告人弓喜犯罪的事实、性质、情节及对社会的危害程度,判决被告人弓喜犯抢劫罪,判处有期徒刑10年,剥夺政治权利两年,并处罚金人民币2万元。

一审宣判后,被告人弓喜以"没有向被害人索要钱财,更无抢劫故意,其行为仅构成故意伤害罪"为由提出上诉。

二审法院经审理认为,上诉人弓喜以非法占有为目的,采用暴力手段当场强行劫取他人财物,致人轻伤,其行为已构成抢劫罪,应依法惩处。对于弓喜所提没有抢劫故意,请求二审改判其犯故意伤害罪的上诉理由,经查不能成立,不予采纳。一审法院定罪准确,但上诉人弓喜虽然使用暴力索要数额巨大的财物,实际并未抢得被害人财物,依法不应认定其抢劫数额巨大,一审判决认定其抢劫数额巨大不当,系适用法律错误,并由此导致量刑过重,依法应予改判。据此,上诉人弓喜犯抢劫罪,判处有期徒刑6年,并处罚金人民币12 000元。

三、关联法条

《中华人民共和国刑法》

第二百六十三条 以暴力、胁迫或者其他方法抢劫公私财物的,处三年以上十年以下有期徒刑,并处罚金;有下列情形之一的,处十年以上有期徒刑、无期徒刑或者死刑,并处罚金或者没收财产:

(一)入户抢劫的;

[①] 参见陈兴良、张军、胡云腾主编:《人民法院刑事指导案例裁判要旨通纂》(下卷),北京大学出版社2013年版,第548页。

(二) 在公共交通工具上抢劫的；
(三) 抢劫银行或者其他金融机构的；
(四) 多次抢劫或者抢劫数额巨大的；
(五) 抢劫致人重伤、死亡的；
(六) 冒充军警人员抢劫的；
(七) 持枪抢劫的；
(八) 抢劫军用物资或者抢险、救灾、救济物资的。

四、争议问题

本案涉及的问题是，对于《刑法》第263条规定的"抢劫数额巨大"，是指行为人实际抢得的财物数额巨大，还是也包括行为人以数额巨大的财物为抢劫目标但最终没有得手的情形，与此相关联也牵涉到对抢劫罪既未遂的理解问题，这些问题在审判工作中存在较大争议。

五、简要评论

笔者认为，《刑法》第263条规定的加重处罚情节抢劫"数额巨大"，应当是指实际抢得的财物数额巨大，而不包括行为人意图抢劫数额巨大的财物但客观上没有抢得财物或者只抢到少许财物的情形。主要理由如下：

(1) 没有实际抢得数额巨大财物的，不认定抢劫数额巨大，符合有关司法解释规定的精神。根据最高人民法院《关于审理抢劫、抢夺刑事案件适用法律若干问题的意见》第10条的规定，可以推知，对于抢劫未遂，是指在不考虑八种加重处罚情节的前提下，行为人未抢到财物，也未造成被害人轻伤以上的伤害后果，而不是指在未出现加重处罚情节时也可以就加重处罚情节本身构成未遂形态。故此，对抢劫罪八种加重处罚情节的认定，与抢劫罪本身既未遂之判断，是两个层面的问题，不能在行为人客观上没有这八种加重处罚情节的条件下，仅因行为人有意图便认定具有这八种加重处罚情节。所以，抢劫数额巨大的加重处罚情节都应以实际出现为认定标准，对于客观上未出现的，不能认定。

(2) 没有实际抢得数额巨大财物的，不认定抢劫数额巨大，可以保证罪刑均衡。抢劫罪的基础法定刑是3年至10年有期徒刑，抢劫数额巨大是法定刑升格条件，一旦认定，对被告人就应在"十年以上有期徒刑、无期徒刑或者死刑"的幅度内量刑，即使以未实际抢到财物为由从轻处罚，所判处的刑罚也会明显较重，且会导致重罪轻判、轻罪重判的结果，违背罪刑均衡原则。

因此，对于本案，合理的做法是不认定被告人弓喜抢劫数额巨大，但在量刑时适当考虑其试图抢劫他人数额巨大的财物这一情节。因而二审法院准确理解《刑法》第263条和最高人民法院《关于审理抢劫、抢夺刑事案件适用法律若干问题的意见》的相关规定，依法认定被告人弓喜的行为构成抢劫罪既遂，但不认定为抢劫数额巨大，并据此改判弓喜有期徒刑6年，并处罚金12 000元是妥当的。

案例8-2　吴大桥等抢劫案①

一、基本案情

2006年3月24日凌晨1时许,被告人吴大桥、吴孟伏、易建国、吴胜利4人携带改装的射钉枪、水果刀、手套、手电、塑料袋、胶带纸等作案工具,窜至望城县丁字镇何桥村毛塘组华电铁路中铁五局工地附近,为防止惊动看守挖掘机的农户,4名被告人步行到达工地,根据事先分工,被告人易建国用事先配置的挖掘机钥匙把挖掘机开上平板拖车,被告人吴大桥、吴孟伏、吴胜利则进入看守挖掘机的农户杨团力家,被告人吴大桥持改装射钉枪,被告人吴孟伏持水果刀,被告人吴胜利持手电,由被告人吴大桥对被害人杨团力、李运兰进行暴力威胁,同时由被告人吴大桥动手将被害人杨团力、李运兰、杨森林、王兴兰全家4人的手、脚、嘴用胶带纸和绳子进行捆绑,接着被告人吴大桥再次威胁被害人"莫报案,否则一枪打死你崽,为你崽伢子准备一副棺材",被告人吴孟伏则将电话线扯断以防止被害人报警,3名入室的被告人将被害人杨团力家门自外反捆住后乘拖车离开现场。当日中午1时许,挖掘机被拖至湖北省武汉市江夏区安山镇马法公路1公里处,即普安村二组路段正准备销赃时,被跟踪追来的望城县公安局人赃俱获。经价格鉴定,被抢的日本小松PC200-6型挖掘机价值308 000元。经枪支鉴定:送检的枪支为射钉枪改装而成,具有以火药为动力发射金属弹丸的非军用枪支结构。

二、诉讼过程及裁判理由

一审法院经审理后认为,被告人吴大桥、吴孟伏、易建国、吴胜利以非法占有为目的,采取持刀、枪威胁以及捆绑他人等手段,劫取他人财物,其行为均已构成抢劫罪,且数额巨大。在共同犯罪中,被告人吴大桥、吴孟伏、易建国、吴胜利均起主要作用,均系主犯。被告人吴胜利辩称其在本案中起次要作用,系从犯,经查,被告人吴胜利既参与了本案抢劫犯罪的策划过程,又按分工联系了销赃,且作案过程中还控制了被害人,故在共同犯罪中起主要作用,应认定为主犯,其辩解意见与客观事实不符,不予采纳。判决被告人吴大桥犯抢劫罪,判处无期徒刑,剥夺政治权利终身,并处没收个人全部财产;被告人吴孟伏犯抢劫罪,判处有期徒刑15年,剥夺政治权利3年,并处罚金3万元;被告人易建国犯抢劫罪,判处有期徒刑14年,剥夺政治权利3年,并处罚金2万元;被告人吴胜利犯抢劫罪,判处有期徒刑10年,并处罚金1万元。

三、关联法条

《中华人民共和国刑法》

第二百六十三条　以暴力、胁迫或者其他方法抢劫公私财物的,处三年以上十年以下有

---

① 参见陈兴良、张军、胡云腾主编:《人民法院刑事指导案例裁判要旨通纂》(下卷),北京大学出版社2013年版,第550页。

期徒刑,并处罚金;有下列情形之一的,处十年以上有期徒刑、无期徒刑或者死刑,并处罚金或者没收财产:

(一) 入户抢劫的;
(二) 在公共交通工具上抢劫的;
(三) 抢劫银行或者其他金融机构的;
(四) 多次抢劫或者抢劫数额巨大的;
(五) 抢劫致人重伤、死亡的;
(六) 冒充军警人员抢劫的;
(七) 持枪抢劫的;
(八) 抢劫军用物资或者抢险、救灾、救济物资的。

四、争议问题

本案的争议问题在于,对于抢劫过程中的暴力行为与劫取财物行为分别发生在户内与户外的,能否认定为入户抢劫?

五、简要评论

"入户抢劫"属于《刑法》明文规定的抢劫罪的加重处罚情节,如何界定《刑法》中的"入户抢劫"直接关系到对被告人的刑罚。虽然相关司法解释已经对"入户"作了比较明确的解释,但实践中对部分抢劫行为是否属于"入户抢劫"依然存在争议。根据2005年6月8日发布的最高人民法院《关于审理抢劫、抢夺刑事案件适用法律若干问题的意见》的规定,认定"入户抢劫"时,应当注意以下三个问题:一是"户"的范围。"户"在这里是指住所,其特征表现为供他人家庭生活和与外界相对隔离两个方面,前者为功能特征,后者为场所特征。二是"入户"目的的非法性。进入他人住所须以实施抢劫等犯罪为目的。三是暴力或者暴力胁迫行为必须发生在户内。该司法解释没有要求将入户劫取财物作为入户抢劫的必需条件,而只要求暴力或者暴力胁迫行为必须发生在户内。这一结论的得出源于对抢劫罪侵犯客体的思考,抢劫罪侵犯的是复杂客体,即他人的人身权利与财产权利,入户抢劫之所以加重法定刑处罚,就在于其入户行为还侵犯了他人之住宅的安宁这一法益,当行为人在户内实施暴力行为在户外劫取财物时,仍对他人的住宅安宁造成了侵害,所以,也应认定为入户抢劫。

案例8-3 陈桂清抢劫案[①]

一、基本案情

被告人陈桂清与林琛华、朱文清经事先预谋后,于2004年12月27日11时许窜至某酒店守候,待被害人柯某欲进入轿车驾驶室时,被告人陈桂清持匕首与朱文清将柯某挟持在车

[①] 参见陈兴良、张军、胡云腾主编:《人民法院刑事指导案例裁判要旨通纂》(下卷),北京大学出版社2013年版,第559页。

后座后,由林琛华驾驶该车开走。途中,陈桂清及朱文清、林琛华强行搜走柯某身上和车内的人民币31 700元,又用纱布蒙住被害人的眼睛后威逼其打电话叫家人拿钱,柯某被迫打电话向林某借款人民币10万元并要林某送到市第一医院。当天下午5时许,被告人陈桂清与林琛华、朱文清继续挟持被害人柯某到指定的地点接款,柯某在市第一医院喷水池边的人行道接到林某的10万元人民币后将款交给被告人陈桂清和朱文清。尔后,被告人陈桂清及林琛华、朱文清将车钥匙交还柯某并将柯某放走,3人逃离现场进行分赃。案发后,公安机关从林琛华处追回现金1 600元返还给被害人。

二、诉讼过程及裁判理由

一审法院经审理认为,被告人陈桂清以非法占有为目的,伙同他人,采用暴力手段,劫取他人财物13万余元,其行为已构成抢劫罪,且抢劫数额巨大。据此,判处被告人陈桂清无期徒刑,剥夺政治权利终身,并处没收个人全部财产。

一审宣判后,被告人陈桂清不服,提出上诉。陈桂清的上诉理由是:同案人林琛华、朱文清叫其去讨赌债,事前不知道要去抢劫,无预谋;没有殴打被害人,分赃少;归案后认罪态度好,原判量刑过重,请求从轻处罚。

二审人民法院经审理认为,一审判决定罪准确,量刑适当,审判程序合法,裁定驳回上诉,维持原判。

三、关联法条

《中华人民共和国刑法》

第二百三十九条第一、二款① 以勒索财物为目的绑架他人的,或者绑架他人作为人质的,处十年以上有期徒刑或者无期徒刑,并处罚金或者没收财产;情节较轻的,处五年以上十年以下有期徒刑,并处罚金。

犯前款罪,致使被绑架人死亡或者杀害被绑架人的,处死刑,并处没收财产。

第二百六十三条 以暴力、胁迫或者其他方法抢劫公私财物的,处三年以上十年以下有期徒刑,并处罚金;有下列情形之一的,处十年以上有期徒刑、无期徒刑或者死刑,并处罚金或者没收财产:

(一)入户抢劫的;

(二)在公共交通工具上抢劫的;

(三)抢劫银行或者其他金融机构的;

(四)多次抢劫或者抢劫数额巨大的;

(五)抢劫致人重伤、死亡的;

(六)冒充军警人员抢劫的;

(七)持枪抢劫的;

---

① 2015年8月29日通过的《中华人民共和国刑法修正案(九)》将《刑法》第239条第2款修改为:"犯前款罪,杀害被绑架人的,或者故意伤害被绑架人,致人重伤、死亡的,处无期徒刑或者死刑,并处没收财产。"

(八)抢劫军用物资或者抢险、救灾、救济物资的。

四、争议问题

对于本案的定性存在抢劫罪与绑架罪两种不同的观点,而且,抢劫罪与绑架罪的区别,特别是针对非法限制他人人身自由,逼迫他人筹集现款自赎的一类案件如何定性也是司法实务中存在颇多争议的难题。

五、简要评论

司法实践中行为人非法限制他人人身自由之后逼迫他人筹集现款自赎的案件较为常见,对这一类案件的司法认定主要涉及抢劫罪与绑架罪的区别。从相关司法解释来看,两罪之间的主要区别在于,抢劫罪的行为一般具有当场性;绑架罪的行为以杀害、伤害等方式向被绑架人的亲属或其他人发出威胁,索取赎金或提出其他非法要求,一般不具有当场性。本案中被告人陈桂清虽也采取了暴力、胁迫手段挟持被害人,并实施了勒索财物的行为,且在以限制人身自由的方式劫取被害人财物的情况下,从限制自由的那一刻起至钱财到手放人时获取的财物,亦可评价为当场劫取。但是,被告人陈桂清等人实施的行为均只针对被害人柯某,林某虽在柯某请求下借款,但对柯某为被告人所控制的事实并不知晓。换言之,在本案中,被告人未实际通过第三人对被绑架者安危的忧虑而索取财物,即不符合绑架罪中行为人向被绑架人的亲属或其他人发出威胁索取赎金的特征,故此,不能以绑架罪定罪,而应认定为抢劫罪。

案例 8-4 李政等抢劫案[①]

一、基本案情

2004年9月10日19时30分许,被告人李政在南京市中央门长途汽车站以拉客为名,将被害人马景海带至幕府西路江南加油站相房村2号乘坐长途客车。被告人侍鹏伙同侍锋、毕爱军(均另案处理)尾随上车。在车后部,4人对马景海进行暴力殴打、语言威胁,强行劫取其人民币8640元,并威胁不许报案。2005年2月6日下午2时30分许,被告人李政和侍鹏在南京市下关区南京商厦门口以拉客为名,将被害人顾桂和带至幕府西路金大加油站,被告人李政拦截长途客车,上车后,两被告人在车后部对顾桂和施以拳脚和语言威胁,逼迫顾桂和先后拿出人民币计250元。

二、诉讼过程及裁判理由

一审法院经审理认为,被告人李政、侍鹏以非法占有为目的,在公共交通工具上采用暴力、胁迫方法,劫取他人财物,其行为已构成抢劫罪,应依法予以惩处。被告人李政曾因犯罪

[①] 参见陈兴良、张军、胡云腾主编:《人民法院刑事指导案例裁判要旨通纂》(下卷),北京大学出版社2013年版,第564页。

被判处有期徒刑,刑罚执行完毕后5年内再犯应当判处有期徒刑以上刑罚之罪,系累犯,应当从重处罚。被告人侍鹏有立功表现,依法减轻处罚。检察机关指控被告人李政、侍鹏犯抢劫罪的事实清楚,证据确实、充分,指控的罪名成立,提请对被告人李政从重处罚的理由正确,予以采纳。遂判决被告人李政犯抢劫罪,判处有期徒刑12年,剥夺政治权利两年,罚金人民币5000元;被告人侍鹏犯抢劫罪,判处有期徒刑9年,剥夺政治权利1年,罚金人民币5000元。

一审宣判后,在法定期限内,被告人李政、侍鹏均未提出上诉,检察机关也未提出抗诉,判决已发生法律效力。

三、关联法条
《中华人民共和国刑法》

第二百六十三条　以暴力、胁迫或者其他方法抢劫公私财物的,处三年以上十年以下有期徒刑,并处罚金;有下列情形之一的,处十年以上有期徒刑、无期徒刑或者死刑,并处罚金或者没收财产:

(一)入户抢劫的;

(二)在公共交通工具上抢劫的;

(三)抢劫银行或者其他金融机构的;

(四)多次抢劫或者抢劫数额巨大的;

(五)抢劫致人重伤、死亡的;

(六)冒充军警人员抢劫的;

(七)持枪抢劫的;

(八)抢劫军用物资或者抢险、救灾、救济物资的。

四、争议问题

针对特定的被害人在公共交通工具上实施抢劫是否属于"在公共交通工具上抢劫"从而适用抢劫罪的加重法定刑,是本案争议的焦点问题。对此,存在两种观点:一种观点认为,被告人实施抢劫的犯罪地点虽在长途客车这样的公共交通工具上,但在犯罪过程中,侵害的对象一直是特定的被害人,仅仅对被害人一人有暴力殴打、语言威胁行为,未侵犯不特定多数人的人身权利和财产权利,其行为根本区别于"在公共交通工具上抢劫"这一加重处罚情形,与一般发生在公共场所的普通抢劫没有本质的不同,因而,对被告人李政、侍鹏的抢劫行为应在3年以上10年以下的幅度内量刑。另一种观点认为,行为人李政、侍鹏实施抢劫行为虽然仅仅针对被害人一人,主观上也没有侵犯不特定多数人人身和财产的故意,但只要行为人在公共交通工具上实施的抢劫行为足以威胁到同乘人员,即可构成抢劫罪的加重情节。

五、简要评论

立法者对任何情节加重犯的设立,无不以情节背后的法益为依据,立法上对"在公共交通工具上抢劫"的行为科以加重的法定刑背后,蕴含的是立法者对公民人身、财产安全法益特别是公共秩序法益的特别关注和保护。换言之,立法者之所以对在公共交通工具上抢劫的行为加重法定刑,理由在于,这类行为与普通抢劫行为相比,直接威胁到了公共交通工具上不特定多数乘客的人身和财产安全,给不特定多数人造成心理上的恐惧。从相关司法解释来看,亦未限定在公共交通工具上抢劫的对象必须是不特定之多数人,如最高人民法院《关于审理抢劫案件具体应用法律若干问题的解释》第2条明确规定,《刑法》第263条第(二)项规定的"在公共交通工具上抢劫",既包括在从事旅客运输的各种公共汽车、大中型出租车、火车、船只、飞机等正在运营中的机动公共交通工具上对旅客、司售、乘务人员实施的抢劫,也包括对运行途中的机动公共交通工具加以拦截后,对公共交通工具上的人员实施的抢劫。由此说明,评判行为人的抢劫行为是否构成"在公共交通工具上抢劫",不是以实际上行为人是否对不特定多数人实施抢劫行为为标准,而是应以不特定多数人的人身权利和财产权利是否受到威胁或者抢劫行为是否足以使不特定多数人认为受到威胁为标准。本案中,被告人在抢劫犯罪过程中,侵害的对象自始至终虽只针对特定的被害人,但实际上被告人对被害人施以拳脚和语言威胁等暴力行为时,直接使车内其他同乘人员产生恐惧感,侵害了车内其他同乘人员的人身权利、财产权利以及社会公共秩序。故此,仍属于"在公共交通工具上抢劫"。

案例8-5 张玉红等抢劫案[①]

一、基本案情

2007年7月期间,被告人张玉红、王飞强因赌博输钱而预谋实施抢劫,并准备了气动枪1支、匕首1把、自制的爆炸装置1支(经鉴定为烟火剂成分),由被告人王飞强选择被害人周志军作为实施抢劫的对象,两人制订了详细的抢劫计划。2007年8月上旬的一天,被告人张玉红、王飞强伙同他人携带上述作案工具至被害人周志军家附近欲实施抢劫,因见被害人家附近有警车巡逻而感到害怕,未能着手实施。后被告人张玉红多次向王飞强提出实施抢劫,王飞强因心中害怕以拖延打发。被告人张玉红因急需钱,表示无法再等下去,后直接向王飞强提出索要气动枪等作案工具,于是王飞强分两次将气动枪1支、自制的爆炸装置1支交给了张玉红。2007年8月25日凌晨2时许,张玉红伙同左双其(在逃)经事先预谋,携带匕首、砍刀、胶带、自制的爆炸装置4支以及王飞强所提供的气动枪支和自制爆炸物等作案工具,先后闯入被害人周保全、周志军房间内,采用对被害人刀砍、捆绑、用胶带封嘴以及言语威胁等手段,劫得现金人民币1万元,另有金项链、戒指等财物。后被告人张玉红被民警抓获,左双其则逃逸。经鉴定,被害人周志军、周保全分

[①] 参见陈兴良、张军、胡云腾主编:《人民法院刑事指导案例裁判要旨通纂》(下卷),北京大学出版社2013年版,第572页。

别构成轻伤和轻微伤。

二、诉讼过程及裁判理由

一审法院经审理认为,被告人张玉红、王飞强伙同他人以非法占有为目的,采用暴力、胁迫等手段入户抢劫,其中劫得财物合计人民币 14 981 元,并致一人受轻伤、一人受轻微伤,其行为已构成抢劫罪。被告人张玉红在共同犯罪各个环节中均有参与,在具体实施抢劫过程中行为积极,起主要作用,系主犯。被告人王飞强在共同犯罪准备阶段有积极行为,但在具体实施抢劫过程中只起到提供作案工具的次要作用,作用相对较小,故认定为从犯,应当减轻处罚。遂判决被告人张玉红犯抢劫罪,判处有期徒刑 14 年,并处罚金人民币 2 万元,剥夺政治权利两年;被告人王飞强犯抢劫罪,判处有期徒刑 9 年,并处罚金人民币 1 万元,剥夺政治权利 1 年。

一审宣判后,被告人王飞强不服提出上诉,上诉理由为,其对抢劫一事不知情,其已经犯罪中止;其辩护人提出,王飞强只构成绑架罪的共犯,不构成抢劫罪的共犯。

二审法院经审理认为,相关证据印证了王飞强与张玉红共同实施抢劫行为的故意,并且王飞强明知张玉红欲再次抢劫而向其提供作案工具。故驳回上诉,维持原判。

三、关联法条

《中华人民共和国刑法》

第二十四条 在犯罪过程中,自动放弃犯罪或者自动有效地防止犯罪结果发生的,是犯罪中止。

对于中止犯,没有造成损害的,应当免除处罚;造成损害的,应当减轻处罚。

第二百六十三条 以暴力、胁迫或者其他方法抢劫公私财物的,处三年以上十年以下有期徒刑,并处罚金;有下列情形之一的,处十年以上有期徒刑、无期徒刑或者死刑,并处罚金或者没收财产:

(一) 入户抢劫的;
(二) 在公共交通工具上抢劫的;
(三) 抢劫银行或者其他金融机构的;
(四) 多次抢劫或者抢劫数额巨大的;
(五) 抢劫致人重伤、死亡的;
(六) 冒充军警人员抢劫的;
(七) 持枪抢劫的;
(八) 抢劫军用物资或者抢险、救灾、救济物资的。

四、争议问题

本案中被告人王飞强未着手实施后来的抢劫行为,并且多次拖延打发了被告人张玉红的犯罪邀请,此一行为是否构成犯罪中止?

五、简要评论

成立犯罪中止要求行为人在犯罪过程中自动放弃犯罪或者自动有效地防止犯罪结果的发生,换言之,行为人在完全有条件、有能力继续实施犯罪行为的前提下,主动放弃犯罪,即"能为而不为",抑或在犯罪既遂以前有效地防止犯罪结果的发生。共同犯罪的中止仍应符合上述特征,只不过与单独犯罪相比,由于共犯的场合各共犯人形成了有机联系的一个整体,在"部分行为、全部责任"的原则之下,部分共犯人若要成立犯罪中止,除了客观上停止个体的犯罪行为之外,还必须采取积极的行为阻止其他共犯人的行为,亦即当其他共犯人的行为导致犯罪结果发生时,仅仅停止自身犯罪行为的个体仍然无法消除自己的行为与结果之间的因果关系,因而无法构成犯罪中止。本案中,就被告人王飞强而言,从某种意义上讲,其已经不想再参与对周志军的抢劫,貌似主动放弃犯罪,但是,被告人王飞强与张玉红因预谋、抢劫计划以及实施方案而导致主观犯意和客观行为已形成一个有机整体,互相产生的依赖、加功行为具有不可分割的特征。被告人王飞强虽未亲自实施后续的抢劫行为,但不仅未能采取积极的行为阻止张玉红等人继续实施犯罪,还在知道张玉红取走犯罪工具是为了抢劫的前提下,仍放任其取走,没能有效地防止危害结果的发生,因此不成立犯罪中止。

案例8-6 扎西达娃等抢劫案①

一、基本案情

2000年9月23日15时许,在被告人索朗扎西的提议下,被告人索朗扎西、尼玛扎西、次仁格桑4人预谋抢劫翁俊兴的钱财。之后,扎西达娃安排次仁格桑去翁俊兴的住房周围察看情况兼望风,自己则伙同索朗扎西、尼玛扎西借故进入翁俊兴的住处。当听到次仁格桑按约定发出附近无人的信号后,扎西达娃又让索朗扎西将次仁格桑也叫进屋里。扎西达娃随即按原定计划从背后用手勒住翁俊兴的脖子,尼玛扎西则持事先准备好的石块击打翁俊兴的额部、脸部,后二人又共同将翁俊兴摁倒在床上,使其不能反抗。其间,索朗扎西、次仁格桑则在屋里四处搜寻财物,并从一军用挎包中找到1把匕首、1条领带及若干人民币。索朗扎西用该领带勒紧翁俊兴的脖子,被扎西达娃、尼玛扎西劝阻。索朗扎西将领带松开后,又与次仁格桑一起用匕首撬屋里的箱子。翁俊兴此时开始大声呼救,索朗扎西便拿起屋内的铁锹砍砸翁俊兴的手,并将匕首递给了扎西达娃,尼玛扎西则用脚猛踢翁俊兴的腹部。扎西达娃用匕首架在翁俊兴的脖颈处进行威胁,但翁俊兴仍高声呼救。扎西达娃询问他人要不要把翁俊兴杀掉,尼玛扎西等人起初不同意,后见翁俊兴仍在继续喊叫,唯恐事情败露,便示意扎西达娃下手杀死翁俊兴。于是,扎西达娃用匕首朝翁俊兴

---

① 参见陈兴良、张军、胡云腾主编:《人民法院刑事指导案例裁判要旨通纂》(下卷),北京大学出版社2013年版,第574页。

的颈部、胸部、腹部等处连捅7刀致其死亡。在杀死被害人后，4被告人携带从被害人处劫取的现金共计人民币8 700元逃离现场。同年10月9日，公安人员将潜逃至外地的4被告人全部抓获归案，并查获部分赃款人民币3 233.5元及用赃款购买的赃物。事后查明，4被告人犯案时均为未成年人。

二、诉讼过程及裁判理由

一审法院经审理认为，被告人扎西达娃、索朗扎西、尼玛扎西、次仁格桑实施暴力抢劫他人钱财的行为，均已构成抢劫罪，且有入户抢劫、抢劫致人死亡的严重情节，情节特别恶劣，后果特别严重。在共同犯罪中扎西达娃、索朗扎西、尼玛扎西起主要作用，系本案主犯；次仁格桑在共同犯罪中起辅助作用，系本案从犯，且犯罪时未满16周岁，依法予以减轻处罚。遂判决被告人扎西达娃犯抢劫罪，判处无期徒刑，剥夺政治权利终身，并处罚金人民币3 000元；被告人索朗扎西犯抢劫罪，判处无期徒刑，剥夺政治权利终身，并处罚金人民币3 000元；被告人尼玛扎西犯抢劫罪，判处无期徒刑，剥夺政治权利终身，并处罚金人民币3 000元；被告人次仁格桑犯抢劫罪，判处有期徒刑4年，并处罚金人民币1 000元。

一审宣判后，被告人尼玛扎西以其在共同犯罪中仅起辅助作用，应为从犯，且犯罪时未成年，归案后认罪态度好，依法应从轻、减轻处罚，原判对其判处无期徒刑量刑畸重为由，提出上诉。

二审法院经审理认为，上诉人尼玛扎西以及原审被告人扎西达娃、索朗扎西、次仁格桑以非法占有为目的，实施暴力当场劫取他人钱财的行为，均已构成抢劫罪，且抢劫数额巨大，又具有入户抢劫和抢劫致人死亡的情形，扎西达娃、索朗扎西、尼玛扎西均系本案主犯，次仁格桑系从犯，依法均应惩处。但鉴于上诉人尼玛扎西及原审被告人索朗扎西的作用较扎西达娃要小，量刑上应有所区别。上诉人尼玛扎西的上诉理由中关于原判量刑过重的意见成立，予以采纳。原判认定的事实清楚，证据确实、充分，定罪准确，对原审被告人扎西达娃、次仁格桑量刑适当，审判程序合法。但对上诉人尼玛扎西及原审被告人索朗扎西的量刑不当，应予纠正。遂撤销原审判决中对尼玛扎西、索朗扎西的量刑部分，改判被告人尼玛扎西犯抢劫罪，判处有期徒刑15年，并处罚金人民币3 000元；被告人索朗扎西犯抢劫罪，判处有期徒刑15年，并处罚金人民币3 000元。

三、关联法条

《中华人民共和国刑法》

第二百六十三条　以暴力、胁迫或者其他方法抢劫公私财物的，处三年以上十年以下有期徒刑，并处罚金；有下列情形之一的，处十年以上有期徒刑、无期徒刑或者死刑，并处罚金或者没收财产：

（一）入户抢劫的；

（二）在公共交通工具上抢劫的；

（三）抢劫银行或者其他金融机构的；

（四）多次抢劫或者抢劫数额巨大的；

（五）抢劫致人重伤、死亡的；

（六）冒充军警人员抢劫的；

（七）持枪抢劫的；

（八）抢劫军用物资或者抢险、救灾、救济物资的。

四、争议问题

本案的争议问题有两个：一是在劫取财物过程中为制服被害人的反抗而故意杀人的行为的定性问题；二是对未成年人犯罪的合理量刑问题。

五、简要评论

（1）在劫取财物过程中为制服被害人的反抗而故意杀人的行为，应以抢劫罪论处。关于抢劫罪与故意杀人罪的关系，按照最高人民法院《关于抢劫过程中故意杀人案件如何定罪问题的批复》的规定："行为人为劫取财物而预谋故意杀人，或者在劫取财物过程中，为制服被害人反抗而故意杀人的，以抢劫罪定罪处罚。行为人实施抢劫后，为灭口而故意杀人的，以抢劫罪和故意杀人罪定罪，实行数罪并罚。"本案中被告人的行为属于为劫取财物而预谋故意杀人，因此应以抢劫罪论处。

（2）罪行极其严重的未成年人如无其他法定从重情节的，一般不应判处无期徒刑。我国刑事立法规定对未成年人不适用死刑，亦即对未成年人判处的刑罚最高刑为无期徒刑，但从司法实践来看，一般而言，对罪行极其严重的未成年被告人除另有法定或酌情从重情节外，不判处无期徒刑是较为适宜的。但对那些罪行极其严重，同时又具有一个或多个法定从重处罚情节的未成年犯罪人，法官仍可以根据案件的具体情况，酌情决定是否适用无期徒刑。从本案来看，第一主犯扎西达娃是主犯，同时具有多个从重情节，故维持其无期徒刑的判决是妥当的；而被告人尼玛扎西、索朗扎西虽在共同犯罪中起主要作用，但与第一主犯相比仍有从轻处罚的余地，故对其二人改判15年有期徒刑的判决也是适宜的。

案例8-7　郭玉林等抢劫案①

一、基本案情

2001年6月3日晚，被告人郭玉林、王林、李建伏、陈世英在上海一家旅馆内合谋抢劫，其中王林、李建伏各携带一把尖刀，4被告人商定，将被害人赵某诱骗至旅馆，采用尼龙绳捆绑、胶带封嘴的手段实施抢劫。次日上午，4人开了一间房并购买了作案工具。陈世英按预谋前去找被害人赵某，其余3人留在房间内等候。稍后，赵某随陈世英来到房间，王林即掏出尖刀威胁赵某不许反抗，李建伏、郭玉林分别对赵某捆绑、封嘴，从赵某身上劫得人民币50

---

① 参见陈兴良、张军、胡云腾主编：《人民法院刑事指导案例裁判要旨通纂》（下卷），北京大学出版社2013年版，第576页。

元和一块旅馆财物寄存牌。接着,李建伏和陈世英持该寄存牌前往旅馆,郭玉林、王林则留在现场负责看管赵某。李建伏、陈世英离开后,赵某挣脱了捆绑欲逃跑,被郭玉林、王林发觉,郭玉林立即抱住赵某,王林则取出尖刀朝赵某的胸部等处连刺数刀,继而郭玉林接过王林的尖刀也刺赵某数刀并再次将其捆绑。李建伏、陈世英因没有赵某的身份证取财不成返回旅馆,得知了赵某被害的情况,随即拿了赵某的身份证,再次前去旅馆,但仍未得逞。4名被告人遂一起逃逸。赵某因大量失血死亡。此外,被告人郭玉林、王林和李建伏还结伙流窜持刀抢劫4次,劫得人民币2 000余元和手机等财物。

二、诉讼过程及裁判理由

一审法院经审理认为,被告人郭玉林、王林、李建伏和陈世英分别结伙,采用暴力强行劫取财物并致一人死亡,其行为均构成抢劫罪。李建伏、陈世英对郭玉林、王林两人为制止被害人反抗、脱逃而持刀行凶应有预见,故应共同承担抢劫致人死亡的罪责。据此,以抢劫罪分别判处郭玉林、王林死刑,剥夺政治权利终身,各处没收财产人民币5万元;判处被告人李建伏有期徒刑15年,剥夺政治权利4年,并处罚金人民币2万元;判处被告人陈世英有期徒刑11年,剥夺政治权利3年,并处罚金人民币1万元。

一审宣判后,被告人郭玉林、王林不服,提出上诉。被告人郭玉林上诉称,其未持刀加害被害人;王林则上诉称,其有自首和立功的情节。

二审法院经审理认为,郭玉林、王林的上诉理由不能成立,原判认定被告人抢劫犯罪的事实清楚,证据确实、充分,定罪量刑均无不当,审判程序合法。据此,裁定驳回上诉,维持原判。

三、关联法条

《中华人民共和国刑法》

第二百六十三条 以暴力、胁迫或者其他方法抢劫公私财物的,处三年以上十年以下有期徒刑,并处罚金;有下列情形之一的,处十年以上有期徒刑、无期徒刑或者死刑,并处罚金或者没收财产:

(一)入户抢劫的;

(二)在公共交通工具上抢劫的;

(三)抢劫银行或者其他金融机构的;

(四)多次抢劫或者抢劫数额巨大的;

(五)抢劫致人重伤、死亡的;

(六)冒充军警人员抢劫的;

(七)持枪抢劫的;

(八)抢劫军用物资或者抢险、救灾、救济物资的。

四、争议问题

本案的争议问题有两个:一是在共同抢劫过程中未直接实施杀人行为的共犯,是否要对其他共犯人造成的被害人死亡结果承担责任？二是对于如实供述犯罪行为但在此后的审理中又对主要犯罪事实予以否认的，能否认定为自首？

五、简要评论

(1) 在共同抢劫过程中，行为人虽未实施杀害行为，但其他共同犯罪人致使被害人死亡并未超出其主观认识范围的，对于致人死亡的后果应承当刑事责任。在共同犯罪中，各共犯人之间形成了相互利用、依赖的整体，依据"部分行为、全部责任"的法理，各共犯人要对未超出其主观认识范围的共同犯罪整体造成的结果承担责任。本案中被告人李建伏和陈世英与其他两名被告人预谋实施抢劫，无疑成立抢劫罪的共同犯罪，虽然按照事前预谋是采用尼龙绳捆绑和胶带封嘴的暴力手段进行抢劫，但李建伏、陈世英事先已知道郭玉林、王林随身带有尖刀，在抢劫实施的过程中，王林拿出尖刀对被害人进行威胁时，李建伏、陈世英两被告人均在现场看见，没有加以阻止。因此，两人对可能会出现被害人伤亡的后果应当能够预见，其主观上对郭玉林、王林两人为阻止被害人反抗、逃跑而实施的持刀加害行为主观上是有认识的。故此，"致被害人死亡"的后果并未超出其主观认识范围，要求其对此承担刑事责任是合理的。

(2) 虽如实供述犯罪行为但在此后的审理中又对主要犯罪事实予以否认的，不能认定为自首。按照最高人民法院《关于处理自首和立功具体应用法律若干问题的解释》第1条第(二)项之规定，犯罪嫌疑人自动投案并如实供述自己的罪行后又翻供的，不能认定为自首。一般而言，否认主要犯罪事实的，可认定为翻供，对案情细节的否认以及合理的辩解均不得视为翻供。本案中王林因形迹可疑被公安机关盘问，如实供述了公安机关尚未发觉的抢劫杀人事实，但其在此后的审理过程中对其持刀伤害被害人的事实予以否认，而这一事实对于抢劫而言不仅事关量刑，更是构成抢劫罪的一个不可或缺的要件，所以，这一事实自应认定为主要犯罪事实。被告人王林自动投案并如实供述自己的罪行后，又否认主要犯罪事实，属于翻供，因此，不能认定为自首。

案例 8-8　曾贤勇抢劫案[①]

一、基本案情

2001年3月1日下午，被告人曾贤勇携带斧头窜至贵阳市富水北路的中国工商银行富水北路支行营业厅内，在贵阳市海天房产开发公司女职员罗某拿出现金放在柜台准备办理存款业务时，将其现金计人民币27 600元悉数抢走，欲逃跑时被群众于厅内当场抓获，并被搜出随身携带的斧头一把。

[①] 参见陈兴良、张军、胡云腾主编：《人民法院刑事指导案例裁判要旨通纂》（下卷），北京大学出版社2013年版，第578页。

二、诉讼过程及裁判理由

一审法院经审理认为,被告人曾贤勇携带凶器抢夺他人财物,数额巨大,其行为已构成抢劫罪。公诉机关指控罪名成立,应予确认。辩护人关于被告人的犯罪行为应认定为抢夺罪的辩护意见,因《刑法》第267条第2款已有明确规定不予采纳;关于系犯罪未遂的辩护意见,因被告人曾贤勇系将被害人的钱款抢劫后在逃匿的时候被抓获的,其犯罪行为已经实施完毕,故亦不予采纳。遂判决被告人曾贤勇犯抢劫罪,判处死刑,剥夺政治权利终身,并处没收个人全部财产,作案凶器斧头一把依法没收销毁。

一审宣判后,被告人曾贤勇不服,以量刑过重为由提出上诉,其辩护人提出本案应定性为抢夺,一审量刑过重。

二审法院经审理认为,一审认定上诉人曾贤勇抢劫的犯罪事实清楚,证据确实充分,依法予以确认。辩护人所提出的应定性为抢夺的辩护意见,因上诉人曾贤勇为实施犯罪而携带斧头进行抢夺,依照《刑法》第267条第2款及最高人民法院《关于审理抢劫案件具体应用法律若干问题的解释》第6条之规定,其行为应以抢劫罪定罪处罚,辩护意见于法无据,不予采纳。上诉人曾贤勇携带凶器进入金融机构劫夺储户资金,数额巨大,其行为已构成抢劫罪。原判定罪准确,审判程序合法,鉴于上诉人曾贤勇在犯罪中对被害人的人身未造成任何伤害,在抓捕时没有持械反抗,本案尚未造成严重后果,根据罪刑相适应原则,原判量刑过重。故上诉人曾贤勇及其辩护人所提出的量刑过重的上诉理由及辩护意见成立,予以采纳。遂改判曾贤勇犯抢劫罪,判处无期徒刑,剥夺政治权利终身,并处没收个人全部财产。

三、关联法条

《中华人民共和国刑法》

第二百六十三条 以暴力、胁迫或者其他方法抢劫公私财物的,处三年以上十年以下有期徒刑,并处罚金;有下列情形之一的,处十年以上有期徒刑、无期徒刑或者死刑,并处罚金或者没收财产:

(一)入户抢劫的;
(二)在公共交通工具上抢劫的;
(三)抢劫银行或者其他金融机构的;
(四)多次抢劫或者抢劫数额巨大的;
(五)抢劫致人重伤、死亡的;
(六)冒充军警人员抢劫的;
(七)持枪抢劫的;
(八)抢劫军用物资或者抢险、救灾、救济物资的。

四、争议问题

本案的争议问题是,对"携带凶器抢夺"构成抢劫罪的理解,在银行或者金融机构抢劫客户现金的,能否认定为"抢劫金融机构",以及对本案被告人的行为是否应适用死刑等问题。

五、简要评论

(1) 随身携带具有严重危险性的器械进行抢夺的,应以抢劫罪论处。对于《刑法》第267条第2款规定的"携带凶器抢夺的,依照本法第二百六十三条的规定定罪处罚"中的"携带凶器抢夺"的理解与适用,最高人民法院《关于审理抢劫案件具体应用法律若干问题的解释》第6条专门予以了明确:《刑法》第267条规定的"携带凶器抢夺",是指行为人随身携带枪支、爆炸物、管制刀具等国家禁止个人携带的器械进行抢夺或者为了实施犯罪而携带其他器械进行抢夺的行为。据此,如果行为人随身携带国家禁止个人携带的器械进行抢夺的,一律以抢劫罪定罪处罚。如果行为人携带其他器械进行抢夺的,则需视其是否为实施犯罪而定。本案中被告人曾贤勇所携带之斧头虽不在国家禁止携带的器械之列,但其随身携带斧头属为实施抢夺而特别准备当可认定:一是斧头不属于随身携带品,无缘无故将斧头携带于身不合常理;二是被告人未能就其随身携带斧头作出合理解释。因此,对其行为应认定为抢劫罪。

(2) 在银行或其他金融机构营业大厅抢劫客户现金的,不能认定为抢劫金融机构。《刑法》之所以将抢劫银行或者其他金融机构等作为八种量刑情节,是为了突出打击针对银行或者其他金融机构的犯罪,以保护金融机构的安全。因此,最高人民法院《关于审理抢劫案件具体应用法律若干问题的解释》第3条提到的"抢劫银行或者其他金融机构",是指抢劫银行或者其他金融机构的经营资金、有价证券和客户的资金等,其中的客户资金应指已存入银行的客户的资金。本案中被告人曾贤勇抢劫的对象是正在银行或者其他金融机构等待办理业务的客户而不是金融机构本身,故其行为不宜视为对金融机构实施抢劫。

(3) 携带凶器抢夺过程中未使用暴力且未遂的,不宜判处死刑。就抢劫罪的量刑而言,司法实践中往往存在这样的认识误区,认为对《刑法》规定的八种加重处罚情节要在10年以上有期徒刑、无期徒刑、死刑的法定量刑幅度内从重处罚,因此,对于符合八种加重处罚情节的抢劫行为,往往出于形势的需要,不加区别地适用死刑。其实,从刑法对八种加重处罚情节量刑幅度的排列顺序上看,立法倾向是很明显的,首先是10年以上有期徒刑,其次是无期徒刑,死刑只是最后的选择。所以,对于符合八种加重处罚情节的抢劫行为的具体量刑,仍需根据具体案情区别对待。其中,对是否使用暴力以及暴力的方式、暴力程度如何,应当加以充分考虑。另外,符合八种加重处罚情节的抢劫行为,如果具有自首、立功等法定从轻、减轻情节的,或者属于犯罪未遂的,仍然应当依法从轻、减轻处罚。本案中,被告人曾贤勇乘被害人等待存款之机,从被害人手中抢得现金,在此瞬间,从被害人的角度似乎已经失去对该现金的控制,但是从行为人的角度,结合银行营业大厅这一特定环境,行为人并未实际控制、取得该财物,其尚未跑出银行营业大厅即被当场抓获,故仍属于犯罪未遂。且被告人自始至终未使用暴力或者暴力威胁,未对被害人造成任何人身伤害,故二审撤销对被告人的死刑判决是正确的。

第九章 毒品犯罪

案例 9-1 郑大昌走私毒品案①

一、基本案情

被告人郑大昌是台湾居民。1999年8月22日,被告人郑大昌将两块块状海洛因用胶纸绑在腰腹部,将装有稀释海洛因液体的三支注射针筒、一个小塑料瓶放在西装口袋内,持台湾居民来往大陆通行证从深圳市罗湖口岸出境时,被海关工作人员当场查获。经鉴定,块状海洛因净重350克,含量为23.7%,含海洛因的液体重15克。

二、诉讼过程及裁判理由

一审法院经审理认为,被告人郑大昌逃避海关监管,非法携带毒品海洛因出境,其行为已构成走私毒品罪。郑大昌虽能如实交代自己的罪行,认罪态度好,有悔罪表现,但由于其走私毒品数量大,罪行严重,不能对其从轻处罚。故判决被告人郑大昌犯走私毒品罪,判处死刑,剥夺政治权利终身。

一审宣判后,被告人郑大昌以其走私毒品的目的是为自己吸食、并非贩卖,认罪态度好,有悔罪表现为由,提出上诉,请求二审法院给予从轻处罚。其辩护人认为,郑大昌走私毒品是用于本人吸食,主观恶性不大,对社会危害较小,其行为应认定为非法持有毒品罪,不应只以数量作为量刑依据,还应考虑本案毒品纯度低,被告人认罪态度好,系初犯等因素,酌情从轻处罚。

二审法院经审理认为,上诉人郑大昌非法携带海洛因出境,其行为已构成走私毒品罪,走私海洛因数量大,属情节特别严重,依法应予严惩。郑大昌在出境时随身携带三支针筒,并在针筒内装好液体海洛因,以备随时注射,其是吸食毒品者的事实可以认定。但被告人郑大昌携带的海洛因数量大,无法认定其350克均是为了吸食,且走私毒品不以目的论。现有证据足以证明其行为属于携带海洛因出境,其吸食毒品的事实对定罪并无影响。郑大昌系初犯,认罪态度好,经查属实,但不是法定从轻处罚的理由。现行《刑法》对走私毒品的数量认定并不以纯度折算。

综上,被告人郑大昌及其辩护人要求从轻处罚的上诉理由和辩护意见不予采纳。裁定驳回上诉,维持原判,并依法将此案报请最高人民法院核准。

最高人民法院经复核认为,被告人郑大昌随身携带海洛因偷运出境的行为已构成走私毒品罪,一审判决、二审裁定认定的事实清楚,证据确实、充分,定罪准确,审判程序合法。郑

---

① 参见陈兴良、张军、胡云腾主编:《人民法院刑事指导案例裁判要旨通纂》(下卷),北京大学出版社2013年版,第974页。

大昌走私毒品数量大,应依法惩处,但根据本案的具体情节,对被告人郑大昌判处死刑,可不立即执行。判决撤销一审判决和二审裁定中对被告人郑大昌的量刑部分,改判死刑,缓期两年执行,剥夺政治权利终身。

三、关联法条

《中华人民共和国刑法》

第三百四十七条　走私、贩卖、运输、制造毒品,无论数量多少,都应当追究刑事责任,予以刑事处罚。

走私、贩卖、运输、制造毒品,有下列情形之一的,处十五年有期徒刑、无期徒刑或者死刑,并处没收财产:

(一)走私、贩卖、运输、制造鸦片一千克以上、海洛因或者甲基苯丙胺五十克以上或者其他毒品数量大的;

……

四、争议问题

本案争议的主要问题有两个:一是对于吸毒者携带较大数量毒品出境的,构成非法持有毒品罪还是走私毒品罪?二是吸食毒品者实施走私犯罪,除了吸食之外,可能用于贩卖或其他用途,在量刑时是否予以考虑,酌情从轻处理?

五、简要评论

走私毒品罪,是指逃避海关监管,非法运输、携带、邮寄毒品进出国(边)境的行为。行为人走私毒品通常是以继续贩卖牟利为目的,但也不排除行为人另有其他目的,包括可能是用于个人吸食或部分吸食等。从另一个角度说,走私毒品的目的如何或有无目的,不影响走私毒品罪的成立,只要行为人明知是毒品,主观上具有非法运输、携带、邮寄毒品进出国(边)境的故意,客观上实施了逃避海关监管,非法运输、携带、邮寄毒品进出国(边)境的行为,即符合走私毒品罪的构成。非法持有毒品罪,是指明知是毒品而非法持有的行为。持有是指人对物的控制、支配,走私毒品伴随着非法持有。然而,根据2008年最高人民法院印发的《全国部分法院审理毒品犯罪案件工作座谈会纪要》的规定,对被查获的毒品非法持有者,只有在确实没有证据证明其实施了走私、贩卖、运输、制造毒品等犯罪行为的情况下,才能以非法持有毒品罪论处。

从郑大昌随身携带的装有稀释海洛因的针筒也可表明,郑大昌有将走私的毒品用于个人吸食或部分吸食的可能,且二审法院查明郑大昌确是吸毒者。此外,本案现有的证据并不能证明郑大昌走私的毒品是用于贩卖的目的。但这些情况,均不影响被告人郑大昌的行为已构成走私毒品罪。本案被告人郑大昌的行为构成走私毒品罪,就不存在构成非法持有毒品罪的问题。一、二审法院对本案的定性是正确的。

《刑法》第347条规定,走私毒品,无论数量多少,都应当追究刑事责任。走私海洛因50克以上的,判处15年有期徒刑、无期徒刑或者死刑,并处没收财产。《刑法》第61条规定:

"对于犯罪分子决定刑罚的时候,应当根据犯罪的事实、犯罪的性质、情节和对于社会的危害程度,依照本法的有关规定判处。"这是《刑法》第 5 条罪刑相适应原则的具体体现,也是人民法院正确定罪量刑的依据。《全国部分法院审理毒品犯罪案件工作座谈会纪要》指出:毒品犯罪数量对毒品犯罪的定罪,特别是量刑具有重要作用,但毒品数量只是依法惩处毒品犯罪的一个重要情节而不是全部情节,在决定量刑时,对毒品数量标准不能简单化。特别是对被告人可能被判处死刑的案件,确定刑罚必须综合考虑被告人的犯罪情节、危害后果、主观恶性等多种因素。对于毒品数量虽已达到实际掌握判处死刑的标准,但可能有部分毒品是用于自己吸食而非全部用于出售的,在决定是否判处死刑立即执行时,更要慎重对待。对危害后果不是特别严重,或者被告人的主观恶性不是特别大,或者具有酌情从轻处罚等情节的,可不判处死刑立即执行。本案判决体现了这一精神。

案例 9-2 傅伟光走私毒品案①

一、基本案情

被告人傅伟光,香港居民。2007 年 12 月 3 日下午 5 点半左右,被告人傅伟光在香港旺角一间茶餐厅,受香港朋友"阿东"(具体情况不详)的指使,由"阿东"将一装有美沙酮药片的咖啡色皮挎包交给傅伟光,让傅伟光将该挎包带往深圳某住处,过关后由"阿东"打电话与傅伟光联系接货,傅伟光可得报酬港币 300 元。当晚 7 点 35 分,傅伟光持港澳居民来往内地通行证,从皇岗海关旅检大厅走无申报通道入境。经海关人员查验,在傅伟光随身携带的挎包内查获美沙酮药片 2 400 片,在其上衣左边口袋发现美沙酮药片 140 片,总共 2 540 片,重 383.5 克(该批药片均为药片密封包装方式,外包装成橙色,包装背部印有"Methadone BP Tablets 5 mg"字样,10 片药片为一排,共 254 排,约 14 排为一小塑料药袋包装,然后分别用 4 只白色塑料袋包装,再放入挎包内)。

二、诉讼过程及裁判理由

一审时被告人傅伟光辩称其当时不知道携带的是毒品,其辩护人认为,傅伟光认为美沙酮不是毒品,存在认识错误,没有走私毒品的故意。

一审法院经审理认为,傅伟光是一个心智正常的成年人,而且是阅历较为丰富的中年人,应当具有正常的辨认能力;傅伟光供称"阿东"告诉其要带的物品是戒毒药,而且"阿东"将挎包交给他时,其看到了包内是一排排的药丸;"阿东"叫傅伟光帮他带一些戒毒药入境,并承诺酬劳为港币 300 元。但"阿东"并非自己不到深圳,而是让傅伟光帮其把戒毒药带到深圳后"阿东"再打电话取货,意即"阿东"自己也由香港到深圳,但是这批物品他自己不带,却花钱雇用傅伟光携带。傅伟光应当意识到"阿东"是在利用其持港澳居民来往内地通行

---

① 参见陈兴良、张军、胡云腾主编:《人民法院刑事指导案例裁判要旨通纂》(下卷),北京大学出版社 2013 年版,第 1008 页。

证,从皇岗海关旅检大厅走无申报通道入境的便利条件,"阿东"托其带此药片的目的就是逃避海关检查,该药片必定是违禁品;海关检查傅伟光时,不仅从其挎包内查获了美沙酮药片,而且还在其上衣口袋发现藏有美沙酮药片。所以,虽然傅伟光辩称自己不知道携带的物品是毒品,但是根据一般的常识、常理和逻辑及本案的诸多细节进行分析判断,可以认定被告人傅伟光明知走私的物品美沙酮药片系毒品。故判决被告人傅伟光违反国家法律法规,逃避海关监管,携带美沙酮383.5克入境,其行为构成走私毒品罪,判处有期徒刑7年,并处罚金人民币5 000元;扣押在案的美沙酮383.5克、咖啡色挎包1个予以没收。

一审宣判后,被告人傅伟光未提出上诉,公诉机关未提出抗诉,判决已发生法律效力。

三、关联法条

《中华人民共和国刑法》

第三百四十七条第三款　走私、贩卖、运输、制造鸦片二百克以上不满一千克、海洛因或者甲基苯丙胺十克以上不满五十克或者其他毒品数量较大的,处七年以上有期徒刑,并处罚金。

四、争议问题

被告人傅伟光拒不承认其明知走私的物品系毒品,对其主观认识如何认定?这是本案认定成立走私毒品罪的关键。这个问题又有两个层面:一是被告人是否知道携带的物品是什么(如毒品)?二是被告人是否知道美沙酮是毒品。如果被告人不知道携带的是何物,或者知道携带的是美沙酮,但不知美沙酮是毒品,就难以认定其行为成立走私毒品罪。

五、简要评论

走私毒品罪近些年来在我国再度猖獗,成为司法机关打击走私毒品犯罪的工作重点之一。与此同时,走私毒品的犯罪分子也通常具有较充分的反侦查能力,加上毒品隐蔽性强,查证和认定走私毒品犯罪仍存在较大的困难。走私毒品罪是故意犯罪,要求行为人必须对犯罪对象有明确的认识,即要求行为人主观上明知是毒品而走私。在司法实践中,经常会出现行为人以其主观上不明知其携带、运输、走私的物品是毒品而辩解其行为不是犯罪或不构成毒品犯罪的情况,如何通过其他证据来认定犯罪嫌疑人、被告人主观上具有明知,是查证走私毒品罪的重要课题。

实务主流观点认为,应当综合考虑案件中的各种客观实际情况,依据实施毒品犯罪行为的过程、行为方式、毒品被查获时的情形和环境等证据,结合被告人的年龄、阅历、智力及掌握相关知识的情况,进行综合分析判断,只要能够推定行为人应当知道其携带、运输、走私的物品可能是毒品,即可认定行为人主观上明知。本案中,一审法院通过考察被告人的年龄、阅历、精神能力(心智正常、阅历丰富的中年人),事情的前后经过及通关细节(如将部分药品放在个人上衣口袋中,利用其持港澳居民来往内地通行证,从皇岗海关旅检大厅走无申报通道入境的便利条件等),毒品的包装方法等,推断被告人应当知道携带的是毒品,认定被告人主观明知成立,行为人构成走私毒品罪。

但是,本案判决令人感到不足的是:第一,这种"应当知道"是以一般人为标准,还是以当事人为标准。如果以一般人为标准的,这种做法是否会伤及无辜。第二,一审法院对被告人是否明知其代运的毒品仅仅是一种普通的药品?是否知道美沙酮是毒品?似乎并没有说明充分。本案似乎不能排除以下可能:虽然行为人是阅历丰富、心智正常的中年人,但其朋友告知委托其携带的是戒毒药而不是毒品;虽然其走无申报通道,但也不能排除其仅知道携带的可能是不能随便入境的药品,不知其就是毒品;或者完全不清楚美沙酮是毒品(对一般人来说,这并非不可能)。在这种情况下,根据一审法院根据所谓一般人的标准推定其应当知道,仍令人觉得有些勉强。

案例9-3 李惠元贩卖毒品案[1]

一、基本案情

被告人李惠元曾因犯盗窃罪、贩卖毒品罪分别于1981年3月、1998年5月被判处有期徒刑3年、有期徒刑两年。2003年11月至12月间,被告人李惠元先后两次从广东省惠来县购得海洛因50克、100克携带回福建省厦门市后,单独或通过杨沁秋(同案被告人,已判刑)贩卖给陈桂洲(同案被告人,已判刑)。同年12月18日晚7时许,被告人李惠元从广东省惠来县购得海洛因后乘车返回厦门市时,在漳厦高速公路杏林收费站出口处被公安机关抓获,公安机关当场从其随身携带的黑色手提袋内缴获海洛因302.2克。

2003年12月19日晚10时许,陈芳(另案处理,已判刑)将被告人李惠元存放在二人租住的厦门市钱炉灰埕横巷15号房里的海洛因取出贩卖给他人时,被公安机关抓获,当场缴获海洛因146克。

二、诉讼过程及裁判理由

一审法院经审理认为,被告人李惠元贩卖海洛因598.2克,其行为已构成贩卖毒品罪。李惠元曾因贩卖毒品被判过刑,应从重处罚,故判决李惠元犯贩卖毒品罪,判处死刑,剥夺政治权利终身,并处没收个人财产。

被告人李惠元不服一审判决,提出上诉称,其是应陈桂洲所托而带毒品,从中只获得约定的补贴每克10元,原判决认定其从中获利有悖常理;其主观恶性小,毒品没有流入社会造成危害,请求改判。李惠元的辩护人认为,原判决事实不清,证据不足,请求从轻处罚。

二审法院经审查认为,被告人李惠元为谋取非法利益,明知海洛因是国家禁止的毒品而非法进行贩卖或销售活动,其行为已构成贩卖毒品罪。其贩卖海洛因598.2克,数量大,又系毒品再犯,依法从重处罚。原判决认定的事实清楚,证据确实、充分,定罪准确,量刑适当,审判程序合法,被告人李惠元的上诉理由不能成立,不予采纳,故裁定驳回上诉,维持原判。

---

[1] 参见陈兴良、张军、胡云腾主编:《人民法院刑事指导案例裁判要旨通纂》(下卷),北京大学出版社2013年版,第985页。

二审法院依法将本案报请最高人民法院核准。

最高人民法院经复核后认为,被告人李惠元贩卖海洛因598.2克的行为,已构成贩卖毒品罪。贩卖毒品数量大,又系毒品再犯,应依法从重处罚。一审判决和二审裁定认定的事实清楚,证据确实、充分,定罪准确,审判程序合法。鉴于李惠元贩卖的毒品含量(3.89%)较低,对其判处死刑,可不立即执行。判决撤销一审和二审刑事判决中对被告人李惠元的量刑部分,被告人李惠元贩卖毒品罪,判处死刑,缓期两年执行,剥夺政治权利终身,并处没收个人全部财产。

三、关联法条

《中华人民共和国刑法》

第三百四十七条第二款　走私、贩卖、运输、制造毒品,有下列情形之一的,处十五年有期徒刑、无期徒刑或者死刑,并处没收财产:

(一)走私、贩卖、运输、制造鸦片一千克以上、海洛因或者甲基苯丙胺五十克以上或者其他毒品数量大的;

……

第三百五十七条第二款　毒品的数量以查证属实的走私、贩卖、运输、制造、非法持有毒品的数量计算,不以纯度折算。

四、争议问题

本案主要问题是对于贩卖的毒品中大量掺假,毒品的含量较低的,在其量刑时如何坚持罪责刑相适应原则问题。根据《刑法》第357条第2款的规定,毒品的数量以查证属实的走私、贩卖、运输、制造、非法持有的数量计算,不以纯度折算。在本案诉讼中,人民法院认定上诉人李惠元贩卖海洛因598.2克,数量大,但其中查获的302.2克海洛因经刑事科学技术鉴定其海洛因含量为3.98%,由陈芳经手贩卖的146克(已失去鉴定条件)海洛因未做含量鉴定。对于如何量刑,存在不同意见。一种意见认为,李惠元贩卖海洛因的次数多、数量大,尽管含量低,但因系再犯,可以判处死刑;另一种意见认为,本案查获的302克海洛因含量不到4%,是典型的掺假十分严重的毒品。由陈芳经手贩卖的146克(已失去鉴定条件)海洛因未做含量鉴定,与最高人民法院关于判处死刑的毒品案件要对毒品进行含量检验的要求不符。为保证案件质量,严把死刑关,可以改判李惠元死缓。

五、简要评论

在我国目前所查获的毒品犯罪中,毒品纯度相差很大,有不少的毒品掺假而导致含量低。对于毒品纯度是否需要鉴定,各个国家和地区都有不同的做法。就我国而言,我国《刑法》规定,毒品的数量以查证属实的走私、贩卖、运输、制造、非法持有毒品计算,不以毒品纯度折算。但是不以毒品纯度折算不意味着丝毫不考虑毒品的纯度对量刑的影响,毒品的纯度较低意味着对社会危害性相对低一些,根据罪刑相适应原则,应当在量刑上予以考虑。我国现行法规及相关政策也要求对一些案件毒品纯度做鉴定,比如,可能判处死刑的毒品案件;大量掺假的毒品案;成分复杂的新型毒品案件。最高人民法院《全国部分法院审理毒品犯罪案件工作座谈会纪要》也指出,根据《刑法》的规定,对于毒品的数量不以纯度折算。但对于查获的毒品有证据证明大量掺假,经鉴定查明毒品含量极少,确有大量掺假成分的,在处刑时应酌情考虑。特别是掺假之后毒品数量才达到判处死刑的标准的,对被告人可不判处死刑立即执行。

本案被告人李惠元贩卖海洛因的次数多、数量大,又系再犯,本应依法从重处罚。但本案查获的302克海洛因经鉴定含量仅为3.98%,由陈芳经手贩卖、李惠元存放在其租住处的146克海洛因亦未做含量鉴定(已不具有鉴定条件),另外150克海洛因被李惠元贩卖销售,因李惠元购买的海洛因均系从同一地点向同一人购买的,从有利于被告人的角度考虑,未做含量鉴定的和被其销售的海洛因亦应按被查获的经鉴定的海洛因含量3.98%计算。那么,李惠元贩卖的海洛因共计598.2克,经计算,不足纯海洛因24克,这与法律规定和最高人民法院掌握的判处死刑的标准有较大差距。鉴于李惠元贩卖的毒品含量较低,对其判处死刑可不立即执行,故最高人民法院在复核本案时对李惠元改判为死刑缓期执行。

案例9-4 宋国华贩卖毒品案[①]

一、基本案情

被告人宋国华1998年3月20日曾因犯贩卖毒品罪被判处有期徒刑10个月,同年10月5日刑满释放。2003年8月中旬,被告人宋国华与被告人江涛在重庆市约定,宋国华向江涛购买海洛因900克,并支付了毒资款人民币10万元。同年9月中旬,江涛指挥同案被告人徐惠莉、陈小芽采取人体藏毒的方式携带海洛因900克到重庆。9月14日,宋国华接通知后到长城宾馆407房间从徐惠莉处取走海洛因586克,藏匿于重庆市南岸区南坪东路526号×单元×号家中。下午14时许,宋国华驾车至长城宾馆附近公路边从徐惠莉手中取剩余海洛因314克,二人当即被公安人员抓获,并从宋国华的车内查获毒品海洛因314克。宋国华归案后,主动交代其家中藏匿有海洛因,公安机关据宋国华的交代,从其住处查获海洛因586克,并从其借用的房间内搜查出千斤顶、天平秤、搅拌器、铁器具等物品。

二、诉讼过程及裁判理由

一审法院经审理认为,被告人宋国华曾因犯贩卖毒品罪被判刑,刑满释放后不思悔改,以贩卖为目的而购买900克高纯度海洛因,其行为已构成贩卖毒品罪。公诉机关指控的事实和罪名成立。被告人宋国华贩卖毒品数量大且系毒品再犯,应从重处罚。关于被告人宋国华提出其购买毒品是自己吸食,不是为了贩卖,不构成贩卖毒品罪的辩解,以及其辩护人提出宋国华的行为构成非法持有毒品罪,不构成贩卖毒品罪的辩护意见,经查,被告人宋国

---

① 参见陈兴良、张军、胡云腾主编:《人民法院刑事指导案例裁判要旨通纂》(下卷),北京大学出版社2013年版,第986页。

华曾因贩毒被判刑,本案案发后从宋国华的借住处查获加工毒品的工具以及本案所查获的毒品数量大、纯度高,足以认定宋国华是为了贩毒而购买毒品,应以贩卖毒品罪追究其刑事责任。被告人宋国华归案后主动交代其家中藏匿的586克海洛因并提供上家的线索以及认罪态度好等属实,其交代毒品的藏匿地点以及上家的线索属认罪态度问题,不能认定有立功表现;宋国华贩卖毒品数量大、纯度高,其认罪态度不足以对其从轻处罚。判决被告人宋国华犯贩卖毒品罪,判处死刑,剥夺政治权利终身,并处没收财产人民币10万元。

一审宣判后,宋国华不服,提出上诉,辩称其购买海洛因是用于自己及家人吸食而非贩卖,属于非法持有毒品,请求依法改判。其辩护人亦提出原判定性不当,宋国华的行为属非法持有毒品。

二审法院审理后认为,上诉人宋国华以贩卖为目的购买海洛因900克,其行为触犯我国《刑法》第347条第2款第(一)项的规定,犯贩卖毒品罪,且贩卖毒品数量大,又是毒品犯罪的再犯,依法应予从重处罚。宋国华有贩毒前科,又一次性购买大量的高纯度毒品,还拥有毒品加工工具,明显具有将所购买的毒品加工贩卖的意图,故宋国华上诉提出其购买海洛因是用于自己及家人吸食而非贩卖,属非法持有毒品的上诉理由及其辩护人提出的原判决定性不当,宋国华的行为属非法持有毒品的辩护意见不能成立。故裁定驳回上诉,维持原判,并依法将此案报请最高人民法院核准。

最高人民法院经复核认为,鉴于被告人宋国华及其子均系吸毒成瘾者,且查获的其藏匿铁器具已锈蚀严重,现有证据尚不足以证明其购买毒品的目的是为了贩卖。宋国华购买大量海洛因并非法持有的行为,已构成非法持有毒品罪。依照《刑法》第348条的规定,判决被告人宋国华犯非法持有毒品罪,判处无期徒刑,剥夺政治权利终身,并处没收财产人民币10万元。

三、关联法条
《中华人民共和国刑法》

第三百四十七条第二款　走私、贩卖、运输、制造毒品,有下列情形之一的,处十五年有期徒刑、无期徒刑或者死刑,并处没收财产:

(一)走私、贩卖、运输、制造鸦片一千克以上、海洛因或者甲基苯丙胺五十克以上或者其他毒品数量大的;

……

第三百四十八条　非法持有鸦片一千克以上、海洛因或者甲基苯丙胺五十克以上或者其他毒品数量大的,处七年以上有期徒刑或者无期徒刑,并处罚金;非法持有鸦片二百克以上不满一千克、海洛因或者甲基苯丙胺十克以上不满五十克或者其他毒品数量较大的,处三年以下有期徒刑、拘役或者管制,并处罚金;情节严重的,处三年以上七年以下有期徒刑,并处罚金。

四、争议问题
本案的争议问题是,对购买数量巨大的毒品且有证据表明行为人系瘾君子的事实如何进行定性,即以贩卖毒品罪还是非法持有毒品罪论处?这里固然存在对证据的认定问题,但也是对非法持有毒品罪和贩卖毒品罪之间关系的把握问题。

五、简要评论

对于为了贩卖毒品而购买毒品与非法持有毒品中购买较大数量的毒品,以满足自身或者他人吸食需要的,客观行为具有相似之处,即形式上同样都是向他人购买毒品。两者在犯罪主体和数量要求上也有所差别,贩卖毒品罪对涉毒数量和主体年龄没有要求,而非法持有型犯罪要求必须非法持有一定数量的毒品和行为人年满16周岁以上。但二者区别的关键在于行为人的主观故意。如果行为人购买毒品的目的是为了贩卖,则构成贩卖毒品罪;如果不能证明行为人购买毒品是为了贩卖,或者有证据证明行为人不是以牟利为目的,为他人代买仅用于自己吸食的毒品,尽管可能达到较大数量,也构成非法持有毒品罪。

一、二审法院在没有充分证据足以证明宋国华购买毒品是为了以贩养吸的情况下,认定宋国华构成贩卖毒品罪是不恰当的。但是,其购买海洛因而非法持有的证据是确实的,将其认定为非法持有毒品罪是妥当的。

案例9-5　佟波非法持有毒品案①

一、基本案情

2003年10月27日9时许,被告人佟波乘坐合肥至北京西的1410次旅客列车,因其携带3包可疑物品,被公安机关查获并收缴。经鉴定,蓝色塑料袋内装褐色粉末重量66.8克,检出海洛因;黄色塑料袋内装棕色粉末重量115克,检出咖啡因、巴比妥;白色塑料袋内装褐色粉末重量1.3克,检出海洛因、咖啡因、巴比妥。佟波归案后,对其进行了尿样检验呈阳性,且有戒断反应。

二、诉讼过程及裁判理由

公诉机关指控,被告人佟波明知是毒品而运输,其行为已构成运输毒品罪,诉请一审法院依法予以惩处。被告人佟波对指控其携带毒品乘车的犯罪事实不持异议,但辩称其外出购买毒品是为了自己吸食,没有牟利的主观故意,自己的行为应按非法持有毒品罪认定。

一审法院经审理认为,被告人佟波违反国家对毒品的管制法规,明知是毒品仍非法持有,其行为侵犯了国家对毒品的管理制度和公民的身体健康权,已构成非法持有毒品罪,且所持海洛因重量在50克以上,应依法予以惩处。佟波系公安机关在册吸毒人员,公诉机关当庭列举的证据仅能证明佟波明知是毒品而携带上车,不能证明佟波具有牟利的目的和有贩卖、运输毒品的故意,故公诉机关指控佟波犯运输毒品罪证据不足,不予认定。对佟波的"购买毒品是为了自己吸食,没有牟利的主观故意,自己的行为应按非法持有毒品罪认定"的

---

① 参见陈兴良、张军、胡云腾主编:《人民法院刑事指导案例裁判要旨通纂》(下卷),北京大学出版社2013年版,第1014页。

辩解意见,予以采纳,认定佟波犯非法持有毒品罪。佟波归案后,认罪态度较好,具有悔罪表现,应对其酌情从轻处罚。判决被告人佟波犯非法持有毒品罪,判处有期徒刑7年,并处罚金人民币2万元。

一审宣判后,佟波不服提出上诉称,其持有的毒品是"大烟",量刑过重;辩护人辩称,一审判决认定佟波非法持有的毒品是海洛因的证据不足。

二审法院审理后认为,上诉人佟波明知是毒品,仍非法持有,其行为侵犯了国家对毒品的管理制度和公民的身体健康权,已构成非法持有毒品罪。佟波非法持有的毒品的重量和品质,有公安部的物证检验报告证实,佟波和其辩护人提出的非法持有的毒品不是海洛因的意见,没有事实依据。佟波所提量刑过重的意见,也没有法律依据,不予采纳。一审法院审判程序合法,认定事实清楚,证据确实、充分,量刑适当。裁定驳回上诉,维持原判。

三、关联法条

《中华人民共和国刑法》

第三百四十七条第二款　走私、贩卖、运输、制造毒品,有下列情形之一的,处十五年有期徒刑、无期徒刑或者死刑,并处没收财产:

(一)走私、贩卖、运输、制造鸦片一千克以上、海洛因或者甲基苯丙胺五十克以上或者其他毒品数量大的;

……

第三百四十八条　非法持有鸦片一千克以上、海洛因或者甲基苯丙胺五十克以上或者其他毒品数量大的,处七年以上有期徒刑或者无期徒刑,并处罚金;非法持有鸦片二百克以上不满一千克、海洛因或者甲基苯丙胺十克以上不满五十克或者其他毒品数量较大的,处三年以下有期徒刑、拘役或者管制,并处罚金;情节严重的,处三年以上七年以下有期徒刑,并处罚金。

四、争议问题

本案的主要问题是,在国内运输过程中发现乘客携带毒品,构成运输毒品罪还是非法持有毒品罪?

一种意见认为,只要在交通运输工具上查获的携带毒品犯罪,在没有行为人走私、贩卖毒品等其他证据的情况下,应定运输毒品罪。此案的公诉机关就采纳了这种观点,理由是,行为人携带毒品乘坐交通运输工具的行为,使毒品发生位移,是典型的运输毒品的行为,查获的毒品和车、船、飞机票及公安机关出具的在交通运输工具上抓获经过证明等证据,就是证明运输毒品罪的有力证据。

另一种意见认为,在此种情况下,缺少证明行为人运输毒品主观故意的证据。行为人携带毒品乘坐交通运输工具的行为与利用交通工具运输毒品的行为不能等同,在被告人否认有运输毒品故意的情况下,只能定非法持有毒品罪。这里涉及运输毒品罪的构成要件及其与非法持有毒品罪的关系问题。

五、简要评论

运输毒品罪,是指以携带、邮寄、利用他人或者使用交通工具等方法在我国领域内运送毒品的行为。非法持有毒品罪是指明知是毒品而非法持有且数量较大的行为。在客观上,二者都可以表现为在运输工具上携带毒品,区别的关键在于是否存在运输毒品的故意,但如何认定行为人是运输故意还是持有故意,应当依据行为人自身的情况、查获毒品的数量、品质等情况,综合进行认定。因此,2000年4月4日发布的《全国法院审理毒品犯罪案件工作座谈会纪要》(已失效)对毒品犯罪案件的定性有如下规定:"吸毒者在购买、运输、存储毒品过程中被抓获的,如没有证据证明被告人实施了其他毒品犯罪行为的,一般不应定罪处罚,但查获的毒品数量大的,应当以非法持有毒品罪定罪;毒品数量未超过刑法第三百四十八条规定数量最低标准的,不定罪处罚。"2008年《全国部分法院审理毒品犯罪案件工作座谈会纪要》重申了这一点。

根据上述规定,本案中行为人供述携带毒品是为了自己吸食,又有证据证明行为人是吸毒者,没有与此相反或证明行为人还实施了其他毒品犯罪的证据,且就查明的数量、毒品物理特性而言,不足以认定为运输毒品罪。一、二审法院的处理符合《全国法院审理毒品犯罪案件工作座谈会纪要》的精神,是合理的。

案例9-6 许实义贩卖毒品案[①]

一、基本案情

被告人许实义曾于2004年2月24日因贩卖毒品罪被判处有期徒刑3年,2006年3月30日刑满释放。2008年6月,被告人许实义分两次在潮州市湘桥区昌黎路文化公园后围墙中段厕所旁共将8克毒品海洛因贩卖给吸毒人员刘建平、邱岳荣,得赃款人民币4 800元。同年9月25日,潮州市公安局湘桥区分局根据掌握的情况,在潮州市安黄公路黄金塘附近路段截获被告人许实义,并当场在许实义驾驶的摩托车护架内缴获红双喜牌香烟1条,内藏毒品海洛因共509.8克。

二、诉讼过程及裁判理由

一审法院审理认为,被告人许实义贩卖、运输毒品海洛因数量大,其行为已构成贩卖、运输毒品罪。被告人许实义以前因贩卖毒品罪被判处过有期徒刑以上刑罚,在刑罚执行完毕后5年内又故意再犯应当判处有期徒刑以上刑罚之罪,是累犯,应当从重处罚。关于被告人许实义及其辩护人提出,许实义不知道香烟盒内藏有毒品海洛因,因此不能认定许实义的行为构成运输毒品罪的意见,经查,被告人许实义采取高度隐蔽的方式运输物品,侦查人员查获毒品,许实义对此不能作出合理的解释,应认为其明知香烟盒内藏有毒品,其行为已构成

[①] 参见陈兴良、张军、胡云腾主编:《人民法院刑事指导案例裁判要旨通纂》(下卷),北京大学出版社2013年版,第1005页。

运输毒品罪,故该辩护意见不成立,不予采纳。判决被告人许实义犯贩卖、运输毒品罪,判处死刑,缓期两年执行,剥夺政治权利终身,并处没收个人全部财产。

一审宣判后,许实义提出上诉称,原判仅根据与其有利害关系的证人刘建平的证言以及与刘建平的证言不一致的邱岳荣的证言作为认定其贩卖毒品的事实属证据不足;查获的509.8克毒品系其捡来的,其对此并不知情,故其行为并不构成运输毒品罪。

二审法院审理认为,原审判决认定事实清楚充分,定罪准确,量刑适当,审判程序合法。裁定驳回上诉,维持原判。

三、关联法条
《中华人民共和国刑法》

第三百四十七条第二款 走私、贩卖、运输、制造毒品,有下列情形之一的,处十五年有期徒刑、无期徒刑或者死刑,并处没收财产:

(一)走私、贩卖、运输、制造鸦片一千克以上、海洛因或者甲基苯丙胺五十克以上或者其他毒品数量大的;

……

第三百四十八条 非法持有鸦片一千克以上、海洛因或者甲基苯丙胺五十克以上或者其他毒品数量大的,处七年以上有期徒刑或者无期徒刑,并处罚金;非法持有鸦片二百克以上不满一千克、海洛因或者甲基苯丙胺十克以上不满五十克或者其他毒品数量较大的,处三年以下有期徒刑、拘役或者管制,并处罚金;情节严重的,处三年以上七年以下有期徒刑,并处罚金。

四、争议问题
本案的争议焦点在于,如何认定被告人对在其驾驶的摩托车护架内缴获红双喜牌香烟(1条)中藏有毒品海洛因共509.8克具有明知。

五、简要评论
运输毒品罪属于故意犯罪,要求运输毒品罪的主观方面是明知是毒品,否则就不构成运输毒品罪。在司法实践中,通常遇到犯罪嫌疑人到案后辩称其主观上不知道其携带了毒品或不清楚所带的物品是毒品的情况,不承认其实施了犯罪。本案就是这样的典型案例,在被告人的摩托车护架内发现被精心隐藏的毒品,对此被告人辩称不知香烟里有毒品,香烟是捡来的。因此,如何综合在案证据分析判断被告人主观上是否明知,就成为司法实践中的难点。

为此,最高人民法院2008年12月印发了《全国部分法院审理毒品犯罪案件工作座谈会纪要》,该纪要第10条以列举加概括的方式规定了10种可以推定被告人主观明知的具体情形:

(1)执法人员在口岸、机场、车站、港口和其他检查站点检查时,要求行为人申报为他人携带的物品和其他疑似毒品物,并告知其法律责任,而行为人未如实申报,在其携带的物品中查获毒品的。

（2）以伪报、藏匿、伪装等蒙蔽手段，逃避海关、边防等检查，在其携带、运输、邮寄的物品中查获毒品的。

（3）执法人员检查时，有逃跑、丢弃携带物品或者逃避、抗拒检查等行为，在其携带或者丢弃的物品中查获毒品的。

（4）体内或者贴身隐秘处藏匿毒品的。

（5）为获取不同寻常的高额、不等值报酬为他人携带、运输物品，从中查获毒品的。

（6）采用高度隐蔽的方式携带、运输物品，从中查获毒品的。

（7）采用高度隐蔽的方式交接物品，明显违背合法物品惯常交接方式，从中查获毒品的。

（8）行程路线故意绕开检查站点，在其携带、运输的物品中查获毒品的。

（9）以虚假身份或者地址办理托运手续，在其托运的物品中查获毒品的。

（10）有其他证据足以认定行为人应当知道的。

具有上列情形之一，被告人不能作出合理解释的，可以认定其"明知"是毒品，但有证据证明确属被蒙骗的除外。这个规定为司法实践根据已有证据认定"明知"提供了指导，具有很强的操作性，本案一、二审法院显然能够从中找到根据［第(6)项］。

但是，值得怀疑的是，该纪要所确立的认定标准能否准确地帮助司法实践中对"明知"的认定，其是否具有正当性、合法性和合理性？从该纪要的规定中我们不难发现，这些规定其实很难排除合理怀疑，推定的成分较大，尤其是由被告人作出合理解释，如果不能或没有证据证明确属被蒙骗，就可以认定是明知，这里不仅存在有罪推定之嫌，也有将证明责任倒置给被告人、犯罪嫌疑人之嫌。另外还必须指出的是，明知和故意是两个不同的概念，如果仅有明知和持有事实(包含在运载工具中发现物品)，而不清楚运输的目的地，案件似乎判决为非法持有毒品罪更为妥当，因为运输毒品罪不仅需要明知，还需要意志因素，包括运输的目的。这些在上述判决中似乎还没有体现。

案例9-7　苏永清贩卖毒品案①

一、基本案情

2001年4月29日，为贩卖毒品牟利，被告人苏永清找到许某(公安机关特情人员)，要求许某代其联系购买毒品甲基苯丙胺(俗称"冰毒")。许某向公安机关汇报这一情况后，经公安机关研究，决定由公安人员以卖主身份与苏永清接触。随后许某带上由公安机关提供的少量甲基苯丙胺作为样品交给苏永清验货。苏永清看过样品后，决定以每公斤人民币

---

① 参见陈兴良、张军、胡云腾主编：《人民法院刑事指导案例裁判要旨通纂》(下卷)，北京大学出版社2013年版，第975页。

2.35万元的价格购买甲基苯丙胺35公斤,一次性支付货款,并约定于同年5月11日进行交易。5月10日晚,苏永清带被告人黄斌到晋江市帝豪酒店与许某会面,告知许某届时将由黄斯斌代表其携款前来与卖主进行毒品交易。5月11日中午12时许,黄斯斌携带人民币818 400元到晋江市帝豪酒店702室与卖主交易。期间,苏永清为交易事项,与黄斯斌多次电话联系,并于下午3时许赶到交易地点催促尽快交易。随后,公安机关将苏永清、黄斯斌当场抓获。

二、诉讼过程及裁判理由

一审法院经审理认为,被告人苏永清、黄斯斌为出售毒品牟利,而积极联系购买甲基苯丙胺,其行为均已构成贩卖毒品罪。公诉机关指控二被告人的罪名成立,应予支持。二被告人为贩卖而积极购买毒品,数量特别巨大,本应从严惩处,但因意志以外的原因未能得逞,系犯罪未遂,可比照既遂犯从轻处罚。其中,被告人苏永清为购买毒品积极联系、决定购买毒品种类、数量,在共同购买毒品行为中起主要作用,是主犯,判处无期徒刑,剥夺政治权利终身,并处没收个人全部财产;被告人黄斯斌在苏永清的指使下参与购买毒品,在共同犯罪中起次要作用,是从犯,判处有期徒刑12年,并处罚金人民币7万元。在案扣押的毒资人民币818 400元,依法予以没收,上缴国库。

一审判决后,二被告人不服,提出上诉。

二审法院经审理,裁定驳回上诉,维持原判。

三、关联法条

《中华人民共和国刑法》

第三百四十七条 走私、贩卖、运输、制造毒品,无论数量多少,都应当追究刑事责任,予以刑事处罚。

走私、贩卖、运输、制造毒品,有下列情形之一的,处十五年有期徒刑、无期徒刑或者死刑,并处没收财产:

(一)走私、贩卖、运输、制造鸦片一千克以上、海洛因或者甲基苯丙胺五十克以上或者其他毒品数量大的;

……

四、争议问题

本案的主要争议问题是,为贩卖毒品向公安特情人员购买毒品的行为是否存在"犯意引诱"和"数量引诱"?最高人民法院《全国部分法院审理毒品犯罪案件工作座谈会纪要》指出,"犯意引诱"是指行为人本没有实施毒品犯罪的主观意图,而是在特情诱惑和促成下形成犯意,进而实施毒品犯罪。"数量引诱"是指行为人本来只有实施数量较小的毒品犯罪的故意,在特情引诱下实施了数量较大甚至达到可判处死刑数量的毒品犯罪。对已持有毒品待售或者有证据证明已准备实施大宗毒品犯罪者,采取特情贴靠、接洽而破获的案件,不存在犯罪引诱,应当依法处理。对因"犯意引诱"实施毒品犯罪的被告人,根据罪刑相适应原则,应当依法从轻处罚,无论涉案毒品数量多大,都不应判处死刑立即执行。对因"数量引诱"实施毒品犯罪的被告人,也应当依法从轻处罚,即使毒品数量超过实际掌握的死刑数量标准,一般也不判处死刑立即执行。本案的问题是,被告人虽然为贩毒而主动联系卖家,但是公安特情人员的步步配合,提供数额巨大的毒品,最终使毒品交易几近完成,是否存在"犯意引诱"或"数量引诱"?

五、简要评论

本案中,被告人苏永清为转手出卖毒品牟利,主动找到公安机关特情人员许某,要求许代其联系购买甲基苯丙胺,并提出要向许某购买甲基苯丙胺35公斤。随后,苏永清派人携带足额购毒款前往进行实际交易。尽管本案中苏永清联系的毒品卖主实际上是公安人员,但犯意的产生、购毒意向、购毒种类、购毒数量、交易价格、交易时间、地点等均是出自于苏永清自身。因此,一审法院认为,在该起毒品交易中,公安特情和公安机关并不存在"犯意引诱"和"数量引诱"问题,苏永清及其同伙已开始着手以贩卖为目的而非法购买毒品的行为,被告人苏永清及其同案被告人均构成贩卖毒品罪。这种处理意见符合《全国部分法院审理毒品犯罪案件工作座谈会纪要》的精神,即"对已持有毒品待售或者有证据证明已准备实施大宗毒品犯罪者,采取特情贴靠、接洽而破获的案件,不存在犯罪引诱,应当依法处理"。因为不存在"犯意引诱"和"数量引诱"问题,所以一审法院按照普通的犯罪未遂,比照既遂犯从轻处罚犯罪人。

但是,问题在于,本案中的贩卖毒品罪毕竟是一个购买者与售卖者之间互动演进发展的过程,尽管被告人的犯意产生是独立的,但是本罪发展到交易前的犯罪未遂、数量、地点、方式等是与公安机关互动的结果。尽管根据司法解释的界定不能构成"犯意引诱"和"数量引诱",但是这种情况与普通的贩卖毒品罪还是不同的,应当在责任追究上有所体现。

案例9-8 李靖贩卖、运输毒品案[①]

一、基本案情

被告人李靖,1988年12月27日因犯盗窃罪被判处有期徒刑14年,1989年3月因病监外执行;1991年11月9日因犯贩卖毒品罪被判处有期徒刑15年,与前罪尚未执行完毕的刑罚并罚,决定执行有期徒刑20年,1995年6月因病监外执行。2004年6月份以来,被告人李靖多次从贵州省贵阳市购买海洛因,运输回西安市进行贩卖。2005年3月2日凌晨4时许,当被告人李靖再次携带海洛因从贵阳市返回西安市莲湖区自强西路光学测量仪器厂家属院门口时,被公安人员抓获。当场从其身上查获海洛因175.5克。

---

① 参见陈兴良、张军、胡云腾主编:《人民法院刑事指导案例裁判要旨通纂》(下卷),北京大学出版社2013年版,第993页。

二、诉讼过程及裁判理由

一审法院经审理认为，被告人李靖因贩卖毒品罪被判过刑，在前罪刑罚监外执行期间贩卖、运输海洛因175.5克，系毒品犯罪的再犯，应依法从重处罚；李靖又系前罪刑罚执行完毕以前重新犯罪，应当数罪并罚。故判决被告人李靖犯贩卖、运输毒品罪，判处死刑，剥夺政治权利终身，并处没收个人全部财产；与前罪未执行完毕的刑期8年零10个月13天合并，决定执行死刑，剥夺政治权利终身，并处没收个人全部财产。

宣判后，李靖不服，提出上诉称，原判量刑过重。其辩护人提出，李靖涉案毒品未流入社会，建议从轻处罚。

二审法院经审理认为，被告人李靖贩卖、运输海洛因的行为，已构成贩卖、运输毒品罪，贩卖、运输毒品数量大，且因犯贩卖毒品罪被判过刑，系毒品犯罪的再犯，罪行极其严重，依法应从重处罚；李靖又系前罪刑罚执行完毕以前重新犯罪，应当数罪并罚。其上诉理由不能成立，辩护人的辩护意见不予采纳。原判认定事实清楚，证据确实、充分，定罪准确，量刑适当，审判程序合法。裁定驳回上诉，维持原判，并依法将本案报请最高人民法院核准。

最高人民法院经复核后认为，被告人李靖从贵州省贵阳市购买海洛因运输到陕西省西安市贩卖的行为，已构成贩卖、运输毒品罪。贩卖、运输毒品数量大，应依法惩处。被告人李靖在前罪刑罚执行完毕以前又犯罪，依法应当数罪并罚。一审判决和二审裁定认定的事实清楚，证据确实、充分，定罪准确，审判程序合法。但根据本案的具体情节，对其判处死刑，可不立即执行。故判决撤销一、二审法院刑事判决中对被告人李靖的量刑部分；被告人李靖犯贩卖、运输毒品罪，判处死刑，缓期两年执行，剥夺政治权利终身，并处没收个人全部财产；与前罪未执行完毕的刑罚并罚，决定执行死刑，缓期两年执行，剥夺政治权利终身，并处没收个人全部财产。

三、关联法条

《中华人民共和国刑法》

第三百四十七条第二款 走私、贩卖、运输、制造毒品，有下列情形之一的，处十五年有期徒刑、无期徒刑或者死刑，并处没收财产：

（一）走私、贩卖、运输、制造鸦片一千克以上、海洛因或者甲基苯丙胺五十克以上或者其他毒品数量大的；

……

第三百五十六条 因走私、贩卖、运输、制造、非法持有毒品罪被判过刑，又犯本节规定之罪的，从重处罚。

四、争议问题

本案的问题是，因毒品犯罪被判处的刑罚尚未执行完毕又犯贩卖、运输毒品罪，数罪并罚后，是否需要适用《刑法》第356条的规定，认定为毒品犯罪的再犯，从重处罚？

五、简要评论

《刑法》第356条是关于毒品犯罪的再犯规定,要求对因走私、贩卖、运输、制造、非法持有毒品罪被判过刑,再犯毒品犯罪的,从重处罚。对"被判过刑",刑法没有表明是"刑罚执行完毕或赦免以后",也没有说明在刑罚执行过程中又犯毒品犯罪的情形是否属于被判过刑的范围。这就造成了刑法适用上的分歧。

如果仅从字面上看,"被判过刑"可以包括刑罚宣告后执行完毕前的情形。如果这样的话,就本案来讲,被告人因贩卖毒品被判处刑罚,在其执行期间又犯运输、贩卖毒品罪,既可以根据《刑法》第71条、第69条的规定进行数罪并罚,也可以根据再犯从重处罚。一、二审判决采取的就是这种立场。对此,许多人认为,这样一来,被告人因为新罪而遭受了两次从重处罚。而对同一情节进行双重评价并进而实行双重从重处罚,与刑法的罪刑相适应原则相悖。因此,将"被判过刑"理解为"刑罚执行完毕或赦免以后"更为合理。对于本案,最高人民法院的判决采取的就是这种立场,没有认定被告人李靖是毒品再犯。

但是,对此全国人大常委会法工委刑法室的意见是:根据《刑法》第356条的规定,因走私、贩卖、运输、制造毒品罪被判刑的犯罪分子,在暂予监外执行或者假释期间又犯《刑法》分则第六章第七节规定的犯罪的,应当从重处罚。《全国部分法院审理毒品犯罪案件工作座谈会纪要》规定:"根据刑法第三百五十六条规定,只要因走私、贩卖、运输、制造、非法持有毒品罪被判过刑,不论是在刑罚执行完毕后,还是在缓刑、假释或者暂予监外执行期间,又犯刑法分则第六章第七节规定的犯罪的,都是毒品再犯,应当从重处罚。因走私、贩卖、运输、制造、非法持有毒品罪被判刑的犯罪分子,在缓刑、假释或者暂予监外执行期间又犯刑法分则第六章第七节规定的犯罪的,应当在对其所犯新的毒品犯罪适用刑法第三百五十六条从重处罚的规定确定刑罚后,再依法数罪并罚。"依照上述答复和规定,一、二审判决既考虑数罪并罚,又考虑再犯的情节是正确的。

案例9-9 宋光军运输毒品案①

一、基本案情

被告人宋光军曾因犯抢劫罪(未遂)于2003年2月20日被判处有期徒刑10个月。2005年1月20日,被告人宋光军与同案被告人叶红军(已被判处死刑,缓期两年执行)、杨波(在逃)携带一内藏有4包海洛因的深蓝色长方形行李包(由宋光军随身携带),乘坐客车从四川省出发,于1月23日22时许抵达福建省石狮市。随后,3人转乘出租车欲将毒品运往福州,途经泉州市城东出城登记站时,宋光军和叶红军被公安人员抓获,查获海洛因998克,杨波逃脱。

---

① 参见陈兴良、张军、胡云腾主编:《人民法院刑事指导案例裁判要旨通纂》(下卷),北京大学出版社2013年版,第994页。

二、诉讼过程及裁判理由

一审法院经审理认为,被告人宋光军违反国家法律,非法运输毒品海洛因998克,其行为已构成运输毒品罪,且数量大。该犯曾因犯罪被判处有期徒刑,刑满释放5年内再犯本案之罪,系累犯,应从重处罚。该犯与同案被告人叶红军在共同犯罪中,没有明显的主次之别,不宜区分主从犯,其辩护人提出被告人宋光军是从犯的理由,不予采纳。故认定宋光军犯运输毒品罪,判处死刑,剥夺政治权利终身,并处没收个人全部财产。

宋光军提出上诉,辩称其不知所携带的行李包内藏有毒品。其辩护人提出,本案主犯是负案在逃的杨波。被告人宋光军既非毒品的所有者,也不是犯罪的指挥者,他是在杨波设下圈套引诱之下犯罪,根本不知道是谁于何时将毒品藏于他的行李包中。其主观恶性相对较小,在共同犯罪中所起的作用较小,属于从犯,依法应当从轻、减轻处罚,并且该毒品也没有流入社会,未造成严重后果。

二审法院审理后认为,被告人宋光军运输毒品海洛因998克,其行为已构成运输毒品罪,运输毒品数量大。宋光军曾因犯罪被判处有期徒刑,刑满释放后5年内再犯罪,系累犯,依法应从重处罚。宋光军及其辩护人提出其不知所携带的行李包内藏有海洛因的理由,经查,宋光军、叶红军在公安机关侦查阶段均供述宋光军行李包内藏有海洛因;公安人员例行检查时,宋光军、叶红军及杨波即弃包逃离,故其辩称不知行李包内藏有海洛因的理由不能成立,不予采纳。原判认定事实清楚,证据确凿,定罪准确,量刑适当,审判程序合法。宋光军要求从轻的理由不能成立,不予采纳。故裁定驳回上诉,维持原判,并依法报请最高人民法院核准。

最高人民法院复核后认为,被告人宋光军明知是海洛因而非法运输,其行为已构成运输毒品罪,且运输毒品数量大,又系累犯,应依法惩处。一审判决和二审裁定认定的事实清楚,证据确实、充分,定罪准确,审判程序合法。但根据现有证据,不能证明被告人宋光军在共同犯罪中的作用大于同案犯叶红军,对被告人宋光军判处死刑,可不立即执行。故撤销一、二审法院对被告人宋光军的量刑部分,改判为死刑,缓期两年执行,剥夺政治权利终身,并处没收个人全部财产。

三、关联法条

《中华人民共和国刑法》

第四十八条第一款 死刑只适用于罪行极其严重的犯罪分子。对于应当判处死刑的犯罪分子,如果不是必须立即执行的,可以判处死刑同时宣告缓期二年执行。

第五十七条第一款 对于被判处死刑、无期徒刑的犯罪分子,应当剥夺政治权利终身。

第三百四十七条第二款 走私、贩卖、运输、制造毒品,有下列情形之一的,处十五年有期徒刑、无期徒刑或者死刑,并处没收财产:

(一)走私、贩卖、运输、制造鸦片一千克以上、海洛因或者甲基苯丙胺五十克以上或者其他毒品数量大的;

……

四、争议问题

本案主要有两个争议问题:一是如何认定宋光军在共同犯罪中的地位和作用;二是由于杨波在逃导致3人在共同运输毒品行为中的地位和作用难以查清,宋光军和同案犯叶红军不能分清主从,后者被判处死刑缓期两年执行,能否因为宋光军是累犯,就判处其死刑立即执行?第一个是共同犯罪制度的适用问题,第二个是累犯和死刑制度的适用问题。

五、简要评论

共同犯罪的主从犯地位和作用的划分,是公正量刑的重要前提。本案中,因为3名被告人运输毒品数量达到998克,很有可能被判处死刑。如果能够查明宋光军在犯罪中的地位和作用,无论是主犯还是从犯,对其量刑影响重大。

本案中宋光军虽然是毒品携带者,但不能因为毒品在谁的包里就推定谁地位更重要、作用更大,判断共犯所处的地位和作用,必须全面分析。但是,由于同案犯杨波已逃走,宋光军在本案中的地位和作用难以查清,所以,一、二审法院都坚持不区分主从犯,最高人民法院认定不能证明被告人宋光军在共同犯罪中的作用大于同案犯,都是值得肯定的,这是对共同犯罪制度的正确适用和把握。

但是,一、二审法院在不区分宋光军和叶红军的主从犯关系、判处后者死刑缓期两年执行的情况下,因为宋光军是累犯,判处其死刑立即执行,是值得商榷的。诚然,根据我国《刑法》的规定,累犯应当从重处罚,但这种从重处罚是否必须适用死刑制度,《刑法》没有明确规定。笔者认为,这里应当具体问题具体分析,区别对待,关键看是否达到了死刑适用的最低标准,即罪行极其严重。就本案来说,宋光军曾因抢劫罪(未遂)被判处有期徒刑10个月,在5年内又犯新罪,属于累犯,但是,如果因此就判处宋光军死刑立即执行,以此彰显与叶红军的死刑缓期两年执行的区别,是不妥当的。因为根据《刑法》第48条第1款的规定:"死刑只适用于罪行极其严重的犯罪分子。对于应当判处死刑的犯罪分子,如果不是必须立即执行的,可以判处死刑同时宣告缓期二年执行。"尽管宋光军是累犯,但是根据本案证据情况(宋光军在本案共同犯罪中的地位和作用不能认定),以及叶红军已判处死刑缓期两年执行且生效的情况下,很难因此得出宋光军已达到了必须死刑立即执行的标准。因此,一、二审法院在量刑上是存在失误的,最高人民法院的复核判决是把握得当的。

第十章 诈骗罪

案例 10-1 余永贵诈骗案①

一、基本案情

2005 年 4 月,被告人余永贵通过 QQ 认识了杨某,余永贵谎称自己系水富县农业银行副行长,正闹离婚,提出和杨某谈朋友、结婚。随后几个月中,余永贵以银行卡遗失、其妻死亡、自己出车祸等谎言,向杨某"借款"81 000 元后中断了与杨某的联系。

次年 5 月,余永贵认识了残疾女职工魏某,以虚假的银行副行长职务骗得对方信任。在和魏某交往期间,余永贵谎称自己有很强的经济实力,营造出业务繁忙的领导气派,以资助表妹打工、好友出车祸等谎言迷惑魏某,并骗得 43 000 元。案发后,公安机关从被告人处收缴 17 360 元(退还魏某),其余赃款已由被告人挥霍。

二、诉讼过程及裁判理由

一审法院经审理认为,被告人余永贵骗取杨某、魏某的感情和信任,以银行卡丢失、车祸、妻子死亡等谎言,多次向被害人"借款"后中断与被害人的联系,以达到长期非法占有被害人财物的目的,其行为完全符合诈骗罪的主客观构成要件,应以诈骗罪追究其刑事责任。同时,该案诈骗对象属于社会弱势群体的残疾人和妇女,诈骗数额巨大且赃款大部分已挥霍,应依法严惩。

辩护人提出,被害人有一定过错,被告人认罪态度好,尽力赔偿被害人损失,应从轻处罚被告人。一审法院认为,被害人的过错并非犯罪人实施诈骗的起因,而是犯罪人实施诈骗所利用的条件,被害人的过错不能作为对被告人从轻处罚的情节,对该辩护意见不予采纳;用于归还被害人的款项是公安机关收缴的赃款,公安机关向被害人返还被骗财物并不取决于被告人是否自愿,因此不能认定被告人有尽力赔偿被害人损失的酌定从轻情节;被告人如实供述犯罪事实,认罪态度较好,可在量刑时作为酌定从轻处罚情节。

根据上述事实和理由,一审法院认定余永贵犯诈骗罪,判处有期徒刑 10 年,并处罚金人民币 2 万元。

一审宣判后,被告人余永贵未提起上诉,检察机关亦未抗诉,判决发生法律效力。

三、关联法条

《中华人民共和国刑法》

第二百六十六条　诈骗公私财物,数额较大的,处三年以下有期徒刑、拘役或者管制,并

---

① 参见陈兴良、张军、胡云腾主编:《人民法院刑事指导案例裁判要旨通纂》(下卷),北京大学出版社 2013 年版,第 767 页。

处或者单处罚金;数额巨大或者有其他严重情节的,处三年以上十年以下有期徒刑,并处罚金;数额特别巨大或者有其他特别严重情节的,处十年以上有期徒刑或者无期徒刑,并处罚金或者没收财产。本法另有规定的,依照规定。

四、争议问题

本案的主要问题是,被害人的过错是否构成被告人从轻处罚的情节,这是法律适用问题。

五、简要评论

在诈骗案件中,被害人和被告人之间存在一定的互动关系。被告人的行为要成立诈骗罪,需满足欺骗行为、认识错误、财产处分和财产损失这样一个诈骗罪的结构。如果被害人没有发生认识错误,被告人的行为就不属于诈骗行为。

被害人的过错在诈骗行为的认定上,能够发挥什么样的作用呢?要回答这个问题,首先要回答什么是过错。在我国刑法中,并无"过错"一词。而根据《中华人民共和国侵权责任法》第6条的规定,行为人因过错侵害他人民事权益,应当承担侵权责任;根据法律规定推定行为人有过错,行为人不能证明自己没有过错的,应当承担侵权责任。该条中"过错"包含的便是故意和过失。在刑法中讨论被害人过错,也可以区分被害人故意和被害人过失两种情形。

按照通常的理解,如果被害人明知会有危害结果发生而仍然接受会产生这种结果的风险,那么可以认定他具有故意,并因此需对结果承担独立的责任。同时,被告人的责任得到排除,这样便不成立诈骗罪。出于这种原因,我们可以推导出,在该案中,法院所谓的被害人过错,不影响被告人诈骗罪的成立,也不构成被告人从轻处罚的情节,其实是在说,被害人的过失,不会影响被害人的定罪量刑。遗憾的是,本案法院在作出判决时,没有明确指出,在诈骗案件中,不会影响定罪量刑的被害人过错,指的应该是被害人的过失行为。

但是,由于有人主张所谓被害人学理(Viktimodogmatik),这使得人们在实践中可能会产生一定的疑惑。被害人学理可以分为广义和狭义两种。广义的被害人学理包括被害人自我答责、被害人同意等情况。人们一般所说的被害人教义学或被害人学,指的是狭义的被害人学理。这种狭义的被害人学理的内容仅限于:在诈骗罪中,如果被害人在受骗问题上具有过错,那么行为人可能不构成诈骗罪。这主要是针对定罪问题而言的。不过,所谓被害人学理是应当予以否定的,因为这会违反法律平等适用原则。具体说来,不能只在被害人的辨识能力比较高的时候,才成立诈骗罪;而被害人辨识能力低一些,就免除行为人的刑事责任。什么时候的被害人才是辨识能力比较高呢?这会导致法律适用上的模糊。行为人不管是欺骗聪明的受害人,还是欺骗愚笨的受害人,都必须受到刑法的约束,同样可能构成诈骗罪。而且,正如前述,被害人学理笼统地提及被害人过错是不够精确的。当被害人针对财产损失具有故意的时候,应由他自己承担责任。因此,被害人学理中的过错,指的也应是被害人具有过失时的情况。本案中,被告人以恋爱、结婚为诱饵,骗取杨某、魏某的感情和信任,杨某和魏某如果足够谨慎,可能不会被余永贵欺骗,但这并不能否认余永贵的行为构成诈骗罪。此外,被害人是否有贪心心理或者有其他过失,对诈骗罪的成立没有影响。

至于在量刑阶段,能否因为杨某和魏某的过失,而使被告人得以从轻处罚呢?结合本案情况,法院对此作出了否定的回答。值得注意的是,在2011年3月1日发布的最高人民法院、最高人民检察院《关于办理诈骗刑事案件具体应用法律若干问题的解释》、2010年9月13日发布的《人民法院量刑指导意见(试行)》①和2013年12月23日发布的最高人民法院《关于常见犯罪的量刑指导意见》中,均不存在受骗被害人的过失可以充当被告人从轻处罚的根据。相反,依照《人民法院量刑指导意见(试行)》和《关于常见犯罪的量刑指导意见》的规定,由于魏某系残疾女职工,属于特定的弱势人员(残疾人),在综合考虑犯罪的性质、犯罪的严重程度等情况的基础上,可以对被告人从重处罚。

案例10-2　李海波等诈骗案②

一、基本案情

2003年1月到12月,被告人李海波、李海涛、吴文昌、张长旭结伙刘坤等人,由专人谎称要"租车"为由,将多名被害人骗至事先定好的本市小饭店,在包房内诱骗被害人参与赌牌。期间,有专人在旁伺机借钱给被害人,诱使被害人交出手机、证件等作为抵押,又有专人以事先排好顺序的牌赢走桌上所有钱款并伺机逃离。之后,由"借钱人"让对方写下欠条,且由专人假冒两轮摩托车载客人员送被害人回家取钱,并监视被害人。被告人李海波、李海涛、吴文昌结伙他人诈骗25次,共骗得人民币59 000余元以及手机、戒指等物。其中,被告人张长旭参与诈骗24次。

二、诉讼过程及裁判理由

一审法院经审理认为,被告人李海波、李海涛、吴文昌、张长旭以非法占有为目的,结伙他人,以虚构事实、隐瞒真相的方法骗取他人财物,数额巨大,其行为均构成诈骗罪,应依法予以处罚。依据相关条款,判决被告人李海波犯诈骗罪,判处有期徒刑4年,并处罚金1万元;被告人李海涛犯诈骗罪,判处有期徒刑4年,并处罚金1万元;被告人吴文昌犯诈骗罪,判处有期徒刑4年,并处罚金1万元;被告人张文旭犯诈骗罪,判处有期徒刑3年零6个月,并处罚金1万元;追缴各被告人的违法所得,发还各被害人。

一审判决后,被告人李海波、李海涛、吴文昌不服,提起上诉。

二审法院经审理认为,原判认定事实清楚,证据确实、充分。被告人的上诉辩解和辩护人的辩护意见不予采纳。原审法院根据4名被告人的犯罪事实、认罪态度及社会危害程度

---

① 该意见已被2015年1月19日起施行的最高人民法院《关于废止部分司法解释和司法解释性质文件(第十一批)的决定》废止。

② 参见陈兴良、张军、胡云腾主编:《人民法院刑事指导案例裁判要旨通纂》(下卷),北京大学出版社2013年版,第772页。

所作出的判决并无不当,且审判程序合法。3名被告人请求从轻处罚没有法律依据,不予准许。依照《中华人民共和国刑事诉讼法》(1996年)第189条第(一)项的规定,裁定驳回上诉,维持原判。

三、关联法条

《中华人民共和国刑法》

第二百六十六条 诈骗公私财物,数额较大的,处三年以下有期徒刑、拘役或者管制,并处或者单处罚金;数额巨大或者有其他严重情节的,处三年以上十年以下有期徒刑,并处罚金;数额特别巨大或者有其他特别严重情节的,处十年以上有期徒刑或者无期徒刑,并处罚金或者没收财产。本法另有规定的,依照规定。

第三百零三条第一款 以营利为目的,聚众赌博或者以赌博为业的,处三年以下有期徒刑、拘役或者管制,并处罚金。

四、争议问题

本案中值得探讨的主要问题是,被告人以事先排好顺序的牌赢走被害人钱款的行为,是构成诈骗罪,还是赌博罪?如何回答这个问题,与诈骗罪的保护法益的理解有关。

五、简要评论

在如何把握诈骗罪的财产法益上,存在着不同的学说。我国刑法理论和实务界熟悉的,至少有法律的财产说、经济的财产说和法律·经济的财产说三种。法律的财产说,是个很古老的学说,可以追溯到德国帝国法院判例之中。由于法律的财产说主张刑法从属于旨在损害赔偿的民法,现在已经基本没有人支持。经济的财产说认为,只要行为人的行为侵犯了受保护的经济财产,使得对方经济上变穷,不管经济财产是否合法,都成立诈骗罪。这种学说由于只考虑财产的经济性质,因此也被称为纯粹的经济财产说。法律·经济的财产说则认为,诈骗罪条款所保护的,仅限于不违法的经济财产。按照司法实践中常见的经济的财产说,设局骗取他人赌资的,应当成立诈骗罪。

而在我国有关的司法解释中,最高人民法院《关于对设置圈套诱骗他人参赌又向索还钱财的受骗者施以暴力或暴力威胁的行为应如何定罪问题的批复》(1995年11月6日发布)却指出,行为人设置圈套诱骗他人参赌获取钱财,属于赌博行为,构成犯罪的,应当以赌博罪定罪处罚。参赌者识破骗局要求退还所输钱财,设赌者又使用暴力或者以暴力相威胁,拒绝退还的,应以赌博罪从重处罚;致参赌者伤害或者死亡的,应以赌博罪和故意伤害罪或者故意杀人罪,依法实行数罪并罚。依照这一司法解释,设置圈套诱骗他人参赌获取钱财者,成立赌博罪而非诈骗罪。这种将骗取赌资排除出诈骗罪范围的做法,说明该司法解释在诈骗罪财产法益问题上采取的不是纯粹的经济财产说。

但是,在2013年1月18日的法规清理前,我国法律体系中还存在另外3个司法解释(此三者现已失效):最高人民检察院《关于贩卖假毒品案件如何定性问题的批复》(1991年4月2日发布)和最高人民法院《关于执行〈全国人民代表大会常务委员会关于禁毒的决定〉

的若干问题的解释》(1994年12月20日发布)支持将贩卖假毒品者认定为诈骗,采取的便是经济的财产说;而最高人民法院研究室《关于设置圈套诱骗他人参赌获取钱财的案件应如何定罪问题的电话答复》(1991年3月12日发布)认为,诱骗他人参赌的应定赌博罪,采取的不是经济的财产说。当时,有学者认为,在3个司法解释中,支持以赌博罪处罚的司法解释并不合适,采经济的财产说的前两个司法解释更为合理。[①]

不过,由于赌博罪属于社会管理秩序罪而不属于侵犯财产罪,就将设局诱赌的行为认定为赌博罪的司法解释而言,司法解释机关将设假赌局获取钱财的行为认定为赌博罪的做法,也可以作这样的理解:解释机关只是认定诱赌行为构成赌博罪,但没有对诈骗罪财产法益的问题表达意见。这种对欺诈手段骗取钱财保持沉默的态度,不能排除仍然可能认定当事人构成诈骗罪。这种"沉默说",与我国目前司法实践将设局诱赌行为认定为诈骗罪的做法更为契合。本案即是支持成立诈骗罪而非赌博罪的我国案例。除了本案以外,我国司法实践中还存在其他也将诱骗他人参赌认定为诈骗罪,而非赌博罪的案例。比如,黄艺等诈骗案、汤某某等人设假局赌博案[浙江省杭州市中级人民法院(2010)浙杭刑终字第276号刑事判决书]即是如此。

值得注意的是,在黄艺等诈骗案中,最高人民法院法官作过如下论述:1991年《关于设置圈套诱骗他人参赌获取钱财的案件应如何定罪问题的电话答复》和1995年《关于对设置圈套诱骗他人参赌又向索还钱财的受骗者施以暴力或暴力威胁的行为应如何定罪问题的批复》针对的均是个案,具有当时的特定社会背景和具体的针对对象,主要是针对当时在火车站等一些公共场所设置圈套诱骗他人参赌,并使用一些欺诈手段从中获取钱财的案件。这种案件一般都是多人结伙在公共汽车站、火车站等公众场所公开进行,常见的是猜红、蓝铅笔,以猜中为赢,猜不中为输,诱骗他人参赌,由于设赌人在红、蓝铅笔上做手脚,设机关,以致猜红变蓝,参赌者有输无赢,设赌者包赢不输。设赌者为骗取参赌者的信任,还常以同伙参赌"赢钱"为诱饵,诱使他人就范[四川省高级人民法院《关于设置圈套诱骗他人参赌获取钱财的案件应如何定罪的请示》(川法研[1990]45号)]。这种案件的行为对象具有不确定性和广泛性,一般涉及多名被害人。行为人主观上是以设置赌局进行营利活动为目的,而且一般被害人的钱财损失数额不大,易起冲突,对此类案件根据其社会危害程度,从罪刑相适应角度出发,以赌博罪定罪处罚是恰当的。因为如果按照诈骗罪定性,一旦起冲突,就转化为抢劫罪,如此定罪处罚显得过于苛刻,容易造成罪刑不均。可见,《关于设置圈套诱骗他人参赌获取钱财的案件应如何定罪问题的电话答复》和《关于对设置圈套诱骗他人参赌又向索还钱财的受骗者施以暴力或暴力威胁的行为应如何定罪问题的批复》针对的均是整体上属于赌博活动,在赌博活动中运用了一些骗术,但不影响赌博活动的性质,属于赌中有诈的情况。[②] 可见,1991年电话答复和1995年批复没有专门涉及诈骗罪问题,自然也就对诈骗罪

---

① 参见张明楷:《论诈骗罪中的财产损失》,载《中国法学》2005年第5期。
② 参见"黄艺等诈骗案",载最高人民法院刑事审判第一、二、三、四、五庭主办:《刑事审判参考》(总第57集),法律出版社2007年版。

财产法益问题保持了沉默。

案例 10-3　刘志刚诈骗案[①]

一、基本案情

2004年11月14日,被告人刘志刚以刘育豪之名,向郑州航空工业管理学院应聘工作。被告人谎称自己是北京大学在读博士生,将于次年毕业,并提交了其编造的个人工作经验、科研项目、发表的论文、英语水平等简历。该学院信以为真,为了能让刘志刚毕业后到其学院工作,决定让他毕业前即可上班。被告人于2004年12月到该学院上班,该院按照博士生待遇付给被告人40 000元安家费,3个月的工资6 000元,并分配120平方米住房一套。被告人上班后,多次以自己是北大博士生,要提高待遇为由,不断向学院提出需要配置电脑、打印机和科研启动资金等要求。

该学院经向北京大学查询,发现被告人未在北京大学读博士,遂向公安机关报案,2005年2月2日,被告人再次向该院提出上述待遇时被抓获。归案后,公安机关追回赃款40 630元和住房,发还被害单位。

二、诉讼过程及裁判理由

一审法院经审理认为,被告人刘志刚以非法占有为目的,采用虚构事实、隐瞒真相的方法,骗取公共钱财,数额巨大,其行为已构成诈骗罪。被告人和辩护人认为,被告人的行为是一般民事欺诈,不构成诈骗罪。

经当庭查证,法院驳回该辩护理由,并认定被告人主观上具有骗取被害单位钱财的故意,客观上采用了虚构事实的方法,以虚假的在读博士生身份,隐瞒真实情况,骗取公共钱财,其行为符合诈骗罪的构成要件,且数额巨大,应当以诈骗罪追究其刑事责任。依照《刑法》第264条和第64条的规定,以诈骗罪判处被告人刘志刚有期徒刑3年零6个月,并处罚金4 000元,并责令被告人退赔被害单位经济损失5 730元。

被告人不服一审判决,提出上诉。

二审法院经审理认为,原判认定被告人刘志刚犯诈骗罪事实清楚,定性准确,量刑适当,审判程序合法,遂裁定驳回上诉,维持原判。

三、关联法条

《中华人民共和国刑法》

第二百六十六条　诈骗公私财物,数额较大的,处三年以下有期徒刑、拘役或者管制,并处或者单处罚金;数额巨大或者有其他严重情节的,处三年以上十年以下有期徒刑,并处罚金;数额特别巨大或者有其他特别严重情节的,处十年以上有期徒刑或者无期徒刑,并处罚

[①] 参见陈兴良、张军、胡云腾主编:《人民法院刑事指导案例裁判要旨通纂》(下卷),北京大学出版社2013年版,第772页。

金或者没收财产。本法另有规定的,依照规定。

第二百八十条第二款① 伪造公司、企业、事业单位、人民团体的印章的,处三年以下有期徒刑、拘役、管制或者剥夺政治权利。

四、争议问题

本案中值得探讨的问题有二:第一,被告人所骗取的是工作职位还是安家费等经济待遇?第二,被告人谎称自己是北大博士生,是否同时构成伪造学历的行为,进而构成伪造事业单位印章罪,如果是,那么行为人所犯该罪和诈骗罪之间存在何种关系?

五、简要评论

本案中,被告人用虚假的材料应聘,结果获得工作职位,并进一步得到相应的经济待遇,也就是安家费、工资和住房。如果说被告人骗取的是这些经济待遇,那么无疑其行为构成诈骗罪。但是,有学者指出,职位本身不是普通的财物,也不能算是一种财产性利益,不在诈骗罪的对象范围,刘志刚的主观愿望是获得一份待遇丰厚的工作,但在本案中很难说他骗取了工资收入,因为获得这些收入,需要以他付出的劳务为对价。② 这种观点正确地注意到了工资收入的间接性,但是,工作单位给予被告人的安家费和住房,则是和职位直接相关的,并不与被告人事后的劳务相对应,针对这些财物成立诈骗罪是可能的。

本案还涉及被告人的假学历和骗取行为之间的关系。在大陆法系刑法中,诈骗罪在发展史上和伪造罪有着紧密的关系。在中世纪的欧陆刑法中,不存在我们现在意义上的诈骗罪,在当时的伪造罪中,就包含有一部分我们现在称为诈骗罪的内容。换言之,如果当事人实施了欺骗行为,是可能遭到伪造罪条款的处罚的,因为当事人传达出错误信息是在制造"假象",而这也是一种伪造。但随着近代经济自由的发展,直到1810年《法国刑法典》第405条诈骗罪条款出现后,在法国刑法的影响下,德国刑法中才逐渐将诈骗理解为是一个以财产损失为必要结果的犯罪,而不再是单纯以欺骗行为为内容的犯罪。③ 这样,欺骗行为只是侵犯财产的手段,只有欺骗行为不足以成立诈骗罪,被告人作出欺骗行为,只意味着对财产法益创设了危险,不代表已经实际造成了财产损失。出现财产损失这一实害的结果,才标志着诈骗的既遂。

可见,在诈骗罪的基本构造中,欺骗行为和财产损失这一结果之间存在着手段和目的的关系。结合本案的具体案情,人们很容易联想到另一个司法解释,亦即2001年7月3日发布的最高人民法院、最高人民检察院《关于办理伪造、贩卖伪造的高等院校学历、学位证明刑

---

① 2015年8月29日通过的《中华人民共和国刑法修正案(九)》将《刑法》第280条修改为:"伪造、变造、买卖或者盗窃、抢夺、毁灭国家机关的公文、证件、印章的,处三年以下有期徒刑、拘役、管制或者剥夺政治权利,并处罚金;情节严重的,处三年以上十年以下有期徒刑,并处罚金。伪造公司、企业、事业单位、人民团体的印章的,处三年以下有期徒刑、拘役、管制或者剥夺政治权利,并处罚金。伪造、变造、买卖居民身份证、护照、社会保障卡、驾驶证等依法可以用于证明身份的证件的,处三年以下有期徒刑、拘役、管制或者剥夺政治权利,并处罚金;情节严重的,处三年以上七年以下有期徒刑,并处罚金。"
② 参见劳东燕:《诈骗罪》,载陈兴良主编:《刑法学的关键问题》,高等教育出版社2007年版,第381页。
③ See Kindhäuser, Strafrecht BT, 5. Aufl., § 26, Rn. 6 f.

事案件如何适用法律问题的解释》。依照该司法解释的规定,伪造高等院校印章制作学历、学位证明的行为,应当依《刑法》第 280 条第 2 款的规定,以伪造事业单位印章罪定罪处罚。这使得我们需要考察,被告人刘志刚的行为是否既构成伪造事业单位印章罪,又构成诈骗罪? 本案中,被告人编造了个人工作经验、科研项目、发表的论文、英语水平等简历,尚不能得出被告人一定伪造了其学历(学历证明上有高等院校的印章)。因此,无从得出被告人是否符合《刑法》第 280 条第 2 款的构成要件,故不成立伪造事业单位印章罪的结论。而且,在司法实践中,行为人大多是购买他人已经制作、伪造好的文凭,这种购买行为不符合《刑法》和司法解释中的规定,自然不得加以处罚。但是,如果当事人本人在其证明文件中确实制作了虚假的高等院校印章,那么,应该认定其行为可以构成伪造事业单位印章罪和诈骗罪的想象竞合,需从一重罪(诈骗罪)处罚。这种情况,不是法规竞合的关系。诈骗罪和伪造事业单位印章罪之间既不是特别关系,也不是补充关系,因为伪造事业单位印章的人,不一定都从事诈骗犯罪,反过来,实施诈骗犯罪的人,也不一定都会使用伪造事业单位印章的手段。

同时,由于在诈骗罪中欺骗行为和财产损失存在手段和目的的关系,所以,如果当事人先行伪造了事业单位印章,然后再单独利用伪造文件行骗,则有可能成立我国刑法上所谓的牵连犯,但牵连犯由于判断标准不清,目前正在走向衰弱,在日本甚至出现了废除牵连犯的做法。① 当牵连犯废除后,相应的情况应当视具体案情对行为人以想象竞合或数罪并罚论处。

案例 10-4　仲越等诈骗案②

一、基本案情

2005 年 8 月,被告人仲越、伏跃忠两人经合谋,决定以制造虚假交通事故的方法骗取出租车司机给予的赔偿款或补偿款(俗称碰瓷)。其后两个月间,他们先后多次在南京市区乘坐出租车时,其中一人中途下车,当车准备继续行驶时,车上的一名被告人声称有物品要交给刚下车的被告人,并让司机停车等候。车外被告人靠近出租车后,佯装与车上人交接物品或交谈,同时故意将脚放在出租车右后车轮前,当车继续行驶时,车便从其脚面碾过(被告人事前确知不会对其身体造成损害)。后两被告人以司机开车不慎碾脚为由,向其索要数十元至数百元不等的赔偿款;部分司机坚持与被告人一同到医院验伤,在确诊脚部没有损伤时,被告人仍以脚被压为由向司机索要补偿款。其间,两被告人共作案 37 次,骗得钱款共计 8 760 元;被告人仲越还 6 次单独作案,骗得钱财 1 410 元。两人所骗得钱财均用于吸毒花销。2005 年 10 月 25 日,两被告人再次作案时,被此前的受害者认出并报警,公安机关将两被告人抓获。

---

① 参见陈子平:《刑法总论》,中国人民大学出版社 2009 年版,第 466—467 页。
② 参见陈兴良、张军、胡云腾主编:《人民法院刑事指导案例裁判要旨通纂》(下卷),北京大学出版社 2013 年版,第 773 页。

二、诉讼过程及裁判理由

一审法院经审理认为,两被告人以非法占有为目的,先后多次结伙或单独采用制造虚假交通事故的方法,并隐瞒事实真相,骗取被告人钱财,数额较大,其行为均已构成诈骗罪,其中部分犯罪系共同犯罪。且两被告人均系累犯,依法应当从重处罚。判决被告人仲越犯诈骗罪,判处有期徒刑1年零6个月,并处罚金5 000元;被告人伏跃忠犯诈骗罪,判处有期徒刑1年零3个月,并处罚金4 000元。

一审宣判后,两被告人均未提出上诉,公诉机关亦未提出抗诉,判决发生法律效力。

三、关联法条

《中华人民共和国刑法》

第二百六十六条 诈骗公私财物,数额较大的,处三年以下有期徒刑、拘役或者管制,并处或者单处罚金;数额巨大或者有其他严重情节的,处三年以上十年以下有期徒刑,并处罚金;数额特别巨大或者有其他特别严重情节的,处十年以上有期徒刑或者无期徒刑,并处罚金或者没收财产。本法另有规定的,依照规定。

第二百七十四条 敲诈勒索公私财物,数额较大或者多次敲诈勒索的,处三年以下有期徒刑、拘役或者管制,并处或者单处罚金;数额巨大或者有其他严重情节的,处三年以上十年以下有期徒刑,并处罚金;数额特别巨大或者有其他特别严重情节的,处十年以上有期徒刑,并处罚金。

四、争议问题

本案中的主要问题在于,如何在具体案件中区分敲诈勒索罪和诈骗罪?

五、简要评论

在诈骗罪和他罪的界分问题上,诈骗罪和敲诈勒索罪的区分是个常见的问题。虽然在条文表述上,我国《刑法》第266条和第274条对诈骗罪和敲诈勒索罪规定了相同法定刑档次,但是,它们的入罪数额起点是不同的,依照相应的司法解释,前者需要诈骗3 000元,后者需要2 000元。可见,如果当事人的行为被认定为敲诈勒索罪,那么在考虑罪量的情况下,只需更低的数额即可入罪。而且,即便当事人勒索的财物没完全达到这样一个"数额较大"的门槛,只要行为人敲诈勒索的次数在两年内达到3次以上,或者存在如下情节:曾因敲诈勒索受过刑事处罚;1年内曾因敲诈勒索受过行政处罚的;对未成年人、残疾人、老年人或者丧失劳动能力人敲诈勒索的;以将要实施放火、爆炸等危害公共安全犯罪或者故意杀人、绑架等严重侵犯公民人身权利犯罪相威胁敲诈勒索的;以黑恶势力名义敲诈勒索的;利用或者冒充国家机关工作人员、军人、新闻工作者等特殊身份敲诈勒索的;造成其他严重后果的,也可以构成敲诈勒索罪。因此,区分诈骗罪和敲诈勒索罪在实务上是很有意义的。

在刑法学理上,需以行为人是否实施了足以使被害人产生恐惧心理的胁迫手段作为认定敲诈勒索行为的标准。如果行为人实施的是具有这种性质的胁迫手段,那么可能构成敲诈勒索罪;如果行为人实施的是欺骗手段,那么可能构成诈骗罪。这里需要注意的是,不能只以被害人是产生恐惧心理还是认识错误来区分敲诈勒索罪和诈骗罪。因为在实践中完全可能出现这样的情况:行为人采取了胁迫手段,但对方毫无畏惧,却发生认识错误,或者行为人采取了欺骗手段,但对方却产生恐惧心理。在这些情况中,都只能认定敲诈勒索未遂或诈骗未遂,理由是:不存在过失的诈骗或者过失的敲诈勒索。但若行为人的行为兼具胁迫和欺骗的性质,则属于敲诈勒索和诈骗的竞合。另外,由本案还能连带引出的一个重要问题是:行为人利用将来的暴力获取钱财应当如何定性?应该认为,将来的暴力是还没有到来的暴力,不是现实的暴力,故只能算是胁迫手段中的一种形式。利用将来的暴力获取钱财,有构成敲诈勒索罪的可能,却难以构成抢劫罪。因此,将来的暴力不是暴力,不符合《刑法》第263条抢劫罪的构成要件。

本案中,两被告人以司机开车不慎碾脚为由,向其索要数十元至数百元不等的赔偿款,可以认定被告人是在欺骗对方,出租车司机产生认识错误,进而交付财物,从而构成诈骗罪。然而,部分司机坚持与被告人一同到医院验伤,在确诊脚部没有损伤时,被告人仍以脚被压为由向司机索要补偿款的情况,则不再符合诈骗罪的构成要件。理由是:在这种情形下,医院的确诊已经确认不存在受伤情况,这时被告人索取钱财的行为的欺骗性质就变得不是很明显。因此,这种情况有可能符合敲诈勒索罪的特征,但法院并未对具体情形再作细分。

案例10-5 刘国芳等诈骗案[①]

一、基本案情

1998年4月,被告人刘国芳、高登基商量从外省购买移动电话GSM卡在深圳设点拨打国际声讯台,以此获取国际电话费回扣,并商定回扣所得刘国芳分30%,高登基分70%。1998年7月至9月间,高登基指使他人用假身份证购得移动电话卡16张后,又雇用他人用其中的14张卡昼夜拨打被告人刘国芳所告知的国际声讯台。刘国芳则从国际声讯台处领得电话费回扣之后,由两被告人共同分赃。高登基所雇用人员昼夜拨打国际声讯台的行为,产生了490万元电话费,由于其以假身份证购买电话卡,使得电信部门事后无法收取相应的电话费,从而造成490万元损失。高登基在被抓获归案后,积极主动提供刘国芳的通讯号码、住所等线索,协助公安机关将后者抓获。

二、诉讼过程及裁判理由

一审法院经审理认为,被告人刘国芳、高登基以非法占有为目的,隐瞒事实真相,采取持假身份证购买GSM卡,并以之拨打国际声讯台的手段,骗取国家财产,致使国家财产遭受特别巨大的损失,其行为已构成诈骗罪,情节特别严重,均应依法惩处。被告人高登基在被抓

[①] 参见陈兴良、张军、胡云腾主编:《人民法院刑事指导案例裁判要旨通纂》(下卷),北京大学出版社2013年版,第777页。

获后,积极提供线索,协助公安机关将同案犯刘国芳抓获,应认定为重大立功表现,可依法减轻处罚。两被告人在明知这样做会导致售卡单位无法收取电话费的情况下,与境外人员勾结,雇人购卡拨打国际声讯台,以非法获取电话费回扣,足以表明两被告人主观上具有诈骗的犯罪故意,符合诈骗罪的构成要件。依照《中华人民共和国刑法》第266条、第57条第1款、第68条第1款、第64条、第25条第1款、第36条及《中华人民共和国民法通则》第117条的规定,判决被告人刘国芳犯诈骗罪,判处无期徒刑,剥夺政治权利终身,并处罚金5万元;被告人高登基犯诈骗罪,判处有期徒刑8年,并处罚金3万元;由两被告人共同赔偿3附带民事诉讼原告人经济损失490万元;公安机关依法扣押的物品,属于犯罪工具的依法予以没收,属于被告人个人所有的物品返还被告人。

一审宣判后,被告人刘国芳以未同高登基预谋、未参与拨打国际声讯台等为由,被告人高登基以受刘国芳欺骗以为是拨打测试电话,主观上没有与刘国芳共同诈骗为由,均提出上诉。高登基的辩护人提出490万元不是诈骗数额,高登基系从犯。

二审法院经审理认为,原判认定的事实清楚,证据确凿,定性准确,量刑适当,审判程序合法,应予维持,裁定驳回上诉,维持原判。

三、关联法条

《中华人民共和国刑法》

第二百六十六条 诈骗公私财物,数额较大的,处三年以下有期徒刑、拘役或者管制,并处或者单处罚金;数额巨大或者有其他严重情节的,处三年以上十年以下有期徒刑,并处罚金;数额特别巨大或者有其他特别严重情节的,处十年以上有期徒刑或者无期徒刑,并处罚金或者没收财产。本法另有规定的,依照规定。

第二百八十条第三款[①] 伪造、变造居民身份证的,处三年以下有期徒刑、拘役、管制或者剥夺政治权利;情节严重的,处三年以上七年以下有期徒刑。

最高人民法院《关于审理扰乱电信市场管理秩序案件具体应用法律若干问题的解释》

第九条 以虚假、冒用的身份证件办理入网手续并使用移动电话,造成电信资费损失数额较大的,依照刑法第二百六十六条的规定,以诈骗罪定罪处罚。

四、争议问题

本案中值得探讨的主要问题是:第一,如何认定诈骗罪中的诈骗数额?第二,有偿服务是否也属于诈骗罪的诈骗对象?第三,当事人是否同时有可能构成伪造、编造居民身份证罪?

---

① 2015年8月29日通过的《中华人民共和国刑法修正案(九)》将《刑法》第280条修改为:"伪造、变造、买卖或者盗窃、抢夺、毁灭国家机关的公文、证件、印章的,处三年以下有期徒刑、拘役、管制或者剥夺政治权利,并处罚金;情节严重的,处三年以上十年以下有期徒刑,并处罚金。伪造公司、企业、事业单位、人民团体的印章的,处三年以下有期徒刑、拘役、管制或者剥夺政治权利,并处罚金。伪造、变造、买卖居民身份证、护照、社会保障卡、驾驶证等依法可以用于证明身份的证件的,处三年以下有期徒刑、拘役、管制或者剥夺政治权利,并处罚金;情节严重的,处三年以上七年以下有期徒刑,并处罚金。"

五、简要评论

本案涉及诈骗罪中的数额认定。依照本案行为当时的司法解释，也就是最高人民法院《关于审理诈骗案件具体应用法律的若干问题的解释》（法发〔1996〕32号）第1条的规定，个人诈骗公私财物20万元以上的，属于诈骗数额特别巨大。构成数额特别巨大，即可处10年以上有期徒刑或者无期徒刑。而按照现行司法解释，亦即最高人民法院、最高人民检察院《关于办理诈骗刑事案件具体应用法律若干问题的解释》（法释〔2011〕7号）第1条的规定，数额特别巨大的门槛提高到50万元。毫无疑问，本案中电信部门无法收回的电话费数额490万元，已经远超数额特别巨大的标准。但值得探讨的是，诈骗罪中的数额，应当以哪个数额为准？是以被告人所获得的财产数额为准，还是以被害人损失的财产数额为准？通常而言，基于法律·经济的财产说，是以被害人的不违法的经济财产遭受损失为准。因而，被害人不局限于自然人，而且包括单位和国家。至于被告人获得了国际声讯台的多少回扣费，则是另外一个问题，这和被害人的经济财产损失是两回事。

本案在审理过程中还牵涉另一个问题，即该案被告人所诈骗的电信服务是否属于诈骗罪的犯罪对象？诈骗罪的犯罪对象为公私财物。本案是实务中所谓的电信诈骗案件，诈骗的是有偿的电信服务，属于财产性利益，因此，本案所诈骗的电信服务，也属于诈骗罪的犯罪对象。但值得注意的是，在本案二审判决作出后，最高人民法院在《关于审理扰乱电信市场管理秩序案件具体应用法律若干问题的解释》第9条中，将以虚假、冒用的身份证件办理入网手续并使用移动电话，造成电信资费损失数额较大的行为，认定为诈骗罪。可见，在本案审理的当时，主审法官是根据《刑法》相关条款直接作出了判决。

在诈骗罪以外，该案还有一点需加以考察，即高登基指使他人用假身份证购得移动电话GSM卡16张这一情节，可能同时触犯《刑法》第280条伪造、变造居民身份证罪（间接正犯），需要并罚，或者可能因该行为和诈骗行为产生竞合，进而从一重罪（诈骗罪）处罚。但在司法实践中，行为人通常只是购买别人伪造好的居民身份证，这样就不符合《刑法》第280条的构成要件。

案例10-6　田亚平诈骗案[①]

一、基本案情

1999年8月至2002年1月16日，被告人田亚平采用自制"高额利率订单"，再盗盖单位储蓄业务专用章、同班业务人员印鉴，对外虚构银行内部有高额利息存款的事实的手段，共吸纳亲朋好友等人现金90.1万元，用于归还个人债务，购买、装修房屋等。2002年9月7日，田亚平主动到公安局经侦大队投案，积极退赃41.4万元。

[①] 参见陈兴良、张军、胡云腾主编：《人民法院刑事指导案例裁判要旨通纂》（下卷），北京大学出版社2013年版，第780页。

二、诉讼过程及裁判理由

一审法院经审理认为,被告人田亚平以非法占有为目的,采用自制"高额利率订单",再盗盖单位储蓄业务专用章、同班业务人员印鉴,对外虚构银行内部有高额利息存款的事实的手段,骗取亲朋好友现金 90.1 万元,数额特别巨大,其行为已构成诈骗罪。田亚平在犯罪后自动投案,如实供述所犯罪行,系自首,且能积极退赃,认罪悔罪,依法可予从轻处罚。依照《刑法》第 266 条、第 67 条第 1 款的规定,判决被告人田亚平犯诈骗罪,判处有期徒刑 12 年,并处罚金 50 万元。

三、关联法条

《中华人民共和国刑法》

第二百六十六条 诈骗公私财物,数额较大的,处三年以下有期徒刑、拘役或者管制,并处或者单处罚金;数额巨大或者有其他严重情节的,处三年以上十年以下有期徒刑,并处罚金;数额特别巨大或者有其他特别严重情节的,处十年以上有期徒刑或者无期徒刑,并处罚金或者没收财产。本法另有规定的,依照规定。

第一百七十六条第一款 非法吸收公众存款或者变相吸收公众存款,扰乱金融秩序的,处三年以下有期徒刑或者拘役,并处或者单处二万元以上二十万元以下罚金;数额巨大或者有其他严重情节的,处三年以上十年以下有期徒刑,并处五万元以上五十万元以下罚金。

第一百九十二条 以非法占有为目的,使用诈骗方法非法集资,数额较大的,处五年以下有期徒刑或者拘役,并处二万元以上二十万元以下罚金;数额巨大或者有其他严重情节的,处五年以上十年以下有期徒刑,并处五万元以上五十万元以下罚金;数额特别巨大或者有其他特别严重情节的,处十年以上有期徒刑或者无期徒刑,并处五万元以上五十万元以下罚金或者没收财产。

四、争议问题

本案中值得探讨的主要问题是:当事人构成非法吸收公众存款罪、集资诈骗罪和普通诈骗罪中的哪一种?

五、简要评论

在我国刑法学理上,要成立非法吸收公众存款罪,行为人的行为需以针对不特定对象的钱款为其特征,因为其吸收的是"公众"存款。依据 1998 年 7 月 13 日发布的国务院《非法金融机构和非法金融业务活动取缔办法》第 4 条第 2 款的规定,非法吸收公众存款,是指未经中国人民银行批准,向社会不特定对象吸收资金,出具凭证,承诺在一定期限内还本付息的活动;所称变相吸收公众存款,是指未经中国人民银行批准,不以吸收公众存款的名义,向社会不特定对象吸收资金,但承诺履行的义务与吸收公众存款性质相同的活动。同样,2010 年 12 月 13 日发布的最高人民法院《关于审理非法集资刑事案件具体应用法律若干问题的解释》第 1 条规定:"违反国家金融管理法律规定,向社会公众(包括单位和个人)吸收资金的行为,同时具备下列四个条件的,除刑法另有规定的以外,应当认定为刑法第一百七十六条规定的'非法吸收公众存款或者变相吸收公众存款':(一)未经有关部门依法批准或者借用合法经营的形式吸收资金;(二)通过媒体、推介会、传单、手机短信等途径向社会公开宣传;(三)承诺在一定期限内以货币、实物、股权等方式还本付息或者给付回报;(四)向社会公众即社会不特定对象吸收资金。未向社会公开宣传,在亲友或者单位内部针对特定对象吸收资金的,不属于非法吸收或者变相吸收公众存款。"

根据以上法条和学理,因本案是向特定的多数人(11人)吸收资金,故不属于吸收或变相吸收公众存款罪。在排除了非法吸收公众存款罪后,还需考察的是,是否构成集资诈骗罪?由于集资诈骗罪和非法吸收公众存款罪在客观上均表现为向社会公众非法募集资金,两者区别的关键就在于行为人是否具有非法占有的目的。本案被告人的行为是针对特定人,故而在客观上不符合集资诈骗罪的特征,不构成集资诈骗罪。就集资诈骗罪和普通诈骗罪而言,是特别法和一般法的法规竞合关系,法律适用的规则是特别法优于一般法。因此,在排除了集资诈骗罪后,便需要考虑是否构成普通的诈骗罪。这时,只要认定行为人取得财物时具备非法占有财物的目的,即可以诈骗罪论处。本案中,行为人所取得的款项,都用于归还个人债务、购买、装修房屋等,这表明行为人具有非法占有的目的。

案例10-7 殷宏伟诈骗案①

一、基本案情

2005年11月至2006年5月,被告人殷宏伟使用化名和伪造的身份证,在没有从事证券业务资质的情况下,先后在巨田证券有限责任公司杭州文三路营业部、恒泰证券有限责任公司杭州凤起路营业部、联合证券有限责任公司杭州庆春路营业部从事证券经纪业务。期间,被告人利用证券公司提供的办公场所等便利条件,对外自称证券公司营业部客户经理,声称委托成都托管中心托管的中城网络、鑫炬矿业、华贸农科等非上市公司的股份即将在深圳中小企业板或美国纳斯达克上市交易,购买上述公司股票可获丰厚"原始股"回报,并使用和伪造上述公司的《委托办理股权(份)转让过户协议》《股权(份)转让合同》《董事会承诺书》《董事会公告》《董事会承诺股权回购方案》《分工配股方案》等文件、印章,骗取股民信任,将上述非上市公司实际每股人民币0.3元至2.2元的股权,以4元到5元的高价卖给杭州的18名股民,骗取股民钱财合计人民币106万余元,未能退还。

二、诉讼过程及裁判理由

一审法院认定被告人殷宏伟犯诈骗罪,判处有期徒刑15年,并处罚金人民币20万元;责令被告人退赔违法所得,发还相关被害人。

---

① 参见陈兴良、张军、胡云腾主编:《人民法院刑事指导案例裁判要旨通纂》(下卷),北京大学出版社2013年版,第783页。

被告人上诉称:其所代理的股权真实存在,主观目的是为了谋取股权转让的差价进行非法营利,不具有非法占有的目的;只向小部分被害人出示过伪造的虚假文件,且使用虚假文件的目的是为了阻止股民退钱,不具备诈骗罪的客观要件;其采取欺骗手段诱使股民购买原始股的行为本质上属于非法经营证券业务活动,应定性为非法经营罪。

二审法院经审理查明,被告人使用化名、虚假身份证,明知委托成都托管中心托管的中城网络、鑫炬矿业等企业股权为非上市公司股权且严禁私下买卖交易,仍采取构上述公司的股票即将上市交易等情况,伪造相关文件,虚假承诺如不能上市交易即对股权进行回购或由辅导方方正证券公司退还全部投资款等手段,骗取股民购买,骗取钱款数额特别巨大。其主观上显然具有非法占有他人钱财的诈骗犯罪故意,客观上实施了一系列的诈骗犯罪行为,符合诈骗罪的构成特征,应以诈骗罪定罪处罚。原审定罪及适用法律正确,量刑适当,审判程序合法,依照相关法律裁定驳回上诉,维持原判。

三、关联法条
《中华人民共和国刑法》

第二百六十六条 诈骗公私财物,数额较大的,处三年以下有期徒刑、拘役或者管制,并处或者单处罚金;数额巨大或者有其他严重情节的,处三年以上十年以下有期徒刑,并处罚金;数额特别巨大或者有其他特别严重情节的,处十年以上有期徒刑或者无期徒刑,并处罚金或者没收财产。本法另有规定的,依照规定。

第二百二十五条 违反国家规定,有下列非法经营行为之一,扰乱市场秩序,情节严重的,处五年以下有期徒刑或者拘役,并处或者单处违法所得一倍以上五倍以下罚金;情节特别严重的,处五年以上有期徒刑,并处违法所得一倍以上五倍以下罚金或者没收财产:

(一)未经许可经营法律、行政法规规定的专营、专卖物品或者其他限制买卖的物品的;

(二)买卖进出口许可证、进出口原产地证明以及其他法律、行政法规规定的经营许可证或者批准文件的;

(三)未经国家有关主管部门批准非法经营证券、期货、保险业务的,或者非法从事资金支付结算业务的;

(四)其他严重扰乱市场秩序的非法经营行为。

四、争议问题

本案中的主要问题有二:第一,诈骗罪和非法经营罪的界分;第二,诈骗罪中非法占有目的的认定。

五、简要评论

按照我国刑法学的通常理解,诈骗罪须以非法占有公私财物的目的为要件,而非法经营罪则是违反国家规定,扰乱市场秩序的行为,与本案相关的规定是《刑法》第225条第(三)项,即"未经国家有关主管部门批准非法经营证券、期货、保险业务的"。本案中,行为人殷宏伟的行为客观上造成了股民的财产损失,主观上具有非法占有股民钱财的目的,构成诈骗罪,而不构成非法经营罪。如果不考虑行为人的主观目的,该案在客观上也是符合非法经营罪条款的规定的。而且,2008年1月2日发布的最高人民法院、最高人民检察院、公安部、中国证券监督管理委员会《关于整治非法证券活动有关问题的通知》也规定,任何单位和个人经营证券业务,必须经证监会批准。未经批准的,属于非法经营证券业务,应予以取缔;涉嫌犯罪的,依照《刑法》第225条之规定,以非法经营罪追究刑事责任。对于中介机构非法代理买卖非上市公司股票,涉嫌犯罪的,应依照《刑法》第225条之规定,以非法经营罪追究刑事责任。

基于以上考虑,可以认为行为人是以非法经营的手段骗取了被害人的钱财,构成了想象竞合犯,应从一重罪(诈骗罪)处罚。但在学理上值得探讨的问题是,如何认定非法占有的目的? 在德国刑法学中,诈骗罪在主观要件上,除了故意之外,还需有牟利目的。牟利目的指的是,行为人行事的目的是为自己或第三者牟取财产利益,而且该财产利益的增多和被害人的财产减少相对应,而被害人财产减少是直接的财产减少。同时,该牟利须是非法的。① 由于我国《刑法》规定的盗窃和诈骗都是针对公私财物的犯罪,且财产性利益均被包含于内,这就需要考察两者的犯罪对象是否一致的问题。在德国,盗窃罪针对的是他人的有体动产(可呈现固态、液态和气态,但电力这类能量则不包括在内),被称为所有权犯罪(Eigentumsdelikt);诈骗罪则是针对财产的财产犯罪(Vermögensdelikt)。在我国,行为人不可盗窃不动产,却可以骗取不动产。可见,盗窃和诈骗这两者的犯罪对象是不一致的,这也使得这两者尽管均为侵犯财产罪(所谓同类客体),也尽管均为结果犯,但具体财产法益的界定却可能不同(即直接客体上的不同)。因此,诈骗罪中的非法占有目的,也有可能不同于盗窃罪中的非法占有目的,加上在诈骗罪中人们多持法律·经济的财产说或者机能的财产说,因此,诈骗罪中非法占有的目的也就相当于非法牟利的目的。在论证非法牟利的目的时,离不开考察行为人的故意。本案被告人殷宏伟在明知委托成都托管中心托管的中城网络、鑫炬矿业等企业股权为非上市公司股权且严禁私下买卖交易的情况下,仍然使被害人订立买卖股票契约,可以认定其有非法牟利的目的。而被告人事后未能归还相应款项,只能作为认定非法牟利目的的一个辅助参考,可以认定当事人构成诈骗罪。但是,因当事人不是向不特定人数的社会公众募集资金,故而不能以集资诈骗罪论处。

案例 10-8　詹群忠等诈骗案②

一、基本案情

2007年7月5日,被告人詹群忠在其与女儿被告人詹晓芬、詹晓芬的男友被告人詹益增等人共同居住处,指使詹晓芬、詹益增用手机群发短信,内容为"你好,原账号已更改,汇款请

---

① See Kindhäuser, LPK, § 263, Rn. 208 ff.
② 参见陈兴良、张军、胡云腾主编:《人民法院刑事指导案例裁判要旨通纂》(下卷),北京大学出版社2013年版,第791页。

汇,户名薛海英,农业银行955998012915941×××,建设银行622700720012053×××,谢谢"。上海的黄三义收到该短信后误以为是朋友的借款,当日向户名薛海英的中国农业银行银行卡内汇入人民币20万元。被告人詹群忠收到钱款已汇入账户短信通知后,当即将其控制的户名薛海英的农行卡交给詹益增,指使后者取出卡中的2万元;接着,詹群忠、詹晓芬、詹益增又持该卡至深圳将骗得钱款消费,直至卡中仅余58元。因消费时引起营业员警惕,被要求写下姓名和身份证号。詹群忠随后将该银行卡丢弃。当日,山东的徐淑英收到詹群忠等人的上述诈骗短信后,误以为是客户催要货款,因资金不足,于7月10日向户名薛海英的卡内汇款9万元,并随即电话通知客户。后徐淑英得知客户未收到钱款,自己受骗,于7月11日报警,警方便从该银行卡的开户行中国农业银行深圳布吉支行查询得该卡余额为90 058元,即通知银行冻结其中9万元。警方随后将9万元发还徐淑英。另查明,3被告人于2007年6月至8月,采用同样的手段共同骗取住哈尔滨、北京、浙江、福建的11名被害人共计571 424元的行为,曾被其他法院于2008年7月3日以诈骗罪科处刑罚。

二、诉讼过程及裁判理由

一审法院经审理认为,被告人詹群忠、詹益增、詹晓芬利用手机短信先后诈骗黄三义20万元、徐淑英9万元,数额特别巨大,其行为均已构成诈骗罪。但3名被告人诈骗徐淑英9万元是犯罪未遂;詹群忠在共同犯罪中起主要作用,是主犯;詹益增、詹晓芬在共同犯罪中起次要作用,是从犯。依照《中华人民共和国刑法》第266条,第25条第1款,第26条第1款、第4款,第27条,第23条,第70条,第69条,第55条第1款,第56条第1款,第53条,第64条之规定,判决被告人詹群忠犯诈骗罪,判处有期徒刑10年,剥夺政治权利1年,罚金人民币1万元,与前罪犯诈骗罪,判处有期徒刑12年,剥夺政治权利两年,并处罚金人民币2万元合并,决定执行有期徒刑17年,剥夺政治权利3年,并处罚金人民币3万元;被告人詹益增犯诈骗罪,判处有期徒刑4年,并处罚金人民币4 000元,与前罪犯诈骗罪,判处有期徒刑5年,罚金人民币2万元合并,决定执行有期徒刑7年,并处罚金人民币24 000元;被告人詹晓芬犯诈骗罪,判处有期徒刑3年零6个月,并处罚金人民币4 000元,与前罪犯诈骗罪,判处有期徒刑5年,并处罚金人民币2万元合并,决定执行有期徒刑6年零6个月,并处罚金人民币24 000元。

一审宣判后,3名被告人均以仅詹群忠一人实施短信诈骗,詹益增、詹晓芬仅帮助詹群忠销赃为由提出上诉。

二审法院经审理认为,原审判决认定事实清楚,证据确实、充分,适用法律正确,量刑适当,审判程序合法。裁定驳回上诉,维持原判。

三、关联法条

《中华人民共和国刑法》

第二十三条第一款 已经着手实行犯罪,由于犯罪分子意志以外的原因而未得逞的,是犯罪未遂。

第二百六十六条　诈骗公私财物,数额较大的,处三年以下有期徒刑、拘役或者管制,并处或者单处罚金;数额巨大或者有其他严重情节的,处三年以上十年以下有期徒刑,并处罚金;数额特别巨大或者有其他特别严重情节的,处十年以上有期徒刑或者无期徒刑,并处罚金或者没收财产。本法另有规定的,依照规定。

四、争议问题

本案中的主要问题是:针对被害人徐淑英所汇9万元,被告人的行为成立诈骗既遂、未遂还是中止。

五、简要评论

按照案发当时有效的司法解释最高人民法院《关于审理诈骗案件具体应用法律的若干问题的解释》(1996年12月16日发布)第1条第6款的规定,已经着手实行诈骗行为,只是由于行为人意志以外的原因而未获取财物的,是诈骗未遂。诈骗未遂,情节严重的,也应当定罪并依法处罚。2011年3月1日发布的最高人民法院、最高人民检察院《关于办理诈骗刑事案件具体应用法律若干问题的解释》取代了旧的司法解释,该解释第5条第1款规定:"诈骗未遂,以数额巨大的财物为诈骗目标的,或者具有其他严重情节的,应当定罪处罚。"第6条规定:"诈骗既有既遂,又有未遂,分别达到不同量刑幅度的,依照处罚较重的规定处罚;达到同一量刑幅度的,以诈骗罪既遂处罚。"可见,在实定法上,诈骗未遂毫无争议地应受处罚。

在诈骗罪中,诈骗既遂以造成被害人财产损失为准。比如,在前述的刘国芳等诈骗案中,认定的诈骗数额并不以被告人所获得的财产数额为准,而是以被害人的财产损失为准。德国刑法学在如何认定损失上存在经济说和机能说的分歧。按照经济说,在具体危及被害人财产的时候,成立既遂。例如,在诉讼诈骗中,当作出暂时有执行力的判决或执行通知时,即已既遂;而按照机能说,需在判决或执行通知生效之日,才算既遂。在使被害人放弃请求权时,决定性的时间点是被害人本来可以要求行为人支付对价的时候。被害人之后提出要求,应当认定为是事后地清除损害。①

本案中,围绕徐淑英所汇9万元,被告人的诈骗行为处于犯罪的哪个阶段? 我国刑法理论和实务界存在失控说和控制说之争。失控说认为,只要被害人对财物失去控制,被告人的行为即为既遂。应该说,失控说应该加以限定。理由是,财产损失意味着诈骗既遂,被害人对财产的暂时失控,不代表就已经产生了财产损失,被害人还有可能通过其他方式恢复控制状态,不能认定既遂。因此,失控必须是确定地失控,而非暂时失控。应该指出,失控说是和对象为有体物这点紧密相关的;在欺骗受害人放弃债权的场合,则不以有体物的失控为准,而以权利的放弃为准。控制说认为,只有被告人取得、控制了财物,才是既遂。如此,本案中詹群忠的行为就尚未既遂。然而,行为人控制财物,代表诈骗行为的终了,它可能推迟诈骗既遂的时间点。而在有的情形下,即使被告人尚未取得或控制相应的财产性利益,只要

---

① See Kindhäuser, NK, 2. Aufl., § 263, Rn. 378 f.

被害人的处分已给他的财产造成损害,也可认定既遂。本案中,徐淑英的9万元汇款是通过警察采取冻结对方银行卡的手段恢复的。结合这种理解,若詹群忠没有丢弃银行卡,那么,徐淑英的款项一旦汇出,就应当认定詹群忠构成诈骗既遂;即使后来通过报警破案得到返还钱款,也应认定为既遂。但是,在詹群忠丢弃银行卡的场合,徐淑英的汇款事实上难以为詹群忠获得,詹群忠也不能通过挂失银行卡取得这笔款项(因为卡的户名是薛海英),而徐淑英可以通过警方再恢复权利,这时无法认定詹群忠的诈骗既遂,对于这9万元,詹群忠的行为属于不能未遂。

案例10-9 张航军等诈骗案①

一、基本案情

2009年3月14日16时30分许,被告人张航军、王丹平受许建明指使,在宁波市象山县中国银行某分理处,由张航军持现金和户名为凌民的中国银行贷记卡账号办理无卡存款业务,要求营业员向该账号存入现金人民币5万元。当营业员将此款存入该账户要求张航军签字确认时,张航军立即打电话给许建明,许建明按照事先约定在异地持户名为凌民的中国银行贷记卡,利用POS机将刚存入的5万元刷卡消费49 980元。接到许建明操作完成的指令后,张航军随即向营业员谎称存款出错,要求撤销上述5万元存款,并将该款存入其提供的户名为凌民的另一中国银行借记卡账号内。因POS机刷卡交易信息通过银联系统反馈给银行有一两分钟的时间差,营业员未察觉存款已被消费,仍按照张航军的要求将此款转存入后一借记卡账户内。后银行发现异常,但该借记卡账户内的49 988元现金已于当日17时许被人提取。银行报案后,经与持卡人凌民家人联系催讨,被骗的49 968元陆续由他人代为归还。之后,张航军、赵祥茗等人采取相同手段作案,但在用账户名为赵燕飞的卡作案时,有48 980元不能归还。3月24日13时许,张航军等人在宁波市海曙区广东发展银行某支行作案时被当场抓获。被告人赵祥茗、王丹平分别于2009年6月1日和3日被抓获,另查明,被告人作案使用的贷记卡信用额度均不高于1万元。

二、诉讼过程及裁判理由

一审法院经审理认为,被告人张航军、赵祥茗、王丹平以非法占有为目的,故意隐瞒存入贷记卡中的资金已被消费的真相,要求银行营业员办理冲正业务,骗取银行资金数额巨大,其行为均构成诈骗罪。被告人向贷记卡中存钱后通知其同伙刷卡消费,因卡内已实际存入现金,该刷卡消费系正常消费而非透支行为。被告人在同伙刷卡消费后,要求营业员办理冲止业务,系利用银联系统对异地刷卡行为反馈到计算机系统中有所延迟的漏洞,使营业员在不知贷记卡中的钱款已被消费的情况下作出错误的处分行为,将银行自有资金存入了被告

---

① 参见陈兴良、张军、胡云腾主编:《人民法院刑事指导案例裁判要旨通纂》(下卷),北京大学出版社2013年版,第793页。

人指定的借记卡中,被告人最终获得资金的手段是诈骗而非窃取。对于赵祥茗、王丹平的辩护人所提被告人的行为不构成犯罪的辩护意见,经查,虽然被告人与持卡人之间约定欠款由持卡人归还,但被告人采取欺骗手段骗取银行资金,并非正常的超限使用,且被告人与持卡人约定被告人每次从银行套现的款项中收取近40%的高额手续费,被告人应当知道持卡人不打算归还银行欠款,故所提无罪意见不能成立,不予采纳。据此,依据《中华人民共和国刑法》第266条、第25条第1款、第64条之规定,判决被告人张航军犯诈骗罪,判处有期徒刑4年零6个月,并处罚金人民币2万元;被告人赵祥茗犯诈骗罪,判处有期徒刑4年,并处罚金人民币2万元;被告人王丹平犯诈骗罪,判处有期徒刑3年零6个月,并处罚金人民币1万元;违法所得款项继续予以追缴。

一审宣判后,被告人没有上诉,检察机关没有抗诉,判决发生法律效力。

三、关联法条

《中华人民共和国刑法》

第二百六十六条 诈骗公私财物,数额较大的,处三年以下有期徒刑、拘役或者管制,并处或者单处罚金;数额巨大或者有其他严重情节的,处三年以上十年以下有期徒刑,并处罚金;数额特别巨大或者有其他特别严重情节的,处十年以上有期徒刑或者无期徒刑,并处罚金或者没收财产。本法另有规定的,依照规定。

第一百九十六条第一、二款 有下列情形之一,进行信用卡诈骗活动,数额较大的,处五年以下有期徒刑或者拘役,并处二万元以上二十万元以下罚金;数额巨大或者有其他严重情节的,处五年以上十年以下有期徒刑,并处五万元以上五十万元以下罚金;数额特别巨大或者有其他特别严重情节的,处十年以上有期徒刑或者无期徒刑,并处五万元以上五十万元以下罚金或者没收财产:

(一)使用伪造的信用卡的,或者使用以虚假的身份证明骗领的信用卡的;

(二)使用作废的信用卡的;

(三)冒用他人信用卡的;

(四)恶意透支的。

前款所称恶意透支,是指持卡人以非法占有为目的,超过规定限额或者规定期限透支,并且经发卡银行催收后仍不归还的行为。

四、争议问题

本案的主要问题是:被告人的行为构成诈骗罪还是盗窃罪?如果构成诈骗罪,构成何种形式的诈骗罪?再者,该案是否构成信用卡诈骗罪?

五、简要评论

诈骗罪和盗窃罪作为侵犯财产的犯罪,构造上的区别在于,是否被害人由于被告人的原因,产生了认识错误并基于此而处分财产。诈骗罪是一种交往犯罪,要认定诈骗罪,必须以被告人和被害人之间就财产处分发生了交往沟通作为前提,如果没有发生交往、沟通,则不具备认定为诈骗罪的条件。①

本案中,营业员没有认识到刚存入的钱款已经被刷卡消费的事实,而仍然将银行自己的钱款存入被告人提供的另一银行卡,是对款项的所有权问题陷入了认识错误。营业员在实施该行为时,卡中存款已被他人消费,而银行系统反应不及,造成了在被告人声称"前面存款有误,应予撤销"时,营业员误以为款项仍在账户中的认识错误。显然,被告人并无积极告知营业员银行系统出现漏洞的说明义务。这样,如果要认定被告人成立不作为的诈骗罪,就需要考察,是否可以基于被告人和他人事先通谋利用系统反应不及的漏洞刷卡消费,而认定被告人事先创设了一个不容许的风险?因消费时卡内已实际存入现金,该刷卡消费行为具有正当性,因此,无法认定不容许的风险,进而也不能成立基于先行举止的诈骗罪。在排除了不作为的诈骗罪后,则需要考察,被告人所称"前面存款有误,应予撤销"是否构成作为形式的诈骗。作为形式的诈骗,是指被告人作出了相应的错误陈述,这种错误陈述导致被害人处分了自己的财产。作为形式的诈骗,分为明示的诈骗和默示的诈骗两种。本案中,被告人声称"前面存款有误,应予撤销"这一陈述为真时的一个必要条件是:"这笔钱款是我的存款,我有将之转存到其他地方的权利",因此,由于必要条件不成立,被告人的陈述为假,且这种假的陈述具体危害了银行的存款安全,故被告人的行为构成默示的欺骗,成立诈骗罪。可见,隐瞒真相的诈骗罪,并非都是不作为的诈骗罪,也可能是作为的诈骗罪。

如果本案被告人在同伙刷卡消费完之后,利用银行自动服务终端将存款撤销,然后取现或者转存,则应当认为是被告人共同利用银行的漏洞,以在很短的时间内盗窃了银行的款项,可能构成盗窃罪。

因被告人作案时使用了他人的信用卡账户,那么,本案被告人是否构成信用卡诈骗罪。《刑法》第196条第1款规定,信用卡诈骗罪有使用作废的信用卡等四种情形。显然,被告人的行为只可能符合第(三)、(四)种情形。因被告人使用他人银行卡事先得到了持卡人的同意或者授权,故不属于第(三)种情形。此外,由于被告人的行为自始便是欺骗营业员存入银行自有资金,因而不属于透支行为。所以,被告人的行为不构成信用卡诈骗罪。

案例10-10　成俊彬等诈骗案②

一、基本案情

2006年2月至11月期间,被告人成俊彬、黄承基使用假身份证和驾驶证在佛山市各地的一些工厂应聘司机一职。进厂后即利用外出送货之机将被害单位的车辆开走,并将部分赃车销售给原审被告人唐海斌。

2006年11月22日,被告人成俊彬、黄承基因涉嫌侵占南海区大沥镇太平明达塑料五金

---

① See Tiedemann, LK, 11. Aufl., §263, Rn. 4.
② 参见陈兴良、张军、胡云腾主编:《人民法院刑事指导案例裁判要旨通纂》(下卷),北京大学出版社2013年版,第814页。

厂的货车在佛山市顺德区陈村镇被公安人员抓获后,被告人成俊彬如实供述了公安机关尚未掌握的另外6宗侵占被害单位财物的事实,并协助公安机关将被害人唐海斌抓获归案。被告人成俊彬共侵占财物价值272 080.7元,被告人黄承基参与侵占财物价值221 419.6元,被告人唐海斌收购赃物价值133 799.6元。

二、诉讼过程及裁判理由

一审法院经审理认为,被告人成俊彬身为被害单位的司机,利用职务上的便利,伙同他人将被害单位的财物据为己有,构成职务侵占罪;被告人成俊彬明知是犯罪所得赃物而予以收购,构成收购赃物罪。

一审宣判后,检察机关抗诉称:一审判决对原审被告人的行为定性有误。理由是:主观上,被告人在进入各被害单位之前就已经具有骗取被害单位车辆的犯罪故意;客观上,两被告人在意图非法占有被害单位车辆的思想驱使下,先使用假身份证和驾驶证到职介所登记,再去单位应聘,既虚构了其身份及其遵纪守法的事实,又隐瞒了其"并非想从事司机职务"及其曾经诈骗其他单位车辆的真相,骗取了被害人的信任,使被害人陷入认识错误,"自愿"将车辆交其保管,从而实现非法占有车辆之目的。因而,被告人的行为应定性为诈骗罪,而非职务侵占罪。

二审法院经审理认为,原审被告人成俊彬、黄承基以非法占有为目的,虚构事实,隐瞒真相,骗取他人财物,数额巨大,构成诈骗罪;原审被告人唐海斌明知是犯罪所得而予以收购,其行为构成掩饰、隐瞒犯罪所得罪。

三、关联法条

《中华人民共和国刑法》

第二百六十六条 诈骗公私财物,数额较大的,处三年以下有期徒刑、拘役或者管制,并处或者单处罚金;数额巨大或者有其他严重情节的,处三年以上十年以下有期徒刑,并处罚金;数额特别巨大或者有其他特别严重情节的,处十年以上有期徒刑或者无期徒刑,并处罚金或者没收财产。本法另有规定的,依照规定。

第二百七十一条第一款 公司、企业或者其他单位的人员,利用职务上的便利,将本单位财物非法占为己有,数额较大的,处五年以下有期徒刑或者拘役;数额巨大的,处五年以上有期徒刑,可以并处没收财产。

四、争议问题

本案中的主要问题是:被告人的行为构成诈骗罪、盗窃罪还是职务侵占罪?

五、简要评论

本案引起重大争议的是,被告人的行为构成职务侵占罪,还是诈骗罪。由于诈骗罪必须是行为人使用欺骗手段,造成被害人的针对财产处分的认识错误,进而基于该认识错误作出财产处分,从而造成财产损失的行为,因此,要加以考察的行为便是:被告人成俊彬、黄承基以虚假证件应聘,被害单位被骗作出了给予工作职位的处分,尔后,被告人利用该工作职位取得了相应的货车。如果给予工作职位不等于给予财物(货车),那么,被告人以假证件应聘时,就无法认定被害单位在被告人应聘时遭到了诈骗。① 此外,最高人民法院研究室《关于对行为人通过伪造国家机关公文、证件担任国家工作人员职务并利用职务上的便利侵占本单位财物、收受贿赂、挪用本单位资金等行为如何适用法律问题的答复》指出,行为人通过伪造国家机关公文、证件担任国家工作人员职务以后,又利用职务上的便利实施侵占本单位财物、收受贿赂、挪用本单位资金等行为,构成犯罪的,应当分别以伪造国家机关公文、证件罪和相应的贪污罪、受贿罪、挪用公款罪等追究刑事责任,实行数罪并罚。基于该答复,有学者认为,比照该答复,可以将使用欺骗手段骗得身份和利用该身份从事某种行为分开评价,因为前后两行为侵犯了不同的法益,即在本案中,利用虚假证件应聘和利用司机身份侵占汽车的行为可分别认定为伪造证件类犯罪和职务侵占罪,二者构成牵连犯,以职务侵占罪处理。②

反对意见主张,该案行为人的司机身份是通过欺骗取得的,不能认定其具有该单位司机的职务,因而不能认定其构成职务侵占罪;行为人并无受聘担任单位驾驶员的意思,其行为只侵犯了单位的财产,而没有侵犯职务的廉洁性。同时,前述答复中有"担任国家工作人员职务以后"的表述,这表明行为人应聘时是希望担任相应职务且要长期担任不被发现造假的,而本案中行为人实际上并不想应聘做司机,和答复中的情况有重要区别,所以,应认定为诈骗罪。③ 当然,这时否定成立职务侵占罪的前提是,在判断是否有职务行为上,采取"身份说",没有真实身份即不成立职务侵占罪。但若采"事务说",则应构成职务侵占罪。④ 本案的司法裁判过程是,一审法院定职务侵占罪,二审法院最后认定为诈骗罪。可见,在我国的司法实务中,诈骗故意是判定行为是否具有诈骗性质的重要标准。

有学者提出,在这种情形下,不构成职务侵占罪,应构成盗窃罪。构成职务侵占罪需要当事人"经手"相应财物,而本案当事人只是"过手"了相应车辆。"经手"和"过手"的区别在于,前者有一定的管理权,后者没有,因此,本案当事人没实现对财物的排他性支配,故不构成职务侵占,只构成盗窃。⑤ 这种观点是把着眼点放在了被害单位交付财物之后,此时需要考察,在被害单位交付货车时,行为人采取的是什么手段?由于行为人先行通过虚假证件得到了司机职位(这是一个创设了法不容许的风险的先行举止),在被害单位分配送货工作给行为人时,行为人实际上隐瞒了他没有真实身份的事实,可以认定这时成立基于先行举止的不作为形式的诈骗。因此,考察点应是行为人取得财物时,而非出卖财物时,出卖财物只是事后行为。

---

① 同样否定应聘行为是诈骗行为的,还有陈兴良:《定罪的四个基本原则》,载《检察日报》2009年11月5日,第3版。
② 参见瞿俊淼:《此案应认定为职务侵占罪》,载《检察日报》2009年12月11日,第3版。
③ 参见刘明祥:《以虚假身份应聘司机开走单位汽车应定诈骗罪》,载《检察日报》2009年12月11日,第3版。
④ 参见张明楷:《刑法学》,法律出版社2011年版,第907—908页。
⑤ 参见《不同犯罪论体系会不会影响司法统一》,载《检察日报》2009年12月11日,第3版(徐光华博士的观点)。

第十一章 侵占罪

案例 11-1 张建忠侵占案[①]

一、基本案情

2003年2月20日上午8时许,被告人张建忠利用其任佛山市禅城区红太阳不锈钢加工厂(以下简称红太阳加工厂)司机的职务之便,在该厂安排其独自一人开车将一批价值人民币87 840.2元的不锈钢卷带送往本市源鸿福不锈钢制品有限公司之际,将该批货物擅自变卖给他人,并弃车携变卖所得款4万元逃匿,后被抓获。

另查明,红太阳加工厂的注册性质系个体工商户,投资人为朱绚丽。

二、诉讼过程及裁判理由

一审法院经审理认为,被告人张建忠将代为保管的自诉人价值87 840.2元的财物非法占为己有,数额较大,拒不退还,其行为已构成侵占罪,判决被告人张建忠犯侵占罪,判处有期徒刑1年;缴获的赃款4万元返还给自诉人朱绚丽。

一审宣判后,自诉人及被告人均没有提出上诉,判决已发生法律效力。

三、关联法条

《中华人民共和国刑法》

第二百六十四条 盗窃公私财物,数额较大的,或者多次盗窃、入户盗窃、携带凶器盗窃、扒窃的,处三年以下有期徒刑、拘役或者管制,并处或者单处罚金;数额巨大或者有其他严重情节的,处三年以上十年以下有期徒刑,并处罚金;数额特别巨大或者有其他特别严重情节的,处十年以上有期徒刑或者无期徒刑,并处罚金或者没收财产。

第二百七十条第一款 将代为保管的他人财物非法占为己有,数额较大,拒不退还的,处二年以下有期徒刑、拘役或者罚金;数额巨大或者有其他严重情节的,处二年以上五年以下有期徒刑,并处罚金。

第二百七十一条第一款 公司、企业或者其他单位的人员,利用职务上的便利,将本单位财物非法占为己有,数额较大的,处五年以下有期徒刑或者拘役;数额巨大的,处五年以上有期徒刑,可以并处没收财产。

四、争议问题

本案主要争议问题为,雇员利用职务之便将个体工商户的财物非法据为己有的,应当如

[①] 参见陈兴良、张军、胡云腾主编:《人民法院刑事指导案例裁判要旨通纂》(下卷),北京大学出版社2013年版,第795页。

何定性？该问题的回答涉及两个方面：一是雇员非法据为己有的行为是否破坏了个体工商户的占有？这涉及是构成（职务）侵占罪还是构成盗窃罪。二是个体工商户是否属于职务侵占罪中的"其他单位"？这涉及是构成侵占罪还是构成职务侵占罪。

五、简要评论

日常生活中，雇员利用职务之便将所保管的财物非法据为己有的行为时有发生。对此，我国刑法理论通说认为，对于雇员受雇主委托保管财物的情况，除非雇员获得雇主的授权，对于财物具有一定的处分权，否则对于财物的占有仍属雇主。这种情况被称为辅助占有。其中，处于下位者的雇员属于辅助占有人，处于上位者的雇主属于占有人。如果下位者将保管的财物非法据为己有，就会破坏上位者的占有，从而涉嫌盗窃。按照这种理解，由于本案被告人张建忠接受指派将不锈钢卷带送往同城的指定地点时，并没有被授予处分不锈钢卷带的权限，作为辅助占有人，他对于该批货物并不存在占有，其擅自变卖的行为破坏了雇主的占有，因而构成盗窃。但是，为最高人民法院所认可的判决却判定被告人张建忠的行为构成侵占罪，认为在被告人张建忠变卖货物之前，他已经基于被害人的委托占有了该批货物，因而丧失了成立盗窃罪的前提条件。

笔者认为，下位者对其所管理的财物是否具有一定的处分权限，并非判断是否存在占有的恰当标准。刑法中的占有所说的是事实上的处分权，并不以合法存在为必要，而是始终强调事实上的处置可能性。在辅助占有人明显对于财物具有事实上的物理影响力的场合，没有理由否认其所具备的事实上的处分权。实际上，就辅助占有现象而言，由于支配事实的存在，辅助占有人对于财物仍存在刑法意义上的占有，只不过需要根据支配领域判断其属于单独占有还是共同占有。具体来说，如果财物始终处于所有人的支配领域内，例如其所拥有的房屋、仓库、店铺、私家车等，在此领域内将财物交由辅助占有人保管的，属于共同占有。如果财物所处位置发生变化，例如由所有人的支配领域转至公共支配领域，则此时辅助占有人的占有即属于单独占有。因此，在判断辅助占有人的占有状态时，需要参考的标准除了上下级关系以外，还需要考虑财物所处的支配领域。按照这种理解，当本案被告人张建忠变卖货物时，该批货物已处于公共支配领域，这就意味着货物已由他单独占有，从而排除了成立盗窃罪的可能性。

至此，对于本案被告人张建忠的行为，能够考虑的只剩下侵占罪和职务侵占罪。对于此类行为，通常的做法是，如果雇员属于公司、企业的员工，则作为职务侵占罪处理，即便是临时工，也同样如此。[①] 因此，在判断此类行为的性质时，关键在于雇员所属单位的刑法性质，即是否属于《刑法》第271条所列的公司、企业或者其他单位。如果不是，则通常会作为普通的侵占罪加以处理。就本案而言，需要考虑的即为个体工商户是否属于《刑法》第271条所说的企业或者其他单位。

---

① 参见最高人民法院刑事审判第一、二、三、四、五庭主办：《刑事审判参考》（总第57集），法律出版社2007年版，"贺豫松职务侵占案"。

对此，本案裁判理由正确地指出，个体工商户属于个人投资经营，用个人财产承担责任的特殊民事主体。个体工商户与《中华人民共和国个人独资企业法》中提到的个人独资企业有所不同，它不属于企业，而且从刑法意义上看也不能视为单位。刑法意义上的单位有两种类型：一是作为犯罪主体的单位；二是作为特定犯罪被害人的单位，如职务侵占罪等。对这两类单位是作同一解释还是作区别解释，目前仍无定论。但无论如何，能称为单位的，都必须是依法成立的具有一定经费和财产，有相对独立性的社会组织。个体工商户是特殊的民事主体，具有自然人的全部特征，却不具备单位的组织性特点。因此，在刑法意义上，个体工商户是实质的个人，而不是企业或单位。本案中个体工商户红太阳加工厂虽然规模较大，管理方式类似于企业，但在法律意义上仍为个人。因此，被告人张建忠作为该加工厂所聘用的专职司机，不属于职务侵占罪的主体，其行为不构成职务侵占罪。最终，被告人张建忠的行为只能以侵占罪论处。

总体而言，本案判决结果正确，只是在为何不构成盗窃罪方面，判决理由仍显粗疏，没有围绕占有的归属问题展开深入讨论。与此相对，在个体工商户为何不属于职务侵占罪意义上的企业或者其他单位这一点上，裁判理由的说理则较为充分。此外，从讨论顺序来看，裁判理由是在讨论了个体工商户性质的基础上，否认了成立职务侵占罪之后，才继而讨论是构成侵占罪还是盗窃罪，从而造成论证逻辑倒挂，值得改进。

案例 11-2　杨飞侵占案①

一、基本案情

被告人杨飞的父亲杨作新系从事袜子加工业务的个体工商户，系家庭经营，但主要由杨作新夫妇二人负责经营。从 2007 年上半年始，自诉人赵伟良将部分袜子委托杨作新加工定型。其间，杨飞将赵伟良委托加工定型的袜子盗卖给他人。经公安机关追回的袜子共计 62 包，每包 300—500 双不等，价值共计 87 420 元，赵伟良以被告人杨飞犯侵占罪，向人民法院提起诉讼。

二、诉讼过程及裁判理由

一审法院经审理认为，自诉人赵伟良将袜子委托给被告人杨飞之父杨作新加工定型，尽管杨作新经营的袜子加工厂在组织形式上系家庭经营，但实际上系由其夫妇共同经营，二人并未将自诉人委托加工的袜子交由杨飞保管，杨飞对该批袜子未形成事实上的占有，故杨飞将这些袜子予以盗卖的行为不符合侵占罪的构成特征，因而判决被告人杨飞无罪。

一审宣判后，自诉人赵伟良提出上诉。

二审法院经审理认为，原审被告人杨飞对上诉人赵伟良委托杨作新加工定型的袜子，并

---

① 参见陈兴良、张军、胡云腾主编：《人民法院刑事指导案例裁判要旨通纂》（下卷），北京大学出版社 2013 年版，第 796 页。

未形成事实上的占有,杨飞在其父杨作新不知情的情况下,采取秘密窃取的手段,盗卖其父实际占有的财物,其行为不构成侵占罪。原判认定事实清楚,适用法律正确,审判程序合法,裁定驳回上诉,维持原判。

三、关联法条

《中华人民共和国刑法》

第二百七十条第一款 将代为保管的他人财物非法占为己有,数额较大,拒不退还的,处二年以下有期徒刑、拘役或者罚金;数额巨大或者有其他严重情节的,处二年以上五年以下有期徒刑,并处罚金。

四、争议问题

本案主要的争议问题是,如何理解和认定侵占罪中"代为保管他人财物",该问题涉及占有状态的认定,或者说是占有的归属问题。

五、简要评论

根据我国《刑法》第270条第1款的规定,侵占罪行为针对的对象必须是代为保管的他人财物,即在行为实施之前,财物已经属于行为人占有,因此,占有状态的认定,是判断行为是否构成侵占罪的关键问题之一。这涉及如何理解刑法中的占有概念。通说认为,刑法中的占有指的是一个人对财物所具有的事实上的支配力,它承载着该人的自然支配意思。在强调占有的事实属性的同时,通说并没有将其限定为实际上掌握财物,即有形的、物理上的支配,而是认为那些为社会观念所确认的支配,即根据社会观念能够推知财物为支配者所支配时,同样属于事实上的支配。这实际上已经扩张至支配的可能性,即随时不受障碍地掌握财物的可能性。至于是否存在这种可能性,则需要根据日常生活观念,结合具体情况加以判断。这一判断过程,涉及社会观念对于支配力的承认,从而形成所谓的观念上的占有。这种占有在本质上属于规范上的占有。这表明,占有实际上具有事实与规范的双重属性,这两种属性呈现此消彼长的状态,在极端情况下,甚至存在只具有事实的占有和只具有规范上的占有,也就是说,占有的产生与存续并不需要事实上的支配与观念上的支配必须同时具备。

我国司法实务部门实际上也承认了占有的规范属性,本案的判决理由就很好地体现了这一点。虽然本案的裁判理由是从侵占罪的主体特征方面认定被告人杨飞的行为不构成侵占罪,但在判断是否具备主体资格时,却正是将行为人与所取得的财物之间是否存在占有关系作为判断标准的。本案中,从事实层面而言,是难以排除被告人杨飞对袜子所可能具有的管理、支配可能性的,因为毕竟袜子所处的空间属于包括被告人杨飞在内的家庭成员的共同生活空间,他对袜子在实体上完全可以毫不费力地靠近并施加物理上的影响力,亦即可能形成事实上的支配。但在这种情况下,之所以不认为他占有这些袜子,并不在于从事实层面所作的判断,而恰恰是从规范层面所作的考量。实际上,法院在判决理由中已经强调了占有的规范层面的内容,即"由于杨作新的袜子加工厂的实际经营者是杨作新夫妇,杨飞并未参与到经营活动中"。这意味着从社会文化观念来看,只有参与经营者才能够形成对有关物品的占有,即便经营场所是家庭这种相对特殊的空间也概莫能外,这也是人们普遍承认家庭成员之间仍可能存在盗窃的原因。因此,本案中,虽然法院只是承认了存在事实上的支配关系才成立占有,但在实际判断上却强调了占有的规范属性,其内在逻辑是矛盾的。

值得注意的是,本案的裁判理由花费了较大的篇幅论证被告人杨飞不具有"代为保管他人财物"的主体身份,并分析了承揽合同的两种情形,得出只有被告人杨飞的父母杨作新夫妇才具有成立侵占罪的主体身份。从裁判自诉人赵伟良提起的诉讼来看,这些分析是必要的。通过分析,实际上否定了赵伟良的自诉人资格。这是因为,就袜子制成品而言,既然本案被告人与自诉人赵伟良之间并不存在代为保管关系,则排除了成立侵占罪的可能性,因而赵伟良不应以自诉人的身份向法院提起诉讼。法院最终判定被告人杨飞不构成侵占罪的做法,是正确的。但是,裁判理由关于被告人杨飞不具有拒不退还情节的论述,则属于画蛇添足之举。既然已经认定被告人杨飞不具备成立侵占罪的身份要求,则已经可以排除侵占罪的构成要件符合性,之后是否"拒不退还",对于侵占罪的认定而言,已经没有意义。而且,更不合理的是,裁判理由还认为,"如果行为人以出卖、赠与、使用等形式实际处分代为保管的他人财物后,表示愿意赔偿财物所有人的经济损失的,一般不能认定为'拒不返还'。因为多数情况下,财物的价值可以通过货币来体现,在原物不能退还时,行为人愿意用货币或者种类物来赔偿的,表明其不具有非法占有的意思,不应认定为侵占罪"。这种通过事后有无赔偿措施来认定是否成立犯罪的做法,明显与犯罪既遂理论相悖,以其判断是否存在非法占有意思的做法,也不可取。

此外,本案裁判理由并未仅限于对被告人杨飞的行为不构成侵占罪进行分析,还进一步阐明了不作为盗窃罪加以处罚的理由,对亲属相盗的问题进行了较为深入的分析。这一做法可以让涉案双方以及其他公民了解《刑法》的相关规定,能够取得更好的宣传效果,值得肯定。

案例11-3 王严侵占案[①]

一、基本案情

1998年10月19日晚11时许,被告人王严驾驶夏利牌出租车,从长沙河西嵘湾镇送乘客李某某至黄兴路娱乐城。李某某下车时,将随身携带的背包遗忘在车内,包内有现金人民币13 105元及其他物品。王严发现李某某遗忘的背包后,将其带回家中,见包内装有巨额现金,心生贪念,即将此包藏于家中电视机柜内。当晚,公安人员接到李某某的报案后,在本市枫叶饭店门前找到王严时,王严矢口否认拾到背包。当公安人员依法搜查其住所并当场起获李某某的背包后,王严才在证据面前交代了隐匿该背包的全部过程。破案后,现金和其他财物全部退还失主。

---

① 参见最高人民法院刑事审判第一庭主办:《刑事审判参考》(总第1期),法律出版社1999年版,第42页。

二、诉讼过程及裁判理由

一审法院经审理认为,本案被告人王严以非法占有为目的,将李某某的遗忘物隐匿在家中,且数额巨大,在公安人员向其询问时仍拒绝交出,其行为构成侵占罪。被告人王严经教育后认罪态度较好,且赃款已全部追回,可酌情从轻处罚。本案涉及的遗忘物数额巨大,由公安机关侦破此案,并移送检察机关提起公诉,有利于惩罚犯罪,保护被侵害人合法利益,故辩护人关于本案不能由检察机关提起公诉的辩护理由,不予采纳。据此,判决被告人王严犯侵占罪,判处有期徒刑两年,并处罚金5 000元。

一审宣判后,被告人王严没有提出上诉,检察机关也未抗诉,判决发生法律效力。

三、关联法条

《中华人民共和国刑法》

第二百七十条第二款、第三款　将他人的遗忘物或者埋藏物非法占为己有,数额较大,拒不交出的,依照前款的规定处罚

本条罪,告诉的才处理。

第九十八条　本法所称告诉才处理,是指被害人告诉才处理。如果被害人因受强制、威吓无法告诉的,人民检察院和被害人的近亲属也可以告诉。

《中华人民共和国刑事诉讼法》(1996年)

第十八条第三款　自诉案件,由人民法院直接受理。

四、争议问题

本案的主要争议问题是,如何理解侵占罪中的告诉才处理?这涉及对亲告罪的立法目的的解读。

五、简要评论

本案案情较为简单,属于较为常见的乘客将财物遗忘在出租车内,出租车司机乘机据为己有的情况。一般认为,对于出租车这种小型交通工具,由于人员的流动性较小,司机对于出租车的整体空间具有较强的控制力,因而该整体空间都属于司机掌控的支配领域。因此,位于出租车内的财物通常为司机所占有。但是,根据社会观念,当乘客搭乘时,乘客随身携带的财物由其排他性地单独占有,司机并不存在占有,这在刑法理论中称之为"占有的飞地"。当乘客下车后,对于其遗忘在出租车内的财物,则转归对出租车整体空间存在支配的司机占有。在这种情况下,如果随后搭乘的乘客秘密将该财物据为己有,则破坏了司机的占有,从而涉嫌盗窃。如果司机发现了该财物而据为己有,则涉嫌侵占。例外的情况是,如果乘客下车时忘记取走所放财物,在出租车尚未驶离前,财物的占有仍属于乘客,如果司机明知乘客遗落了财物而迅速驶离的,则构成盗窃。当然,在这种情况下,如何证明司机知晓乘客遗落了财物,存在一定的难度。具体到本案而言,出租车内的背包,系被害人李某某下车时遗忘在车内的,并不存在驶离前想起遗忘物的情形,因此,对该背包的占有转由被告人王

严享有,其拒不交出的行为,具备侵占罪的构成要件符合性。

根据我国《刑法》第270条第3款的规定,侵占罪属于亲告罪,即程序法上所讲的自诉案件。我国《刑法》第98条规定,对于亲告罪,只有当被告人告诉时,人民法院才能处理。但是,本案却是由检察机关作为公诉案件提起的诉讼,对于辩护律师提出的不属于公诉案件,不能由检察机关提起公诉的辩护理由,裁判理由认为,此案作为公诉案件处理并不违背立法本意,作为公诉案件并无不当。其主要理由是:侵占他人遗忘物的行为一般是与被害人关系比较密切的人实施的,被侵害人告诉与否,往往会涉及被侵害人的利益。所以,《刑法》规定本罪告诉的才处理。《刑法》之所以这样规定,完全是从保护被害人的利益出发的,并不意味着行为人的行为不具备法益侵害性,可以不受刑罚处罚。为了使犯罪分子受到法律追究,即使被害人不告诉,公安机关侦破此案后,也可以移送检察机关提起公诉。

笔者认为,裁判理由的看法是对亲告罪内涵的严重误读。正如有学者所指出的那样,亲告罪的立法价值在于承认个人法益的主体对于个人法益享有处分的自我决定权。亲告罪中被害人的告诉、撤回告诉、和解、调解等行为正是法益主体自我决定自由的体现。由于亲告罪对社会秩序的破坏范围小,采取由当事人自行处理的办法,既不会损害社会的整体利益,也可以体现对个人自由选择的尊重。从亲告罪的立法趣旨来看,立法者的本意是希望当事人之间尽可能通过非刑事手段协调解决。之所以如此,主要是立法者考虑到,在侵占罪中,当事人之间往往是邻居、同事,甚至是朋友关系,如果事后能够协商解决,就没有必要一定要定罪处罚。因此才对侵占罪的成立条件作出严格限制,并且要求必须告诉的才处理。由此可见,立法者规定侵占罪为自诉罪,主要是基于刑法谦抑性的考虑,限制侵占罪的惩罚范围,这是立法者所作的一种刑事政策上的考量。对此,我国《刑事诉讼法》(1996年)第18条第3款也再次重申,自诉案件由人民法院直接受理。本案的裁判理由认为,只要被告人的侵占行为受到惩处,由检察机关提起公诉也并无不当,这实际上属于"重实体、轻程序"的典型错误思想,并不利于真正地落实司法公正。

总之,将由人民法院直接受理的侵占案件作为公诉案件审理,既不符合刑事实体法的规定,也不符合《刑事诉讼法》的规定,本案一审法院将被告人王严侵占案作为公诉案件审理,是不正确的。为了引以为戒,最高人民法院将本案在《刑事审判参考》中刊出,强调侵占罪是告诉才处理的案件,这种做法值得充分肯定。

案例11-4 列玉齐侵占案[①]

一、基本案情

被告人列玉齐于2006年初至2007年8月受雇于增城市沙埔镇中华洗漂厂(以下简称中华洗漂厂),其工作职责是负责与客户对账并为该厂收取客户应付的洗水款。2007年间,

---

① 参见北大法律信息网(http://vip.chinalawinfo.com/case/displaycontent.asp? gid=117684901)。

被告人列玉齐利用工作上的便利,采取收取客户洗水款后谎称未收取、冒充客户书写欠条交回厂财务入账等手段,先后向欠该厂洗水款的多家制衣厂收取了洗水款共计人民币931 150元,后将该款非法占为己有,至今未退还。后被中华洗漂厂发现向公安机关报案,公安机关于2007年8月28日将被告人列玉齐抓获归案。

另查明,增城市沙埔镇中华洗漂厂于1993年7月向工商行政部门领取了个体工商户营业执照经营至今,经营者是吴会奇。

二、诉讼过程及裁判理由

一审法院经审理认为,被告人列玉齐身为自诉人吴会奇经营的增城市沙埔镇中华洗漂厂员工,利用工作上的便利,在为该厂收取货款后没有交回入账,而是将其代为保管的款项非法占为己有,且拒不退还,数额巨大,其行为已构成侵占罪。鉴于被告人列玉齐归案后能自愿认罪,可酌情从轻处罚。据此,判决被告人列玉齐犯侵占罪,判处有期徒刑3年零6个月,并处罚金10万元;追缴被告人列玉齐犯罪所得931 150元,发还受害单位增城市沙埔镇中华洗漂厂。

宣判后,原审自诉人吴会奇上诉提出,根据相关证言证实,列玉齐没有交回益登制衣厂的洗水费43 400元,且益登厂的老板娘庄某娥亦证实将2007年5月份的洗水费43 400元交给了列玉齐,并写有收据,原判未认定列玉齐侵占益登制衣厂的洗水费43 400元不当,且原判量刑偏轻,请求对列玉齐从重处罚。

二审法院经审理认为,原审被告人列玉齐作为中华洗漂厂员工,将代为保管的款项据为己有,数额特别巨大,拒不退还,其行为已构成侵占罪。原判认定事实清楚,证据确实、充分,定性准确,量刑适当,予以确认,唯认定数额有误,应予以纠正。上诉人吴会奇在二审期间提供了新证据,对相关事实予以认定。上诉人吴会奇所提应追加认定益登制衣厂事实的意见,经查属实,予以采纳;其还提出原判量刑偏轻,要求加重对列玉齐处罚的意见,不予采纳。据此,判决维持一审法院对原审被告人列玉齐的定罪量刑部分,撤销一审法院追缴被告人列玉齐犯罪所得部分,追缴原审被告人列玉齐的犯罪所得974 550元,发还增城市沙浦镇中华洗漂厂。

三、关联法条

《中华人民共和国刑法》

第二百六十六条 诈骗公私财物,数额较大的,处三年以下有期徒刑、拘役或者管制,并处或者单处罚金;数额巨大或者有其他严重情节的,处三年以上十年以下有期徒刑,并处罚金;数额特别巨大或者有其他特别严重情节的,处十年以上有期徒刑或者无期徒刑,并处罚金或者没收财产。本法另有规定的,依照规定。

第二百七十条第一款 将代为保管的他人财物非法占为己有,数额较大,拒不退还的,处二年以下有期徒刑、拘役或者罚金;数额巨大或者有其他严重情节的,处二年以上五年以下有期徒刑,并处罚金。

四、争议问题

本案主要争议问题是,被告人列玉齐通过欺骗手段侵占单位洗水款的行为,是构成侵占罪还是构成诈骗罪?这涉及取得行为的重复性问题。

五、简要评论

本案一、二审人民法院均认为,被告人列玉齐作为中华洗漂厂员工,将代为保管的款项据为己有,数额特别巨大,拒不退还,其行为构成侵占罪。本案的判决理由较为简单,对于列玉齐收取洗水款后谎称未收取、冒充客户书写欠条交回厂财务入账的行为,直接将其视为侵占罪的手段行为,而未作进一步的讨论。

本案中,被告人列玉齐实施的是使用欺骗手段的侵占,那么,此时是否具有成立诈骗罪的可能?有观点认为,一方面,该类行为实际上侵犯了新的法益,即欺骗行为所获得的是财产性利益,因而不属于不可罚的事后行为;另一方面,与单纯骗免债务的行为构成诈骗罪相比,对该类行为仅以侵占罪论处,明显不协调。因此,对于这种行为应当作为包括的一罪,从一重处断。对此需要从诈骗罪的构成要件入手加以分析。就诈骗罪的构成要件而言,必须存在被害人基于有瑕疵的意思实施了交付行为,财物的占有随着交付行为而发生转移的情况。但是在本案中,被告人列玉齐在谎称未收取洗水款、冒充客户书写欠条交回厂财务入账的行为时,款项已经为其占有,并不存在基于交付行为而发生的占有的转移,因此根本不具备诈骗罪的构成要件符合性。所谓的侵犯了新的法益的看法,势必认为通过欺骗行为使所有人放弃返还财物的请求权在性质上类似于债务的免除,唯有如此才能认为行为人的财产随着所有人放弃返还请求权而得以消极增加,即所谓的获得了财产性利益。但是,财物返还请求权属于物上请求权,而财产性利益涉及的是债权,两者在性质上并不相同,因此不能认为所有人放弃财产返还请求权之后,行为人会因此获得财产性利益,也不能与单纯骗免债务的行为相类比。当然,在涉及金钱的场合,如果尊重对金钱的占有即所有这一民法的理论主张,并认为涉及金钱的债权也可以成为侵占罪的保护法益,则为了避免定性错误,应当结合获得金钱的原因作出判断。如果金钱是通过借贷获得的,采取欺骗手段使权利人放弃债权的,具有成立诈骗罪的可能性;如果金钱是原所有人委托行为人保管或者是行为人拾得的,则通过欺骗手段使其放弃债权的,则仅具有成立侵占罪的可能性。否则,势必会抹杀借贷关系与保管关系之间的区别。

总体而言,从审理结果上来看,本案并不存在问题。但是,裁判理由部分仍旧存在说理不足的通病,对于相关的欺骗行为也未给予充分的关注,这是需要改进的地方。

案例 11-5　谌升炎侵占案[①]

一、基本案情

谌升炎系安化县邮政局职工,担任该局邮政储蓄金库外勤出纳,负责东坪城区各储蓄点头寸箱的发放和回收。2004年12月3日下午下班时,谌升炎将头寸箱归库后离开金库。同日下午,金库内勤出纳李兴荣将装有10万元现金的白色邮袋遗忘在拉闸门的通道上。次日上午7时许,谌升炎到金库提取头寸箱,并在拉开闸门后,发现门内有一白色邮袋内装有10万元现金,遂将邮袋拿至值班室的办公桌上。随后,谌升炎同值班室经警将头寸箱发放至城区各储蓄点。返回金库后,发现邮袋仍放在桌上,李兴荣仍未来上班,便将装有现金的邮袋提至自己的摩托车尾箱内藏匿后带离邮政局。案发后,赃款已全部追回。

二、诉讼过程及裁判理由

一审法院认为,被告人谌升炎以非法占有为目的,秘密窃取公共财物,数额特别巨大,其行为构成盗窃罪。鉴于谌升炎已退回全部赃款,未给本单位造成损失,可酌情从轻处罚,据此判决被告人谌升炎犯盗窃罪,判处有期徒刑10年,并处罚金1万元。

一审宣判后,被告人谌升炎不服,提起上诉。

二审法院经审理,裁定撤销一审刑事判决,发回重审。

检察机关随后撤回以侵占罪所提起的公诉,改以被告人谌升炎犯盗窃罪提起公诉,一审法院认定被告人谌升炎犯盗窃罪,判处有期徒刑10年,并处罚金1万元。

重审宣判后,被告人谌升炎提起上诉。

二审法院经审理,判决撤销一审法院刑事判决,宣告上诉人谌升炎无罪。

原审裁判发生法律效力后,检察机关向高级人民法院提出抗诉。高级人民法院作出再审决定,指令二审法院另行组成合议庭对本案进行再审。

二审法院经过再审,裁定维持原判。

检察机关再次向高级人民法院提出抗诉,高级人民法院对本案进行了提审,认为原审被告人谌升炎以非法占有为目的,秘密窃取金融机构的公共财物,数额特别巨大,其行为构成盗窃罪。因谌升炎涉案盗窃数额特别巨大,依法应判处10年以上有期徒刑或者无期徒刑,但谌升炎是在发现该入库10万元现金遗忘在通道未入库后产生犯意,其案发具有一定的偶然性,其主观恶性相对较小,且已退回全部赃款,未给单位造成损失。据此,判决谌升炎犯盗窃罪,判处有期徒刑3年,缓刑4年,并处罚金1万元。

宣判后,高级人民法院依法报最高人民法院核准对被告人谌升炎法定刑以下的量刑。

最高人民法院经审理认为,被告人谌升炎采取秘密手段,窃取公共财产数额巨大,其行

[①] 参见陈兴良、张军、胡云腾主编:《人民法院刑事指导案例裁判要旨通纂》(下卷),北京大学出版社2013年版,第825页。

为已构成盗窃罪。依据其盗窃的数额,本应在有期徒刑10年以上判处刑罚。谌升炎虽然不具有法定减轻处罚情节,但鉴于其系因客观原因引发犯意,案发后认罪、悔罪态度较好,赃款已全部追回等特殊情况,可以对谌升炎在法定刑以下判处刑罚。据此裁定核准高级人民法院的刑事判决。

三、关联法条
《中华人民共和国刑法》

第二百六十四条 盗窃公私财物,数额较大的,或者多次盗窃、入户盗窃、携带凶器盗窃、扒窃的,处三年以下有期徒刑、拘役或者管制,并处或者单处罚金;数额巨大或者有其他严重情节的,处三年以上十年以下有期徒刑,并处罚金;数额特别巨大或者有其他特别严重情节的,处十年以上有期徒刑或者无期徒刑,并处罚金或者没收财产。

第二百七十条第二款 将他人的遗忘物或者埋藏物非法占为己有,数额较大,拒不交出的,依照前款的规定处罚。

四、争议问题

本案的主要争议问题为,被告人谌升炎构成侵占罪还是盗窃罪?这涉及如何认定遗忘在金库通道上装有10万元现金的邮袋的刑法性质,即其是否属于刑法意义上的遗忘物。

五、简要评论

本案经过了二次原审、二次重审、三次再审、一次最高人民法院复核,历时近4年,诉讼过程可谓一波三折。应当说,本案案情并不复杂,从诉讼过程来看,主要争议在于如何认定被告人谌升炎的行为性质,即应当按照盗窃罪处理还是按照侵占罪处理?这两个罪名的关键区别,在于行为人在实施取得行为前,是否已经占有他人财物。具体到本案而言,需要考虑的是,出纳员李兴荣遗忘在邮局金库通道上的装有现金的邮袋,是否属于《刑法》第270条第2款所说的遗忘物?

我国刑法理论通说认为,侵占罪意义上的遗忘物,指的是财物占有人放置于某处,因一时疏忽忘记拿走,而暂时失去控制的财物。这种理解强调了原占有人的主观认识对于财物性质的影响,并据此对遗忘物与遗失物作了区分,认为后者指的是占有人因为疏忽失落某处,而脱离了自己控制的财物。由于我国民事立法采用了"遗失物"的表述,导致对于遗失物是否属于侵占罪的客体,在刑法理论中存在激烈争论。通说认为应当区分二者,并从罪刑法定原则出发,否认侵占遗失物构成侵占罪。但是,越来越有影响力的见解认为不应当加以区分。原因在于,从主观心态区分遗忘物与遗失物的做法并不符合犯罪构成原理,二者在实际上也具有不可分性,民法与刑法用语的不同,不能成为区分二者的充分理由。实际上,刑事立法者采用"遗忘物"一词而不采用"遗失物"一词并非偶然,其立法本意是想将两者加以区分。因此,从尊重立法原意的角度出发,应当承认区分二者的主张更具有合理性。但是,如何处理由此带来的处罚漏洞,值得进一步思考。

应当承认的是,单纯从日常生活意义角度界定遗失物与遗忘物的做法并没有多少意义,因为法律更为关心的是财物在行为当时所处的控制状态。但是,这并不意味着从法规范角度而言,遗失物与遗忘物的含义就完全相同。对此,有观点指出,应当根据是否丧失占有这一客观标准来确定财物的性质。其中,遗失物是指丧失占有但并非无主之物,而遗忘物则是指由于丢失者的疏忽而遗留在某处之物,并不属于丧失占有之物。这就意味着,刑法意义上的遗忘物的本质特征在于财物虽然脱离了原占有人的控制,但由于所处地点属于他人支配领域之内,而转由他人占有,不属于丧失占有之物,因而并非只要财物占有人主观上对财物忘记即可构成。由此,是否处于丧失占有状态,就成为区分遗失物与遗忘物的关键,而对占有状态的认定,则需要根据支配领域加以确定。

具体到本案而言,因为内勤出纳李兴荣的疏忽,装有 10 万元现金的邮袋被遗忘在通道上。裁判理由认为,由于此通道位于邮政局特定的封闭场所之内,并非任何人都可以自由出入的公共空间,因而该笔款项仍处于邮政局的控制范围之内,并不属于遗忘物。可见,在认定遗忘物的占有状态时,该裁判理由并未以遗忘者的主观认识作为判断标准,而是以行为当时财物所处的客观场所作为判断标准,来判断财物所处的控制状态,从而确定其在刑法上的性质。虽然这一做法本身值得肯定,但是,在本案的具体判断上却出现了偏差。从本案案情来看,被告人谌升炎在通道上发现了装有现金的邮袋之后,并未立即将其带离邮政局的控制范围之外,而是先将其放到了值班室的办公桌上,然后去完成当天的工作任务,待返回金库发现出纳员李兴荣仍未上班后,才将装有现金的邮袋带离邮政局。由于将邮袋放至值班室办公桌上的行为并无不当,从该行为中无法确证被告人谌升炎具有非法占有的意思,因而恰当的行为地点应当是值班室,而非金库通道。显然,较之于金库通道,值班室更明显地属于邮政局的支配领域,装有现金的邮袋因而仍属于他人占有之物,据此,被告人谌升炎拿走邮袋的行为构成盗窃。

此外值得注意的是,虽然本案涉案金额高达 10 万元,达到了盗窃罪所规定的数额巨大的量刑档次,法定刑至少应当是 10 年以上有期徒刑,但考虑到本案的偶发性以及赃款被全部追回,并未造成实际损失,且被告人如实供述自己的罪行,积极悔罪,因而法院根据《刑法》第 63 条第 2 款的规定,对被告人谌升炎在法定刑以下判处刑罚,最终宣告缓刑。这种做法体现了宽严相济的刑事政策要求,是值得肯定的。

案例 11-6　罗忠兰盗窃案①

一、基本案情

1998 年 2 月 18 日晚,被告人罗忠兰进入海口市金夜娱乐广场 851 包厢陪伴客人唱"卡拉 OK"。当晚 10 时许,在此消费的客人陈某某将装有现金等物的黑色手提包置于电视机

---

① 参见陈兴良、张军、胡云腾主编:《人民法院刑事指导案例裁判要旨通纂》(下卷),北京大学出版社 2013 年版,第 745 页。

上,到包厢外打电话。嗣后,包厢内其他客人结账后离开娱乐广场。罗忠兰送客人走后返回851包厢,趁正在打扫卫生的服务员未注意之机,将陈某某的手提包拿进包厢的卫生间,盗走包内现金12 000元,将手提包及包内其他物品弃于卫生盆下,熄灭卫生间的灯,锁上卫生间的门后逃离现场。

二、诉讼过程及裁判理由

一审法院经审理认为,被告人罗忠兰以非法占有为目的,秘密窃取他人财物,数额巨大,其行为已构成盗窃罪。公诉机关的犯罪事实清楚,证据充分,足以认定。被告人及其辩护人关于罗忠兰不构成盗窃罪的辩解和辩护意见与事实不符,不能成立,故而判决被告人罗忠兰犯盗窃罪,判处有期徒刑3年,并处罚金3 000元。

一审宣判后,被告人罗忠兰不服,提起上诉。

二审法院经审理认为,原判认定事实清楚,证据确实、充分,定罪准确,量刑适当,审判程序合法。罗忠兰的上诉理由及其辩护人的辩护意见与事实不符,不予采纳,故而驳回上诉,维持原判。

三、关联法条

《中华人民共和国刑法》

第二百六十四条 盗窃公私财物,数额较大的,或者多次盗窃、入户盗窃、携带凶器盗窃、扒窃的,处三年以下有期徒刑、拘役或者管制,并处或者单处罚金;数额巨大或者有其他严重情节的,处三年以上十年以下有期徒刑,并处罚金;数额特别巨大或者有其他特别严重情节的,处十年以上有期徒刑或者无期徒刑,并处罚金或者没收财产。

第二百七十条第二款 将他人的遗忘物或者埋藏物非法占为己有,数额较大,拒不交出的,依照前款的规定处罚。

四、争议问题

本案主要的争议问题是,被告人罗忠兰的行为构成侵占罪还是构成盗窃罪?这涉及在特定服务场所中,如何确定财物占有人的问题。

五、简要评论

刑法中的占有概念强调的是一种空间支配关系,即所谓的占有空间,一旦财物处于该空间之内,除非他人对其存在更为紧密的空间支配关系,否则即归空间占有人占有,它不因占有人是否意识到财物的存在而发生变化。因此,在判断财物的占有主体时,就必须考虑财物所处空间领域的支配者。就本案而言,判断罗忠兰取得陈某某财物的行为是构成盗窃罪还是侵占罪,关键在于如何认定陈某某的财物当时归谁占有。对此,本案的裁判理由明确指出,本案发生地点在歌舞厅的包厢内,该包厢具有空间上的封闭性和使用上的独占性,与人人皆可自由往来的公共场所有所区别。该包厢原则上即由消费者暂时控制,消费者对存放在包厢内的自有物品具有实际的控制权。在消费者独占使用包厢期间,即便消费者因故临时离开,其对放在包厢内的随身携带的物品仍具有实际的控制权。当消费者正式结账离开包厢后,包厢内的一切物品包括消费者遗落的财物,又复归经营者的控制之下。对于消费者遗落的财物,经营者负有清点、保管、退还的义务。如果经营者拒不退还,则属于侵占行为。经营者之外的其他人如以非法占有为目的取走消费者遗落的财物,则属于盗窃。

对于如何判断歌舞厅包厢内财物的占有人,上述裁判理由作了较为详尽的分析,说理较为充分,判决结果值得肯定。但是,在判决理由接下来的分析中,却存在值得商榷之处。从案发时的情况来看,本案被害人陈某某离开包厢外出打电话,后遇上熟人在过道谈话,时间持续大约40分钟。在此期间,其他客人结账后离开该包厢。当其他客人结账离开包厢时,该包厢复归经营者控制,这就意味着陈某某放置于包厢内的财物已经脱离了其本人的控制,而转移至经营者手中。因此,陈某某的手提包实际上已经成为刑法意义上的遗忘物,其与陈某某能否回想起该手提包的放置地点并无关系。因此,本案裁判理由认为的"手提包并非物主陈某某的'遗忘物'"并不妥当,这也与其嗣后所论及的罗忠兰并非歌舞厅包厢经营者雇用的服务员,其无权保管或控制陈某某的财物自相矛盾。如果陈某某的手提包并不属于遗忘物,则意味着其并未丧失对该手提包的占有,如此一来,即便是包厢的服务员也无权对该手提包加以保管或控制。因此,合理的判断应当是,陈某某的手提包已经成为刑法意义上的遗忘物,对其的占有已经转移至包厢经营者手中。

当然,取得该遗忘物的行为构成盗窃罪还是侵占罪,仍需要根据行为人的身份加以判断。本案中,由于罗忠兰并非包厢服务员,并不属于包厢经营者的辅助占有人,因而不存在刑法意义上的对物品的占有。罗忠兰趁服务员不注意而取走手提包的行为,仍需要破坏包厢经营者的占有,并进而建立属于自己的新的占有,因而可能构成盗窃。当然,根据笔者在"张建忠侵占案"中所作的分析,即便被告人罗忠兰是服务员,作为辅助占有人,其对包厢内的财物也仅存在同经营者的共同占有,因而其私自取走包厢内财物的行为,仍然可能构成盗窃。

案例11-7 吴先明盗窃案①

一、基本案情

2001年9月19日20时许,被告人吴先明与妻子陈燕、妻兄陈德学乘1390次列车到石家庄。次日中午,吴先明感到困倦,看到在其座位下铺报纸睡觉的旅客已离开,即钻到该座席下睡觉。吴先明躺下后,看到座席下面的横梁上插着一个腰包,用手一摸,感觉包内有钱,就将包取下装进裤兜从座席下出来,告诉陈燕和陈德学捡了点钱,3人在邓州站提前下车。在邓州站,吴先明将腰包扔掉,把钱放进自己的旅行包内,告诉陈燕捡了2万多元钱。尔后3

---

① 参见最高人民法院中国应用法学研究所编:《人民法院案例选》(总第47辑),人民法院出版社2005年版,第330页。

人将1390次的车票改签了2506次旅客列车。当晚,在2506次列车上,吴先明受到了接到报案的公安人员的审查,公安人员从吴先明处查获赃款24 000元,已退还失主。

二、诉讼过程及裁判理由

一审法院经审理认为,被告人吴先明在乘坐旅客列车途中悄悄将其他旅客存放在座席下的财物拿走,并提前下车,显系盗窃行为。吴先明辩解没有盗窃及其辩护人提出应定侵占罪的意见,与事实不符,不予采纳。被告人吴先明的犯罪属于见财起意,主观恶性不深,被盗的财物已全部追回,没有给失主造成实际损失,可酌情从轻处罚。据此,判决被告人吴先明犯盗窃罪,判处有期徒刑3年零6个月,并处罚金人民币5 000元。

宣判后,被告人吴先明没有提出上诉,检察机关也没有提起抗诉。

三、关联法条

《中华人民共和国刑法》

第二百六十四条 盗窃公私财物,数额较大的,或者多次盗窃、入户盗窃、携带凶器盗窃、扒窃的,处三年以下有期徒刑、拘役或者管制,并处或者单处罚金;数额巨大或者有其他严重情节的,处三年以上十年以下有期徒刑,并处罚金;数额特别巨大或者有其他特别严重情节的,处十年以上有期徒刑或者无期徒刑,并处罚金或者没收财产。

第二百七十条第二款 将他人的遗忘物或者埋藏物非法占为己有,数额较大,拒不交出的,依照前款的规定处罚。

四、争议问题

本案主要的争议问题是,在列车上将其他旅客放在座席下的装有现金的腰包拿走,其行为构成侵占罪还是盗窃罪?这涉及在大型交通工具上如何确定财物占有人的问题。

五、简要评论

本案涉及的是火车这种大型的公共交通工具,其与出租车这种小型的密闭空间不同的是,在地铁、公交车、火车等大型公共交通工具上,由于客流量较大,驾驶员及其他乘务人员无法有效控制交通工具内的财物,因此在大型交通工具行驶过程中,原则上应当认为财物仅由占有人占有。但是,为什么对于诸如放在火车行李架上的财物,在它附近的许多可以直接施加物理性影响力的人中,只有占有人才对其存在占有?如果仅从主体与财物之间的物理联系入手,根本无法回答该问题,因为可以施加物理性影响力的人并不止占有人一个。该问题涉及占有的持续,即一旦建立起占有,只要不存在导致占有丧失的原因,例如丢失或者抛弃等,占有就会一直延续下去。那么,为什么在诸如火车等复杂的环境中,占有依然可以延续下去?从表面上看,这可以理解为是占有本身所具有的保守性质的体现,即占有一旦建立,即便存在物理性的障碍,也并不妨碍占有的继续存在。占有的这种保守性质并非与生俱来,而是人为赋予的,其依据需要到隐藏在背后的社会规范中去寻找。根据社会规范,一旦财物已经由某人加以占有,其他人应当自觉约束自己的行为,不得随意破坏他人的占有。由此,占有一旦存在,通常情况下就会持续下去,这并非由占有本身的保守性质所决定的,而是由人与人之间所存在的财物分配规则所决定的。

具体到本案而言,控方认为,被告人吴先明的行为构成盗窃罪,而辩方则认为,被告人的行为构成侵占罪,有观点因此认为,被害人的财物是否属于遗忘物是本案的焦点所在。如果是遗忘物,则被告人吴先明的行为是侵占性质,反之则涉嫌盗窃。实际上,将遗忘物据为己有的行为并不必然符合侵占罪的构成要件,对此需要根据具体情况加以分析。根据笔者在"谌升炎盗窃案"中的分析,刑法意义上的遗忘物,指的是那些虽然脱离了原占有人的控制,但由于所处地点属于他人支配领域之内,因而转由他人占有的财物。就此而言,对于遗忘物,只有那些转而获得占有的人,才具备实施侵占行为的前提条件。至于其他人员,如果将该遗忘物擅自取走,则因为会破坏新占有人的占有而可能构成盗窃。因此,即便确认了某件财物属于遗忘物,也仍然需要对该遗忘物所处的支配领域加以判断。就本案而言,案件发生在旅客列车上,就该场所而言,旅客与其所携带的财物暂时分离是极为常见的事情。结合前述分析可知,根据日常生活观念,当占有人因为就餐、吸烟或者上卫生间等原因暂时离开座位时,对于放在座位附近或者行李架上的物品,一般不会认为其属于遗忘物,而是继续由占有人占有。当然,如果财物系占有人在行走过程中无意掉落的,由于前述提及的原因,该财物就成为无人占有的遗失物,如果认为侵占遗失物的行为不应当作为侵占罪处罚,则应当根据民事法律的规定,作为普通的民事侵权行为加以处理。本案中,装有现金的腰包并非被害人无意掉落的,而是其有意放置于座位下面,当其暂时离开时,对于该腰包的占有仍然继续存在。对于被告人吴先明将其据为己有的行为,应当以盗窃罪论处。因此,本案的判决结果是值得肯定的。

案例 11-8 李江职务侵占案①

一、基本案情

沪深航公司成立于2002年3月,公司类型为有限责任公司(国内合资)。被告人李江系该公司驾驶员,朱庚戍、熊祥文系搬运工。

2008年1月12日下午,被告人李江与朱庚戍、熊祥文3人按照沪深航公司的指令将一批货物从公司仓库运至上海浦东国际机场。李江负责驾驶车辆、清点货物、按单交接并办理空运托运手续,熊祥文、朱庚戍负责搬运货物。当日下午4时许,在运输途中,3人经合谋共同从李江驾驶的货车内取出一箱品名为"纪念品"的货物,从该封存箱内窃得30枚梅花鼠年纪念金币(价值共计人民币16万余元)予以瓜分。后在沪深航公司的追问下,李江和朱庚戍、熊祥文将窃得的30枚梅花鼠年纪念金币退至沪深航公司,由沪深航公司退还给托运人。2008年3月14日,李江被公安机关抓获。

---

① 参见《最高人民法院公报》2009年第8期,第44页。

二、诉讼过程及裁判理由

一审法院经审理认为,李江身为公司工作人员,伙同他人利用其控制、保管运输途中的货物的职务便利,将本单位承运的货物非法占为己有,其行为符合职务侵占罪的犯罪构成,且数额巨大,应以职务侵占罪予以惩处。李江在公安机关立案侦查前退还了赃物,归案后认罪态度较好,且系初犯,可从轻处罚,据此,判决被告人李江犯职务侵占罪,判处有期徒刑6年,并处没收财产人民币16 000元。

判决后,公诉机关以一审判决认定罪名错误、量刑畸轻为由,提出抗诉。

二审法院经审理认为,一审被告人李江在实施涉案犯罪行为时,具有职务上的便利且加以利用,涉案货物系沪深航公司运输、保管的财物,在运输过程中应视为该公司财物。一审被告人李江身为公司工作人员,伙同他人利用职务便利,将公司承运的货物非法占为己有,数额巨大,其行为已构成职务侵占罪,依法应予以惩处。李江在公安机关立案侦查前退还了赃物,到案后认罪态度较好,能够自愿认罪、悔罪,且系初犯、偶犯,酌情从轻处罚。一审判决认定李江犯职务侵占罪的事实清楚,证据确实、充分,定性正确,量刑适当,审判程序合法。据此,裁定驳回抗诉,维持原判。

三、关联法条

《中华人民共和国刑法》

第二百六十四条　盗窃公私财物,数额较大的,或者多次盗窃、入户盗窃、携带凶器盗窃、扒窃的,处三年以下有期徒刑、拘役或者管制,并处或者单处罚金;数额巨大或者有其他严重情节的,处三年以上十年以下有期徒刑,并处罚金;数额特别巨大或者有其他特别严重情节的,处十年以上有期徒刑或者无期徒刑,并处罚金或者没收财产。

第二百七十一条第一款　公司、企业或者其他单位的人员,利用职务上的便利,将本单位财物非法占为己有,数额较大的,处五年以下有期徒刑或者拘役;数额巨大的,处五年以上有期徒刑,可以并处没收财产。

四、争议问题

本案主要的争议问题为,货运驾驶人在运输途中盗窃所运货物的犯罪行为,应以何罪论处?对该问题的回答主要涉及如何判断所运货物占有的归属。

五、简要评论

本案与"张建忠侵占案"存在相似之处,即均属于雇员利用职务之便将单位委托运输的财物非法占为己有。在"张建忠侵占案"中,笔者指出,在判断此类行为的性质时,关键在于雇员所属单位的刑法性质,即是否属于《刑法》第271条所列的公司、企业或者其他单位。本案被告人李江所就职的沪深航公司属于有限责任公司,因而其行为具有成立职务侵占罪的可能性。但是,本案公诉机关提出了一个十分重要的问题,即被告人李江擅自开拆封存箱并取走其中的纪念金币的行为,属于破坏他人占有并建立新的占有的盗窃行为。这涉及刑法理论中所说的封缄物的占有归属问题。就这一点而言,本案与"张建忠侵占案"所涉及的理论问题并不相同。

所谓封缄物,也称为包装物,指的是委托他人保管的处于封闭状态的物品,例如密封的包裹。被包装在内的物品称为内容物,包装内容物的物品称为包装物。在封缄物的场合,内容物与外界保持着相对隔离的状态,随之而来的问题是,占有封缄物的整体是否就意味着同时也占有了内容物?受托人如果破坏了包装物,将内容物占为己有,构成盗窃罪还是侵占罪?对此,理论上存在着以下学说:

(1) 受托人占有说。该说注重物理、现实地控制财物的一面,认为包括内容物在内的封缄物整体全部由受托人占有。

(2) 委托人占有说。该说注重规范的一面,认为包括包装物在内的封缄物整体全部由委托人占有。

(3) 区别说。该说认为包装物为受托人占有,内容物为委托人占有。

(4) 修正区别说。该说认为包装物为受托人占有,内容物为委托人、受托人共同占有。

笔者认为,在认定封缄物的占有状态时,首先需要借助民法理论判断封缄物的性质。也就是说,在封缄物的场合,需要考虑的问题是,随着受托人私自打开包装,封缄物的性质在规范评价上有无发生变化?

在民法理论中,存在着合成物的概念,即由数个单一物构成的物。根据物权中的一物一权原则,合成物在法律上为独立之物,属于一个单独所有权的客体。在合成物作为交易客体时,不得随意变更物的组合状况,否则将构成债的不履行。刑法中讨论的封缄物,实际上指的是民法理论中的合成物。结合民法理论中关于合成物的理解,可以认为,当委托人将封缄物交由受托人后,受托人对于封缄物整体(实际上是合成物本身)存在占有,但是,当受托人擅自将封缄物的包装打开以后,作为封缄物成分的包装物和内容物得以分离,根据民法中的一物一权原则,这时候包装物和内容物成为独立的所有权客体,已经不是原来的只属于一个所有权客体的合成物本身。既然在作为交易客体时,受托人不得随意变更合成物的组合状况,因而可以认为,委托人只是将合成物交由受托人占有,并未许可受托人可以拆开包装,也没有同意受托人可以占有拆开后的包装物和内容物。也就是说,在受托人打开包装的那一刻,作为占有客体的封缄物就已经消失了,之后产生的包装物和内容物,改由权利人在观念上加以占有。这就意味着,受托人打开包装后,无论是对于包装物还是对于内容物,都破坏了权利人的占有,如果受托人将其占为己有,则均可能构成盗窃。如果受托人未破坏包装物,而是将整体据为己有,则构成侵占罪。在侵占之后私自打开包装取出内容物的行为,则属于事后的处置行为,并不具备盗窃罪的构成要件符合性。从结论上来看,这种见解与区别说的主张在很大程度上保持了一致。但是,由于成立侵占罪的可能性大多只是停留在理论层面,从真正发生的情况来看,这种见解却又在很大程度上与委托人占有说的理解相趋同。只是,这种见解并不像上述两种主张那样绝对,而是为灵活处理实际情况预留了一定的空间。具体到本案而言,按照上述观点,被告人李江私自开拆封存箱并取走其中的纪念金币的行为,应当成立盗窃罪。

本案二审法院认为,根据一般的生活常识,用胶带封装纸箱仅是用于对货物进行包装以防止货物散落,不可能达到封闭防盗的目的,因而本案所涉及的装于纸箱内的货物并不属于封缄物。但是,以包装物是否具备防盗功能来判断是否属于封缄物的做法,缺乏根据。照此理解,邮政人员私自开拆邮件窃取财物的,就只能构成职务侵占罪,因为信封也并不具备所谓的防盗功能,但这显然与《刑法》第253条第2款将邮政工作人员私自开拆邮件、电报而窃取财物的行为以盗窃罪定罪处罚的明文规定相悖。就此而言,本案的判决结果值得商榷。

案例11-9 何鹏盗窃案①

一、基本案情

2001年3月2日,被告人何鹏持账面余额仅有人民币10元的农行金穗储蓄卡,到建行的一台ATM自动柜员机上查询存款余额,未显示卡上有钱。被告人何鹏即按键输入取款100元的指令,时逢农行云南省分行计算机系统发生故障,造成部分ATM机失控,ATM机当即按何鹏指令付出现金100元,被告人何鹏见状,即继续按键取款,先后6次取出现金4400元。当晚,何鹏返回学校请假,并到宾馆住宿一夜,于3月3日上午持卡到中国银行翠湖储蓄所、胜利广场储蓄所、云南省分行、北市区支行、东风支行以及工行武成分理处等7台ATM机上,连续取款215次共取出现金425300元(两日共取款429700元)。当天下午何鹏将钱送回陆良县马街镇家中藏匿,在路上打电话通知其母到农行为金穗储蓄卡挂失,并连夜返回昆明。之后,何鹏以其同学伏某某的名字存入交通银行7300元,以金某某的名字存入47000元,又购买了手机等物品挥霍,并将金穗卡丢入下水道。被告人何鹏于2001年3月5日被抓获。

二、诉讼过程及裁判理由

一审法院经审理认为,被告人何鹏在第一天取钱4400元后,已明知银行计算机系统发生故障,但仍在第二天连续不断地取钱425300元,并将款交给其母藏匿,同时叫其母将金穗卡挂失。从客观方面看虽然其取款的每笔交易均会在银行留下记录,表面上看不属于秘密窃取的方式,但从其挂失并抛弃储蓄卡这一情形看,其主观目的是造成一种银行资金损失不是其行为所致,也就是将公开的记录转变为秘密的窃取的过程,其行为方式实质上属于秘密窃取。据此,判决被告人何鹏犯盗窃罪,判处无期徒刑,剥夺政治权利终身,并处没收个人全部财产。

一审宣判后,被告人何鹏表示不服,认为原判决定性不准,适用法律错误,其行为不构成犯罪,提出上诉。

二审法院经审理认为,上诉人何鹏趁银行计算机系统出现故障之机,套取巨额现金占为

---

① 参见赵秉志主编:《中国疑难刑事名案法理研究》(第6卷),北京大学出版社2011年版,第2页。

己有,其主观上具有非法占有的目的,客观上实施了使用储蓄卡非法套取巨额现金又虚假挂失的行为,其行为具有秘密窃取的性质,已触犯了刑法,构成盗窃罪,且数额特别巨大,应依法惩处。上诉人何鹏提出其行为不构成犯罪,原判定罪错误的上诉理由,与事实不符,不予采纳。据此,裁定驳回上诉,维持原判。

三、关联法条

《中华人民共和国刑法》

第二百六十六条　诈骗公私财物,数额较大的,处三年以下有期徒刑、拘役或者管制,并处或者单处罚金;数额巨大或者有其他严重情节的,处三年以上十年以下有期徒刑,并处罚金;数额特别巨大或者有其他特别严重情节的,处十年以上有期徒刑或者无期徒刑,并处罚金或者没收财产。本法另有规定的,依照规定。

第二百六十四条　盗窃公私财物,数额较大的,或者多次盗窃、入户盗窃、携带凶器盗窃、扒窃的,处三年以下有期徒刑、拘役或者管制,并处或者单处罚金;数额巨大或者有其他严重情节的,处三年以上十年以下有期徒刑,并处罚金;数额特别巨大或者有其他特别严重情节的,处十年以上有期徒刑或者无期徒刑,并处罚金或者没收财产。

第二百七十条第一款　将代为保管的他人财物非法占为己有,数额较大,拒不退还的,处二年以下有期徒刑、拘役或者罚金;数额巨大或者有其他严重情节的,处二年以上五年以下有期徒刑,并处罚金。

四、争议问题

本案主要的争议问题是,将错误汇入自己银行账户内的款项通过银行 ATM 机取走,其行为是构成盗窃罪还是侵占罪？这涉及如何确定错误汇款的占有归属问题。

五、简要评论

本案是随着曾轰动一时的"许霆盗窃案"而广为人知的。就该案而言,首先需要澄清的是案例事实的部分内容。上面所引基本案情,是何鹏盗窃案的官方版本,此外还存在一个所谓的民间版本,在该版本中,何鹏自称取款前账面显示有百万元之多,而判决书中认定何鹏的账面只显示了 10 元存款。这一区别对于认定案件性质具有重要意义。应当说,民间版本的可信度更高。因为即使在判决书中,也明确承认何鹏是在不同银行的不同取款机上分次、分批、分天取得现金,从出错概率上来看,因农行计算机系统故障而将巨款错误汇入何鹏账户的可能性明显更高,因此本案涉及取得错误汇款的问题。

所谓错误汇款,是指由于人为错误或者机器故障,导致原本应当汇入甲账户的款项错误地汇入乙账户之内。关于取得错误汇款的行为性质,在刑法理论中存在着诈骗罪、盗窃罪与侵占罪三种观点。

主张成立诈骗罪和盗窃罪的观点区分了具体情况,认为:

(1) 当在银行窗口取款时,实际收款人在取得错误汇款时有意隐瞒真相,银行工作人员在认识错误的情况下处分了汇款人的财产,因而成立诈骗罪。该观点又因为实际收款人有无说明义务而存在作为的诈骗与不作为的诈骗之争。

(2)当通过银行柜员机取款时,由于机器不能被骗,则成立盗窃罪。这两种观点均认为存款的占有主体是银行。

主张侵占罪的观点则认为,对于错误汇入账号内的款项,实际收款人拥有合法的取款权限,这就意味着其占有了相应额度的款项,因此取得汇款的行为属于变合法占有为非法所有,因而成立侵占罪。从民法角度而言,对于错误汇入账户内的款项,实际收款人享有存款债权和正当的取款权限,既然如此,诈骗罪与盗窃罪的主张就难以成立,否则势必产生在民法上合法的行为在刑法上却属于犯罪的现象,有悖于法秩序统一原理。这种观点实际上认为存款的占有主体是实际收款人,那么侵占罪的主张是否具有合理性?

一般认为,成立侵占罪的前提之一是,所侵占的财物属于他人所有,即所谓的侵占对象的他人性,但是就汇款所代表的金钱而言,民法理论采行了"占有即所有"的主张。如此一来,取得错误汇款的行为就丧失了成立侵占罪的他人性这一前提。对此,有观点认为,就本案而言,银行的过错使被告人何鹏不当得利,将不当得利的财物非法占为己有,同样符合侵占罪的特征。所谓不当得利,是指没有合法根据,致使他人受有损失而取得的利益。由于该项利益没有法律上的根据,应返还给受害人,从而形成以不当得利返还为内容的债的关系,其内容包括受益人返还不当得利的义务与受损人请求返还不当得利的权利。因此,不当得利之债的基本内容为受损人的不当得利返还请求权。主张以不当得利作为侵占罪处理的观点,实际上等于承认了债权可以成为侵占罪的保护法益,这与通行的认为侵占罪的保护法益是所有权的观点相悖。实际上,在涉及侵占的对象是金钱时,理论与实践一般均会将其认定为侵占,并不会考虑民法中"占有即所有"的理论主张,因而也不会意识到这种做法与侵占罪的保护法益是所有权的通说之间所存在的龃龉之处。这表明,将特定债权作为侵占罪保护法益的做法,至少已经获得了事实上的认可。由此需要反思的是,是否需要在理论解释上扩张侵占罪的保护法益,将特定的债权也纳入其中?笔者认为,在承认债权可以成为侵占罪的保护法益的情况下,将账户持有人拒不返还错误汇款的行为以侵占罪论处,是更为妥当的处理方式。否则,对于取得错误汇款的行为,就只能以民法上的不当得利定性,而不得作为犯罪处理。应当说,无论是否承认债权可以成为侵占罪的保护法益,本案以盗窃罪处理的做法都是存在问题的。当然,这一问题主要还是由于法院认定何鹏在实施取得行为时,其账户内并不存在巨额款项。对于这一影响案件定性的重要事实,本案的判决理由却语焉不详,这不得不说是非常遗憾的。

案例11-10 崔勇、仇国宾、张志国盗窃案[①]

一、基本案情

2009年5月,被告人崔勇在罗长影陪同下,以被告人仇国宾的名义办理了一张和银行

[①] 参见陈兴良、张军、胡云腾主编:《人民法院刑事指导案例裁判要旨通纂》(下卷),北京大学出版社2013年版,第761页。

POS机捆绑的e时代卡。该卡由崔勇保管。6月上旬,崔勇通过罗长影将该卡出租给被害人牟驰敏使用。6月下旬,牟驰敏在银行ATM机上使用该卡时,因操作不慎被吞卡,即请求崔勇、仇国宾帮助领卡。崔勇得知后,即与仇国宾、被告人张志国商议,由仇国宾到银行挂失并趁机侵吞卡内钱款,张志国、仇国宾均表示同意。

同年7月2日,被告人崔勇、仇国宾、张志国到上海某工商银行支行,由仇国宾出面办理涉案银行卡的挂失、补卡手续。7月9日,由仇国宾出面办理领卡手续,新卡内存人民币298 742.09元。随后,3被告人到另一家工商银行支行提取现金人民币68 700元,仇国宾、张志国各分得人民币1万元,余款由崔勇占有。同时,崔勇当场为自己办理了一张新卡。之后3被告人又赶至第三家工商银行支行,在崔勇、张志国的劝说下,仇国宾将卡内余额人民币23万元转存至崔勇新卡内。后3人逃离上海,崔勇又分给仇国宾、张志国人民币各1万元,并将人民币5万元转存至张志国前妻周莉的银行账户内。

二、诉讼过程及裁判理由

一审法院经审理认为,涉案银行卡被吞后,被害人牟驰敏虽然失去了对卡的实际控制,但基于掌握密码,并未丧失对卡内钱款的占有和控制。被告人崔勇、仇国宾、张志国如果仅仅协助被害人取回涉案银行卡,不可能控制卡内钱款。3被告人是通过积极地实施挂失、补办新卡、转账等行为,实现了对涉案银行卡内钱款的控制和占有。上述行为完全符合盗窃罪"转移占有"的法律特征。据此,判决分别判处3被告人犯盗窃罪,并分别处以一定数额的罚金,违法所得依法追缴,发还被害人。

张志国不服一审判决,提出上诉称,其并不明知涉案银行卡内钱款并非原审被告人仇国宾本人所有,其未与原审被告人崔勇等人共谋实施盗窃,且在本案中所起作用较小,要求对其从轻处罚。

二审法院经审理认为,根据本案事实,原审被告人崔勇、仇国宾及上诉人张志国在得知被害人牟驰敏请求帮助领回涉案银行卡后,即商议通过挂失、补领新卡等手段侵吞被害人存储在涉案银行卡内的钱款。嗣后,当牟驰敏通过仇国宾女友转告仇国宾不要动卡内钱款时,崔勇、仇国宾及张志国3人均在场,故张志国上诉称其不知道卡内钱款并非仇国宾所有,未与崔勇、仇国宾共谋窃取钱款,与事实不符,不予采纳。原判认定事实清楚、适用法律正确、量刑适当、审判程序合法,应予维持。据此,裁定驳回上诉,维持原判。

三、关联法条

《中华人民共和国刑法》

第二百六十四条 盗窃公私财物,数额较大的,或者多次盗窃、入户盗窃、携带凶器盗窃、扒窃的,处三年以下有期徒刑、拘役或者管制,并处或者单处罚金;数额巨大或者有其他严重情节的,处三年以上十年以下有期徒刑,并处罚金;数额特别巨大或者有其他特别严重情节的,处十年以上有期徒刑或者无期徒刑,并处罚金或者没收财产。

第二百七十条第一款 将代为保管的他人财物非法占为己有,数额较大,拒不退还的,处二年以下有期徒刑、拘役或者罚金;数额巨大或者有其他严重情节的,处二年以上五年以下有期徒刑,并处罚金。

四、争议问题

本案主要的争议问题是,将银行卡租借给他人使用后,通过挂失、补卡等手续将他人所存款项通过银行 ATM 机取走,其行为构成盗窃罪还是侵占罪?这涉及如何判断存款的占有归属问题。

五、简要评论

本案中,由于被害人牟驰敏明知款项存入的是仇国宾的银行账号,因而不同于日常发生的错误汇款的案例。本案的辩护意见认为,3 被告人取走的钱款存储于涉案银行卡中,为仇国宾所占有,故 3 被告人的行为不符合盗窃罪"转移占有"的特征,但本案一、二审人民法院均认为涉案赃款的占有人是被害人牟驰敏。由此可见,本案最为关键的,仍是如何认定作为银行存款的涉案赃物的占有归属问题。如果认为涉案存款的占有属于被告人仇国宾,则因为丧失了破坏他人占有这一成立盗窃罪的前提条件,则难以成立盗窃罪。反之,如果认为涉案存款的占有属于被害人牟驰敏,则可能构成盗窃罪。因此,虽然本案并不具备典型性,但仍没有脱离占有归属的判断这一根本问题。

1999 年 3 月 1 日实施的《银行卡业务管理办法》第 28 条规定,银行卡及其账户只限经发卡银行批准的持卡人本人使用,不得出租和转借。根据该管理办法的规定,持卡人与银行围绕银行卡所形成的合同关系并不具有可转让性。如果持卡人在未经银行同意的情况下擅自出租或者转借银行卡,则属于无效的违约行为。从法律角度来看,在银行卡被擅自出租或者转借之后,合法的持有人仍是经银行批准的原持卡人。具体到本案而言,被告人仇国宾擅自将银行卡出租给被害人牟驰敏使用的行为,因为违反上述规定而属于无效的民事法律行为,并不会导致其在法律上丧失银行卡的持有人身份。此外,是否知晓此卡的交易密码,并不会对持有主体的认定产生任何影响。因为持有主体的认定是在银行登记的身份,而非密码。退一步而言,即便从事实角度来看,由于银行卡被吞,被害人牟驰敏也已经无法对其施加事实上的物理影响力,仅凭密码并不足以维系对银行卡的占有。据此,银行卡内的款项属于被告人仇国宾占有。如此一来,仇国宾作为银行卡的合法持有人,通过正常取款程序(之前存在的挂失、补卡等行为,也是完全符合规定的)取走存于自己银行卡内的款项(该款项系被害人牟驰敏在明知银行卡为他人所有的前提下自愿存入的),并不符合盗窃罪的构成要件。本案审理法院以银行卡的交易密码作为判断银行卡持有人的做法,并不具有合理性。

就本案而言,被告人仇国宾银行卡内的存款,是基于其与被害人之间存在的事实上的租借协议而获得的,违背该协议将卡内存款取走,所得款项属于不当得利。就本案而言,由于取款时存款已经为被告人仇国宾占有,以侵占罪论处更为妥当。对于本案所涉及的银行卡内存款的占有归属问题,可进一步参见笔者在"何鹏盗窃案"中所作的分析,此处不赘。

第十二章 敲诈勒索罪

案例12-1 林华明等敲诈勒索案①

一、基本案情

2004年6月中旬的一天凌晨,在佛山市某首饰厂工作并住该厂305宿舍的贾欣,发现自己放在宿舍的前几天用一百多元购买的皮带不见了,当天早上,贾欣在该厂403宿舍发现自己的皮带在被害人陈明仁的床上,怀疑系被害人陈明仁所偷,后贾欣将此事告诉与其同住该厂305宿舍的工友。次日上午8时许,贾欣与被告人林华明、戴福东、刘伦松、陈平、蒋建福、陈松(均住305室,另案处理)到403宿舍找到被害人陈明仁,责问皮带来源,并提出要报公司保安部门处理,因被害人提出要私了,被告人林华明便叫被害人陈明仁一同出外吃早餐并解决该事。吃完早餐后,贾欣因加班先回厂上班,被告人林华明、戴福东、刘伦松、陈平与被害人陈明仁一起回厂,路经一废品收购站门口时,被告人林华明将被害人陈明仁叫到一边,并打了被害人陈明仁两耳光。被害人陈明仁承认盗窃皮带事实后,被告人林华明又要求其赔偿305宿舍被盗其他财物的损失,陈明仁表示同意。此后,被告人林华明将被害人愿意赔偿305宿舍被盗财物一事告知被告人戴福东、刘伦松、陈平,并要其他被告人报出各自在305宿舍被盗物品的情况,各被告人均称失窃了财物,根据被盗财物价值,被告人林华明要求被害人赔偿5 000元,限定其当天给钱,由于被害人当时没有那么多现金,便写下欠条。当天下午4时许,被害人到305宿舍门口,交给被告人林华明2 000元,并要求被告人戴福东作证。当晚,被告人林华明叫其他被告人等人一起吃饭,花去约200元,余款用于赌博输掉。

二、诉讼过程及裁判理由

一审法院经审理认为,被告人林华明、戴福东、刘伦松、陈平以非法占有为目的,伙同他人敲诈勒索他人钱财,其行为均已构成敲诈勒索罪;检察机关指控被告人林华明、戴福东、刘伦松、陈平犯抢劫罪定性不当。被告人林华明在共同犯罪中起主要作用,是主犯,依法应当按照其所参与的全部犯罪处罚;被告人戴福东、刘伦松、陈平在共同犯罪中起次要作用,是从犯,依法应当从轻处罚。被告人戴福东、刘伦松、陈平犯罪情节轻微,可免予刑事处罚。依照《中华人民共和国刑法》第274条,第26条第1、4款,第27条,第37条的规定,判决被告人林华明犯敲诈勒索罪,判处有期徒刑8个月;被告人戴福东犯敲诈勒索罪,免予刑事处罚;被告人刘伦松犯敲诈勒索罪,免予刑事处罚;被告人陈平犯敲诈勒索罪,免予刑事处罚。

---

① 参见陈兴良、张军、胡云腾主编:《人民法院刑事指导案例裁判要旨通纂》(下卷),北京大学出版社2013年版,第836页。

三、关联法条

《中华人民共和国刑法》

第二百七十四条 敲诈勒索公私财物,数额较大或者多次敲诈勒索的,处三年以下有期徒刑、拘役或者管制,并处或者单处罚金;数额巨大或者有其他严重情节的,处三年以上十年以下有期徒刑,并处罚金;数额特别巨大或者有其他特别严重情节的,处十年以上有期徒刑,并处罚金。

四、争议问题

本案主要争议问题是,找个"借口"要钱,使用轻微暴力,定抢劫罪还是敲诈勒索罪?就本案而言,存在两种意见:第一种意见认为,本案被告人林华明当场打了被害人两巴掌,属于当场实施暴力的抢劫行为,并且当场取得了欠条,因此,被告人林华明等人的行为符合抢劫罪的构成要件。第二种意见认为,被告人林华明等人的行为构成敲诈勒索罪。理由是被告人是因为被害人确实盗窃了305宿舍贾欣的皮带才借机找他索要钱财的,本案被告人林华明虽然当场实施了暴力,但暴力十分轻微,被害人并非是因为林华明打了两巴掌被迫交出财物的,而是因为害怕被告人告发被单位除名才被迫交出财物的。

五、简要评论

笔者认为,找个"借口"要钱,使用轻微暴力,定抢劫罪还是敲诈勒索罪,主要看被害人交出财物的心理状态。抢劫是被害人迫于暴力或者将要实施的暴力而造成精神上的恐惧,被迫当场交出财物;敲诈勒索则是被害人迫于将要实施的暴力或者毁坏财物、名誉等造成精神上的恐惧,出于无奈,被迫于当场或者事后交出财物或者出让其他财产权利。

本案是因被害人盗窃了被害人宿舍财物而起,事出有因。林华明打被害人两巴掌是因为被害人对其盗窃305宿舍皮带一事态度反复,一会儿承认,一会儿又否认,出于气愤才殴打他的,被害人被打后,承认了盗窃皮带的事实。这时,被告人提出因为之前305宿舍曾多次失窃,要其赔偿305宿舍失窃财物损失的要求,并以要把其盗窃皮带一事向厂保卫部门报告相要挟,迫使被害人同意赔偿并且写下欠条,之后又一起回单位上班。当天下午被害人主动到4被告人的宿舍门口,交给被告人林华明2 000元。被告人非法占有被害人财物,既使用了暴力,又使用了要挟手段。从事发原因、案件的发展过程和被害人与被告人是同厂工友关系等情节分析,被害人并非是因为林华明打了两巴掌被迫交出财物的,而是因为被告人掌握了其在单位盗窃皮带的事实,害怕他们告发被单位除名才被迫交出财物的,即被告人主要是以要挟手段非法占有被害人财物,其行为符合敲诈勒索罪的特征,法院对其以敲诈勒索罪处罚是正确的。

案例 12-2　张舒娟敲诈勒索案[①]

一、基本案情

2006年10月2日13时许,被告人张舒娟在淮安市淮阴区西宋集镇开往淮阴的专线车上偶遇中学生戴磊(男,1993年3月18日生),戴磊到淮阴区汽车北站下车后,张舒娟主动上前搭讪。在了解到戴磊的家庭情况后,张舒娟遂产生将戴磊带到南京,向戴磊家人要钱的想法。随后,张舒娟以戴磊父亲与人抢劫分赃不均、现有人要将戴父带到南京并以戴磊做保障为借口,将戴磊哄骗至南京并暂住在南京市鸿兴达酒店。当晚23时许,被告人张舒娟外出打电话到戴磊家,要求戴家第二天付8万元人民币并不许报警,否则戴磊将有危险。次日上午,被告人张舒娟又多次打电话到戴家威胁。其间,戴磊乘被告人外出之机与家人电话联系,得知其父并无危险。后在家人的指点下离开酒店到当地公安机关求助,淮安警方在南京将被告人张舒娟抓获。

二、诉讼过程及裁判理由

一审法院经审理认为,被告人张舒娟以非法占有为目的,采用威胁等方法强行索取公民财物,数额巨大,其行为已构成敲诈勒索罪。针对公诉机关指控的绑架罪名,经查,被告人张舒娟实施的犯罪行为所侵犯的客体主要是公民的财产权利,绑架罪所应具备的"劫持人质"的特征在本案中亦不明显,事实上戴磊的人身自由也未被剥夺,被告人张舒娟在本案中的行为尚未达到绑架犯罪所应达到的严重程度,以敲诈勒索罪对其定罪处罚比绑架罪更为符合罪刑相适应原则。被告人张舒娟因意志以外原因犯罪未得逞,属犯罪未遂,依法可从轻处罚。其认罪态度较好,可以酌情从轻处罚。依照《中华人民共和国刑法》第274条、第23条之规定,判决被告人张舒娟犯敲诈勒索罪,判处有期徒刑5年。

一审宣判后,被告人张舒娟未提出上诉。检察机关以一审判决定性错误、量刑畸轻为由提出抗诉,后检察机关在二审阶段撤回抗诉。判决已发生法律效力。

三、关联法条

《中华人民共和国刑法》

第二百七十四条　敲诈勒索公私财物,数额较大或者多次敲诈勒索的,处三年以下有期徒刑、拘役或者管制,并处或者单处罚金;数额巨大或者有其他严重情节的,处三年以上十年以下有期徒刑,并处罚金;数额特别巨大或者有其他特别严重情节的,处十年以上有期徒刑,并处罚金。

四、争议问题

本案的主要争议问题是,利用被害人年幼将其哄骗到外地,但并未限制其人身自由,同时谎称其被绑架向家属勒索财物的,构成绑架罪还是敲诈勒索罪?检察机关与法院在此案

[①] 参见陈兴良、张军、胡云腾主编:《人民法院刑事指导案例裁判要旨通纂》(下卷),北京大学出版社2013年版,第837页。

中持截然不同的观点:检察机关认为,被告人张舒娟的行为已经具备绑架罪的构成要件;法院则认为,被告人张舒娟在本案中的行为尚未达到绑架犯罪所应达到的严重程度,以敲诈勒索罪对其定罪处罚比绑架罪更为符合罪刑相适应原则。

五、简要评论

勒索型绑架罪与敲诈勒索罪存在相似之处:主观上都以勒索财物为目的,客观上都是以对被害人实施加害相要挟,向被害人的利害关系人提出索财要求。二者的区别在于:勒索型绑架罪在客观方面表现为必须使用暴力、胁迫或者其他方法劫持他人的强制性行为,使被绑架人失去人身自由,其人身安全处于随时可能被侵犯的危险状态;而敲诈勒索罪在客观方面则不具备此种强制性行为条件。

就本案而言,被告人张舒娟能够顺利将被害人戴磊带到南京,主要是利用戴磊年龄较小、社会经验不足的特点,对其进行哄骗所致。被告人在实施犯罪过程中,除对被害人本人使用了一些威吓性语言外,主要采取的是对被害人欺骗的手段,使其自愿跟随她去南京。且被告人对被害人从未实施暴力或以暴力相威胁,对被害人实施控制的手段中欺骗的成分大于威胁的成分,亦未对其人身实施任何实质性的限制,只是把他哄到南京,花钱供他吃住,出门的时候也只是将戴磊一个人丢在房间里。作为一个正常的成年人,被告人对于像被害人(12岁)那样大的学生能否实施打电话、离开房间等自主行动应当是有明确判断的,其当时也完全有条件对被害人采取一些强制手段,限制或剥夺其人身自由,使他无法实施这些自救行为,但她并未采取任何有效的措施,可见被告人并不是真的要将被害人完全控制起来,并未真正剥夺被害人的人身自由。在这种情况下,被害人戴磊的行动实际上是自由的,既没有被看押、捆绑、殴打,更没有被伤害,除了受到被告人谎言的吓唬而随其来到南京之外,其人身自由事实上并未受到什么影响。因此,本案被告人张舒娟未真正对戴磊实施强制性行为,未使被绑架人失去人身自由,不符合勒索型绑架罪的客观方面特征,不构成绑架罪。

被告人张舒娟主观上敲诈勒索财物的犯罪故意非常明显,客观上实施了用戴磊的安全来对其父母进行恐吓,使其产生恐惧心理,试图敲诈戴家8万元的犯罪行为,没有对戴磊进行人身强制,其行为侵害的客体主要应当为戴磊家人的财产权利,因此,被告人张舒娟的行为完全符合敲诈勒索罪的构成特征。只是本案被告人的行为比一般的敲诈勒索罪多了一个拐骗戴磊的情节,但这一情节只是其实施敲诈行为的辅助手段,且并未达到完全限制被害人人身自由的实际控制程度,即尚未上升为绑架他人作为人质进行勒索的绑架行为,故对本案被告人的行为应以敲诈勒索罪定罪处罚。

案例12-3 夏某理等人敲诈勒索案[①]

一、基本案情

被告人夏某理、夏某云系姐弟关系,被告人夏某云、熊某系夫妻关系。被告人夏某理、夏

---

① 参见陈兴良、张军、胡云腾主编:《人民法院刑事指导案例裁判要旨通纂》(下卷),北京大学出版社2013年版,第839页。

某云的母亲叶某系某县经济开发区(以下简称开发区)村民。2005年4月,香港某公司与浙江某集团有限公司共同投资组建一旅游公司(以下简称旅游公司)在县开发区开发项目,其中拆迁由开发区管委会委托拆迁公司(以下简称拆迁公司)实施。2005年11月中旬,因涉及叶某家房屋拆迁和坟墓迁移,叶某与拆迁公司签订了关于房屋拆迁协议,叶某、夏某芬(叶某的二女儿)分别收到房屋拆迁补偿费人民币52 565元和坟墓迁移补偿费人民币29 600元。被告人夏某理、夏某云以及熊某起初虽对叶某签订了拆迁协议有过不满,但对拆迁补偿费标准并未有异议,其中夏某云还从其母亲处收到房屋补偿费计人民币42 000元,夏某理从夏某云处拿到1万元。2005年12月中旬,夏某云因家人在迁移坟墓时未通知自己到场感到不满,与母亲叶某和叔叔潘某等亲属发生矛盾。夏某理得知此事后,认为是开发区管委会实施拆迁而造成他们亲属不和,加上先前其大儿子在校猝死一事多次进京上访被开发区管委会带回,未能按其意愿得到处理,为此产生重新向开发区管委会等单位索取拆迁、迁坟相关损失赔偿费和儿子死亡精神损失费的想法。2005年12月底,夏某理先后起草了一份要求开发区管委会、香港某公司与浙江某集团有限公司等单位赔偿住宅和祖坟毁坏及精神损失费共计61万元的索赔材料,一份举报香港某公司与浙江某集团有限公司、开发区在项目开发过程中存在违规、违法行为的举报信,交由夏某云修改打印,将索赔材料交给开发区管委会,并将举报信交给县信访局。2006年1月13日晚,拟成立的旅游公司的执行总裁唐某某得知夏某理举报该公司开发的项目后,担心对工程进展不利,通过开发区有关人员了解到联系方式,打电话约见被告人熊某,以了解夏某理等人的意图。次日,夏某理、夏某云、熊某按约与唐某某见面,并将举报信和索赔材料交给唐某某,夏某理声称"不满足我们的要求,要举报这个项目不合法,让这个项目搞不下去"。唐某某考虑到该项目已大量投资,为不使举报行为对项目产生不利影响,答应对夏某理进行赔偿,并主动打电话给熊某。夏某理让夏某云陪熊某应约继续和唐某某交涉,但具体赔偿数额由夏某理决定。熊某在征得夏某理同意后,与唐某某谈妥,由唐某某方赔偿给夏某理、夏某云、熊某人民币共计25万元。1月19日,夏某理、夏某云、熊某在一份由唐某某起草的关于愿意支付人民币25万元、夏某理不再举报该项目的承诺书上分别签字后,收到唐某某首期支付的10万元。该10万元存放于夏某云处,后夏某云征得夏某理同意后取出人民币2万元偿还贷款。案发后,公安机关追回人民币8万元并已发还唐某某。

二、诉讼过程及裁判理由

一审法院经审理认为,3被告人以非法占有为目的,采用要挟手段,索取他人钱财,数额巨大,其行为均已构成敲诈勒索罪。被告人夏某理系主犯,被告人夏某云、熊某系从犯。依照《中华人民共和国刑法》第274条、第25条第1款、第26条第1款、第27条之规定,以敲诈勒索罪,分别判处被告人夏某理有期徒刑6年,判处被告人夏某云有期徒刑4年,判处被告人熊某有期徒刑两年。

一审宣判后,3被告人均不服,提出上诉。3被告人及辩护人提出,3被告人不具备非法敲诈他人财产的主观故意,其就房屋、祖坟向开发商提出赔偿是一项正常的主张自身民事权利的行为;不具备敲诈勒索的客观行为,其与开发商接触是一个民事谈判的过程,不是敲诈对方的过程,开发商支付10万元是自愿。请求撤销原审判决,宣告被告人无罪。

二审法院经审理认为,虽然3被告人以要挟为手段索赔,获取了巨额钱财,但被告人夏某理、夏某云的索赔是基于在房屋拆迁、坟墓迁移中享有一定的民事权利提出的,故认定3被告人具有敲诈勒索罪构成要件中"以非法占有为目的"的主观故意,证据不足,不能认定3被告人有罪。3被告人及辩护人提出无罪的辩解和意见,予以采纳。依照《中华人民共和国刑事诉讼法》(1996年)第189条第(二)项、第162条第(三)项之规定,判决撤销原判,宣告夏某理、夏某云、熊某无罪。

三、关联法条

《中华人民共和国刑法》

第二百七十四条　敲诈勒索公私财物,数额较大或者多次敲诈勒索的,处三年以下有期徒刑、拘役或者管制,并处或者单处罚金;数额巨大或者有其他严重情节的,处三年以上十年以下有期徒刑,并处罚金;数额特别巨大或者有其他特别严重情节的,处十年以上有期徒刑,并处罚金。

四、争议问题

本案主要争议问题是,拆迁户以举报开发商违法行为为手段索取巨额补偿款是否构成敲诈勒索罪?对此有两种意见:

第一种意见认为,夏某理等人的行为构成敲诈勒索罪。主要理由在于:一是其举报开发商违法行为属于威胁、要挟的方法,据此索取财物属于强索财物;二是其拆迁费用已经得到补偿,再向开发商提出巨额费用,不属于合理范围,而是意图非法占有开发商的巨额财产。

第二种意见认为,夏某理等人的行为不构成敲诈勒索罪,主要理由在于:一是其提出索赔的数额虽然巨大,但是基于民事争议而提出,因而不能认定其具有非法占有之目的;二是其举报不属于敲诈勒索罪中"威胁、要挟"的手段,而是争取争议民事权利的一种方法,且本案中夏某理等人的索赔不具有主动性,而是开发商主动与夏某理协商的结果。

五、简要评论

笔者认为,拆迁户以举报开发商违法行为为手段索取巨额补偿款不构成敲诈勒索罪。二审人民法院撤销原判,宣告夏某理、夏某云、熊某无罪的判决是正确的。

就本案而言,夏某理等人的行为不构成敲诈勒索罪,主要理由有二:

(1)夏某理等人的行为不具备敲诈勒索罪中"以非法占有为目的"的主观要件。夏某理等人作为拆迁户,难以认定其向开发商索赔补偿费的行为具有非法占有的故意。夏某理等人重新索取拆迁补偿费用,属于被拆迁方对拆迁补偿重新提出主张,属于法律许可的范畴。夏某理等人重新索取拆迁补偿费,虽然数额巨大,但并非没有任何事实依据提出,也就是说,争议的补偿费,并非明显地不属于夏某理等人所有,而是处于不确定状态。对于这样的争议利益,夏某理予以索取,实际上是行使民事权利的一种方式,不属于"以非法占有为目的"。

并且,如果认定属非法占有,那么,非法占有的数额也无法确定,因为夏某理等人可以向开发商要求重新赔偿的数额无法确定。本案不同于为公用设施、国家利益进行的拆迁、迁坟赔偿,价格由政府统一确定,而系为商业目的所进行的开发,所涉房屋拆迁特别是迁移祖坟应赔多少,没有法律强制性标准,具体补偿标准应是双方合意的结果。在夏某理等人依法可以提出重新索赔补偿费的情况下,多少补偿费是合法的,多少是不合法的,难以确定。

(2) 夏某理等人的行为不符合敲诈勒索罪中"以威胁、要挟手段,强索公私财物"的客观要件。首先,夏某理等人向开发商提出索赔,是在行使正当权利。其次,开发商得到夏某理举报的信息来源于开发商的不当打听及开发区工作人员的不当告知,而不是来源于夏某理的主动告知,更不是夏某理附举报条件地向开发商提出索赔。再次,夏某理与开发商谈判是一个民事谈判过程,谈判的结果也不是敲诈勒索的结果。最后,夏某理事后的表现也体现了其索赔行为不符合敲诈勒索的特征。

案例 12-4　孙吉勇敲诈勒索案[①]

一、基本案情

2005 年 4 月 16 日,被告人孙吉勇从外地回来发现卫生间垃圾桶有使用过的避孕套,怀疑其妻任某与他人有染,经追问,任某承认了 2005 年 4 月与五家渠的宋新华发生性关系。之后,被告人孙吉勇从昌吉市公安局领取一支"六四"式手枪,并多次打电话要求宋新华来他家里解决此事。同年 5 月 13 日下午 18 时,被害人宋新华到孙吉勇原住处商谈此事。孙吉勇将 2005 年 4 月 16 日从昌吉市公安局领取的手枪和一包手枪子弹放在其家茶几上。被告人孙吉勇对宋新华提出四种解决办法:一是你与任某殉情自杀;二是将自己的生殖器割掉;三是把自己的腿打断;四是要付出代价。宋新华选择了第四个条件,并开口说,我给你 10 万元。孙吉勇就让宋新华打了一张借任某 54 800 元的借条,注明借款日期为 2005 年 4 月 9 日,3 个月内还清,并让宋新华写保证书,保证今后不和任某见面、打电话。接着被告人拿起茶几上的枪擦,在此过程中枪走火打中自己的左小腿部。孙吉勇用毛巾包扎伤口后,让宋新华把地上的血迹擦干净后让其离去。之后被告人孙吉勇又给被害人宋新华继续打电话,在与宋新华无法联系的情况下,任某把宋新华起诉到法院,并于 2005 年 6 月 9 日向五家渠垦区人民法院提起诉讼,要求宋新华偿还借款 54 800 元,并当日申请法院对宋新华的住房采取财产保全措施。2005 年 7 月 13 日,五家渠垦区人民法院在宋新华未到庭的情况下,缺席作出了一审判决,判决宋新华偿还任某借款 54 800 元,并承担诉讼费用 2 822 元。法院依据任某申请财产保全的要求,查封了宋新华的住房。被告人孙吉勇见宋新华一直未露面,分别于 2005 年 8 月 21 日、22 日、25 日向宋新华发出"杀人偿命,欠债还钱,血性男人眼中容不得

[①] 参见陈兴良、张军、胡云腾主编:《人民法院刑事指导案例裁判要旨通纂》(下卷),北京大学出版社 2013 年版,第 841 页。

半点沙子,如果尊严被畜生所糟蹋,活在世上如同行尸走肉,但君子报仇,十年不晚,且不择手段","现已将房产申请保全,届时将强制执行,你我之间一定要发生一起惊天动地,腥风血雨的事件"等内容的短信。宋新华遂向公安机关报案。同年10月10日,法院裁定中止原判决的执行,再审此案,于12月1日撤销原判决。

二、诉讼过程及裁判理由

一审法院认为,被告人孙吉勇在得知妻子和别人发生不正当性关系后,认为自己男人的尊严受到了打击,即想着报复,让自己痛苦的心得以解脱,向被害人提出四种解决方案,在前三个解决方案根本不能实现的情况下,自己说出了用钱解决的办法。此时,被告人孙吉勇不仅主观上具有非法占有的主观故意,客观上实施了用枪恐吓、逼使被害人出具借款54 800元的借条的行为,侵害了被害人的财产权益和人身权益,其行为构成敲诈勒索罪。公诉机关指控罪名成立,予以确认。被告人辩称的理由和辩护人的辩护意见,由于不符合事实和法律,不予采纳。被告人最终未能实现非法占有借条项下的钱款的目的,是由于其意志以外的原因,属于犯罪未遂,依法对被告人减轻处罚。遂依照《中华人民共和国刑法》第274条、第23条、第72条第1款的规定,判决被告人孙吉勇犯敲诈勒索罪,判处有期徒刑1年,缓刑两年。

孙吉勇提起上诉称,其行为不构成犯罪,应宣告其无罪。

二审法院经审理认为,上诉人孙吉勇得知其妻子和宋新华发生不正当性关系后,精神上受到了很大的打击。其为了让自己痛苦的心得到解脱,决意报复宋新华,将宋新华约至自己家中,提出了四种解决方案,并将手枪和子弹放在茶几上,其行为给宋新华造成极大恐慌和心理压力,迫使宋新华在前三个解决方案根本不可能做到的情况下,选择用10万元钱来解决此事,并迫使宋新华按其意思打欠条,这表明被告人具有非法占有的主观故意,其行为侵害了被害人的财产权益和人身权益,符合敲诈勒索罪的构成要件。孙吉勇上诉称其行为不构成犯罪,应宣告其无罪的理由,不予采纳。依照《中华人民共和国刑事诉讼法》(1996年)第189条第(一)项之规定,裁定驳回上诉,维持原判。

三、关联法条

《中华人民共和国刑法》

第二百七十四条 敲诈勒索公私财物,数额较大或者多次敲诈勒索的,处三年以下有期徒刑、拘役或者管制,并处或者单处罚金;数额巨大或者有其他严重情节的,处三年以上十年以下有期徒刑,并处罚金;数额特别巨大或者有其他特别严重情节的,处十年以上有期徒刑,并处罚金。

四、争议问题

本案主要争议问题是,没有债权的事实基础,当场使用暴力强迫他人写欠条的行为构成抢劫罪还是敲诈勒索罪?就本案而言,对被告人孙吉勇暴力强迫宋新华出具借条的行为应如何处理有两种意见:

第一种意见认为,孙吉勇对宋新华实施殴打,暴力强迫宋新华出具借条的行为,既侵害了宋新华的人身权利,也侵害了宋新华的财产所有权,其行为应构成抢劫罪。

第二种意见认为,孙吉勇暴力强迫宋新华出具借条,只是为以后直接向宋新华索要借款或者提起诉讼后请求法院判令宋新华偿还借款提供了条件,其行为应构成敲诈勒索罪。

五、简要评论

借条作为一种债权的凭证,它的产生应当有债的发生事实基础。具体说,要有出借人给借用人出借金钱或者实物的行为事实。否则,没有这种债的发生的事实基础,该借条的产生仅在形式上就不合法。本案事实表明,被告人孙吉勇并未借给被害人宋新华人民币54 800元,宋新华之所以给被告人出具54 800元的借条,是因为其与被告人的妻子的性关系被发觉后受被告人逼迫所为。这说明该借条的产生并无借贷之事实基础,即使从民法角度考量,该借条也是违法的。被告人孙吉勇凭借这张违法借条,先是私下向被害人宋新华索要,后又让其妻子起诉索要,图谋从宋新华手里得到54 800元。这些事实,清楚地表明了被告人孙吉勇有非法占有宋新华财产的目的。

一、二审法院确认的事实清楚地表明,被告人孙吉勇出于直接故意,以非法占有为目的,抓住被害人宋新华与其妻有不正当性关系的把柄,并有意将手枪显露在被害人的眼前,以极端伤害身体的语言对被害人进行威胁、要挟、恫吓,迫使被害人给其出具54 800元的欠条,依据《刑法》第274条的规定和犯罪构成理论,被告人的行为无疑构成敲诈勒索罪。

据此,笔者认为,没有债权的事实基础,当场使用暴力强迫他人写欠条的,应以敲诈勒索罪论处。

案例12-5 梁成志等敲诈勒索案①

一、基本案情

2005年9月至2006年7月,被告人梁成志、李耀庭、陈鑫、梁成驹、欧阳悦荣共同或分别伙同他人,假冒香港大公司管理人员或其亲属,以到内地投资为借口,诱骗内地党政官员到香港等地考察、洽谈,然后提议玩牌,伺机将事先排好顺序的牌换上,致被害人输钱后迫使被害人通知亲朋向指定账户汇款,共作案16起,骗取人民币9 649 055.62元、港币16 000元。

二、诉讼过程及裁判理由

一审法院经审理认为,被告人梁成志、李耀庭、陈鑫、梁成驹、欧阳悦荣以非法占有为目的,伙同周鑫淼等人诈骗他人财物,数额特别巨大,其行为均已构成诈骗罪。在共同犯罪中,被告人梁成志与周鑫淼、邹浩泉等起主要作用,属主犯;被告人李耀庭、陈鑫、梁成驹、欧阳悦荣作用相对较小,可以认定为从犯,依法应当从轻、减轻或者免除处罚。被告人梁成志检举同案犯的其他犯罪事实经查证属实,属于立功,依法可以从轻、减轻处罚。案发后,被告人梁

---

① 参见陈兴良、张军、胡云腾主编:《人民法院刑事指导案例裁判要旨通纂》(下卷),北京大学出版社2013年版,第843页。

成志、陈鑫、梁成驹、欧阳悦荣均主动供述了司法机关尚未掌握的同种罪刑,依法可以酌情从轻处罚。依照《中华人民共和国刑法》第266条,第25条第1款,第26条第1款、第4款,第27条,第64条,第68条第1款;最高人民法院《关于处理自首和立功具体应用法律若干问题的解释》第5条的规定,被告人梁成志犯诈骗罪,判处有期徒刑15年,并处罚金人民币30万元;被告人李耀庭犯诈骗罪,判处有期徒刑12年,并处罚金人民币20万元;被告人陈鑫犯诈骗罪,判处有期徒刑9年,并处罚金人民币20万元;被告人梁成驹犯诈骗罪,判处有期徒刑8年,并处罚金人民币20万元;被告人欧阳悦荣犯诈骗罪,判处有期徒刑6年,并处罚金人民币10万元;被告人违法所得予以追缴。

一审宣判后,梁成志等人均不服,分别提出上诉。梁成志等人及陈鑫的辩护人均提出本案应定性为敲诈勒索罪。

二审法院除查明上述犯罪事实外,还查明,在被害人赌输后,梁成志等人便通知在外守候的李耀庭等人进入房间,以举报参赌、带去澳门扣押、将实施暴力等相威胁,迫使被害人通知亲友向指定账户汇款后才放行,其中有3起被害人回内地后,梁成志等人又以举报参赌相要挟,迫使3人向指定账户汇款人民币43万元。

二审法院经审理认为,上诉人梁成志、李耀庭、陈鑫、梁成驹、欧阳悦荣以非法占有为目的,以投资为诱饵骗他人到香港等地输钱后,以举报参与赌博、带去澳门以及将实施暴力相威胁,迫使他人交付财物,其行为均已构成敲诈勒索罪,且敲诈勒索数额达900多万元,涉案8个省、市,情节特别严重,应依法惩处。在共同犯罪中,上诉人梁成志起主要作用,是主犯,应当按照其参与或者组织、指挥的全部犯罪处罚;上诉人李耀庭、陈鑫、梁成驹、欧阳悦荣在共同犯罪中起次要或辅助作用,为从犯,依法应当从轻处罚。上诉人梁成志检举同案犯的其他犯罪事实经查证属实,属于立功,依法可从轻处罚。案发后,上诉人梁成志、陈鑫、梁成驹、欧阳悦荣均主动供述了司法机关尚未掌握的同种罪行,依法可以酌情从轻处罚。对梁志成、李耀庭、陈鑫、梁成驹、欧阳悦荣及陈鑫辩护人提出应定性敲诈勒索罪的上诉理由和辩护意见,予以采纳。原判认定事实清楚,证据确实充分,审判程序合法,但定罪不当。根据《中华人民共和国刑事诉讼法》(1996年)第189条第(一)项、第(二)项;《中华人民共和国刑法》第274条,第25条第1款,第26条第1款、第4款,第27条,第64条,第68条第1款;最高人民法院《关于处理自首和立功具体应用法律若干问题的解释》第5条的规定,判决上诉人梁成志犯敲诈勒索罪,判处有期徒刑9年;上诉人李耀庭犯敲诈勒索罪,判处有期徒刑8年;上诉人陈鑫犯敲诈勒索罪,判处有期徒刑6年;上诉人梁成驹犯敲诈勒索罪,判处有期徒刑5年;上诉人欧阳悦荣犯敲诈勒索罪,判处有期徒刑4年;被告人违法所得予以追缴。

三、关联法条

《中华人民共和国刑法》

第二百七十四条 敲诈勒索公私财物,数额较大或者多次敲诈勒索的,处三年以下有期徒刑、拘役或者管制,并处或者单处罚金;数额巨大或者有其他严重情节的,处三年以上十年以下有期徒刑,并处罚金;数额特别巨大或者有其他特别严重情节的,处十年以上有期徒刑,并处罚金。

四、争议问题

本案主要争议问题是,设骗局勒索钱财的行为构成诈骗罪还是敲诈勒索罪？就本案而言,一审法院与二审法院定性不同。

五、简要评论

本案中,被告人梁志成、李耀庭、陈鑫、梁成驹、欧阳悦荣以非法占有为目的,采用欺骗手段诱骗被害人到香港、珠海,假冒知名企业负责人佯装洽谈投资事项,设"天仙局"让被害人输钱,获取被害人钱财。从犯罪客观方面看,被告人通过对被害人采取威胁、胁迫的方法,非法占有被害人财物。被告人梁成志等人利用内地党政领导及企业老总招商引资的迫切心理,采取假冒他人名义、虚构投资事由诱骗他们到香港等地参赌,设局使被害人输钱后,以举报参赌、实施暴力等方法,给被害人造成精神上的恐惧,迫使其安排亲友汇款。被告人精心设计的前期一系列欺骗行为实际上都是为勒索钱财创造条件,并借助这些条件胁迫被害人以获取钱财。其次,被害人交付财物并非自愿。从本案看,被害人在赌钱结束被索款时,都认识到是个骗局,都是在被逼无奈的情况下交付钱款的。因此,本案不符合诈骗犯罪以虚构事实或者隐瞒真相的方法,使被害人信以为真,自愿交出财物的构成要件。

另外,被告人在逼迫被害人汇款过程中,虽然也使用了一定的暴力,如掐脖子、推搡、动手打、用脚踢,但从被告人的直接故意看,就是设局勒索钱财,使用一定的暴力是为了便于勒索钱财,这种暴力与抢劫罪的暴力相比程度要轻。另外,被告人在逼迫被害人汇款过程中也进行了威胁,但从威胁的内容看,是以揭发赌博隐私、带去澳门扣押、丢到海里喂鱼、砍手砍脚等相威胁；从实现威胁内容的时间看,不是当场实施,而是将来实施。因此,本案不构成抢劫犯罪,应构成敲诈勒索罪。

案例 12-6　公安协警员与人合伙抓嫖私分罚款案①

一、基本案情

被告人晏某于 2003 年下半年起被上高县公安局刑警大队聘为协警员,其工作职责是发现和搜集各类违法犯罪线索,协助刑警值班备勤,看守违法犯罪嫌疑人。2009 年 9 月间,晏某找到熟人凌某,要其做他的内线,帮助提供犯罪线索,并许诺给予一定的报酬。被告人凌某又邀赵某一起做晏某的内线。2009 年 9 月 16 日上午,被告凌某发现被害人况某从该县锦江镇胜利路一按摩店出来,神色慌张,于是打电话通知晏某和赵某。随后,在该县敖阳镇五马村附近一偏僻处,凌某和随后赶到的晏某、赵某将况某拦下。晏某自称是公安局的,并出示了工作证。3 被告人以况某嫖娼要带其到公安局去为由,敲诈况某 3 000 元,未出具罚款

---

① 参见江西法院网(http://jxfy.chinacourt.org/public/detail.php?id=69585),访问时间:2014 年 6 月 10 日。

收据。赃款被赵某丢失。9月17日,3人又以相同手法敲诈被害人杨某3 000元并进行私分。

二、诉讼过程及裁判理由

案发后,检察机关以被告人晏某、凌某、赵某犯滥用职权罪提起公诉。一审法院经审理认为,被告人晏某、凌某、赵某以非法占有为目的,以抓嫖娼人员为借口,采用威吓的手段,索得被害人人民币6 000元,其行为符合敲诈勒索罪的特征,应认定3被告人的行为构成敲诈勒索罪,公诉机关指控3被告人的行为构成滥用职权罪的罪名不妥,不予支持。鉴于3被告人有投案自首、退回全部赃款等情节,一审判决晏某、凌某、赵某犯敲诈勒索罪,分别判处管制1年、1年、10个月。

三、关联法条

《中华人民共和国刑法》

第二百七十四条　敲诈勒索公私财物,数额较大或者多次敲诈勒索的,处三年以下有期徒刑、拘役或者管制,并处或者单处罚金;数额巨大或者有其他严重情节的,处三年以上十年以下有期徒刑,并处罚金;数额特别巨大或者有其他特别严重情节的,处十年以上有期徒刑,并处罚金。

四、争议问题

本案主要争议问题是,公安协警员与人合伙抓嫖私分罚款的行为,构成滥用职权罪还是敲诈勒索罪?就此案而言,存在两种不同意见:

第一种意见认为,被告人晏某系受聘的公安协警员,其职权范围是发现和搜集各类违法犯罪线索,协助刑警值班备勤,看守违法犯罪嫌疑人。晏某超越自身职责范围,以公安人员的身份抓嫖罚款,是滥用职权,其行为构成滥用职权罪。凌某、赵某是共同犯罪的从犯。

第二种意见认为,被告人晏某、凌某、赵某相约,利用晏某公安协警员的身份,以抓嫖娼为由,通过威胁、要挟,强行索要他人钱财,符合敲诈勒索罪的特征,构成敲诈勒索罪。

五、简要评论

笔者认为,3被告人以非法占有为目的,以抓嫖娼为借口,采用威吓的手段,索得被害人人民币6 000元,其行为符合敲诈勒索罪的特征,应认定3被告人的行为构成敲诈勒索罪。

3被告人的行为不构成滥用职权罪。所谓滥用职权罪,是指国家机关工作人员滥用职权、致使公共财产、国家和人民利益遭受重大损失的行为。滥用职权,指的是不应行使其职权而行使。通常表现为两种情况:第一,行为人超越职权,擅自决定或处理其没有决定权限的事项,称之为越权行为。如无照经营,本属于工商机关的管理范围,但某公安人员却逾越其职权对无照经营者进行罚款。第二,行为人违法行使其职权范围内的权力,或表现为以非法的方法进行违反职务权限的事项,称之为滥权行为。如工商管理部门有权对违法经营者处以罚款、吊销执照等处分,而某行为人利用这一职权,故意对合法经营者处以上述处分,就是非法行使其职务范围内的权力。值得特别强调的是,滥用职权罪中的"职权",是法律赋予国家机关工作人员所享有的合法权力,如行政处罚权、拘留权等。如果国家工作人员滥用的不是法律规定的合法的"职权",而是去实施犯罪行为,则不能按滥用职权论,而应该按他实施的犯罪行为定罪。因为这种情况没有"职权"可"滥用"。

本案中,3被告人虽然符合滥用职权罪的主体要求,但他们实施的行为并不是"职权"行为,一方面,晏某私自邀请凌某、赵某一起抓嫖的行为本身就是非法的,并不是正常的"职权"行为;另一方面,他们将索得的6000元进行私分,进一步证明了他们的行为不是职权行为。既然连职权都不存在,因而就谈不上滥用职权,更谈不上构成滥用职权罪了。

案例12-7　叶清益敲诈勒索案①

一、基本案情

被告人叶清益的妻子黄某租住在厦门市同安区新民镇凤岗村。叶清益怀疑其妻与他人通奸,遂于1999年11月7日晚,到黄某的暂住处附近伺机捉奸。当晚8时许,当叶清益看到陈奖励(男,41岁,同安区西柯镇阳翟村人)与黄某一起进入租住房后,便打电话给其父亲纠集七八名同村村民到凤岗村,闯入该住房,殴打与黄某在房中独处的陈奖励,并要陈奖励赔偿损失,陈奖励同意。被告人叶清益的兄长叶清露应被告人之邀亦赶到凤岗村。叶清露提议将陈奖励带到五显镇,随行的人强行将陈奖励挟持到同安区五显镇叶清露家,被告人随后回家发现陈奖励在兄长家中。被告人叶清益的父亲叶水地通知了村干部及村里老者二人到叶清露家中。同村村民叶约限、颜进财、叶在钦及部分村民亦在场。叶约限问陈奖励"是公了还是私了",陈奖励同意以赔偿人民币5万元"私了"。有人称太少,至少10万元,被告人叶清益在旁即附和称应赔偿人民币10万元。叶约限即称口说无凭,要陈奖励写自愿书,陈奖励称不会写字,后由叶在钦拟写一份赔偿人民币10万元的自愿书让陈奖励抄写。叶约限即拿电话让陈奖励与家人联系,通知家人拿钱到同安影视城门口换人。同时叶清露让颜进财将陈奖励转移到叶在钦家。当晚9时许,叶清益等人到影视城欲与陈奖励的家人交接,被害人的妻子陈某某及陈奖励的哥哥陈君再等人亦赶到影视城门口并提出要见被害人才同意付钱,被告人叶清益则只同意通电话。当陈君再通完电话察觉到陈奖励被殴打欲报警,叶清益拔腿就跑,陈君再追赶,附近的三四名五显镇村民看到此情形反而追打陈君再,致陈君再受伤。当晚10时许,被告人叶清益一方认为敲诈钱财无望,遂让人将陈奖励送交五显派出所。经法医鉴定,被害人陈奖励头部损伤致左颞骨骨折,损伤程度为轻伤,陈君再左手部损伤致第2、3、4掌骨骨折,损伤程度为轻伤。

二、诉讼过程及裁判理由

检察机关以被告人叶清益犯非法拘禁罪提起公诉。

---

① 参见最高人民法院中国应用法学研究所编:《人民法院案例选》(2003年第3辑),人民法院出版社2004年版,第70页。

被告人叶清益辩称：

(1) 自己在抓奸过程中殴打了陈奖励，并让前往帮助的人将其送往派出所处理。至于将陈奖励带至兄长家是因陈奖励想"私了"，不想到派出所，前往帮助的人才将其带到兄长叶清露家中，自己是在回去后才知道的，本意并非欲将陈奖励带回家中。

(2) 将陈奖励带到兄长家后，村里的干部及村老人会的同志到现场协商处理。大家批评陈奖励的行为不端，陈奖励自愿要求给予经济赔偿，在场的人有的说5万元，有的说10万元，最终确定为10万元。而后在场的人就拿电话让陈奖励打电话回家，当时的场面已非被告人所能控制。

(3) 检察机关回避了陈奖励与黄某通奸的事实，陈奖励在案发当日也对其与黄某非法姘居的事实供认不讳。

综上所述，被告人主观上是为了出气，要陈奖励的爱人到同安影视城门口，是认为陈奖励破坏了自己的家庭，也想让陈奖励的爱人看到并了解陈奖励的所作所为，让陈奖励的家庭也破裂。被告人没有非法拘禁或绑架他人勒索财物的目的，不构成非法拘禁罪或绑架罪。

被告人的辩护人辩称：

(1) 被告人一方的人将陈奖励带到家中后，并没有予以藏匿，反而是召集村干部出面协调，完全是农村的习俗做法，并非绑架。

(2) 陈奖励与黄某通奸的事实存在。

(3) 在被告人叶清益的兄长家中，在场的人很多，七嘴八舌，有的说5万元，有的说10万元，被告人叶清益附和说10万元，而后由叶在钦起草，陈奖励抄写，被告人并没有看到该"自愿书"。

(4) 被告人一方的人将陈奖励带到兄长家后，处理陈奖励的问题时均是公开的，与非法限制人身自由的非法拘禁罪或采取秘密实施并勒索钱财的绑架罪是完全不同的。

一审法院经公开审理后认为，被告人叶清益因怀疑其妻与他人通奸，即使用暴力方法绑架他人，并索要法律不予保护的财物，其行为已构成绑架罪。公诉机关指控的被告人叶清益的犯罪事实成立，但指控被告人叶清益的行为构成非法拘禁罪的定性不当，应予纠正。被告人叶清益及其辩护人提出被告人叶清益的行为不构成犯罪的辩解、辩护意见，理由不足，不予采纳。根据本案的犯罪性质、情节和社会危害性，依照《中华人民共和国刑法》第239条第1款、第56条第1款的规定，判决被告人叶清益犯绑架罪，判处有期徒刑10年，并处罚金人民币2000元，剥夺政治权利1年。

宣判后，被告人叶清益不服判决，以一审认定的事实不清、证据不足为由提出上诉。

二审法院依照第二审程序审理后认为，被告人叶清益以怀疑他人与其妻通奸为由，采取对被害人实施殴打等手段进行威胁，迫使被害人交出财物，数额巨大，其行为已构成敲诈勒索罪。因意志以外的原因未能得逞，系犯罪未遂。原判以绑架罪定罪不当，适用法律错误，应予纠正。被告人辩称其行为不构成犯罪的意见于法无据，不予采纳；但辩称不应以绑架罪定罪的部分辩解意见予以采纳。鉴于本案事出有因，被告人在实施犯罪的过程中主观恶性较小等具体情节,对被告人量刑时可予以从轻处罚。据此,依照《中华人民共和国刑事诉讼法》(1996年)第189条第(三)项,《中华人民共和国刑法》第274条、第23条的规定,判决撤销一审法院刑事判决;被告人叶清益犯敲诈勒索罪,判处有期徒刑1年零6个月。

三、关联法条

《中华人民共和国刑法》

第二百七十四条　敲诈勒索公私财物,数额较大或者多次敲诈勒索的,处三年以下有期徒刑、拘役或者管制,并处或者单处罚金;数额巨大或者有其他严重情节的,处三年以上十年以下有期徒刑,并处罚金;数额特别巨大或者有其他特别严重情节的,处十年以上有期徒刑,并处罚金。

四、争议问题

本案主要争议问题是,以怀疑他人与其妻通奸为由,采取对被害人实施殴打等手段进行威胁,向被害人家属勒索财物的方式进行"私了"的,构成非法拘禁罪、绑架罪还是敲诈勒索罪?就本案而言,对被告人叶清益的行为如何定性有三种意见。

第一种意见认为,被告人叶清益非法拘禁并殴打他人,造成二人轻伤,还向其家属勒索人民币10万元,以钱换人,构成绑架罪。

第二种意见认为,应定非法拘禁罪。理由是,本案的发生有一定的起因。被害人陈奖励与被告人叶清益之妻通奸,客观上侵犯了被告人的合法权益。陈奖励要求"私了",答应赔偿人民币5万元,而被告人叶清益要求被害人赔偿10万元,陈奖励被迫同意。虽然这是一种非法的行为,但在他们之间形成了一种非法的债务关系。为索取这种法律不予保护的债务而非法拘禁他人,应以非法拘禁罪定罪处罚。

第三种意见认为,被告人叶清益以非法占有为目的,用对被害人实施威胁、要挟的方法,索取他人数额较大的钱财,其行为构成敲诈勒索罪。

五、简要评论

笔者认为,就本案而言,被告人叶清益不具备非法拘禁罪、绑架罪的主客观要件,不构成非法拘禁罪或绑架罪。被告人叶清益以非法占有为目的,用对被害人实施威胁、要挟的方法,索取他人数额较大的钱财,其行为构成敲诈勒索罪。主要理由是:

(1)被告人叶清益没有绑架或非法拘禁他人的主观犯意。被告人叶清益在其妻暂住处外守候,待陈奖励进入其妻住处后,就用电话通知其父、兄等人去捉奸,殴打陈奖励,并以其妻被霸占,家庭已被其破坏为由,要求陈奖励赔偿其损失。因陈奖励同意,其兄等人将陈奖励带到五显镇其兄长叶清露家中私了。从这一过程看,被告人主观上并非欲劫持陈奖励或限制其自由,而是因被害人同意赔款,叶家兄弟准备与其私了解决。这与主观上欲实施绑架或非法拘禁的犯意是完全不同的。因此,被告人叶清益没有绑架或非法拘禁他人的主观犯意。

(2)被告人叶清益不具备绑架或非法拘禁他人的客观表现。在私了的过程中,在场的人有村里的邻居以及村干部和长者,被告人的目的是想让众人看清楚陈奖励是"奸夫",是品德败坏并破坏他人家庭的人,以此为借口敲诈其钱财。之后,叶家的人又让被害人当场书写"自愿书",并要求其家人拿钱到约定地点交钱赎人。尽管在这一过程中被害人一直被扣押在叶清益的兄长家,但这是双方当事人用非法手段进行私了"洽谈"的过程,而非绑架或非法拘禁他人。因为该行为不是秘密进行的,与绑架罪在客观方面的表现明显不同。同时,该行为也不是对被害人的身体进行强制,使被害人失去行动自由,这又与非法拘禁罪客观方面的表现有本质的区别。

(3) 被告人叶清益具备了敲诈勒索罪的主客观要件。被告人叶清益与本案被害人之间不存在任何权益纠纷,却以其妻被霸占、家庭已被其破坏为由,要求陈奖励赔偿其损失,已经具有非法占有的目的。同时,本案被害人虽然同意"私了",并答应给被告人一定数额的经济赔偿,但这并非出于其本人的真实意思表示,而是觉得自己理亏,且对方人多势众才被迫同意。况且,被害人的行为是否构成侵害他人的名誉权、荣誉权等其他人格利益,尚未确定,所谓"侵权之债"也就无从谈起。被告人责令被害人赔偿人民币 10 万元,不过是以自己名誉受损为名向被害人敲诈勒索而已。

案例 12-8 彭文化敲诈勒索案[①]

一、基本案情

2004 年 12 月,被害人王岸洋通过周少坤的介绍认识了被告人彭文化,彭文化称其是省委主要领导的外甥,王岸洋许诺将其承包的海南大学三亚学院的部分道路建设工程转包给彭文化施工,但双方未达成协议。彭文化以工程合作失败、挽回面子的损失、赔偿去三亚的损失为由,向王岸洋索取人民币 5 万元,并威胁如不给钱,则通过省、市主要领导干涉、阻挠王岸洋在三亚承包的工程项目。2005 年 3 月 3 日,双方约定当晚在海口市南海大道京江花园旁的名雅咖啡店见面。当晚 8 点,在该店绿箭包厢内,王岸洋拿出 2 万元交给彭文化后,彭文化被公安人员当场抓获。

二、诉讼过程及裁判理由

一审法院经审理认为,被告人彭文化以非法占有为目的,采取威胁的方法强行索取他人财物,数额巨大,其行为已构成敲诈勒索罪。公诉机关指控的犯罪事实清楚,证据确实、充分,指控的罪名成立。关于被告人彭文化提出其未向王岸洋要钱,也未威胁过王岸洋,其为工程前期工作花费了金钱的辩解意见以及辩护人提出彭文化所说的话不构成敲诈勒索罪中的威胁的辩护意见,经查,有被害人王岸洋陈述、证人翁时川、谢文湘、吴琼的证言相互印证,证实彭文化多次向王岸洋勒索钱款,并多次称认识很多领导可阻止王岸洋的工程等威胁的

[①] 参见陈兴良、张军、胡云腾主编:《人民法院刑事指导案例裁判要旨通纂》(下卷),北京大学出版社 2013 年版,第 847 页。

话。且证人张丽坪、李连国、张云东、向军、梁友贵等人证实彭文化并没有为工程前期工作花钱。此外，以凭借、利用某种权势损害被害人切身利益进行要挟的行为亦构成敲诈勒索罪中的威胁。因此，被告人彭文化及其辩护人的上述意见与查明的事实不符，不予采纳。依照《中华人民共和国刑法》第 274 条之规定，判决彭文化犯敲诈勒索罪，判处有期徒刑 3 年。

一审宣判后，彭文化上诉称：本案涉及的工程是真实存在的，其与王岸洋因工程合作失败而产生经济纠纷，5 万元及 2 万元是当事人各方协商提出的赔偿金额，并非敲诈勒索；原判以"凭借、利用某种权势损害被害人切身利益进行要挟的行为亦构成敲诈勒索罪中的威胁"的结论，是主观臆断、没有依据的；原判采信部分证人证言，具有很大的矛盾，应重新甄别。故请求二审法院尊重事实，明辨是非，宣告其无罪。

二审法院经审理认为，上诉人彭文化以非法占有为目的，以通过省、市领导干涉、阻挠王岸洋在三亚承包的工程项目，损害其利益的要挟方法，强行索取他人财物，数额巨大，其行为已构成敲诈勒索罪，依法应予惩处。对上诉人彭文化提出的本案属于经济纠纷的意见，经查，上诉人彭文化虽然与王岸洋协商过转包工程事宜，但双方毕竟没有达成协议，最终没有签订合同，而提出的损失没有事实根据，亦没有法律依据。而且原判认定彭文化为了索取财物，以通过省领导阻挠王岸洋所承包有关工程项目进行要挟的事实是清楚的。所提的上诉理由不成立，不予采纳。原判认定事实清楚，证据确实、充分，定性准确，量刑适当，审判程序合法，应予维持。依照《中华人民共和国刑事诉讼法》(1996 年)第 189 条第(一)项之规定，裁定驳回上诉，维持原判。

三、关联法条

《中华人民共和国刑法》

第二百七十四条　敲诈勒索公私财物，数额较大或者多次敲诈勒索的，处三年以下有期徒刑、拘役或者管制，并处或者单处罚金；数额巨大或者有其他严重情节的，处三年以上十年以下有期徒刑，并处罚金；数额特别巨大或者有其他特别严重情节的，处十年以上有期徒刑，并处罚金。

四、争议问题

本案主要争议问题是，以利用领导权势损害被害人切身利益的手段进行要挟，迫使被害人交出财物的，能否构成敲诈勒索罪？

五、简要评论

敲诈勒索罪的客观方面表现为对被害人及其家属以将要实施杀害、伤害等暴力或者将要揭发或张扬其违法犯罪行为、隐私，毁坏其财物等相威胁，迫使其交出财物。行为人主要是通过对公私财物的所有人、管理人实行精神上的强制，使之产生恐惧、害怕心理，不得已而交出财物。威胁或要挟的手段有很多，以凭借、利用某种权势损害被害人的切身利益进行要挟就是其中一种。

本案中，彭文化在认识王岸洋时就声称自己是省委主要领导的外甥，有能力办理别人办不了的事情,使王岸洋信以为真。公安人员在抓获彭文化后,扣押的物品中有一通讯录记载了很多省、市领导以及公检法部门中湖北籍人士的名录,可见其一贯以与某领导是亲戚、老乡的身份骗取他人的信任。实际上,其只是具有小学文化的农民。王岸洋带彭文化等人去三亚看工地,费用并非作为中间人彭文化所花。而在双方因价格问题就工程未达成协议后,彭文化多次以其为工程花费了金钱,损失了面子,向王岸洋索要5万元,并声称不给的话,要找省委领导阻挠王岸洋的工程相要挟。而被害人王岸洋在误以为彭文化真有本事可能造成其利益损失的情况下,产生了害怕、恐惧的心理,不得已答应了彭文化2万元。可见,彭文化以此种方式进行要挟,足以构成对王岸洋的胁迫。其在没有帮过王岸洋的忙、为工程未花钱的情况下所实施的上述行为,在主观上具有非法占有他人财物的目的,客观上实施了要挟的行为,应以敲诈勒索罪定罪处罚。

据此,笔者认为,以利用领导权势损害被害人切身利益的手段进行要挟,迫使被害人交出财物的,应以敲诈勒索罪论处。

案例 12-9　李书辉等敲诈勒索案[①]

一、基本案情

2008年11月19日21时许,被告人李书辉、韩小霞预谋敲诈韩小霞网友鞠尊洲,后由韩小霞约鞠尊洲在鹰城广场见面,并在李庄迎宾招待所开设房间,李书辉和李国梁尾随其后,在鞠尊洲进入房间不久,李书辉就以欺负表妹为名对鞠尊洲进行殴打,后以到派出所报案并通知其妻子相要挟,向鞠尊洲索要现金10 000元,李书辉从鞠尊洲钱包内拿走800元,后又还给鞠尊洲200元,其间李国梁一直在现场,而后,李书辉电话通知李庆辉前来招待所看住鞠尊洲,自己又拿鞠尊洲的银行卡去银行取出现金4 900元,后鞠尊洲写下欠韩小霞4 000元的欠条一张。事后李国梁和李庆辉各得赃款200元,其余的由李书辉所得。韩小霞在到案后主动配合公安机关抓获被告人李书辉。

二、诉讼过程及裁判理由

一审法院审理认为,被告人李书辉、韩小霞、李国梁以非法占有为目的,采用暴力胁迫手段,当场向被害人索要现金1万元,并从被害人身上获得现金600元,又用其信用卡从银行取款4 900元,还逼迫被害人写下4 000元的欠条一张,其行为已构成敲诈勒索罪。检察机关指控被告人李书辉、韩小霞、李国梁犯抢劫罪的公诉意见与抢劫罪的构成要件不符,不予支持。被告人李书辉、韩小霞、李国梁对公诉机关指控的犯罪事实均无异议,但对公诉机关指控犯抢劫罪有异议。被告人韩小霞的辩护人对公诉机关指控被告人韩小霞犯罪的事实和证据无异议,认为其行为构成敲诈勒索的辩护意见与一审法院查明的事情相符,予以支持。被

[①] 参见陈兴良、张军、胡云腾主编:《人民法院刑事指导案例裁判要旨通纂》(下卷),北京大学出版社2013年版,第848页。

告人韩小霞协助公安机关抓获被告人李书辉属于立功,可以从轻或减轻处罚。被告人李国梁在本案中起次要作用,系从犯,应当从轻、减轻处罚。判决被告人李书辉犯敲诈勒索罪,判处有期徒刑两年,并处罚金人民币 6 000 元;被告人韩小霞犯敲诈勒索罪,判处有期徒刑 1 年,并处罚金人民币 4 000 元;被告人李国梁犯敲诈勒索罪,判处有期徒刑 1 年,缓刑 1 年,并处罚金人民币 3 000 元。

一审判决后,公诉机关未抗诉,被告人亦未提出上诉。一审判决已发生法律效力。

三、关联法条

《中华人民共和国刑法》

第二百七十四条 敲诈勒索公私财物,数额较大或者多次敲诈勒索的,处三年以下有期徒刑、拘役或者管制,并处或者单处罚金;数额巨大或者有其他严重情节的,处三年以上十年以下有期徒刑,并处罚金;数额特别巨大或者有其他特别严重情节的,处十年以上有期徒刑,并处罚金。

四、争议问题

本案主要争议问题是,使用暴力没有对被害人造成伤害,而使其内心产生恐惧心理,以揭露隐私为手段的当场胁迫行为的,构成抢劫罪还是敲诈勒索罪?

五、简要评论

在司法实践中,不可将当场使用暴力手段的情况一概认定为抢劫。抢劫罪以当场实施暴力侵害相威胁,如被害人不当场交出财物,行为人将"当场"把威胁的内容付诸实施,强调方法手段行为与目的结果行为的时空同一性,被害人受到侵犯是现实直接的。敲诈勒索罪的威胁不具有紧迫时间间隔,时空跨度一般较大,一定程度上为被害人遭受物质或精神上的伤害提供了缓冲的余地。当场的法律意义不仅指空间,关键更在于时间,而且要从抢劫的手段行为和目的行为的承接关系去理解。行为人胁迫被害人当场交付财物,否则日后将侵害被害人的行为,应认定为敲诈勒索罪。行为人对被害人当场实施暴力或以当场实施暴力相威胁,其目的不在于对被害人造成人身伤害,而在于使被害人内心产生恐惧心理,利用其担心受到更为严重侵害的心理,使其确定地在将来某个时间交付财物,这样的暴力应是敲诈勒索罪中要挟手段的强化,而非抢劫罪的暴力,应以敲诈勒索罪定罪处罚。

本案中,李书辉等人具有非法占有鞠尊洲财物的目的,并且为此进行预谋。在实施犯罪过程中,被告人虽然对鞠尊洲实施暴力,但综观全案,这里的暴力目的不在于对被害人造成人身伤害,而在于使被害人内心产生恐惧心理,特别是后来以到派出所报案并通知其妻子实施威胁,向鞠尊洲索要现金的行为更表明其主观上具有敲诈勒索的意图,其行为完全符合敲诈勒索罪的构成要件,应定性为敲诈勒索罪。

据此,笔者认为,使用暴力没有对被害人造成伤害,而使其内心产生恐惧心理,以揭露隐私为手段的当场胁迫行为的,应以敲诈勒索罪论处。

案例 12-10　王明雨敲诈勒索案[①]

一、基本案情

被告人王明雨与张爱华于 1981 年 9 月 30 日登记结婚,1982 年育有一子,现在美国留学。2003 年 2 月 17 日在延庆县人民法院提起离婚诉讼,法院于 2004 年 3 月 27 日判决离婚。法院判决离婚时并未就财产分割及子女抚养问题进行处理。王明雨于 2005 年 9、10 月间,以语言及寄信等手段,称不解决"经济问题"则向检察机关检举揭发张爱华的行贿行为,向张爱华索要人民币 2 000 万元。后经张爱华的律师陆某谈判,数额降至人民币 300 万元,陆某称先支付人民币 20 万元,王明雨表示同意。2005 年 10 月 16 日 11 时许,被告人王明雨在丰台区左安门宾馆接受张爱华委托陆某送给其的人民币 20 万元后,被当场抓获。经查:张爱华与王明雨在婚姻存续期间以张爱华的名义在深圳市购有住房两套,2004 年 7 月 21 日被张爱华以人民币 50 万元的价格出售。另查明:在双方婚姻关系存续期间,两人经营的公司有香港爱华集团有限公司(资产不详)、香港国际华洋投资有限公司(资产 7 000 余万元)、北京金凤凰房地产开发有限公司(注册资本 1 000 万元,其中张爱华出资 600 万元)、北京黄河房地产开发有限公司(注册资本 11 700 万元,1999 年章程中股东为北京恒力通经济技术开发中心和张爱华,其中恒力通经济技术开发中心出资 9 360 万元,其他为张爱华出资;2003 年章程变更为张爱华及其他自然人出资,其中张爱华个人出资为 9 360 万元,后该公司提供一份北京市第二中级人民法院民事裁定书,证实该公司无可执行财产)、北京爱华物业管理有限公司(注册资本人民币 2 000 万元,出资方为北京黄河房地产开发有限公司和香港国际华洋投资有限公司)、北京泰丰房地产开发有限公司(投资方经三次变更为北京金凤凰房地产开发有限公司和香港国际华洋投资有限公司,注册资本 7 500 万元,2002 年底资产总计 164 565 858.84 元)。此外,王明雨称北京市恒利通经济技术开发中心系其与张爱华出资成立的红帽子企业,注册登记经济性质为全民所有制,法人代表原为王明雨,后变更为潘冰心,注册资金为 10 178 万元,目前该公司状况不详;张爱华、王明雨在婚姻关系存续期间尚未分割的其他财产不详。

二、诉讼过程及裁判理由

检察机关以王明雨涉嫌构成敲诈勒索罪提起公诉。

一审法院审理认为,王明雨不构成敲诈勒索罪。在审理过程中,检察机关提出撤诉申请,法院作出裁定,同意检察机关的撤诉申请。

[①] 参见陈兴良、张军、胡云腾主编:《人民法院刑事指导案例裁判要旨通纂》(下卷),北京大学出版社 2013 年版,第 849 页。

三、关联法条

《中华人民共和国刑法》

第二百七十四条 敲诈勒索公私财物,数额较大或者多次敲诈勒索的,处三年以下有期徒刑、拘役或者管制,并处或者单处罚金;数额巨大或者有其他严重情节的,处三年以上十年以下有期徒刑,并处罚金;数额特别巨大或者有其他特别严重情节的,处十年以上有期徒刑,并处罚金。

四、争议问题

本案主要争议问题是,以胁迫方式索取并未超出自己产权的财产的,能否构成敲诈勒索罪?

五、简要评论

就本案而言,被告人王明雨及其辩护人辩称:被告人王明雨的行为不构成敲诈勒索罪,王明雨与被害人张爱华原系夫妻关系,2003年3月27日法院判决二人离婚,但双方的共同财产并未分割。王明雨与张爱华在婚姻存续期间拥有数额巨大的财产,王明雨向张爱华数次要求分割,张爱华并未应允,王明雨只能采取威胁方法要求张爱华答应给其部分财产,王明雨不具有非法占有的主观故意,不构成敲诈勒索罪。

敲诈勒索罪要求行为人必须有非法占有的故意,客观上有非法占有的行为。我们不仅要注意故意和行为,还要注意到被告人对于财产的占有必须是非法的状态。本案中,被告人与被害人之间的婚姻关系虽然已经结束,但二人之间有大量财产并未分割。被告人尽管在索要财产的过程中采取了敲诈的手段,但其对所得财产(20万元)的占有,在二人财产关系得到明确划分之前无法确定为是非法占有状态,故不宜认定被告人犯有敲诈勒索罪。

本案被告人虽然存在胁迫的行为,但这种胁迫的背后隐藏的事实是一个弱者为了追讨自己的合法权利。虽然被告人所使用的手段违反了法律,但其并没有非法占有的目的,因此不应认定构成敲诈勒索罪。

通过此案可以发现,财产权利关系是否明确,不但直接影响到财产的归属,而且影响到行为的定性。以绑架罪为例,虽然"以勒索财物为目的绑架他人的"是构成该罪的主观要件,但这并不意味着所有以勒索财物为目的绑架他人的行为都构成绑架罪。是否构成绑架罪,还必须明确绑架人与被绑架人之间的财产权利关系。根据相关司法解释,对以勒索财物为目的绑架他人的行为,如果绑架人与被绑架人存在一定的债权债务关系,只要绑架索取的数额不明显高于本来应该索取的数额,就不应认定行为人构成绑架罪,仅以非法拘禁罪认定,因为行为人不具有非法占有的目的。

据此,笔者认为,以胁迫方式索取并未超出自己债权的财产的,不构成敲诈勒索罪。

第十三章 以危险方法危害公共安全罪

案例13-1 李跃等以危险方法危害公共安全案[①]

一、基本案情

2004年4月至2006年5月期间,李跃等31名被告人纠集在一起,在北京市的二环路等城市主干路以及部分高速公路上故意制造了大量交通事故。李跃驾车寻找外省市进京的中高档小轿车作为目标伺机作案,当前车正常变更车道时,驾车尾随其后的李跃等人突然加速撞向前车的侧后方,造成前车变更车道时未让所借车道内行驶的车辆先行的假象。事故发生以后,李跃安排其他被告人轮流出示驾驶证冒充驾驶人。待交通民警作出前车负全部责任的认定以后,被告人便以此为要挟甚至采用威胁的方法,向被害人索要钱财。31名被告人先后制造对方负全部责任的事故220余次,非法获利51万余元。

二、诉讼过程及裁判理由

检察机关先以敲诈勒索罪提起公诉,后变更起诉罪名,以以危险方法危害公共罪提起公诉。

辩护人指出,主观上被告人驾车撞击他人车辆,制造交通事故的目的是勒索钱财,并无危害公共安全的主观故意;客观上被告人每次作案针对的对象都是特定的,并没有造成危害不特定多数人人身、财产安全的后果,因此,各被告人的行为不构成以危险方法危害公共安全罪。

一审法院认为,被告人李跃等人为达到非法占有的目的,在城市道路上故意制造了大量交通事故。他们所采用的驾车突然加速撞向正在正常变更车道的其他车辆的方法,有可能使受到撞击的车辆失去控制,进而危及其他不特定多数人的人身、财产安全,按照牵连犯择一重罪处断的原则,本案31名被告人的行为均已构成以危险方法危害公共安全罪。其中,李跃被判处有期徒刑8年零6个月,剥夺政治权利1年。

一审宣判后,被告人李跃等提出上诉。在二审审理过程中均申请撤回上诉,二审法院经审理认为,李跃等人申请撤回上诉的要求符合法律规定,裁定准许撤回上诉,原判发生效力。

三、关联法条

《中华人民共和国刑法》

第一百一十四条 放火、决水、爆炸以及投放毒害性、放射性、传染病病原体等物质或者

---

① 参见陈兴良、张军、胡云腾主编:《人民法院刑事指导案例裁判要旨通纂》(上卷),北京大学出版社2013年版,第14页。

以其他危险方法危害公共安全,尚未造成严重后果的,处三年以上十年以下有期徒刑。

第二百七十四条 敲诈勒索公私财物,数额较大或者多次敲诈勒索的,处三年以下有期徒刑、拘役或者管制,并处或者单处罚金;数额巨大或者有其他严重情节的,处三年以上十年以下有期徒刑,并处罚金;数额特别巨大或者有其他特别严重情节的,处十年以上有期徒刑,并处罚金。

第一百一十六条 破坏火车、汽车、电车、船只、航空器,足以使火车、汽车、电车、船只、航空器发生倾覆、毁坏危险,尚未造成严重后果的,处三年以上十年以下有期徒刑。

四、争议问题

对采用驾车故意撞击他人车辆制造交通事故(俗称"碰瓷")的手段勒索钱财的行为如何定罪处罚,涉及两个问题:一是对特定对象的侵犯能否构成危害公共安全罪;二是在行为危害了公共安全之后,如何选择适用罪名。

五、简要评论

2005年前后,全国各地发生了多起在城市主干路及高速公路驾驶机动车"碰瓷"勒索钱财的案件,以往法院基本上是以敲诈勒索罪、诈骗罪或保险诈骗罪对行为人定罪处罚,而本案首开以以危险方法危害公共安全罪对此类犯罪进行定罪处罚的先河。这一思路正确,然而选择的罪名存在问题。

(1)对特定对象的侵犯,如果具有侵犯不特定或者多数人的生命、健康或者重大财产的危险性,可以成立危害公共安全罪。类似案件除了构成财产犯罪之外,是否还构成危害公共安全罪,主要取决于行为的波及性——即是否有危害公共安全的危险。主要标准就是行为是否具有侵害不特定或者多人的生命、健康或者重大财产的危险性。李跃的每次行为虽然针对的是特定车辆,但是,其撞击行为发生在高速公路或者主干道路上,车流量大,能否引发更多连环交通事故,以及事故中多少人会受何种程度的伤害,李跃无法控制。换言之,李跃的行为已经使不特定的多数车辆及其乘客处于危险之中,危害了公共安全。

(2)李跃对具体公共危险有明确认识并追求这种具体危险的发生,是故意犯罪。在针对交通工具造成公共危险时,如果是过失,应当定交通肇事罪;如果是故意,应当定破坏交通工具罪。交通肇事罪是过失犯罪,行为人虽然有故意超速等违章行为,对抽象危险有所认识,但并不追求、希望具体危险出现,相反,在出现具体危险之前(如车辆马上要发生碰撞),多会以主观努力减少具体危险、防止抽象危险转化为具体危险。但是,主动撞击是追求具体危险的出现,因为只有撞击成功,才可能进行索赔,因而,李跃属于希望危害结果出现的故意犯罪。

(3)《刑法》在危害公共安全罪中详细规定了各种公共危险,如针对交通工具、交通设施等的危险,即把这几种特定危险从《刑法》第114、115条的"其他危险方法"中排除出去了。因此,在行为针对特定对象造成了公共危险时,即使其危险程度达到了与放火、爆炸相当的程度,也不能评价为以危险方法危害公共安全罪,而应该评价为特定破坏交通工具罪、破坏交通设施罪等,否则,立法者设置这些特定罪名的意义就不复存在,因为破坏交通工具、交通设施,多数也是一种"其他危险方法"。

开车撞击其他车辆,是一种对交通工具的破坏行为,且足以使汽车发生倾覆、毁坏危险,符合破坏交通工具罪的构成要件,因而,笔者认为,李跃的行为构成破坏交通工具罪。

案例 13-2　李新军等以危险方法危害公共安全、伪造事业单位印章案①

一、基本案情

平顶山市新华区四矿因处于技改阶段,没有安全生产许可证,且营业执照、煤炭生产许可证均已过期。2009 年 3 月 20 日,河南省安全生产领导小组下发文件,明确规定该矿为停工停产整改矿井。在长期技改和停工整改期间,被告人李新军(原矿长)、侯民(原安全副矿长)等明知该矿属于煤与瓦斯突出矿井,存在瓦斯严重超标等重大安全隐患,不仅不采取措施消除隐患,反而为应对监管部门的瓦斯监控,多次要求瓦斯检查员确保瓦斯超标时瓦斯传感器不报警;指使瓦斯检查员将井下瓦斯传感器传输线拔脱或置于风筒新鲜风流处,使瓦斯传感器丧失预警防护功能;指使他人填写虚假瓦斯数据报表,使真实瓦斯数据不能被准确及时掌握,有意逃避监管,隐瞒重大安全隐患。2009 年 9 月 5 日,新华四矿发生冒顶。9 月 8 日,侯民等人在收到限期整改通知书的第二天,仍强行组织 93 名矿工下井生产。井下因冒顶造成局部通风机停止运转,积聚高浓度瓦斯,而瓦斯传感器被破坏无法正常预警,煤电钻电缆短路产生高温火源引发瓦斯爆炸,致 76 人死亡、2 人重伤、4 人轻伤、9 人轻微伤。

二、诉讼过程及裁判理由

一审法院以以危险方法危害公共安全罪、伪造事业单位印章罪数罪并罚,判处李新军死刑,缓期两年执行,剥夺政治权利终身;判处侯民无期徒刑,剥夺政治权利终身,其他被告人量刑不等。

一审宣判后,李新军等以原判决认定事实不清,定性错误,量刑过重为由提出上诉。

二审法院认为,李新军、侯民等为谋取非法暴利,拒不执行各级监管部门严禁组织生产、责令停工整改等一系列规定,在明知新华四矿存在瓦斯超标等重大安全隐患,随时可能发生瓦斯爆炸等重大事故的情况下,长期置井下矿工于无瓦斯预警防护的高度危险之中,并且还指使他人破坏瓦斯传感器,强令大批工人下井作业,导致瓦斯爆炸,造成重大伤亡事故。其主观上具有放任不特定多数人伤亡后果发生的故意,客观上实施了破坏安全设施、强令工人下井、掩盖安全隐患等一系列积极、主动行为,均已构成以危险方法危害公共安全罪,故维持

---

① 参见最高人民法院中国应用法学研究所编:《人民法院案例选》(总第 77 辑),人民法院出版社 2011 年版,第 43 页。

原判。

三、关联法条

《中华人民共和国刑法》

第一百三十四条 在生产、作业中违反有关安全管理的规定,因而发生重大伤亡事故或者造成其他严重后果的,处三年以下有期徒刑或者拘役;情节特别恶劣的,处三年以上七年以下有期徒刑。

强令他人违章冒险作业,因而发生重大伤亡事故或者造成其他严重后果的,处五年以下有期徒刑或者拘役;情节特别恶劣的,处五年以上有期徒刑。

第一百一十五条第一款 放火、决水、爆炸以及投放毒害性、放射性、传染病病原体等物质或者以其他危险方法致人重伤、死亡或者使公私财产遭受重大损失的,处十年以上有期徒刑、无期徒刑或者死刑。

四、争议问题

本案核心问题是间接故意和有认识过失的区别,涉及两点:一是主动创设、增加危险是否会改变主观罪过的性质?二是在不同领域,对不同主体认定故意和过失的标准是否应有差别?

五、简要评论

本案是我国首例以以危险方法危害公共安全罪定罪的矿难案件,具有标本性意义。重大责任事故罪等是过失犯罪,而以危险方法危害公共安全罪是故意犯罪。本案中,矿主对无证开采、瓦斯失灵等因素有明确认识,对可能发生危害结果也有认识,如何区分过于自信的过失与间接故意就成为关键。

(1) 不能用传统理论区分本案的故意与过失。传统理论认为,故意与过失的区别主要在于意志因素,即过失否认危害结果,而间接故意接受危害结果。而在事故型犯罪中,生产者在主观心态上不会接受危害结果的发生;矿主责令工人违章作业时,虽然意识到了可能发生事故,但心态上更是自信其不会发生。立法者将重大责任事故罪设立为过失犯罪,司法实践中也将矿难等事故定性为过失犯罪,都是认为生产领域不存在间接故意犯罪的观念反映。但是,这一观念需要反思。

(2) 对负有特别义务的主体,认定罪过的标准应当不同。每个人的技能、注意义务不同,因而认识能力和控制能力就不同,相应的,认定过失和故意的标准也就不同。在认识因素上,特定岗位的人对危险的认识程度更高;在意志上,特殊岗位的人对结果的主观控制力更强。因而,对普通工人而言的过失犯罪,对矿主、工程师而言就可能是故意犯罪;在生活意义上都是率意而为的过失,但在法律评价上可能结果迥异。如果本案是矿工引起的,属于因注意义务低、工作技能差,盲目自信结果不会发生的过失犯罪;但对于负有特定职责的矿主,法律必须否定这种盲目自信的存在空间,应根据制度要求而不是主观想法,认定其属于放任结果发生的间接故意。

(3) 主动创设危险、增加危险的行为,属于放任危害结果发生。本案特殊之处在于,矿主使瓦斯探测器失灵。在认识到危害结果可能发生的情况下,行为人既可能是自信危害结果不会发生,也可能是放任危害结果发生。但是,如果行为人有主动增加危险的行为,则说明行为人向间接故意迈进了实质的一步,属于听任危害结果发生的放任了。

刑法学评价不同于心理学评价,在认定故意、过失时,应当区别不同主体的责任能力和法律义务,确立"主动增加危险就是迈向故意"的犯意转化规则。本案的后果是由爆炸引起的,应评价为爆炸罪。

案例 13-3 徐敏超以危险方法危害公共安全案①

一、基本案情

2007年4月1日16时许,被告人徐敏超受吉林市雾淞旅行社的委派,带领"夕阳红"旅行团一行40人经昆明、大理到丽江古城四方街游玩,途中因不理解昆明导游(地陪)彭某某的工作方法而产生隔阂,加之在古城徐敏超担忧所带游客走散,便与彭某某发生争执。彭某某离开后,徐敏超走进某工艺品商店内,问是否有刀,当店主寸锡莲拿出一把长约22厘米的匕首时,徐敏超即夺过匕首将寸锡莲刺伤,后挥动匕首向四方街广场、新华街黄山下段奔跑300余米,并向沿途游客及路人乱刺,造成20人伤害。其中,重伤1人,轻伤3人,轻微伤15人。同年11月15日,中国法医学会鉴定中心就徐敏超在作案时的精神状态及责任能力,作出了"被鉴定人徐敏超在作案时患有旅行性精神病,评定为限制(部分)刑事责任能力人"的结论。

二、诉讼过程及裁判理由

一审法院认定被告人徐敏超犯以危险方法危害公共安全罪,判处有期徒刑15年。

宣判后,徐敏超以原判定性不准,没有犯罪的主观故意,原判认定部分事实不符,量刑过重等理由提出上诉;辩护人认为原判认定罪名不当,量刑过重,应定故意伤害罪。

二审法院认为,徐敏超无视国法,采用危险方法危害公共安全,造成20人受伤的行为,构成以危险方法危害公共安全罪,应依法惩处。徐敏超持刀在人员积聚的旅游景点危害不特定多数人的人身安全,造成20名游客和行人的伤害后果,危害了公共安全,与伤害特定的侵害对象有明显区别,不构成故意伤害罪。故驳回上诉,维持原判。

三、关联法条

《中华人民共和国刑法》

第一百一十五条第一款 放火、决水、爆炸以及投放毒害性、放射性、传染病病原体等物质或者以其他危险方法致人重伤、死亡或者使公私财产遭受重大损失的,处十年以上有期徒

---

① 参见刘德权主编:《中国典型案例裁判规则精选》(刑事卷),人民法院出版社2010年版,第197页。

刑、无期徒刑或者死刑。

第二百三十四条　故意伤害他人身体的,处三年以下有期徒刑、拘役或者管制。

犯前款罪,致人重伤的,处三年以上十年以下有期徒刑;致人死亡或者以特别残忍手段致人重伤造成严重残疾的,处十年以上有期徒刑、无期徒刑或者死刑。本法另有规定的,依照规定。

四、争议问题

本案核心问题是,在行为致多人伤亡的情况下,如何认定以危险方法危害公共安全罪和故意伤害罪的界限?其关键在于正确理解危害公共安全罪中"不特定或者多数人的生命、健康和重大公私财产的安全"。

五、简要评论

司法实践中存在对公共安全的误解,常采用整案归纳法,根据最终结果的多数性、不特定性,认定为危害公共安全罪,而没有考察具体行为方式是否具有公共危险性。从表面看,本案的受害人不是被告人事先选定的,可谓"不特定",受害人的数量很多,可谓"多数",符合侵犯"不特定多数人的生命、健康"的危害公共安全罪。照此理解,连环杀人案中行为人夜晚随机选择路人,数天杀害数人,也应该认定为以危险方法危害公共安全罪。这会将危害公共安全罪与侵犯人身权利罪混为一谈,导致侵犯人身权利罪外延的萎缩。

(1) 一刀一行为,徐敏超的犯罪过程属于刑法上的数行为。用刀砍杀不同的人,无论砍多少人,每一刀的行为都是独立的,每一刀有独立的时间、地点、对象、结果,都可以被刑法单独评价,完全符合刑法中数罪和数行为的概念。只是由于时间上有连续性,可以按照处断的一罪,作为连续犯对待。这不同于扔一个炸弹致多人伤亡的情形,此时因为只有一个行为,属于实质的一罪。如果把徐敏超每一刀作为评价基准,就会得出,每一刀针对的对象都是特定的一个人而非不特定的多数人。

(2) 随机选择受害人不等于不特定。危害公共安全罪中的不特定,是指行为的危险性可能波及除受害人之外的其他人,而不是指随机选择受害人。挥刀前,徐敏超每一刀选择的对象是随机的,但挥刀后每一刀的对象就是特定的。如果把这种随机性等同于不特定,则临时起意或者随机拦路抢劫、强奸的行为,都属于危害公共安全犯罪,这显然滥用了公共安全的含义。

(3) 公共危险的核心是行为有波及性。行为具有公共危险的核心是,使行为人所选择的对象之外的其他人处于危险之中。徐敏超的每一刀都只能使一个人处于危险之中,限于工具杀伤力的有限性,刀剑不会使其他人的人身安全受到威胁,缺乏危险波及不特定对象的可能。这与炸死一人不同,一次爆炸有波及他人安全的危险性,受害人附近的他人也有被炸伤的危险,行为具有公共危险。反之,刀剑伤人,除非在人群贴身相拥的地方,一刀只会威胁到一个人的人身安全;如果要威胁其他人的人身安全,需要第二刀,而第二刀属于第二个罪行评价的范围,与第一刀无关;不能在评价第一刀行为时,同时考虑第二刀的危险性,这会导致对第二刀的重复评价。

因此,应当对徐敏超的每一次砍杀行为单独评价,每一次砍杀行为只威胁了一个人的人身安全,缺乏侵犯不特定或者多数人人身安全的公共危险,其行为属于数个故意伤害罪的连续犯。

案例 13-4　赵少祥以危险方法危害公共安全案①

一、基本案情

2007 年 8 月 7 日凌晨,被告人赵少祥在台州市路桥区永安广场窃走喷水池环形水道上的长约 1 米、宽约 0.8 米的不锈钢盖子一块。该环形水道深 2 米,水深为 1.7 米。赵少祥窃走不锈钢盖子后,使水道上形成缺口,极易使行人跌入造成伤亡。

二、诉讼过程及裁判理由

一审法院审理认为,被告人赵少祥窃走公共广场喷水池水道上的盖子,使水道形成缺口,极易使行人跌入造成伤亡,但尚未造成严重后果,其行为已构成以危险方法危害公共安全罪。被告人赵少祥归案后认罪态度较好,酌情予以从轻处罚,判处有期徒刑 3 年。

三、关联法条

《中华人民共和国刑法》

第一百一十四条　放火、决水、爆炸以及投放毒害性、放射性、传染病病原体等物质或者以其他危险方法危害公共安全,尚未造成严重后果的,处三年以上十年以下有期徒刑。

第一百一十七条　破坏轨道、桥梁、隧道、公路、机场、航道、灯塔、标志或者进行其他破坏活动,足以使火车、汽车、电车、船只、航空器发生倾覆、毁坏危险,尚未造成严重后果的,处三年以上十年以下有期徒刑。

第二百六十四条　盗窃公私财物,数额较大的,或者多次盗窃、入户盗窃、携带凶器盗窃、扒窃的,处三年以下有期徒刑、拘役或者管制,并处或者单处罚金;数额巨大或者有其他严重情节的,处三年以上十年以下有期徒刑,并处罚金;数额特别巨大或者有其他特别严重情节的,处十年以上有期徒刑或者无期徒刑,并处罚金或者没收财产。

四、争议问题

盗窃广场井盖的行为是否与放火、爆炸有相当的危险性?如果没有,对此类行为如何定性?

五、简要评论

近些年来,盗窃下水道井盖成为一个棘手的司法难题。一方面,我国对盗窃罪有"数额

---

① 参见北大法律信息网(http://www.pkulaw.cn/case/pfnl_117590677.html? keywords = % EF% BC% 882007% EF% BC% 89% E8% B7% AF% E5% 88% 91% E5% 88% 9D% E5% AD% 97% E7% AC% AC552% E5% 8F% B7&match = Exact% 2C% 20Piece)。

较大"等入罪条件,但多数井盖的价值很小,难以按照盗窃罪定罪。另一方面,井盖位于道路、广场等车流、人流密集的地方,一旦被盗,会使不特定多数人的人身安全受到威胁。于是,司法机关常启用"以危险方法危害公共安全罪"治罪,本案即为典型,但这一思路需要纠正。

(1) 行为有公共危险但找不到具体罪名,不能一律适用以危险方法危害公共安全罪。盗窃广场井盖的行为,很容易使行人尤其是孩子掉入其中受到伤害,具有公共危险性。但是,不能因为有公共危险便直接考虑为以危险方法危害公共安全罪,因为从条文的逻辑顺序及法定刑的设置看,该罪名不是《刑法》分则第二章"危害公共安全罪"的兜底罪名;而只是与放火罪、爆炸罪等并列的罪名,是对与放火等危险性相当的"严重危害公共安全罪"的兜底罪名。

(2) 盗窃井盖的危险程度尚达不到与放火、爆炸等相当的程度。很多行为都有公共危险,但根据《刑法》第114、115条的表述——"放火、决水、爆炸以及投放毒害性、放射性、传染病病原体等物质或者以其他危险方法"危害公共安全,可以得出,以危险方法危害公共安全罪的行为危险性,要与放火、爆炸等具有相当性。而盗窃广场井盖的行为,不是放火那样的攻击、破坏型行为;其造成的是一种需要时间及其他因素配合才能发生危害的抽象危险,不是放火等那样即刻、正在变现的具体危险。对放火、爆炸等罪行,可以实行特殊(无限)防卫权;而对盗窃井盖的行为,不能实行特殊防卫权。因此,盗窃广场井盖没有创设《刑法》第114条规定的具体危险性。

对盗窃井盖的行为可以按照以下思路治罪:一是井盖价值较大时,首先构成盗窃罪。由于撬井盖也是破坏市政设备使之丧失应有功能的行为,同时构成故意毁坏财物罪。因为只有一个行为,属于想象竞合犯,应认定为处罚更重的盗窃罪。二是盗窃机动车道上的井盖,同时构成破坏交通设施罪。此时,井盖是交通设施的一部分,移走行为创设了"足以使火车、汽车、电车、船只、航空器发生倾覆、毁坏"的具体危险性。根据想象竞合犯的处理原则,一般应当认定为更重的破坏交通设施罪。三是盗窃广场、人行道上的井盖,如果造成伤害后果,还同时构成故意伤害罪、故意杀人罪。目前学界对于盗窃非机动车道路上价值不大的井盖,多认为无罪。但是,盗窃人流密集的广场上的井盖,其危害性高于盗窃机动车道上的井盖。实践中,因井盖缺失受伤害的多是行人和骑自行车者,而不是机动车。盗窃人行道、广场井盖这一先前行为创设了致人伤亡的危险,盗窃者有消除的义务而没有消除,属于不作为;同时,普通人都能够认识到井盖缺失致人伤害的危害,但是,盗窃者因为追求经济利益而放任这一结果的发生,属于间接故意。在发生致人伤亡的危害后果时,应该按照故意伤害罪或者故意杀人罪定罪处罚。

这一结论可能引发学者批评,原因在于:一方面,故意杀人罪是重罪,很难与盗窃井盖行为对接起来。这是一种观念误区,妻子因与丈夫吵架上吊都可以对丈夫定故意杀人罪,盗窃广场井盖的危险性显然更高。另一方面,我国没有区分作为的杀人罪与不作为的杀人罪,把某些不作为杀人行为定为故意杀人罪,人们总觉得有些于心不忍。

总之，要打破定势思维，盗窃价值不大的广场井盖，属于不作为的间接故意伤害或者杀人；没有导致危害后果，无罪；致人轻伤以上，定故意伤害罪；致人死亡，定故意杀人罪。

案例 13-5　周江波抢夺公交车方向盘危害公共安全案①

一、基本案情

2013 年 8 月 18 日，被告人周江波与邻居赵某某、李某某等人因公用通道垫土问题引发争执，周江波持铁锹上前猛戳赵某某、李某的头颈、面部，致李某重伤、赵某某轻伤。周江波在逃离期间以为赵某某、李某某已被其杀死，便产生再多杀几人，制造极端事件的想法。8 月 19 日 14 时许，周江波携带两把尖刀登上了安阳市 A1 路公交车，期间，周江波见迎面驶来一辆大货车，便突然窜到驾驶位抢夺方向盘，意欲造成两车迎面相撞。司机见状奋力掌控方向避让，公交车左前侧与迎面驶来的大货车左后侧部位相撞，导致两车受损，但未造成严重后果。

司机停车后，周江波见未达到目的，又持两把尖刀对车内乘客乱捅乱刺，并持刀追刺下车乘客，造成 19 名乘客伤亡的严重后果，其中 3 人死亡。乘客逃散后，周江波又返回公交车上，欲开车继续制造事端，因未能将车启动，遂下车逃离现场。

二、诉讼过程及裁判理由

一审法院审理认为，被告人周江波故意非法剥夺他人生命，其行为已构成故意杀人罪；周江波抢夺公交车司机手中的方向盘，试图让公交车与他车相撞以制造车毁人亡的极端事件，其行为已构成以危险方法危害公共安全罪。对周江波所犯数罪，应依法并罚。以故意杀人罪判处死刑，剥夺政治权利终身；以以危险方法危害公共安全罪判处有期徒刑 8 年。决定执行死刑，剥夺政治权利终身。

三、关联法条

《中华人民共和国刑法》

第一百一十五条第一款　放火、决水、爆炸以及投放毒害性、放射性、传染病病原体等物质或者以其他危险方法致人重伤、死亡或者使公私财产遭受重大损失的，处十年以上有期徒刑、无期徒刑或者死刑。

第一百一十六条　破坏火车、汽车、电车、船只、航空器，足以使火车、汽车、电车、船只、航空器发生倾覆、毁坏危险，尚未造成严重后果的，处三年以上十年以下有期徒刑。

四、争议问题

本案中的杀人、伤害行为不存在争议。存在争论的是：抢夺公交车司机手中的方向盘、试图让公交车与他车相撞以制造车毁人亡的极端事件，是否构成以危险方法危害公共安

---

① 参见北大法律信息网（http://www.pkulaw.cn/case/pal_1258439552.html? match = Exact）。

全罪?

五、简要评论

周江波抢夺方向盘企图撞车的行为,具有公共危险,且其危险程度已经达到与放火、爆炸相当的程度。抢夺方向盘并企图使之与对面的大货车相撞,使不特定多数乘客的人身权利受到威胁,具有公共危险性;由于周江波的行为是使两车直接相撞,从后果看,完全可以实现与爆炸等同的车毁人亡的结果;从危险的紧急程度看,该危险与爆炸、放火一样,具有即刻实现的紧急性。因而,其危险程度与放火、爆炸程度相当。

但是,是否与放火、爆炸等危险性相当的行为,都应当评价为以危险方法危害公共安全罪呢?答案是否定的。

(1) 以危险方法危害公共安全罪的罪状表述方式,决定了只有在找不到其他相关罪名时,才可以考虑本罪。本罪的法条表述方式是"以其他危险方法危害公共安全",这是刑法中仅有的缺乏对行为描述的罪名。严格讲,这种表述方式违反罪刑法定原则所要求的明确性,即对行为方式的表述模糊不清。何谓"其他",理论上任何有公共危险的行为都可以被包括进"其他"。本罪罪状缺乏对行为自然性质的描述,仅有纯规范性、依赖价值判断的描述,这种罪名表述与现代立法技术相悖,可以认为是一个"口袋罪"罪状。

(2) 对于有立法缺陷的罪名,司法实践中应当尽量少用。一方面,由于"以其他危险方法"的表述过于模糊、外延过于宽大,理论上,一切危害公共安全的行为都可以被纳入其中评价,因而,以危险方法危害公共安全罪有一种吞噬功能,有可能侵犯其他危害公共安全罪罪名的领地,使其他罪名名存实亡,这显然并非立法本意。因而,为了保护其他危害公共安全罪罪名的合理存在,本罪应当少用。另一方面,适用本罪很可能剥夺被告人的辩护权,侵犯被告人的人权。本罪罪状模糊,弹性极大,没有行为类型的描述,一旦适用,被告人有口难辩,对法条含义、定性争议等问题基本丧失了辩解余地;且本罪法定刑极重,容易成为国家权力侵犯人权的入口。

(3) 被告人的行为应当评价为破坏交通工具罪。对于"破坏",不能从物理意义和生活意义上加以理解,刑法术语具有独立性。"破坏"就是一种"改变",任何针对交通工具的改变且"足以使火车、汽车、电车、船只、航空器发生倾覆、毁坏危险"的行为,都是"破坏"交通工具的行为。一方面,单纯物理上的破坏,如破坏挡风玻璃、拆毁座椅,由于不会使之倾覆、毁坏,因而不属于破坏行为;另一方面,非物理意义上的破坏,如修改仪表数据(如飞机的高度计、轮船的航向图、汽车的速度盘),改变交通工具的运行状态,只要使交通工具有倾覆、毁坏危险,就属于破坏行为。本案中,抢夺方向盘,就是改变汽车运行状态,使汽车有倾覆、毁坏危险,因而属于破坏交通工具罪。

案例13-6　廖某以危险方法危害公共安全案[①]

一、基本案情

被告人廖某近几年来每逢秋冬季节,都在本村附近的山岭上私自架设电网,捕猎野猪等野生动物。2011年8月4日起,廖某又在山上架设电网捕猎,同年9月2日凌晨5时许,村民胡某上山误触电网,被电击死亡。廖某得到电网报警信号后,误认为捕获猎物,立即上山查找,当发现胡某触电死亡后,即刻打电话报警。

二、诉讼过程及裁判理由

一审法院审理认为,被告人非法架设电网,以危险方法危害公共安全,过失造成他人死亡,其行为已构成过失以危险方法危害公共安全罪。被告人在案发后,主动报警,保护现场,积极配合公安机关调查,其行为属于自首,依法可从轻或减轻处罚;被告人亲属积极赔偿了被害人亲属的经济损失,取得被害人亲属的谅解,可酌情对被告人从轻处罚。以过失以危险方法危害公共安全罪判处其有期徒刑两年。

三、关联法条

《中华人民共和国刑法》

第一百一十五条　放火、决水、爆炸以及投放毒害性、放射性、传染病病原体等物质或者以其他危险方法致人重伤、死亡或者使公私财产遭受重大损失的,处十年以上有期徒刑、无期徒刑或者死刑。

过失犯前款罪的,处三年以上七年以下有期徒刑;情节较轻的,处三年以下有期徒刑或者拘役。

第二百三十三条　过失致人死亡的,处三年以上七年以下有期徒刑;情节较轻的,处三年以下有期徒刑。本法另有规定的,依照规定。

四、争议问题

在致1人死亡时,过失以危险方法危害公共安全罪与过失致人死亡罪之间的界限何在?这一问题,主要在于如何准确理解公共安全的内涵。

五、简要评论

近年来,因为电野猪、野兔而误电死人的案件时有发生,很多司法机关以过失以危险方法危害公共安全罪定罪量刑,这是对公共安全的误解。

关于公共安全的内涵,传统观点认为是不特定多数人的生命、健康和重大公私财产,目

[①] 参见北大法律信息网(http://www.pkulaw.cn/case/pal_1258426371.html? keywords = % E8% A2% AB% E5% 91% 8A% E4% BA% BA% E9% 9D% 9E% E6% B3% 95% E6% 9E% B6% E8% AE% BE% E7% 94% B5% E7% BD% 91&match = Fuzzy)。

前主流的观点认为是不特定或者多数人的生命、健康和重大公私财产。本案不涉及公私财产安全,所以,这里只讨论人身安全问题。需要指出的是,不特定少数人、特定少数人的生命、健康,都不属于刑法上公共安全的保护范围。

(1) 公共安全的核心是危及多数人的人身安全。"公共"安全也可以理解为"公众"的安全,"公众"要求数量上是多数。不特定少数人或者特定少数人的人身安全,由于人数上的限制,缺乏社会性,达不到"公共"的性质。在行为造成不特定少数人伤亡的情况下,行为必须具有波及多数人人身安全的危险性,才具有公共危险。

本案中,虽然电网电死的人是不特定的,任何路人都可能被电网伤害,但是,在电网电到受害人的那一时刻,其他人的人身安全并没有受到威胁。换言之,在有人接触电网时,电网的放电行为只对接触者本人构成威胁,其他人并没有受到威胁,因为电网是静止的、放电是短距离的,不像火灾、水患那样具有流动性和动态侵犯性。

(2) 不能把电死多人的连续行为评价为公共危险。如果电网 10 点钟电死 A 后,还有可能在 11 点钟电死 B,在 12 点钟时电死 C……因为电网具有连续电死不同人的可能性,如此是否就对不特定多数人的人身安全构成了危险?这种理解会把所有的连续犯都理解成危害公共安全罪,如甲无聊,晚上在 10 楼的阳台上喝啤酒,喝完一瓶后随手把酒瓶丢下,先后扔下 5 个瓶子,其中 3 个瓶子导致 3 人重伤。虽然整案分析,连续扔瓶子行为导致不特定多数人伤害,但每一次扔瓶子的行为,只会使一个人的人身安全受到威胁;瓶子不是炸弹,一个瓶子不会同时危及多数人的人身安全,没有公共危险性;不能把三次扔瓶子的连续行为累计起来评价为公共危险,否则会得出"3 个瓶子 = 1 个炸弹"的荒谬结论。因而,甲只是故意伤害罪的连续犯。

放火、爆炸、决水等行为所创设的危险性的核心是,由于火灾、冲击波、水患的难以控制性,每一次放火、爆炸、决水等行为本身,都会使多数人的人身安全受到威胁。由于以危险方法危害公共安全罪与放火罪等并列于同一法条,要求危险的相当性,所以,能否构成以危险方法危害公共安全罪,也要看每一次行为的当时,是否使多数人的人身安全受到威胁。

(3) 对私设电网的行为,要考虑环境地点和附加条件,不能一概而论。如果设置在闹市区或者行人较多的地方,存在数人同时行走触电的可能性(如父母抱着孩子),因而电网有可能一次性地使多数人的人身安全受到威胁。如果又没有设置任何警示标志或预防措施,是一种放任结果发生的间接故意,属于以危险方法危害公共安全罪。常见的是为了捕猎而将电网设置在野外,在正常情况下,不会出现数人同时触电的可能(即使出现,也不能苛责行为人对此有罪过),每一次的放电行为没有使多数人的人身安全受到威胁,不能评价为过失以危险方法危害公共安全罪。由于设置在人烟较少的野外,应当认为行为人属于轻信结果不会发生的过于自信的过失,在发生致人死亡事件时,应当评价为过失致人死亡罪,本案即是如此。

案例13-7 刘襄、奚中杰等以危险方法危害公共安全案①

一、基本案情

刘襄、奚中杰明知国家禁止使用盐酸克仑特罗（俗称"瘦肉精"）饲养生猪，为攫取暴利，2007年初，刘襄与奚中杰约定共同投资，研制、生产、销售盐酸克仑特罗用于生猪饲养，其中刘襄负责研制、生产，奚中杰等负责销售。截至2011年3月，刘襄共生产盐酸克仑特罗2 700余公斤，非法获利250余万元。奚中杰等负责将刘襄生产的盐酸克仑特罗销售，其中奚中杰非法获利130余万元。此外，奚中杰还单独从他人处购进盐酸克仑特罗230余公斤予以销售，非法获利30余万元。被告人生产、销售的盐酸克仑特罗最终销至河南、山东等地的生猪养殖户，致使大量使用盐酸克仑特罗勾兑饲料饲养的生猪流入市场，严重影响广大消费者的身体健康；直接导致700多头生猪被扑杀销毁，造成直接损失110多万元；间接造成焦作市辖区生猪养殖户收入损失和济源双汇公司为处理该类猪肉及其制品的损失达上亿元。

二、诉讼过程及裁判理由

一审法院经审理认为，被告人刘襄、奚中杰等明知使用盐酸克仑特罗饲养生猪对人体的危害，被国家明令禁止，仍大量非法生产用于饲养生猪的盐酸克仑特罗并销售，致使使用盐酸克仑特罗饲养的生猪大量流入市场，严重危害不特定多数人的生命、健康，致使公私财产遭受特别重大损失，社会危害极大，均已构成以危险方法危害公共安全罪。依法判处被告人刘襄死刑，缓期两年执行，剥夺政治权利终身；判处奚中杰无期徒刑，剥夺政治权利终身。

辩护人认为，刘襄等人未取得药品生产、经营许可证件和批准文号，非法生产、销售盐酸克仑特罗等禁止在饲料和动物饮用水中使用的药品，扰乱药品市场秩序，应定非法经营罪。

一审宣判后，被告人均不服，分别提出上诉。

二审法院作出驳回上诉，维持原判裁定。

三、关联法条

《中华人民共和国刑法》

第一百一十五条第一款 放火、决水、爆炸以及投放毒害性、放射性、传染病病原体等物质或者以其他危险方法致人重伤、死亡或者使公私财产遭受重大损失的，处十年以上有期徒刑、无期徒刑或者死刑。

第二百二十五条 违反国家规定，有下列非法经营行为之一，扰乱市场秩序，情节严重的，处五年以下有期徒刑或者拘役，并处或者单处违法所得一倍以上五倍以下罚金；情节特别严重的，处五年以上有期徒刑，并处违法所得一倍以上五倍以下罚金或者没收财产：

（一）未经许可经营法律、行政法规规定的专营、专卖物品或者其他限制买卖的物品的；

---

① 参见最高人民法院中国应用法学研究所编：《人民法院案例选》（总第79辑），人民法院出版社2012年版，第36页。

（二）买卖进出口许可证、进出口原产地证明以及其他法律、行政法规规定的经营许可证或者批准文件的；

（三）未经国家有关主管部门批准非法经营证券、期货、保险业务的，或者非法从事资金支付结算业务的；

（四）其他严重扰乱市场秩序的非法经营行为。

四、争议问题

生产、销售瘦肉精的行为是否属于以危险方法危害公共安全罪？仅按照非法经营罪处理是否合理？

五、简要评论

（1）根据司法解释，非法生产、销售瘦肉精的行为，属于非法经营罪。2002年最高人民法院、最高人民检察院《关于办理非法生产、销售、使用禁止在饲料和动物饮用水中使用的药品等刑事案件具体应用法律若干问题的解释》（以下简称《药品解释》）第1条规定："未取得药品生产、经营许可证件和批准文号，非法生产、销售盐酸克仑特罗等禁止在饲料和动物饮用水中使用的药品，扰乱药品市场秩序，情节严重的……以非法经营罪追究刑事责任。"此外，2013年最高人民法院、最高人民检察院《关于办理危害食品安全刑事案件适用法律若干问题的解释》（以下简称《食品安全解释》）第11条第1、2款规定："以提供给他人生产、销售食品为目的，违反国家规定，生产、销售国家禁止用于食品生产、销售的非食品原料，情节严重的，依照刑法第二百二十五条的规定以非法经营罪定罪处罚。违反国家规定，生产、销售国家禁止生产、销售、使用的农药、兽药、饲料、饲料添加剂，或者饲料原料、饲料添加剂原料，情节严重的，依照前款的规定定罪处罚。"

司法解释确立的思路是，生产、销售瘦肉精等禁用的药品或者饲料添加剂原料，以非法经营罪论处。因此，按照司法解释的思路，对刘襄等应该定性为非法经营罪。

（2）司法解释的思路存在问题，生产、销售瘦肉精的行为，属于生产、销售有毒、有害食品罪。一方面，《药品解释》第4条规定："明知是使用盐酸克仑特罗等禁止在饲料和动物饮用水中使用的药品或者含有该类药品的饲料养殖的供人食用的动物，而提供屠宰等加工服务，或者销售其制品的……以生产、销售有毒、有害食品罪追究刑事责任。"提供屠宰加工服务属于生产、销售有毒、有害食品罪，而作为源头的生产、销售瘦肉精的危害性重于屠宰加工服务，反而定更轻的非法经营罪，违反罪刑相适应原则。另一方面，根据共犯理论，可以把生产、销售瘦肉精的行为解释为使用瘦肉精养殖者的（片面）共犯。瘦肉精的生产者和销售者明知瘦肉精必然被养殖者用于养殖，仍然生产、销售，系希望危害结果发生，即使与饲养者无直接意思联系，也是一种明知他人必然利用自己的行为但仍然提供帮助的片面共犯，应当按照生产、销售有毒、有害食品罪定罪。

总之，危害公共安全行为不一定属于危害公共安全罪，生产、销售有毒、有害食品罪等罪名同样可以评价特定危害公共安全的行为。

案例 13-8　王纯龙、于抉、孙学军过失以危险方法危害公共安全案①

一、基本案情

2005年5月13日8时许,被告人王纯龙、于抉为"钓黑车"(即无营运证车辆)给交通稽查人员处罚,以包车为由,乘坐被告人孙学军驾驶的面包车。在行驶至204国道收费站时,孙学军因害怕查处,未交费就强行闯过收费站,继续高速行驶。王纯龙、于抉为迫使孙学军停车接受交通稽查人员检查,便去拔行驶中的面包车点火开关钥匙,王纯龙又扳面包车的方向盘;孙学军用手推挡王纯龙、于抉拔钥匙,又与王纯龙争扳方向盘,致使该车行驶方向失控,撞到在人行道骑坐助力自行车的倪朝鉴及倪朝章,倪朝鉴当场死亡,倪朝章受轻伤。

二、诉讼过程及裁判理由

一审法院经审理认为,为了"钓黑车",被告人王纯龙拔高速行驶中车辆的点火钥匙及争扳方向盘,被告人于抉抢拔正在高速行驶中车辆的点火钥匙,两名被告人应该预见自己的行为会引起车辆失控从而造成危害公共安全的后果,因为疏忽大意而没有预见,在主观方面表现为疏忽大意的过失;被告人孙学军身为驾驶员,遇有紧急情况时没有及时采取制动措施,而是错误地以为通过推挡王纯龙、于抉和争扳方向盘等行为可以阻止危害结果的发生,在主观方面表现为过于自信的过失,3名被告人的行为均已经构成过失以危险方法危害公共安全罪。本案的发生与被告人王纯龙抢扳方向盘的行为有更加直接的联系,在量刑时予以考虑。被告人王纯龙、于抉、孙学军犯过失以危险方法危害公共安全罪,分别被判处有期徒刑6年、有期徒刑4年零6个月和有期徒刑3年,缓刑4年。

一审宣判后,被告人于抉不服,以量刑过重及其拔钥匙未果的行为与事故的发生没有直接因果关系为由提出上诉。

二审法院经审理认为,当被告人王纯龙与被告人孙学军争扳方向盘时,上诉人于抉亦同时拔行驶中的面包车的点火开关钥匙,对造成本案危害结果的发生具有一定的责任。其上诉理由不能成立,维持原审判决。

三、关联法条

《中华人民共和国刑法》

第一百一十五条　放火、决水、爆炸以及投放毒害性、放射性、传染病病原体等物质或者以其他危险方法致人重伤、死亡或者使公私财产遭受重大损失的,处十年以上有期徒刑、无期徒刑或者死刑。

过失犯前款罪的,处三年以上七年以下有期徒刑;情节较轻的,处三年以下有期徒刑或者拘役。

---

① 参见中国法院网(http://www.chinacourt.org/article/detail/2007/07/id/257394.shtml)。

第一百三十三条 违反交通运输管理法规,因而发生重大事故,致人重伤、死亡或者使公私财产遭受重大损失的,处三年以下有期徒刑或者拘役;交通运输肇事后逃逸或者有其他特别恶劣情节的,处三年以上七年以下有期徒刑;因逃逸致人死亡的,处七年以上有期徒刑。

四、争议问题

发生在车内的危险行为,引发交通事故,是否属于过失以危险方法危害公共安全罪?

五、简要评论

一些车内的高危行为,如乘客猛踩刹车、殴打司机等行为,会使不特定多数人的人身和财产安全受到威胁,并会危害公共安全。在定性上,经常被认定为(过失)以危险方法危害公共安全罪,这是对该罪名与交通肇事罪之间关系的误读,本案即为典型。

对交通领域的公共危险,如果不是出于故意,刑法已经将其单独规定为交通肇事罪,不应考虑过失以危险方法危害公共安全罪。仅从字面含义看,从《刑法》第116条破坏交通工具罪到第139条的消防责任事故罪,都是《刑法》第114、115条所说的"其他危险方法",交通肇事罪也不例外。如果《刑法》没有规定第116条到第139条这些条文,才存在将这些危险解释为"其他危险方法"的余地(当然还要考虑危险的相当性)。但是,在《刑法》已经将不同领域的危险规定为不同罪名的情况下,即使该危险的程度已经达到了与放火、爆炸等相当的程度,也应该以第116条到第139条的特定危险罪名定罪,而不能适用以危险方法危害公共安全罪。

选择适用以危险方法危害公共安全罪时,除了要有公共危险之外,还要受到两个钳制:

(1)行为的危险性要与放火、爆炸等行为的危险程度相当。这是由《刑法》第114条、第115条的法条罪状表述方式决定的,因为"其他危险方法"是与放火、爆炸等行为相提并论并适用同样的法定刑。

(2)这种危险性没有被《刑法》第116条到第139条所规定,也没有被其他章节中的条文规定(如规定在"破坏社会主义市场经济秩序罪"中的"生产、销售有毒、有害食品罪")。这是由《刑法》第114、115条与其他危害公共安全罪法条之间的关系决定的,否则,《刑法》第116条到第139条就没有存在的必要性。立法者完全可以只规定一条"以危险方法危害公共安全罪"并设定合理的法定刑,就可以取代第116条至第139条所有的罪名。

如何判断拔钥匙行为与事故之间是否有因果关系?应把握几点:一是行为对象是否属于驾驶设备,如果是针对副驾驶车窗、后排座椅等非驾驶设备,一般可以否认因果关系;二是此行为能否直接改变车辆的行驶状态,若是辱骂司机、打开车门等不能直接影响车辆行驶状态的行为,一般可以否认因果关系。钥匙属于驾驶设备的一部分,也能够影响车辆的行驶状态,因而,拔钥匙与危害后果之间有因果关系。

笔者认为,被告人的行为发生在交通领域,属于交通危险,而非"其他危险方法",应当认定为交通肇事罪。

案例13-9　张小光以危险方法危害公共安全案[①]

一、基本案情

2007年3月29日,被告人张小光开着自家的农用三轮车到镇上加油,而他的车前已有一辆三轮车。为了抢先加油,张小光超车,将前车倒车镜剐歪。前车司机王海元下车查看时与张小光发生争执,张小光拿出弹簧刀刺向王海元车上的乘客冯波,王海元拿出摇把将弹簧刀打落在地,后两人先后驾车离去。驶离加油站半个小时后,张小光追上了王海元,为发泄气愤,超车后向右侧故意别王海元的车,导致王海元的车撞在路边的树上,致使王海元和车上5名乘客被抛至车外,酿成一起三死三伤的惨剧。肇事后,张小光逃逸,次日自首。

二、诉讼过程及裁判理由

一审法院以以危险方法危害公共安全罪判处张小光死刑。

判决后,张小光不服,认为自己违反的是交通运输管理法规,属于交通肇事罪,不构成以危险方法危害公共安全罪,以量刑过重为由提起上诉。

二审法院经审理认为,被告人张小光与王海元等人因在加油站发生冲突斯打,自认吃亏而驾驶机动车故意别靠王海元正在快速行驶且载有多人的机动车,致使该车撞在路边的树上,造成多人伤亡,危害了不特定多数人的生命健康,其行为构成以危险方法危害公共安全罪,判处张小光死刑。

三、关联法条

《中华人民共和国刑法》

第一百一十五条第一款　放火、决水、爆炸以及投放毒害性、放射性、传染病病原体等物质或者以其他危险方法致人重伤、死亡或者使公私财产遭受重大损失的,处十年以上有期徒刑、无期徒刑或者死刑。

第一百一十六条　破坏火车、汽车、电车、船只、航空器,足以使火车、汽车、电车、船只、航空器发生倾覆、毁坏危险,尚未造成严重后果的,处三年以上十年以下有期徒刑。

第一百一十九条第一款　破坏交通工具、交通设施、电力设备、燃气设备、易燃易爆设备,造成严重后果的,处十年以上有期徒刑、无期徒刑或者死刑。

四、争议问题

故意挤别他人车辆的行为,是故意犯罪还是过失犯罪?能否评价为以危险方法危害公共安全罪?

五、简要评论

司法实践中,在机动车道上故意挤别其他车辆的行为时常发生,其动机或为娱乐或为赌

[①] 参见《检察日报》2009年11月4日。

气,没有发生事故,一般按照行政违法处理;发生交通事故,常按照交通肇事罪处理。其思路是认为,故意挤别他人车辆毕竟不同于故意撞击,危险程度不同,主观恶性有别。但是,严格分析行为人的主观意志与具体危险性之间的关系,就可以看出故意挤别与故意超速等行为的不同:竞速、醉酒、无证驾车的行为人主观意志上不追求具体危险(两车有相撞的现实危险)出现;而故意挤别车辆,行为人是在追求具体危险(两车相撞的现实危险),因为只有具体危险出现,其他车辆才能够被吓住,挤别、逼退其他车辆的目的才能够实现。

(1) 故意挤别他人车辆,属于故意犯罪。故意挤别与非法变道,从客观上看,都可能导致车辆剐擦、倾覆,从主观上看都是明知故犯。但两者在意志因素上对危险的控制状态是不同的:非法变道,行为人在意志上是控制车辆远离危险、使具体危险不出现,行为人的主要意志是超车;而故意挤别他人车辆,在意志上是控制车辆制造危险,使具体危险出现,只有具体危险出现了,才能够使后车让开或者退却,行为人的主要意志是给后车创设具体危险。因而,故意挤别他人车辆,行为人对具体危险是一种追求的态度,属于故意犯罪,不可能成立交通肇事罪。

(2) 本案不能认定为以危险方法危害公共安全罪。该罪在立法上有严格限制:一是在法条表述上,该罪的"其他危险方法"与放火、爆炸等并列,意味着这些行为要有危险相当性。当然,故意挤别车辆的危险性已经达到了与放火、爆炸相当的程度。二是在法条顺序上,立法者在《刑法》第114、115条之后,还规定了破坏交通工具罪、破坏交通设施罪等很多危害公共安全的罪名,也就意味着针对交通工具等的公共危险,不属于《刑法》第114、115条所言的"其他危险方法"。司法人员不能只根据字面含义理解"其他危险方法",还要考虑《刑法》条文之间的逻辑关系。因此,应当认为,"其他危险方法"只包括没有被《刑法》第116条到第139条规定,且在危险程度上与放火或爆炸等危险性相当的公共危险。

(3) 挤别是一种破坏行为,被告人针对交通工具故意创设了具体危险,应当定为破坏交通工具罪。限于思维定势,司法人员往往认为"破坏"交通工具,是从内部对交通工具的物理破坏,如剪断刹车、扎破轮胎等,这的确是常态的破坏行为,但却不是破坏的实质内容。能够改变交通工具行驶状态、足以使之发生倾覆或毁坏危险的行为,都是刑法上的"破坏"。故意挤别、撞击其他车辆,改变了其他车辆的行驶状态,也足以使之发生倾覆、毁坏危险,属于破坏交通工具行为。

因而,故意挤别他人车辆,与故意撞击他人车辆一样,都是追求具体危险出现;虽然对相撞的实害结果而言,故意挤别是间接故意,但是,《刑法》第116条的破坏交通工具罪是具体危险犯,只要具体危险出现,就应当定性为破坏交通工具罪。本案撞击后果已经出现,应当按照《刑法》第119条的破坏交通工具罪论处。

第十四章 重大责任事故罪

案例14-1 杨克俊重大责任事故案[1]

一、基本案情

2002年8月12日下午4时许,被告人杨克俊在本市沧渡门桥拆除工程工地驾驶汽车起重机,违反规章制度,在多名工人于作业区内交叉作业的情况下,仍进行吊机作业,后在工人切割钢筋时,沧渡门旧桥主拱倒塌,其驾驶的汽车起重机也一并坠入河中,致使9人死亡,5人受伤,直接经济损失110余万元。

二、诉讼过程及裁判理由

一审法院经审理认为,被告人杨克俊在施工作业过程中,违反规章制度,酿成重大伤亡事故,其行为已构成重大责任事故罪。检察机关指控成立,应予支持。被告人杨克俊归案后认罪态度较好,有一定悔罪表现,可以酌情从轻处罚。一审法院依照《中华人民共和国刑法》第134条之规定,判决被告人杨克俊犯重大责任事故罪,判处有期徒刑1年零6个月。

三、关联法条

《中华人民共和国刑法》

第一百三十四条 工厂、矿山、林场、建筑企业或者其他企业、事业单位的职工,由于不服管理、违反规章制度,或者强令工人违章冒险作业,因而发生重大伤亡事故或者造成其他严重后果的,处三年以下有期徒刑或者拘役;情节特别恶劣的,处三年以上七年以下有期徒刑。

《中华人民共和国刑法修正案(六)》

一、将刑法第一百三十四条修改为:"在生产、作业中违反有关安全管理的规定,因而发生重大伤亡事故或者造成其他严重后果的,处三年以下有期徒刑或者拘役;情节特别恶劣的,处三年以上七年以下有期徒刑。

"强令他人违章冒险作业,因而发生重大伤亡事故或者造成其他严重后果的,处五年以下有期徒刑或者拘役;情节特别恶劣的,处五年以上有期徒刑。"

四、争议问题

本案并不存在较大的争议。但由于重大责任事故罪要求行为人必须是"违反规章制度"进行生产或者作业,因此本案的典型意义在于司法实务中如何准确适用《刑法》第134条关

---

[1] 参见王顺义主编:《刑事案例诉辩审评:重大责任事故罪》,中国检察出版社2006年版,第22页。

于"违反规章制度"这一客观要件。

五、简要评论

重大责任事故罪,是指在生产作业中因玩忽职守,违反操作规程或安全规章制度,或者不服管理、冒险蛮干等过失行为致使公私财产遭受损失或危害人身安全的事故。本案的一个重要情节是,在多名工人于作业区内交叉作业的情况下,被告人杨克俊仍然驾驶起重机在工地进行吊机作业。这种作业方式本身就存在危险性,已经违反了操作规章制度,但其危险性并不必然导致危害结果。本案的一个细节是"工人切割钢筋时,沧渡门旧桥主拱倒塌",也就是说,多名工人在作业区内切割旧桥上的钢筋,而此时被告人杨克俊违反操作规章制度在桥上进行作业,最后旧桥主拱倒塌,造成人员伤亡。本案的危害结果有两个原因:一是工人切割旧桥上的钢筋;二是被告人违规进行作业。但工人切割钢筋的作业是符合规章制度的正常作业,而被告人进行吊机作业的行为违反规章制度,如果杨克俊的汽车起重机当时不在这里违章作业,发生旧桥主拱倒塌事故后损失后果就会比其在场小得多,人员伤亡也极有可能少得多,甚至可能不会产生人员伤亡和财产损失。因而,被告人杨克俊违章吊机作业行为与最终危害结果的发生和扩大有着直接和相当的因果关系。本案中,被告人作为一名专业施工作业者,对于违章作业随时都会发生社会危害的可能性是完全应知或预见的,因此在旧桥主拱倒塌以致起重机倾覆坠入河水这一事实中,自然应负一定的法律责任。由于本案危害结果的产生并非被告人杨克俊违规操作一个原因,工人切割钢筋的行为也是导致危害结果发生的原因之一。因此应当对被告人从轻处罚,一审法院对其从轻判处有期徒刑1年零6个月的判决是比较恰当的。

案例 14-2 陈昌弟交通肇事案①

一、基本案情

2008年12月2日上午,被告人陈昌弟未依法取得机动车驾驶证驾驶无牌变形拖拉机,由福鼎市沙埕镇南镇村开往岙腰村,途中车辆碾压路面堆放的石子堆后,坠入路外悬崖下,造成车辆损坏,车上同行人员陈孝池当场死亡、陈春水重伤,以及吴可存、韦大学、王本福、王定招等人受伤的交通事故。

二、诉讼过程及裁判理由

一审法院经公开审理查明:2008年12月2日上午,被告人陈昌弟与被害人陈孝池、陈春水、韦大学、吴可存等人在福鼎市沙埕镇政府修建的南镇村方向公路施工后乘坐未依法取得机动车驾驶证的被告人陈昌弟驾驶的无牌变形拖拉机,从沙埕镇南镇村开往沙埕镇岙腰村钓澳方向,行经由福建华星建设工程有限公司向福鼎市沙埕南龙海防公路工程建设指挥部

---

① 参见国家法官学院、中国人民大学法学院编:《中国审判案例要览》(2010年刑事审判案例卷),中国人民大学出版社2012年版,第493页。

承包并转包给周文金,并由林秋生具体操作施工的沙埕南龙海防公路南镇村至岙腰村路段,碾压施工竣工验收后尚遗留堆放的石子堆后,坠入前方右路外悬崖下,造成车辆损坏,被害人陈孝池当场死亡,被害人陈春水重伤,被害人吴可存、韦大学、王本福、王定招等人受伤的交通事故。一审法院依照《中华人民共和国刑法》第133条、第36条第1款,判决陈昌弟犯交通肇事罪,判处有期徒刑1年零2个月。

三、关联法条

《中华人民共和国刑法》

第一百三十三条 违反交通运输管理法规,因而发生重大事故,致人重伤、死亡或者使公私财产遭受重大损失的,处三年以下有期徒刑或者拘役;交通运输肇事后逃逸或者有其他特别恶劣情节的,处三年以上七年以下有期徒刑;因逃逸致人死亡的,处七年以上有期徒刑。

四、争议问题

本案的争议问题是,被告人被认定为交通肇事罪是否合理?是否有可能构成重大责任事故罪?

五、简要评论

本案双方当事人争议的焦点之一是被告人陈昌弟的行为是构成交通肇事罪还是重大责任事故罪?交通肇事罪是指违反交通管理法规,因而发生重大事故,致人重伤、死亡或者使公私财产遭受重大损失的行为。重大责任事故罪是指在生产、作业中违反有关安全管理的规定,因而发生重大伤亡事故或者造成其他严重后果的行为。① 交通肇事罪和重大责任事故罪在主观方面没有差异,都是过失犯。两罪的客体在本质上都是公共安全,所以区别不大。最大的区别是犯罪的客观方面:重大责任事故罪的客观方面是在生产、作业过程中违反国家颁布的各种有关安全生产的法律、法规等规范性文件;企业、事业单位及其上级管理机关制定的反映安全生产客观规律的各种规章制度,包括工艺技术、生产操作、技术监督、劳动保护、安全管理等方面的规程、规则、章程、条例、办法和制度;或者违反在实践中为职工所公认的行之有效的操作习惯和惯例等,从而造成重大人身或财产损失的行为。交通肇事罪的客观方面是在交通运输活动中违反交通运输管理法规,因而发生重大事故,致人重伤、死亡或者使公私财产遭受重大损失的行为。因此要对被告人陈昌弟的行为正确定性,关键是要查明本起事故是发生于道路上还是生产、作业过程中,以及被告人陈昌弟的行为违反的是何种法规、规定。现有证据表明,发生本起交通事故的路段在事故发生前已通过竣工验收鉴定,被评为合格工程。被告人陈昌弟无证驾驶不符合技术规范的无牌拖拉机,发生交通事故致人死伤,其行为违反的是交通运输管理法规而非有关安全管理的规定,事故发生于道路而非发生于生产、作业过程中,故应认定为交通肇事罪。

---

① 本案发生在2008年,因此对于重大责任事故罪的构成要件应当按照2006年出台的《刑法修正案(六)》重新定义。

案例14-3 李新军、韩二军等以危险方法危害公共安全案①

一、基本案情

平顶山市新华区四矿为一私营煤矿,被告人李新军接任新华四矿矿长,被告人袁应周任生产矿长助理。2007年,该矿曾发生煤与瓦斯突出,属煤与瓦斯突出矿井,但仍违规按低瓦斯矿井管理。2009年初,平顶山市新华区煤炭工业局多次到该矿检查,发现存在瓦斯传感器(俗称瓦斯探头)滞后、断线、位置不当等安全问题,责令限期整改。同年3月20日,河南省安全生产领导小组下发文件明确该矿为停工停产整改矿井,按照规定,整改期间每班最多入井23人,禁止生产。被告人李新军明知该矿属于煤与瓦斯突出矿井,存在瓦斯严重超标等重大安全隐患,不仅不采取措施解决瓦斯超标问题,反而多次开会要求瓦斯检查员(以下简称瓦检员)确保瓦斯超标时瓦斯传感器不报警,否则予以罚款;指使瓦检员将井下瓦斯传感器传输线拔脱或置于风筒新鲜风流处,使瓦斯传感器丧失预警防护功能;被告人袁应周明知井下瓦斯传感器位置不当,不能准确检测瓦斯数据,安全生产存在重大隐患,仍按照李新军、韩二军的安排,强行组织大批工人下井作业。2009年9月8日,被告人袁应周强行组织93名矿工下井生产。井下因冒顶造成局部通风机停止运转,积聚大量高浓度瓦斯,瓦斯传感器被破坏无法正常预警,误导瓦检员送风排放瓦斯,使瓦斯浓度达到爆炸界限,煤电钻电缆短路产生高温火源引发瓦斯爆炸,致76人死亡、2人重伤、4人轻伤、9人轻微伤。

二、诉讼过程及裁判理由

一审法院经审理认为,被告人李新军为谋取非法暴利,拒不执行各级监管部门严禁组织生产、责令停工整改等一系列规定,在明知新华四矿存在瓦斯超标等重大安全隐患,随时可能发生瓦斯爆炸等重大事故的情况下,长期置井下矿工于无瓦斯预警防护的高度危险之中,并且还指使他人破坏瓦斯传感器,强令大批工人下井作业,导致瓦斯爆炸,造成严重伤亡事故,其行为构成以危险方法危害公共安全罪。被告人袁应周作为新华四矿的生产矿长助理,明知新华四矿井下存在重大安全隐患,仍违反安全生产法规,强令他人违章冒险作业,因而发生重大伤亡事故,其行为已构成强令违章冒险作业罪。依照《中华人民共和国刑法》第115条第1款、第134条第2款、第280条第2款、第25条第1款、第69条、第57条第1款、第64条之规定,判决被告人李新军犯以危险方法危害公共安全罪,判处死刑,缓期两年执行,剥夺政治权利终身;被告人袁应周犯强令违章冒险作业罪,判处有期徒刑13年,剥夺政治权利3年。

一审宣判后,二被告人均提出上诉。

二审法院经审理认为,原判认定事实清楚,定罪准确,量刑适当,适用法律正确,审判程

---

① 参见张伟:《论以危险方法危害公共安全罪的司法界定与运用——以"平顶山9·8矿难"一案判决为视角》,载《公民与法》(法学版)2011年第8期,第9页。

序合法。各上诉人所提的上诉意见,经查均不成立,不予采纳。依照《中华人民共和国刑事诉讼法》(1996年)第189条第(一)项之规定,裁定驳回上诉,维持原判。

三、关联法条

《中华人民共和国刑法》

第一百一十四条 放火、决水、爆炸以及投放毒害性、放射性、传染病病原体等物质或者以其他危险方法危害公共安全,尚未造成严重后果的,处三年以上十年以下有期徒刑。

第一百一十五条第一款 放火、决水、爆炸以及投放毒害性、放射性、传染病病原体等物质或者以其他危险方法致人重伤、死亡或者使公私财产遭受重大损失的,处十年以上有期徒刑、无期徒刑或者死刑。

四、争议问题

本案的争议点在于,发生在安全生产领域的以危险方法危害公共安全罪与重大责任事故罪、强令违章冒险作业罪应如何区分?对于破坏煤矿井下重要安全设施行为的主观罪过如何分析?

五、简要评论

以危险方法危害公共安全罪与强令违章冒险作业罪、重大责任事故罪、重大劳动安全事故罪都属于危害公共安全的犯罪,一般情况下,这几个罪名比较容易区分,但当行为发生在矿山、矿井等生产领域时,就会产生争议。这些罪名在主观罪过和客观表现上都有显著的区别。

1. 以危险方法危害公共安全罪与强令违章冒险作业罪、重大责任事故罪、重大劳动安全事故罪的区分

(1) 从主观罪过上看,以危险方法危害公共安全罪是故意犯罪。重大责任事故罪等事故犯罪都是过失犯罪。其中间接故意和过于自信的过失比较难区分,两者的核心区别在于行为人对危害后果的发生在主观上是持放任不管还是排斥的态度。

(2) 从危害行为的表现形式看,以危险方法危害公共安全罪是指采取和放火、决水、爆炸、投放危险物质等有相当危险性的方法危害公共安全的行为,既可以是作为犯,也可以是不作为犯。强令违章冒险作业罪是指生产作业管理人员在生产活动中强令工人违反安全管理规定,冒险开展作业,因而发生重大伤亡事故或其他严重后果的行为,其行为只能表现为作为犯。重大责任事故罪则是指在生产作业活动中违反安全管理规定,因而发生重大伤亡事故或造成其他严重后果的行为,行为人不按照安全规章制度开展生产活动,本质上是一种不作为犯。

(3) 从对犯罪结果的要求看,以危险方法危害公共安全罪是危险犯。重大责任事故罪和强令违章冒险作业罪都是实害犯。

2. 被告人李新军等人所实施的破坏瓦斯探测设备等重要安全措施的行为属于以危险方法危害公共安全的行为

结合前面对罪名进行的区分,本案中认定被告人李新军、韩二军、侯民、邓树军的行为属于"以其他危险方法危害公共安全的行为",理由是:

(1)新华四矿属于煤与瓦斯突出矿井,虽有一定的危险,只要遵循国家关于这类矿井的建设和安全生产管理规章,一般情况下不会发生事故,也即这种"危险"是一种潜在的、可避免的隐患,不具有现实性。

(2)被告人李新军作为煤矿管理人员,在生产管理活动中不仅不采取措施消除瓦斯隐患以避免危害结果的发生,反而实施了增加危险的作为行为,这已经不是简单的不遵守规章制度的行为。

3. 煤矿管理人员对瓦斯爆炸的发生虽然不是积极追求的态度,但其为了追求暴利而心存侥幸,放任了这种结果的发生,主观上属于间接故意,而不是过于自信的过失

一般认为,间接故意是行为人认识到其行为有导致危害结果发生的可能性,并且以认可的态度予以容忍,或者即使这种后果非行为人所愿,至少为了原定目标而予以接受。尽管行为人不希望结果发生,但这只是心存侥幸,只是寄希望于意外而相信结果不会发生。而过于自信的过失,是行为人认识到结果发生的可能性,但不愿意其发生,且真的相信结果不会发生,而不是不太明确地相信不会发生构成要件结果。过于自信的行为人不是仅仅心存侥幸,而是依据一定的客观条件或采取一定的避险措施,使其相信不会发生危害后果。如果行为人不但不针对危险采取必要措施防止或消除危险转变为实害的可能性,反而对客观上原本存在的避免危害后果发生的安全设施实施破坏,进一步加剧了危害后果发生的可能性,则应认定其主观上对危害后果的发生是一种放任的态度,是间接故意。

案例 14-4　高知先等交通肇事、教育设施重大安全事故案[①]

一、基本案情

2002年6月2日,被告人高知先接管郑州市中原区大岗刘乡石羊寺村月亮船幼儿园任园长,负责全面工作;被告人乔永杰是该幼儿园雇用的司机。高知先明知该园用于接送幼儿的豫A55345号松花江牌面包车车况差,油路不畅,急需检修,仍要求乔永杰驾驶该车接送幼儿。6月14日19时许,乔永杰驾驶该车送第一批幼儿回家途中,车辆出现故障,打不着火,无法将车上儿童送回家,遂打电话将此事通知给高知先。高知先与孟辉军骑摩托车赶到现场后,见车辆仍未修好,由于时间较晚,高知先就到附近租了一辆车,将留置在故障车内的儿童全部送走,要求乔永杰和孟辉军继续修车,修好后送园内其他幼儿。乔永杰和孟辉军对豫A55345号车进行简单维修后,又开车回到幼儿园送第二批幼儿回家。途中因油路不畅,乔永杰让孟辉军用手扶着一塑料油壶,采取用油壶直接向该车汽化器供油的违规操作方法继

[①] 参见《中国指导案例》编委会编:《人民法院指导案例裁判要旨汇览》(刑事卷二),中国法制出版社2014年版,第84页。

续行驶。豫A55345号车行至中原区须水镇宋庄五队时,由于汽化器回火,引起汽车着火,将车上的3名儿童当场烧死,孟辉军严重烧伤后经医治无效死亡,还有两名儿童被烧成重伤,面包车被烧毁。

二、诉讼过程及裁判理由

一审法院经审理认为,被告人高知先、乔永杰违反道路交通管理法规,因而发生重大交通事故,致4人死亡、2人重伤,侵犯了交通运输的正常秩序和安全,其行为已构成交通肇事罪而非指控的过失致人死亡罪,且情节特别恶劣,认定二被告人均犯交通肇事罪,均判处有期徒刑5年。

宣判后,原审被告人高知先不服,以其行为不构成交通肇事罪,有自首情节、原判量刑重为由,提出上诉。

二审法院经审理认为,原审被告人乔永杰违反交通运输法规,驾驶机动车发生重大交通事故,致4人死亡、2人重伤、车辆烧毁的严重后果,情节特别恶劣,应依法惩处,一审法院以交通肇事罪定罪处罚是正确的。主管人员、肇事车辆的管理所有人,只有在指使、强令他人违章驾驶而造成重大交通事故的情况下,才能以交通肇事罪定罪处罚。上诉人高知先既不是交通事故中的直接肇事者,本案证据也不能证明高知先指使、强令乔永杰违规操作,却能证明在得知车辆出现故障后,高知先租用其他车辆将故障车上的幼儿送走,并告知乔永杰修理故障车。可见,一审法院认定高知先指使乔永杰违规驾驶,缺乏证据支持,高知先的行为不应构成交通肇事罪。上诉人高知先在作为教育设施的车辆有危险的情况下,不采取措施进行修理和更换,致使发生重大伤亡事故,构成教育设施重大安全事故罪。一审判决对原审被告人乔永杰的定罪准确,量刑适当,审判程序合法,但对高知先的定罪及量刑不当,应当纠正。据此,依照《中华人民共和国刑事诉讼法》(1996年)第189条第(二)项的规定,判决维持一审判决中对原审被告人乔永杰的定罪及量刑部分,即被告人乔永杰犯交通肇事罪,判处有期徒刑5年;撤销一审判决中对原审被告人高知先的定罪及量刑部分;上诉人高知先犯教育设施重大安全事故罪,判处有期徒刑4年。

三、关联法条

《中华人民共和国刑法》

第一百三十八条 明知校舍或者教育教学设施有危险,而不采取措施或者不及时报告,致使发生重大伤亡事故的,对直接责任人员,处三年以下有期徒刑或者拘役;后果特别严重的,处三年以上七年以下有期徒刑。

四、争议问题

本案争议的焦点是对二被告人的定性问题。公安机关以二被告人涉嫌犯重大责任事故罪立案侦查,公诉机关以二被告人犯过失致人死亡罪提起公诉,一审法院以二被告人犯交通肇事罪作出判决,二审法院以教育设施重大安全事故罪、交通肇事罪对二被告人分别定罪。本案的被告人到底应当如何定罪?

五、简要评论

重大责任事故罪、过失致人死亡罪、交通肇事罪以及教育设施重大安全事故罪4种罪名的共同特征是行为人的主观方面表现为过失,侵犯的客体是社会的公共安全,均系结果犯。

我国《刑法》第134条规定的重大责任事故罪所侵犯的客体是工厂、矿山、林场、建筑企业、事业单位的生产安全,客观方面表现为不服管理、违反规章制度,或者强令工人违章冒险作业,因而发生重大伤亡事故或者造成其他严重后果的行为。违反规章制度,因而发生重大伤亡事故或者造成其他严重后果,是本罪的本质特征。

本案被告人乔永杰的行为系发生在公共交通管理范围之内,违反交通管理法规,侵犯的直接客体是交通运输的正常秩序和安全,显然不符合重大责任事故罪的客观要件,而符合交通肇事罪的客观要件。《刑法》第233条规定的过失致人死亡罪与交通肇事罪之间存在着法规竞合关系。由于过失致人死亡罪的内容包容了交通肇事罪,按照法条竞合时的法律适用原则,结合本案的后果,重法优于轻法的原则没有适用的条件,只有依照特别法优于普通法的原则按照交通肇事罪定罪处罚。所以,一审法院将本案定性为交通肇事罪有其事实和法律依据。

交通肇事罪系过失危害公共安全犯罪,为二审法院将二被告人分别定罪提供了理论支持,由于高知先不是事故的直接肇事者,按照最高人民法院《关于审理交通肇事刑事案件具体应用法律若干问题的解释》第7条的规定,其作为单位主管人员、肇事车辆的管理所有人,须在指使、强令他人违章驾驶而造成重大交通事故的情况下,才能以交通肇事罪定罪处罚。而本案中,并无证据证明被告人高知先指使、强令乔永杰违规操作,相反却有证据证明高知先在得知车辆出现故障后,租用车辆送走车上幼儿,并告知乔永杰修理车辆。可见,认定被告人高知先犯交通肇事罪缺乏其指使、强令他人违章驾驶的证据支持。

《刑法》第138条规定:"明知校舍或者教育教学设施有危险,而不采取措施或者不及时报告,致使发生重大伤亡事故的,对直接责任人员,处三年以下有期徒刑或者拘役;后果特别严重的,处三年以上七年以下有期徒刑。"这是《刑法》规定的教育设施重大安全事故罪,该罪侵犯的客体是公共安全和教学管理秩序,主体是对教育教学设施负有维护义务的直接人员,主观方面表现为过失,客观方面表现为不采取措施或者不及时报告致使发生重大伤亡事故的行为。"不采取措施",既包括没有采取任何措施,也包括没有采取任何有效措施。幼儿园是实施幼儿教育的机构,本案事故车辆是月亮船幼儿园专用于接送幼儿的工具,是教育教学设施。上诉人高知先作为月亮船幼儿园园长,对该教育教学设施的安全负有直接责任。高知先明知该车油路堵塞急需检修,不履行职责将该车交给专业人员检修以便排除危险,却让原审被告人乔永杰使用已确定存在安全隐患的车辆接送幼儿。本案车毁人伤亡的危害后果,固然是乔永杰违反交通运输法规的行为直接造成的,但致3名幼儿被烧死、2名幼儿被烧伤,却与高知先明知教育教学设施有危险而将其继续投入使用的行为有因果关系。高知先的行为具有严重的社会危害性,应当以教育设施重大安全事故罪追究其刑事责任。

案例 14-5 黄种金等重大责任事故案①

一、基本案情

1992年8月,黄种金承包清流县嵩口镇高赖村六百亩集体山场造林任务(世界银行贷款造林项目)。1992年10月7日,黄种金与清流县林业基地建设投资公司签订合同约定:黄种金应于当年底完成造林山场的林地准备工作。1992年10月24日,黄种金与其承包造林山场工地负责人杨振青商议当晚进行炼山,以完成前述合同要求。由杨振青在山场准备炼山前的工作,黄种金则前往嵩口林业站办理炼山手续。当日下午,嵩口林业站通知黄种金参加该站传达县林业委员会关于营林及森林防火会议精神。其中就高赖片区炼山事项强调:(1)炼山前应由有关人员进行全面的防火路质量检查,预领用火许可证;(2)炼山时应有林业站人员到位指挥;(3)炼山应上足劳力。当日下午(会后)约4时许,黄种金要求林业站派员到承包山场验收火路并准其炼山。该站因筹备上级检查工作未能前往检查火路情况。次日,二被告人经商量再次到嵩口林业站要求检查其火路和领取用火许可证,该站又因其他工作未去,也没有开出用火许可证。二被告人为按期完成造林山场的林地准备工作,避免经济损失,遂组织民工20人,于当晚12时许擅自炼山。至1992年10月26日上午11时许,因跑火引起山林火灾,过火面积共计536亩,其中受害面积390亩,烧毁林木蓄积1 445.75立方米。造成重大经济损失计72 287.5元。

二、诉讼过程及裁判理由

一审法院经审理认为,黄种金、杨振青在承包造林山场的生产过程中,明知点火炼山需经有关人员事前全面检查防火路质量,并按规定领取用火许可证,炼山时应由有关人员到场指挥及上足劳力等。但行为人不服从管理,违反上述规章制度,冒险进行炼山作业,造成山林火灾,经济损失重大。依照1979年《刑法》第114条的规定,二被告人构成重大责任事故罪。黄种金在事发后主动投案,交代犯罪事实并接受审判,应认定为自首,适用1979年《刑法》第63条的规定。二被告人认罪态度好,有悔罪表现及考虑二被告共同造林需要,酌情从轻量刑。根据《中华人民共和国刑法》(1979年)第114条、第63条之规定,判决黄种金犯重大责任事故罪,判处有期徒刑1年,缓刑1年零6个月;杨振青犯重大责任事故罪,判处有期徒刑6个月,缓刑1年零6个月。

一审宣判后,检察机关提出抗诉。

二审法院经审理认为,原审二被告人明知炼山须遵循有关的安全生产规章制度并办理必要的手续,但为了追求经济利益,不服从管理,擅自违章命令工人冒险作业,引起森林火灾,造成折合人民币7万余元的重大经济损失,其行为已构成重大责任事故罪。案发后,被告人黄种金由其亲人带到公安机关投案,如实交代罪行,并接受审判,符合自首要件。检察

---
① 参见王顺义主编:《刑事案例诉辩审评:重大责任事故罪》,中国检察出版社2006年版,第53页。

机关的三点抗诉理由不能成立,应予驳回。

三、关联法条

《中华人民共和国刑法》(1979年)

第一百零六条 放火、决水、爆炸、投毒或者以其他危险方法致人重伤、死亡或者使公私财产遭受重大损失的,处十年以上有期徒刑、无期徒刑或者死刑。

过失犯前款罪的,处七年以下有期徒刑或者拘役。

第一百一十四条 工厂、矿山、林场、建筑企业或者其他企业、事业单位的职工,由于不服管理、违反规章制度,或者强令工人违章冒险作业,因而发生重大伤亡事故,造成严重后果的,处三年以下有期徒刑或者拘役;情节特别恶劣的,处三年以上七年以下有期徒刑。

四、争议问题

对本案二行为人的行为是定失火罪还是重大责任事故罪,是本案审理中的争议焦点。

五、简要评论

从构成要件上看,重大责任事故罪和失火罪有诸多相似之处:一是两罪的主观方面相同,重大责任事故罪是过失犯,失火罪也是过失犯罪,两罪对危害结果都持排斥态度。二是两罪都是结果犯,重大责任事故罪和失火罪由于都是过失犯罪,因此必须以发生危害结果作为构成要件。三是两罪都是危害公共安全的犯罪。

尽管如此,两罪在构成要件上仍然有着各自独有的要件。区别二罪应从犯罪主体①和犯罪客观方面两个要素着手:

(1) 从犯罪主体资格上分析,失火罪为一般主体,重大责任事故罪为特殊主体。即便根据1979年《刑法》第114条的规定,重大责任事故罪的主体也是工厂、矿山、林场、建筑企业或其他企业事业单位的职工。为适应实际情况的变化,最高人民法院、最高人民检察院于1986年6月21日发布了《关于刑法第一百一十四条规定的犯罪主体的适用范围的联合通知》(已失效)指出:"刑法第一百一十四条关于重大责任事故罪的犯罪主体,既包括国营和集体的工厂、矿山、林场、建筑企业或其他企业、事业单位的职工;也包括群众合作经营组织或个体经营户的从业人员。对于群众合作经营组织和个体经营户的主管负责人,在管理中玩忽职守,致使发生重大伤亡事故,造成严重后果的,也应按刑法第一百一十四条的规定,追究刑事责任。"此后,最高人民检察院又发布了无照施工经营者、无照开采的小煤矿从业人员以及在押犯均可以成为重大责任事故罪主体的解释。

(2) 从客观方面看,失火罪一般是在日常生活中由于不慎而引起火灾,而重大责任事故罪则是在生产、经营过程中,有关人员不服管理、违反规章制度,或者强令工人违章冒险作业而发生重大事故。亦即重大责任事故罪必须是发生在从事生产、作业的活动中,违反有关规

---

① 关于重大责任事故罪的主体问题,在《刑法修正案(六)》颁布之前,我国刑法将该罪的主体认定为特殊主体,而《刑法修正案(六)》颁布之后,本罪的主体变成了一般主体。而"黄种金等重大责任事故案"发生在《刑法修正案(六)》颁布之前,故本案在区别失火罪与重大责任事故罪上仍然体现在犯罪主体上。

章制度并造成重大损失的行为。不具备这些特征的,均不应以此罪论处。

纵观本案的案情,被告人的行为可能构成失火罪,但是本案中被告人是属于《关于刑法第一百一十四条规定的犯罪主体的适用范围的联合通知》中所规定的经营林场的个体经营户的从业人员,是符合重大责任事故罪的特殊主体。另外火灾的发生是在林业生产过程中,两被告人由于违反林业炼山必须遵守的规章制度,冒险作业而导致的。由此可见,二行为人的行为更符合重大责任事故罪的构成特征。因此,人民法院以重大责任事故罪对二行为人定罪量刑是正确的。

案例 14-6　肖中森等危险物品肇事案[①]

一、基本案情

2009 年 7 月 4 日,被告人肖中森受雇主的委托,驾驶车号为豫 D30068、挂车号豫 D8050 挂的半挂货车,从登封市运输电石到平顶山市树脂厂,因为被告人肖中森没有危险物品运输资格证,雇主又请具有危险物品运输资格证的被告人吴振红帮忙和被告人肖中森同行。2009 年 7 月 5 日 5 时许,被告人肖中森、吴振红运送电石到达平顶山市,因平顶山市树脂厂拒绝接货,二被告人将满载电石的半挂货车用防雨布覆盖、捆扎后,停放在没有防护设施的平顶山市宏升联运车队停车场内,即离开停车场,被告人肖中森在平顶山市一旅社住下,等待交货,被告人吴振红离开平顶山市回登封。2009 年 7 月 7 日 3 时左右,因平顶山降雨,停在宏升联运车队院内的豫 D30068 半挂货车上所运的电石遇雨水发生化学反应导致火灾,并引燃停放在此车旁边的车号为豫 D56603 的混凝土泵车及车号为豫 D33085 的粉煤灰罐车,经鉴定,混凝土泵车的损失为人民币 581 853.68 元,粉煤灰罐车的损失为人民币 237 500 元,共计损失 819 353.68 元。

二、诉讼过程及裁判理由

一审法院经审理认为,被告人肖中森、吴振红违反危险物品管理规定,运输危险物品电石,造成严重后果,其行为已构成危险物品肇事罪。电石属易爆、易燃物品,被告人肖中森、吴振红明知电石的危险性,在不能顺利交货的情况下,未按相关规定采取必要的安全防护措施,仅将满载电石的半挂货车用防雨布覆盖、捆扎后,即停放在没有防护设施的平顶山市宏升联运车队停车场内。发生事故后,经消防部门现场勘查和调查作出情况说明,火灾的原因是雨水与电石发生化学反应,引发事故。被告人肖中森的行为符合危险物品肇事罪的构成要件,故被告人肖中森的辩护人关于被告人肖中森不构成公诉机关指控的罪名的辩护意见不能成立,不予采纳。被告人吴振红受他人之托运输电石,在运输过程中有责任按照危险物品管理规定运输,却未按相关规定采取必要的安全防护措施,引发事故。故被告人吴振红的辩护人所提此次事故与被告人吴振红无关的辩护意见,不予采纳。二被告人当庭自愿认罪,

---

① 参见 http://www.110.com/panli/panli_23226589.html.

有悔罪表现,可酌情从轻处罚。依据《中华人民共和国刑法》第136条之规定,以被告人肖中森、吴振红犯危险物品肇事罪,分别判处有期徒刑1年零6个月。

原审被告人肖中森及其辩护人的辩护意见认为,一审认定火灾发生的原因不清,证据不足;一审认定罪名不当,应以重大责任事故罪定罪;上诉人在事故发生后及时报警应认定自首,且上诉人配合消防部门做了大量补救工作并自愿认罪,故应从轻处罚。

原审被告人吴振红及其辩护人的辩护意见认为,其行为不构成危险物品肇事罪。

二审法院经审理认为,被告人肖中森、吴振红违反危险物品管理规定,运输危险物品电石,造成严重后果,其行为已构成危险物品肇事罪。关于被告人肖中森及其辩护人所提"一审认定火灾发生的原因不清,证据不足"的理由,经查,事故发生原因有平顶山市湛河区公安消防大队出具的证明足以证实,故该上诉理由不能成立;关于被告人肖中森及其辩护人所提"其在事故发生后及时报警应认定自首,且上诉人配合消防部门做了大量补救工作并自愿认罪,故应从轻处罚"的理由,经查,被告人肖中森虽及时报警,但在事故发生后离开平顶山市,并有登封市公安局告成派出所出具的抓获经过,证明其行为不符合自首的法定条件,被告人肖中森自愿认罪应从轻处罚的理由一审量刑时已予以考虑,故该上诉理由亦不能成立;关于被告人肖中森及其辩护人所提"一审认定罪名不当,应以重大责任事故罪定罪"以及被告人吴振红及其辩护人所提"其行为不构成危险物品肇事罪"的理由,经查,交通部《汽车运输危险货物规则》第7.3条规定:"危险货物装运前应认真检查包装的完好情况,当发现破损、撒漏,托运人应重新包装或修理加固,否则承运人应拒绝运输。"第7.5条规定:"危险货物运达卸货地点后,因故不能及时卸货的,应及时与托运人联系妥善处理;不能及时处理的,承运人应立即报告当地公安部门。"被告人肖中森、吴振红在明知所运输的是散装电石的情况下仍然进行运输,在未能及时交货的情况下,未按相关规定采取必要的安全防护措施并报告当地公安部门,最终导致事故的发生,二人的行为符合危险物品肇事罪的构成要件,故该理由不能成立。原审判决认定事实清楚,证据确实、充分,定罪准确,量刑适当,审判程序合法。根据《中华人民共和国刑事诉讼法》(1996年)第189条第(一)项之规定,判决驳回上诉,维持原判。

三、关联法条

《中华人民共和国刑法》

第一百三十六条 违反爆炸性、易燃性、放射性、毒害性、腐蚀性物品的管理规定,在生产、储存、运输、使用中发生重大事故,造成严重后果的,处三年以下有期徒刑或者拘役;后果特别严重的,处三年以上七年以下有期徒刑。

四、争议问题

本案的争议问题是,被告人是否存在重大责任事故罪和危险物品肇事罪的竞合?被告人究竟是构成重大责任事故罪还是危险物品肇事罪?

五、简要评论

危险物品肇事罪,是指违反爆炸性、易燃性、放射性、毒害性、腐蚀性物品的管理规定,在生产、储存、运输、使用中,由于过失发生重大事故,造成严重后果的行为。重大责任事故罪是指在生产、作业中职工违反有关安全管理规定,或者强令他人违章冒险作业,因而发生重大伤亡事故或者造成其他严重后果的行为。重大责任事故罪与危险物品肇事罪的区别主要有两点:

(1)违反的规章制度不同。前者违反的是一般生产作业的安全管理制度;后者违反的是有关危险物品生产、储存、运输、使用的安全管理制度。

(2)发生的场合不同。前者发生在一般生产作业过程中;后者则发生在危险物品的生产、储存、运输、使用过程中。据此,凡是在生产、储存、运输、使用危险物品过程中,违反爆炸性、易燃性、放射性、毒害性、腐蚀性物品管理规定,因而发生重大事故,造成严重后果的,都应以危险物品肇事罪定罪处罚。

危险物品肇事罪是一种特殊形式的责任事故罪。由于从事生产、保管、运输和使用危险物品的人一般都是企事业单位的职工,另外该罪也是因违反有关规章制度造成的,因此违反危险物品肇事罪就其实质而言也是一种重大责任事故罪。从重大责任事故罪与危险物品肇事罪的关系而言,前者是普通犯罪,后者是特别犯罪,两者之间存在法条竞合关系。由于刑法对于危险物品在生产、储存、运输、使用中的重大事故专门规定为危险物品肇事罪,对此不再以重大责任事故罪论处。

案例 14-7　汪方禄等重大责任事故案[①]

一、基本案情

2003年4月22日,被告人汪方禄与被告人王平保签订一份建筑施工合同,由被告人王平保负责建造位于南京市雨花台区西善桥街道油坊桥的南京旺浩家具厂一幢二层厂房。2003年11月中旬,被告人汪方禄在没有办理相关建房审批手续的情况下,允许被告人王平保和被告人陈敬常组织的不具备建筑施工资质的施工队伍,仅依据被告人汪方禄、王平保二人画的建房草图即开始施工。被告人汪方禄、王平保、陈敬常等人还违反规定,在施工中使用旧建筑材料。2003年12月上旬,在按二层厂房建造的地基完工后,被告人汪方禄强行要求在原二层厂房上加盖一层宿舍,被告人王平保、陈敬常明知该要求不符合建筑施工常规,存在安全隐患,仍答应施工。在施工中,被告人汪方禄、王平保、陈敬常发现工程出现安全隐患时,采取措施不当,仍命令工人继续施工。2004年1月8日13时许,该正在建造中的厂房发生倒塌事故,造成施工人员3人死亡,多人受伤。经有关部门调查认定,大梁强度不够,承载力不足,在大梁变形的情况下采取措施不当,强行施工,是导致该重大事故的直接原因。无设计图纸,实际结构可靠性得不到保证,建筑材料质量低劣,无复试报告是主要原因。

二、诉讼过程及裁判理由

一审法院认为,被告人汪方禄、王平保、陈敬常违反建筑施工规章制度,强令工人违章冒

[①] 参见王顺义主编:《刑事案例诉辩审评:重大责任事故罪》,中国检察出版社2006年版,第1页。

险作业,致使发生重大伤亡事故,其行为均已构成重大责任事故罪,应予惩处。鉴于案发后3被告人能积极协助公安机关抢险并主动接受公安机关调查,有自首情节,依法予以从轻处罚。被告人汪方禄积极筹款赔偿被害人经济损失,酌情予以从轻处罚,可适用缓刑。依照《中华人民共和国刑法》第134条之规定,判决被告人汪方禄犯重大责任事故罪,判处有期徒刑1年零6个月,缓刑两年;被告人王平保犯重大责任事故罪,判处有期徒刑1年零6个月;被告人陈敬常犯重大责任事故罪,判处有期徒刑1年。

三、关联法条

《中华人民共和国刑法》

第一百三十四条　工厂、矿山、林场、建筑企业或者其他企业、事业单位的职工,由于不服管理、违反规章制度,或者强令工人违章冒险作业,因而发生重大伤亡事故或者造成其他严重后果的,处三年以下有期徒刑或者拘役;情节特别恶劣的,处三年以上七年以下有期徒刑。

《中华人民共和国刑法修正案(六)》

一、将刑法第一百三十四条修改为:"在生产、作业中违反有关安全管理的规定,因而发生重大伤亡事故或者造成其他严重后果的,处三年以下有期徒刑或者拘役;情节特别恶劣的,处三年以上七年以下有期徒刑。

"强令他人违章冒险作业,因而发生重大伤亡事故或者造成其他严重后果的,处五年以下有期徒刑或者拘役;情节特别恶劣的,处五年以上有期徒刑。"

四、争议问题

本案中,有观点认为,作为工程发包方的被告人汪方禄不能构成重大责任事故罪。汪方禄作为工程发包方,系工程业主,与建设方王平保、陈敬常签订了建筑施工合同,由王平保、陈敬常二人实施具体工程建设,汪方禄本身不符合重大责任事故罪主体要件要求,不是工厂、矿山、林场、建筑企业或者其他企业、事业单位中直接从事生产、作业活动的人员,所以被告人汪方禄不能构成重大责任事故罪。所以本案争议的焦点主要在于被告人汪方禄能否成为重大责任事故罪的主体。

五、简要评论

在《刑法修正案(六)》颁布之前,根据本案审理时我国刑法的规定,重大责任事故罪的犯罪主体是特殊主体,即工厂、矿山、林场、建筑企业或者其他企业、事业单位中直接从事生产、作业活动的人员。对于此罪的犯罪主体的理解不能仅局限为在上述企业、事业单位中直接从事生产、作业的工人、科研人员、技术人员;对于在上述企业、事业单位中对生产和作业活动进行直接指挥或管理的领导人员也应被纳入本罪的犯罪主体的范畴。另外1988年3月18日最高人民检察院发布的《关于无照施工经营者能否构成重大责任事故罪主体的批复》(已失效)明确规定:"无照施工经营者在施工过程中强令从业人员违章冒险作业,造成重大伤亡事故的,可以构成重大责任事故罪的主体。"该批复中"工厂、矿山、林场、建筑企业或者其他企业、事业单位",不仅涵盖了国有工厂、矿山、林场、建筑企业或者其他企业、事业单位,也涵盖了非国有工厂、矿山、林场、建筑企业或者其他非国有企业、事业单位。

从以上《刑法》相关规定及理论可以看出,汪方禄符合重大责任事故罪的主体要求。被告人汪方禄作为个体私营业主,在未获政府规划许可批准的情况下,与不具备建筑施工资质的个体建筑人员王平保、陈敬常签订建筑施工合同,仅依据汪方禄与王平保二人手画草图,即组织人员违法开始施工,并在原计划盖建二层楼房的基础上,强行冒险要求王平保、陈敬常二人加盖一层宿舍。在具体施工中,汪方禄作为业主多次在现场发现工程质量明显不符合标准和出现安全隐患,仍未予以阻止,最终导致该起重大伤亡事故。综合本案的案情可以看出,本案被告人汪方禄的行为充分反映了他在此次施工中是一个直接指挥者和管理者,因此被告人是此次建筑施工事故的主要责任人员。

综上所述,汪方禄即为此次建筑施工的组织者和直接指挥者。由此,依据有关司法解释的规定,被告人汪方禄完全符合重大责任事故罪的主体要件,应当构成该罪。

案例 14-8 李卫东过失致人死亡案[①]

一、基本案情

2005年6月16日18时许,被告人李卫东驾驶自己的豫A13099号川路牌农用车,在少洛高速公路上施工下班回家途中,由西向东行驶至登封市君召乡水磨湾村大桥东100米处,因该公路未正常开通通行,在变更车道时,与相反方向行驶的王小红驾驶的两轮摩托车相撞,致王小红和乘车人王海娃当场死亡,王占杰受伤。登封市公安局交巡警大队事故责任书认定被告人李卫东负事故的主要责任。

另据法院查明,案发时少林寺至洛阳的高速公路未有通行车运行;案发后李卫东系自己主动到公安机关投案自首。登封市人民检察院以被告人李卫东犯交通肇事罪向登封市人民法院提起公诉。

二、诉讼过程及裁判理由

一审法院经审理认为,被告人李卫东驾驶施工车辆,在处于施工阶段尚未开通运行的少洛高速公路上行驶,当与相反方向行驶的摩托车相遇时,因疏忽大意致两车相撞而发生事故,造成2人死亡、1人重伤的严重后果。根据最高人民法院《关于审理交通肇事刑事案件具体应用法律若干问题的解释》第8条第2款的规定:"在公共交通管理的范围外,驾驶机动车辆或者使用其他交通工具致人伤亡或者致使公共财产或者他人财产遭受重大损失,构成犯罪的,分别依照刑法第一百三十四条、第一百三十五条、第二百三十三条等规定定罪处罚。"故对被告人应以过失致人死亡罪定性。检察机关指控其犯罪的事实成立,予以支持。

[①] 参见陈兴良、张军、胡云腾主编:《人民法院刑事指导案例裁判要旨通纂》(上卷),北京大学出版社2013年版,第53页。

但所指控犯交通肇事罪的罪名不妥,不予支持。被告人的辩护人辩称的"被告人的行为在客观上虽然造成了损害结果,但不是出于故意或者过失,而是由于不能抗拒和不能预见的原因所引起的,不是犯罪,应宣告李卫东无罪",与本案的事实不相符,被告人的行为很明显是疏忽大意,对造成被害人死亡的结果存在过失。故对该辩护主张,不予采纳。被告人李卫东过失致2人死亡,另有1人重伤,不宜认定为情节较轻。应在3年以上7年以下有期徒刑的幅度内量刑。被告人在案发后主动投案自首,依法可从轻或者减轻处罚;鉴于被告人自愿认罪,案发后主动与死者家属和伤者达成赔偿协议,并已履行,得到死者家属和伤者的谅解,具有酌情从轻情节,确有悔罪表现。依照《中华人民共和国刑法》第233条、第67条、第72条、第73条之规定,判决被告人李卫东犯过失致人死亡罪,判处有期徒刑3年,缓刑4年。

三、关联法条

《中华人民共和国刑法》

第二百三十三条 过失致人死亡的,处三年以上七年以下有期徒刑;情节较轻的,处三年以下有期徒刑。本法另有规定的,依照规定。

四、争议问题

本案的争议要点是被告人的行为定性问题。本案发生在施工现场,是否构成重大责任事故罪?本案是驾驶机动车辆导致的人员伤亡,是否构成交通肇事罪?本案行为人主观上存在过失,客观上造成人员伤亡,是否构成过失致人死亡罪?

五、简要评论

重大责任事故罪、交通肇事罪以及过失致人死亡罪的共同点是主观罪过都是过失,区别在于前两罪危害的客体是公共安全,后罪危害的客体是他人的生命安全。而三个罪名最为主要的区别是客观方面存在差异。重大责任事故罪要求发生在生产、作业过程中;交通肇事罪要求在公共交通管理范围内,驾驶机动车辆或者其他交通工具致人伤亡或者使公共财产或者他人财产遭受重大损失;而过失致人死亡罪则不需要具备前两罪的具体要求。

(1) 本案能否以重大责任事故罪认定?关键在于被告人是否在生产、作业的过程中造成危害结果。根据案情可知,被告人是在完工后回家的途中,不是在生产、作业过程中不服从管理、违反规章制度造成的危害结果。因此不能认定为重大责任事故罪。

(2) 本案能否以交通肇事罪认定?关键在于被告人是否在公共交通管理的范围内驾驶机动车辆。根据本案的案情可知,本案的案发地点是在施工现场,不是在公共道路内发生的交通事故,因此不能认定为交通肇事罪。

(3) 本案应认定为过失致人死亡罪。本案中事发地点在未开通使用的高速公路上,在这种公路上发生的驾车致人死亡案件符合过失致人死亡罪的构成要件,因此认定为过失致人死亡罪比较适宜。

案例14-9　唐某等重大劳动安全事故案[①]

一、基本案情

2000年3月15日,朔州市平鲁区榆岭乡二道梁煤矿矿长、法人代表被告人唐某与蔡某签订承包该矿合同,期限20年,合同生效时间为2000年6月20日。同年5月15日,原承包单位大同矿务局永定庄劳动服务公司副经理王某某来平鲁做移交收尾工作,向唐某提出打开煤层闭墙拆井下设备,唐某既未制止,又未向主管部门申请报告,且筹资送电为拆设备提供条件。6月20日,王某某雇用民工拆开井下第四顺槽巷闭墙开始拆设备,工作一直持续到6月21日上午。当日上午,该矿新承包人蔡某、被告人李某、生产承包人刘某及被告人陈某陆续到矿,准备入井作交接矿事宜,此间,在井下拆设备的工人自感不适,且有人发生中毒,其中有人向唐某提出。经王某某、唐某组织抢救,全部脱离危险。上午10时左右,李某、刘某、陈某、薛某、梁某某入井,清点设备,查看井下情况,发现四顺槽巷闭墙打开,并往外冒白烟,后李某便安排陈某包工队人员负责密闭,工程费用由李某负担,当日下午陈某安排包工小队长梁某某带工人搞密闭。因当天未完工,6月22日上午8时,小队长梁某某与工人廖某某去开风机,风机没有启动,随后便与民工陈某、苟某某等13人入井继续搞密闭。到达井底四顺巷附近时,上述人员均感不适,有不同程度中毒反应,便开始向井口撤出,其中一人爬出井口被人发现,井上开始组织抢救,最终造成民工梁某某等7人死亡,其余11人中毒的严重后果。

二、诉讼过程及裁判理由

一审法院经审理认为,朔州市平鲁区二道梁煤矿生产经营证件不全,安全生产设施管理混乱,在未经煤炭主管部门验收和多次下达停产指令后,仍继续出包违法经营。特别是煤矿井下出现有毒气体隐患后,工人向矿长唐某提出,唐某只组织参与抢救工作,对事故的隐患不采取排除措施,持视而不见的态度,导致一氧化碳气体严重超标,使井下作业工人7人死亡、2人重伤的严重后果发生,其行为构成重大劳动安全事故罪,且情节特别恶劣。被告人陈某系二道梁煤矿的采煤生产承包负责人,明知矿井下有有毒气体,存在事故隐患,仍派工人下井作业,特别是在知道工人井下作业10分钟就头痛,工作有困难的情况下,没有制止工人下井作业,显然对生产安全不重视,持敷衍塞责的态度,其行为亦构成重大劳动安全事故罪。被告人李某作为承包经营煤矿者的代理人,明知井下有毒气,存在发生事故的祸患,只落实了以800元工资让包工队封闭火区,并不足以消除事故真正隐患,其行为亦构成重大劳动安全事故罪,且情节特别恶劣。根据《中华人民共和国刑法》第135条、第72条第1款的规定,判决唐某犯重大劳动安全事故罪,判处有期徒刑3年零6个月;李某犯重大劳动安全事故罪,判处有期徒刑3年,缓刑4年;陈某犯重大劳动安全事故罪,判处有期徒刑3年。

[①] 参见 http://www.110.com/ziliao/article-466522.html.

三、关联法条

《中华人民共和国刑法》

第一百三十五条 工厂、矿山、林场、建筑企业或者其他企业、事业单位的劳动安全设施不符合国家规定,经有关部门或者单位职工提出后,对事故隐患仍不采取措施,因而发生重大伤亡事故或者造成其他严重后果的,对直接责任人员,处三年以下有期徒刑或者拘役;情节特别恶劣的,处三年以上七年以下有期徒刑。

《中华人民共和国刑法修正案(六)》

二、将刑法第一百三十五条修改为:"安全生产设施或者安全生产条件不符合国家规定,因而发生重大伤亡事故或者造成其他严重后果的,对直接负责的主管人员和其他直接责任人员,处三年以下有期徒刑或者拘役;情节特别恶劣的,处三年以上七年以下有期徒刑。"

四、争议问题

本案的争议问题是,对本案3被告人行为的定性存在两种不同意见,一种意见认为,应对3人以重大责任事故罪认定;另一种意见则认为,应以重大劳动安全事故罪定罪。

五、简要评论

重大劳动安全事故罪是指工厂、矿山、林场、建筑企业或者其他企业、事业单位的劳动安全设施不符合国家规定,经有关单位或职工提出后仍对事故隐患不采取措施,因而发生重大伤亡事故的行为。从以上法条内容看,本罪的客观方面表现为用人单位的直接责任人员明知单位的劳动安全设施不符合规定仍不采取措施,因而发生严重后果的行为,是明显的不作为。重大责任事故罪是工厂、矿山、林场、建筑企业或其他企业、事业单位的职工,由于不服管理、违反规章制度,或者强令工人违章冒险作业,因而发生重大伤亡事故或造成其他严重后果的行为,属于积极的作为犯罪。以上两罪在主观方面相同,即都属于过失犯罪。但在客观方面的定罪要件却有着严格的区分。

就本案而言,首先二道梁煤矿生产经营证件不全,安全生产管理混乱,且在未经煤炭主管部门验收又多次给其下达停产指令的情况下,仍继续出包,违法经营。特别是煤矿井下出现有毒气体的隐患后,工人向矿长唐某提出,唐某只组织参与抢救工作,唐某对安全通风设施及事故隐患已经处于一种明知的心理状态,但其对事故的隐患不采取排除措施,持视而不见的态度,导致一氧化碳气体严重超标。李某作为承包经营煤矿的代理人,明知井下有毒气,潜藏着发生事故的祸患,只落实了以800元工资让包工队封闭火区,不足以消除事故真正隐患,最终造成7人死亡、2人重伤、4人轻伤,直接经济损失281 836元的重大事故。关于被告人陈某的行为性质问题,其主观罪过主要在于明知隐患存在仍安排工人下井,尤其是在风机未能启动,通风安全设施不符合规定这一情况下作出下井决定,可见事故的严重后果与其行为具有必然的因果关系。但是,被告人主体身份是煤矿包工队负责人,其是否对采取措施排除事故隐患,防止事故发生负有责任?笔者认为,被告人既已与煤矿形成一种承包生产关系,就应当具有相应的注意义务。虽然本罪属于新增设的罪名,有关部门尚未作出有关司法解释,但仅就现有的法律规定和司法解释,其行为也符合重大责任事故罪的主客观特征,即在事故隐患存在下强令工人冒险作业,这是本案应当引起注意的一个问题。

总之,本案案情符合重大劳动安全事故罪的特征,认定本案为重大劳动安全事故罪是有充足的事实和法律依据的。但在新的司法解释未出台之前,应当对司法实践中诸如陈某一类的行为,严加区分,准确认定。

案例 14-10　牛建成重大责任事故案①

一、基本案情

被告人牛建成原系西安市高新区枫叶新都市会所游泳馆负责人。被告人牛建成在承包枫叶新都市会所游泳馆期间,管理责任不落实,救生设施、安全措施等不到位,违反规定,擅自开业经营。2006 年 5 月 31 日,高新二小学生党佳良、郭泽晟二人在游泳馆游泳时溺水死亡。

二、诉讼过程及裁判理由

一审法院审理认为,被告人牛建成违反规章制度,在违章经营期间,因无救生等安全措施,致两名儿童发生溺水死亡的严重后果,其行为已构成重大责任事故罪,检察机关指控被告人罪名成立。被告人牛建成的辩护人辩称牛建成有自首情节,被害人亲属的经济损失已赔偿,被告人认罪态度尚好,建议从轻处罚的辩护意见,经查属实,予以采纳。为了维护正常的生产经营安全,遂判决被告人牛建成犯重大责任事故罪,判处有期徒刑两年。

宣判后被告人牛建成不服原审判决,提起上诉称:原审判决认定事实不清,适用法律不当,量刑畸重。

二审法院经审理查明,牛建成在承包本市高新区高美有限责任公司所属枫叶新都市会所游泳馆期间,未按照相关规定办理经营许可证,救生等管理责任不落实,救生设施、安全措施等不到位,违规经营。致使在 2006 年 5 月 31 日中午 12 时许高新二小学生党佳良、郭泽晟二人在该游泳馆游泳时溺水死亡。经高新医院诊断:二被害人系溺水、呼吸、心跳骤停死亡,当日下午 5 时许,被告人牛建成到公安机关接受讯问。案发后高美有限责任公司与被害人亲属就民事赔偿达成协议,且已履行。

二审法院认为,上诉人牛建成违反规章制度,在违章经营期间,管理责任不落实,救生、安全措施不到位,致两名儿童发生溺水死亡的严重后果,其行为已构成重大责任事故罪,依法应予惩处。原审判决认定事实清楚,定罪准确,判处适当,审判程序合法。依照《中华人民共和国刑事诉讼法》(1996 年)第 189 条第(一)项之规定,裁定驳回上诉,维持原判。

---

① 参见西安市雁塔区人民法院网(http://xaytfy.chinacourt.org/public/detail.php? id=19)。

三、关联法条

《中华人民共和国刑法》

第一百三十四条 工厂、矿山、林场、建筑企业或者其他企业、事业单位的职工,由于不服管理、违反规章制度,或者强令工人违章冒险作业,因而发生重大伤亡事故或者造成其他严重后果的,处三年以下有期徒刑或者拘役;情节特别恶劣的,处三年以上七年以下有期徒刑。

第十三条 一切危害国家主权、领土完整和安全,分裂国家、颠覆人民民主专政的政权和推翻社会主义制度,破坏社会秩序和经济秩序,侵犯国有财产或者劳动群众集体所有的财产,侵犯公民私人所有的财产,侵犯公民的人身权利、民主权利和其他权利,以及其他危害社会的行为,依照法律应当受刑罚处罚的,都是犯罪,但是情节显著轻微危害不大的,不认为是犯罪。

《中华人民共和国刑法修正案(六)》

一、将刑法第一百三十四条修改为:"在生产、作业中违反有关安全管理的规定,因而发生重大伤亡事故或者造成其他严重后果的,处三年以下有期徒刑或者拘役;情节特别恶劣的,处三年以上七年以下有期徒刑。

"强令他人违章冒险作业,因而发生重大伤亡事故或者造成其他严重后果的,处五年以下有期徒刑或者拘役;情节特别恶劣的,处五年以上有期徒刑。"

四、争议问题

本案在审理过程中,就被告人牛建成的行为是否构成犯罪分歧较大。主要有以下两种意见:

第一种意见认为,被告人牛建成已构成重大责任事故罪。理由是:

(1) 重大责任事故罪的主体为特殊主体,即只能是企业、事业单位的职工。本案中被告人牛建成是该游泳馆的实际管理者,符合本罪的主体要件。

(2) 本罪的主观上要求为过失,即行为人对事故的发生持过失的心态。本案中两被害人的死亡是由于被告人的疏于管理造成的。

(3) 本罪的客观方面表现为在生产、作业过程中违反有关管理的规定,因而发生重大伤亡事故或者造成其他严重后果的行为。

第二种意见认为,被告人牛建成的行为符合重大责任事故罪的构成要件,但由于被告人的行为情节显著轻微、危害不大,根据《刑法》第13条之规定,不认为是犯罪。理由是:

(1) 造成本案重大事故的原因是多方面的,本案被告人牛建成主观过错较轻,社会危害性较小,被害人的家长也未尽到对未成年人的监护职责,亦有责任。

(2) 被告人案发后主动自首,认罪态度好,且在事故发生后积极和被害方家属接触,并给予被害方高额赔偿。

五、简要评论

本案被告人是否构成犯罪,关键在于对"情节显著轻微危害不大"如何理解。所谓"显著轻微",是指明显地不严重、不恶劣;所谓"危害不大",是指没有实质性的危害或影响。笔者认为,这里的显著轻微,主要是针对犯罪的社会危害性而言的,而非犯罪构成的要件是否齐备。情节的轻重与社会危害的大小成反比:情节轻微的程度越高,社会危害性越小;情节轻微的程度越低,社会危害性越大。危害不大,具体表现为,犯罪的结果尚未实际发生;或虽已发生但后果不严重;或经行为人采取有效措施,使危害后果得到控制、得到挽回;或行为人的作案动机有情可恕。对于本案认定被告人行为显著危害不大,故不认为是犯罪是不正确的。理由是:

(1)"犯罪"是一种危害社会已经达到触犯刑法的程度,并且是应当受到刑罚处罚的行为。结合本案,被告人牛建成疏于管理,安全措施不完善,危害的是不特定多数人的生命和财产安全;已经发生了重大危害结果,具有严重的社会危害性。1989年11月30日最高人民检察院发布的《人民检察院直接受理的侵犯公民民主权利、人身权利和渎职案件立案标准的规定》(已失效)对重大责任事故罪的重大伤亡标准规定为致人死亡1人以上或者致人重伤3人以上。本案造成两被害人死亡,已达到刑法对于本罪的规定。

(2)被害人进入被告人游泳馆消费,游泳馆工作人员没有禁止,双方是服务与被服务关系,被害人是未成年人,游泳馆应对被害人特别尽到安全保护的职责。另外。被告人牛建成自首,认罪态度好,主动给予受害方赔偿,只能作为法院对其从轻、减轻处罚的量刑情节,而不能成为是否构成犯罪的标准。

第十五章 交通肇事罪

案例15-1 钱竹平交通肇事案①

一、基本案情

2002年7月24日凌晨6时,被告人钱竹平持证驾驶苏DL3308中型自卸货车,沿241线由溧阳市平桥镇梅岭石矿往溧阳水泥厂运石头,当车行至241线127KM+310M处,因遇情况采取措施不当撞到前方公路上的一名行人(身份不明),致该人受伤。被告人钱竹平下车察看并将被害人扶至路边,经与其交谈后,被告人钱竹平认为被害人没有大的伤害,故驾车离开现场。后被告人钱竹平再次路过此处,看到被害人仍然坐在路边。当天下午,被害人因腹膜后出血引起失血性休克死亡(经了解,被害人若及时抢救可避免死亡)。交警部门认定,被告人钱竹平负该起事故的全部责任。

二、诉讼过程及裁判理由

一审法院经审理认为,被告人钱竹平因违反交通管理法规,致使发生一人死亡的道路交通事故,钱竹平的行为构成交通肇事罪。事故发生后,钱竹平既未报案,又未对伤者实施抢救,而是离开现场,以致被害人未得到及时抢救而死亡,钱竹平的行为构成交通肇事逃逸致人死亡,判决被告人钱竹平犯交通肇事罪,判处有期徒刑8年。

一审宣判后,被告人钱竹平以"其主观上没有逃逸的故意、一审认定受害人系交通肇事所致证据不足"为由提出上诉。

二审法院经审理认为,上诉人钱竹平在驾车发生交通事故后,当时仅看到被撞人背部皮肤擦伤,看不出其他伤情,且伤者当时在他人搀扶下能行走,会讲话,上诉人当时即认为,被害人不需要抢救治疗,并驾车离开现场。上诉人的上述行为表明其主观上无逃避法律追究而逃跑的故意,其行为不构成交通肇事逃逸致人死亡。上诉人的上诉理由及辩护人的辩护意见成立。上诉人的其余上诉理由不能成立。据此,判决维持一审判决对上诉人钱竹平的定罪部分,撤销一审判决对上诉人钱竹平的量刑部分。上诉人钱竹平犯交通肇事罪,判处有期徒刑2年零6个月。

三、关联法条

《中华人民共和国刑法》

第一百三十三条 违反交通运输管理法规,因而发生重大事故,致人重伤、死亡或者使

---

① 参见陈兴良、张军、胡云腾主编:《人民法院刑事指导案例裁判要旨通纂》(上卷),北京大学出版社2013年版,第39页。

公私财产遭受重大损失的,处三年以下有期徒刑或者拘役;交通运输肇事后逃逸或者有其他特别恶劣情节的,处三年以上七年以下有期徒刑;因逃逸致人死亡的,处七年以上有期徒刑。

最高人民法院《关于审理交通肇事刑事案件具体应用法律若干问题的解释》

第三条 "交通运输肇事后逃逸",是指行为人具有本解释第二条第一款规定和第二款第(一)至(五)项规定的情形之一,在发生交通事故后,为逃避法律追究而逃跑的行为。

第五条第一款 "因逃逸致人死亡",是指行为人在交通肇事后为逃避法律追究而逃跑,致使被害人因得不到救助而死亡的情形。

四、争议问题

本案的主要问题是如何理解《刑法》第133条中"交通运输肇事后逃逸"和"因逃逸致人死亡"中的"逃逸"。

五、简要评论

本案之所以历经二审,并得出截然相反的结论,究其原因便在于对交通肇事罪中的"逃逸"存在理解上的差异。问题的关键在于如何理解"逃逸"的规范目的。

关于交通肇事罪中的"逃逸",最高人民法院《关于审理交通肇事刑事案件具体应用法律若干问题的解释》第3条、第5条将其理解为"为逃避法律追究而逃跑"的行为。按照这种理解,则《刑法》加重处罚交通肇事罪"逃逸"的规范目的,便在于禁止行为人交通肇事后"逃避法律追究",以维护法律的有效性。这是一种行为无价值的观点。这种理解至少存在两个方面的问题:一是肇事以后逃避法律追究是人的一种本性,难以期待行为人肇事以后自觉接受法律的制裁;二是按照这种理解,行为人肇事以后不逃跑,但既不报警,也不救助被害人,从而导致被害人死亡的,也不能加重处罚。

笔者认为,刑法加重处罚交通肇事中的"逃逸"的规范目的在于,要求肇事行为人及时救助被害人。若行为人能够救助却不救助,即成立逃逸,不论其是否离开现场。因此,"逃逸"的本质不是作为(如逃跑行为),而是不作为(即不救助)。该不作为的作为义务来源于交通肇事的先行行为。从法益侵害说的角度来看,先行行为具备下列条件时产生作为义务:首先,先行行为对刑法所保护的法益造成了危险;其次,危险明显增大,如果不采取积极措施,危险就会立即现实化为实害;最后,行为人对危险向实害发生的原因具有支配力。从刑法的规范结构上来看,可以将"交通运输肇事后逃逸"理解为作为的交通肇事罪+不作为的遗弃罪的结合犯,将"因逃逸致人死亡"理解为该结合犯的结果加重犯。

本案中被告人钱竹平凌晨6点将被害人撞伤,使被害人的生命和健康处于危险状态中,因此被告人具有救助义务。不作为犯属于构成要件符合性判断的问题,因此,对先行行为以及作为义务应该进行客观的判断。被告人的交通肇事行为客观上对被害人的生命和身体法益造成了危险,并且危险进一步增大,最终导致死亡结果的发生。而在此危险现实化的过程中,被告人有救助义务和救助能力,却没有实施救助行为,所以其应该对被害人的死亡承担责任。至于被告人主观上的看法不能改变其救助义务,只能影响该不救助行为的定性。二审判决认为肇事行为人"主观上无逃避法律追究而逃跑的故意,其行为不构成交通肇事逃逸致人死亡"的观点值得商榷。首先,如前所述,"逃逸"的规范目的不是禁止逃避法律追究,而是要求救助被害人;其次,即使行为人对死亡结果没有故意,也不能否定其应对死亡承担过失责任。笔者认为,本案中被告人的行为构成交通肇事逃逸致人死亡,一审判决是正确的,二审判决值得商榷。

案例 15-2 刘凯交通肇事、邱秀包庇案[①]

一、基本案情

2005 年 4 月 20 日凌晨,刘凯驾驶云 A513××号"解放"牌货车,载邱秀前往昆明市金马寺拉土。当刘凯驾车以 60 公里的时速行至滇池路与金牛小区二号交叉路口时,遇被害人张明武醉酒驾驶云 AE63××号"松花江"牌小客车载宋承龙左转弯通过路口,被告人刘凯制动并右打方向避让不及,所驾车车头左前部与张明武所驾车相撞,张明武所驾车又与人行道内设置的人行横道灯杆相撞(致使张明武死亡)。事故发生后,被告人邱秀下车匆忙察看现场后即上车让被告人刘凯驾车逃离现场,刘凯遂驾车同邱秀一同离开现场。张明武经抢救无效于凌晨 4 时 50 分死亡,其死亡原因为交通事故致腹部受撞击或挤压致腹部挫伤合并回肠及乙状结肠系膜多处挫伤破裂,急性腹腔、盆腔内积血,失血性休克死亡。

二、诉讼过程及裁判理由

一审法院经审理认为,被告人刘凯超速行车,且在发生事故后逃离现场,造成一人死亡的后果,负事故的主要责任,其行为已构成交通肇事罪,其在案发后主动到公安机关投案自首,依法可从轻处罚。被告人邱秀作为肇事车辆的实际所有人和乘车人,在发生事故后,指使驾驶员驾车逃逸,自己也逃至外地躲藏,依据上述司法解释,成立交通肇事罪的共犯要有符合这一规定身份的人指使肇事人逃逸的行为,且因逃跑行为而致使被害人得不到救助而死亡。本案中的被告人邱秀在刘凯驾车肇事后,其作为车辆的实际所有人和乘车人确已指使刘凯逃逸,并且也实施了逃跑行为,但公安干警和 120 急救中心医护人员先后赶到现场对被害人张明武进行抢救,客观上被害人已得到了救助,故被告人邱秀的行为不符合交通肇事罪共犯的构成要件,其行为不构成交通肇事罪。

被告人邱秀在自己雇用的驾驶员肇事后,未对被害人进行救助,保护现场,反而指使肇事人逃逸,其指使行为实际上是在一定程度上帮助肇事行为人逃匿。被告人邱秀的行为是帮助他人逃匿的行为,符合包庇罪的构成要件,应以包庇罪对其定罪处罚。

[①] 参见国家法官学院、中国人民大学法学院编:《中国审判案例要览》(2007 年刑事审判案例卷),人民法院出版社、中国人民大学出版社 2008 年版,第 83 页。

三、关联法条

最高人民法院《关于审理交通肇事刑事案件具体应用法律若干问题的解释》

第五条第二款 交通肇事后,单位主管人员、机动车辆所有人、承包人或者乘车人指使肇事人逃逸,致使被害人因得不到救助而死亡的,以交通肇事罪的共犯论处。

《中华人民共和国刑法》

第三百一十条第一款 明知是犯罪的人而为其提供隐藏处所、财物,帮助其逃匿或者作假证明包庇的,处三年以下有期徒刑、拘役或者管制;情节严重的,处三年以上十年以下有期徒刑。

四、争议问题

本案争议的主要问题是,如何认定交通肇事后,他人指使肇事人逃逸的行为的性质?

五、简要评论

关于交通肇事后,他人指使肇事人逃逸的行为的定性,至少涉及以下两个问题:一是如何评价前引司法解释;二是他人指使肇事人逃逸的行为包括哪些情形?

最高人民法院《关于审理交通肇事刑事案件具体应用法律若干问题的解释》认为,交通肇事后他人指使肇事人逃逸,致使被害人因得不到救助而死亡的,以交通肇事罪的共犯论处。但是该司法解释一直遭到学界诟病,因为交通肇事罪是过失犯罪,而我国刑法规定的共同犯罪是故意犯罪,并不存在过失的共同犯罪。而且,指使行为是在交通肇事后,此时肇事者的行为已经成立交通肇事罪,之后的指使行为难以溯及成立之前的犯罪的共犯。有的学者在指出该司法解释不合理性的同时,认为指使行为应该单独成立窝藏罪。这种观点尚存在片面性的缺点。指使行为应根据不同的情形定性。

如前述案例评论所述,从规范结构上来看,"交通运输肇事后逃逸"是交通肇事罪和遗弃罪的结合犯,"因逃逸致人死亡"是该结合犯的结果加重犯。另外,在两种情形下,逃逸致人死亡可以成立故意杀人罪:一是伴随有积极移置行为的逃逸情形;二是行为人排他性地支配了脆弱法益,并且逃逸行为十之八九会导致被害人死亡的结果。因此,对于指使肇事人逃逸的行为也要分不同情形处理。

(1) 交通肇事后,单位主管人员、机动车辆所有人、承包人或者乘车人指使肇事人将被害人移置于车内或者其他难以被其他人救助的场所,指使人和肇事人对被害人的死亡结果具有共同的故意,无论被害人最终是否死亡,两人均成立故意杀人罪的共同犯罪。其中,肇事人因先行的肇事行为而具有救助义务,其逃逸行为构成正犯;指使人不具有救助义务,故其指使行为只能成立故意杀人罪的教唆犯或帮助犯。

(2) 交通肇事后,单位主管人员、机动车辆所有人、承包人或者乘车人明知被害人的脆弱法益依存于肇事人,并且明知肇事人的逃逸行为十之八九会导致被害得不到救助而死亡,仍然指使肇事人逃逸,指使人和肇事人对被害人的死亡结果具有共同的故意,无论被害人最终是否死亡,两人成立故意杀人罪的共同犯罪。

（3）交通肇事后，单位主管人员、机动车辆所有人、承包人或者乘车人认识到逃逸行为会升高伤者的伤亡危险，但被害人的脆弱法益并非排他性地依存于肇事者，则指使人与肇事人对于死亡不具有故意，无论被害人最终是否死亡，肇事者与指使人在遗弃罪的范围内成立共同犯罪。肇事者按加重的交通肇事罪处罚，而对指使人则以遗弃罪进行处罚。

（4）交通肇事后，单位主管人员、机动车辆所有人、承包人或者乘车人认识到逃逸行为不会提升被害人的伤亡风险，指使肇事人逃逸，并且该逃逸未导致被害人死亡的，该指使行为符合《刑法》第310条中的"明知是犯罪的人而……帮助其逃匿"的规定，构成窝藏罪（正犯）。肇事人成立交通肇事罪，指使人与肇事人不构成共同犯罪。

依据上述分析，笔者认为，本案邱秀的指使逃逸的行为客观上具有升高被害者伤亡的危险，但肇事人对被害人的脆弱法益尚不处于排他的支配地位（后面伤者被及时救治也说明了这一点），主观上邱秀对于指使他人逃逸行为的后果具有认识与意思，邱秀的指使行为应构成遗弃罪。判决认定被告人邱秀的指使行为构成包庇罪，只考虑到指使行为对司法机关追究犯罪活动的妨害，而忽视了交通肇事罪中逃逸规定的规范目的，值得商榷。

案例15-3　黄火娇交通肇事案[①]

一、基本案情

2005年8月4日凌晨1时许，被告人黄火娇喝酒后在321国道高要路段边打手机边在马路上来回走。由江日亮驾驶的一辆桂JA62××多功能拖拉机从德庆方向向东行驶至该路段时，为了避让黄火娇，紧急大转弯，在与黄火娇发生擦碰后，驶向对向车道，与对向行驶的由陈爱新驾驶的桂K134××大货车碰撞。拖拉机驾驶员江日亮、乘客江日旺及大货车驾驶员陈爱新当场死亡，黄火娇和大货车上的乘客陈有、陈记梧受伤，两车严重损坏。

经交警部门现场勘查认定，黄火娇违反了《中华人民共和国道路交通安全法》第62条及《中华人民共和国道路交通安全法实施条例》第75条的规定，是造成事故的一方；拖拉机司机江日亮处理失当，违反《道路交通安全法》第22条第1款、第38条的规定，是造成事故的另一方。黄火娇和江日亮均负事故的同等责任。

二、诉讼过程及裁判理由

一审法院审理后认为，被告人黄火娇违反了道路运输管理法规，在没有交通信号的道路上行走时没有在确保安全畅通的原则下通过，因而发生了3人死亡和两车辆损坏的特大交通事故，应负事故的同等责任。其行为已经触犯了《刑法》第133条的规定，构成交通肇事罪，因此依法判处黄火娇有期徒刑6个月。

[①] 参见 http://news.sina.com.cn/s/2005-12-22/10117773795s.shtml。

三、关联法条

《中华人民共和国道路交通安全法》

第二十二条第一款　机动车驾驶人应当遵守道路交通安全法律、法规的规定,按照操作规范安全驾驶、文明驾驶。

第三十八条　车辆、行人应当按照交通信号通行;遇有交通警察现场指挥时,应当按照交通警察的指挥通行;在没有交通信号的道路上,应当在确保安全、畅通的原则下通行。

第六十二条　行人通过路口或者横过道路,应当走人行横道或者过街设施;通过有交通信号灯的人行横道,应当按照交通信号灯指示通行;通过没有交通信号灯、人行横道的路口,或者在没有过街设施的路段横过道路,应当在确认安全后通过。

四、争议问题

本案涉及的主要问题是,行人能否构成交通肇事罪?

五、简要评论

1979年《刑法》第113条第1款规定交通肇事罪的主体是"从事交通运输的人员",第2款规定"非交通运输人员犯前款罪的,依照前款规定处罚"。现行《刑法》第133条没有对交通肇事罪的主体作任何规定,而实践中交通肇事罪的主体多为机动车的驾驶人。因此有的人会误以为交通肇事罪的主体只限于车辆驾驶人等从事交通运输的人员,而不能是行人。其实,这种观点是错误的。行人同样可以构成交通肇事罪,交通肇事罪的主体为一般主体,不需要特殊身份。

构成交通肇事罪的前提是"违反交通运输管理法规",那么行人是否违反了这些法规?回答是肯定的。《中华人民共和国道路交通安全法》(以下简称《道路交通安全法》)第2条明确规定:"中华人民共和国境内的车辆驾驶人、行人、乘车人以及与道路交通活动有关的单位和个人,都应当遵守本法。"并且,该法第38条、第61条、第62条、第63条、第65条、第67条、第89条等明文规定了行人的义务和责任。因此,行人完全可以违反交通运输管理法规,成为交通肇事罪的主体。但要注意以下几点:

(1) 行人入罪的范围小于机动车驾驶人。在行人违反交通运输管理法规,因而发生重大事故的时候,仍然要结合事故的大小进行责任划分。根据2000年11月10日通过的最高人民法院《关于审理交通肇事刑事案件具体应用法律若干问题的解释》第2条的规定,行人只有在下列情形下才构成犯罪:① 死亡1人或者重伤3人以上,负事故全部或者主要责任的;② 死亡3人以上,负事故同等责任的;③ 造成公共财产或者他人财产直接损失,负事故全部或者主要责任,无能力赔偿数额在30万元以上的。在交通肇事致1人以上重伤,负事故全部或者主要责任的情况下,机动车的驾驶人根据司法解释可能成立交通肇事罪,但是,行人不能成立交通肇事罪。

(2) 行人也不同于单位主管人员、机动车辆所有人、承包人或者乘车人。根据上述司法解释的规定,交通肇事后,单位主管人员、机动车辆所有人、承包人或者乘车人指使肇事人逃逸,致使被害人因得不到救助而死亡的,以交通肇事罪的共犯论处。单位主管人员、机动车辆所有人或者机动车辆承包人指使、强令他人违章驾驶造成重大交通事故,符合构罪条件的,以交通肇事罪定罪处罚。但是,行人实施上述"指使肇事人逃逸"或者"指使、强令他人违章驾驶"行为的,不能构成交通肇事罪。

(3) 在行人违反交通运输管理法规,导致自己1人死亡,并负事故全部或者主要责任的场合,理论上行人的行为构成交通肇事罪,但是不再追究其刑事责任,其刑事责任因犯罪主体的死亡而消灭。

案例15-4　陈全安交通肇事案①

一、基本案情

2005年6月27日23时许,被告人陈全安驾驶悬挂鄂A/177××号牌(假号牌)的大货车从佛山市南海区丹灶镇往西樵镇方向行驶,至樵丹路北西科技园路口时靠边停车等人。期间张伯海驾驶粤Y/B93××号小型客车(车上搭载关志明)同向行驶,追尾碰撞陈全安驾驶的大货车尾部,导致粤Y/B93××号车损坏、关志明受伤和张伯海当场死亡。事故发生后,陈全安驾车逃逸。2005年7月29日,陈全安及其肇事货车被公安机关缉获。经交警部门认定,被告人陈全安发生交通事故后逃逸,负事故的主要责任;张伯海酒后驾驶机动车,负事故的次要责任。

二、诉讼过程及裁判理由

一审法院认为,陈全安驾车发生交通事故,造成1人死亡,肇事后逃逸,其行为构成交通肇事罪,判处陈全安有期徒刑1年零6个月。

一审判决后,被告人不服提出上诉。二审法院认为,交通事故发生在前,陈全安的逃逸行为发生在后,其逃逸行为并非引发本次交通事故的原因。至于陈全安有无其他与本次事故发生有因果关系的违反交通运输管理法规的行为,如陈全安是否在禁止停车路段停车、其停车是否阻碍其他车辆的正常通行？陈全安的其他违反交通运输管理法规的行为应否对事故负全部或者主要责任？一审没有查明,在事实不明的情况下,应按照"疑罪从无"的原则处理。如果陈全安有在禁止停车的路段停放车辆从而妨碍其他车辆正常通行的违规行为,结合本案事实,其也只应负同等责任以下的事故责任。因此,本案现有证据尚不足以认定陈全安的行为构成交通肇事罪。原判认定的事实不清,证据不足,适用法律错误,裁定发回重审。

三、关联法条

《中华人民共和国刑法》

第一百三十三条　违反交通运输管理法规,因而发生重大事故,致人重伤、死亡或者使

---

① 参见陈兴良、张军、胡云腾主编:《人民法院刑事指导案例裁判要旨通纂》(上卷),北京大学出版社2013年版,第38页。

公私财产遭受重大损失的,处三年以下有期徒刑或者拘役;交通运输肇事后逃逸或者有其他特别恶劣情节的,处三年以上七年以下有期徒刑;因逃逸致人死亡的,处七年以上有期徒刑。

最高人民法院《关于审理交通肇事刑事案件具体应用法律若干问题的解释》

第二条第一款　交通肇事具有下列情形之一的,处三年以下有期徒刑或者拘役:

(一)死亡一人或者重伤三人以上,负事故全部或者主要责任的;

(二)死亡三人以上,负事故同等责任的;

(三)造成公共财产或者他人财产直接损失,负事故全部或者主要责任,无能力赔偿数额在三十万元以上的。

《中华人民共和国道路交通安全法》

第七十条第一款　在道路上发生交通事故,车辆驾驶人应当立即停车,保护现场;造成人身伤亡的,车辆驾驶人应当立即抢救受伤人员,并迅速报告执勤的交通警察或者公安机关交通管理部门。因抢救受伤人员变动现场的,应当标明位置。乘车人,过往车辆驾驶人、过往行人应当予以协助。

《中华人民共和国道路交通安全法实施条例》

第九十二条第一款　发生交通事故后当事人逃逸的,逃逸的当事人承担全部责任。但是,有证据证明对方当事人也有过错的,可以减轻责任。

四、争议问题

本案主要争议问题是,交通肇事的行政责任和刑事责任的关系如何,亦即交通肇事罪刑事责任如何认定?

五、简要评论

本案中,两审法院对当事人是否成立交通肇事罪以及是否应当承担交通肇事罪的刑事责任得出了相反的结论,究其原因主要是对交通事故中行政责任认定与刑事责任认定两者之间的关系处理不同。

交通事故中,行为人承担刑事责任的前提是其行为符合交通肇事罪的构成要件。亦即客观上要求具有违反交通运输管理法规的行为,且该行为发生了致人重伤、死亡或者使公私财产遭受重大损失的结果;主观上要求行为人具有刑法上的过失。所以,正确认定行为是否具有违反交通运输管理法规的行为,对交通肇事罪的成立判断有其重要意义。

实践中,判断行为是否违反交通运输管理法规,一般需要交通管理部门认定。但刑法的目的在于保护法益,而交通运输管理法的目的在于便利事故中各方责任的认定,以有效地处理交通事故。所以要想正确认定行为人的刑事责任,法院在审理案件时必须正确处理道路交通管理法上的责任与刑法上的责任这两类不同的责任。

道路交通管理法的行政责任与交通肇事罪的刑事责任之间的关系,主要有以下几种表现形式:有的道路交通管理法责任基本上导致刑事责任;有的道路交通管理法责任根本不可能导致刑事责任;有的道路交通管理法责任只是在行为构成交通肇事罪的前提下影响法定刑的选择与量刑,而不能成为行为人应当承担交通肇事罪刑事责任的根据。由于两种责任之间存在区别,我们不能当然地根据道路交通管理部门对责任的认定来直接认定刑法上的责任。正确的做法是在刑事案件审理中,即使交通管理部门已经认定行为人负事故全部责任或者主要责任,刑事司法机关也必须认真研究分析以下问题:第一,行为人的违章行为与伤亡结果之间是否存在因果关系?第二,交通肇事中的危害结果是否超出了交通肇事罪规范的保护目的?第三,道路交通管理部门认定的违章行为在刑法上的意义与作用?

本案中,一审的做法就是直接将行政法上规定的责任直接认定为刑法上应当承担的责任,这种做法混淆了两类不同性质的责任,因而是错误的。《中华人民共和国道路交通安全法实施条例》第92条第1款规定,逃逸的行为人承担全部责任,是为了便利对当事人各方在行政法上的事故责任的认定,而根本没有考虑刑事责任的根据与条件。刑事责任的根据在于行为的法益侵害性。本案中,被告人陈全安所驾驶的货车停在路边,该停靠行为并不具有法益侵害的危险性,事故发生后,被告人的逃逸行为与事故结果也没有因果关系。导致被害人死亡结果的真正原因是被害人自己酒后驾驶撞上被告人停靠在路边的汽车。因此,即使交通管理部门认定被告人的行为承担全部责任,法院也不能依据该行政责任而直接认定被告人的行为构成犯罪。本案中被告人陈全安对他人的死亡不承担刑事责任,其逃逸行为不构成交通肇事罪。

案例 15-5　黎景全以危险方法危害公共安全案①

一、基本案情

2006年9月16日18时50分许,被告人黎景全大量饮酒后,驾驶车牌号为粤A1J374的面包车由南向北行驶至广东省佛山市南海区盐步碧华村新路治安亭附近路段时,从后面将骑自行车的被害人李洁霞及其搭乘的儿子陈柏宇撞倒,致陈柏宇轻伤。撞人后,黎景全继续开车前行,撞坏治安亭前的铁闸及旁边的柱子,又掉头由北往南向穗盐路方向快速行驶,车轮被卡在路边花地上。被害人梁锡全(系黎景全的好友)及其他村民上前救助伤者并劝阻黎景全,黎景全加大油门驾车冲出花地,碾过李洁霞后撞倒梁锡全,致李洁霞、梁锡全死亡。黎景全驾车驶出路面外被治安队员及民警抓获。经检验,黎景全案发时血液中检出乙醇成分,含量为369.9毫克/100毫升。

二、诉讼过程及裁判理由

一审法院认定被告人黎景全犯以危险方法危害公共安全罪,判处死刑,剥夺政治权利终身。

宣判后,黎景全提出上诉。

二审法院经审理认为,被告人黎景全醉酒驾车撞倒李洁霞所骑自行车后,尚知道驾驶车

---

① 参见最高人民法院刑事审判庭主办:《刑事审判参考》(总第71集),法律出版社2009年版,第172页。

辆掉头行驶；在车轮被路边花地卡住的情况下，知道将车辆驾驶回路面，说明其案发时具有辨认和控制能力。黎景全撞人后，置被撞人员于不顾，也不顾在车前对其进行劝阻和救助伤者的众多村民，仍继续驾车企图离开现场，撞向已倒地的李洁霞和救助群众梁锡全，致两人死亡，说明其主观上对在场人员伤亡的危害结果持放任态度，具有危害公共安全的间接故意。因此，其行为已构成以危险方法危害公共安全罪。黎景全犯罪的情节恶劣，后果严重。但鉴于黎景全系间接故意犯罪，与蓄意危害公共安全的直接故意犯罪相比，主观恶性不是很深，人身危险性不是很大；犯罪时处于严重醉酒状态，辨认和控制能力有所减弱；归案后认罪、悔罪态度较好，积极赔偿了被害方的经济损失，依法可从轻处罚。据此，认定被告人黎景全犯以危险方法危害公共安全罪，判处无期徒刑，剥夺政治权利终身。

三、关联法条
《中华人民共和国刑法》

第一百一十五条　放火、决水、爆炸以及投放毒害性、放射性、传染病病原体等物质或者以其他危险方法致人重伤、死亡或者使公私财产遭受重大损失的，处十年以上有期徒刑、无期徒刑或者死刑；

过失犯前款罪的，处三年以上七年以下有期徒刑；情节较轻的，处三年以下有期徒刑或者拘役。

四、争议问题
本案的争议问题是，如何区别交通肇事罪与（故意或过失）以危险方法危害公共安全罪？

五、简要评论
抽象地从犯罪构成要件来看，两罪之间的区分是清楚的：交通肇事罪的主观罪过为过失，以危险方法危害公共安全罪的主观罪过为故意；交通肇事罪的客观方面未产生与放火、决水、爆炸相当的具体的公共危险，以危险方法危害公共安全罪产生了具体的公共危险。但是，实践中如何认定犯罪的罪过以及如何认定行为的具体危险，变得非常复杂。笔者认为，需要仔细区分以下几种情况：

第一种情况，危险驾驶行为客观上未产生与放火、决水、爆炸相当的具体危险，但发生了严重后果，行为人主观上对结果仅仅具有过失；危险驾驶则仅仅构成交通肇事罪。

第二种情况，危险驾驶行为客观上产生相当于放火、决水、爆炸的具体危险，且该危险现实化为严重的侵害结果，但行为人主观上对于行为的具体危险与实害结果都没有认识，只有过失。此时行为人主观上只具有过失，该行为同时符合交通肇事罪与过失以危险方法危害公共安全罪，应该从一重认定为交通肇事罪，但不能认定为以危险方法危害公共安全罪。

第三种情况，危险驾驶行为客观上产生相当于放火、决水、爆炸的具体危险，且该危险现实化为严重的侵害结果，行为人主观上对于具体的危险具有故意，但是对于实害结果仅仅具有过失。此行为同时触犯交通肇事罪与（故意）以危险方法危害公共安全罪，应当认定为（故意）以危险方法危害公共安全罪。

第四种情况,危险驾驶行为客观上产生相当于放火、决水、爆炸的具体危险,且该危险现实化为严重的侵害结果,行为人主观上不仅对于具体的危险具有故意,而且对于实害结果也具有故意。此行为只构成故意以危险方法危害公共安全罪。

至于如何判断行为人对于行为所产生的具体危险和实害结果是故意还是过失的心态,可以参考2009年9月11日发布的最高人民法院《关于印发醉酒驾车犯罪法律适用问题指导意见及相关典型案例的通知》的规定:"行为人明知酒后驾车违法、醉酒驾车会危害公共安全,却无视法律醉酒驾车,特别是在肇事后继续驾车冲撞,造成重大伤亡,说明行为人主观上对持续发生的危害结果持放任态度,具有危害公共安全的故意。对此类醉酒驾车造成重大伤亡的,应依法以以危险方法危害公共安全罪定罪。"

本案在客观上,黎景全的醉酒驾驶行为不仅产生了相当于放火、决水、爆炸的具体危险,而且该危险现实化为严重的侵害结果。主观上,黎景全具有认识和辨认能力,对于行为的危险性与实害后果都具有故意。因此,该案中黎景全的行为构成(故意)以危险方法危害公共安全罪,法院的判决是正确的。

案例15-6 谢忠德危险驾驶案①

一、基本案情

被告人谢忠德于2011年7月11日零时许,在北京市顺义区仁和镇河南村西口处(农村的乡间小道),醉酒驾驶一辆红色金陵无牌照摩托车,后被查获。经法医鉴定,谢忠德血液检材中的酒精含量为144.7毫克/100毫升。

二、诉讼过程及裁判理由

一审法院审理认为,被告人谢忠德在道路上无证醉酒驾驶机动车,其行为侵犯了公共交通安全,构成危险驾驶罪。谢忠德案发后明知他人报警而在现场等候,到案后能如实供述犯罪事实,系自首,且当庭认罪、悔罪,依法可对其从轻处罚。依照《中华人民共和国刑法》第133条之1、第67条第1款、第52条、第53条之规定,判决被告人谢忠德犯危险驾驶罪,判处拘役两个月,并处罚金人民币1000元。

一审宣判后,谢忠德未上诉,检察机关未抗诉,判决已生效。

三、关联法条

《中华人民共和国刑法》

第一百三十三条之一② 在道路上驾驶机动车追逐竞驶,情节恶劣的,或者在道路上醉

---

① 参见最高人民法院刑事审判庭主办:《刑事审判参考》(总第85集),法律出版社2012年版,第29页。
② 2015年8月29日通过的《中华人民共和国刑法修正案(九)》将《刑法》第133条之一修改为:"在道路上驾驶机动车,有下列情形之一的,处拘役,并处罚金:(一)追逐竞驶,情节恶劣的;(二)醉酒驾驶机动车的;(三)从事校车业务或者旅客运输,严重超过额定乘员载客,或者严重超过规定时速行驶的;(四)违反危险化学品安全管理规定运输危险化学品,危及公共安全的。机动车所有人、管理人对前款第三项、第四项行为负有直接责任的,依照前款的规定处罚。有前两款行为,同时构成其他犯罪的,依照处罚较重的规定定罪处罚。"

酒驾驶机动车的,处拘役,并处罚金。

有前款行为,同时构成其他犯罪的,依照处罚较重的规定定罪处罚。

四、争议问题

本案的主要问题是,在区分交通肇事罪与危险驾驶罪的基础上如何认识危险驾驶罪的罪过内容?

五、简要评论

实践中,作为危险犯的危险驾驶罪可以转化为过失实害犯的交通肇事罪,因此有必要澄清危险驾驶罪的罪过内容。《刑法》新设危险驾驶罪后,学界对于其主观内容存在激烈的争议:过失说认为,危险驾驶罪的罪过是过失;(传统)故意说认为,危险驾驶罪的罪过为故意。过失说与(传统)故意说的共同点是,都承认行为人对于危险驾驶的行为本身具有知与欲,分歧在于对抽象危险的心理态度理解不同。过失说认为,只有当行为人对醉酒驾驶所造成的抽象危险具有过失时,才成立危险驾驶罪,如果行为人对抽象危险具有故意则成立以危险方法危害公共安全罪,即危险驾驶罪的过失 = 行为的故意 + 抽象危险的过失。(传统)故意说认为危险驾驶罪的故意 = 行为的故意 + 抽象危险的故意。

笔者认为,上述过失说与(传统)故意说的观点都值得商榷。危险驾驶罪的罪过内容为:行为人对于危险驾驶行为具有故意,对于行为所造成的抽象危险既可以是故意也可以是过失,即危险驾驶罪的故意 = 行为的故意 + 抽象危险的故意或过失。这种罪过形式属于危险故意,但不同于上述(传统)故意说。理由如下:

(1)对抽象危险具有过失的危险驾驶行为(行为的故意 + 抽象危险的过失)应当构成危险驾驶罪。对这一定性,过失说是正确的,(传统)故意说不合理。但是,这种罪过形式不是过失,而是危险故意。危险驾驶罪的规范中并没有抽象危险的规定,抽象危险并非构成要件要素,因此危险驾驶罪的故意不需要对抽象危险有认识。"行为的故意 + 抽象危险的过失"完全应当认定为危险故意。如果"行为的故意 + 抽象危险的过失"属于故意,那么交通肇事罪也就是故意犯罪了?这种推论不能成立。作为抽象危险犯的危险驾驶罪与作为结果犯的交通肇事罪具有不同的规范构造:抽象危险犯的故意与行为犯的故意具有相同的构造,确定危险驾驶罪罪过的依据是对行为的心理态度——对行为有故意的构成危险驾驶罪,对行为仅有过失不构成犯罪;但是交通肇事罪的实害结果却是成文的构成要件要素,确定罪过的依据是对结果的态度——对结果有故意的构成以危险方法危害公共安全罪等故意犯罪,对结果没有故意的构成交通肇事罪。

(2)对抽象危险具有故意的危险驾驶行为(行为的故意 + 抽象危险的故意)也应当构成危险驾驶罪,而不是构成以危险方法危害公共安全罪。《刑法》第114条规定的以危险方法危害公共安全罪是具体危险犯,要求行为人对具体危险具有故意。

(3)把危险驾驶罪界定为故意犯罪不会导致刑法体系的不协调。过失说认为,如果把危险驾驶罪界定为故意犯罪,则会与《刑法》第50条对死缓的法律后果的规定不协调:犯较重的交通肇事罪不会执行死刑,犯较轻的危险驾驶罪则会执行死刑。但是,《刑法》第 50 条所规定的在死缓执行期间的"故意犯罪",需要作严格的限制解释,不是指所有的"故意犯罪",而是指"表明犯罪人抗拒改造情节恶劣的故意犯罪"。

（4）不能因为危险驾驶罪可以转化为交通肇事罪,就认定危险驾驶罪是过失犯罪。根据《刑法》第 133 条之一第 2 款①的规定,"同时构成其他犯罪的,依照处罚较重的规定定罪处罚",危险驾驶罪不仅可以转化为交通肇事罪,也可以转化为故意杀人罪、以危险方法危害公共安全罪。

本案判决认定被告人谢忠德构成危险驾驶罪,是正确的。但判决的不足之处在于没有对被告人的罪过内容进行分析。本案被告人谢忠德对于醉酒驾驶这一行为具有故意,至于其对行为的抽象危险性,既可能是故意也可能是过失（这要根据其喝酒的量以及其醉酒驾驶的具体场合来认定）,但是不论其对于抽象危险是故意还是过失,都应该认定被告人具有危险驾驶罪的犯罪故意。

案例 15-7　李进峰过失致人死亡案②

一、基本案情

2002 年 4 月 21 日,被告人李进峰驾驶晋 E170××四轮拖拉机途经西部村村东口时,被负责看路的本村村民许绪根发现,许绪根追赶拖拉机阻拦,李进峰没有停车。后许绪根抢夺方向盘,李进峰无法控制方向,将车撞到了路边李志强家门口的台阶上,许绪根被摔倒在地受伤,经抢救无效死亡。

二、诉讼过程及裁判理由

检察机关以过失致人死亡罪起诉,被告人的辩护律师认为,被告人不构成过失致人死亡罪,构成交通肇事罪。

一审法院经审理查明:2002 年,泽州县巴公镇西部村村民许绪根受本村村委委派负责看管村东路口不让拉货重车通过。同年 4 月 21 日下午,被告人李进峰无证驾驶其父李先才的晋 E170××四轮拖拉机拉着石粉给本村村民徐某某家送,当李进峰由村里途经西部村村东路口时,被许绪根发现,许绪根喊着让拖拉机停住并追赶拖拉机,但李进峰未停车,后许绪根追上去抓住拖拉机的方向盘,车仍未停下并撞到了路北边李志强家门口的台阶上,许绪根被

---

① 2015 年 8 月 29 日通过的《中华人民共和国刑法修正案（九）》将《刑法》第 133 条之一修改为:"在道路上驾驶机动车,有下列情形之一的,处拘役,并处罚金:（一）追逐竞驶,情节恶劣的;（二）醉酒驾驶机动车的;（三）从事校车业务或者旅客运输,严重超过额定乘员载客,或者严重超过规定时速行驶的;（四）违反危险化学品安全管理规定运输危险化学品,危及公共安全的。机动车所有人、管理人对前款第三项、第四项行为负有直接责任的,依照前款的规定处罚。有前两款行为,同时构成其他犯罪的,依照处罚较重的规定定罪处罚。"（原《刑法》第 133 条之一第 2 款经《中华人民共和国刑法修正案（九）》修正后,调整为第 3 款。——编者注）

② 参见北大法意中国裁判文书库（http://www.lawyee.net/Case/Case_Display.asp? ChannelID = 2010100&keyword = %C0%EE%BD%F8%B7%E6%B9%FD%CA%A7%D6%C2%C8%CB%CB%C0%CD%F6%B0%B8&RID = 29416#）。

摔倒在地受伤，后拖拉机停在了路南边，许绪根经抢救无效死亡。

一审法院认为，李进峰驾车致许绪根死亡的行为发生在西部村村东路口，系公共交通管理的范围外，不应定性为交通肇事罪。辩护人的辩护意见依法不予采纳，判决被告人李进峰犯过失致人死亡罪，判处有期徒刑两年。

三、关联法条

《中华人民共和国刑法》

第二百三十三条　过失致人死亡的，处三年以上七年以下有期徒刑；情节较轻的，处三年以下有期徒刑。本法另有规定的，依照规定。

四、争议问题

本案的争议问题是，如何区别交通肇事罪与过失致人死亡罪？

五、简要评论

交通肇事罪与过失致人死亡罪都是过失犯罪，都可能发生致人死亡的结果，犯罪主体都是一般主体，因此有必要仔细澄清两罪之间的区别。从犯罪构成来看，交通肇事罪与过失致人死亡罪之间的区别主要体现在犯罪客观方面：前者事故发生在公共交通管理的范围之内，后者事故发生的场合没有限制；前者事故发生的原因是行为违反交通运输管理法规，是职务上的过失犯，后者一般是过失犯，事故发生的原因没有特别限制；前者在致1人死亡的情况下，需要行为人负事故的全部责任或主要责任，后者只要行为发生致人死亡的结果就构成犯罪，无需划分行为人与被害人的责任。从法条之间的关系来看，交通肇事罪与过失致人死亡罪之间是特殊法与一般法之间的法条竞合关系。因此，主要应该从以下几个方面来区别两罪：

(1) 从事故发生的场合来看。2000年11月10日通过的最高人民法院《关于审理交通肇事刑事案件具体应用法律若干问题的解释》第8条第2款规定："在公共交通管理的范围外，驾驶机动车辆或者使用其他交通工具致人伤亡或者致使公共财产或者他人财产遭受重大损失，构成犯罪的，分别依照刑法第一百三十四条、第一百三十五条、第二百三十三条等规定定罪处罚。"对于道路公共交通管理的范围，应该根据《道路交通安全法》第119条第(一)项确定："'道路'，是指公路、城市道路和虽在单位管辖范围但允许社会机动车通行的地方，包括广场、公共停车场等用于公众通行的场所。"本案中的泽州县巴公镇西部村村东路口不允许社会车辆通行，并且由村委会委派被害人看管该路口，因此不属于公共交通管理的范围。在该场合发生交通事故致人死亡的，不能适用交通肇事罪的规定，应该适用《刑法》第233条，构成过失致人死亡罪。

(2) 从事故结果发生的原因来看。交通肇事罪要求"违反交通运输管理法规，因而发生重大事故"，因此交通肇事罪中事故发生的原因是违反交通运输管理法规的行为，而行为是否违反了交通运输管理法规，需要专业的判断。而在过失致人死亡案件中，死亡结果的原因是一切违法行为，违法性判断以一般人的认识为标准。本案中，被害人的死亡是由于被告人不停车并撞到路边台阶的行为造成的。死亡事故发生的原因与违反交通运输管理法规的关系不大,宜认定为一般的违法行为。

(3) 从行为人与被害人之间的责任划分来看。交通肇事罪的认定以事故责任的划分为前提,死亡1人的,要求负事故的全部责任或主要责任,被害人负主要责任则阻却犯罪的成立;而过失致人死亡的,不需要进行责任的划分,被害人责任的大小可以影响被告人的量刑,但不会阻却犯罪的成立。本案中,被害人追赶拖拉机,并抓住拖拉机的方向盘对于事故的发生有很大责任。但是,由于本案不是发生在公共交通管理的范围内,交通部门并未对事故进行责任划分。因此,本案不能认定为交通肇事罪,只能认定为过失致人死亡罪。法院对本案的判决是合理的。

案例15-8　韩科重大责任事故案[①]

一、基本案情

2012年9月15日19时50分许,被告人韩科无装载机特种作业操作证驾驶无号牌山东临工953装载机(铲车)在肃北县环城东路西侧施工路段施工时违反安全生产管理规定,与肃北县党城湾镇居民布某某驾驶的由北向南行驶的爱玛牌电动助力车相撞,装载机左后轮碾压于布某某身上,造成布某某当场死亡、电动助力车受损的事故。经鉴定,布某某系机械性外力碰撞、碾轧致身体多部位损伤出血死亡。

二、诉讼过程及裁判理由

被告人韩科因涉嫌交通肇事罪被取保候审。检察机关指控被告人韩科犯重大责任事故罪。

一审法院经审理认为,被告人韩科在施工作业中违反有关安全管理的规定,在无装载机特种作业操作证的情况下驾驶无牌照装载机造成1人死亡,其行为已构成重大责任事故罪,指控罪名成立。被告人韩科系初犯,认罪态度好,案发后积极赔偿了被害人家属的损失,依法可酌情从轻处罚。依据《中华人民共和国刑法》第134条第1款、第72条的规定,判决被告人韩科犯重大责任事故罪,判处有期徒刑1年,缓刑1年。

三、关联法条

《中华人民共和国刑法》

第一百三十四条第一款　在生产、作业中违反有关安全管理的规定,因而发生重大伤亡事故或者造成其他严重后果的,处三年以下有期徒刑或者拘役;情况特别恶劣的,处三年以上七年以下有期徒刑。

---

① 参见北大法意中国裁判文书库(http://www.lawyee.net/Case/Case_Display.asp? ChannelID = 2010100&keyword = %25u91CD%25u5927%25u8D23%25u4EFB&RID = 2841200#)。

四、争议问题

本案争议的主要问题是,韩科无装载机特种作业操作证驾驶无号牌装载机(铲车)作业致使他人死亡的行为,成立交通肇事罪还是重大责任事故罪?

五、简要评论

交通事故罪与重大责任事故罪都属于危害公共安全犯罪,两罪主观上都是过失,客观上都可以表现为重大伤亡事故,因而实践中如何区分两罪存在一些分歧。交通事故罪与重大责任事故罪的区别主要是:前罪违反的是交通运输管理法规,事故发生在公共交通管理范围内的场所;后罪违反的是安全生产规章制度,事故一般发生在工厂、矿山等公共交通管理范围外的场所,但不限于该场所,也可以是公共交通管理范围内的场所。本案定性的争议主要集中在两个问题:如何认定事故发生场所的属性,以及如何认定行为的违法性?

(1)最高人民法院《关于审理交通肇事刑事案件具体应用法律若干问题的解释》第8条规定,"在实行公共交通管理的范围内发生重大交通事故的",构成交通肇事罪;"在公共交通管理的范围外,驾驶机动车辆或者使用其他交通工具致人伤亡或者致使公共财产或者他人财产遭受重大损失的",分别构成重大责任事故罪或者重大劳动安全事故罪等。但是,笔者认为,不能一概将"在实行公共交通管理的范围内发生重大交通事故的"都认定为交通肇事罪。本案事故发生的场所是肃北县环城东路西侧施工路段。那么,该施工路段是属于公共交通管理范围内的道路,还是属于公共交通管理范围外的生产、作业场所呢?我国《道路交通安全法》第119条第(一)项规定:"'道路',是指公路、城市道路和虽在单位管辖范围但允许社会机动车通行的地方,包括广场、公共停车场等用于公众通行的场所。"判决书并没有涉及事故现场的性质,但从事实来看,既然当地居民能够驾驶电动助力车进入该场所,宜认定该施工路段系"虽在单位管辖范围但允许社会机动车通行的地方",属于公共交通管理的范围内。但是,即使该施工路段属于公共交通管理的范围内,也不能据此认定本案构成交通肇事罪,关键还得考虑行为人所违反的是道路交通安全法还是有关安全生产的管理规定。

(2)从违法性来看,本案被告人韩科一方面驾驶无号牌的装载机,另一方面无装载机特种作业操作证。根据《道路交通安全法》第119条第(三)项的规定,"装载机"属于"进行工程专项作业"的机动车,因此被告人驾驶无号牌装载车的行为违反了道路交通安全法。但是将被告人的行为评价为违反有关安全生产方面的管理规定更加全面。因为,一方面,驾驶无号牌装载机的行为既违反了道路交通安全法,也违反了安全生产的管理规定,在此违法性竞合的情况下,可以将《道路交通安全法》关于工程专项作业的规定理解为一般法,而有关安全生产方面的具体管理规定理解为特殊法。另一方面,被告人无装载机特种作业操作证直接上岗作业,违反了国家安全生产监督管理部门的规定,而且该违法行为对于事故的发生具有更加重要的作用。因此,综合来看,行为人主要是违反了有关安全生产的管理规定。

总之,笔者认为,本案中被告人韩科的行为既符合交通肇事罪又符合重大责任事故罪,属于一行为触犯数罪名的想象竞合犯,依据全部法优于部分法的原则,应该认定为重大责任事故罪。法院判决的结论是正确的,但说理不够充分。

案例15-9 谭继伟交通肇事案①

一、基本案情

2007年5月5日23时30分许,被告人谭继伟持C1驾驶证驾驶渝F907××号面包车由重庆市垫江县城向新民方向行驶,当车行驶至城北小学路口处会车时发生交通事故,致行人许武权当场死亡。经法医鉴定,许武权系外力所致颅脑损伤死亡。公安机关交通事故认定书认定,谭继伟负本次事故的主要责任。谭继伟在发生交通事故后,立即拨打了120急救电话及122交通事故报警电话,留在现场等候处理,后随交警到公安机关如实交代了犯罪事实。案发后,谭继伟亲属积极赔偿被害人亲属的经济损失,并取得被害人亲属的谅解。

二、诉讼过程及裁判理由

一审法院经审理认为,被告人谭继伟驾车行驶中,违反道路交通管理法规,造成1人死亡的重大交通事故,负事故主要责任,其行为已构成交通肇事罪,判处有期徒刑1年零6个月。

一审宣判后,被告人谭继伟提出上诉称:一审未认定其自首情节;积极赔偿被害方经济损失,请求对其宣告缓刑。

二审法院审理认为,被告人谭继伟的行为已构成交通肇事罪。谭继伟在发生交通事故后,立即拨打了120急救电话及122交通事故报警电话,留在现场等候处理,后随交警到公安机关如实交代了犯罪事实,系自首,依法可予从轻处罚。谭继伟认罪态度好,其亲属积极赔偿被害人亲属的经济损失,并取得被害人亲属的谅解,可酌情予以从轻处罚。据此依法判决被告人谭继伟犯交通肇事罪,判处有期徒刑1年,缓刑1年零6个月。

三、关联法条

《中华人民共和国刑法》

第六十七条第一款 犯罪以后自动投案,如实供述自己的罪行的,是自首。对于自首的犯罪分子,可以从轻或者减轻处罚。其中,犯罪较轻的,可以免除处罚。

《中华人民共和国道路交通安全法》

第七十条第一款 在道路上发生交通事故,车辆驾驶人应当立即停车,保护现场;造成人身伤亡的,车辆驾驶人应当立即抢救受伤人员,并迅速报告执勤的交通警察或者公安机关交通管理部门……

四、争议问题

本案争议的主要问题是,交通肇事后车辆驾驶人保护现场、抢救伤者、向公安机关报告

---

① 参见陈兴良、张军、胡云腾主编:《人民法院刑事指导案例裁判要旨通纂》(上卷),北京大学出版社2013年版,第50页。

的行为能否成立交通肇事罪的自首？

五、简要评论

根据《刑法》第67条的规定，犯罪以后自动投案，如实供述自己的罪行的，是自首。因此，原本交通肇事以后自动投案，如实供述自己罪行的，也应当认定为自首。但是，由于交通肇事罪特殊的规范结构，刑法理论与实践中对于是否承认交通肇事罪的自首，存在否定说与肯定说两种不同观点。

否定说认为，根据《道路交通安全法》第70条第1款的规定，交通肇事后保护现场、抢救伤者、向公安机关报告是车辆驾驶人的义务，这种义务包含了自首中的自动投案和如实供述的要件。因此，车辆驾驶人在肇事后自动投案和如实供述的行为，是履行《道路交通安全法》义务的行为，不应作为自首从轻或减轻处罚。另外，认为肇事后车辆驾驶人保护现场、抢救伤者以及向公安机关报告的行为成立自首也存在重复评价的嫌疑。因为刑法已明确将逃逸的行为作为交通肇事罪法定刑升格的理由，也就是已将未逃逸的行为给予了较轻的处罚。如果认为行为人未逃逸可以成立自首，等于说对未逃逸又进行了一次从宽处理的评价，有重复评价之嫌。

肯定说则认为，《道路交通安全法》规定行政义务的目的与刑法规定自首的目的不同，两者成立的条件也不同，不能以行政义务的强制性为由否定自首的成立，履行法定义务的行为完全不妨碍自首的成立。另外，虽然交警部门在认定责任事故时会考虑车辆驾驶人是否有保护现场、抢救伤者以及向公安机关报告的行为，但是不能将交警部门认定的责任直接上升为刑事责任，保护现场、抢救伤者以及报警并不是交通肇事罪的构成要件，因此在自首中考虑这些情况并不是重复评价。

笔者赞同肯定说，认为自首作为刑法总则规定的量刑制度应当适用于《刑法》分则的所有犯罪，包括交通肇事罪。行为人交通肇事后，保护现场、抢救伤者、向公安机关报告（履行行政义务），同时符合自首条件的，应当认定为自首。承认交通肇事罪中的自首，将对刑罚的裁量产生如下影响：一是交通肇事后没有逃逸的，适用《刑法》第133条第一档法定刑，不具有法定从宽情节；二是交通肇事后没有逃逸，且符合自首条件的，适用《刑法》第133条第一档法定刑，并认定具有自首情节；三是交通肇事后逃逸，没有自首的，适用《刑法》第133条第二档法定刑，不具有法定从宽情节；四是交通肇事后逃逸，后来又投案自首的，适用《刑法》第133条第二档法定刑，并认定具有自首情节。

综上，本案中被告人谭继伟肇事后报警并留在现场等候处理的行为，虽然可以评价为是在履行行政法上的义务，另一方面被告人的行为也是完全符合自首的实质要件的，所以应当认定为自首。因此，本案中二审法院的做法是正确的，保障了我国刑法的统一性，也符合罪刑相适应原则。

第十六章　生产、销售伪劣产品罪

案例16-1　韩俊杰等生产伪劣产品案[①]

一、基本案情

2000年春,被告人韩俊杰在河南省尉氏县大桥乡大苏村筹建棉花加工厂,并指派被告人付安生、韩军生从外地购买一套棉花加工设备。在为崔建标、于水等人加工棉花的过程中,应崔建标、于水(均在逃)等人的要求,韩俊杰从他处借得一台打麦机专门用于加工回收棉,并同意在籽棉中掺入回收棉,共计加工劣质棉163.445吨,价值170余万元,全部由崔建标、于水等人售出。韩俊杰获取加工费7.24万元。在共同生产经营过程中,韩俊杰负责全面工作;付安生负责维修机器,并购买了部分生产用品;韩军生购买了部分生产用品。

二、诉讼过程及裁判理由

一审法院经审理认为,被告人韩俊杰、付安生、韩军生违反国家规定在从事棉花加工过程中,以次充好,销售金额达170万元,3被告人的行为均已构成生产伪劣产品罪。公诉机关指控3被告人犯罪事实清楚,证据确实充分。在共同犯罪中,各被告人只是分工不同,对被告人付安生不能认定为从犯。3被告人及其辩护人无罪辩护理由不能成立。被告人韩俊杰犯生产伪劣产品罪,判处有期徒刑15年,并处罚金100万元;被告人付安生犯生产伪劣产品罪,判处有期徒刑11年,并处罚金90万元;被告人韩军生犯生产伪劣产品罪,判处有期徒刑10年,并处罚金90万元

韩俊杰、付安生、韩军生不服一审判决,以"不构成生产伪劣产品罪,应宣告无罪"为由提起上诉。

二审法院经审理认为,上诉人韩俊杰、付安生、韩军生在共同经营棉花加工厂从事棉花加工业务过程中,向籽棉中掺入回收棉,以次充好,共加工劣质棉163.445吨,销售金额170余万元。3上诉人的行为均已构成生产伪劣产品罪。上诉人韩俊杰对筹资建厂、为加工回收棉向亲戚借打麦机、共加工160余吨劣质棉的事实供认不讳;上诉人付安生对购买棉花加工设备、负责维修机器并购买部分生产用品、明知道加工厂生产的是掺了回收棉的劣质棉的事实供认不讳;上诉人韩军生对购买棉花加工设备和部分生产用品的事实亦有供认。并且3上诉人的供述与本案的其他证据能够相互印证。原判决事实清楚,证据确实、充分,定性准确,量刑适当,审判程序合法,裁定驳回上诉,维持原判。

[①] 参见陈兴良、张军、胡云腾主编:《人民法院刑事指导案例裁判要旨通纂》(上卷),北京大学出版社2013年版,第59页。

三、关联法条

《中华人民共和国刑法》

第一百四十条 生产者、销售者在产品中掺杂、掺假,以假充真,以次充好或者以不合格产品冒充合格产品,销售金额五万元以上不满二十万元的,处二年以下有期徒刑或者拘役,并处或者单处销售金额百分之五十以上二倍以下罚金;销售金额二十万元以上不满五十万元的,处二年以上七年以下有期徒刑,并处销售金额百分之五十以上二倍以下罚金;销售金额五十万元以上不满二百万元的,处七年以上有期徒刑,并处销售金额百分之五十以上二倍以下罚金;销售金额二百万元以上的,处十五年有期徒刑或者无期徒刑,并处销售金额百分之五十以上二倍以下罚金或者没收财产。

四、争议问题

本案主要有以下几个争议问题:第一,韩俊杰、付安生、韩军生为他人加工劣质棉是否影响生产伪劣产品罪的定性?第二,如果成立犯罪,由于同案犯崔建标、于水已将所有劣质产品销售出去,崔建标、于水的销售伪劣产品的犯罪行为是否应当归责于同案犯韩俊杰、付安生、韩军生,3人成立生产伪劣产品罪、销售伪劣产品罪还是生产、销售伪劣产品罪?经法院依程序对证据作综合分析,认定3被告人触犯了生产伪劣产品罪,在销售行为不归责于3被告人的情况下,法院对3被告人仅认定生产伪劣产品罪,而非生产、销售伪劣产品罪,进而根据"销售金额"量刑处罚,是否违背罪刑法定原则?

五、简要评论

随着我国市场经济的飞速发展,满足广大人民群众的生活需求的同时,假冒伪劣产品充斥着市场各个领域,不言而喻,已经严重影响人民的生活,生产、销售伪劣产品的案件已经成为侵犯社会主义市场经济的常态性犯罪行为。

本案中,一、二审均判决韩俊杰、付安生、韩军生构成生产伪劣产品罪。根据《刑法》第140条的规定,生产、销售伪劣产品具体以四种形式表现出来,在产品中掺杂掺假、以假充真、以次充好、以不合格产品冒充合格产品。法院判决被告人韩俊杰、付安生、韩军生违反国家规定,从事棉花加工过程中,以次充好,销售金额达170万元,3被告人的行为均已构成生产伪劣产品罪。根据最高人民法院、最高人民检察院《关于办理生产、销售伪劣商品刑事案件具体应用法律若干问题的解释》的规定,掺杂、掺假是指在产品的生产过程中掺入杂质或者异物,致使产品质量不符合国家法律、法规或者产品明示质量标准规定的质量要求,降低、失去应有使用性能的行为。韩俊杰、付安生、韩军生为他人加工劣质棉,掺杂掺假、以次充好的行为是否属于犯罪行为,值得探讨。很显然,3被告人的行为属于来料加工,来料加工是承揽加工行为,指的是承揽人以自己的工作用定做人提供的原材料,为定作人加工成成品,定作人接受该产品并支付报酬的行为。客观上3被告人的行为仅为他人加工,其并不具有销售的故意,也未有销售的切实行为,仅仅是收取崔建标、于水支付的劳动报酬。但不可否认的是,韩俊杰、付安生、韩军生明知往优质棉中添加劣质棉的行为具有鲜明的生产伪劣产品的性质,3被告人分工的不同,构成整体的生产伪劣产品链条。

根据判决显示,被告人韩俊杰、付安生、韩军生构成生产伪劣产品罪,对3被告人却以"销售金额"进行量刑,不得不让人产生疑惑甚至质疑之声。3被告人仅仅生产伪劣产品,收取崔建标、于水支付的加工费7.24万,并未有任何销售行为,何谈"销售金额",进而根据销售金额进行定罪量刑。根据《关于办理生产、销售伪劣商品刑事案件具体应用法律若干问题的解释》的规定,"销售金额"是指生产者、销售者出售伪劣产品后所得和应得的全部违法收入。很显然,另案处理的崔建标、于水将劣质棉全部销售的行为是否归责于韩俊杰、付安生、韩军生,这就提出另外一个问题,5人是否构成共同犯罪,如果根据案情事实,综合分析案件性质,定罪量刑问题便会迎刃而解。

根据我国《刑法》的规定,共同犯罪必须具备两个基本条件:犯罪行为与犯罪故意意思联络。本案中,毫无疑问3被告人依崔建标、于水的要求实施生产伪劣产品,建立加工帮助互为连接的生产与接收的行为与意思联络,崔建标、于水生产伪劣产品的主观目的是为了销售牟利,3被告人并无以销售为目的牟利的意思行为。不可否认的是,3被告人在加工棉花的过程中将回收棉掺入籽棉生产劣质棉,明知崔建标、于水将生产的劣质棉进行销售而为收取加工费放任销售劣质产品危害结果的发生,5人构成生产、销售伪劣产品完整的链条。本案中,崔建标、于水、韩俊杰、付安生、韩军生5人的行为构成生产、销售伪劣产品的共犯,崔建标、于水将所有生产的劣质棉全部销售出去,3被告人应该为自己明知该危害结果的发生进行生产伪劣产品的先行为承担刑事责任,量刑以"销售金额"作为依据,也有合理之处,但是认定生产、销售伪劣产品罪更为妥当。

案例16-2　陈建明等销售伪劣产品案[①]

一、基本案情

被告人陈建明与景巨良(另案处理)预谋销售假冒卷烟,景巨良在北京市朝阳区高碑店花园闸村、半壁店方家村分别设立办公室及两个烟库,用于销售假冒卷烟。1999年2月至5月间,陈建明和景巨良又与吴松希、方文魁、马丹辉等人预谋由广州、福建等地,购买假冒卷烟并贩运来京销售。后吴松希、方文魁等人将假冒的"三五""万宝路"等卷烟装入集装箱,经铁路、公路运输至北京市。其中,马丹辉负责收购假烟,并在北京广安门火车站货场调度王建华(另案处理)的配合下将吴松希等人运至北京的假烟提出后,送到陈建明和景巨良指定的地点,然后两人联系摊点进行销售。案发后,经鉴定,陈建明伙同他人销售假冒卷烟的金额为661.5854万元,吴松希、方文魁销售假冒卷烟金额各284.618万元、19.26万元,均为假冒他人注册商标的伪劣卷烟。马丹辉帮助被告人吴松希、方文魁等人将假冒卷烟运至被

[①] 参见陈兴良、张军、胡云腾主编:《人民法院刑事指导案例裁判要旨通纂》(上卷),北京大学出版社2013年版,第60页。

告人陈建明、李延广处,假冒卷烟的金额为 603.8783 元。1999 年 5 月间,被告人李延广、张文振等人欲将马丹辉从铁路非法贩运至北京的假冒"石林""金健"等卷烟 716 箱进行销售时,被查获,经鉴定,价值金额为 34.511 万元。

二、诉讼过程及裁判理由

一审法院经审理认为,被告人陈建明、吴松希、马丹辉、李延广、张文振、方文魁分别结伙,违反国家产品质量法规,以假充真,大量销售假冒劣质卷烟,严重破坏市场经济秩序,其行为均已构成销售伪劣产品罪。在共同犯罪中,陈建明、吴松希、马丹辉、方文魁均起主要作用,系主犯,均应依法惩处。被告人张文振帮助他人销售假冒劣质卷烟,系本案从犯,依法对其从轻处罚;马丹辉系本案从犯,其在被公安机关羁押后,能协助公安机关抓获同案犯,依法对其从轻处罚。一审判决,判处被告人陈建明销售假冒伪劣产品罪名成立,判处无期徒刑,剥夺政治权利终身,并处没收个人全部财产。判处被告人吴松希销售假冒伪劣产品罪名成立,判处有期徒刑 15 年,并处罚金人民币 285 万元。判处被告人马丹辉销售假冒伪劣产品罪名成立,判处有期徒刑 6 年,并处罚金人民币 150 万元。判处被告人李延广销售假冒伪劣产品罪名成立,判处有期徒刑 4 年,并处罚金人民币 35 万元。判处被告人张文振销售假冒伪劣产品罪名成立,判处有期徒刑 3 年,并处罚金人民币 15 万元。判处被告人方文魁销售假冒伪劣产品罪名成立,判处有期徒刑两年,并处罚金人民币 19 万元。继续追缴上述被告人的违法所得,随案移送的物品予以没收,上缴国库。

一审宣判后,陈建明、吴松希、李延广、张文振不服,提出上诉。

二审法院经审理认为,一审判决认定的事实清楚,证据确实、充分,定罪及适用法律正确,量刑适当,审判程序合法,应予以维持,依法裁定驳回上诉,维持原判。

三、关联法条

《中华人民共和国刑法》

第一百四十条 生产者、销售者在产品中掺杂、掺假,以假充真,以次充好或者以不合格产品冒充合格产品,销售金额五万元以上不满二十万元的,处二年以下有期徒刑或者拘役,并处或者单处销售金额百分之五十以上二倍以下罚金;销售金额二十万元以上不满五十万元的,处二年以上七年以下有期徒刑,并处销售金额百分之五十以上二倍以下罚金;销售金额五十万元以上不满二百万元的,处七年以上有期徒刑,并处销售金额百分之五十以上二倍以下罚金;销售金额二百万元以上的,处十五年有期徒刑或者无期徒刑,并处销售金额百分之五十以上二倍以下罚金或者没收财产。

四、争议问题

本案的争议问题在于,被告人李延广、张文振等人欲将马丹辉从铁路非法贩运至北京的假冒"石林""金健"等卷烟 716 箱进行销售时,被查获,经鉴定价值金额为 34.511 万元。根据现有的法律解释,尚未销售的伪劣产品金额超过 15 万元即认定成立生产、销售伪劣产品罪未遂犯,这是值得研究的问题。伪劣产品尚未销售,或者销售金额没有达到 5 万元,尚未销售的金额达到15万元,是否应成立生产、销售伪劣产品罪的未遂犯?

五、简要评论

根据国家质监总局的报告,我国每年因假冒伪劣造成的经济损失达2 000亿元,这也是立法将本罪列为危害社会市场经济秩序类犯罪第一条的题中之意。

生产、销售伪劣产品罪是指生产者、销售者在产品中掺杂掺假、以假充真、以次充好或者以不合格产品冒充合格产品,销售金额5万元以上的行为。销售金额作为构成本罪的构成要件入罪的标准,一直是刑法学界争议的司法实务中不可回避的问题。本案中,对陈建明、吴松希、马丹辉、方文魁依据已经销售的伪劣产品金额定罪,符合《刑法》的规定,但以从李延广、张文振处收缴的尚未销售的伪劣产品金额对二人定罪是否符合《刑法》规定的目的,存在争议。

最高人民法院、最高人民检察院《关于办理生产、销售伪劣商品刑事案件具体应用法律若干问题的解释》第2条规定,《刑法》第140条、第149条规定的"销售金额",是指生产者、销售者出售伪劣产品后所得和应得的全部违法收入。伪劣产品尚未销售,货值金额达到《刑法》第140条规定的销售金额3倍以上的,以生产、销售伪劣产品罪(未遂)定罪处罚。一种观点认为,只要生产者生产的伪劣产品销售给销售者、销售者销售出的伪劣产品金额达到5万元,即构成本罪的成立。另一种观点不赞成上述观点及司法解释。首先,生产者生产伪劣产品,出售给销售者,该伪劣产品并未进入流通领域,社会主义市场经济秩序也没有受到冲击,并没有对合法正规企业的产品的利益造成损害,更重要的是消费者权益并未受到侵害。其次,《刑法》第140条规定的销售金额,既约束本罪刑罚范围,也对犯罪行为结果与行为内容进行规范,没有达到规定数额时,其行为不能以犯罪未遂处罚。再次,销售金额作为本罪成立的要件,违背公平严密性,销售金额由于地域不同、时间不同、购买力不同、物价差异,必然会造成同样销售金额的社会危害性结果大小的不同,但却承担相同的刑罚责任。最后,根据司法解释的规定,只要销售者购入15万元以上的伪劣产品,即使未进行销售,也构成销售伪劣产品罪的未遂。该司法解释有悖《刑法》第140条的规定,与罪刑法定原则不符。

本案中,根据最高人民法院、最高人民检察院《关于办理生产、销售伪劣商品刑事案件具体应用法律若干问题的解释》的规定,被告人李延广、张文振成立销售伪劣产品罪的未遂,该司法解释是为了解决司法实践中类似问题而作出的折中规定,为此提供标准和依据,但不可否认的是,该司法解释将销售金额、货值金额作为本罪成立的条件值得商榷。

案例16-3 王洪成生产、销售伪劣产品案[①]

一、基本案情

1992年末,被告人王洪成组建哈尔滨市洪成新能源膨化剂有限公司,先后在哈尔滨市等

---

① 参见陈兴良、张军、胡云腾主编:《人民法院刑事指导案例裁判要旨通纂》(上卷),北京大学出版社2013年版,第62页。

地组织生产重油膨化剂、重柴油膨化剂。由于王洪成将其开发所谓技术成果——水变油技术不断推出演示,加之当时部分媒体过于渲染的报道,"水变油"技术在全国引起广泛关注。1993年2月,沈阳冶炼厂曾某找到王洪成,要求购买水变油技术,王洪成假称加密问题没有解决,可以买膨化剂,并许诺可以节油30%。曾某信以为真,同月23日,从王洪成处购买40万元膨化剂15吨,后该厂按照王洪成提供的工艺流程兑制使用,发现热值不够,发热量随掺水量增加而成比例下降,满足不了基本使用要求,遂要求退货,王洪成称,待新的膨化剂出来后给兑换,不同意退货。其后王洪成以类似的方式,先后向沈阳市、江苏省、海口市、浙江省、广州市、上海市等地的企业销售所谓的重油膨化剂以及柴油膨化剂,金额共计人民币393万元。

二、诉讼过程及裁判理由

一审法院经审理认为,1992年末,被告人王洪成先后在哈尔滨市道里区等地组织生产了不具备基本使用性能的伪劣产品重油膨化剂、重柴油膨化剂。为获取非法利润,被告人王洪成以其生产的重油膨化剂、重柴油膨化剂在使用时可节油20%～30%为名,骗取购货方的信任,销售伪劣产品。自1992年末先后向沈阳等7家企业销售伪劣重油膨化剂、柴油膨化剂60余吨,违法所得393万元,其行为已经构成生产销售伪劣商品罪。一审法院依照《中华人民共和国刑法》(1997年)第12条,《中华人民共和国刑法》(1979年)第52条、第59条和全国人民代表大会常务委员会《关于惩治生产、销售伪劣商品犯罪的决定》第1条的规定,判决被告人王洪成犯生产、销售伪劣商品罪,判处有期徒刑10年,剥夺政治权利两年,没收被告人王洪成私产住宅7处、轿车2辆,上缴国库。

一审宣判后,被告人王洪成不服,以生产、销售的膨化剂不是伪劣商品为由,提出上诉。

二审法院经审理认为,被告人王洪成生产、销售的重油膨化剂、重柴油膨化剂不具有节油性能,属于不合格产品。被告人及其辩护人理由不能成立。一审判决认定被告人王洪成犯生产、销售伪劣商品罪的事实清楚,证据确实、充分,定罪量刑适当,依法裁定驳回上诉,维持原判。

三、关联法条

《中华人民共和国刑法》

第一百四十条 生产者、销售者在产品中掺杂、掺假,以假充真,以次充好或者以不合格产品冒充合格产品,销售金额五万元以上不满二十万元的,处二年以下有期徒刑或者拘役,并处或者单处销售金额百分之五十以上二倍以下罚金;销售金额二十万元以上不满五十万元的,处二年以上七年以下有期徒刑,并处销售金额百分之五十以上二倍以下罚金;销售金额五十万元以上不满二百万元的,处七年以上有期徒刑,并处销售金额百分之五十以上二倍以下罚金;销售金额二百万元以上的,处十五年有期徒刑或者无期徒刑,并处销售金额百分之五十以上二倍以下罚金或者没收财产。

四、争议问题

本案中被告人王洪成虚构的水变油技术生产的重油膨化剂、重柴油膨化剂,承诺使用时可以节油20%~30%,但是该产品在使用过程中并不具有许诺的性能,那么被告人王洪成生产的重油膨化剂、重柴油膨化剂是否属于伪劣产品成为本案关键。如果重油膨化剂、重柴油膨化剂属于伪劣产品,那么构成生产、销售伪劣产品罪;否则,不成立该罪。同时由于1997年《刑法》的修订,该案面临不可逾越的法律适用问题。

五、简要评论

自1984年初开始,王洪成推出所谓的"水变油"发明,由哈尔滨市一名普通的公交车司机摇身一变成为"伟大的发明家"。经营将近10年的王洪成,将"水变油"技术的演示发挥得淋漓尽致,经过媒体的大肆渲染,众多买家慕名而来,王洪成骗取了巨额财产,受害者的间接损失更是难以估计,影响极其恶劣。

1996年此案一出,引起全国关注,此案的关键点为被告人王洪成推出的重油膨化剂、重柴油膨化剂是否属于伪劣产品。法院判决指出,所谓伪劣产品是指产品质量没有达到国家产品质量标准的产品。《中华人民共和国标准化法》规定了产品质量标准,该法将我国的产品质量标准分为国际标准、国家标准、行业标准、地方标准和企业标准。没有国际标准、国家标准、行业标准、地方标准的,应当制定企业标准,作为组织生产的依据。凡不符合上述质量标准要求的产品就是不合格产品。

由于被告人王洪成生产、销售的重油膨化剂、重柴油膨化剂是其开发的"新产品",当时没有国际标准、国家标准、行业标准、地方标准可供执行,当然应执行企业标准。根据法律规定,根据企业标准生产、销售的产品,应当具备其许诺的使用性能,否则,就是不合格产品。被告人王洪成许诺使用重油膨化剂、重柴油膨化剂可节油20%~30%,但是,其生产、销售的重油膨化剂、重柴油膨化剂并不具有其许诺的性能,更为重要的是,王洪成生产、销售的重油膨化剂、重柴油膨化剂经鉴定根本不具有使用性能,当然属于伪劣产品。

本案中,被告人王洪成生产、销售伪劣产品是毋庸置疑的,由于1997年《刑法》的修订,该案面临着法律的适用问题。1993年7月2日全国人民代表大会常务委员会通过的《关于惩治生产、销售伪劣商品犯罪的决定》①第1条明确规定,生产者、销售者在产品中掺杂、掺假,以假充真,以次充好或者以不合格产品冒充合格产品,违法所得数额在2万元以上不满10万元的,构成生产、销售伪劣商品罪。1997年《刑法》将"违法所得数额"改为"销售金额",并且将"销售金额五万元以上"作为追究伪劣产品生产者、销售者责任的基点。"违法所得数额"与"销售金额"是两个不同的概念,"违法所得数额"是指生产、销售伪劣产品获利的数额;"销售金额"是指生产者、销售者出售伪劣产品后所得和应得的全部违法收入。很显然,"违法所得数额"与"销售金额"具有根本的不同。本案一审判决是在1997年修订《刑法》生效之前作出的判决,可以适用1993年7月2日通过的全国人民代表大会常务委员会通过的《关于惩治生产、销售伪劣商品犯罪的决定》规定认定违法所得数额,但是此时的393万元,事实上是王洪成销售伪劣产品的销售金额,并非违法所得数额,而将罪名认定为生产、

---

① 该决定已被1997年《刑法》废止。

销售伪劣商品罪是合理的。二审法院在 1997 年 11 月 14 日作出裁定,仍裁定驳回上诉,维持原判,未对罪名和量刑依据作出更正,欠缺妥当。

案例 16-4　熊漓斌等生产、销售假药案①

一、基本案情

1998 年 10 月的一天,被告人熊漓斌找到被告人兰忠灵、唐荣付,与兰忠灵、唐荣付在桂林商量做三金片(药品名)的生意,兰忠灵找到被告人谢庆庄让其出资做三金片的内包装,谢庆庄同意后找到被告人莫忠明共同出资做三金片的内包装,莫忠明表示同意。1999 年 5 月 1 日,被告人兰忠灵与谢庆庄、莫忠明到桂林找到被告人熊漓斌商量制作三金片的具体事宜后,决定由熊漓斌负责提供药片、塑料瓶并负责销售,由谢庆庄和莫忠明负责所有的内包装以及生产、包装,并谈好获利后由熊漓斌与兰忠灵、谢庆庄、莫忠明四六分成。5 月至 6 月间,被告人熊漓斌提供穿心莲片(药品名),被告人兰忠灵、谢庆庄、莫忠明在柳州租房请工人将熊漓斌提供的穿心莲片用三金片的包装瓶进行分瓶包装。因兰忠灵与谢庆庄等人发生矛盾,谢庆庄与熊漓斌将包装工作转到广西来宾县莫忠明提供的房间内进行,共计包装好 264 件假三金片。6 月 27 日,被告人谢庆庄、莫忠明租车将造好的假三金片从来宾县运到桂林交给熊漓斌存放。当天熊漓斌将假三金片已运到桂林的情况告诉了唐荣付,并让唐荣付一起找客户。6 月 28 日 8 时许,被告人熊漓斌用电话与柳州地区医药工业公司的莫明新联系,向莫忠明谎称该批药是唐荣付的亲戚从桂林三金药业集团公司内部得到的正宗三金片,被告人唐荣付也在电话里向莫明新证实了熊漓斌的说法,莫明新表示要货,被告人唐荣付将假三金片运到桂林市国际贸易中心停车场停放。11 时 30 分左右,莫明新与妻子邱雪松应约到桂林三金药业集团公司门口。被告人熊漓斌和唐荣付在此等候。熊漓斌假装让唐荣付到厂里提货,唐荣付把预先已装在货车上的 180 件假三金片从国际贸易中心停车场运到三金药业集团公司门前的路口,称这批货是从公司里提出来的,事先已交代好的司机也做同样的回答。莫明新夫妇信以为真。之后,莫明新夫妇在桂林市平山停车厂验货后以每件 1 200 元的价格购得该 180 件假三金片,共付货款人民币 216 000 元。被告人熊漓斌分得赃款 57 150 元,谢庆庄分得赃款 67 850 元,莫忠明分得赃款 55 000 元,唐荣付分得赃款 36 000 元。案发后分别从被告人熊漓斌、唐荣付、谢庆庄、莫忠明处追缴赃款 5 700 元、9 050 元、20 209.10 元、36 000 元;被告人莫忠明的亲属已主动为莫忠明退出赃款 19 000 元,以上共计人民币 899 591.10 元,已退还被害人莫明新夫妇。

二、诉讼过程及裁判理由

一审法院经审理认为,被告人熊漓斌、谢庆庄、莫忠明、兰忠灵、唐荣付明知是假药而非

---

① 参见陈兴良、张军、胡云腾主编:《人民法院刑事指导案例裁判要旨通纂》(上卷),北京大学出版社 2013 年版,第 63 页。

法生产、销售,足以严重危害他人身体健康,5被告人的行为均已构成生产、销售假药罪。依照《中华人民共和国刑法》第141条,第25条第1款,第72条,第73条第2、3款的规定,分别判处熊漓斌、谢庆庄、唐荣付、莫忠明、兰忠灵有期徒刑3年;有期徒刑3年;有期徒刑两年零6个月,缓刑3年;有期徒刑两年,缓刑3年;有期徒刑1年,缓刑两年。

判决宣判后,上述被告人均未提起上诉。

三、关联法条

《中华人民共和国刑法》

第一百四十一条 生产、销售假药的,处三年以下有期徒刑或者拘役,并处罚金;对人体健康造成严重危害或者有其他严重情节的,处三年以上十年以下有期徒刑,并处罚金;致人死亡或者有其他特别严重情节的,处十年以上有期徒刑、无期徒刑或者死刑,并处罚金或者没收财产。

本条所称假药,是指依照《中华人民共和国药品管理法》的规定属于假药和按假药处理的药品、非药品。

四、争议问题

此案是1999年11月12日作出的判决,该案当时面临的问题是,生产、销售假药罪足以危害人体健康为构成要件之一,不具有足以危害人体健康的危险,即不构成生产、销售假药罪,同时如何认定足以危害人体健康,并无具体的标准与细则。本案也不可避免地面临这样一个尴尬境遇,以他种药品冒充此种药品并未进入销售渠道,也未对他人造成伤害,在法无明文规定的前提下,法院认定构成生产、销售假药罪,当时是否违背生产、销售伪劣假药罪入罪的标准?

五、简要评论

1997年修订的《刑法》规定生产、销售假药罪必须具备足以危害人体健康的危险,刑法学界以及司法部门对该如何认定判断此问题一直存在重大的分歧,统一两者定罪量刑的认识是对罪刑法定的尊重,也是符合刑法的目的性要求的,该入罪的应该入罪。

生产、销售假药罪,是指自然人或者单位故意生产、销售假药的行为,本罪是抽象的危险犯。生产、销售假药罪的内容必须是假药,什么是假药?假药是指依照《中华人民共和国药品管理法》的规定属于假药和按假药处理的药品、非药品。根据《中华人民共和国药品管理法》第48条第2款的规定:"有下列情形之一的,为假药:(一)药品所含成份与国家药品标准规定的成份不符的;(二)以非药品冒充药品或者以他种药品冒充此种药品的。"本案中,被告人熊漓斌、谢庆庄、莫忠明、兰忠灵、唐荣付用穿心莲片假冒三金片进行生产,明知以他种药品假冒该种药品,而进行销售,说明被告人已经实施生产、销售假药的行为。销售过程中实施的虚构事实行为只是为了实现销售的目的——非法牟利。根据当时的法律规定,虽然实施了生产、销售假药的行为,该行为却没有造成足以危害人体健康的潜在危险,但不可否认的是,该行为对需要三金片治疗的特定人群具有危险的盖然性,此时造成危险的盖然性是否足以危害人体健康,不得而知。法无明文规定不为罪,直接认定为生产、销售假药罪似乎不太妥当,是否足以严重危害人体健康的判断标准,必须从具体危险犯的具体危险判断相关理论出发,基于结果无价值的立场坚持客观说,从实质上进行判断,坚持刑法客观主义立场。

针对某些犯罪本该入罪却没有入罪现象的发生,2011年2月25日,《刑法修正案(八)》对《刑法》第141条进行修订,修改为生产、销售假药的,处3年以下有期徒刑或者拘役,并处罚金。此时入罪的标准,弥补了司法实践中难以准确衡量的本罪入罪的标准,同时也可以惩治对他人健康造成伤害生产、销售假药的犯罪分子。依据现有的《刑法》规定,本案中被告人熊漓斌、谢庆庄、莫忠明、兰忠灵、唐荣付用穿心莲片假冒三金片进行生产、销售的行为,当然认定为生产、销售假药罪。

案例16-5 林烈群、何华平等销售有害食品案①

一、基本案情

1998年12月,被告人林烈群、林少坤连续几次将其以每吨1400港币从香港进口的工业用油(其中部分被有机锡污染)冒充食用油,以每吨7600元批发给江西省定南县的食品经销商何华平。何华平加价后再批发给被告人黄华香、吴赣池、罗伟华、黄俊海等人销售。同年12月16日之后,定南县龙塘胡子、老城等乡镇和龙南县文化镇等地相继出现大批群众食用猪油后中毒现象。林烈群等人的行为共造成1002人中毒,其中3人死亡,57人重度中毒。同时,造成定南县附带民事诉讼原告医疗费共计1 273 407.2元,造成龙南县附带民事诉讼原告医疗费659 788.92元。

二、诉讼过程及裁判理由

一审法院经审理认为,被告人林烈群多年经营工业用猪油,明知工业用猪油是一种工业原料而非食用猪油,被人食用后会危害人体健康,却为了牟取暴利,将大量工业猪油冒充食用猪油批发给何华平等人销售,致使3人死亡,1 000余人中毒。被告人林少坤明知林烈群销售的是不能食用的猪油,并明知被告人何华平等人到林烈群处购买猪油是为了再销售给人食用,而仍然帮助林烈群批发销售。两被告人在主观上有共同的故意,在客观上互相配合,是共同犯罪。其中,林烈群积极组织实施,起主要作用,系主犯,情节特别恶劣,后果极其严重,应依法严惩,构成销售有害物品罪。但鉴于其并不知道出售的货物已经被有机锡污染,案发后又积极投案,有一定的悔过表现,对其可酌情从轻处罚。林少坤为共同犯罪中的从犯,可对其减轻处罚。被告人何华平、黄华香、吴赣池、罗伟华、黄俊海等人销售没有食品卫生检验合格的猪油,已经造成严重后果,构成销售不符合卫生标准的食品罪,何华平直接

---

① 参见陈兴良、张军、胡云腾主编:《人民法院刑事指导案例裁判要旨通纂》(上卷),北京大学出版社2013年版,第65页。

从林烈群处购进猪油,起主要作用,其主观罪过及危害结果均重于其他人,为主犯,其他4名被告人可以减轻处罚。被告人林烈群犯销售有害食品罪,判处死刑,缓期两年执行,剥夺政治权利终身,并处罚金50万元;被告人林少坤犯销售有害食品罪,判处有期徒刑3年,缓刑4年,并处罚金5万元;被告人何华平犯销售不符合卫生标准的食品罪,判处有期徒刑15年,剥夺政治权利5年,并处罚金5万元;被告人黄华香犯销售不符合卫生标准的食品罪,判处有期徒刑两年零6个月,并处罚金3000元;被告人吴赣池犯销售不符合卫生标准的食品罪,判处有期徒刑两年零6个月,并处罚金3000元;被告人罗伟华犯销售不符合卫生标准的食品罪,判处有期徒刑两年,并处罚金8000元;被告人黄俊海犯销售不符合卫生标准的食品罪,判处有期徒刑两年零6个月,并处罚金3000元。附带民事诉讼原告人经济损失共计人民币3170475元,由被告人林烈群赔偿300万元,被告人林少坤赔偿30475元,被告人何华平赔偿4万元,被告人黄华香、吴赣池、罗伟华、黄俊海各赔偿25000元。

宣判后,各被告人均未上诉,检察机关亦未抗诉。

三、关联法条

《中华人民共和国刑法》

第一百四十四条 在生产、销售的食品中掺入有毒、有害的非食品原料的,或者销售明知掺有有毒、有害的非食品原料的食品的,处五年以下有期徒刑,并处罚金;对人体健康造成严重危害或者有其他严重情节的,处五年以上十年以下有期徒刑,并处罚金;致人死亡或者有其他特别严重情节的,依照本法第一百四十一条的规定处罚。

四、争议问题

本案争议问题在于罪名的认定,法院认定为销售有害食品罪,检察院则以以危险方法危害公共安全罪进行审查起诉。如果法院认定正确,一个不能回避的问题是,以工业原料冒充食品予以销售,被告人林烈群、林少坤将进口的工业用猪油冒充食用猪油,该工业用猪油是否定性为食品?如果该工业原料不能纳入食品的范畴,那么法院认定销售有害食品罪是值得商榷的。

五、简要评论

林烈群、林少坤等人销售有害食品事件因涉及众多城市,范围广,众多消费者身体受到伤害,甚至出现使用后中毒死亡,社会影响极其恶劣,人民的身体健康受到严重威胁。该案一审法院经审理认为,林烈群、林少坤触犯《刑法》第144条销售有害食品罪,公诉机关认定事实清楚,以危险方法危害公共安全罪指控罪名不当。林烈群、林少坤明知购进为工业猪油却假冒食用猪油进行销售,其行为明确表明主观上有以此方式进行牟利并放任危害结果的发生。林烈群、林少坤主观上并不具有造成当地社会治安混乱、人心恐慌,故意伤害他人造成严重危害后果的故意,所以认定为以危险方法危害公共安全罪并不符合事实。

本案中法院认定林烈群、林少坤构成销售有害食品罪,黄华香、何华平、吴赣池、罗伟华、黄俊海构成销售不符合安全标准的食品罪,两个罪名是一般与特殊的关系,销售有害食品罪必然符合销售不符合安全标准的食品罪。何华平、黄华香、吴赣池等人销售明知没有食品卫生检验合格证的猪油,造成严重后果,已经构成销售不符合安全标准的食品罪。

法院判决被告人构成销售有害食品罪与销售不符合安全标准的食品罪,那么以工业猪油假冒食用猪油销售,是否可以认定该工业猪油为食品?根据法律规定,生产、销售有毒、有害食品罪主要客观行为类型为两种:一是在生产、销售的食品中掺入有毒、有害的非食品原料;二是销售明知掺有有毒、有害的非食品原料的食品的行为。至于直接将非食品原料的有毒、有害物质当做食品销售,是否属于本罪的类型,《刑法》并无明确规定。根据1995年10月30日发布的《中华人民共和国食品卫生法》第9条第(八)项的规定,将非食品当做食品的属于禁止生产经营的食品。本案中,林烈群、林少坤以工业猪油非食品当做食品销售,属于禁止经营的食品。虽然2009年2月28日第十一届全国人民代表大会常务委员会第七次会议通过的《中华人民共和国食品安全法》第28条并未明确规定将非食品当做食品的属于禁止销售的食品,但根据食品本身的性质,应当将这种有毒、有害食品纳入到"食品"范围,该工业用猪油属于工业原料,为非食用原料,因此是食品安全法所禁止销售的食品,应认定被告人林烈群、林少坤犯销售有害的食品罪。

案例16-6 俞亚春生产、销售有毒、有害食品案[①]

一、基本案情

2001年8月13日前后,被告人俞亚春花费200元向他人购入1公斤盐酸克仑特罗(又称"瘦肉精")。俞亚春明知瘦肉精系国家有关部门明文禁止使用的养殖添加剂,但为了提高其饲养肉猪的瘦肉率以谋取非法利益,连续一周将该物掺入饲料中饲养200多头肉猪。同月21日下午,俞亚春将其中34头肉猪销售给个体贩猪户徐全根,得款18 000余元。后徐全根将该批肉猪销售给李明水。李明水除自留两头外,又将其中32头全部售出,致使该县170多名消费者食用有毒猪肉后出现不同程度的头痛、头昏、肌肉抽搐、呼吸急促等中毒症状。经医院诊断,上述症状均系食物中毒所致。经采样检验,俞亚春存栏的肉猪、李明水自留的肉猪尿样中均含有瘦肉精,呈阳性。

二、诉讼过程及裁判理由

一审法院经审理认为,被告人俞亚春为谋取非法利益,明知瘦肉精是国家明文禁止使用的养殖添加剂,仍掺入饲料喂养生猪,并将有毒肉猪予以销售,造成170多名消费者食物中毒,其行为已构成生产、销售有毒食品罪,依法判处有期徒刑3年,并处罚金人民币3万元。

俞亚春不服一审判决,提出上诉称:瘦肉精实际上并非本人所购,是由他人购买后交由本人使用,且猪肉销售款并非为其本人经手收取。

[①] 参见陈兴良、张军、胡云腾主编:《人民法院刑事指导案例裁判要旨通纂》(上卷),北京大学出版社2013年版,第67页。

二审法院经审理认为,上诉人俞亚春上诉称瘦肉精非其本人所购与查明的事实不符,要求从轻处罚的理由不能成立。原审判决定罪和适用法律正确,量刑适当,审判程序合法。依照法律驳回上诉,维持原判。

三、关联法条

《中华人民共和国刑法》

第一百四十四条　在生产、销售的食品中掺入有毒、有害的非食品原料的,或者销售明知掺有有毒、有害的非食品原料的食品的,处五年以下有期徒刑,并处罚金;对人体健康造成严重危害或者有其他严重情节的,处五年以上十年以下有期徒刑,并处罚金;致人死亡或者有其他特别严重情节的,依照本法第一百四十一条的规定处罚。

四、争议问题

本案的争议焦点在于该如何对瘦肉精进行定性,瘦肉精是否属于有毒、有害的非食品原料?猪肉是否属于食品?使用瘦肉精饲养肉猪,销售后致使多人中毒的行为该如何定罪处罚?

五、简要评论

法院经审理认定,被告人俞亚春为谋取非法利益,明知瘦肉精是国家明文禁止使用的养殖添加剂,仍掺入饲料喂养生猪,并将有毒肉猪予以销售,造成170多名消费者食物中毒,其行为已构成生产、销售有毒、有害食品罪。该案2001年12月25日作出一审判决、2002年2月5日作出二审判决,尚未出台瘦肉精是否属于非食品原料的相关规定。根据《中华人民共和国食品卫生法》第54条的规定,食品的生产不包括养殖业。依此规定,被告人的行为不符合生产、销售伪劣产品的基本要求,但这样的规定未免过于机械。

所谓生产、销售有毒、有害的食品,是指在生产、销售的食品中掺入有毒、有害的非食品原料,或者销售明知掺有有毒、有害的非食品原料的食品。有毒、有害的非食品原料,是指对人体有生理毒性,食用后会引起不良反应,损害人体健康的原料。为依法惩治非法生产、销售、使用盐酸克仑特罗(俗称"瘦肉精")等禁止在饲料和动物饮用水中使用的药品等犯罪活动,维护社会主义市场经济秩序,保护公民身体健康,根据刑法有关规定,2002年8月16日发布的最高人民法院、最高人民检察院《关于办理非法生产、销售、使用禁止在饲料和动物饮用水中使用的药品等刑事案件具体应用法律若干问题的解释》第3条以及第4条规定:使用盐酸克仑特罗等禁止在饲料和动物饮用水中使用的药品或者含有该类药品的饲料养殖供人食用的动物,或者销售明知是使用该类药品或者含有该类药品的饲料养殖的供人食用的动物的,依照《刑法》第144条的规定,以生产、销售有毒、有害食品罪追究刑事责任。明知是使用盐酸克仑特罗等禁止在饲料和动物饮用水中使用的药品或者含有该类药品的饲料养殖的供人食用的动物,而提供屠宰等加工服务,或者销售其制品的,依照《刑法》第144条的规定,以生产、销售有毒、有害食品罪追究刑事责任。但是在此解释出台之前,瘦肉精是否属于有毒的非食品原料尚未定性。瘦肉精在医学上称盐酸克仑特罗,属于β-肾上腺素兴奋剂,是用于治疗支气管哮喘、肺气肿等疾病的人用药品,不属于食品范畴,故属非食品原料。将"瘦肉精"当做饲料添加剂饲养肉猪后,会在肉猪组织中形成残留,其中在肝脏、肺部、眼球、肾脏中残留量较高。残留盐酸克伦特罗的肉制品被人食用后会导致人体中毒,出现的典型症状有心悸、神经过敏、头痛、目眩、恶心、呕吐等,甚至会导致死亡。本案中食用俞亚春生产、销售的含有"瘦肉精"的猪肉后,造成170多名消费者食物中毒,出现不同程度的头昏、头痛、肌肉抽搐、呼吸急促、呕吐等症状。因此,"瘦肉精"应该被认定为非食品原料,法院对"瘦肉精"以及食品性质的认定是正确的。

生产、销售有毒、有害食品罪为选择性罪名,本案中被告人俞亚春的行为只是生产、销售含有"瘦肉精"的肉猪,生产销售的肉猪为有毒食品,根据案件事实以及法律的规定,此时法律的适用为生产、销售有毒食品罪,而非生产、销售有毒、有害食品罪。

案例16-7 王岳超等生产、销售有毒、有害食品案[①]

一、基本案情

2008年10月,因受"三鹿事件"影响,熊猫乳品公司的销售客户将1 300余件熊猫牌特级和三级全脂甜炼乳退回熊猫乳品公司。被告人王岳超、洪旗德、陈德华为减少本公司的经济损失,明知退回的熊猫牌全脂甜炼乳三聚氰胺超标的情况下,仍于2008年12月30日召开由3被告人和公司技术部负责人荣建琼、朱贵奏、潘兴娟参加的会议,决定将上述退回的熊猫牌全脂甜炼乳按比例添加回炉生产炼奶酱,并于2009年2月起批量生产。截至2009年4月23日案发,熊猫乳品公司采用上述方式生产的炼奶酱合计6 520余罐,价值人民币36万元,其中已销售3 280罐,价值20余万元。

案发后,经检验退回的熊猫牌全脂甜炼乳以及使用该甜炼乳回炉生产的炼奶酱进行抽样检测,所检产品三聚氰胺含量超标,其中最高值为34.1 mg/kg,已经严重超出国家临时管理限量值2.5 mg/kg。

二、诉讼过程及裁判理由

一审法院经审理认为,3名被告人明知三聚氰胺系有毒、有害的非食品原料,为减少公司的经济损失,仍将三聚氰胺含量超标的甜炼乳掺入原料用于生产炼奶酱,且部分产品已销售,其行为符合单位生产、销售有毒、有害食品犯罪的构成要件,被告人王岳超、洪旗德系单位犯罪中直接负责的主管人员,被告人陈德华系直接责任人员,依法均应追究刑事责任。公诉机关指控的罪名成立。依照《刑法》相关条款之规定,判决被告人王岳超犯生产、销售有毒、有害食品罪,判处有期徒刑5年,并处罚金人民币40万元;被告人洪旗德犯生产、销售有毒、有害食品罪,判处有期徒刑4年零6个月,并处罚金人民币30万元;被告人陈德华犯生

[①] 参见陈兴良、张军、胡云腾主编:《人民法院刑事指导案例裁判要旨通纂》(上卷),北京大学出版社2013年版,第68页。

产、销售有毒、有害食品罪,判处有期徒刑3年,并处罚金人民币20万元;查获的三聚氰胺含量超标的熊猫牌甜炼乳及炼奶酱予以没收。

一审宣判以后,被告人王岳超、洪旗德均提出上诉。

二审法院经审理认为,上诉人王岳超、洪旗德承担单位犯罪直接负责的主管人员的刑事责任准确无误;原审3被告人严重背离了从业者的职业道德与行业规则,具有明显的主观故意,且王岳超、洪旗德认罪的酌定量刑情节尚不足以成为二审对上诉人王岳超、洪旗德从轻处罚的理由,遂作出驳回王岳超、洪旗德的上诉,维持原判的裁定。

三、关联法条

《中华人民共和国刑法》

第一百四十四条 在生产、销售的食品中掺入有毒、有害的非食品原料的,或者销售明知掺有有毒、有害的非食品原料的食品的,处五年以下有期徒刑,并处罚金;对人体健康造成严重危害或者有其他严重情节的,处五年以上十年以下有期徒刑,并处罚金;致人死亡或者有其他特别严重情节的,依照本法第一百四十一条的规定处罚。

四、争议问题

本案存在的问题有两个:第一,该如何认定本案的罪名,如何区分生产、销售有毒、有害食品罪与生产、销售不符合卫生标准的食品罪[《刑法修正案(八)》颁布之前的罪名]和以危险方法危害公共安全罪?第二,如何判断被告人系在明知的情况下掺入有毒、有害的非食品原料的?

五、简要评论

对于本案罪名的认定,有多种观点:一种观点主张应定生产、销售不符合卫生标准的食品罪;另一种观点认为应定生产、销售有毒、有害食品罪;还有一种观点主张定以危险方法危害公共安全罪。生产、销售不符合卫生标准的食品罪与生产、销售有毒、有害食品罪的区别主要有两点:一是犯罪手段不同,造成毒源的不同。前者的危害来自于食品中的非食品原料的毒性,行为人故意加入有毒、有害非食品原料,非食品原料或受到污染而有毒性,或本身含有毒性,由于毒害量大(超过国家有关标准)而对人体有害;后者的危害来源于食品原料本身污染或者变质,该食品原料一般来说有毒性,但有害性较小。二是行为人行为危害的结果不同。前者的"毒害"是故意掺入,是行为人积极的作为,为行为犯,实施该犯罪行为即构成犯罪;后者的"毒害"是由生产、销售中受到污染或变质而引起,是行为人消极的不作为,为危险犯。2008年9月13日国家食品质量监督检测中心指出,三聚氰胺属于化工原料,是不允许添加到食品中的。本案被告人明知退回的熊猫牌全脂炼乳含有三聚氰胺,仍将其添加到食品中进行再生产,与添加有毒、有害物质无异。法院没有认定为以危险方法危害公共安全罪,是因为被告人将含有三聚氰胺全脂炼乳回炉加入炼奶酱中,主要目的是为了获取利润,减少损失,而且以危险方法危害公共安全罪与生产、销售有毒、有害食品罪为一般与特殊的关系,根据特殊法优于一般法的原则,应认定为生产、销售有毒、有害食品罪。

本案中被告人及其辩护人对本案犯罪故意是否明知提出了异议,本案采取了推定明知。受2008年三鹿三聚氰胺事件的波及,熊猫乳品公司的客户将1 300余件熊猫牌特级和三级全脂甜炼乳退回熊猫乳品公司。3被告人辩称自己并不知道退回的产品中三聚氰胺含量超标,但根据2008年9月熊猫乳品公司因生产的婴幼儿配方奶粉三聚氰胺含量超标被全国通报,因此停产整顿,并成立了由3被告人分别担任组长、副组长、成员的清理领导小组,负责召回工作,推定3被告人当然知道退回的产品三聚氰胺超标。同时根据现有的《刑法》规定,总则中的"明知"犯罪故意成立的总的要求,其内容是"自己的行为会发生危害社会的结果"。而分则中的"明知",其内容则较为特定。因此,本案中"明知"的认定不应仅指"是否明知召回的乳制品三聚氰胺超标",还包括是否明知召回的乳制品在未经合理处理和严密检测的情况下就对外销售,将会导致危害他人生命健康等危害结果。根据案件事实,3被告人明知退回的熊猫牌全脂甜炼乳三聚氰胺含量超标,却将上述退回的熊猫牌全脂甜炼乳采用按比例添加回炉生产炼奶酱,因此,应认定被告人明知生产、销售的为有毒、有害食品。

案例16-8 刘泽均等生产、销售不符合安全标准的产品案[①]

一、基本案情

1994年8月,重庆市綦江县人民政府决定在綦河上架设一座人行桥(即虹桥),由县城乡建设管理委员会负责组织实施,同年10月8日,段浩以重庆华庆设计工程公司富华分公司的名义与县城乡建设管理委员会签订该工程的设计、施工总承包合同。后段浩又与临时挂靠在重庆市桥梁工程总公司川南经理部的李孟泽、费上利(同案犯,已判刑)达成了由重庆市桥梁工程总公司川南经理部承建该工程的协议。

1994年12月12日,费上利以重庆市桥梁工程总公司川南经理部的名义,刘泽均以重庆国际经济技术合作公司燃化公司的名义,签订了由重庆国际经济技术合作公司燃化公司向重庆市桥梁工程总公司川南经理部供给螺纹钢、圆钢和钢管的工矿产品供货合同。刘泽均将购买的螺纹钢、圆钢直接送到工地,因无生产加工钢管的能力,刘泽均与胡开明、王远凯协商,3人达成以王明凯为法定代表人的技术服务部的名义承揽钢管加工业务,再经该部交由胡开明等人进行来料加工的口头协议。刘泽均明知川南经理部向其购买的钢管用于虹桥建设,未对具体质量作出要求,仅向胡开明提供了简单的加工图纸。胡开明任用无焊工上岗证的赵泽华等人上岗操作,在钢管的坡口未按图纸要求焊接、压型多次出现破裂口的情况下仅作简单补焊处理,导致钢管质量严重低劣,为重大安全事故埋下了隐患。

1995年11月,费上利、李孟泽对刘泽均提供的主拱钢管组织安装时,发现钢管焊接质量

[①] 参见陈兴良、张军、胡云腾主编:《人民法院刑事指导案例裁判要旨通纂》(上卷),北京大学出版社2013年版,第70页。

不合格,为掩盖主拱钢管不合格的真相,费上利、刘泽均、胡开明共谋作假,王远凯表示同意。在胡开明的授意下,工人按其指示焊制了假试块,由王远凯出具盖有技术服务部公章的金属材料机械焊接性能试验报告单。而后,刘泽均骗取了主拱钢管焊接质量合格的检测报告,致使不合格主拱钢管用于虹桥主体。1999年1月4日18时50分许,虹桥整体垮塌,造成40人死亡,14人受伤,直接经济损失628万余元。经鉴定,主拱钢管焊接接头质量低劣,是导致虹桥整体垮塌的直接原因。

二、诉讼过程及裁判理由

一审法院经审理认为,被告人刘泽均无生产加工能力,却承揽虹桥主拱钢管构件的供货业务,在委托加工钢管过程中,明知主拱钢管用于虹桥主体,不提出质量标准和技术要求,明知主拱钢管没有出厂合格证、质量保证书却直接销往需方;在得知质量不合格时,竟串通作假,致使不符合安全标准的产品用于虹桥主体,给虹桥工程造成安全隐患。一审法院判决刘泽均构成生产、销售不符合安全标准的产品罪,判处有期徒刑13年,剥夺政治权利3年,并处罚金30万元,追缴非法所得5万元。被告单位技术服务部为本单位利益,在承揽虹桥主拱钢管加工业务中,不按国家标准和行业标准加工,实际非法获利人民币3万元;其法定代表人王远凯在此业务中,未监督加工人员依照国家标准、行业标准加工,发现质量不合格时,串通作假,并以技术服务部的名义开具空白的试验报告单,致使不符合安全标准的产品用于虹桥主体。判决王远凯构成生产、销售不符合安全标准的产品罪,判处有期徒刑7年,并处罚金25万元。被告人胡开明在负责加工主拱钢管时,不认真履行职责,未督促工人严格按照国家、行业标准加工,致使不符合安全标准的产品用于虹桥主体。判决刘泽均犯生产、销售不符合安全标准的产品罪,判处有期徒刑13年,剥夺政治权利3年,并处罚金30万元,追缴非法所得5万元。胡开明构成生产不符合安全标准的产品罪,判处有期徒刑8年,并处罚金25万元,追缴非法所得2万元。王远凯犯生产不符合安全标准的产品罪,判处有期徒刑7年,并处罚金25万元;犯侵占罪,判处有期徒刑3年,追缴犯罪所得赃款2万元;决定执行有期徒刑10年,并处罚金25万元,追缴犯罪所得赃款2万元。技术服务部构成生产不符合安全标准的产品罪,并处罚金25万元,追缴非法所得3万元。

一审宣判后,胡开明服判,被告人刘泽均、王远凯和被告单位技术服务部不服,提起上诉。

二审法院经审理认为,原判决事实清楚,适用法律正确,定罪准确,量刑适当,审判程序合法,其上诉理由及辩护意见,均与查证事实不符,上诉理由不能成立,不予采纳。裁定驳回上诉、维持原判。

三、关联法条

《中华人民共和国刑法》

第一百四十六条 生产不符合保障人身、财产安全的国家标准、行业标准的电器、压力容器、易燃易爆产品或者其他不符合保障人身、财产安全的国家标准、行业标准的产品,或者销售明知是以上不符合保障人身、财产安全的国家标准、行业标准的产品,造成严重后果的,处五年以下有期徒刑,并处销售金额百分之五十以上二倍以下罚金;后果特别严重的,处五年以上有期徒刑,并处销售金额百分之五十以上二倍以下罚金。

四、争议问题

在整个案件的审理过程中,对刘泽均、胡开明、技术服务部和王远凯的行为定生产、销售不符合安全标准的产品罪,还是定生产、销售伪劣产品罪?存在较大分歧。

五、简要评论

本案审理过程中,一种观点认为,刘泽均等人的行为应定生产、销售伪劣产品罪,另一种观点坚持,刘泽均等人的行为,应定生产、销售不符合安全标准的产品罪。生产、销售伪劣产品罪是指生产者、销售者在产品中掺杂、掺假,以假充真,以次充好或者以不合格产品冒充合格产品,销售金额在 5 万元以上的行为。生产、销售不符合安全标准的产品罪是指生产不符合保障人身、财产安全的国家标准、行业标准的电器、压力容器、易燃易爆产品或者其他不符合保障人身、财产安全的国家标准、行业标准的产品,或者销售明知是以上不符合保障人身、财产安全的国家标准、行业标准的产品,造成严重后果的行为。

两罪在犯罪构成上有以下不同之处:

(1) 在要件符合性上,要求客观上均实施了生产、销售伪劣产品的行为,但定罪标准和依据不同:生产、销售伪劣产品罪只要生产、销售伪劣产品的金额达到 5 万元以上,就可以构成犯罪。生产、销售不符合安全标准的产品罪,不仅要求行为人有生产、销售不符合保障人身、财产安全的国家标准、行业标准的产品的行为,而且还必须造成严重后果。本案中,虹桥垮塌事故致 40 人死亡、14 人受伤,直接经济损失 600 余万元,无疑已造成严重后果。因此,被告人刘泽均、胡开明、王远凯和被告单位技术服务部的行为,完全符合生产、销售不符合安全标准的产品罪的特征。

(2) 行为的对象都属于伪劣产品,但是两者保护的法益不同,生产、销售伪劣产品罪保护的法益是社会主义市场经济秩序,并不涉及人身、财产安全。生产、销售不符合安全标准的产品罪的保护法益是生产、销售不符合保障人身、财产安全的国家标准、行业标准的伪劣产品,造成人身、财产安全的侵害。被告人刘泽均、胡开明、王远凯和被告单位技术服务部生产、销售的大桥主拱钢管,不符合特定的安全标准,造成人身和财产巨大损失。

(3) 在犯罪有责性上,主观上均为故意,但故意的内容不同。在生产、销售伪劣产品罪中,只要求行为人明知所生产、销售的产品是掺杂、掺假,以假充真,以次充好或者以不合格产品冒充合格产品。在生产、销售不符合安全标准的产品罪中,要求生产者、销售者明知其所生产、销售的产品是保障人身、财产安全的产品,且没有达到国家标准、行业标准。本案中,刘泽均等人在承揽虹桥主拱钢管加工、供货业务,专用于虹桥主体部分,关乎行人的生命、财产安全,明知主拱钢管须依照国家标准、行业标准生产,无合格证、质量保证书的情况下销往需方,使产品用于虹桥主体,给虹桥工程留下严重质量安全隐患。所以,刘泽均等人在主观上的犯罪故意是显而易见的,具备了生产、销售不符合安全标准的产品罪的主观构成要件。综上,刘泽均、胡开明、技术服务部和王远凯的行为应认定为生产、销售不符合安全标准的产品罪。

案例16-9 李云平销售伪劣种子案①

一、基本案情

1998年11月,被告人李云平将自己在内蒙古培育但没有经过国家认证推广的6万余公斤玉米种,假冒"鲁单50号"玉米种,销售给山东农科种子研究开发中心,销售金额31万余元。山东省曲阜、江苏省新沂、东平县等地农民购买种植后,造成玉米大面积减产,给当地农民造成经济损失314.5万余元。

二、诉讼过程及裁判理由

一审法院经审理认为,被告人李云平以自己培育的没有经过认证推广的玉米种,假冒"鲁单50号"玉米种销售给他人,使生产遭受特别重大损失,其行为已构成销售伪劣种子罪。李云平销售伪劣种子给他人造成的损失数额有相关书证及证人证言予以证实,辩护人提出的被告人无犯罪故意,造成损失的数额不确定,没有造成什么损失,被告人的行为不构成销售伪劣种子罪的辩护意见,与庭审查明的事实不符,不予采信。李云平归案后认罪态度较好,依法可酌情从轻处罚。被告人李云平犯销售伪劣种子罪,判处有期徒刑7年,并处罚金40万元。

宣判后,李云平以"一审判决认定造成的经济损失缺乏科学公正的事实根据,数额不确切;其行为不构成销售伪劣种子罪,应构成销售伪劣产品罪"为由,提出上诉。其二审辩护人以同样理由为其提出辩护意见。

二审人民法院经审理认为,上诉人李云平以自己培育的未经国家检验和审定的玉米种,假冒山东省农科院培育的"鲁单50号"玉米种销售给他人,使农业生产遭受特别重大损失,其行为符合销售伪劣种子罪的构成要件,原审法院认定上诉人李云平的行为构成销售伪劣种子罪是正确的。本案的经济损失情况,分别有农业专家的鉴定、当地农民的证言及物价部门出具的玉米价格证明在卷为证,足以认定。上诉人及辩护人的辩解、辩护意见不能成立,不予采纳。鉴于上诉人系初犯,归案后认罪态度较好,可从轻处罚。原审判决认定的犯罪事实清楚,证据确实、充分,定罪准确,量刑及罚金数额适当,审判程序合法。依照《中华人民共和国刑事诉讼法》(1996年)第189条第(一)项之规定,裁定驳回上诉,维持原判。

---

① 参见陈兴良、张军、胡云腾主编:《人民法院刑事指导案例裁判要旨通纂》(上卷),北京大学出版社2013年版,第73页。

三、关联法条

《中华人民共和国刑法》

第一百四十七条 生产假农药、假兽药、假化肥,销售明知是假的或者失去使用效能的农药、兽药、化肥、种子,或者生产者、销售者以不合格的农药、兽药、化肥、种子冒充合格的农药、兽药、化肥、种子,使生产遭受较大损失的,处三年以下有期徒刑或者拘役,并处或者单处销售金额百分之五十以上二倍以下罚金;使生产遭受重大损失的,处三年以上七年以下有期徒刑,并处销售金额百分之五十以上二倍以下罚金;使生产遭受特别重大损失的,处七年以上有期徒刑或者无期徒刑,并处销售金额百分之五十以上二倍以下罚金或者没收财产。

四、争议问题

本案主要有两个争议问题:一是销售伪劣种子罪中,什么是伪劣种子,伪劣种子的认定关乎此罪名的定性。二是生产、销售种子罪与生产销售伪劣产品如何区分,以及在本案中的运用。

五、简要评论

种子是农业生产中极为重要的生产资料,然而不法分子为了牟取非法利益,利用非法经营监管的不完善,假劣种子坑害农民的案件时有发生。本案中被告人李云平将自己培育的6万余公斤玉米种冒充"鲁单50号"玉米种进行销售,李云平培育、销售的玉米种子是否属于伪劣种子?

生产、销售伪劣种子罪是指生产假种子、销售明知是假的种子或失去效能的种子,或者生产者、销售者以不合格的种子冒充合格的种子,使生产遭受较大损失的行为。2000年7月8日全国人民代表大会常务委员会通过的《中华人民共和国种子法》第46条明确规定:"下列种子为假种子:(一)以非种子冒充种子或者以此种品种种子冒充他种品种种子的;(二)种子种类、品种、产地与标签标注的内容不符的。下列种子为劣种子:(一)质量低于国家规定的种用标准的;(二)质量低于标签标注指标的;(三)因变质不能作种子使用的;(四)杂草种子的比率超过规定的;(五)带有国家规定检疫对象的有害生物的。"本案中,被告人李云平将自己培育的6万余公斤玉米种冒充"鲁单50号"玉米种进行销售,符合上述第46条第1款第(一)项"以此种品种种子冒充他种品种种子",该种子应定性为假种子。

《中华人民共和国种子法》关于种子质量的条款是《中华人民共和国产品质量法》的特别法,追究被告人生产、销售伪劣种子罪的刑事责任的前提是,生产、销售的产品不仅属于《中华人民共和国种子法》《中华人民共和国产品质量法》规定的伪劣产品,还必须属于《刑法》规定的应追究刑事责任,侵犯的法益是农业生产正常有序地进行。根据《刑法》的规定,生产、销售伪劣种子,构成生产、销售伪劣种子罪,以"使生产遭受较大损失"为条件。如果生产、销售的伪劣种子造成较大农业经济损失,以生产、销售伪劣种子罪定罪处罚;如果没有使农业生产遭受较大经济损失,但是销售金额为5万元以上的,应认定为销售伪劣产品罪。

本案中,被告人李云平将自己在内蒙古培育但没有经过国家认证推广的6万余公斤玉米种,假冒"鲁单50号"玉米种,销售给山东农科种子研究开发中心,销售金额31万余元。山东省曲阜、江苏省新沂、东平县等地农民购买种植后,造成玉米大面积减产,给当地农民造成经济损失314.5万余元。李云平生产、销售的金额超过5万元,同时造成重大的经济损失,根据特别法优于一般法的规定,应认定为生产、销售伪劣种子罪。

案例16-10 崔小连等生产、销售不符合卫生标准的食品案①

一、基本案情

2008年3月22日,被告人崔小连将济源市金河奶业有限公司被蒙牛乳业(焦作)有限公司拒收的鲜奶,送往郑州市妙可乳业有限公司加工成975公斤奶粉并拉回家中。2010年6月份,被告人马太祥以5000元的价格在被告人崔小连家中购买500公斤奶粉。2010年6月9日,被告人马太祥又以9000元的价格将此500公斤奶粉卖给被告人王世安。经河南省疾病预防控制中心检验,奶粉含三聚氰胺超过国家规定限量值为98 mg/kg。2010年6月至7月,被告人王世安将购买的奶粉使用380公斤用于生产奶乳饮料。2010年7月8日,被告人王世安又组织生产30箱"怀牛"牌营养乐园果味酸奶饮料,经河南省疾病预防控制中心检验,"怀牛"牌营养乐园果味酸奶饮料中含三聚氰胺超过国家规定限量值为3.80 mg/kg。

二、诉讼过程及裁判理由

一审法院经审理认为,被告人崔小连、马太祥、王世安违反食品卫生管理法规,明知其生产、销售的食品不符合卫生标准而进行生产、销售,足以造成严重食物中毒事故或其他严重食源性疾患,被告人崔小连的行为构成生产、销售不符合卫生标准的食品罪,被告人马太祥的行为构成销售不符合卫生标准的食品罪,被告人王世安的行为构成生产不符合卫生标准的食品罪。检察机关指控被告人崔小连犯生产、销售不符合卫生标准的食品罪,指控被告人马太祥犯销售不符合卫生标准的食品罪,指控被告人王世安犯生产不符合卫生标准的食品罪,事实清楚,证据确实、充分,予以确认。被告人崔小连、马太祥、王世安到案后,均能认罪悔罪,且被告人崔小连、马太祥能主动退出违法所得,对3被告人均可酌情从轻处罚。被告人崔小连的辩护人提出的被告人崔小连不构成生产、销售不符合卫生标准的食品罪的辩护意见,被告人王世安的辩护人提出的被告人王世安不构成生产不符合卫生标准的食品罪的辩护意见,经查,被告人崔小连作为金河奶业有限公司的员工,在金河奶业有限公司的鲜奶被蒙牛乳业(焦作)公司拒收后,将被拒收的鲜奶加工成奶粉,崔小连对该部分奶粉不符合卫生标准的事实是明知的,但其在明知奶粉不符合卫生标准的情况下,仍将其中一部分销售给被告人马太祥,被告人马太祥又销售给被告人王世安;被告人王世安作为孺子牛乳业有限公司的负责人,违反国家食品卫生管理法规,在马太祥销售给其的奶粉包装无标识,又未提供

---

① 参见最高人民法院中国应用法学研究所编:《人民法院案例选》(2011年第2辑总第76辑),人民法院出版社2011年版,第5页。

奶粉检验报告的情况下,以低于市场的价格予以购买,并为了逃避监管隐蔽存放,且将其中一部分用于孺子牛乳业有限公司生产乳制品,奶粉和"怀牛"牌营养乐园果味酸奶乳饮料经河南省疾病预防控制中心检测,三聚氰胺含量均超过国家规定限量值,故被告人崔小连、王世安的行为均符合生产、销售不符合卫生标准的食品罪的构成要件,辩护人的辩护意见均不予采纳。被告人马太祥的辩护人关于马太祥系初犯、偶犯、认罪态度好的辩护意见予以采纳,但其建议对马太祥判处缓刑,理由不足,不予采纳。依照《中华人民共和国刑法》第143条、第64条之规定,判决被告人王世安犯生产不符合卫生标准的食品罪,判处有期徒刑1年零6个月,并处罚金18 000元;被告人崔小连犯生产、销售不符合卫生标准的食品罪,判处有期徒刑1年零3个月,并处罚金10 000元;被告人马太祥犯销售不符合卫生标准的食品罪,判处有期徒刑1年,并处罚金18 000元;被告人崔小连退出违法所得5 000元予以没收,被告人马太祥退出违法所得4 000元予以没收。

一审宣判后,被告人未提出上诉,检察机关也未提出抗诉,判决已经发生法律效力。

三、关联法条
《中华人民共和国刑法》

第一百四十条 生产者、销售者在产品中掺杂、掺假,以假充真,以次充好或者以不合格产品冒充合格产品,销售金额五万元以上不满二十万元的,处二年以下有期徒刑或者拘役,并处或者单处销售金额百分之五十以上二倍以下罚金;销售金额二十万元以上不满五十万元的,处二年以上七年以下有期徒刑,并处销售金额百分之五十以上二倍以下罚金;销售金额五十万元以上不满二百万元的,处七年以上有期徒刑,并处销售金额百分之五十以上二倍以下罚金;销售金额二百万元以上的,处十五年有期徒刑或者无期徒刑,并处销售金额百分之五十以上二倍以下罚金或者没收财产。

第一百四十三条 生产、销售不符合食品安全标准的食品,足以造成严重食物中毒事故或者其他严重食源性疾病的,处三年以下有期徒刑或者拘役,并处罚金;对人体健康造成严重危害或者有其他严重情节的,处三年以上七年以下有期徒刑,并处罚金;后果特别严重的,处七年以上有期徒刑或者无期徒刑,并处罚金或者没收财产。

第一百四十四条 在生产、销售的食品中掺入有毒、有害的非食品原料的,或者销售明知掺有有毒、有害的非食品原料的食品的,处五年以下有期徒刑,并处罚金;对人体健康造成严重危害或者有其他严重情节的,处五年以上十年以下有期徒刑,并处罚金;致人死亡或者有其他特别严重情节的,依照本法第一百四十一条的规定处罚。

第一百四十九条 生产、销售本节第一百四十一条至第一百四十八条所列产品,不构成各该条规定的犯罪,但是销售金额在五万元以上的,依照本节第一百四十条的规定定罪处罚。

生产、销售本节第一百四十一条至第一百四十八条所列产品,构成各该条规定的犯罪,同时又构成本节第一百四十条规定之罪的,依照处罚较重的规定定罪处罚。

四、争议问题

本案主要涉及生产、销售三聚氰胺奶粉行为的定性问题。一是对生产、销售伪劣商品行为的法条适用原则;二是生产、销售不符合安全标准的食品罪和生产、销售有毒、有害食品罪之间如何区分。

五、简要评论

关于生产、销售三聚氰胺奶粉行为的定性,不同地方的司法机关,甚至同一案件中的不同被告人,其罪名也各不相同。如在"三鹿问题奶粉"事件中,对于不同的被告人,司法机关分别以生产、销售伪劣产品罪,以危险方法危害公共安全罪和生产、销售有毒食品罪定罪。

本案在处理过程中,对于案件的性质存在几种不同的意见:

第一种意见认为,被告人生产、销售三聚氰胺含量超标的问题奶粉,而三聚氰胺属有毒的非食品原料,因此,应构成生产、销售有毒食品罪。

第二种意见认为,本案被告人虽然在客观上实施了生产、销售三聚氰胺含量超标的问题奶粉的行为,但三聚氰胺并不是被告人故意掺入,也没有证据证明其主观上明知,因此,可以生产、销售伪劣产品罪追究其刑事责任。

第三种意见认为,被告人违反食品卫生管理法规,明知其生产、销售的食品不符合卫生标准而进行生产、销售,足以造成食用者严重食物中毒事故或其他严重食源性疾患,应以生产、销售不符合卫生标准的食品罪定罪[《刑法修正案(八)》将其修改为"生产、销售不符合安全标准的食品罪"]。

笔者认为:

(1)被告人不构成生产、销售伪劣产品罪。生产、销售伪劣产品罪是指生产者、销售者在产品中掺杂、掺假,以假充真,以次充好或者以不合格产品冒充合格产品,销售金额在5万元以上的行为。本案中,被告人崔小连、马太祥、王世安明知生产、销售的奶粉质量不合格,但仍然以次充好,以不合格产品冒充合格产品,其符合生产、销售伪劣产品罪的行为描述。但是,值得注意的是,一方面,生产、销售伪劣产品罪不仅需要满足特定的构成要件,还需要具有相应的罪量要素,即我国《刑法》规定的"销售金额在五万元以上"。另一方面,生产、销售伪劣产品罪与《刑法》分则第三章第一节中的其他条款又属于普通条款与特别条款的关系。在一般情况下,一个行为同时触犯同一法律的普通条款和特别条款时,应当按照特别法优于普通法的原则适用法律。但是,根据《刑法》第149条的规定,在普通法条与特殊法条竞合时,采取的是"从一重罪处断"原则,这是不同于一般规定的法律拟制。从本案的案情看,虽然被告人实施了生产、销售伪劣产品的行为,但由于其销售金额较小,未达到5万元的罪量标准,因此其自始不可能构成生产、销售伪劣产品罪。

(2)本案中的被告人也不构成生产、销售有毒、有害食品罪。根据我国《刑法》第144条的规定,生产、销售有毒、有害食品罪是指在生产、销售的食品中掺入有毒、有害的非食品原料,或者销售明知掺有有毒、有害的非食品原料的食品的行为。因此,其一,该罪的犯罪对象必须是有毒、有害的食品,并且,这里的"毒害"是指食品中的非食品原料的毒性,而不是食品原料本身。其二,行为人必须实施在生产、销售的食品中故意掺入有毒、有害的非食品原料,或者销售明知掺有有毒、有害的非食品原料的食品的行为。其三,在主观方面,行为人对食品中加入的非食品原料的毒害性元素这一种事实必须存在明知。而在本案中,虽然奶粉被检测出三聚氰胺超标,三聚氰胺属于非食品性原料,该奶粉以及源此而生产的饮料等均为有毒食品,因此符合生产、销售有毒、有害食品罪的犯罪对象。但是,一方面,综合整个案件的证据不能证明被告人向奶粉中故意掺入了三聚氰胺;另一方面,虽然被告人在客观上实施了生产、销售三聚氰胺超标奶粉的行为,但并没有证据证明被告人知道该奶粉中含有三聚氰胺,从而无法满足第二种情形下的明知要素。因此,即使食品中含有有毒、有害非食品原料,也不能对被告人以生产、销售有毒、有害食品罪追究责任。

(3) 本案中的被告人应当构成生产、销售不符合安全标准的食品罪。生产、销售不符合安全标准的食品罪是指生产、销售不符合安全标准的食品,足以造成严重食物中毒事故或者其他严重食源性疾病的行为。本案中,在犯罪对象上,三聚氰胺超标的问题奶粉属于有毒食品,显然属于不符合食品安全标准的食品。在客观方面,被告人也实施了生产、销售问题奶粉的行为。在主观方面,由于被告人对"奶粉的原料已经因不符合标准被蒙牛公司退回"这一事实知情。因此,虽然被告人无法明知产品中存在有毒、有害的食品原料这一事实,但是其对问题奶粉不符合食品安全标准这一事实却存在确切的明知。最后,由于问题奶粉中三聚氰胺含量严重超标,经法定机构依照法定程序鉴定,该食品足以造成食用者严重食物中毒事故或者其他严重食源性疾患的危险。因此,被告人的行为完全符合生产、销售不符合安全标准的食品罪的构成要件,法院根据《刑法修正案(八)》颁布之前的法律以生产、销售不符合卫生标准的食品罪追究其刑事责任是正确的。

第十七章 贪污罪

案例17-1 阎怀民、钱玉芳贪污、受贿案①

一、基本案情

1996年1月,被告人阎怀民利用担任江苏省体改委副主任、江苏省市场协会(体改委下设机构,以下简称市场协会)理事长的职务便利,以市场协会投资需要为由,向其下属的苏州商品交易所(以下简称苏交所)索要80万元的"赞助"。由于苏交所是市场协会的会员,且阎怀民作为体改委的领导及市场协会的理事长,对苏交所多次给予关照,故苏交所按阎怀民的要求为市场协会办理了80万元的付款转账手续。阎怀民、钱玉芳为方便该款的取得,商议开设市场协会的银行临时账户。经阎怀民向钱玉芳提供市场协会相关证件,由钱玉芳办理了开户事宜。后钱玉芳持阎怀民提供的市场协会介绍信直接到苏交所办理了该80万元转至市场协会上述临时账户的手续。该款到账后,钱玉芳按阎怀民的要求提现并交给阎怀民50万元及以9.9904万元人民币购买的面值为10万元的国库券一张,余款20.0096万元被钱玉芳个人取得。苏交所事后要市场协会就以上80万元出具手续,阎怀民遂向体改委工会要了空白收据一张并加盖了市场协会公章,经钱玉芳以借款为由填写内容后直接交苏交所入账。因群众举报,在江苏省纪委对此事进行调查时,阎怀民经与钱玉芳及钱玉芳的丈夫谷平(另案处理)共谋,由钱玉芳、谷平伪造了市场协会与其他单位的投资协议及财务凭证,钱玉芳还向江苏省纪委调查人员提供了虚假证言,以掩盖其伙同阎怀民非法占有80万元的犯罪事实。

二、诉讼过程及裁判理由

一审法院审理认为,被告人阎怀民利用职务上的便利,索取和非法收受他人财物,为他人谋取利益,其行为已构成受贿罪。被告人钱玉芳明知被告人阎怀民非法索取他人财物占为己有而伪造证据,提供虚假证言,意图掩盖阎怀民的犯罪事实,其行为已构成包庇罪。

一审宣判后,阎怀民不服,上诉称,原判决认定其索要人民币80万元事实不清,证据不足;其不符合受贿罪的主体身份,原判对其受贿罪定性不当。上诉人阎怀民的辩护人当庭发表的主要辩护意见为,原判决认定阎怀民以市场协会名义向苏交所所借人民币80万元系利用职务之便的索贿行为定性有误。

二审法院经审理认为,案发前上诉人阎怀民担任的市场协会法定代表人系受国家机关委派,同时其仍任省体改委副主任,市场协会亦由其分管,故符合国家工作人员的主体身份,

---

① 参见陈兴良、张军、胡云腾主编:《人民法院刑事指导案例裁判要旨通纂》(下卷),北京大学出版社2013年版,第1057页。

上诉人阎怀民提出原判认定其为受贿罪主体不当的上诉理由不能成立,不予采纳。

上诉人以市场协会名义向苏交所索要 80 万元赞助款后,虽应苏交所的要求以市场协会名义出具的系借款手续,但根据阎怀民向苏交所虚构要款事由,"借"款主体为单位,阎怀民、钱玉芳二人另开账户秘密私分,至案发前数年未还,苏交所亦从未催要,得知有关部门查处后,阎怀民、钱玉芳二人共谋伪造证据等事实,应当认定阎怀民在取得该款时没有归还的意图,具有个人占有性质。阎怀民与钱玉芳在得知有关部门查处后,以不成对价之货物向苏交所抵"债"的行为,系在上述犯罪既遂后,为掩盖其犯罪事实之行为,不能改变原犯罪行为的性质。

上诉人阎怀民以单位名义向苏交所要款,以其法定代表人的职权开设账户,并将苏交所汇至其单位账户中的款项与他人秘密私分的行为,缺乏索贿行为中被索贿人对索贿人行为性质的认知和向索贿人付款之行为指向的目的特征,故不属于受贿罪的性质,原判对此节事实的定性不当,检察机关、上诉人阎怀民及其辩护人就此节事实之定性提出的意见和辩解均成立,予以采纳。

三、关联法条

《中华人民共和国刑法》

第三百八十二条 国家工作人员利用职务上的便利,侵吞、窃取、骗取或者以其他手段非法占有公共财物的,是贪污罪。

受国家机关、国有公司、企业、事业单位、人民团体委托管理、经营国有财产的人员,利用职务上的便利,侵吞、窃取、骗取或者以其他手段非法占有国有财物的,以贪污论。

与前两款所列人员勾结,伙同贪污的,以共犯论处。

第三百八十五条 国家工作人员利用职务上的便利,索取他人财物的,或者非法收受他人财物,为他人谋取利益的,是受贿罪。

国家工作人员在经济往来中,违反国家规定,收受各种名义的回扣、手续费,归个人所有的,以受贿论处。

四、争议问题

本案的主要争议问题是,国家工作人员利用职务上的便利,以本单位名义向具有被职权制约的有关单位索要"赞助款"并占为己有的行为,应当如何定性?

五、简要评论

本案有两个值得注意的地方:

(1) 在具体的受贿犯罪中,国家工作人员与他人(行贿主体)之间,应当具有主观认知上的对应性和客观行为的互动性。本案的特殊性在于,财物索要人的真实意图与被索要人的行为指向不相对应。被告人阎怀民的行为意在利用其职务之便向苏交所索贿,被索贿单位并没有向阎怀民个人行贿的目的,索贿行贿的双方不存在对合关系。由于苏交所与市场协会之间的关系,因此在阎怀民以市场协会名义索要赞助费的情况下,苏交所提供赞助属于情理之中。本案不能证实苏交所向阎怀民本人行贿的意思。因此,如果将阎怀民认定为受贿罪,则苏交所的行为就具有行贿性质。这个结论得不到证据支持。

(2) 被告人阎怀民没有利用职务上的便利直接占有本单位原有的公共财物,而是将以单位名义索要的、进入单位账户的财物占为己有。本案中,苏交所汇入市场协会账户下的80万元是否属于市场协会所有,这是认定阎怀民是否构成贪污罪的关键。一审法院认为,由于索贿人所在单位对该80万元并无真实的需求和取得的合理依据,该款实际上也并未进入市场协会单位账户,在不能确认该款应为市场协会所有的前提下,不能认定阎怀民利用职务之便非法占有了本单位的财产,故对其行为仍应认定为受贿罪。但是,从账户的性质来看,是以市场协会名义并提供单位相关证明而开设的账户,因此应当认定为是市场协会的单位账户。至于是否为本单位其他人所知悉,并不影响该账户的性质,特别是阎怀民作为单位"一把手",具有开设单位账户的决定权。就苏交所而言,无论是将80万元作为给市场协会的赞助费,还是作为借款在未来可能向市场协会主张债权,市场协会都是作为接受该财产并承担相应义务的一方,因此该财产应当归属市场协会所有。阎怀民利用职务之便以市场协会名义开设实际归其控制的单位账户,与本单位使用的其他账户并无差异,阎怀民侵吞该80万元属于非法占有本单位财产的行为,构成贪污罪。

案例17-2 朱洪岩贪污案[①]

一、基本案情

2002年底,被告人朱洪岩与泗阳县食品总公司破产清算组签订租赁经营泗阳县食品总公司肉联厂(国有企业)的合同,租赁期限为2003年1月1日至2003年12月31日。协议签订前后,有韩林业、王士宇等9名股东入股经营,朱洪岩任厂长,韩林业、王士宇任副厂长。由于经营亏损,股东向朱洪岩索要股金。2003年11月份,被告人朱洪岩让王士宇通过马庚国联系,与扬州市一名做废旧金属生意的商人蒋某达成协议,将肉联厂一台12V-135型柴油发电机和一台170型制冷机以8万元价格卖给蒋某。2004年1月2日深夜,被告人朱洪岩及韩林业、王士宇等人将蒋某等人及货车带到肉联厂院内,将两台机器及附属设备(价值9.4万余元)拆卸装车运走。被告人朱洪岩及韩林业、王士宇等人将蒋某的货车"护送"出泗阳后,携带蒋某支付的8万元返回泗阳。在王士宇家中,朱洪岩从卖机器款中取3万元给王士宇,让王士宇按股东出资比例予以分配,又取2000元交给韩林业,作为泗阳县食品公司破产清算组的诉讼费用。朱洪岩携带其余4.8万元潜逃。2004年7月,朱洪岩写信给泗阳县反贪局供述自己盗卖机器的事实。2004年8月,朱洪岩被抓获归案。案发后,朱洪岩亲属退回赃款计6.5万元。

[①] 参见陈兴良、张军、胡云腾主编:《人民法院刑事指导案例裁判要旨通纂》(下卷),北京大学出版社2013年版,第1060页。

二、诉讼过程及裁判理由

一审法院经审理认为,被告人朱洪岩作为受委托代为管理、保管国有财产人员,利用职务之便,盗卖国有资产,其行为构成贪污罪。朱洪岩能坦白交代自己的罪行,认罪态度较好,酌情从轻处罚。判处被告人朱洪岩犯贪污罪,判处有期徒刑7年,追缴违法所得8万元。

宣判后,朱洪岩不服,以不具备贪污罪的主体身份,其行为构成投案自首等为由提出上诉。其辩护人提出,朱洪岩不是贪污罪的主体,没有非法占有的故意,其行为不构成贪污罪。

二审法院经审理认为,上诉人朱洪岩在承包租赁属于国有性质的食品厂厂房机器设备期间,即具备"受委托管理、经营国有财产人员"的贪污罪主体身份,此间利用负责经营管理的职务之便利,盗卖所承租的国有资产,其行为构成贪污罪,原判决定性适当。故上诉人及辩护人提出朱洪岩不具备贪污罪主体身份的理由及辩护意见不能成立。朱洪岩的辩护人还提出,朱洪岩不具备非法占有公共财物的故意。经查,上诉人朱洪岩为弥补在承租期间的经营亏损,而采取秘密手段将国有资产出卖并进行分配等处置,足以认定其具有非法占有的故意。裁定驳回上诉,维持原判。

三、关联法条

《中华人民共和国刑法》

第三百八十二条 国家工作人员利用职务上的便利,侵吞、窃取、骗取或者以其他手段非法占有公共财物的,是贪污罪。

受国家机关、国有公司、企业、事业单位、人民团体委托管理、经营国有财产的人员,利用职务上的便利,侵吞、窃取、骗取或者以其他手段非法占有国有财物的,以贪污论。

与前两款所列人员勾结,伙同贪污的,以共犯论处。

四、争议问题

本案的主要争议问题是,租赁国有企业的人员盗卖国有资产的行为如何处理?

五、简要评论

根据《刑法》第382条的规定,贪污罪的主体包括两类:第一类是国家工作人员。《刑法》第93条规定:"本法所称国家工作人员,是指国家机关中从事公务的人员。国有公司、企业、事业单位、人民团体中从事公务的人员和国家机关、国有公司、企业、事业单位委派到非国有公司、企业、事业单位、社会团体从事公务的人员,以及其他依照法律从事公务的人员,以国家工作人员论。"第二类是受国家机关、国有公司、企业、事业单位、人民团体委托管理、经营国有财产的人员。本案被告人朱洪岩既非在国家机关、国有公司、企业等单位中从事公务的人员,也不是受委派到非国有公司、企业等从事公务的人员,因此,不属于《刑法》第382条规定的第一类主体国家工作人员。因此,关键问题在于朱洪岩是否属于第二类主体,即是否属于"受委托管理、经营国有财产的人员"。

关于此处的"委托",先后有司法解释和司法文件对其作出界定。最高人民检察院于

1999年9月16日下发的《关于人民检察院直接受理立案侦查案件标准的规定(试行)》作出了如下规定,"受委托管理、经营国有财产"是指因承包、租赁、聘用等管理、经营国有财产。2003年11月13日最高人民法院《全国法院审理经济犯罪案件工作座谈会纪要》规定,"受委托管理、经营国有财产"是指因承包、租赁、临时聘用等管理、经营国有财产。两者的共同之处在于,均认定承包和租赁是受委托的主要方式,但是在"聘用"的问题上,最高人民法院的司法文件将其范围限制在"临时聘用"。这主要是考虑到长期受聘用的人员可以直接视作是国家工作人员,对于其利用职务便利侵吞国有财产的,可以直接适用《刑法》第382条第1款的规定处罚。而临时聘用人员由于尚未与国有单位形成固定的劳动关系,难以认定为国家工作人员,对这种人员利用职务便利侵吞国有财产的,按照《刑法》第382条第2款的规定处罚。

需要强调的是,除了承包、租赁和临时聘用以外,实践中还存在其他多种委托方式。其共同特征在于,委托双方是平等的民事主体关系。国有单位以平等主体身份就国有财产的管理、经营事项与受委托方形成协议,本质上是一种民事委托关系。相反,《刑法》第93条中的"委派",其实质是任命关系,具有行政属性,被委派者在委派事项以及是否接受委派方面,与委派方不是处于平等地位而是具有行政隶属性质,两者间的关系具有隶属性和服从性。本案中被告人朱洪岩与泗阳县食品总公司破产清算组签订了租赁合同,属于一种典型的民事委托方式,符合《刑法》第382条第2款规定的"受委托管理、经营国有财产"的要件。对朱洪岩将其管理经营的国有财产出售的行为,法院以贪污罪定罪是正确的。

案例17-3 宾四春、郭利、戴自立贪污案[①]

一、基本案情

1997年9月18日,被告人宾四春(原系湖南省湘潭市岳塘区荷塘乡清水村村民委员会主任)使用作废的收款收据到湘潭电厂领取"施工作业上坝公路用地补偿费"10万元。同月26日,湘潭电厂应宾四春要求将该款转账至清水建筑工程队在中国农业银行岳塘支行纺城储蓄专柜开设的户头上。当日,宾四春在该工程队法人代表戴某的协助下,又将该款转至以假名"戴荣华"开设的活期存折上。之后,分3次取出,除部分用于做生意外,余款以其妻的名义存入银行。1997年9月,被告人宾四春、郭利(原系湖南省湘潭市岳塘区荷塘乡清水村党支部书记、村民委员会委员兼出纳)、戴自立(原系湖南省湘潭市岳塘区荷塘乡清水村村民委员会委员兼会计)伙同村支部委员赵运龙,出具虚假领条,从湘潭市征地拆迁事务所套取付给清水村的"迁坟补偿费"1.2万元,4人平分,各得赃款3000元。1997年9月23日,被告人宾四春使用作废的收款收据从湘潭市征地拆迁事务所领取"油茶林补偿费"10万元。

[①] 参见陈兴良、张军、胡云腾主编:《人民法院刑事指导案例裁判要旨通纂》(下卷),北京大学出版社2013年版,第1062页。

同年10月8日,宾四春将该款转至清水村在湘潭市板塘城市合作银行以"清水工程款"名义虚设的账户上。同月24日,被告人郭利将款取出,又以宾四春个人名义存入中国银行雨湖支行。1998年3月的一天,宾四春对郭利、戴自立说:"那10万元钱三个人分了,以后被发现,各退各的。"郭利、戴自立均表示同意。尔后,3人平分,各得赃款3.3万余元。1998年4月4日,被告人宾四春以湘潭市荷塘乡清水村村民委员会名义用作废的收款收据从湘潭电厂领取"租用运输道路泥沙冲进稻田补偿费"4.2916万元。同月20日,湘潭电厂将该款转账至清水村在荷塘信用社开立的账户上。尔后,宾四春对被告人郭利、戴自立说:"电厂来了笔扫尾工程款,这笔款不入账,几个人分了算了。"郭利、戴自立均表示同意。于是,被告人郭利分两次将钱取出,并将其中的3.2916万元予以平分,各得赃款1.0972万元。

二、诉讼过程及裁判理由

在诉讼过程中,被告人宾四春、郭利、戴自立对起诉书指控的事实均无异议,但3被告人及其辩护人均辩称:3被告人不是国家工作人员,不能构成贪污罪的主体;所分款项为自己的劳务所得,非侵吞公款。

法院审理认为,被告人宾四春、郭利、戴自立作为依法从事公务的国家工作人员,利用职务上的便利,使用作废收款收据领款等手段套取征地、迁坟等补偿费用不入账,然后予以侵吞,其行为均已构成贪污罪。公诉机关指控3被告人犯贪污罪的事实清楚、证据确实、充分,定性准确。被告人宾四春、郭利、戴自立的辩解及其辩护人的辩护意见,均与事实不符,不予采纳。判决被告人宾四春犯贪污罪,判处有期徒刑10年,并处没收财产1万元;被告人郭利犯贪污罪,判处有期徒刑3年,缓刑4年;被告人戴自立犯贪污罪,判处有期徒刑3年,缓刑4年。

一审宣判后,在法定期限内3被告人均没有上诉,检察机关也没有提出抗诉,判决发生法律效力。

三、关联法条

《中华人民共和国刑法》

第三百八十二条 国家工作人员利用职务上的便利,侵吞、窃取、骗取或者以其他手段非法占有公共财物的,是贪污罪。

受国家机关、国有公司、企业、事业单位、人民团体委托管理、经营国有财产的人员,利用职务上的便利,侵吞、窃取、骗取或者以其他手段非法占有国有财物的,以贪污论。

与前两款所列人员勾结,伙同贪污的,以共犯论处。

全国人民代表大会常务委员会《关于〈中华人民共和国刑法〉第九十三条第二款的解释》

村民委员会等村基层组织人员协助人民政府从事下列行政管理工作,属于刑法第九十三条第二款规定的"其他依照法律从事公务的人员":

(一)救灾、抢险、防汛、优抚、扶贫、移民、救济款物的管理;

(二)社会捐助公益事业款物的管理;

(三)国有土地的经营和管理;

(四)土地征用补偿费用的管理;

(五)代征、代缴税款;

(六)有关计划生育、户籍、征兵工作;

(七)协助人民政府从事的其他行政管理工作。

村民委员会等村基层组织人员从事前款规定的公务,利用职务上的便利,非法占有公共财物、挪用公款、索取他人财物或者非法收受他人财物,构成犯罪的,适用刑法第三百八十二条和第三百八十三条贪污罪、第三百八十四条挪用公款罪、第三百八十五条和第三百八十六条受贿罪的规定。

四、争议问题

本案的主要争议问题是,全国人民代表大会常务委员会《关于〈中华人民共和国刑法〉第九十三条第二款的解释》是否适用于村党支部成员?村民委员会等村基层组织成员在利用职务上的便利非法占有的财物既包括国有财产也包括村集体所有财产的,如何处理?

五、简要评论

根据《关于〈中华人民共和国刑法〉第九十三条第二款的解释》的规定,本案被告人宾四春、郭利、戴自立均系村民委员会组成人员,宾四春还是村民委员会主任,在依职务管理村集体土地征用补偿费用的过程中,3人共同利用职务上的便利,非法占有公共财物,依法共同构成贪污犯罪。值得思考的是,虽然上述解释没有明确村党支部成员在协助人民政府从事行政管理工作时,是否属于"其他依照法律从事公务的人员",但从解释的规定和我国的实际情况来看,村党支部成员无疑也属于"其他依照法律从事公务的人员"。理由是:第一,从立法解释的技术来看,《关于〈中华人民共和国刑法〉第九十三条第二款的解释》用"村民委员会等村基层组织人员"这种列举加概括的方法,应当认为是涵盖了村党支部、村经联社、村经济合作社等各种依法设立或者经过批准设立的村基层组织。第二,认定村民委员会等村基层组织人员是否属于"其他依照法律从事公务的人员",关键在于其是否协助人民政府从事行政管理工作。在我国农村的各种公共管理活动中,村党支部实际上起着领导和决策的作用,乡级人民政府不仅通过村民委员会而且主要是通过村党支部落实国家的各种路线、方针、政策,组织实施与村民利益及社会发展相关的各种公共事务管理活动。也就是说,村党支部成员更为经常地协助人民政府从事行政管理工作。因此,村党支部成员在协助人民政府开展工作时,利用职务上的便利非法占有公共财物、挪用公款、索取他人财物或者非法收受他人财物,构成犯罪的,当然也适用《刑法》关于国家工作人员犯罪的处罚规定。

实践中,还应当注意的是,由于村民委员会等村基层组织成员不是国家工作人员,也不享有国家工作人员的待遇,因此,对其适用《刑法》第93条第2款应当严格掌握,慎重对待。如果在处理具体案件时,难以区分村民委员会等村基层组织成员是利用协助人民政府从事行政管理工作的职务便利,还是利用管理村公共事物的职务便利的,即在对主体的认定存在难以确定的疑问时,一般应当认定为利用管理村公共事物的职务便利,因为他们是村民委员会等村基层组织成员,而并非政府公务人员。

在财产性质的认定上,"油茶林补偿费"和"迁坟补偿费",实际是乡人民政府对国家征用土地后所发给的土地补偿费,村民委员会是受乡人民政府委托协助进行管理和发放,属于依照法律从事公务,财产性质是国有财产。但是,"施工作业上坝公路用地补偿费"和"租用运输道路泥沙冲进稻田补偿费",则是湘潭电厂依合同约定支付给清水村的使用土地补偿费用,不属于《关于〈中华人民共和国刑法〉第九十三条第二款的解释》中规定的"土地征用补偿费用"。管理和发放"施工作业上坝公路用地补偿费"和"租用运输道路泥沙冲进稻田补偿费",属于村民委员会对农村集体所有土地的经营和管理范围,是村民自治范围内的公共事物,不是依照法律从事公务,财产性质不属于国有,而是属于村集体所有。被告人宾四春、郭利、戴自立利用职务便利对这部分属于村集体所有的款项予以侵吞,不应以贪污罪定罪处刑,而应以职务侵占罪定罪处刑。

案例17-4 尚荣多等贪污案①

一、基本案情

在原四川商业高等专科学校2001年招生工作中,被告人尚荣多和被告人李域明负责招生录取领导小组的工作,学生处处长彭义斌具体负责收取和保管"点招费"。2001年10月招生工作结束后,经尚荣多、李域明、彭义斌3人清点,除用于招生工作的开支,"点招费"余款为34.2万元。3人商量后决定,只向学校上缴14.2万元。2001年11月28日,彭义斌将20万元转入以其子名义开设的私人账户。2002年春节前,尚荣多、李域明和彭义斌共谋将截留的20万元私分。2001年12月,被告人尚荣多要彭义斌从"点招费"14.2万元中提点钱作为活动费。彭义斌以奖励招生工作人员的名义打报告,经当时负责行政工作的副校长蔡永恒签字同意后,从"点招费"中提出5.7万元。随后,彭义斌按照尚荣多的要求,将其中的7000元用于学生处发奖金,5万元于2001年12月28日存入尚荣多的私人账户。尚荣多于同月31日、2002年1月4日分两次取出此款,用于个人开支。

二、诉讼过程及裁判理由

一审法院经审理认为,被告人尚荣多、李域明身为教育事业单位中从事公务的国家工作人员,利用负责学校招生工作的职务之便,伙同彭义斌共同侵吞公款20万元,尚荣多个人还侵吞公款5万元,其行为已构成贪污罪。尚荣多参与共同贪污20万元,个人贪污5万元,违法所得10万元。据此,判决被告人尚荣多犯贪污罪,判处有期徒刑10年;被告人李域明犯

---

① 参见陈兴良、张军、胡云腾主编:《人民法院刑事指导案例裁判要旨通纂》(下卷),北京大学出版社2013年版,第1064页。

贪污罪,减轻判处有期徒刑6年;对被告人尚荣多的违法所得10万元、被告人李域明的违法所得6万元予以追缴,上缴国库。

尚荣多、李域明不服,提出上诉。上诉理由中包括:"点招费"是国家明令禁止的乱收费项目,是学校的非法收入;将这笔来源于学生家长的非法收入用于重奖有贡献的人员,是校务会研究决定的,故将"点招费"作为奖金分配的行为,侵犯的只是学生家长的私人财产所有权,没有侵犯国有财产的所有权,不构成贪污罪。

二审法院经审理认为,国家行政主管部门明令禁止学校在招生工作中收取"点招费"。校务会违反这一规定,擅自决定收取"点招费",并决定将其中一部分用于奖励招生工作人员,情况属实。"点招费"是原四川商业高等专科学校以学校名义违法收取的费用,在行政主管部门未对学校的乱收费行为进行查处前,这笔费用应当视为由原四川商业高等专科学校授权学生处管理的公共财产,即公款。被告人尚荣多、李域明等人共谋截留并侵吞该款的行为,侵犯了公共财物的所有权,构成贪污罪。裁定驳回上诉,维持原判。

三、关联法条

《中华人民共和国刑法》

第三百八十二条　国家工作人员利用职务上的便利,侵吞、窃取、骗取或者以其他手段非法占有公共财物的,是贪污罪。

受国家机关、国有公司、企业、事业单位、人民团体委托管理、经营国有财产的人员,利用职务上的便利,侵吞、窃取、骗取或者以其他手段非法占有国有财物的,以贪污论。

与前两款所列人员勾结,伙同贪污的,以共犯论处。

四、争议问题

本案的主要争议问题是,学校违规收取的"点招费"是否视为公共财产?

五、简要评论

本案中,被告人及其辩护人一再提出,"点招费"是国家明令禁止的乱收费项目,收取"点招费"并作为奖金进行分配,侵犯的是学生家长的私人财产所有权,国有财产并没有也不会因之遭受损失,本案行为性质上属于民事侵权而非贪污。法院在裁判理由部分认为,这种观点不能成立。基本理由是:

(1) 财产犯罪的对象范围不以合法所有或者持有的财物为限,不能以本案中的"点招费"的收取违反了国家有关规定、不属于合法收入为由,将其排除在刑法保护之外。刑法所保护的财产权利,源于相关民事、行政法律法规的规定,同时又具有相对的独立性,这是由刑法承担着维护社会秩序基本机能所决定的。所以,刑法上的财产,更多强调财产的经济价值性,而非合法性。即使不受民法保护或者为相关行政法规所明文禁止持有的财物,如赌资、赃物、违禁品等,只要具有一定的经济价值,并且与刑法的基本保护精神不相违背,同样可以成为财产犯罪的对象,应当受到刑法的保护。

(2) 公共财产的认定,关键不在于某一财产在法律上的最终所有权属关系,而是行为当时该财产的占有、持有及与之相对应的责任关系。对此,《刑法》第 91 条第 2 款明确规定:"在国家机关、国有公司、企业、集体企业和人民团体管理、使用或者运输中的私人财产,以公共财产论。"因此,不管基于合法还是非法事由,在行为当时处于国家机关、国有公司、企业、集体企业和人民团体等单位占有、持有状态下的私人财产,均应认定为公共财产,因为此时的责任主体是这些单位,如果期间财产遭受到了损失,这些单位需要承担赔偿责任。本案中,"点招费"的收取系经原四川商业高等专科学校校务会研究决定,并以原四川商业高等专科学校的名义作出的,且收取后的"点招费"实际处于原四川商业高等专科学校的占有、支配之下,如果学生家长依法提起诉讼,原四川商业高等专科学校负有依照规定返还或者赔偿的对外责任,同时考虑到原四川商业高等专科学校属于国有事业单位,故在有关部门查处之前将之视为公共财产是妥当的。

刑法理论上关于财产的认定,存在着法律财产说、经济财产说、法律—经济财产说等诸多观点的争论。从本案的裁判理由来说,法院显然采取了经济财产说,即认定财产的关键,在于其对于主体是否具有经济性价值,而不在于财产本身的合法性或者合乎权利性。不过,法院提出的这两点理由之间存在着某种冲突。按照前一个理由,最后得出的结论是,尽管财产来源不合规,但仍然属于四川商业高等专科学校所有的财产。而后一个理由所引据的《刑法》第 91 条,是以财产所有权明确属于私人所有为前提的。所谓"以公共财产论",仅仅是一种法律拟制,并不是要改变财产的所有权性质。所以,后一个理由相对于前一个理由而言,其实是"退一步讲"的关系。

案例 17-5　杨延虎等贪污案①

一、基本案情

被告人杨延虎 1996 年 8 月任浙江省义乌市委常委,2003 年 3 月任义乌市人大常委会副主任,2000 年 8 月兼任中国义乌国际商贸城建设领导小组副组长兼指挥部总指挥,主持指挥部全面工作。2002 年,杨延虎得知义乌市稠城街道共和村将列入拆迁和旧村改造范围后,决定在该村购买旧房,利用其职务便利,在拆迁安置时骗取非法利益。杨延虎遂与被告人王月芳、郑新潮共谋后,由王月芳、郑新潮二人出面,以王月芳的名义在该村购买赵某某的 3 间旧房(房产证登记面积 61.87 平方米,发证日期 1998 年 8 月 3 日)。2003 年 3、4 月份,为使 3 间旧房所占土地确权到王月芳名下,在杨延虎指使和安排下,郑新潮再次通过共和村王某某,让该村村委会出具了该 3 间旧房系王月芳 1983 年所建的虚假证明。杨延虎利用职务便利,要求分管土地确权工作的指挥部副总指挥、义乌市国土资源局副局长吴某某和指挥部确权报批科人员,对王月芳拆迁安置、土地确权予以关照。国际商贸城建设指挥部遂将王月芳

---

① 参见陈兴良、张军、胡云腾主编:《人民法院刑事指导案例裁判要旨通纂》(下卷),北京大学出版社 2013 年版,第 1103 页。

所购房屋作为有村证明但无产权证的旧房进行确权审核,上报义乌市国土资源局确权,并按丈量结果认定其占地面积 64.7 平方米。

此后,杨延虎与郑新潮、王月芳等人共谋,在其岳父王某祥在拆迁中可得 25.5 平方米土地确权的基础上,编造了由王月芳等人签名的申请报告,谎称"王某祥与王月芳共有三间半房屋,占地 90.2 平方米,二人在 1986 年分家,王某祥分得 36.1 平方米,王月芳分得 54.1 平方米,有关部门确认王某祥房屋 25.5 平方米、王月芳房屋 64 平方米有误",要求义乌市国土资源局更正。随后,杨延虎利用职务便利,指使国际商贸城建设指挥部工作人员以该部名义对该申请报告盖章确认,并使该申请报告得到义乌市国土资源局和义乌市政府认可,从而让王月芳、王某祥分别获得 72 平方米和 54 平方米(共 126 平方米)的建设用地审批。按王某祥的土地确权面积仅应得 36 平方米建设用地审批,其余 90 平方米系非法所得。2005 年 5 月,杨延虎等人在支付选位费 24.552 万元后,在国际商贸城拆迁安置区获得两间店面 72 平方米土地的拆迁安置补偿(案发后,该 72 平方米的土地使用权被依法冻结)。该处地块在用作安置前已被国家征用并转为建设用地,属于国有划拨土地。经评估,该处每平方米的土地使用权价值 35 270 元。杨延虎等人非法所得的建设用地 90 平方米,按照当地拆迁安置规定,折合拆迁安置区店面的土地面积为 72 平方米,价值 253.944 万元,扣除其支付的 24.552 万元后,实际非法所得 229.392 万元。

二、诉讼过程及裁判理由

一审法院经审理认为,杨延虎利用担任义乌市委常委、义乌市人大常委会副主任和兼任中国义乌国际商贸城建设领导小组副组长兼指挥部总指挥的职务便利,给下属的土地确权报批科人员及其分管副总指挥打招呼,才使得王月芳等人虚报的拆迁安置得以实现,因而符合"利用职务便利"的要件。我国土地实行社会主义公有制,即全民所有制和劳动群众集体所有制,对土地进行占有、使用、开发、经营、交易和流转,能够带来相应的经济收益。土地使用权具有财产性利益,无论国有土地,还是集体土地,都属于《刑法》第 382 条第 1 款规定中的"公共财物",可以成为贪污的对象。判决被告人杨延虎犯贪污罪,判处有期徒刑 15 年,并处没收财产 20 万元;犯受贿罪,判处有期徒刑 11 年,并处没收财产 10 万元;决定执行有期徒刑 18 年,并处没收财产 30 万元。被告人郑新潮犯贪污罪,判处有期徒刑 5 年。被告人王月芳犯贪污罪,判处有期徒刑 3 年。

宣判后,3 被告人均提出上诉。

二审法院裁定驳回上诉,维持原判。

三、关联法条

《中华人民共和国刑法》

第三百八十二条　国家工作人员利用职务上的便利,侵吞、窃取、骗取或者以其他手段非法占有公共财物的,是贪污罪。

受国家机关、国有公司、企业、事业单位、人民团体委托管理、经营国有财产的人员,利用职务上的便利,侵吞、窃取、骗取或者以其他手段非法占有国有财物的,以贪污论。

与前两款所列人员勾结,伙同贪污的,以共犯论处。

四、争议问题

本案的主要争议问题是,如何认定"利用职务上的便利"？土地使用权能否成为贪污罪的对象？

五、简要评论

本案中,被告人杨延虎的辩护人提出杨延虎没有利用职务便利的辩护意见。主要是指杨延虎并没有直接管理和经手公共财物,而是通过与相关人员打招呼的方式取得利益。但是这种观点没有得到法院认可。法院认为,贪污罪中的"利用职务上的便利",是指利用职务上主管、管理、经手公共财物的权力及方便条件,既包括利用本人职务上主管、管理公共财物的职务便利,也包括利用职务上有隶属关系的其他国家工作人员的职务便利。应当说,这种对"利用职务便利"与有关司法文件中关于受贿罪中的"利用职务便利"保持了一致性。最高人民法院2003年11月13日印发的《全国法院审理经济犯罪案件工作座谈会纪要》在涉及受贿罪部分指出,"利用职务上的便利",既包括利用本人职务上主管、负责、承办某项公共事务的职权,也包括利用职务上有隶属、制约关系的其他国家机关工作人员的职权。显然,在后一种情况下,行为人虽然未直接管理公共财物,但是具有主管公共财物的职务便利。本案中,杨延虎与分管土地确权工作的指挥部副总指挥、义乌市国土资源局副局长吴某某和指挥部确权报批科人员之间即存在这种职务上的隶属和制约关系,因而被法院认定为符合"利用职务便利"的要件。

另一个值得注意的问题是,在该判例中,法院肯定了财产性利益可以成为贪污罪的对象。最高人民法院、最高人民检察院2008年11月20日印发的《关于办理商业贿赂刑事案件适用法律若干问题的意见》第7条指出,商业贿赂中的财物,既包括金钱和实物,也包括可以用金钱计算数额的财产性利益。按照这种观点,虽然土地所有权实行公有制,但是土地所有权与使用权可以分离,个人或者单位可以拥有土地使用权,对土地能够进行占有、使用、开发、经营,并可以带来相应经济收益。因此土地使用权具有财产性利益,属于"财物"的范围。应当说,承认土地使用权可以成为贪污罪对象,这是继承认受贿对象包括财产性利益之后,在财物包括财产性利益的扩容道路上又迈出的重要一步。

案例17-6 黄明惠贪污案①

一、基本案情

2004年1月至2005年12月期间,被告人黄明惠个人独资经营的苏州市通安食品购销

---

① 参见陈兴良、张军、胡云腾主编:《人民法院刑事指导案例裁判要旨通纂》(下卷),北京大学出版社2013年版,第1073页。

站依法接受苏州市国家税务局新区分局委托代征收生猪零售环节增值税,黄明惠利用职务便利,采取收取增值税税款后不出具增值税发票的手段,将收取的增值税共计人民币(以下币种均为人民币)182 808元截留侵吞,非法占为己有。

二、诉讼过程及裁判理由

一审法院经审理认为,苏州市通安食品购销站依法接受苏州市国家税务局新区分局委托代征收生猪零售环节增值税,属于依照《中华人民共和国税收征收管理法实施细则》第44条的规定委托代征税款的行为,被告人黄明惠作为法定代表人代理苏州市通安食品购销站行使代征的权力,属于依照法律从事公务的人员,应以国家工作人员论。黄明惠利用其在通安食品购销站的职务便利,采取收取增值税税款后不出具增值税发票的手段,截留并占有国家税款182 808元,其行为构成贪污罪。公诉机关指控被告人黄明惠犯贪污罪的事实清楚,证据确实、充分。判决认定被告人黄明惠犯贪污罪,判处有期徒刑10年,并处没收个人财产人民币10万元,上缴国库;被告人黄明惠退赔未追缴的赃款人民币182 808元整,发还苏州市国家税务局新区分局。

一审宣判后,被告人黄明惠没有上诉,检察机关没有抗诉,判决发生法律效力。

三、关联法条

《中华人民共和国刑法》

第九十三条 本法所称国家工作人员,是指国家机关中从事公务的人员。

国有公司、企业、事业单位、人民团体中从事公务的人员和国家机关、国有公司、企业、事业单位委派到非国有公司、企业、事业单位、社会团体从事公务的人员,以及其他依照法律从事公务的人员,以国家工作人员论。

第三百八十二条 国家工作人员利用职务上的便利,侵吞、窃取、骗取或者以其他手段非法占有公共财物的,是贪污罪。

受国家机关、国有公司、企业、事业单位、人民团体委托管理、经营国有财产的人员,利用职务上的便利,侵吞、窃取、骗取或者以其他手段非法占有国有财物的,以贪污论。

与前两款所列人员勾结,伙同贪污的,以共犯论处。

四、争议问题

本案的主要争议问题是,利用国家税务机关委托行使代收税款的便利侵吞税款的行为,如何定罪处罚?

五、简要评论

本案中,对被告人是否定罪以及如何定罪出现了多种意见。有意见认为,被告人黄明惠不具备贪污罪的主体资格,不构成贪污罪。认为应当定罪的意见也不统一。有意见认为,应当定偷税罪(现已改为逃税罪)。因为根据《中华人民共和国税收征收管理法实施细则》的有关规定,税法上的扣缴义务人包括代收代缴义务人。而《刑法》第201条规定的"已收税款"显然是针对代收代缴义务人而言的。本案中，黄明惠通过签订协议而负有代征、代缴税款的义务，符合逃税罪的主体特征。还有意见认为，被告人黄明惠的行为构成侵占罪。黄明惠在受国家税务机关委托代征生猪流通环节增值税时，只有代征税款的义务，没有相应处置的权力，不是完整意义上的执行公务行为，不能等同国家工作人员执行公务。鉴于黄明惠在受委托代征、代管税款时截留、侵吞税款，对其应当按照《刑法》第270条第1款的规定，以侵占罪追究刑事责任。最后，即使是认定贪污罪的意见，在法条适用上也存在不同看法。一种意见认为，应当适用《刑法》第382条第2款的规定，因为税收征管包含征收和管理两个方面，属于公务范畴，黄明惠受税务机关的委托代征税款，利用征收管理税收的职务便利侵吞税款，其行为构成贪污罪；另一种意见认为，黄明惠属于《刑法》第93条第2款规定的"其他依照法律从事公务的人员"，应以国家工作人员论，因而对黄明惠应按照《刑法》第382条第1款的规定定罪处罚。

从法院的判决书来看，采取是的最后一种观点，即适用《刑法》第93条第2款、第382条第1款对被告人定罪。应当说，这个判决在法律适用上是正确的。

(1) 被告人与税务机关之间存在《委托代征税款协议书》，但是并不能由此得出只应追究违约责任而不涉及犯罪的结论。认定违约与认定犯罪之间不是非此即彼的关系。

(2) 本案中被告人黄明惠是税款代征人而非税款扣缴义务人，因此不能成为偷税罪(逃税罪)的主体。代征人资格的取得，是源于税务机关依法进行的行政委托，在法律地位上等同于受委托代表税务机关征收税款的非税务工作人员。代征人以税务机关的名义并代表税务机关向纳税人、扣缴义务人征收税款时，应向缴付税款的纳税人、扣缴义务人开具相应的完税凭证或交付税票。纳税人、扣缴义务人一旦向代征人交付税款，即视为已向税务机关履行了纳税义务。相反，扣缴义务人在法律地位上等同于纳税人，扣缴义务人代扣、代缴税款并非以税务机关的名义进行，代扣、代缴的税款未上缴税务机关前，仍然是税务机关征税的对象，税收征纳关系尚未终结。

(3) 被告人黄明惠的行为不构成侵占罪。裁判理由认为之所以不构成侵占罪，是由于税务机关并没有将国有财产委托给黄明惠保管，只是委托黄明惠代征税款。但是，这个理由是错误的。作为税款代征人，征收来的税款在事实上当然处在被告人的保管之下，而这一代为保管关系本来就是通过《委托代征税款协议书》得到税务机关认可和同意的，也正是委托的题中应有之义。被告人之所以不构成侵占罪，还是因为主体的问题。侵占罪是针对一般主体而言，对于国家工作人员侵占公共财产的，或者非国家工作人员侵占本单位财产的，分别以贪污罪和职务侵占罪论处。

(4) 税收征管活动是国家行政管理活动的重要组成部分，属于一种公务执行活动。受国家税务机关委托代征税款的单位和人员代为征收相关税款的行为，实质上就是代表国家税务机关征收税款，是一种依照《中华人民共和国税收征收管理法实施细则》从事公务的行为。本案中，黄明惠及其经营的食品购销站在与税务机关签订《委托代征税款协议》接受税务机关的委托之后，以税务机关的名义进行的代征生猪流通环节增值税的行为，属于在特定条件下行使国家税收征管权,符合《刑法》第93条第2款规定的"依照法律从事公务活动"。黄明惠在从事代征税款时,应以国家工作人员论。对其利用代征税款的职务便利,私自截留、侵吞代征税款的行为,应当适用《刑法》第382条第1款而非第2款。

案例17-7 徐华、罗永德贪污案①

一、基本案情

路桥燃料公司原系国有企业。1998年,路桥燃料公司进行产权制度改革,在资产评估过程中,被告人徐华明知公司的应付款账户中有3笔共计47.435738万元系上几年虚设,而未向评估人员作出说明,隐瞒该款项的真实情况,从而使评估人员将该3笔款项作为应付款评估并予以确认。同年12月,路桥区政府路政发(1998)147号文件同意路桥燃料公司产权制度改革实施方案。此后,路桥燃料公司在21名职工中平均配股。2000年4月,被告人罗永德从徐华处得知公司资产评估中存在虚报负债的情况。同年6月,二被告人在部分职工得知内情要求私分的情况下,商定开职工大会,经讨论并确定虚报负债部分用于冲减企业亏损或上缴国有资产管理部门。6月30日,路桥燃料有限公司股东大会选举产生董事会,董事长为徐华、副董事长为罗永德。尔后,二被告人和应文伟等5人收购了其他16名股东的全部股份,并于2000年8月17日正式成立路桥燃料有限公司。自2000年4月份以来,罗永德明知公司资产评估中存在虚报负债的情况,而未向有关部门报告并继续同徐华一起到有关部门办理企业改制的后继手续。2000年9月7日,路桥燃料有限公司向路桥区财政局交清路桥燃料公司国有资产购买款465.3969万元。随后,被告人徐华、罗永德等人积极办理公司产权转移手续。案发时,手续尚在办理之中。案发以后,路桥燃料有限公司于2000年11月28日将47.435738万元上缴给路桥区财政局国资科。

二、诉讼过程及裁判理由

一审法院审理认为,被告人徐华身为国有公司工作人员,为达到非法占有的目的,在国有企业改制资产评估中,对公司虚设负债款不作说明,从而骗取评估人员的确认;被告人罗永德明知该公司在资产评估中存在虚报负债的情况,而积极与徐华一起到有关部门办理企业改制后继手续,造成国有资产即将转移。被告人徐华、罗永德的行为均已构成贪污(未遂)罪。在共同犯罪中,被告人徐华起主要作用,系主犯;被告人罗永德起次要、辅助作用,系从犯。被告人徐华、罗永德系贪污未遂,依法予以减轻处罚。被告人罗永德认罪态度好,具有一定的悔罪表现,符合适用缓刑的条件。判决被告人徐华犯贪污(未遂)罪,判处有期徒刑3年,并处没收财产人民币3万元;被告人罗永德犯贪污(未遂)罪,判处有期徒刑1年,缓刑1年,并处没收财产人民币1万元。

---

① 参见陈兴良、张军、胡云腾主编:《人民法院刑事指导案例裁判要旨通纂》(下卷),北京大学出版社2013年版,第1081页。

宣判后,徐华不服,以"原判量刑畸重"为由提出上诉。其辩护人辩称,徐华在国有资产评估后是民事法律关系的一方当事人,不是国有资产管理者;没有贪污故意;评估结论中隐瞒的 47 万余元已在职工大会上宣布,没有实施秘密占有的行为;徐华的行为不构成贪污罪。

二审裁定驳回上诉,维持原判。

三、关联法条

《中华人民共和国刑法》

第三百八十二条 国家工作人员利用职务上的便利,侵吞、窃取、骗取或者以其他手段非法占有公共财物的,是贪污罪。

受国家机关、国有公司、企业、事业单位、人民团体委托管理、经营国有财产的人员,利用职务上的便利,侵吞、窃取、骗取或者以其他手段非法占有国有财物的,以贪污论。

与前两款所列人员勾结,伙同贪污的,以共犯论处。

四、争议问题

本案的主要争议问题是,在国有企业改制中隐瞒资产真实情况,并造成巨额国有资产潜在流失的行为是否构成贪污罪?

五、简要评论

本案中,对被告人的行为如何认定,存在多种意见。有意见认为,应当认定为国有公司人员滥用职权罪。但是法院认为,当国有公司人员通过徇私舞弊而达到非法占有财物的数额已达到有关贪利型犯罪(如贪污罪)的处罚标准时,应以贪利型犯罪定罪处罚,而不能再认定为单纯的渎职犯罪。还有意见认为,本案应当认定为私分国有资产罪。理由是改制后的路桥燃料有限公司在 21 名职工中平均配股,因而该 47 万余元资产直接影响到该 21 名职工的利益。在股权均等的前提下,实质上是 21 名股东平均分配了 47 万余元的国有资产,二被告人仅各占 1/21。因此,二被告人作为国有公司直接负责的主管人员和其他直接责任人员,违反国家规定,将国有资产集体私分,其行为符合私分国有资产罪的构成要件。但是,法院认为,被告人非法占有国有资产的行为虽然表面上也经过了职工大会的讨论,但结果恰恰是与原先在职工大会上定下来的处理该笔资产的方案相违背,不能反映单位的意志,而纯属于个人行为,不符合私分国有资产罪的构成特征。应当说,这一认定很好地把握住了贪污罪与私分国有资产罪的界限。构成私分国有资产罪的行为应当是以单位名义,实施集体私分的行为,而不应当是单位内个别人非法占有国有资产的个人行为。

本案认定为贪污罪是正确的。二被告人原系路桥燃料公司(国有公司)的工作人员,在企业改制完成之前,均应认定为国有公司工作人员,因此符合贪污罪的主体要件。辩护人辩称,职工大会后,评估结论中的水分已为全体职工所知悉,二被告人不可能通过隐秘的方法实行贪污。法院在裁判理由中对此回应认为,尽管评估结论中的水分问题已为全体职工所知悉,无秘密可言。但是,评估中隐瞒的资产真实情况对于国有资产管理部门而言仍然属于未知,具有隐秘性;二被告人虽然在职工大会上提出将该笔资产要么冲抵亏损,要么上缴国资,但他们一直没有向国有资产管理部门报告;对于广大职工来说,此笔国有资产问题已经解决,即此次大会后,二被告人的行为客观上违背了原来在职工大会上的诺言,不仅说明其有非法侵吞该笔资产的故意,也使其行为具有了不为职工所知的隐秘性。应当说,这段裁判理由没有切中要害,是否具有隐秘性本来也不是贪污罪的构成要件。贪污罪的行为类型中包括盗取、骗取以及侵占等,是否具有隐秘性,并不是问题的关键,因此,法院在这个问题上大费周章进行说理,必要性不大。

案例17-8 高建华等贪污案①

一、基本案情

1994年12月16日,时任郑州市二七区铭功路办事处党委书记的高建华,主持召开了办事处党委扩大会议,岳保生、张艳萍、许福成等参加了会议。会议讨论了用公款购买私房的问题,经研究决定,每人交集资款3万元,并动用祥云大厦给付铭功路办事处的拆迁补偿费,给包括4被告人在内的9人共购买房屋9套,并要求参与买房人员要保密。高建华还指示该办事处劳动服务公司会计将拆迁补偿费不入服务公司账,单独走账。之后,9人向服务公司各交纳了3万元,并选定了购买的房屋,后1人退出购房。铭功路办事处劳动服务公司陆续向中亨公司等处汇款。其中,高建华用245 052.6元(其中公款215 052.6元)购买在郑州市南阳路中亨花园1号院8号楼房屋1套;岳保生用253 000元(其中公款223 000元)购买在二七区商业局第三贸易公司房屋1套;张艳萍用223 025.4元(其中公款193 025.4元)购买在郑州市南阳路中亨花园1号院8号楼房屋1套;许福成用223 025.4元(其中公款193 025.4元)购买在郑州市南阳路中亨花园1号院8号楼房屋1套。之后,4被告人均以个人名义交纳了契税。案发时,房屋所有权证尚未办理。案发后上述公款均已被追回。

1997—1999年期间,高建华利用担任二七区房管局局长的职务之便,指使二七区房管局人劳科科长吴运海,将应交到该局财务科的企业保证金共计14万元私自扣留后,以"业务费支出"等名义,先后取出101 500元。其中,支付给本局李自强抚恤金3 000元,支付过节费2 500元,其余96 000元高建华据为己有。

二、诉讼过程及裁判理由

一审法院经审理认为,检察机关指控的第一起、第三起事实,指控的罪名成立,各被告人的行为均已构成贪污罪。被告人高建华、岳保生、张艳萍、许福成用公款购买私房的行为,由于意志以外的原因未办理产权证,系犯罪未遂。对检察机关指控的第二起事实,即被告人高建华利用担任二七区房管局局长之便,指使张绍华将苑陵街拆迁补偿费人民币264 600元,直接用于购买中亨花园住房1套和装修房屋的事实,因该住房的产权不可能发生实质性转

---

① 参见陈兴良、张军、胡云腾主编:《人民法院刑事指导案例裁判要旨通纂》(下卷),北京大学出版社2013年版,第1069页。

移,且案发前被告人高建华已向产权单位办理了公房租赁手续,该房产已纳入单位管理,其行为不具备贪污罪的客观要件,对该起指控不予认定。对各被告人以贪污罪定罪量刑。

一审宣判后,检察机关提出抗诉称:起诉书指控第一、二起为贪污既遂,第二起应认定为贪污罪,第一、二起贪污行为指向的是公款而非房产或公物,原判认定事实和适用法律错误。检察机关认为:起诉书指控第一起贪污行为的目的指向应是公款而非房产,侵害的是单位公款所有权,各被告人已实现了对公款的非法占有,应属于犯罪既遂;起诉书指控的第二起,高建华具有非法占有的目的,侵害的是单位公款所有权,高建华实施了贪污行为,并已完成将公款占为己有的过程,应予认定贪污罪等。

高建华上诉辩称:一审判决认定的第一起事实,系公款购买公房,房屋已入服务公司账;认定的第二起事实中,其将款项均用于单位的非业务性支出,其没有占有公款的行为,不构成贪污罪。

二审法院经审理认为,起诉书指控第一起事实系各被告人将公款侵吞后购买住房,已实现了对公款的非法占有,公款已发生实际转移,各被告人虽未取得所购房屋所有权,并不改变贪污公款的性质。高建华、岳保生、张艳萍、许福成利用职务上的便利,以集资购房为名,共同侵吞公款,并实质上用于购买私房,应认定为贪污犯罪,且系既遂。原判以各被告人用公款购买私房后未办理房产证为由,认定系犯罪未遂,属认定事实和适用法律错误。在起诉书指控第二起事实中,上诉人高建华利用职务之便,将公款不入单位账,私盖单位印章,以单位名义签订购房协议后,长期占有该房,在离任前未将该房屋纳入单位固定资产管理,高建华对购买该房的公款已取得实际控制权,该行为已构成贪污罪;原判认定的事实清楚,证据确实、充分,对起诉书指控的第一、三起事实定罪准确,审判程序合法,但对起诉书指控的第一起事实认定为犯罪未遂不当,对第二起事实不予认定为犯罪定性不当,适用法律错误。抗诉理由和抗辩意见予以采纳。以贪污罪改判上诉人高建华有期徒刑13年,并处没收个人财产人民币1万元,违法所得9.6万元予以追缴。

三、关联法条

《中华人民共和国刑法》

第三百八十二条第一款　国家工作人员利用职务上的便利,侵吞、窃取、骗取或者以其他手段非法占有公共财物的,是贪污罪。

四、争议问题

本案的主要争议问题是,使用公款以个人名义购房的,犯罪对象是公款还是房屋的产权?使用公款以单位名义购房但由个人非法占用的,是否构成贪污罪?

五、简要评论

就第一个争议点而言,检察院的抗诉意见和二审法院的改判理由是正确的。使用公款以个人名义购房,单位遭受的损失不是房屋的产权,而是用来购房的资金,因此,犯罪对象是公款而非房屋产权。那么,在房屋尚未办理产权证的情况下,是否影响贪污罪的既遂?法院的理由是:"在实践中,有的行为人控制公有不动产后,为逃避责任,有可能一直不办理私有产权证,如果因此就认定为未遂,则会放纵对该行为的惩治,有违刑法本意。因此,对于行为人贪污房产的行为,只要行为人对房产已经达到实际控制状态,即使产权证尚未办理,也不影响贪污犯罪既遂的成立。"这个理由本身没有问题,但并不适用于本案,既然贪污对象是公款,只要该公款归被告人等实际支配时,就已经既遂。至于此后如何使用该公款,以及是否达到了使用目的,均与贪污罪的既遂无关。

就第二个争议点而言,尽管本案中的被告人是用单位名义签订购房协议,但是在购房协议上所盖的单位公章,是高建华私自偷盖,签的经办人张绍华也系高建华伪冒,单位并不知情。从客观结果上看,该套房在单位除了高建华、张绍华二人外,无其他人知晓,拆迁办应付给房管局的26万余元公款没有入房管局财务账,单位财务账上也没有记载说明,高建华离任时也未给原单位领导或主管部门登记或说明。在这种情况下,单位空有一个民法上的产权人地位,却无法由此实现任何利益。那么,贪污的对象究竟是公款还是房屋的使用利益?正确的认定是,如果被告人从截留公款时起就打算瞒着单位以其名义购房但归自己使用,那么,贪污行为从截留公款时开始实施,该笔公款在当时就已经属于贪污的对象了。如果被告人是在用公款以单位名义买房的过程中或购房之后产生了隐瞒单位,将房产归自己占用的意图,那么,贪污对象就是房屋的使用权,以财产性利益的方式成为贪污罪的对象。

案例17-9 肖元华贪污、挪用公款案①

一、基本案情

1993年3月,抚顺市司法局筹建抚顺市宏光物资经贸公司,决定由时任司法局副局长的被告人肖元华为经理。该公司性质为独立核算、自负盈亏的集体所有制企业,隶属司法局领导。同年5月,经有关部门批准,领取了营业执照。6月,司法局为扩大经济实体,决定宏光物资经贸公司与该局先前成立的永盛综合劳动服务公司、仪器设备成套公司、建筑安装工程公司联合组成宏光物资贸易总公司,被告人肖元华任总经理(未注册登记)。7月7日,被告人肖元华与司法局签订了承包协议。协议约定:总公司及各分公司实行独立核算、自负盈亏、自主分配;资金自筹解决;所创利润在上缴承包利润后,剩余部分的利润分配自行确定等。11月,上级有关部门下发文件清理整顿机关所办的经济实体。1994年1月31日,在司法局解决上述总公司及所属4个公司的脱钩善后问题、被告人肖元华向局务会汇报各公司经营情况时,谎称宏光物资经贸公司营利只有45万元,隐瞒了部分利润。同年5月,司法局局长换任,肖元华在新任局长向其询问现有资产情况时,称尚有免税所得5万元左右。肖元华经手公款共19.3638万元,除其用于向司法局财务处上缴现金4.95万元外,其余14.4138

---

① 参见陈兴良、张军、胡云腾主编:《人民法院刑事指导案例裁判要旨通纂》(下卷),北京大学出版社2013年版,第1087页。

万元被肖元华据为己有。

二、诉讼过程及裁判理由

一审法院经审理认为,被告人肖元华身为司法局副局长,利用兼任所属公司法人代表、经理的职务之便,侵吞公款14万余元,其行为构成贪污罪,判处有期徒刑15年。

一审宣判后,被告人肖元华不服,以剩余盈利款是承包协议明确规定由其自主支配的部分,不是公款,其有权支配,故其行为不构成贪污罪为由提出上诉。

二审法院经审理后认为,原审判决认定的基本事实清楚,但上诉人肖元华兴办的经济实体,虽有集体所有制企业的营业执照,因抚顺市司法局没有投资、没有贷款和集资,也没有按集体所有制企业管理机制进行管理,完全由上诉人肖元华自筹资金、自聘人员、自主经营,对剩余的所创利润,按承包协议,应由承包人肖元华自主分配,其有权处分,原审法院对其占有上缴定额利润后的营利部分以贪污罪定罪处罚不当。撤销一审法院刑事判决,改判上诉人肖元华无罪。

三、关联法条

《中华人民共和国刑法》

第三百八十二条 国家工作人员利用职务上的便利,侵吞、窃取、骗取或者以其他手段非法占有公共财物的,是贪污罪。

受国家机关、国有公司、企业、事业单位、人民团体委托管理、经营国有财产的人员,利用职务上的便利,侵吞、窃取、骗取或者以其他手段非法占有国有财物的,以贪污论。

与前两款所列人员勾结,伙同贪污的,以共犯论处。

四、争议问题

本案的主要争议问题是,定额承包者占有或支配本人上缴定额利润后的盈利部分是否构成贪污罪?

五、简要评论

(1)本案首先需要确立的是利用职务便利的问题。被告人在创办公司当时,虽然还没有被免去副局长的职务,但实际已经交出其原任司法局副局长全部分管的工作,事实上已经不再行使副局长的职权。因此,尽管被告人具有国家工作人员的身份,但并不具备利用职务便利的条件。就其管理的公司而言,虽然是由肖元华本人自筹资金、自聘人员、自主经营,但其所办公司是其所在单位执行上级有关文件精神、享受某些特殊优惠政策下的产物,受其原所在司法局管理,上交费用。在具体经营管理上,被告人虽然是总经理,但实质是其本人承包经营,而不具有集体承包的特征。

(2)对公共财产的认定。既然是个人承包,关键问题就落在承包协议上。被告人与司法局签订了承包协议,约定实行定额上缴利润承包,即所谓大包干。当所在单位清理整顿所办经济实体时,被告人按照承包协议足额上缴了利润。免税部分虽然没有用于发展基金购置资产,但也足额上交了。对剩余的所创利润14万元,按照承包协议,应当由承包人自主分配,被告人有权处分。这一最基本的事实,决定了这笔款项不是公共财产。因此,不论被告人以公开的、秘密的、合法的或者"非法的"方式占有,均不构成贪污罪。因此,被告人是作为一个经营者而不是副局长与司法局签订了承包协议,协议采取的承包方式决定了在上缴足额利润后,不存在可贪污的公共财产。定额承包者占有或者支配本人承包经营应得利润,不构成贪污罪。二审的判决是正确的。

案例17-10　胡滋玮贪污案①

一、基本案情

1991年至1993年间,被告人胡滋玮利用担任苏州物资集团公司汽车经营公司总经理、苏州物资集团公司第三贸易公司总经理的职务便利,在公司经营活动中,采用"虚开发票""收入不入账""串票经营""两价结算""抬高进价、故意亏损"及虚设"外汇补差""联合经营钢材业务利润分成"等手段,将本公司公款人民币1777.620263万元截留至海南华洋科技发展有限公司等单位。被告人胡滋玮于1999年3月利用上述截留利润中1658.8万元,联系了苏州对外贸易公司、苏州物资集团经营服务公司,并借用了吴江市机电工业供销总公司、深圳特发实业有限公司、深圳俊洋电子有限公司、中国第一汽车集团公司供应处、中国第一汽车集团公司吉林轻型车厂供应公司等单位的名义成立了苏州外贸机电产品公司(后更名为苏州外贸物资总公司),该公司经济性质为全民与集体联营,实际由被告人胡滋玮控制。

1992年至1993年间,被告人胡滋玮通过王遒玉等人,在香港美国运通银行办事处办理了户名为"胡滋玮"的美国运通卡一张、非法购置外籍护照两本、为邢舸补贴个人购车款10万元。1993年10月,被告人胡滋玮与王遒玉结账时,以所谓"苏州外贸物资总公司分配利润"的名义从该公司汇给王遒玉所在的深圳特发实业有限公司人民币50万元,连同胡滋玮存放在海南华洋科技发展有限公司的剩余截留利润118.820263万元,共计人民币168.820263万元,支付了上述费用,同王遒玉结清了账目。案发后,司法机关扣押了全部赃款。

二、诉讼过程及裁判理由

一审法院经审理认为,被告人胡滋玮利用职务便利,侵吞公款人民币168.820263万元,其行为构成贪污罪,判处有期徒刑15年,剥夺政治权利5年,并处没收财产人民币50万元。

一审宣判后,被告人胡滋玮不服,提出上诉。被告人胡滋玮上诉理由及其辩护人辩护意见称,办理美国运通卡是为了公司开展业务,认定胡滋玮非法占有目的的证据不足。

二审法院经审理认为,被告人胡滋玮通过王遒玉等人在香港办理美国运通卡并从截留

---

① 参见陈兴良、张军、胡云腾主编:《人民法院刑事指导案例裁判要旨通纂》(下卷),北京大学出版社2013年版,第1089页。

的公司公款中支付了办卡费用,该卡自办理之日起,一直为胡滋玮个人控制。苏州物资集团公司汽车经营公司副总经理柯晓云证实,单位没有办理过外国信用卡,在苏州物资集团公司先后担任总经理的张华明、邵伟忠均证实不知下属单位有办理外国信用卡的情况,单位财务上亦无反映,胡滋玮及其辩护人提出办理运通卡是为公司开展业务的辩解,无证据证实。1997年3月,胡滋玮辞职离开苏州物贸中心(集团)有限公司时,亦未将该运通卡移交单位。1998年,该运通卡因未办理相应的手续而不能继续使用,运通卡内的所有款项实际均已自动转为胡滋玮私人存款。被告人胡滋玮对利用截留公款为其个人办理运通卡及占有卡内存款的行为,有过多次供述,且得到王遒玉等证人证言以及美国运通银行对账单、转存证明等证据证实,其非法占有公款的主观故意明确。故对被告人胡滋玮及其辩护人提出的此上诉理由和辩护意见不予采纳。二审裁定驳回上诉,维持原判。

三、关联法条

《中华人民共和国刑法》

第三百八十二条 国家工作人员利用职务上的便利,侵吞、窃取、骗取或者以其他手段非法占有公共财物的,是贪污罪。

受国家机关、国有公司、企业、事业单位、人民团体委托管理、经营国有财产的人员,利用职务上的便利,侵吞、窃取、骗取或者以其他手段非法占有国有财物的,以贪污论。

与前两款所列人员勾结,伙同贪污的,以共犯论处。

四、争议问题

本案的主要争议问题是,如何认定贪污罪中的非法占有目的?

五、简要评论

本案争议最大的问题,不在于判决最后认定的168.820263万元,而在于判决书没有认定的1658.8万元。公诉机关两次撤回起诉,主要原因在于被告人用藏匿公款中的1658.8万元开办全民与集体联营性质的苏州外贸物资总公司的定性存在分歧。主张定贪污罪的意见认为,公款被截留并隐匿,而原单位并不知情;苏州外贸物资总公司以国有公司模式经营,仅仅是形式,形式上的出资单位不享有收益权,该公司的收益权已为被告人所实际控制。但是,相反意见则认为,苏州外贸物资总公司虽然是由藏匿的公款开办,但始终是以国有公司的模式进行经营管理的,对此1658.8万元认定为被告人个人占为己有,证据尚不充分。公诉机关最后放弃了对该行为事实的指控,法院对此也未予认定。

这里涉及对贪污罪中的"非法占有目的"的认定问题。实践中应当区分形式上的"侵占"行为与贪污罪中以非法占有为目的的侵吞行为,在认定非法占有目的时,需要结合公款的具体去向及行为人的处置意思加以综合认定。本案中,尽管物资集团公司的公款被截留和隐匿后用来开办了另一家公司,但是就新公司的产权性质来说,属于国有公司。被告人作为物资集团公司下属公司的总经理,事实上具有代表公司对公司资产作出处置的实际权力,在为公还是为私的问题判断上存在不确定性。这一点不同于公司的一般财务人员或者公司财产的经手人员,后者一般无权自行处置公司的财产,因而可直接推定成立非法占有目的。另外,本案中被告人截留公款事出有因,不能对其关于摆脱上属公司的掣肘,另起炉灶成就一番事业,个人并无非法占有截留公款的供述予以合理排除。由此可见,尽管本案客观上存在被告人采取不入账或者平账手段,私自截留公款并藏匿的行为,但主观上认定其对这笔公款是否具有非法占有目的的证据还不够充分,还不能保证结论的唯一性。与之形成对比的是,被告人分别用于办理美国运通卡、外国护照以及支付他人购车款的168万余元公款,因相关证据充分证明系个人目的的使用、处置行为,故认定被告人对该部分公款具有非法占有目的是可以成立的。

第十八章 挪用公款罪

案例 18-1 刘国林等挪用公款案[①]

一、基本案情

被告人刘国林系私营业主。2003年1月7日,刘国林为注册成立宜宾正雄化工有限公司,请求农业银行南溪县支行大观营业所会计何志平私自为其个人账户存入24万元用于个人注册公司验资。何志平称空存现金,必须经出纳许可。刘国林即找到出纳蔡文学,要求蔡文学帮忙并承诺,保证当天将24万元资金转回营业所。何志平、蔡文学随即在刘国林个人账户上办理了空存现金24万元的业务,加上账上原有存款,该账户余额共计26.67万元。办理此业务后,何志平将刘国林该账户的存折和密码留下,并告诉刘国林,当天只能取出1万元现金,要求刘国林在银行下班计算机关机之前将钱如数返回。刘国林持该账户的储蓄卡办理转账26万元,到工商局指定的鼎盛会计师事务所账户上用于验资。1月8日,鼎盛会计师事务所验资完毕后以"转出验资款"名义,将上述款项转回到刘国林的储蓄账户。随后,何志平持刘国林的存折在营业所将空存的24万元划账,归还了1月7日的空库款。以上交易,造成营业所空库现金24万元一天。2005年1月15日,何志平得知检察机关对其立案侦查后主动投案自首。

二、诉讼过程及裁判理由

一审法院经审理认为,何志平、蔡文学经与被告人刘国林共谋后,利用职务之便将银行资金转入被告人刘国林的个人账户,供其注册公司验资的行为已构成挪用公款罪,判决被告人刘国林犯挪用公款罪,判处有期徒刑3年,缓刑4年;被告人何志平犯挪用公款罪,判处有期徒刑2年,缓刑3年;被告人蔡文学犯挪用公款罪,判处有期徒刑3年,缓刑4年。本判决依法报请最高人民法院核准后生效。

一审判决后,3被告人均未提起上诉,检察机关未提出抗诉。由于该案对被告人刘国林、蔡文学在法定刑以下判处刑罚,需经最高人民法院核准。据此,依法报请中级人民法院、高级人民法院复核,经复核同意后,逐级报请最高人民法院核准。

最高人民法院复核审理查明的事实与原判决认定的事实相同,作出裁定,核准被告人刘国林、蔡文学犯挪用公款罪,均在法定刑以下判处有期徒刑3年,缓刑4年的刑事判决。

三、关联法条

《中华人民共和国刑法》

第三百八十四条第一款 国家工作人员利用职务上的便利,挪用公款归个人使用,进行

[①] 参见陈兴良、张军、胡云腾主编:《人民法院刑事指导案例裁判要旨通纂》(下卷),北京大学出版社2013年版,第1104页。

非法活动的,或者挪用公款数额较大、进行营利活动的,或者挪用公款数额较大、超过三个月未还的,是挪用公款罪,处五年以下有期徒刑或者拘役;情节严重的,处五年以上有期徒刑。挪用公款数额巨大不退还的,处十年以上有期徒刑或者无期徒刑。

第六十三条第二款　犯罪分子虽然不具有本法规定的减轻处罚情节,但是根据案件的特殊情况,经最高人民法院核准,也可以在法定刑以下判处刑罚。

四、争议问题

本案的争议问题主要有两个:其一,挪用公款用于公司验资注册是否属于进行"营利活动"?挪用公款用于验资注册,并未进行具体的经营活动,能否认定为从事营利活动不无疑虑。其二,对此类行为应如何正确量刑?挪用公款用于验资注册的,公款被挪用的时间往往不长,且公款灭失的危险性极小,但挪用的数额一般都很大,如何做到罪刑相适应值得深思。

五、简要评论

现实生活中,挪用公款用于公司、企业注册资金证明的现象频发。通常情况是,公司、企业注册申请人将挪用的公款交到指定的账户,由验资部门进行验资,出具验资报告,工商行政管理部门经审核发放营业执照,其后又将公款划回被挪用单位。公款被挪用的时间不长,但挪用的数额往往很大。对这类情形是否属于营利活动,刑法理论界一直存在不同认识。一种观点认为,验资注册与营利活动虽有联系,但验资注册行为是取得经营资格,本身不产生利润。另一种观点认为,验资注册是公司、企业成立的前提,是公司、企业经营的必备条件,而成立公司、企业的目的就是营利,将公款挪用作为公司、企业成立的注册验资,是为公司、企业营利做准备,属于营利活动的组成部分,应当视为挪用公款进行营利活动。

由于挪用公款用于验资注册的行为呈现日益多发之势,且对社会经济秩序危害甚巨,如不能得到有力的刑罚惩治,必将对整个经济生活产生严重影响。为此,最高人民法院以肯定说的理由为基础,在《全国法院审理经济犯罪案件工作座谈会纪要》中明确指出,申报注册资本是为进行生产经营活动做准备,属于成立公司、企业进行营利活动的组成部分。因此,挪用公款归个人用于公司、企业注册资本验资证明的,应当认定为挪用公款进行营利活动。就本案而言,3被告人的行为属于典型的挪用公款用于公司、企业验资注册的情形,应当认定其构成挪用公款罪的共同犯罪。

如果说第一个争议问题通过合理的扩张解释即可解决,第二个争议问题则主要是由于僵化的司法解释而产生。立法者只是规定情节严重的,应当加重其法定刑幅度,最高人民法院《关于审理挪用公款案件具体应用法律若干问题的解释》则具体规定,挪用公款"数额巨大"是挪用公款"情节严重"的情形之一。殊不知情节严重乃一规范性要素,与描述性的数额大小并无绝对对应关系。挪用公款用于验资的行为,即使数额巨大,由于时间短暂且公款灭失的危险性极小,很难说情节严重,法官自行在基本幅度内量刑即可,根本无须动用《刑法》第63条第2款。可能有观点认为,进行营利活动型挪用公款罪的基本幅度必须数额较大,本案被告人的行为已经不符合其要求了。这同样僵化地理解了构成要件要素,巨大也是较大的一种,当然符合基本幅度的适用条件。除非"数额巨大"同时也符合其他加重幅度的要求,对"数额巨大"之情形在基本幅度内量刑就没有实质性的障碍。遗憾的是,司法解释在唯数额论的影响下,给司法机关平添了一块本不必要的绊脚石。

案例 18-2　陈义文挪用公款案[①]

一、基本案情

福建省诏安县鱼种场系隶属诏安县海洋与渔业局的自收自支全民事业单位,2004 年 4 月 5 日起,被告人陈义文任诏安县鱼种场场长。期间,被告人陈义文于 2004 年 4 月 15 日收取诏安县鱼种场池塘、管理房承包者林南征、沈添文承包款共 14 万元。经诏安县海洋与渔业局领导班子及鱼种场全体职工同意,该承包款暂由陈义文保管,专项用于缴纳职工"社保金"及一些生活费等,由陈义文负责办理社保相关手续。之后,被告人陈义文发给本场职工 2004 年度生活费 17 104 元,余款被陈义文带到广州。在广州打工期间,陈义文 11 次汇款给本场离休干部遗孀吴惠琴生活费 6 300 元,两次计汇款 5 040 元给本场职工许元基。2005 年上半年被告人陈义文委托沈东升发给本场职工黄瑶明、沈茂山、李宗杰、许来福、沈成三、沈东升生活费各 2 000 元,合计 12 000 元,其本人发放生活费 2 000 元。2005 年 7 月 7 日被告人陈义文委托沈翠兰将 2 万元交给诏安县海洋与渔业局。被告人陈义文将其经手管理的现金余额 77 556 元随身携带到广州、北京等地,作为其生活费用等至今未归还。

二、诉讼过程及裁判理由

检察机关以被告人陈义文犯贪污罪提起公诉。

一审法院经审理认为,被告人陈义文身为国家工作人员,利用其经手管理现金的便利条件,挪用公款人民币 77 556 元,属数额较大,且超过 3 个月未还,其行为符合挪用公款罪的犯罪构成要件,构成挪用公款罪,应予刑事处罚,其违法所得应继续予以追缴。公诉机关认为被告人陈义文的行为系"携带挪用的公款潜逃的",应以贪污罪定罪处罚。经查,被告人陈义文在担任诏安县鱼种场场长期间,经诏安县海洋与渔业局领导班子及全体职工同意,保管该场的款项,其在外期间,仍陆续支付该场职工部分相关费用等。因此,虽然被告人陈义文将其经手的其余款项挪用于生活费用等支出,但没有证据证实其主观上具有非法占有的故意,其行为不符合携带挪用的公款潜逃的情形,公诉机关指控的罪名有误,应予纠正。判决被告人陈义文犯挪用公款罪,判处有期徒刑 3 年;继续追缴被告人陈义文的违法所得。

一审宣判后,被告人陈义文在法定期限内未上诉,公诉机关也未抗诉,一审判决发生法律效力。

[①] 参见陈兴良、张军、胡云腾主编:《人民法院刑事指导案例裁判要旨通纂》(下卷),北京大学出版社 2013 年版,第 1106 页。

三、关联法条

《中华人民共和国刑法》

第三百八十四条第一款 国家工作人员利用职务上的便利,挪用公款归个人使用,进行非法活动的,或者挪用公款数额较大、进行营利活动的,或者挪用公款数额较大、超过三个月未还的,是挪用公款罪,处五年以下有期徒刑或者拘役;情节严重的,处五年以上有期徒刑。挪用公款数额巨大不退还的,处十年以上有期徒刑或者无期徒刑。

四、争议问题

本案的争议问题是,被告人陈义文携带公款潜逃,又陆续筹钱还款的行为应如何定性?对此,一种意见认为,被告人陈义文携带挪用的公款潜逃,说明其主观上已具有非法占有公款的故意,客观上造成公款无法归还的后果,应依照《刑法》关于贪污罪的规定定罪处罚;另一种意见则认为,被告人陈义文挪用公款后携带公款潜逃,但又和家人联系准备筹钱还款,实际上也返还了部分公款,主观上无侵吞公款的故意,其行为应构成挪用公款罪,不能机械地适用司法解释的规定认定为贪污罪。

五、简要评论

关于携带挪用的公款潜逃之情形,根据最高人民法院《关于审理挪用公款案件具体应用法律若干问题的解释》第6条的规定,应依贪污罪定罪处罚。检察机关以贪污罪起诉本案被告人即是以此为据。从形式上看,所起诉之罪名似乎不无理由。但正如审理本案的合议庭所指出的那样,第一,从本案作案手段上看,被告人陈义文采取的是不经批准或许可,擅自改变公款用途,将公款归个人使用,未采取伪造单据、销毁账目等手段,其挪用公款在单位账面上可体现出来。第二,从占用款项的去向看,被告人陈义文是将公款用于家庭生活费用,而不是用于个人挥霍,说明行为人对公款没有任意支配的意图。第三,从主观犯意看,被告人陈义文在挪用公款后主观上确实想还,其只是暂时占有并使用公款,打算以后予以归还,而且事后也确实陆续返还了部分公款。第四,从造成的后果看,虽然已造成公款无法归还,但该款项不是被其挥霍殆尽不能归还,而是客观原因造成的,行为人不具有"有能力归还所挪用的公款而拒不归还,并隐瞒挪用的公款去向的"情形。综上所述,被告人陈义文主观上不具有非法占有公款的故意,被告人陈义文的行为符合挪用公款罪的构成要件,其行为构成挪用公款罪而不是贪污罪。

上述理由基本符合学理与实务上关于贪污罪与挪用公款罪的界限之理解。客观上看,二者都是将公款转归自己的占有之下,如何区分通常借助于主观上的占有目的之有无。而认定是否有非法占有目的,又不得不借助于各种客观情节。本案合议庭因此列举了账面上是否可以体现出来、占用款项的去向和后果等,来支持自己的结论。需要注意的是,这些客观情节只是认定非法占有目的的辅助手段,并非区分贪污罪与挪用公款罪的绝对标准。例如,平账的通常是贪污,但如果行为人平账确实只是为了返还公款的措施之一,就仍有成立挪用公款罪的空间。同样,携带公款潜逃的,通常就表明行为人不再想归还公款,但如果确有证据能够表明行为人想归还,且一直在努力归还,仍然以贪污罪论处,就是没有在实质上把握贪污罪和挪用公款罪的界限,而过于僵化地解读了最高人民法院《关于审理挪用公款案件具体应用法律若干问题的解释》第6条的规定。

不过,行为人将自己代为保管的公款违规携带且在知道没有归还能力的情况下任意消费,是否真的不符合贪污罪的构成要件,尚有思考的余地。对此,本章案例18-8中有进一步的简评。

案例18-3 张威同挪用公款案①

一、基本案情

2002年8月底,酒泉三正世纪学校董事长王宗红以该校资金紧张为由,向被告人张威同提出想从张威同所在的新村村委会贷款200万元,月息为0.8%,张威同在未与村委会其他成员商议的情况下,安排村委会文书兼出纳柴景荣将村里的征地补偿款共210万元分别于2002年9月2日、10月11日、10月21日3次借给三正世纪学校使用,约定月利息为0.8%。2002年10月,王宗红再次找张威同提出向新村村委会借款600万元,包括前面已经借出的210万元,张威同便于2002年10月30日召集村委会委员会议就是否给三正世纪学校借款进行讨论,张威同未将此前已经借款给三正世纪学校210万元向会议说明,会上大家一致同意借款给三正世纪学校600万元,会后新村村委会与三正世纪学校签订了600万元的贷款合同,约定月利息0.6%,2003年9月30日归还。合同签订后,新村村委会实际只给三正世纪学校借款531.5万元,包括开会研究之前借给三正世纪学校的210万元。2003年9月24日三正世纪学校归还220万元,案发时尚未归还的311.5万元,通过司法程序大部分已经追回。

二、诉讼过程及裁判理由

一审法院经审理认为,张威同作为新村村委会主任,在协助政府从事土地征用补偿费用的管理工作中,超越职权范围,在未经村委会集体讨论的情况下,以个人名义将公款210万元挪给他人使用,数额巨大,情节严重,其行为构成挪用公款罪,判处有期徒刑8年。

一审宣判后,张威同不服,提出上诉称,向三正世纪学校借款210万元,村委会已事后追认,是集体行为,对该借款其本人并未盈利,请求宣告无罪。

二审法院经审理认为,原判认定上诉人张威同利用村委会主任职务的便利,个人决定向酒泉三正世纪学校借款210万元的事实清楚,但原判将该款认定为"以个人名义将公款挪给他人使用"不当,导致对上诉人定罪及适用法律有误。对于上诉人张威同所提的上诉理由,经查,上诉人张威同在未经村委会讨论的情况下出借公款,但并不是以个人名义进行的;后

---

① 参见陈兴良、张军、胡云腾主编:《人民法院刑事指导案例裁判要旨通纂》(下卷),北京大学出版社2013年版,第1111页。

在与三正世纪学校履行600万元贷款合同时,已实际包含了210万元,且张威同没有谋取个人利益,故上诉人张威同的上诉理由应予采纳。判决上诉人张威同无罪。

三、关联法条

《中华人民共和国刑法》

第三百八十四条第一款 国家工作人员利用职务上的便利,挪用公款归个人使用,进行非法活动的,或者挪用公款数额较大、进行营利活动的,或者挪用公款数额较大、超过三个月未还的,是挪用公款罪,处五年以下有期徒刑或者拘役;情节严重的,处五年以上有期徒刑。挪用公款数额巨大不退还的,处十年以上有期徒刑或者无期徒刑。

四、争议问题

本案的争议问题是,个人决定以单位名义将公款借给其他单位使用,没有谋取个人利益的,是否构成挪用公款罪?一审法院认为,被告人未经村委会集体讨论,擅自将公款挪给其他单位使用,成立挪用公款罪。二审法院则认为,被告人虽个人决定但系以集体名义将公款借给其他单位使用,个人并未谋利,因此不成立挪用公款罪。

五、简要评论

挪用公款罪中"归个人使用"的含义曾经在学理与实务上都充满了争议。对此,最高人民法院和最高人民检察院曾经先后作出过不同的解释或批复,争议焦点主要在于,挪给其他自然人使用是否需要以单位名义、挪给私有单位是否属于归个人使用、挪给其他人使用是否需要谋利等。由于最高人民法院和最高人民检察院之间意见不一致,全国人民代表大会常务委员会于2002年4月28日发布的《关于〈中华人民共和国刑法〉第三百八十四条第一款的解释》对什么是挪用公款归个人使用作出了解释。该解释规定,挪用公款归个人使用有三种情况:第一,将公款供本人、亲友或者其他自然人使用的;第二,以个人名义将公款供其他单位使用的;第三,个人决定以单位名义将公款供其他单位使用,谋取个人利益的。从而以立法解释的形式明确了以下争点:将公款供自然人使用的无须以个人名义;将公款供其他单位使用的,无论是公有还是私有,均须以个人名义;只有个人决定以单位名义借给他人的才需要牟利。

本案中,被告人张威同显系个人决定将公款借给私立学校使用,由于在案证据证明是以村委会的名义出借,因此不属于立法解释规定的第一种和第二种情况。不过其是否一定属于第三种情况,也不是没有争议的可能,毕竟第三种仅仅针对"借给他人",该"他人"是否必然包括其他单位,尚有讨论的空间。在结论上,认为这里的"他人"包括其他单位,应该是更值得选择的解释。二审法院正是以此为由,认为张威同之行为属于立法解释规定的第三种情形,从而必须从中牟利才可以认定为挪用公款。在没有证据证明这一点的情况下,最终推翻了一审法院的判决,改判被告人无罪,应该说是更为准确地理解了全国人大常委会针对挪用公款"归个人使用"所作之解释。

关于本案比较奇怪的是,本案公布于《刑事审判参考》总第63集,案例评析的执笔者在正确地分析了本案被告人没有牟利因而不属于挪用公款归个人使用的基础上,还对张威同的行为不是从事非法活动和从事营利活动,尤其是对后者,进行了大量分析。最后得出结论认为,将公款借给私立学校不是从事营利活动。私立学校以营利为目的是不争的事实,将钱借给私立学校,然后收取高额利息的行为,在性质上显然属于营利行为。然而,该执笔者却极力否认这一点,应该是担心一旦承认是营利行为,就有将被告人论罪的可能。其实,这是毫无必要的。对挪用公款罪而言,"归个人使用"是基本前提,如果不符合该前提要素,根本无须再去分析是从事非法活动还是营利活动。具体而言,本案被告人张威同因为是个人决定以单位名义将公款借给私立学校,个人没有从中牟利,尽管挪用行为本身属于营利行为,但不符合挪用公款"归个人使用"的要求,自无成立挪用公款罪之虞。

案例 18-4　冯安华等挪用公款案[①]

一、基本案情

1997 年 9 月,冯安华、张高祥协议合伙成立"钟山区祥华汽车配件经营部",二人在无固定资产和经营所需资金的情况下,冯安华利用自己系贵州省六盘水市农业银行信用卡业务部综合科工作人员的职务之便,擅自授权张高祥用信用卡透支资金进行经营汽车配件的业务活动,自 1997 年 8 月至 1998 年 2 月,冯安华、张高祥二人多次利用信用卡透支的方式挪用公款共计 1 150 860 元。

二、诉讼过程及裁判理由

一审法院经审理认为,被告人冯安华、张高祥合谋,利用冯安华职务上的便利,擅自授权透支巨额资金供二人进行营利活动,其行为均已构成了挪用公款罪。其中,冯安华系本案主犯,挪用公款数额巨大且有部分未退还,情节严重,应依法严惩;张高祥系本案从犯,应当从轻处罚。故而判决冯安华犯挪用公款罪,判处有期徒刑 14 年,剥夺政治权利 3 年;被告人张高祥犯挪用公款罪,判处有期徒刑 12 年,剥夺政治权利 2 年。

一审判决后,被告人张高祥以一审法院对其量刑过重为由提起上诉。

二审法院经审理认为,上诉人张高祥、原审被告人冯安华内外勾结,利用冯安华职务上的便利,共同挪用公款进行营利活动,均已构成了挪用公款罪。一审判决认定事实清楚,定性准确,量刑适当,审判程序合法,应予维持。故而裁定驳回上诉,维持原判。

三、关联法条

《中华人民共和国刑法》

第三百八十四条　国家工作人员利用职务上的便利,挪用公款归个人使用,进行非法活动的,或者挪用公款数额较大、进行营利活动的,或者挪用公款数额较大、超过三个月未还

[①] 参见陈兴良、张军、胡云腾主编:《人民法院刑事指导案例裁判要旨通纂》(下卷),北京大学出版社 2013 年版,第 1113 页。

的,是挪用公款罪,处五年以下有期徒刑或者拘役;情节严重的,处五年以上有期徒刑。挪用公款数额巨大不退还的,处十年以上有期徒刑或者无期徒刑。

挪用用于救灾、抢险、防汛、优抚、扶贫、移民、救济款物归个人使用的,从重处罚。

四、争议问题

擅自开立信用卡,反复透支、反复转卡盖账以规避超期高额利息的行为应如何定性? 如何计算其数额?

五、简要评论

本案被告人的行为主要是把他们所持的40余张信用卡分为两组,先用其中的一组卡透支挪用,在15天之内又将另一组卡的透支款转到前一组卡上以还清前组卡的透支本息。如此反复透支,反复"转卡盖账",以规避超期的高额利息。一种意见认为,两被告人所用的信用卡,绝大多数是冯安华用张高祥所提供的他人身份证擅自办理的空卡,是冒用他人名义办理的伪造的信用卡,其行为应定信用卡诈骗罪。另一种意见认为,被告人冯安华是国家工作人员,与被告人张高祥内外勾结,利用自己职务上的便利,采取擅自授权使用信用卡透支的手段挪用公款进行营利活动,两被告人的行为应定挪用公款罪。

首先应当明确,授权透支时透支额即可认定为公款,公款不必是现金或存款,透支款可由他人任意支配,也应视为公款的一种。其次,信用卡诈骗和挪用公款的区别主要在于非法占有目的之有无。本案中,两被告人所办的40余张信用卡虽然违规,但这是在卡部管理混乱,允许一人持有多卡,授权透支管理不严,卡部不少人都将这种做法视为一种"放贷"手段的情况下发生的。而且卡部的其他人员均知道这40余张卡是冯安华为张高祥办理并由张高祥使用的,冯安华擅自授权的情况都能从卡部电脑系统中得到反映,两被告人的行为不是以非法占有为目的,只是暂时得到透支款项的使用权,还须承担归还透支款的本金和支付利息的责任,没有侵犯透支款项的所有权。因此两被告人的行为不构成信用卡诈骗罪。

在计算数额时,是否应累计计算反复盖账的数额,《刑法》没有明确规定。最高人民法院《关于审理挪用公款案件具体应用法律若干问题的解释》第4条规定:"多次挪用公款不还,挪用公款数额累计计算;多次挪用公款,并以后次挪用的公款归还前次挪用的公款,挪用公款数额以案发时未还的实际数额认定。"反复盖账属于典型的以后次挪用的公款归还前次挪用的公款,审理本案的合议庭因此不是累计计算,而是以案发时未还的实际数额认定。问题在于,以后次挪用的公款归还前次挪用的公款应该是仅针对挪用公款归个人使用、数额较大、超过3个月未还之类型,因为从事非法活动或者经营活动的,其构成要件本无归还的要求,即使及时归还也有成立本罪的余地,其数额是否可以累计计算就需要打一个大大的问号。如果认为以后次挪用的公款归还前次挪用的公款之行为本身不是营利活动,而是属于挪用公款归个人使用、数额较大、超过3个月未还之类型,则因为本案每次盖账均未超过3个月,原本就不符合其构成要件,自然也不存在数额累计计算的问题。因此,合议庭笼统地计算最终未还的数额,其实有商榷的空间。更合理的做法是,首先论证以后次挪用的公款归还前次挪用的公款是否从事非法活动或营利活动;如果答案是否定的,然后再甄别每次盖账行为的数额与时间;最后才能计算成立本罪的未还数额,而这还是建立在一个并非没有歧见的基础之上;超过 3 个月未还的截止期限应为被告人被司法机关采取强制措施之日。

关于数额,本案中其实还有值得商讨之处,即错转到他人卡上的钱、转卡利息及被告人消费透支的钱为什么应从总额中扣除。裁判理由直接得出结论,没有做任何说明,限于篇幅,不再展开讨论。

案例 18-5　歹进学挪用公款案[①]

一、基本案情

1999 年 5 月,上诉人歹进学通过竞争方式担任了农机公司(国有性质)经理职务。为扭转该公司单纯从事农机产品的销售和严重亏损的局面,上诉人歹进学经与农机公司其他领导研究并在本公司职工大会上提出决定成立金华机械厂。为达到逃避公司外债的目的,歹进学同农机公司党委书记马新喜(同时兼任公司副经理及办公室主任)商量并向公司的上级主管单位新郑市农机局领导刘辉、乔根顺等人汇报,将金华机械厂的工商营业执照办成由其本人负责的个体性质的企业。金华机械厂资金由公司职工集资,歹进学本人集资 5 000 元,农机公司本身亦集资 2 万元,厂房设在农机公司院内。该厂职工由农机公司职工和下岗职工组成,且金华机械厂的有关事宜在农机公司内部会议一并作出安排,并将该厂的生产经营状况反映到农机公司的财务报表中向税务部门呈报。2000 年 1—7 月间,歹进学将农机公司公款 38.71 万元挪至金华机械厂使用,用于购车及生产资料,其中购桑塔纳轿车及农用汽车共花去 22.5 213 万元,入该厂固定资产账。

二、诉讼过程及裁判理由

一审法院经审理认为,被告人歹进学利用担任农机公司经理职务之便,挪用公款数额巨大,进行营利活动,其行为已构成挪用公款罪,判处有期徒刑 5 年。

一审宣判后,歹进学不服,提出上诉。歹进学及其辩护人上诉提出,原判认定金华机械厂属于歹进学个人所有的私营企业确有错误,该厂实际系农机公司的下属企业,歹进学将农机公司公款挪至金华机械厂使用的行为,不构成犯罪。检察机关认为,金华机械厂的性质应以工商营业执照的登记为准,故歹进学的行为构成犯罪。

二审法院经审理认为,歹进学虽以个人名义进行注册登记金华机械厂,但卷宗大量证据反映成立金华机械厂是经农机公司集体研究决定并向上级主管领导汇报同意的,并非歹进学个人决定。且从该厂的资金来源、职工组成、生产场地、利润分配、管理经营方式及挪用款项用途等方面的证据材料看,均不能证明金华机械厂为歹进学个人所有,判决上诉人歹进学

[①] 参见陈兴良、张军、胡云腾主编:《人民法院刑事指导案例裁判要旨通纂》(下卷),北京大学出版社 2013 年版,第 1114 页。

无罪。

三、关联法条

《中华人民共和国刑法》

第三百八十四条第一款　国家工作人员利用职务上的便利,挪用公款归个人使用,进行非法活动的,或者挪用公款数额较大、进行营利活动的,或者挪用公款数额较大、超过三个月未还的,是挪用公款罪,处五年以下有期徒刑或者拘役;情节严重的,处五年以上有期徒刑。挪用公款数额巨大不退还的,处十年以上有期徒刑或者无期徒刑。

四、争议问题

本案的争议问题主要涉及工商营业执照上标明的企业性质与企业的实际性质不一致时,如何确定企业性质,以及挪用公款给名为个体实为集体的企业使用的行为如何处理?

五、简要评论

本案中,公诉机关和一审法院认定被告人歹进学的行为构成挪用公款罪,二审法院则认为歹进学的行为不符合挪用公款罪的构成要件,不应以犯罪论处。分歧的焦点既有证据采信和事实认定问题,又有挪用公款罪的法律适用问题,但前者是解决问题的主要矛盾。歹进学以个人名义进行注册登记的金华机械厂,究竟是个人私有企业还是农机公司的下属企业,成为定性的关键。

具体而言,金华机械厂的营业执照显示其性质为个体工商户,法人代表为歹进学,但新郑农机公司的文件和有关人员的证言,以及金华机械厂的具体运作过程,都证实其为新郑农机公司下属的集体企业,成立金华机械厂的受益人是新郑农机公司的全体职工。在这种情况下,是按照公诉机关的意见以营业执照为准,确定金华机械厂属于个体工商户,还是按照实际情况实事求是地认定金华机械厂属于单位而非个人?该问题之所以重要,是因为挪用公款罪要求将公款挪归个人使用,而所谓归个人使用,根据全国人大常委会的立法解释,有三种情况:第一,将公款供本人、亲友或其他自然人使用的;第二,以个人名义将公款供其他单位使用的;第三,个人决定以单位名义借给他人使用、个人从中牟利的。也就是说,只有将公款挪出本单位,才有成立本罪的可能。如果金华机械厂是新郑农机公司的下属企业,挪用属于公司内部的资金流转,就很难以挪用公款罪论处。

由于我国的市场经济体制尚不成熟,实践中挂靠公司、阴阳公司等现象并不鲜见。如何在公司企业法上处理另当别论,至少在刑法层面上,由于刑法具有自己独特的任务与目的,而应更为关注问题的实质层面。既然挪用公款罪要求将公款挪归个人使用,就必须在实质上确定公款是否被挪出单位。据此,对于名为个体实为集体的企业性质的认定,应实事求是地还原事物的本来面目。本案被告人歹进学作为新郑农机公司的经理,将公款挪用给金华机械厂用于经营活动,实际上是新郑农机公司内部的资金流转,不符合挪用公款罪的构成要件,故二审法院的处理是正确的。不过,并非附属公司就一定不可成立挪用公款罪,如果母公司和子公司财务独立、自负盈亏,个人决定挪用的,如果符合归个人使用的条件,以挪用公款罪论处亦可。

案例 18-6　王正言挪用公款案①

一、基本案情

1993年10月至1998年1月,被告人王正言任上海机械进出口集团实业公司(以下简称实业公司)出口材料部经理,负责经营有色金属、黑色金属等原材料业务。1995年11月,经单位领导同意,被告人王正言将实业公司99.235吨电解铜出借给上海市有色金属铜带分公司(以下简称铜带分公司)使用,1997年4月借铜合同履行完毕。但这批铜仍置放在铜带分公司。1995年,被告人王正言与南京市金属材料总公司(以下简称南京总公司)兰州公司(以下简称兰州公司)个人承包经营者邱耀南,发生两次购销业务。在履约过程中,兰州公司违约,欠实业公司货款人民币180万元。经多次催讨未果。为了找到邱耀南,被告人王正言于1997年5月在南京通过他人认识了邱耀南的朋友胡一信,同时,又认识了胡一信的朋友姚永康。胡一信、姚永康分别系南京情侣服饰设计中心和扬子江资源经济开发总公司的个人承包者,当时均发生经营资金短缺的困难。王正言通过胡一信与在外地的邱耀南通了电话,邱耀南要王正言想办法替他先向实业公司归还100万元的货款,并答应在同年七八月间归还王正言垫付的钱款。为了减轻未追回货款的压力,王正言产生了将铜带分公司归还本单位的近100吨电解铜变价后替邱耀南还债的意图。1997年5月12日,被告人王正言按照与姚永康、胡一信的策划,在南京擅自以实业公司出口材料部的名义与扬子江公司签订了出借电解铜100吨的协议。至同月底,王正言与姚永康、胡一信一起将99.235吨电解铜分4次予以变卖,得款人民币226.975309万元,用于替邱耀南归还所欠实业公司的部分货款和姚永康、胡一信的经营活动中。至案发时止,王正言归还了人民币124万元,尚有102万元未予归还。

二、诉讼过程及裁判理由

一审法院经审理后认为,被告人王正言系国家工作人员,利用职务之便,擅自挪用公款,归个人用于营利活动,情节严重,且至今未予归还的数额巨大,严重侵犯国有企业的资金使用权,损害了国家工作人员理应遵守的廉政制度,其行为已构成挪用公款罪,判处有期徒刑13年。

宣判后,被告人王正言不服,提出上诉。

二审法院经审理,裁定驳回上诉,维持原判。

三、关联法条

《中华人民共和国刑法》

第三百八十四条第一款　国家工作人员利用职务上的便利,挪用公款归个人使用,进行

---

① 参见陈兴良、张军、胡云腾主编:《人民法院刑事指导案例裁判要旨通纂》(下卷),北京大学出版社2013年版,第1119页。

非法活动的,或者挪用公款数额较大、进行营利活动的,或者挪用公款数额较大、超过三个月未还的,是挪用公款罪,处五年以下有期徒刑或者拘役;情节严重的,处五年以上有期徒刑。挪用公款数额巨大不退还的,处十年以上有期徒刑或者无期徒刑。

四、争议问题

挪用公物予以变卖,将所得款项归个人使用的行为是否构成挪用公款罪?对此,有两种对立意见:一种意见认为,被告人的行为不能以犯罪论处。理由是,被告人挪用的是被害单位的公物,而不是公款。另一种意见认为,被告人的行为构成挪用公款罪。因为,被挪用的电解铜不是被害单位的物品,而是商品,可以在流通领域变价,被告人最终使用的也是电解铜的变价款,而不是电解铜。因此,被告人的行为符合挪用公款罪的特征。

五、简要评论

对于国家工作人员挪用公物的行为,一般认为,如果挪用救灾、抢险、防汛、优抚、扶贫、移民、救济等特定物品归个人使用的,可以按照《刑法》第273条规定的挪用特定款物罪追究刑事责任;如果挪用特定款物归个人包括私有公司、企业使用的,则按照《刑法》第384条规定的挪用公款罪定罪处刑。由于1997年《刑法》没有规定挪用一般公物罪,所以挪用一般公物的,不能以犯罪论处。实践中,往往有国家工作人员挪用公物然后予以变卖,使用所得款项的情况发生,这种行为从形式上看与纯粹的挪用公款或者挪用公物行为不同,有一定的特殊性,因此,必须把行为过程联系起来,整体把握行为的本质,才能准确判定行为的性质。

本案刊载于《刑事审判参考》总第10辑,其执笔者认为,挪用公物予以变现归个人使用的行为,其本质与一般的挪用公款行为是一致的,理由是:

(1)挪用公物予以变现使用的行为追求的是公物的价值而不是使用价值,其性质应是挪用公款。

(2)挪用公物不应当理解为也包括以追求实际使用公物的变价款为目的的挪用非特定公物的行为。

(3)挪用公物予以变现并使用的行为,可以说行为人挪用的公物已不是具有使用价值意义上的物,而是公物价值的载体,即公款。这尽管是一个从公物到公款的过程,但本质上与挪用公款是一样的,完全符合挪用公款的一切特征,故应当依法以挪用公款罪论处。

(4)就本案而言,事实上被告人王正言和姚永康、胡一信根本不需要电解铜,其追求的是近100吨电解铜的价值,此时的近100吨电解铜已成为相应价款的载体,直接体现为226万余元公款。

(5)如果行为人利用职务之便,将公共财物恣意变卖,并擅自使用变卖价款而不受到刑事追究的话,国有资产的管理将实际不再存在,也放纵了有意或者无意规避法律的犯罪分子,属于机械地执行法律,无疑有悖于刑法的立法本意。

应该说,从处罚必要性而言,挪用公物予以变卖而使用其价款的行为无疑是值得处罚的。上述执笔者区分公物的价值与使用价值,认为追求公物的使用价值的不成立挪用公款,追求公物的价值的则可能成立,是一个颇有启发性的视角。有疑问的是,价值与使用价值都是商品的属性,区分二者分别对待可能在罪刑法定方面存有疑虑。因为构成要件所明设的行为类型是挪用公款而非挪用公物,变卖公物是对公物的一种处分,是否是挪用公物的方式之一可能有不同的回答,但至少不是挪用公款。认为变卖公物而使用其价款的行为是挪用公款还可能带来的疑问有:如果被告人变卖公物即案发是否成立挪用公款?如果变卖的价款远低于公物的价值,如何认定其挪用数额?质言之,究竟是单纯变卖公物就属于构成挪用公款,还是挪用变卖的价款才是挪用公款?挪用的数额究竟是公物的价值还是变卖价款?对这些问题的进一步思考应该会有助于问题的回答。

案例 18-7　鞠胤文等挪用公款、受贿案[①]

一、基本案情

敦化东光制衣有限责任公司系中外合资企业,国有资产份额占 50%,被告人辛培凌在任该公司总经理期间,决定开发商品楼,因缺少资金,便找到中国建设银行吉林省敦化支行会计科副科长鞠胤文帮助解决资金。被告人鞠胤文于 1999 年 5 月 10 日擅自将本单位 60 万元转至辛培凌可支配的账户,并告诉辛培凌此款是其向朋友借的。同年 5 月 27 日,该公司存入上述账户 60 万元,鞠胤文将此款归还建行。被告人鞠胤文收受辛培凌送的现金 3 万元,又向辛培凌索要现金 1 万元。

1999 年 6 月 1 日,由于中方退股,原敦化东光制衣有限责任公司变更为外商独资的敦化市鑫汇制衣有限责任公司。辛培凌因其公司开发商品楼缺少资金,便又找鞠胤文帮助解决资金,并向鞠胤文许诺送给鞠胤文一个商品楼门市房,被告人鞠胤文利用职务之便,于同年 6 月 16 日,擅自将本单位 50 万元转至辛培凌提供的账户上,供敦化市鑫汇制衣有限责任公司开发商品楼使用。至案发时,被告人辛培凌没有送给被告人鞠胤文商品楼门市房。

1999 年 11 月末,被告人辛培凌个人为购买原敦化市服装厂房屋及附属设施,便找到鞠胤文,被告人鞠胤文提出其管理的资金有一部分账外款,可以挪用一下,被告人辛培凌建议挪用并许诺,购房后,如能卖掉盈利,与鞠胤文平分,如继续经营,则算鞠胤文一个股份。1999 年 12 月 2 日,被告人鞠胤文利用职务之便,擅自挪用银行资金 160 万元,转至被告人辛培凌提供的账户上,供辛培凌个人购买厂房使用。2000 年 1 月份,被告人辛培凌因鞠胤文挪用公款为其使用,便以过春节为名,送给被告人鞠胤文 3 万元现金。2000 年末,被告人鞠胤文找到辛培凌,以挪用的 160 万元需要利息为借口,向被告人辛培凌索取了现金 5 万元。

二、诉讼过程及裁判理由

一审法院经审理认为,被告人鞠胤文身为国有金融机构工作人员,利用职务之便,擅自

[①] 参见陈兴良、张军、胡云腾主编:《人民法院刑事指导案例裁判要旨通纂》(下卷),北京大学出版社 2013 年版,第 1122 页。

为私营企业挪用银行资金50万元,与使用人共谋,挪用银行资金160万元,用于营利活动,数额巨大,其行为已构成挪用公款罪。其利用职务之便,为他人谋取利益,非法收受他人现金6万元,索取他人现金6万元,其行为已构成受贿罪。被告人辛培凌与挪用人共谋,参与挪用银行资金160万元,用于营利活动,数额巨大,其行为已构成挪用公款罪。被告人辛培凌为谋取不正当利益,给予国家工作人员现金3万元,在获得不正当利益后,因被索取而给予国家工作人员现金5万元,其行为已构成行贿罪。综上所述,被告人鞠胤文犯挪用公款罪,判处有期徒刑6年,犯受贿罪,判处有期徒刑10年,数罪并罚,决定执行有期徒刑14年。被告人辛培凌犯挪用公款罪,判处有期徒刑5年零6个月,犯行贿罪,判处有期徒刑4年,数罪并罚,决定执行有期徒刑8年。

一审宣判后,二被告人分别提起上诉。

二审法院经审理认为,原审判决事实清楚,证据确凿,裁定驳回上诉,维护原判。

三、关联法条

《中华人民共和国刑法》

第三百八十四条第一款　国家工作人员利用职务上的便利,挪用公款归个人使用,进行非法活动的,或者挪用公款数额较大、进行营利活动的,或者挪用公款数额较大、超过三个月未还的,是挪用公款罪,处五年以下有期徒刑或者拘役;情节严重的,处五年以上有期徒刑。挪用公款数额巨大不退还的,处十年以上有期徒刑或者无期徒刑。

第三百八十五条第一款　国家工作人员利用职务上的便利,索取他人财物的,或者非法收受他人财物,为他人谋取利益的,是受贿罪。

四、争议问题

因挪用公款而索取、收受贿赂的,以及为挪用公款而行贿的,是否需要数罪并罚?

五、简要评论

本案刊载于《刑事审判参考》总第48集,裁判理由对上述争议问题的解答较为简单,直接以最高人民法院《关于审理挪用公款案件具体应用法律若干问题的解释》第7条为据,对因挪用公款而索取、收受贿赂的以挪用公款罪和受贿罪数罪并罚;并根据对向犯理论,认为应将受贿和行贿同等处理,则为挪用公款而行贿的也应以挪用公款罪和行贿罪数罪并罚。

值得注意的是,该案裁判理由的执笔者明确在评析部分提到了因挪用公款而构成其他犯罪的,理论上属于牵连犯。在学理上,对于牵连犯,一般认为应采取从一重论处,但法律和司法解释明确规定实行数罪并罚的除外。关于牵连犯的处断原则,的确如同该执笔者所述,采取的是这样的立场。问题在于,同为牵连犯,分别数罪并罚和从一重论处的依据何在?而且法律和司法解释是否能够相提并论?例如,《刑法》第399条第4款明文规定,司法工作人员收受贿赂徇私枉法的,依照处罚较重的规定处罚,而《关于审理挪用公款案件具体应用法律若干问题的解释》却规定类似情形应数罪并罚,究竟应如何理解二者的差异?如果进一步追问,牵连犯的成立条件就会被置于问题的中心,即牵连关系究竟如何认定?也许更应该思考的还有牵连犯的概念是如何存在的,我国《刑法》中并无任何关于牵连犯的条款,将原本独立的两个犯罪行为从一重处断是否符合罪刑法定原则,似乎也不无疑虑。

除了关于牵连犯之处断原则及其存废的问题外,本案中还有两个值得关注的问题。一是鞠胤文第一次挪用的60万元没有被认定为挪用公款。究其理由,应该是该次挪用时东光制衣公司尚是合资企业,而第二次挪用50万元时则变更为外商独资企业,所以第二次的挪用构成犯罪。依挪用给国有还是私营企业而决定挪用公款罪是否成立,是对本罪罪质的错误理解,本罪保护的是被挪用单位的公款,与使用被挪用公款的单位无关,这一点在全国人民代表大会常务委员会《关于刑法第三百八十四条第一款的解释》中已经非常明确。由于本案审判于该立法解释之前,判决结果情有可原。二是鞠胤文第二次受贿一间商品楼门市房的情节没有被认定为受贿。究其理由,应该是最终鞠胤文并未得到该门市房。这是一个关于确立受贿罪既遂标准的适当案例,况且即使不成立既遂也可以成立未遂,但是两次判决都未提及此一问题。这是唯数额论的另一弊端,即对于未遂犯无法简单累计计算数额,于是实际上被等同于无罪处理。

案例 18-8　陈超龙挪用公款案[①]

一、基本案情

被告人陈超龙原系中国建设银行广东省分行罗定市支行广海办事处负责人,1994年4月至12月,被告人陈超龙先后收到罗定市城南经济发展公司、罗定市交通局养征站、罗定市罗城镇细坑居委会、罗定市居民谭某等单位和个人储户存入广海办事处的委托贷款共计人民币75.5万元,全部不入账,归其个人使用。为掩盖犯罪,又采用偷支储户存款等方法,用公款归还了其中的73万元,到案发时止,尚有储户谭某存入的委托贷款2.5万元未归还。由于被告人陈超龙偷支储户存款,致广海办事处的库存现金与账面不符。被告人陈超龙为了达到账款相符,隐瞒其侵占公款的罪行,于1995年11月至12月,指使梁甲、梁乙、陈某3人与广海办事处签订了共计55万元的虚假贷款合同并入账,从而侵占公款55万元。1994年10月18日,被告人陈超龙收到贷款户范某归还广海办事处的贷款10万元后,既不交回单位也没有入账,私自将10万元投入股市买卖股票。

二、诉讼过程及裁判理由

检察机关以被告人陈超龙犯挪用公款罪、贪污罪提起公诉。一审法院判决被告人陈超龙挪用公款73万元,侵吞公款67.5万元,犯贪污罪,判处死刑,剥夺政治权利终身;犯挪用公款罪,判处有期徒刑10年;决定执行死刑,剥夺政治权利终身。

一审宣判后,陈超龙不服,以原判认定贪污与事实不符为由提出上诉。

[①] 参见陈兴良、张军、胡云腾主编:《人民法院刑事指导案例裁判要旨通纂》(下卷),北京大学出版社2013年版,第1125页。

二审法院经审理认为,上诉人陈超龙挪用公款 85.5 万元,贪污公款 55 万元。其中挪用的公款已归还 73 万元,未归还 12.5 万元。未归还部分不再以贪污论处,应列为挪用公款数额。因此,贪污公款数额应为 55 万元,裁定驳回上诉,维持原判。

二审法院依法将此案报请最高人民法院核准。最高人民法院经复核认为,被告人陈超龙签订 55 万元的假贷款合同以冲减库存现金的行为,实际是其挪用公款行为的一部分。其签订假贷款合同的目的,是为了在年终财务检查时掩盖挪用公款的事实,最终无法使账面平衡,不能实现侵吞的目的。因此,认定被告人陈超龙挪用这部分公款的行为为贪污罪,定性不准。判决撤销二审法院的刑事裁定和一审法院刑事判决中对被告人陈超龙犯贪污罪的定罪量刑部分;被告人陈超龙犯挪用公款罪,判处无期徒刑,剥夺政治权利终身。

三、关联法条

《中华人民共和国刑法》

第三百八十四条第一款 国家工作人员利用职务上的便利,挪用公款归个人使用,进行非法活动的,或者挪用公款数额较大、进行营利活动的,或者挪用公款数额较大、超过三个月未还的,是挪用公款罪,处五年以下有期徒刑或者拘役;情节严重的,处五年以上有期徒刑。挪用公款数额巨大不退还的,处十年以上有期徒刑或者无期徒刑。

四、争议问题

本案关键在于挪用公款罪与贪污罪的界限,其中有争议的行为有三个:未归还的 2.5 万元如何定性?以虚假贷款合同平账的 55 万元如何定性?未入账的 10 万元如何定性?

五、简要评论

挪用公款罪与贪污罪的界限,主观方面在于非法占有目的之有无,客观方面在于是挪用还是侵吞。具体到个案,区分二者并非不言自明。在财产犯罪中,一般认为非法占有目的包括排除意思与利用意思,使用盗窃正是因为欠缺排除意思而不成立盗窃罪。不过,即使是使用盗窃,如果使用导致显著的财产价值损耗或灭失,通常有成立盗窃罪的余地,这一点也是我国司法解释的立场。至于贪污罪与挪用公款罪是否可以套用此一理解,值得探讨。更复杂的是,公款不同于一般的财物,属于种类物,即使使用完毕,只要有返还的意思,可以随时以其他资金替代,所以判断排除意思时更为困难。关于客观上挪用还是侵吞的区别,也十分微妙,二者都是将公款置于自己的占有之下,此时贪污甚至可能即已既遂,挪用反而还可能要求另外从事非法或营利活动。也就是说,挪用行为通常在客观上已经符合贪污罪的要件,在客观上区分二者因此是不现实的,最终只能回到主观上是否有非法占有的目的之上。

非法占有目的的判断当然不能仅凭行为人的断言,《全国法院审理经济犯罪案件工作座谈会纪要》规定,具有以下情形之一的,可以认定行为人具有非法占有公款的目的:第一,携带公款潜逃的,对其携带挪用的公款部分以贪污罪定罪处罚。第二,挪用公款后采取虚假发票平账、销毁有关账目等手段,使所挪用的公款难以在单位财务账目上反映出来,且没有归还行为的,以贪污罪定罪处罚。第三,截取单位收入不入账,非法占有,使所占有的公款难以在单位财务账目上反映出来,且没有归还行为的,以贪污罪定罪处罚。第四,有能力归还而拒不归还,并隐瞒挪用公款的去向的,以贪污罪定罪处罚。本案中,被告人陈超龙未归还的2.5万元和未入账的10万元,即是因未采取额外的平账措施,而否定了非法占有的目的。而以虚假合同平账的55万元,最高人民法院认为表面上账平了,但并不能算真正把账抹平,因为银行终究是要按照贷款协议收回贷款的,所以也不是贪污。

  本案以上的结论有令人费解之处。首先,是否平账与是否想返还并无必然联系。不平账的固然可能想还,但也完全可能不想还且连平账都不愿意去平;平账的虽然一般不想还,但也同样可能是为还款争取时间。所以,截取他人还款后不入账,供个人使用或炒股,是否就一定没有非法占有的目的,需要另行寻找证据和理由。例如,几乎是同样的行为,在案例18-10中就被认定为贪污。二者处理结论上的不同显示出贪污罪与挪用公款罪的界限在实务中并不清晰。其次,所谓真正把账抹平,是很难理解的说法。理论上,所有的平账都只是表面上平账,单位迟早都会发现虚假的平账,而最终收回欠款。以此为由为被告人开脱,似乎没有说服力。另外,非法占有目的的产生时间,也值得加以注意,如果原本有返还的意思,挪出后意图非法占有,可以包括地成立贪污罪;如果原本没有返还的意思,挪出后才产生返还的意思,因为已经贪污既遂,就不能再成立挪用公款罪。

案例 18-9　马平华挪用公款案①

一、基本案情

  被告人马平华原系南通市土地综合开发公司(以下简称土综开发公司)董事长兼总经理,2003年和2005年该公司两次进行改制,原国有性质的土综开发公司经两次改制后,成为由马平华出资88%、严荣华出资12%的有限责任公司。期间为筹集购买改制企业土综开发公司国有股权的资金,马平华于2003年9月29日向南通市商业银行(以下简称南通商行,现已改称江苏银行南通分行)轻纺城支行贷款2 000万元,请南通市坤园物业管理有限公司(以下简称坤园公司,原系土综开发公司的下属企业)向该行贷款2 000万元作为其个人2 000万元的担保。同时,个人决定坤园公司的该2 000万元由土综开发公司担保。两笔2 000万元的贷款利息均由马平华个人支付。2004年3月30日,为免除由其个人支付的坤园公司向银行贷款的利息,被告人马平华决定由土综开发公司向南通商行贷款2 000万元转为单位定期存款,并将该单位定期存款开户证实书(以下简称开户证实书)于同年4月8日放置该行作为质押,以替换原坤园公司为其个人2 000万元所作的担保,但双方并未办理书面质押担保手续。

二、诉讼过程及裁判理由

  一审法院经审理认为,被告人马平华身为国有公司委派在国有控股公司从事组织、领

---

① 参见陈兴良、张军、胡云腾主编:《人民法院刑事指导案例裁判要旨通纂》(下卷),北京大学出版社2013年版,第1127页。

导、管理工作的人员,利用担任土综开发公司董事长兼总经理的职务之便,个人决定将公司2 000万元资金存款开户证实书用于为个人贷款提供担保,构成挪用公款罪,判处有期徒刑9年。

一审宣判后,马平华不服,提出上诉。

二审法院经审理认为,马平华为谋取个人利益,决定土综开发公司为坤园公司的2 000万元贷款进行担保,已将本单位公款置于风险之中;后又个人决定将土综开发公司所贷的2 000万元转为单位存款,为个人的贷款进行质押。两次行为均已构成挪用公款罪,且属犯罪既遂。因先后两次作案是为同一笔贷款担保,且第二次操作时不规范,故其挪用数额可以认定为2 000万元。决定判处有期徒刑5年零6个月。

三、关联法条

《中华人民共和国刑法》

第三百八十四条第一款　国家工作人员利用职务上的便利,挪用公款归个人使用,进行非法活动的,或者挪用公款数额较大、进行营利活动的,或者挪用公款数额较大、超过三个月未还的,是挪用公款罪,处五年以下有期徒刑或者拘役;情节严重的,处五年以上有期徒刑。挪用公款数额巨大不退还的,处十年以上有期徒刑或者无期徒刑。

四、争议问题

将国有控股公司的资金用于个人贷款的担保是否构成挪用公款?先后用两笔不同的公款为同一笔贷款作担保如何处理?

五、简要评论

案发时土综开发公司尚未彻底改制成私营企业,国有控股60%,且马平华是由南通市委组织部任命的,所以其属于国家工作人员没有疑问。根据《刑法》第272条第2款的规定,国有公司、企业或者其他国有单位委派到非国有公司、企业以及其他单位从事公务的人员挪用单位资金的,以挪用公款罪定罪处罚。由此可以推论出,国家工作人员利用职务便利,挪用国有控股公司的资金的,也应成立挪用公款罪。

将国有控股公司的资金用于个人贷款的担保是否属于挪用公款?担保行为表面上看并未动用公款,似乎没有"挪用",但是,超过3个月未还的挪用行为原本就不要求将公款使用出去,即使是从事非法活动和营利活动的挪用行为,也有部分没有在实质上使公款被耗费,而只是换了一种存在形式,例如挪用公款买房,公款虽然不存在,房子却在那里。所以,以担保行为并未花费公款而否定挪用公款之成立站不住脚。况且以公款担保,已经将公款置于可能承担担保责任的风险之中,尤其是第二次质押,虽然客观上只是质押了存款证实书,但因此已使单位对2 000万元的资金无法行使权利,侵犯了公款的使用权,两次担保行为均应成立挪用公款。这一点也得到《全国法院审理经济犯罪案件工作座谈会纪要》的认可,该纪要明确指出,挪用金融凭证、有价证券用于质押,使公款处于风险之中,与挪用公款为他人担保没有实质区别,符合刑法关于挪用公款罪规定的,以挪用公款罪定罪处罚,挪用数额以实际或可能承担的风险数额认定。不过,从两次审判的判决书中无法看出合议庭认为以公款担保是从事营利活动型挪用公款,还是超过 3 个月未还型挪用公款。在"刘国林等挪用公款案"中,挪用公款验资注册的,被认定为从事营利活动,挪用公款担保的似乎有可类比之处。另一种可能更合理的方案是,依所担保的款项是用于营利还是非营利,确定其类型。判决中类似这种看上去很小而没有受到重视的问题绝非不重要,因为两种类型的挪用公款成立要件不同,合议庭必须明确指出其类型。再如以单位存款证实书质押以免除其个人承担的利息的行为,是否可能成立贪污等罪行,判决书中完全没有提及。

第一次担保是由土综开发公司的下属企业坤园公司提供的,被告人马平华对于非本单位的公款是否可以成立挪用公款罪的正犯,与其职权范围有关。《全国法院审理经济犯罪案件工作座谈会纪要》明确指出,国有单位领导利用职务上的便利指令具有法人资格的下级单位将公款供个人使用的,属于挪用公款行为。二审法院认为两次挪用是先后为同一笔贷款担保,且第二次担保手续不全,故仅以 2 000 万元认定其挪用数额。但是两次挪用公款罪均已既遂,却以 2 000 万元而不是 4 000 万元计算数额,似乎还需要更明确的理由。可能的实质性理由是,虽先后两次挪用,但整个过程中始终只有 2 000 万元公款被置于危险之中,第一次的 2 000 万元的危险结束后,第二次的危险才开始。潜在的反对理由则有,本案两次挪用行为分别挪用的是不同单位的公款,都已挪用既遂,且不是以后次挪用的公款归还前次挪用的公款,不存在扣除的问题。如果是连续犯,更应该累计计算数额。除非是超过 3 个月未还型的挪用,才可能因为案发前已还而不成立挪用公款罪,但判决并未对此加以明示。这也从另一个侧面说明,指出被告人马平华的两次挪用行为究竟是何种类型的挪用公款之重要性。

案例 18-10　彭国军贪污、挪用公款案①

一、基本案情

1997 年元月,被告人彭国军利用其担任陕西省人民警察学校财务科出纳员的职务之便,先后将其管理的学校所收的学生费用共计 860 950.94 元,挪归个人使用未归还。1998 年 7 月 2 日至 1999 年 12 月 13 日,被告人彭国军利用职务上的便利,先后 5 次使用伪造的现金交款单入账,制造自己经手的款项已上交本单位在中国农业银行西安市支行长安结算部账户的假象,将本单位现金共计 221.027 5 万元骗出归个人使用。又先后 42 次从本单位农业银行长安县支行结算部账户上提取现金共计 3 860 032.45 元不记账归个人使用,并于 1999 年 12 月 13 日私自将该账户销户。在此期间,彭国军为掩盖事实,以虚假的银行对账单欺骗单位,通过转账归还 12 万元;用虚假现金支票存根记收入 7 笔共归还单位现金 27.8 万元;个人支付单位费用 360 942.01 元。案发时,尚有 5 311 365.44 元未归还。1999 年 7 月,被告人彭国军将本单位朱宣交来用于冲抵原借款的 8 000 余元发票和 4 000 余元现金不入账,并将其中的 4 000 余元现金占为己有。1999 年 8 月 20 日至 1999 年 12 月 15 日,被告人彭国军

---

① 参见陈兴良、张军、胡云腾主编:《人民法院刑事指导案例裁判要旨通纂》(下卷),北京大学出版社 2013 年版,第 1128 页。

先后将陕西省人民警察学校学员白志军等人交纳的捐资助学款、代办费、住宿费、学费等共计 23.445 万元，收取后未上财务账，占为己有。1999 年 9 月 17 日，被告人彭国军收取本单位王或 3 505 元报销单据入账，但未冲抵王或原 3 000 元借款账，又支现金 3 505 元，将 505 元给王或后，剩余 3 000 元占为己有。2000 年 1 月 11 日至 2000 年 6 月 12 日，被告人彭国军先后将单位门面房租金收入 9 笔，共计 90 360 元现金收取后未上财务账，占为己有。2000 年 3 月，被告人彭国军利用职务上的便利，将本单位李鹏暂存在财务科由其保管的党费 3 812.81 元挪归其个人使用未归还。2000 年 7 月 10 日前，被告人彭国军先后将其保管的库存现金 162 818.64 元挪归个人使用未归还。

2000 年 7 月初，陕西省人民警察学校让彭国军从中国农业银行西安市支行长安结算部账户将 500 万元转出另作他用。彭国军自知该账户已销户，且无款可还，其罪行即将败露，便将自己赌博输掉大量公款的事实告知姚晓旭（同案被告人，已判刑）。7 月 7 日，彭国军利用为单位提取现金之机多开了一张现金支票，提取现金 9.9 万元；7 月 10 日，彭国军乘单位让其提取公款发放教职工课时费和暑假奖金之机，从银行账户提取公款 20 万元现金。当晚，彭国军携上述两笔公款同姚晓旭潜逃。

二、诉讼过程及裁判理由

一审法院经审理认为，被告人彭国军身为国有事业单位的财务人员，利用职务之便，采用制作虚假现金交款单、开具大头小尾现金支票、支出收入不入账、直接动用库存现金等手段，挪用、贪污其管理的公款，进行赌博活动，给国家造成巨大经济损失，罪行即将败露时，携公款潜逃，彭国军从主观上已具有将上述挪用公款不再归还的故意，企图逃避法律制裁，应对全部挪用公款数额以贪污罪定罪处罚，故判处其死刑。

宣判后，彭国军不服，提出上诉。

二审法院审理后，裁定驳回上诉，维持原判，并报最高人民法院核准。

最高人民法院复核认为，被告人彭国军利用职务上的便利，侵吞公款 5 942 175.44 元，但其余 1 027 582.39 元属于将自己负责保管的公款挪归个人使用未归还，因此判决被告人彭国军犯贪污罪判处死刑，犯挪用公款罪判处无期徒刑，决定执行死刑。

三、关联法条

《中华人民共和国刑法》

第三百八十四条第一款　国家工作人员利用职务上的便利，挪用公款归个人使用，进行非法活动的，或者挪用公款数额较大、进行营利活动的，或者挪用公款数额较大、超过三个月未还的，是挪用公款罪，处五年以下有期徒刑或者拘役；情节严重的，处五年以上有期徒刑。挪用公款数额巨大不退还的，处十年以上有期徒刑或者无期徒刑。

四、争议问题

携带挪用的公款潜逃的，对其已挪用未携带的部分是否应以贪污罪论处？为了不暴露罪行而被迫归还部分公款的，能否认定为归还，以证明其没有非法占有目的？

五、简要评论

本案也涉及挪用公款罪与贪污罪的界限。首先，挪用公款潜逃的，最高人民法院《关于审理挪用公款案件具体应用法律若干问题的解释》第6条明文规定，应以贪污罪定罪处罚。本案被告人彭国军发现即将案发时，携带部分公款潜逃，一、二审法院都以该解释为根据，判决彭国军成立贪污罪，而且是就挪用的全部数额成立贪污。最高人民法院则主张，仅对其携带款项部分以贪污论处，未携带部分仍应以挪用公款罪处罚。最高人民法院的观点在《全国法院审理经济犯罪案件工作座谈会纪要》中也得到了重申。

二者出现差异的原因是，一、二审法院认为，潜逃即意味着行为人想要彻底逃避责任，所有挪用的公款都不想还了；而最高人民法院则认为，只有对携带走的公款才能明确说其不想还了，未携带的部分既然原先想还，即使现在客观上还不了，也不能仅从结果上就说行为人不再想还。后者的观点可能更谨慎一点，也更符合存疑时有利于行为人的原则。但在应然性上，前者也不是毫无道理。在"陈超龙挪用公款案"的"简要评论"部分，已经说明非法占有目的的产生时间可以是事后，在行为人挪用公款后眼见案发又无力归还而潜逃的，说其对全部公款均不再有归还的意思，变占有为所有，是相对合理的推论。而且行为人潜逃时往往将能带走的都带走，未带走的部分大多是因为被挥霍一空，倘若只对携带部分认定为贪污，几乎是认可挥霍掉的就挥霍掉了、没挥霍掉的反而要加重处罚的不当结论。也就是说，如果只对携带款项认定贪污，不仅使非法占有的目的被切割，也不符合常情。当然，由于行为人除了携带走的款项外，未必没有留下任何其他财产可供返还，从有利于行为人的角度，只对携带走的部分认定为贪污，也是实用的选择。只是不应在具体的个案中完全排除潜逃意味着对全部公款均不再想返还的可能性。

本案刊载于《刑事审判参考》总第31辑，执笔者还提出一个观点，认为不是主动、自觉归还公款的，不能认定为挪用公款罪中的归还。因为归还行为是与挪用行为相对应的，正是因为行为人出于挪用的目的，而不是非法占有的目的，才会发生归还行为，因此，归还行为一般具有主动性、自觉性。本案中，当单位发生用款事项而账上实际资金已不足支付时，为了不暴露其犯罪事实，彭国军不得已自己支付了单位的部分用款，这不是为减少给国家造成的损失而归还的行为，而是为了使其犯罪行为不被发现的一种掩盖行为，所以，其所谓归还行为实质是掩盖犯罪行为，不能据此认定其没有非法占有的目的。但是，以动机决定是否归还而不是客观行为，看不出根据何在。挪用的动机有很多种，只要故意将公款挪归个人使用，就是挪用；同样，归还的动机也在所不论，只要案发前归还即可。实际上，彭国军想掩盖的是被认定为贪污的骗出单位现金的行为，该执笔者想论证的其实是彭国军仍应对原行为成立贪污，而不会因为事后的返还就改变之前行为的贪污属性。这在结论上是成立的，却与归还的动机无关，因为既然之前的行为已经被认定为贪污且既遂，当然不会由于事后的归还行为就成为挪用公款。

第十九章 受贿罪

案例19-1 姜杰受贿案[①]

一、基本案情

1999年7月至2001年春节期间,被告人姜杰多次利用职务之便,索取他人财物或非法收受他人财物,共计折合人民币21660元和日产学习机1台,并为他人谋取利益。

另查明,被告人姜杰在春节、中秋节等期间多次收受他人礼金等,非法所得共计13500元。其中包括以下款项:1998年和1999年春节前的一天,先后两次收受时任清浦公安局闸口派出所所长唐卫东所送的共计人民币1800元;以及于2000年和2001年春节前的一天,先后两次收受时任清浦公安局盐河派出所所长陈明中所送共计人民币2500元。这些款项系基层派出所经集体研究在春节之际,慰问干警家属时将时任局长的姜杰一并作为慰问对象所发放的"慰问金",相关基层派出所在送钱给姜杰时并无特定的目的和动机,仅仅是出于一般的联络感情的考虑。

(其私藏枪支、弹药的案情省略)

二、诉讼过程及裁判理由

一审法院经审理认为,被告人姜杰身为国家工作人员,利用职务便利,索取他人财物及非法收受他人财物,为他人谋取利益,其行为已构成受贿罪。公诉机关关于受贿罪的指控,罪名成立,予以支持;关于私藏弹药罪的指控缺乏事实和法律依据,不予支持。综合考虑被告人姜杰受贿犯罪的事实、犯罪性质、情节和对社会的危害程度及其归案后能退清赃款、如实供述司法机关尚未掌握的同种较重罪行等情节,判决被告人姜杰犯受贿罪,判处有期徒刑2年,缓刑3年;被告人姜杰受贿所得计人民币21660元和学习机1台,非法所得人民币13500元,予以没收,上缴国库。

一审宣判后,被告人姜杰未上诉,检察机关亦未抗诉,判决发生法律效力。

三、关联法条

《中华人民共和国刑法》

第三百八十五条第一款 国家工作人员利用职务上的便利,索取他人财物的,或者非法收受他人财物,为他人谋取利益的,是受贿罪。

四、争议问题

本案的争议问题在于,"为他人谋取利益"构成要素的性质认定,即以慰问金名义逢年过

[①] 参见陈兴良、张军、胡云腾主编:《人民法院刑事指导案例裁判要旨通纂》(下卷),北京大学出版社2013年版,第1144页。

节收受下级单位财物,是否构成受贿?"为他人谋取利益"的认定又涉及受贿罪客体的认定。

五、简要评论

被告人姜杰在春节收受下级单位的"慰问金",因不具有"为下级单位谋取利益"的主观故意,故所收受的"慰问金"部分不应计入受贿数额。

在社会生活中,下级单位逢年过节期间出于各种不同的目的,以给上级单位及其工作人员发放所谓的"奖金""福利""慰问金"等名义送钱送物的情况较为普遍。收受钱物的一方是否构成受贿?对此,应当区分不同情况,结合受贿犯罪的构成要件即是否具有为他人谋取利益这一点来加以具体认定。仅仅出于人情往来,不具有为他人谋取利益的意图及行为,属于不正之风,应按一般违纪处理,不应认定为受贿犯罪;如借逢年过节这些传统节日之机,明知他人有具体请托事项,或者根据他人提出的具体请托事项、承诺为他人谋取利益而收受他人财物的,则不管是单位还是个人,均应认定为受贿行为。本案中,被告人姜杰收受下级单位的"慰问金",而相关基层派出所在送钱给姜杰时并无特定的目的和动机,仅仅是出于一般的联络感情的考虑,不具有权钱交易的性质。故法院未将该笔"慰问金"数额认定为受贿数额是妥当的。

对于受贿罪的客体有不可收买性说和纯洁性说。不可收买性说认为,受贿罪的法益是职务行为的无报酬性、不可收买性。公务人员除了领取固定薪金外,对所执行的职务行为,不得收受任何报酬,所以规定贿赂罪就是为了禁止将公务作为利益的对价来执行,从而受贿罪的成立只需要贿赂行为与职务行为具有关联性,而不需要"为他人谋取利益"的渎职行为。也就是说,只要客观上在执行公务行为的过程之前或者之后,收受他人财物;主观上对职务行为与取得利益之间的关联性有认识,就可以构成受贿罪。纯洁性说认为,受贿罪的法益是职务行为的公正性,所以受贿罪必然要有违规的渎职行为以及为他人谋取不正当利益的主观故意。

在我国,"为他人谋取利益"的学说有主观说、承诺说与行为说。也就是说,"为他人谋取利益"到底是主观方面的要素,还是客观上要求承诺"为他人谋取利益"或者要求有实际为他们谋取利益的行为。从《全国法院审理经济犯罪案件工作座谈会纪要》来看,我国学者主张客观承诺说,至于承诺是明示还是暗示在所不问。在实践中,只要行为人明知具体职务行为与财物之间的关联性,就可以认定暗示承诺。从这一点来看,其实与不可收买性说一致。所以,有学者主张取消受贿罪中的"为他人谋取利益"要素,界定贿赂罪的客体为职务行为的不可收买性。

案例19-2　陈晓受贿案①

一、基本案情

被告人陈晓自1986年至1996年间任中国电子物资公司安徽公司总经理。1992年初，该公司已正式下达公司各部门承包经营方案，1992年4月，能源化工处处长兼庐海公司经理李剑峰向被告人陈晓递交书面报告，提出新的承包经营方案，建议超额利润实行3∶7分成。被告人陈晓在没有通知公司其他领导的情况下，与公司党委书记、副总经理徐德臣（另案处理）、财务处长吴某某及李剑峰4人研究李剑峰提出的建议，决定对李剑峰承包经营的能源化工处、庐海公司实行新的奖励办法，由被告人陈晓亲笔拟草，并会同徐德臣签发《关于能源化工处、庐海实业有限公司试行新的奖励办法》，以中电皖物办字(92)049号文件形式加以明确。该办法规定超额利润70%作为公司利润上缴，30%作为业务经费和奖金分成，并由承包人支配。发文范围仅限财务处、能源化工处、徐德臣及陈晓个人。

李剑峰依据中电皖物办字(92)049号、(93)019号文件规定于1992年提取超额利润提成21万余元，1993年提取超额利润提成160万余元。李剑峰为感谢陈晓为其制定的优惠政策及承包经营业务中给予的关照，于1993年春节前，送被告人陈晓人民币3万元，1994年春节前后又两次送给被告人陈晓人民币30万元、港币15万元。被告人陈晓收受李剑峰的钱款后，其妻李延琴利用此款在珠海市吉大园林花园购买房屋一套（价值人民币51万余元）。

二、诉讼过程及裁判理由

一审法院经审理认为，被告人陈晓系由中国电子物资总公司任命的安徽公司总经理，是领导和管理国有企业相关事务的工作人员，其主持制定《关于能源化工处、庐海实业有限公司试行新的奖励办法》的通知，出发点是为了公司利益，此文件的出台，尽管没有经过该公司所有领导参加的经理办公会的讨论，且控制发文范围，在制定程序上不完备，但安徽公司实行总经理负责制，被告人陈晓曾于1992年5月就此文件向原中国电子物资总公司总经理赵德海汇报，故不能完全否定《关于能源化工处、庐海实业有限公司试行新的奖励办法》通知的合法有效性。现有证据无法证实被告人陈晓主观上具有权钱交易的受贿故意。陈晓的行为在客观上给李剑峰带来一定的个人利益，李剑峰在事后给付陈晓钱财表示感谢而陈晓予以收受，是一种事后收受财物行为。故认定被告人陈晓的行为构成受贿罪的证据不足，起诉书指控的罪名不能成立，判决被告人陈晓无罪。

一审宣判后，检察机关认为一审判决认定事实错误，适用法律不当，显系错判，提起抗诉。

二审法院经审理认为，原判认定事实不清，裁定发回重审。

---

① 参见陈兴良、张军、胡云腾主编：《人民法院刑事指导案例裁判要旨通纂》（下卷），北京大学出版社2013年版，第1145页。

法院重审认为，被告人陈晓身为国家工作人员，利用职务便利，根据下属部门承包经营人李剑峰的建议，制定新的承包经营政策，协调、帮助李剑峰承包经营，在李剑峰获取巨额利润后，非法收受李剑峰所送 33 万元人民币、15 万元港币，其行为侵害了国家工作人员公务活动的廉洁性，显已构成受贿罪，判决被告人陈晓犯受贿罪，判处有期徒刑 10 年。

宣判后，本案无上诉、抗诉。

三、关联法条

《中华人民共和国刑法》

第三百八十五条第一款　国家工作人员利用职务上的便利，索取他人财物的，或者非法收受他人财物，为他人谋取利益的，是受贿罪。

四、争议问题

本案的主要问题是：事后收受财物能否构成受贿？之所以有此疑问，是因为在手段行为"利用职务便利，为他人谋取利益"时，并没有受贿的故意。这种事后收受财物，只是事后受贿的一种形式。

五、简要评论

事后受贿包括两种情况：一是指受贿人与行贿人约定在为行贿人谋取利益以后（包括在职时与离退休后）收受他人贿赂。二是指行为人先为他人办了事，当时没有约定受贿，事后（在职时）收受了他人财物。2000 年 7 月 13 日公布的最高人民法院《关于国家工作人员利用职务上的便利为他人谋取利益离退休后收受财物行为如何处理问题的批复》所规定的情况为第一种情况，而陈晓受贿案属于第二种情况。

受贿罪的行为由手段行为与目的行为两部分组成，前者是指利用职务上的便利，为他人谋取利益，后者则是指收受他人贿赂，二者联系紧密，构成了一个有机的整体。通常情况下，行为人的犯罪故意在实施手段行为时就确定了，因而，行为人的故意在实施手段行为和实施目的行为时是一致的。但是，在第二种事后受贿中，出现二者故意不一致的情况，即手段行为基于其他故意实施完毕，之后产生新的故意并实施目的行为，但这一情况并不影响对该行为的定性。本案中，虽然陈晓在实施职务行为时无充分证据证实具有收受财物的故意，但在收受财物时，其故意则是明显的，应当认定其具备受贿犯罪的故意。

可见，第二种事后受贿具有以下特点：一是行为人实施的职务行为既可以是正当的职务行为，也可以是违规的职务行为。二是行为人利用职务行为是为他人谋取利益。三是行为人或者相关第三人获得报酬，是因为之前的职务行为。四是在主观上，无充分证据证明行为人实施职务行为时打算在以后收受对方的钱财，但事后行为人收受对方钱财时，却明知对方送的财物是因为自己的行为使对方获取了利益。

案例19-3　方俊受贿案[①]

一、基本案情

慈溪市园林管理处系国有事业单位。2000年12月,方俊被聘任为慈溪市园林管理处副主任,分管绿化建设及绿化养护等工作,对绿化建设、养护等工程的方案、招投标、竣工验收等方面有一定的决定权。

2000年12月到2002年11月间,慈溪市海逸园林有限公司多次与慈溪市园林管理处签订绿化养护工程合同,承接了慈溪市园林管理处发包的绿化养护增绿工程。为了方便工程竣工验收,以及在"养护工程邀请招标时予以考虑",慈溪市海逸园林有限公司经理施建耀与方俊达成口头协议,约定方俊利用休息日及业余时间为施建耀所在公司承建的慈溪市西大门景观绿地建设工程提供技术支持和进行质量监督管理,慈溪市海逸园林有限公司付给方俊12万元报酬。此后,方俊并未实际参与慈溪市海逸园林有限公司的任何工作。2002年12月5日,慈溪市海逸园林有限公司经理施建耀送给方俊面额为人民币12万元的现金支票一张。嗣后,方俊通过委托他人将该支票兑现并将之藏匿于家中。

二、诉讼过程及裁判理由

一审法院经审理认为,被告人方俊身为国家工作人员,利用职务之便,非法收受他人贿赂,为他人谋取利益,其行为已构成受贿罪。方俊受国有事业单位的聘任担任职务,应当认定为国有事业单位中从事公务的人员。国家对事业单位实行聘用合同制改革,并不改变受聘于国有事业单位并担任管理职务的人员属于从事公务的性质。被告人方俊与施建耀之间借支取劳务报酬之名,行贿赂之实,足以认定,从而认定方俊受贿12万元。判决方俊犯受贿罪,判处有期徒刑10年,剥夺政治权利1年,12万元赃款予以没收。

方俊上诉认为,在工程施工过程中,其为海逸园林有限公司提供了40余天的技术、管理服务,2002年12月收取施建耀的人民币12万元是其提供劳务应得的报酬,与2002年10月应允施建耀在"养护工程邀请招标时予以考虑"无必然联系,要求改判无罪。

二审法院认定,行贿人施建耀供述称,在慈溪市西大门景观绿地建设工程中,其公司外聘一位资深的项目经理,月薪也不会超过1万元。因此,即使上诉人方俊提供了技术、管理服务,根据上诉人方俊的职权,结合其所收受的"劳务报酬"数额,也应当认定上诉人方俊与施建耀之间的"劳务聘用关系"是基于上诉人方俊的职务之便所形成,属于以劳务聘用之名,行贿赂之实,应全额认定。故驳回上诉,维持原判。

[①] 参见陈兴良、张军、胡云腾主编:《人民法院刑事指导案例裁判要旨通纂》(下卷),北京大学出版社2013年版,第1155页。

三、关联法条

《中华人民共和国刑法》

第三百八十五条第二款 国家工作人员在经济往来中,违反国家规定,收受各种名义的回扣、手续费,归个人所有的,以受贿论处。

四、争议问题

本案主要涉及如何区分国家工作人员收受贿赂与收取合理劳务报酬的界限。

五、简要评论

对于受贿与收取合理报酬的界限主要有以下三点:国家工作人员是利用职务便利为他人谋利收受财物还是利用个人技术换取报酬;是否确实提供了有关服务;接受的财物是否与提供的服务等值。

国家工作人员没有利用职务便利,仅仅是利用个人的技术、管理专长为他人提供服务,收取相应报酬的,因为没有职权与金钱交易的性质,故该报酬属于合理收入,不应认定为受贿。可见,受贿与收取合理劳务报酬的区分关键,在于国家工作人员是利用职务便利为他人谋取利益而收受财物,还是利用个人技术为他人提供服务取得相应报酬。

在贿赂犯罪的实行过程中,为了达到掩人耳目逃避法律追究的目的,行贿人与受贿人之间往往以某些合法形式掩盖权钱交易的非法实质,本案就属于一种典型的以所谓劳务报酬的形式掩盖行贿受贿的情形。

国家工作人员如果利用职务上的便利为他人谋取利益,收受他人财物,本质上符合权钱交易的特征,应当属于受贿,在此过程中,行为人出于某种考虑也会有向行贿方提供个人技术服务的活动,这在原则上不能对定罪产生影响,如果是为掩饰受贿提供了少量的技术服务,对量刑不应当产生影响。只有在利用职务便利为他人所谋利益较小,而收受财物的同时掺杂了较大的提供个人技术服务因素的情形下,才可能成为影响量刑的酌定情节。对于单纯利用个人技术、管理专长为他人提供服务而收取合理数额报酬的,不宜认定为受贿。这里所说的合理数额报酬,是说收受的劳务报酬在数额上应与其提供服务的正常市场价值相当,如果明显超出市场同类服务报酬数额的,这种行为的性质就发生了转化,超出了正常劳务报酬的范畴,因为如果没有国家工作人员的身份职权影响,这种情况是不可能发生的,这明显属于利用合法报酬之名掩盖非法权钱交易之实,应当全额认定为受贿。

案例19-4 王海峰受贿、伪造证据案①

一、基本案情

1997年11月至1998年7月间,湖北中钢物贸有限责任公司(以下简称中钢公司)与湖

---

① 参见陈兴良、张军、胡云腾主编:《人民法院刑事指导案例裁判要旨通纂》(下卷),北京大学出版社2013年版,第1161页。

北鑫鹰物贸公司(以下简称鑫鹰公司)口头约定购销钢材,鑫鹰公司按约定交货后,中钢公司尚差货款470余万元。1997年11月20日,中钢公司通过武汉钢铁(集团)公司(以下简称武钢集团)委托辽阳铁合金厂、南通港务局、镇江港务局利用武钢集团内部转账支票将651万元货款汇至鑫鹰公司在武钢集团的账户上。由于是通过中间环节转入鑫鹰公司账户,鑫鹰公司的账上未反映是中钢公司付的货款。1998年6月,中钢公司法人代表赵锅生因车祸身亡。由于中钢公司拖欠武钢集团货款8 700余万元,武钢集团对中钢公司提起诉讼,并通过青山区人民法院查封了中钢公司的全部财产及账务。同时要求与中钢公司有业务往来的公司与中钢公司对账,否则,冻结与其业务往来。于是,鑫鹰公司于1998年9月以中钢公司拖欠货款470万余元为由向武汉市中级人民法院提起民事诉讼,武汉市中级人民法院受理后,于1998年9月作出判决,判处中钢公司支付鑫鹰公司钢材款475万余元,并付违约金9.4万余元。中钢公司不服,向湖北省高级人民法院提出上诉。武钢集团经中钢公司认可,指派王海峰担任中钢公司二审诉讼代理人。在二审期间,王海峰在调查过程中,发现中钢公司支付给鑫鹰公司人民币651万元。该证据证实中钢公司不仅不欠鑫鹰公司货款,而且还多支付了人民币180.4万余元。王海峰将此情况告诉了鑫鹰公司法定代表人蒋某和中钢公司总经理樊某,并说明此证据在二审时将对鑫鹰公司不利。樊某提出以中钢公司的名义出个证明,让王海峰帮忙盖中钢公司的章,王海峰表示同意。樊某等人合谋伪造了一份中钢公司函件,内容为:"湖北鑫鹰物资有限公司:我公司通过镇江港务局、南通港务局以及辽阳铁合金厂服务部三家付给湖北锦鹰贸易有限公司订购武钢钢坯货款共计651万元,现根据锦鹰公司的要求汇入你公司在武钢的账户上。特此证明,落款,湖北中钢物贸有限公司。1997年12月26日。"王海峰以中钢公司诉讼代理人的身份,在该函件上偷盖了中钢公司的印章从而改变了原有的法律关系。然后由鑫鹰公司律师提交给湖北省高级人民法院。湖北省高级人民法院据此认定651万元系另一法律关系,裁定驳回上诉,维持原判。事后,王海峰收受樊某给的人民币8万元。1998年10月,王海峰作为中钢公司诉讼代理人会同青山区人民法院对江苏省常州市常州经济发展公司的债权进行清理期间,青山区人民法院将该公司165.872吨钢材查封后,委托中钢公司全权委托人樊某变卖,王某找到樊某以有些费用不能报销为由,收受樊某给的人民币1万元。

二、诉讼过程及裁判理由

一审法院经审理认为,上诉人王海峰作为武钢集团法律顾问处工作人员,受国有公司委派担任非国有公司诉讼代理人,所代表的是武钢集团的利益,其诉讼活动的行为是执行公务的行为。在代理活动中,利用职务便利帮助对方当事人伪造证据并收受人民币9万元的行为,已构成受贿罪、帮助伪造证据罪,数罪并罚。于2008年8月判决王海峰犯受贿罪,判处有期徒刑6年,犯帮助伪造证据罪,判处有期徒刑2年,决定执行有期徒刑7年。

一审判决后,王海峰不服,以不具有受贿罪主体资格,不构成受贿罪为由,提出上诉。

二审法院经审理认为,原审判决定罪准确,量刑适当,审判程序合法。判决驳回上诉,维持原判。

三、关联法条

《中华人民共和国刑法》

第九十三条第二款 国有公司、企业、事业单位、人民团体中从事公务的人员和国家机关、国有公司、企业、事业单位委派到非国有公司、企业、事业单位、社会团体从事公务的人员,以及其他依照法律从事公务的人员,以国家工作人员论。

第三百八十五条第一款 国家工作人员利用职务上的便利,索取他人财物的,或者非法收受他人财物,为他人谋取利益的,是受贿罪。

四、争议问题

本案主要争议问题有两个:一是国有公司法律顾问处律师受本公司委派担任非国有公司的诉讼代理人时,能否成为受贿罪的主体?二是非法收受他人财物,为他人谋取非法利益,同时又构成其他犯罪的,是否数罪并罚?第一个问题涉及受贿罪的主体问题,第二个问题涉及受贿罪的罪数问题。

五、简要评论

关于受贿罪主体问题。从内涵上说,对于国家工作人员的认定,学理上有身份说、职能说和身份+职能说。身份说认为,国家工作人员必须具有国家工作人员身份,也即具有国家组织部门正式任命的干部身份。职能说认为,国家工作人员必须是从事特定公务的人员,若行为人符合这一标准,则不管是否具有国家工作人员身份,均应认定为国家工作人员。身份+职能说则认为,国家工作人员必须同时具有特殊身份,又从事特定的公务。现在的通说持职能说。从外延上说,国家工作人员包括四大类:一是国家机关中从事公务的人员;二是国有公司、企业、事业单位、人民团体中从事公务的人员;三是国家机关、国有公司、企业、事业单位委派到非国有公司、企业、事业单位、社会团体从事公务的人员;四是其他依照法律从事公务的人员。本案中王海峰是国有公司武钢集团委派到非国有公司中钢公司从事公务的人员,属于第三类国家工作人员。虽然在本案中王海峰在委派前具有国家工作人员身份,但是第三类国家工作人员并不要求在委派前一定具有国家工作人员身份,只要被委派后,其职能是从事公务即可。

根据《刑法》第385条的规定,受贿罪只能由国家工作人员构成,非国家工作人员,只能成为受贿罪的共犯,不能单独构成受贿罪。本案中王海峰是武钢集团内设组织法律顾问处工作人员,是国有公司中从事公务的人员,属于国家工作人员。当武钢集团指定王海峰为中钢公司的诉讼代理人时,王海峰是为完成武钢集团委派的任务而进行诉讼代理活动的,属于《刑法》第93条第2款规定的国有公司委派到非国有公司从事公务的人员,应以国家工作人员论。

受贿罪的成立还必须以行为人利用国家工作人员的职务便利,为他人谋取利益为条件。本案中,王海峰的任务是依法维护中钢公司的权益,又因为武钢集团是中钢公司的债权人,所以中钢公司的诉讼结果直接关系到武钢集团债权的实现。因此,王海峰在诉讼过程中实际上具有双重身份、负有双重职责:一方面作为中钢公司的诉讼代理人,维护中钢公司的合法权益;另一方面作为受武钢集团委派从事公务的人员,其职务活动同时是在维护武钢集团自身的利益。所以,王海峰的诉讼代理活动,不仅是一种诉讼代理行为,也是执行武钢集团的职务的活动,即公务活动。

关于受贿罪的罪数问题。1997年《刑法》第386条来源于1988年全国人民代表大会常务委员会《关于惩治贪污罪贿赂罪的补充规定》。该补充规定在第5条第2款明确规定,因受贿而进行违法活动构成其他罪的,依照数罪并罚的规定处罚。1997年《刑法》第386条删除了上述补充规定关于数罪并罚的规定。但是,这并不代表因受贿而进行其他违法活动的就不数罪并罚。因为,按照法理来讲,因受贿而进行其他违法活动的应当数罪并罚,除非法律有特别规定。如《刑法》第399条规定,司法工作人员有贪赃枉法或者枉法裁判犯罪行为,同时又构成受贿罪的,依照处罚较重的规定定罪处罚,不按照数罪并罚的规定处罚。

案例19-5 钱政德受贿案[①]

一、基本案情

上海市轨道交通三号线工程虹口区指挥部、上海市轨道交通明珠线工程虹口区指挥部、上海市轨道交通杨浦线工程虹口区指挥部及上海市北外滩地区动迁工作指挥部均是上海市虹口区人民政府为上述重大市政工程建设而成立的非常设性机构,主要是负责协调、管理相关工程中的具体事项,并受国有建设单位的委托签订部分合同。钱政德以工人身份,受上海市虹口区人民政府聘用,先后担任上海市轨道交通三号线工程虹口区指挥部、上海市轨道交通明珠线工程虹口区指挥部、上海市轨道交通杨浦线工程虹口区指挥部工作人员及上海市北外滩地区动迁工作指挥部项目管理部副部长,主要负责房屋建筑拆除、垃圾清运等工程项目的处理、管理等工作。

2000年11月至2004年1月,上海市虹口区市容建设公司总经理王红根为了获得各工程中的垃圾清运等业务,先后3次送给被告人钱政德共计人民币33万元。钱政德利用职务上的便利,通过协调操作,帮助上海市虹口区市容建设公司总经理承揽了一些工程中的垃圾清运业务。案发后,被告人钱政德已退出全部赃款。

二、诉讼过程及裁判理由

一审法院经审理认为,被告人钱政德身为国家工作人员,利用职务上的便利,非法收受他人财物,为他人谋取利益,其行为已构成受贿罪。被告人钱政德在指挥部领导找其谈话时,能主动如实地供述自己的受贿事实,属于自首,依法可减轻处罚。于2004年12月20日判决钱政德犯受贿罪,判处有期徒刑6年,并处没收财产人民币3万元;退出的赃款予以没

[①] 参见陈兴良、张军、胡云腾主编:《人民法院刑事指导案例裁判要旨通纂》(下卷),北京大学出版社2013年版,第1163页。

收,上缴国库。

宣判后,钱政德没有上诉,检察机关亦未抗诉,判决发生法律效力。

三、关联法条

《中华人民共和国刑法》

第九十三条第二款 国有公司、企业、事业单位、人民团体中从事公务的人员和国家机关、国有公司、企业、事业单位委派到非国有公司、企业、事业单位、社会团体从事公务的人员,以及其他依照法律从事公务的人员,以国家工作人员论。

第三百八十五条第一款 国家工作人员利用职务上的便利,索取他人财物的,或者非法收受他人财物,为他人谋取利益的,是受贿罪。

四、争议问题

本案的主要争议问题是如何理解"从事公务"。

五、简要评论

"从事公务"是国家工作人员的本质特征。"从事公务"从学理上理解,就是处理公共事物,包括国家或集体的事务。从《刑法》第93条的规定来看,从事公务就其范围而言,仅限于在国家机关、国有公司、企业、事业单位、人民团体中从事公务,或者受上述国有单位委派到非国有单位中从事公务,因此,离开国有单位就不存在刑法中的从事公务。

另外,国家工作人员与我们通常所说的国家干部、公务员并非一回事。所谓的国家干部、公务员均是身份说的体现,而我们主张的是职能说,也即具有"从事公务"的职权才是认定国家工作人员身份的唯一标准。实践中应注意以下三点:

(1) 有没有干部身份不影响国家工作人员的定性。

(2) 单位性质不影响国家工作人员的定性。例如,对于国有单位委派到国有控股、参股企业、非国有单位从事公务的人员,不管被委派的公司国有股份的多少,甚至没有国有股份都可以。

(3) 通过何种途径、手段取得从事公务的资格,不影响从事公务的性质。例如,通过行贿、欺骗等非法手段而获得从事公务的资格,通过委派、借调、聘用而获得从事公务的资格,依照法律规定而获得从事公务的资格等。至于从事公务之前和从事公务时的身份如何不需要考虑。

《全国法院审理经济犯罪案件工作座谈会纪要》第1条第(四)款明确指出,从事公务,是指代表国家机关、国有公司、企业事业单位、人民团体等履行组织、领导、监督、管理等职责。公务主要表现为与职权相联系的公共事务以及监督、管理国有财产的职务活动。如国家机关工作人员依法履行职责,国有公司的董事、经理、监事、会计、出纳人员等管理、监督国有财产等活动,属于从事公务。被告人钱政德作为上海市轨道交通三号线工程虹口区指挥部、上海市轨道交通明珠线工程虹口区指挥部、上海市轨道交通杨浦线工程虹口区指挥部及上海市北外滩地区动迁工作指挥部负责人,代表指挥部负责各重大市政工程中的房屋建筑拆除、垃圾清运等工程项目的管理工作,并被授权代表指挥部签订相关的合同。从其工作内容和性质可以看出,显属"在国家机关中从事公务",而不是其辩护人所说的"从事的是一种民商事行为"。

被告人钱政德虽是以工人身份借调、聘用至指挥部工作,不是国家机关的正式在编人员,但根据全国人民代表大会常务委员会《关于〈中华人民共和国刑法〉第九章渎职罪主体适用问题的解释》"虽未列入国家机关人员编制但在国家机关中从事公务的人员,在代表国家机关行使职权时,有渎职行为,构成犯罪的,依照刑法关于渎职罪的规定追究刑事责任"的规定,认定是否属于"在国家机关中从事公务的人员",并不要求行为人具有国家机关在编人员的身份,而是重点强调是否在国家机关中从事公务。只要在国家机关中从事公务,即使是工人、农民身份,亦应认定为《刑法》第93条第1款规定的"国家工作人员"。

案例19-6　蒋勇、唐薇受贿案[①]

一、基本案情

2002年上半年,被告人蒋勇、唐薇确立情人关系后,共谋由唐薇出面为开发商办理规划手续和规划调整业务并收受钱财,利用蒋勇担任重庆市规划局领导的职务之便协调关系,解决调规问题。2004年11月,唐薇在蒋勇的帮助下成立了重庆嘉汇置业顾问有限公司,取得丙级城市规划资质等级。为了让该公司顺利开展代办规划业务,蒋勇要求下属市规划局用地处原处长陈明关照唐薇的业务,陈明表示同意。

蒋勇、唐薇共同收受1 615.0367万元的事实。

2004—2007年,重庆长安房地产开发有限公司薛松、重庆市锦天集团卢志红、重庆金鹏物业(集团)有限公司戴相超、重庆市沙坪坝区覃家岗塑料制品有限公司徐光荣、重庆三木实业有限公司范奉琴、重庆佰富实业有限公司李云旗、重庆天龙房地产开发有限公司叶炳均、中国四联仪器仪表集团有限公司卿玉玲、四川省成都市华瑞实业有限公司刘聚臻、重庆市沙坪坝联芳园区管委会徐生明,为相关项目规划事宜,请托唐薇到市规划局协调关系,唐薇接受请托后告知蒋勇,蒋勇利用自己的职务行为或安排下属予以关照,以及蒋勇接受重庆鲁能开发(集团)有限公司孙瑜有关项目规划事宜的请托,通过唐薇共收受687.3016万元。

2004—2005年,重庆艺洲生态农业发展有限公司张华荣、重庆金鹏物业(集团)有限公司戴相超、重庆才宇房地产开发有限公司通过李坚、重庆都市房屋开发有限公司周祖刚、重庆华辰物业发展有限公司林锋、重庆市卢山房地产开发有限公司王大贤,为相关项目规划事宜,请托唐薇到市规划局协调关系,陈明利用职务上的便利予以关照,唐薇共收受273.84万元。

[①] 参见陈兴良、张军、胡云腾主编:《人民法院刑事指导案例裁判要旨通纂》(下卷),北京大学出版社2013年版,第1171页。

2005年7月,蒋勇、唐薇商议后成立了重庆瑜然房地产开发有限公司,并在蒋勇的帮助下取得房地产开发资质。后蒋勇向唐薇提出将位于重庆市江北区花果小区一地块性质由绿化用地调整为居住用地后,供该公司进行房地产开发。唐薇找到重庆市利丰达房地产开发公司柏昌福,提议合作开发。2006年5月,唐薇与柏昌福签订合同,约定唐薇以5%的投资获得49%的利润。至2008年12月,该项目完成一期工程,净利润为人民币1 486.1253万元,扣除实际投入的本金折合股份,唐薇应当分得利润人民币653.8951万元。

蒋勇个人受贿的事实。蒋勇个人共受贿181.2517万元。

(个人受贿的具体情节省略)

二、诉讼过程及裁判理由

一审法院认定,蒋勇单独或者伙同唐薇非法受贿共计1 796.2884万元,唐薇伙同蒋勇共同收受贿赂1 615.0367万元,二人的行为均已构成受贿罪,且情节特别严重。鉴于二人归案后能如实供述自己的全部罪行,且能积极退出大部分赃款,具有悔罪表现,可依法予以从轻处罚。判决蒋勇犯受贿罪,判处死刑,缓期两年执行,剥夺政治权利终身,并处没收个人全部财产;判决唐薇犯受贿罪,判处有期徒刑15年;对所有赃款予以没收与追缴。

一审宣判后,本案在法定期限内没有上诉、抗诉,依法报送高级人民法院核准。

高级人民法院经复核,裁定核准蒋勇死刑,缓期两年执行,并没收个人全部财产。

三、关联法条

《中华人民共和国刑法》

第三百八十八条 国家工作人员利用本人职权或者地位形成的便利条件,通过其他国家工作人员职务上的行为,为请托人谋取不正当利益,索取请托人财物或者收受请托人财物的,以受贿论处。

第三百八十八条之一第一款 国家工作人员的近亲属或者其他与该国家工作人员关系密切的人,通过该国家工作人员职务上的行为,或者利用该国家工作人员职权或者地位形成的便利条件,通过其他国家工作人员职务上的行为,为请托人谋取不正当利益,索取请托人财物或者收受请托人财物,数额较大或者有其他较重情节的,处三年以下有期徒刑或者拘役,并处罚金;数额巨大或者有其他严重情节的,处三年以上七年以下有期徒刑,并处罚金;数额特别巨大或者有其他特别严重情节的,处七年以上有期徒刑,并处罚金或者没收财产。

四、争议问题

本案涉及国家工作人员与特定关系人通谋的共同受贿的认定、斡旋受贿以及利用影响力受贿与普通受贿的区别等两个问题。

五、简要评论

关于国家工作人员与特定关系人通谋的共犯问题。2007年7月8日公布的最高人民法院、最高人民检察院《关于办理受贿刑事案件适用法律若干问题的意见》第11条界定了"特定关系人"的范围,包括与国家工作人员有近亲属、情妇(夫)以及其他共同利益关系的人。第7条明确规定,特定关系人与国家工作人员通谋,由国家工作人员利用职务上的便利为请托人谋取利益,授意请托人将有关财物给予特定关系人的,应当认定为受贿罪的共同犯罪。本案中,唐薇为蒋勇的情妇,蒋勇和唐薇共谋后,由唐薇接受请托人的请托事项并收受财物,蒋勇利用自己的职务行为,为请托人谋取利益,应当认定为共同受贿。

斡旋受贿是指国家工作人员"利用本人职权或地位形成的便利条件",通过其他国家工作人员职务上的行为,为请托人谋取不正当利益,索取请托人财物或者收受请托人财物的行为。而普通受贿是国家工作人员"利用职务上的便利",索取他人财物,或者非法收受他人财物,为他人谋取利益的行为。所以,国家工作人员利用职务之便,主要包括两种形式:一是直接利用自己的职务之便;二是利用本人职权或者地位形成的便利条件,由其他国家工作人员实施职务上的行为,即《刑法》第388条规定的斡旋受贿情形。《全国法院审理经济犯罪案件工作座谈会纪要》第3条规定,利用职务上有隶属、制约关系的其他国家工作人员的职权,属于利用职务上的便利,而不是利用职务或地位形成的便利条件,即不属于斡旋受贿。本案中陈明是蒋勇的下属,蒋勇指使陈明实施职务行为,为请托人谋取利益,属于直接利用自己的职务之便。所以,被告人蒋勇和唐薇共谋后,由唐薇接受请托人的请托事项并收受财物,蒋勇利用下属的职务行为,为请托人谋取利益,应当认定为共同受贿。

利用影响力受贿是指国家工作人员的近亲属或者其他与该国家工作人员关系密切的人,通过国家工作人员职务上的行为,或者利用该国家工作人员职权或者地位形成的便利条件,通过其他国家工作人员职务上的行为,为请托人谋取不正当利益,索取请托人财物或者收受请托人财物,数额较大或者有其他严重情节的行为。利用影响力受贿和国家工作人员与特定关系人的共同受贿不同之处在于:在利用影响力受贿中,国家工作人员对特定关系人收受财物的行为完全不知情或者不存在通谋,不能形成共同故意犯罪;而国家工作人员与特定关系人的共同受贿中,国家工作人员与特定关系人至少有事前的通谋,或者事后的默许,有共同的意思联络。

本案中,虽然蒋勇对唐薇通过陈明的职务行为为他人谋取利益并收受财物6起事实的具体经过并不知情,但是,蒋勇在利用下属的职务行为为请托人谋取利益的主观目的支配下,客观上实施了让下属陈明为唐薇的业务提供便利的行为。唐薇之后接受请托事项,并通过陈明的职务行为收受他人财物的行为均不超出蒋勇、唐薇二人共谋的故意范围,也不超出蒋勇利用职务之便的范围。受贿罪的本质是权钱交易,只要国家工作人员的行为符合权钱交易的本质,并不要求利用职务之便为他人谋取利益的行为必须在接受请托人请托事项之后。因此,蒋勇、唐薇二人的行为符合受贿罪权钱交易的本质,构成受贿罪共犯。

案例 19-7　周小华受贿案①

一、基本案情

2006年初至2007年底,被告人周小华在担任湖州市工商局南浔区分局经检科副科长兼经检大队副大队长(主持工作)期间,利用其对辖区内市场进行监管和对违法经营的企业、个人进行查处等职务便利,为他人谋取利益,分别收受冯荣兴等人现金和礼卡,合计价值人民币25 400元。其中2006年9月,董连富在被告人周小华单位门口,将浙北大厦价值人民币1 800元的购物券放在月饼盒中,送给被告人周小华,周予以收受。

(省略为其妻子的妹妹安排工作情节)

2007年初,被告人周小华妻子的表弟沈子良准备购买湖州巨赢置业有限公司(以下简称巨赢公司,系私营企业)开发的巨赢花园小区的住房,为此,被告人周小华多次向巨赢公司董事长冯荣兴要求给沈子良购房予以优惠。后沈子良购买标价为人民币335 088元的住房1套,享受销售单位的优惠后,房价为人民币327 423元,并以此价由沈子良与巨赢公司、湖州远大房地产代理经营有限公司签订了购房合同,购房的首付款收据开票额为人民币147 098元,但沈子良实付人民币117 098元。对该套房屋,沈子良实付总房款为人民币297 423元(比签订合同的价格少人民币3万元)。

2008年4月2日,被告人周小华因涉嫌索取巨赢公司董事长冯荣兴3万元,被湖州市南浔区人民检察院传唤,被告人周小华到案后主动交代了上述犯罪事实。案发后,被告人周小华向湖州市南浔区人民检察院退缴全部赃款。

二、诉讼过程及裁判理由

一审法院经审理认为,被告人周小华身为国家工作人员,利用职务上的便利,收受他人钱财共计人民币25 400元,为他人谋取利益,其行为已触犯刑律,构成受贿罪,公诉机关指控的罪名成立,应依法惩处。关于被告人的辩解和辩护人的辩护意见,经审理认为,冯荣兴应被告人周小华的要求,而给予沈子良买房3万元优惠,沈子良因被告人周小华的身份而获利,鉴于沈子良既非被告人周小华的近亲属,且本案亦无证据证明被告人周小华与沈子良之间具有共同利益关系,故公诉机关指控被告人周小华对沈子良所获得的3万元购房优惠构成受贿罪,不能成立。

(省略其他情节的裁判理由)

被告人周小华因其他事实而到案,到案后主动交代了本案犯罪事实,可视为自首,依法可以从轻或减轻处罚。案发后,被告人周小华退清全部赃款,酌情从轻处罚。根据被告人周小华犯罪的事实、犯罪性质、情节和对社会的危害程度,判决被告人周小华犯受贿罪,判处有

---

① 参见陈兴良、张军、胡云腾主编:《人民法院刑事指导案例裁判要旨通纂》(下卷),北京大学出版社2013年版,第1169页。

期徒刑两年。被告人周小华退缴的受贿款人民币 25 400 元,由扣押单位上缴国库。

一审宣判后,被告人没有提出上诉,公诉机关亦未抗诉,判决发生法律效力。

三、关联法条

《中华人民共和国刑法》

第三百八十八条之一第一款 国家工作人员的近亲属或者其他与该国家工作人员关系密切的人,通过该国家工作人员职务上的行为,或者利用该国家工作人员职权或者地位形成的便利条件,通过其他国家工作人员职务上的行为,为请托人谋取不正当利益,索取请托人财物或者收受请托人财物,数额较大或者有其他较重情节的,处三年以下有期徒刑或者拘役,并处罚金;数额巨大或者有其他严重情节的,处三年以上七年以下有期徒刑,并处罚金;数额特别巨大或者有其他特别严重情节的,处七年以上有期徒刑,并处罚金或者没收财产。

四、争议问题

本案主要涉及国家工作人员与特定关系人之外的人共同受贿的问题,具体包括:如何认定特定关系人;国家工作人员与特定关系人共同受贿,以及国家工作人员与特定关系人之外的人共同受贿的区别;共同故意如何认定。

五、简要评论

关于两种受贿罪共同犯罪的区分。从司法解释来看,受贿罪的共同犯罪主要分为两种:一是国家工作人员与特定关系人的共同受贿;二是国家工作人员与特定关系人之外的人共同受贿。两者的构成要件略有不同。

特定关系人与国家工作人员共同受贿,构成要件有三个:一是两者要有通谋。二是需要利用国家工作人员的职务便利,为请托人谋取利益;或者利用国家工作人员职权或者地位形成的便利条件,为请托人谋取不正当利益。三是国家工作人员或者特定关系人任何一方占有财物。

特定关系人之外的非国家工作人员与国家工作人员共同受贿的,构成要件也有三个:一是两者要有通谋。二是需要利用国家工作人员的职务便利,为请托人谋取利益;或者利用国家工作人员职权或者地位形成的便利条件,为请托人谋取不正当利益。三是两者共同占有财物。

可见,两种不同类型的共同受贿,关键区别在于是否共同占有贿赂财物。

关于特定关系人的认定。要区分两种不同的共同受贿,首先要准确认定"特定关系人"的范围。最高人民法院、最高人民检察院《关于办理受贿刑事案件适用法律若干问题的意见》指出,"特定关系人",是指与国家工作人员有近亲属、情妇(夫)以及其他共同利益关系的人。根据现行《中华人民共和国刑事诉讼法》第 106 条第(六)项的规定,所谓"近亲属"是指夫、妻、父、母、子、女、同胞兄弟姐妹。所谓"情妇(夫)"的界定,主要还是靠社会一般人的标准判断。既要看双方是否存在不正当的两性关系,还要看双方是否存在更深层次上的人身依附关系。对于"共同利益关系"的理解,应注意把握两点:一是共同利益关系主要是指经济利益关系,纯粹的同学、同事、朋友关系不属于共同利益关系,因为受贿罪的本质是权钱交易,没有经济利益往来的不符合受贿的本质特征;二是共同利益关系不限于共同财产关系。

对共同占有财物的认定。对于特定关系人之外的人与国家工作人员共同受贿的认定,还必须有对受贿财物的"共同占有"。这里的"占有"只需要能够"实际控制"即可,并不需要转移财产所有权或者物理上的占有。

对共同故意的认定。两种受贿罪的共同犯罪,都必须具有两者"通谋"。具体来讲,以下几种情形可以认定为"通谋":一是国家工作人员与第三人(包括特定关系人)约定,由国家工作人员利用职务上的便利为他人谋取利益,由第三人收受贿赂的。二是第三人接受行贿人的请托或者贿赂后,告知国家工作人员,并要求或者怂恿其利用职务之便,为行贿人谋取利益,该国家工作人员利用职务之便为行贿人谋取利益。三是第三人不一定明确告知国家工作人员自己收受了他人贿赂,但是有证据证明国家工作人员明知或者应当知道第三人收受了他人贿赂。四是第三人利用从事公务的国家工作人员的职权和地位,通过第三者为行贿人谋取利益收受贿赂的,若该国家工作人员知道第三人正在利用其职权和地位,对第三人施加影响为行贿人谋利,未加制止而予以默认的。

不宜认定为"通谋"的情形有:一是国家工作人员利用职务之便为他人谋取利益但不具有受贿故意,第三人利用与国家工作人员的特殊关系,在国家工作人员不知道也没有"授权"的情况下,索取或者收受他人财物的。此种情况,第三人单独构成利用影响力受贿罪。二是国家工作人员利用职务之便为行贿人谋取利益,并向行贿人索取或者约定了贿赂,尔后,告知第三人代为收受贿赂的。此种情况,国家工作人员单独构成受贿罪。三是国家工作人员利用职务之便为他人谋取了利益,事后他人将财物送交第三人,第三人对国家工作人员利用职权谋取利益的事情不明知,只是收受了财物后告知国家工作人员的。此种情况,国家工作人员单独构成受贿罪。四是第三人在国家工作人员为他人谋取利益并收受财物后,与其共享的。此种情况,国家工作人员单独构成受贿罪。

本案中,周小华和沈子良没有"通谋",不构成共同受贿。沈子良系周小华妻子的表弟,显然与周小华并非近亲属关系。沈子良虽然也可能成为"其他共同利益关系人",但是,因为沈子良购买房屋,仅供自己居住,所以并没有与周小华"实际形成利益共同体",所以,沈子良更准确的定位应当是特定关系人之外的人。本案中,周小华虽然有为沈子良利用职务关系谋取利益的故意,但并没有受贿的故意。沈子良因为周小华的出面说情而得到了3万元的购房优惠。沈子良购买房屋,并实际付款和居住,在事前事后周小华均未和沈子良商量其要从这优惠的3万元中得到什么利益,事实上也确实没有得到任何经济利益。因此,沈子良与周小华没有"受贿的通谋",也没有"共同占有"受贿财物,被告人周小华与沈子良不构成共同受贿。

沈子良可能构成利用影响力受贿罪。2009年2月28日全国人民代表大会常务委员会通过的《刑法修正案(七)》增加了一条新罪——利用影响力受贿罪,根据该条规定,国家工作人员的近亲属或者其他与该国家工作人员关系密切的人,通过该国家工作人员职务上的行为,或者利用该国家工作人员职权或者地位形成的便利条件,通过其他国家工作人员职务上的行为,为请托人谋取不正当利益,索取请托人财物或者收受请托人财物的,应当成立利用影响力受贿罪。据此,如果本案发生在《刑法修正案(七)》实施之后,则被告人周小华妻子的表弟沈子良作为与周小华关系密切的人,通过周小华利用其职务便利条件向房产销售老板索要购房优惠的行为,在一定条件下可以构成利用影响力受贿罪。

案例 19-8　潘玉梅、陈宁受贿案①

一、基本案情

2003年八九月间,被告人潘玉梅、陈宁分别利用担任江苏省南京市栖霞区迈皋桥街道工委书记、迈皋桥办事处主任的职务便利,为南京某房地产开发有限公司总经理陈某在迈皋桥创业园区低价获取100亩土地等提供帮助,并于9月3日分别以其亲属名义与陈某共同注册成立南京多贺工贸有限责任公司(以下简称多贺公司),以"开发"上述土地。潘玉梅、陈宁既未实际出资,也未参与该公司经营管理。2004年6月,陈某以多贺公司的名义将该公司及其土地转让给南京某体育用品有限公司,潘玉梅、陈宁以参与利润分配名义,分别收受陈某给予的480万元。2007年3月,陈宁因潘玉梅被调查,在美国出差期间安排其驾驶员退给陈某80万元。案发后,潘玉梅、陈宁所得赃款及赃款收益均被依法追缴。

2004年2月至10月,被告人潘玉梅、陈宁分别利用担任迈皋桥街道工委书记、迈皋桥办事处主任的职务之便,为南京某置业发展有限公司在迈皋桥创业园购买土地提供帮助,并先后4次各收受该公司总经理吴某某给予的50万元。

2004年上半年,被告人潘玉梅利用担任迈皋桥街道工委书记的职务便利,为南京某发展有限公司受让金桥大厦项目减免100万元费用提供帮助,并在购买对方开发的一处房产时接受该公司总经理许某某为其支付的房屋差价款和相关税费61万余元(房价含税费121.0817万元,潘玉梅支付60万元)。2006年4月,潘玉梅因检察机关从许某某的公司账上已掌握其购房仅支付部分款项的情况而补还给许某某55万元。

此外,2000年春节前至2006年12月,被告人潘玉梅利用职务便利,先后收受迈皋桥办事处一党支部书记兼南京某商贸有限责任公司总经理高某某人民币201万元和美元49万元、浙江某房地产集团南京置业有限公司范某某美元1万元。2002年至2005年间,被告人陈宁利用职务便利,先后收受迈皋桥办事处一党支部书记高某某21万元、迈皋桥办事处副主任刘某8万元。

综上,被告人潘玉梅收受贿赂人民币792万余元、美元50万元(折合人民币398.1234万元),共计收受贿赂1 190.2万余元;被告人陈宁收受贿赂559万元。

---

① 参见陈兴良、张军、胡云腾主编:《人民法院刑事指导案例裁判要旨通纂》(下卷),北京大学出版社2013年版,第1179页。

二、诉讼过程及裁判理由

一审法院认定被告人潘玉梅犯受贿罪,判处死刑,缓期两年执行,剥夺政治权利终身,并处没收个人全部财产;被告人陈宁犯受贿罪,判处无期徒刑,剥夺政治权利终身,并处没收个人全部财产。

宣判后,潘玉梅、陈宁提出上诉。

二审法院以同样的事实和理由作出裁定,驳回上诉,维持原判,并核准一审以受贿罪判处被告人潘玉梅死刑,缓期两年执行,剥夺政治权利终身,并处没收个人全部财产的刑事判决。

三、关联法条

《中华人民共和国刑法》

第三百八十五条第一款 国家工作人员利用职务上的便利,索取他人财物的,或者非法收受他人财物,为他人谋取利益的,是受贿罪。

四、争议问题

本案是关于变相受贿的形式。具体来说,与请托人以合办公司的名义获取所谓利润,没有实际出资和参与经营管理的,是否构成受贿?以明显低于市场价格向请托人购买房屋等物品的,是否构成受贿?

五、简要评论

最高人民法院、最高人民检察院《关于办理受贿刑事案件适用法律若干问题的意见》第3条以开办公司等合作投资名义收受贿赂的方式中明确了两种行为:一是国家工作人员利用职务上的便利为请托人谋取利益,由请托人出资,合作开办公司或者进行其他合作投资的,以受贿论处。受贿数额为请托人给国家工作人员的出资额。二是国家工作人员利用职务上的便利为请托人谋取利益,以合作开办公司或者其他合作投资的名义获取"利润",没有实际出资和参与管理、经营的,以受贿论处。也就是说,国家工作人员没有实际出资或者参与管理、经营的,应当将接受出资额或利润认定为受贿中国家工作人员收受财物的方式。本案被告人潘玉梅、陈宁并没有实际出资,也未实际参与公司的经营管理,而分别获得480万元的所谓的公司利润,显然是利用职务便利使陈某低价获取土地并转卖后获利的一部分,体现了权钱交易的本质,属于以合办公司名义的变相受贿。

另外,潘玉梅购买的房产,市场价格含税费共计应为121万余元,潘玉梅仅支付60万元,明显低于该房产交易时当地市场价格,应当以受贿论处,受贿数额按照涉案房产交易时当地市场价格与实际价格的差额计算。

《关于办理受贿刑事案件适用法律若干问题的意见》中涉及的新型受贿形式包括:① 以交易形式收受贿赂;② 收受干股;③ 以开办公司等合作投资名义收受贿赂;④ 以委托请托人投资证券、期货或者其他委托理财的名义,收受贿赂;⑤ 以赌博形式收受贿赂;⑥ 以特定关系人"挂名"领取薪酬方式收受贿赂;⑦ 以"借用"名义(即实际使用但不办理产权变更)收受贿赂等。

案例 19-9　王效金受贿案①

一、基本案情

自1991年10月至2007年3月,被告人王效金在担任亳县古井酒厂厂长、亳州古井酒厂厂长、安徽古井集团有限责任公司(以下简称古井集团)董事长兼总裁期间,利用职务之便,为李宗义、潘学清、陈伟东等20人在原材料采购、广告承揽、合股经营、企业收购、企业经营、资金拆借等方面谋取或承诺谋取利益,先后69次非法收受李宗义等20人贿赂,共计人民币507万元、美元67.6942万元和港币5万元。

被告人王效金承诺收受李宗义好处费美元55.1942万元的行为认定为受贿既遂。根据王效金的供述和李宗义的证言,二人在事前约定了收受好处费一事,每年年底李宗义均按照约定计算出好处费,并将计提的好处费具体数额告诉王效金,多次表示王效金可以使用该款,或将钱兑现给王效金。应王效金的要求,为帮助王效金的儿子完成存款任务,李宗义还以自己和陶江的名义将美元15.1万元存入王依林工作的荷兰银行,并告诉王效金以后可直接变更户名,存入银行的钱算作兑现给王效金的部分好处费,王效金表示同意。这样,李宗义成为古井集团的基础酒供应商。由此可见,李宗义对王效金并不仅仅是一种虚假承诺,王效金随时都可以兑现此笔好处费,该款在案发时虽未转入王效金账户,但并不影响王效金对该款的控制。因此,王效金收受贿赂的行为已达到既遂状态。

被告人王效金在主动交代受贿事实的同时,检举、揭发行贿人行贿的事实,不构成立功。

被告人王效金收受他人贿赂的行为损害和出卖了企业利益。王效金在收受他人贿赂后,通过在与他人合作压低古井集团下属企业资产评估值、拆借给他人资金(至案发时仍有60万元无法归还)、减少他人应缴租赁费等行为,客观上已损害和出卖了企业利益。

(其他情节省略)

二、诉讼过程及裁判理由

一审法院根据上述事实判决被告人王效金犯受贿罪,判处无期徒刑,剥夺政治权利终身,并处没收个人全部财产;违法所得全部没收。

一审宣判后,王效金不服,提出上诉。上诉人王效金及其辩护人指出,王效金承诺收受李宗义的美元551 942元不构成受贿,王效金主动交代受贿的主要犯罪事实并一直供认,应系自首,原判量刑过重。

二审法院经审理认为,自王效金承诺收受李宗义给予的"回扣"8年中,李宗义每到年终

---

① 参见陈兴良、张军、胡云腾主编:《人民法院刑事指导案例裁判要旨通纂》(下卷),北京大学出版社2013年版,第1133页。

均根据其酒厂供应古井集团的原浆酒数量,按照与王效金约定的标准计算出回扣金额,从其厂里"内账"上将该款提出,兑换成美元后存入李宗义或者李宗义家人的个人账户上,并逐年将美元的具体数额向王效金汇报,申明王效金能够随时转存、使用,王效金均予以接受。同时,李宗义也如愿成为古井集团的独家原浆酒供应商。从犯罪构成来看,王效金受贿551 942美元已经实施完毕,并达到既遂状态。至于王效金尚未将该款转入其账户,并不影响王效金已经实际占有、控制该款的事实。正如王效金供述称:"我准备退休后再拿这笔钱,这样不会有风险。李宗义是不会赖账的。"关于王效金及其辩护人提出的自首情节,经查,上诉人王效金是在办案单位已经掌握其部分涉嫌受贿事实的情况下,主动交代办案单位尚未掌握的部分受贿事实,不符合自首的构成要件,故其上诉理由不予采纳。裁定驳回上诉,维持原判。

三、关联法条
《中华人民共和国刑法》

第三百八十五条第二款　国家工作人员在经济往来中,违反国家规定,收受各种名义的回扣、手续费,归个人所有的,以受贿论处。

四、争议问题
本案争议的问题是,受贿罪既遂的认定标准。

五、简要评论
对于收受型受贿来说,对贿赂财物的控制是判断构成受贿罪既未遂的标准。在丧失说、占有说和控制说几种判断标准中,采用控制说的标准判断受贿罪的既遂与未遂。所谓控制是指对财物的支配、处分的能力,它不同于对财物的占有、使用或者收益。所以即使行为人对财物没有占有、使用或者得到收益,只要他拥有对财物支配、处分的能力,就认为他具有对该财物的控制权。具体原因在于:第一,受贿罪规定收受他人财物的行为实施者是国家工作人员,而不是行贿者。所以,认定受贿既遂的标准应以受贿者对财物的控制为标准,而不应以行贿者对财物的丧失为准。第二,把非法收受他人财物理解为财物被受贿者控制,实践中便于操作。第三,如果以实际占有为标准认定受贿未遂,无形之中会放纵犯罪。

对于索贿罪也以控制说为认定既遂的标准的观点,笔者认为,在索取贿赂的情况下,应当以实施了索要行为作为受贿既遂的标准。第一,受贿罪的客体是公务行为的不可收买性,而非财产型犯罪,所以,只要国家工作人员索要了财物,就可以认定侵犯了公务行为的不可收买性。第二,对于国家工作人员在职时向请托人索取贿赂或者与请托人约定贿赂事项,离职后收受贿赂的,也可以认定为受贿罪的既遂。如果认为索取贿赂后,还需要收受财物才能够既遂,则意味着离职后行为才侵犯了职务行为的不可收买性,这显然是矛盾的。

案例 19-10　姚太文受贿案[①]

一、基本案情

1999年10月,被告人姚太文在任吉林省慈善总会秘书长、吉林省民政福利大厦筹建办公室主任期间,利用掌管吉林省慈善总会慈善基金和基建资金的职务便利,以吉林省慈善总会名义与吉林省大力实业公司签订借款协议,将吉林省慈善总会的440万元公款借给吉林省大力实业公司用于支付松原市珲乌公路一级路工程保证金。2000年6月至2001年8月,吉林省大力实业公司经理王步前分6次将440万元返还。2003年春节,王步前为感谢姚太文借给其440万元工程保证金以及为其修路提供保函等帮助,送给姚太文10万元。

二、诉讼过程及裁判理由

一审法院经审理认为,被告人姚太文身为国家工作人员,利用职务便利,为他人谋取利益,非法收受他人财物,其行为构成受贿罪。公诉机关指控姚太文于1999年10月挪用440万元公款,借给大力实业公司,用于支付修路工程保证金的事实,不构成犯罪,依法不予认定。从而判决被告人姚太文犯受贿罪,判处有期徒刑10年,并处没收个人财产2万元。

一审宣判后,检察机关提出抗诉,理由是被告人姚太文的行为同时触犯挪用公款罪和受贿罪,根据最高人民法院《关于审理挪用公款案件具体应用法律若干问题的解释》第7条的规定,应予数罪并罚。原审判决对姚太文所犯挪用公款罪未予认定,属于适用法律错误,请求依法改判。

二审法院审理后认为,原审判决适用法律正确,量刑适当,审判程序合法,裁定驳回抗诉,维持原判。

三、关联法条

《中华人民共和国刑法》

第三百八十四条第一款　国家工作人员利用职务上的便利,挪用公款归个人使用,进行非法活动的,或者挪用公款数额较大、进行营利活动的,或者挪用公款数额较大、超过三个月未还的,是挪用公款罪,处五年以下有期徒刑或者拘役;情节严重的,处五年以上有期徒刑。挪用公款数额巨大不退还的,处十年以上有期徒刑或者无期徒刑。

第三百八十五条第一款　国家工作人员利用职务上的便利,索取他人财物的,或者非法收受他人财物,为他人谋取利益的,是受贿罪。

最高人民法院《关于审理挪用公款案件具体应用法律若干问题的解释》

第七条　因挪用公款索取、收受贿赂构成犯罪的,依照数罪并罚的规定处罚。

挪用公款进行非法活动构成其他犯罪的,依照数罪并罚的规定处罚。

[①] 参见最高人民法院刑事审判庭主办:《刑事审判参考》(总第87集),法律出版社2013年版,第107页。

全国人民代表大会常务委员会《关于〈中华人民共和国刑法〉第三百八十四条第一款的解释》

有下列情形之一的,属于挪用公款"归个人使用":
(一)将公款供本人、亲友或者其他自然人使用的;
(二)以个人名义将公款供其他单位使用的;
(三)个人决定以单位名义将公款供其他单位使用,谋取个人利益的。

四、争议问题

本案争议问题是,被告人的行为是否构成挪用公款罪?

五、简要评论

挪用公款罪是指国家工作人员利用职务便利的以下三种行为方式:一是挪用公款归个人使用,进行非法活动;二是挪用公款数额较大,归个人进行营利活动;三是挪用公款归个人使用,数额较大,超过3个月未还。全国人民代表大会常务委员会《关于〈中华人民共和国刑法〉第三百八十四条第一款的解释》指出,"归个人使用"包括三种情形:一是将公款供本人、亲友或者其他自然人使用;二是以个人名义将公款供其他单位使用;三是个人决定以单位名义将公款供其他单位使用,谋取个人利益。

如果挪用公款的行为属于第一、二种"归个人使用"的情形,则挪用公款罪的构成不以行为人谋取个人利益为要件,即无论是否收受他人财物,均不影响挪用公款罪的成立。如果在此过程中,行为人又乘机索要或者收受他人财物的,则已超出挪用公款罪的犯罪故意,产生新的受贿罪的犯意,从而应当根据最高人民法院《关于审理挪用公款案件具体应用法律若干问题的解释》第7条的规定,因挪用公款索取、收受贿赂构成犯罪的,依照数罪并罚的规定处罚。

如果挪用公款属于第三种"个人决定以单位名义将公款供其他单位使用,谋取个人利益的",则挪用公款罪的构成必须以行为人谋取个人利益为要件,该情形下收受贿赂的行为,可能同时被认定为谋取个人利益,从而同一行为同时构成挪用公款罪和受贿罪,应当按照想象竞合犯从一重罪处断,以受贿罪论处。

本案中,姚太文决定以吉林省慈善总会名义借款给吉林省大力实业公司的时间是1999年,吉林省大力实业公司还款的时间是2000年6月至2001年8月。姚太文因上述借款事宜收受王步前贿赂的10万元的时间是2003年春节期间。由于姚太文的行为属于"个人决定以单位名义将公款借给其他单位使用"的情形,要认定构成挪用公款罪,就要求姚太文主观上具有谋取个人利益的目的。然而,姚太文借款当时谋取个人利益的意图并不明显,在案证据也难以证明其有"谋取个人利益"的目的,所以其行为不构成挪用公款罪。

第二十章　玩忽职守罪

案例20-1　林世元等受贿、玩忽职守案[①]

一、基本案情

林世元在担任綦江县城建委主任、县城重点工程指挥部常务副指挥长兼重点办主任、副县长等职务期间，对虹桥工程违规发包、接收、结算；在虹桥工程施工中长期不派员进行质量监督。在虹桥突然发生异响后，林世元、贺际慎明知虹桥尚未进行质量等级评定和验收，系违规接收并交付使用，在未经有关技术人员对虹桥做出技术检查、分析的情况下，均草率表态虹桥可以继续使用。事后，也未督促落实桥梁荷载试验，排除虹桥工程安全隐患。虹桥突然发生整体垮塌，造成40人死亡，14人受伤，直接经济损失628万余元。在负责虹桥工程建设期间，林世元收受虹桥工程承包人费上利11万余元的贿赂。

二、诉讼过程及裁判理由

一审法院经审理认为，林世元身为国家机关工作人员，在担任城建委主任、县城重点工程指挥部常务副指挥长兼重点办主任、副县长等职务期间，不履行或者不正确履行职责，对虹桥工程违规发包、接收、结算；在虹桥工程施工中长期不派员进行质量监督；虹桥发生异响后又草率表态可以继续使用，不督促落实荷载试验工作；在建筑市场整顿中，对虹桥工程不提出整顿查处意见，放弃对虹桥工程的质量监督管理；其间，又徇私舞弊，在虹桥工程中放任费上利等人降低工程质量，对虹桥垮塌的严重后果负有重要的直接责任和主要的领导责任，其行为已构成玩忽职守罪，情节特别严重，应依法从重处罚。其利用职务上的便利，在负责虹桥工程建设期间，收受虹桥工程承包人费上利11万余元的贿赂，为费上利谋取利益，直接影响了工程质量，为虹桥垮塌留下巨大隐患，其行为已构成受贿罪。情节特别严重，应依法从重处罚。对被告人林世元以受贿罪判处死刑，剥夺政治权利终身，并处没收财产5万元，追缴犯罪所得赃款111 675.09元及违法所得23 490元；以玩忽职守罪，判处其有期徒刑10年；数罪并罚决定执行死刑，剥夺政治权利终身，并处没收财产5万元，追缴犯罪所得赃款111 675.09元及违法所得23 490元。对被告人张基碧以玩忽职守罪，判处有期徒刑6年；对被告人孙立以玩忽职守罪，判处有期徒刑5年；对被告人赵祥忠以工程重大安全事故罪，判处有期徒刑5年，并处罚金2万元；对被告人贺际慎以玩忽职守罪，判处有期徒刑3年。

一审宣判后，被告人孙立服判；被告人林世元、张基碧、贺际慎不服，提起上诉。

二审法院除了根据林世元二审期间重大立功将死刑立即执行减轻为死刑缓期执行之

[①] 参见陈兴良、张军、胡云腾主编：《人民法院刑事指导案例裁判要旨通纂》（下卷），北京大学出版社2013年版，第1197页。

外,其他部分基本维持原判。

三、关联法条

《中华人民共和国刑法》

第十二条 中华人民共和国成立以后本法施行以前的行为,如果当时的法律不认为是犯罪的,适用当时的法律;如果当时的法律认为是犯罪的,依照本法总则第四章第八节的规定应当追诉的,按照当时的法律追究刑事责任,但是如果本法不认为是犯罪或者处刑较轻的,适用本法。

本法施行以前,依照当时的法律已经作出的生效判决,继续有效。

第三百九十七条 国家机关工作人员滥用职权或者玩忽职守,致使公共财产、国家和人民利益遭受重大损失的,处三年以下有期徒刑或者拘役;情节特别严重的,处三年以上七年以下有期徒刑。本法另有规定的,依照规定。

国家机关工作人员徇私舞弊,犯前款罪的,处五年以下有期徒刑或者拘役;情节特别严重的,处五年以上十年以下有期徒刑。本法另有规定的,依照规定。

四、争议问题

本案争议的问题在于,玩忽职守罪适用法律时效该如何理解?

五、简要评论

较之于故意犯,过失实行行为定性比较难,有观点认为,只有距离结果最近的最后行为,才是过失犯的实行行为,比如,饮酒开车,没注意到前方有人而轧死对方,没有注意到前方有人的实行行为,才是实行行为,其他部分都不是实行行为。笔者认为,只要对结果的发生具有紧迫危险的行为,都属于实行行为,不需要刻意要求距离事故发生的时间点近。饮酒行为,本身引起事故的可能性就很大,因此,饮酒即可视为实行行为。饮酒、不注意驾驶到轧死对方,都属于过失犯的实行行为。同理,从最初违规发包、工程建设开始,被告人的渎职本身引起事故的可能性就很大,渎职行为的危险性随着后来一系列过失不作为而不断提高,直至塌桥事故发生,所有这些都属于玩忽职守实行行为。

当被告的过失实行行为,从旧法持续到新法,就涉及跨时犯的问题。跨时犯,是指行为人的同一犯罪行为跨越新旧法,从旧法时期继续或者延续到新法。笔者认为,类比隔时犯的处罚原理,实行行为与实行着手、未遂在规范意义上可以分离。行为人实施实行行为,但未必着手,只有具有处罚必要性,才认定着手、未遂。这表明,处罚必要性与距离结果发生的远近成正比。当具有处罚必要性的行为部分发生在新法时期,比较好的办法还是适用新法。我国司法实践一般也适用新法。根据最高人民检察院《关于对跨越修订刑法施行日期的继续犯罪、连续犯罪以及其他同种数罪应如何具体适用刑法问题的批复》的规定,对于开始于1997年9月30日以前,继续或者连续到1997年10月1日以后的行为,以及在1997年10月1日前后分别实施的同种类数罪在新、旧《刑法》都认为是犯罪且应当追诉的情况下,应当适用修订《刑法》一并进行追诉。对于修订《刑法》比原《刑法》所规定的构成要件和情节较为严格,或者法定刑较重的,也应当适用修订《刑法》,但在提起公诉时,应当提出酌情从轻处理意见。根据这一司法解释的含义,如果犯罪行为开始于新《刑法》施行之前,继续到《刑法》生效以后才结束,就应当作为新《刑法》生效之后发生的犯罪对待,适用新《刑法》。

综上,笔者认为,法院判决是合理的。

案例20-2 王二团、杨哲、王利明玩忽职守案①

一、基本案情

王二团、杨哲、王利明作为沁阳市柏香动物防疫检疫中心站的工作人员,违反《中华人民共和国防疫法》和河南省有关规定,在对出县境生猪应当检疫而未检疫,运输工具应当消毒而未消毒,且未进行盐酸克仑特罗(俗称"瘦肉精")检测的情况下,违规出具《动物产地检疫合格证明》及《出县境动物检疫合格证明》《动物及动物产品运载工具消毒证明》《牲畜1号、5号病非疫区证明》(后三个证明,以下简称"三证"),致使3.8万头未经检测的生猪运往部分省市,其中部分生猪系使用"瘦肉精"饲养的生猪。此外,王二团、王利明委托或默许不具备检疫资格的牛利萍代开《动物产地检疫合格证明》和"三证"。

二、诉讼过程及裁判理由

一审法院经审理认为,被告人王二团、杨哲、王利明身为动物防疫、检疫工作人员,不履行职责,对报检出县境的生猪应进行"瘦肉精"检测而不检测,运输工具应当消毒而不消毒,即违规出具"三证",造成恶劣的社会影响,其行为均已构成玩忽职守罪,判决被告人王二团犯玩忽职守罪,判处有期徒刑6年;被告人杨哲犯玩忽职守罪,判处有期徒刑5年;被告人王利明犯玩忽职守罪,判处有期徒刑5年。

一审法院判决后,3被告人以自己并非玩忽职守罪行为主体、并无"情节特别严重"为由,提出上诉。

二审法院经审理,依法驳回王二团、杨哲、王利明的上诉请求,维持原判。裁定认为,被告人王二团、杨哲、王利明身为动物防疫、检疫工作人员,不履行职责,导致大量未经检疫、消毒和"瘦肉精"检测的生猪流入市场,危害消费者身体健康,扰乱食品市场秩序,造成恶劣的社会影响,其行为均已构成玩忽职守罪,且属于"情节特别严重"。根据各被告人职责大小,所开证明涉及生猪数量,判处被告人王二团有期徒刑6年,判处被告人杨哲有期徒刑5年,判处被告人王利明有期徒刑5年。

三、关联法条

《中华人民共和国刑法》

第三百九十七条 国家机关工作人员滥用职权或者玩忽职守,致使公共财产、国家和人

---

① 本案是2011年最高人民法院公布的四起危害食品安全典型案例之一。

民利益遭受重大损失的,处三年以下有期徒刑或者拘役;情节特别严重的,处三年以上七年以下有期徒刑。本法另有规定的,依照规定。

国家机关工作人员徇私舞弊,犯前款罪的,处五年以下有期徒刑或者拘役;情节特别严重的,处五年以上十年以下有期徒刑。本法另有规定的,依照规定。

全国人民代表大会常务委员会《关于〈中华人民共和国刑法〉第九章渎职罪主体适用问题的解释》

在依照法律、法规规定行使国家行政管理职权的组织中从事公务的人员,或者在受国家机关委托代表国家机关行使职权的组织中从事公务的人员,或者虽未列入国家机关人员编制但在国家机关中从事公务的人员,在代表国家机关行使职权时,有渎职行为,构成犯罪的,依照刑法关于渎职罪的规定追究刑事责任。

四、争议问题

本案争议问题是,被国家机关聘用,代表国家机关从事公务的人员,是否属于玩忽职守罪的主体?如何认定为法定刑升格的"情节特别严重"?

五、简要评论

我国《刑法》规定的渎职罪的犯罪主体为国家机关工作人员。根据全国人民代表大会常务委员会《关于〈中华人民共和国刑法〉第九章渎职罪主体适用问题的解释》的规定,在依照法律、法规规定行使国家行政管理职权的组织中从事公务的人员,或者在受国家机关委托代表国家机关行使职权的组织中从事公务的人员,或者虽未列入国家机关人员编制但在国家机关中从事公务的人员,在代表国家机关行使职权时,有渎职行为,构成犯罪的,依照刑法关于渎职罪的规定追究刑事责任。从而包含了临时工、合同工及各种聘用制人员。无论编制、身份如何,关键是否从事公务。本案中,作为国家机关合法聘用员工的被告人,从事检疫、防疫工作,"有职可渎",被告人辩解自己并非行为主体,显然有违法律。一、二审法院在这一问题上的认定是正确的。

我国《刑法》分则许多条文规定,都有各种情节要件规定。通常,将"情节严重"分为作为构成要件的"情节严重",和作为升格法定刑的"情节严重"。为了罚当其罪,玩忽职守罪将基本犯的成立限定在财产、利益的重大损失上,"情节特别严重"属于升格条件。值得注意的是,升格条件的适用,必须以基本犯的满足为前提。

本案中,法院首先认定,被告人玩忽职守行为导致大量未经"瘦肉精"检测的生猪流向市场,且部分生猪喂养了"瘦肉精",客观上对广大消费者的身体健康造成了严重威胁,基本犯即告成立。接下来,解释作为规范要素的"情节严重",需分"两步走"。首先,确定"情节"包括哪些内容,然后根据一般人价值观判断这些内容是否"特别严重"。体系化思维告诉我们,玩忽职守的"情节"内容应该从职务犯罪的特别法条中归纳出来,一般包括扰乱正常社会治安秩序、政府形象和声誉折损、社会信赖降低等。法院认为,被告人玩忽职守,经媒体报道后,对广大消费者造成了心理恐慌,严重扰乱了食品市场秩序,影响极为恶劣,属于情节特别严重。

综上，法院判决并无不妥。

不过，2012年11月15日最高人民检察院《关于印发第二批指导性案例的通知》发布的5个与职务犯罪有关的典型案例之"罗甲、罗乙、朱某、罗丙滥用职权案"中，指导案例似乎将行为人严重败坏国家机关声誉和形象、造成恶劣影响，理解为作为构成要件条件的"致使国家和人民利益遭受重大损失"。扰乱正常社会治安秩序、政府形象和声誉折损、社会信赖降低等现象，究竟属于构成要件要素还是升格条件，还需要进一步研究。

案例20-3 杨某玩忽职守、徇私枉法、受贿案①

一、基本案情

王某未经相关部门审批，经营舞王俱乐部，辖区派出所为被告人杨某任所长的同乐派出所。在辖区民警采集信息建档和日常检查中，发现王某无法提供消防许可证、娱乐经营许可证等必需证件，提供的营业执照复印件上的名称和地址与实际不符，且已过有效期。杨某得知情况后，没有督促责任区民警依法及时取缔舞王俱乐部。责任区民警还发现舞王俱乐部在经营过程中存在超时超员、涉黄涉毒、未配备专业保安人员、发生多起治安案件等治安隐患。杨某既没有依法责令舞王俱乐部停业整顿，也没有责令责任区民警跟踪监督舞王俱乐部进行整改。在龙岗区"扫雷"行动、广东省公安厅"百日信息会战"中，杨某均未督促民警跟踪落实整改舞王俱乐部中存在的安全隐患、无证无照经营等问题。2008年9月20日晚，舞王俱乐部发生特大火灾，造成44人死亡、64人受伤的严重后果。出事之前，杨某利用职务便利，为舞王俱乐部负责人王某谋取好处，单独收受或者通过妻子何某收受王某好处费，共计人民币30万元。另查，2008年8月，杨某明知舞王俱乐部发生的江某等人被打案涉嫌故意伤害罪，应予刑事处罚，不符合调解结案的规定，仍指示将该案件予以调解结案。

二、诉讼过程及裁判理由

一审法院经审理认为，被告人杨某作为同乐派出所的所长，对辖区内的娱乐场所负有监督管理职责，其明知舞王俱乐部未取得合法的营业执照擅自经营，且存在众多消防、治安隐患，但严重不负责任，不认真履行职责，使本应停业整顿或被取缔的舞王俱乐部持续违法经营达1年之久，并最终导致发生44人死亡、64人受伤的特大消防事故，造成了人民群众生命财产的重大损失，其行为已构成玩忽职守罪，情节特别严重。一审法院还认为，被告人杨某同时构成徇私枉法罪和受贿罪，但是鉴于杨某在实施徇私枉法行为的同时有受贿行为，且该受贿事实已被起诉，依照《刑法》第399条的规定，应以受贿罪一罪定罪处罚。判决被告人杨某犯玩忽职守罪，判处有期徒刑5年；犯受贿罪，判处有期徒刑10年；总和刑期15年，决定执行有期徒刑13年；追缴受贿所得的赃款人民币30万元，依法予以没收并上缴国库。

---

① 参见最高人民检察院第二批指导性案例（检例第8号）。

一审判决后,被告人杨某在法定期限内没有上诉,检察机关也没有提出抗诉,一审判决发生法律效力。

三、关联法条
《中华人民共和国刑法》

第三百八十五条　国家工作人员利用职务上的便利,索取他人财物的,或者非法收受他人财物,为他人谋取利益的,是受贿罪。

国家工作人员在经济往来中,违反国家规定,收受各种名义的回扣、手续费,归个人所有的,以受贿论处。

第三百九十七条第一款　国家机关工作人员滥用职权或者玩忽职守,致使公共财产、国家和人民利益遭受重大损失的,处三年以下有期徒刑或者拘役;情节特别严重的,处三年以上七年以下有期徒刑。本法另有规定的,依照规定。

第三百九十九条　司法工作人员徇私枉法、徇情枉法,对明知是无罪的人而使他受追诉、对明知是有罪的人而故意包庇不使他受追诉,或者在刑事审判活动中故意违背事实和法律作枉法裁判的,处五年以下有期徒刑或者拘役;情节严重的,处五年以上十年以下有期徒刑;情节特别严重的,处十年以上有期徒刑。

在民事、行政审判活动中故意违背事实和法律作枉法裁判,情节严重的,处五年以下有期徒刑或者拘役;情节特别严重的,处五年以上十年以下有期徒刑。

在执行判决、裁定活动中,严重不负责任或者滥用职权,不依法采取诉讼保全措施、不履行法定执行职责,或者违法采取诉讼保全措施、强制执行措施,致使当事人或者其他人的利益遭受重大损失的,处五年以下有期徒刑或者拘役;致使当事人或者其他人的利益遭受特别重大损失的,处五年以上十年以下有期徒刑。

司法工作人员收受贿赂,有前三款行为的,同时又构成本法第三百八十五条规定之罪的,依照处罚较重的规定定罪处罚。

四、争议问题
国家机关工作人员实施渎职犯罪并收受贿赂,同时构成受贿罪的,是否可以数罪并罚?

五、简要评论
国家机关工作人员实施渎职犯罪并收受贿赂,同时构成受贿罪,是否可以数罪并罚,存在两种不同观点。一罪说认为,《刑法》第399条第4款规定,属于一般规定。既然法律规定,司法工作人员贪赃枉法过程中收受贿赂,认定为牵连犯,"从一重罪",那么,实施其他渎职犯罪并收受贿赂的,也应比照该规定"从一重罪"。并罚说认为,《刑法》第399条第4款规定属于特别规定,并无普遍指导意义,实施其他渎职犯罪并收受贿赂,应与相应渎职犯罪并罚。一审法院认为,除399条第4款之外,国家机关工作人员实施渎职犯罪,同时构成受贿罪的,以渎职犯罪和受贿罪数罪并罚。易言之,《刑法》第399条第4款规定是特别规定,法律拟制而不是注意规定。

笔者认为,一罪说过于"一刀切",国家机关工作人员玩忽职守并收受贿赂,同时构成受贿罪,应该数罪并罚。

一方面,玩忽职守与受贿行为之间,并不具备"类型化"的牵连关系。所谓"类型化",是指根据刑法规定和司法实践,只有当某种手段通常用于实施某种犯罪,或者某种原因行为通常导致某种结果行为时,才宜认定为牵连犯,比如,伪造公章、公文、证件,通常用于实施。但是,受贿之后并不玩忽职守、玩忽职守并不受贿的情形,并不鲜见。有分析指出,1987年到2011年在因受贿罪受到刑罚的省部级政府官员76件案件中,有56人仅因受贿罪入刑,其比例达到73.7%,其他20人均数罪并罚,并罚罪名主要有贪污罪、玩忽职守罪、行贿罪、巨额财产来源不明罪、挪用公款罪、滥用职权罪,其中,巨额财产来源不明罪涉案人数最高。可见,受贿与玩忽职守之间,并不存在通常意义上的手段目的、原因结果关系,数罪并罚,不无理论障碍。

另一方面,笔者认为,究竟是数罪并罚还是从一重罪处断,必须考虑行为的社会危害性,罪刑相适。当犯罪手段和目的行为、原因和结果行为都有比较大的社会危害性时,数罪并罚更为可取。特别是本案中,被告人杨某对舞王俱乐部潜在火灾隐患的视而不见,玩忽职守,导致44人死亡、64人重伤的严重后果,仅以受贿罪论处,显然过于轻判,也与立法、司法机关重拳出击职务犯罪的刑事政策相违背。

一审法院依《刑法》第399条第4款的规定,认定杨某的徇私枉法与受贿行为,依受贿罪定罪处罚后,同玩忽职守罪数罪并罚,不仅符合法理,也与立法旨趣、历来司法立场相符。

案例20-4　郝庆林玩忽职守案[①]

一、基本案情

上峪乡派出所的司机李保庆在回所途中,见到曾有人举报的盗窃犯罪嫌疑人郭红英(女),即将郭红英带到了派出所。正在派出所值班的民警郝庆林让认识郭红英的人对郭进行了辨认后,即将郭红英留置到派出所,并交给本派出所的协管员看管。郝庆林曾两次对郭红英进行讯问,但未作任何记录,后到上峪乡政府用电话与派出所所长、指导员联系,均未联系上,又向郊区公安分局主管副局长石国峰请示,石国峰副局长让他星期一上了班再处理。当晚,郝庆林未发现郭红英有反常表现。晚6点左右治安员程建方将郭红英带到值班室看电视,到夜里10点左右,又将郭红英带到值班室内的作为留置室的小屋里。次日早晨7时40分左右,郝庆林起床后到小屋发现郭红英自缢身亡,即向分局进行了汇报。检察机关当天对此事进行了调查,经鉴定,郭红英死于自缢。

二、诉讼过程及裁判理由

被告人郝庆林身为公安民警,利用职权非法剥夺他人人身自由,并致人死亡,其行为已

[①] 参见最高人民法院、中国应用法学研究所编:《人民法院案例选》(总第43辑),人民法院出版社2003年版,第55页。

构成非法拘禁罪。检察机关指控被告人郝庆林的犯罪成立。被告人郝庆林及其辩护人关于郝庆林的行为不构成非法拘禁罪的辩解不能成立，不予采纳。被告人郝庆林犯非法拘禁罪，判处有期徒刑10年。

宣判后，被告人郝庆林不服，以其行为不构成非法拘禁罪为由提出上诉。

二审法院经审理认为，郝庆林虽然在客观上实施了对郭红英留置的行为，并导致郭红英自杀死亡的后果，但其主观目的是为查清盗窃案件的事实，是在履行自己的工作职责，依法执行公务，没有侵犯他人人身自由和权利的故意，不构成非法拘禁罪。但是，郝庆林在依法对郭红英实施留置后，未完全正确履行自己的职责，采取有效的和相应的安全防范措施，致使郭红英自缢身亡，后果严重，依法应以玩忽职守罪追究其刑事责任。判决郝庆林犯玩忽职守罪，判处有期徒刑1年零6个月，缓刑两年。

三、关联法条

《中华人民共和国刑法》

第二百三十八条　非法拘禁他人或者以其他方法非法剥夺他人人身自由的，处三年以下有期徒刑、拘役、管制或者剥夺政治权利。具有殴打、侮辱情节的，从重处罚。

犯前款罪，致人重伤的，处三年以上十年以下有期徒刑；致人死亡的，处十年以上有期徒刑。使用暴力致人伤残、死亡的，依照本法第二百三十四条、第二百三十二条的规定定罪处罚。

为索取债务非法扣押、拘禁他人的，依照前两款的规定处罚。

国家机关工作人员利用职权犯前三款罪的，依照前三款的规定从重处罚。

第三百九十七条第一款　国家机关工作人员滥用职权或者玩忽职守，致使公共财产、国家和人民利益遭受重大损失的，处三年以下有期徒刑或者拘役；情节特别严重的，处三年以上七年以下有期徒刑。本法另有规定的，依照规定。

四、争议问题

本案争议问题是，如何正确区分非法拘禁罪与玩忽职守罪？

五、简要评论

非法拘禁罪，是指以拘留、禁闭或者其他方法，非法剥夺他人人身自由的行为，侵害了他人自由权。郝庆林将郭红英留置到派出所，符合《中华人民共和国警察法》第9条第1款的规定。该条款规定，对被指控有犯罪行为的犯罪嫌疑人，人民警察可以将其带至公安机关盘问。本案中的犯罪嫌疑人郭红英在塑泉村薛某家盗窃被当场抓住后挣脱逃跑，还有群众举报其物品被盗怀疑是郭红英与他人合伙而为，派出所几次到村里找她均未找到。派出所司机发现她可疑便将其带回派出所。经查证，确认是犯罪嫌疑人郭红英后，郝庆林将其留置，这是依法执行公务，并不存在非法剥夺他人自由的实行行为，一审法院结论，显然不当。

二审法院经审理认为，郝庆林并未完全正确履行自己职责，采取有效安防措施，致使郭红英自杀身亡，后果严重，成立玩忽职守罪。笔者认为，改判值得商榷。从客观方面看，无论是留置犯罪嫌疑人，还是协管员与干警看管义务分配，被告人所在基层派出所相关制度并不健全,"交易成本不为零",制度本身会导致无序,不宜追究被告人的个人责任。特别是当郝庆林将郭红英交给协管员后,后者是否实际接管了看管机能,也值得探讨。因此,即使被告人没有正确履行职责,也不宜认为其行为已达到严重程度。主观方面,既无证据显示刑讯逼供等违法行为,郭红英也未被被告人留置很长时间,认为被告人对郭红英自缢这一客观超过要素具有预见可能性,实在强人所难,反有结果主义之嫌。

综上,仅对被告人郝庆林论以相应纪律处理即可,不宜认定为玩忽职守罪。

如果本案被告人故意超期羁押构成犯罪的,构成非法拘禁罪还是渎职犯罪?《刑法》第238条前3款规定了非法拘禁罪的罪状与法定刑,第4款规定:"国家机关工作人员利用职权犯前三款罪的,依照前三款的规定从重处罚。"实施超期羁押的行为人均为国家机关工作人员,而且均属利用职权所为,完全符合《刑法》第238条第4款的规定,或者说,该条款已经将滥用职权的超期羁押视为非法拘禁加重类型。本案在解决问题的同时,也提出了需要继续研究的问题。

案例20-5 莫兆军玩忽职守案①

一、基本案情

2001年9月27日,四会市人民法院法官莫兆军开庭审理李兆兴告张坤石夫妇等4人借款1万元经济纠纷案,当时李兆兴持有张坤石夫妇等人写的借条,而张坤石辩称借条是被持刀威逼所写的。莫兆军经过审理,认为没有证据证明借条是在受到威逼的情况下写的,于是认为借条有效,判决被告人还钱。当年11月14日,张坤石夫妇在四会市人民法院外喝农药自杀身亡。次日,四会市公安部门传唤李兆兴、冯志雄两人,两人承认借条系他们持刀威逼张坤石夫妇等人所写,后二人分别被以抢劫罪判处7年和14年有期徒刑。2002年10月22日,莫兆军被检察机关刑事拘留,后又改为逮捕,涉嫌罪名是玩忽职守。

二、诉讼过程及裁判理由

一审法院经审理认为,莫兆军的行为不构成犯罪,张坤石夫妇的死亡超出莫兆军的主观意志之外,与莫兆军的审理案件行为无直接关系,莫兆军不应对此负责任。

检察机关不服一审判决,提出抗诉。

二审法院经审理认为,被告人作为司法工作人员,在民事诉讼中依照法定程序履行独任法官的职责,按照民事诉讼证据规则认定案件事实并作出判决,没有不履行或不正确履行工作职责致使公共财产、国家和人民利益遭受重大损失的玩忽职守行为,客观上出现的当事人自杀的结果与其履行职务行为之间没有刑法上的必然因果关系。且被告人对张坤石夫妇自杀这一超出正常的后果不可能预见,主观上没有过失。因此,被告人的行为不符合玩忽职守罪的构成要件,其行为不构成玩忽职守罪。

---

① 参见最高人民法院刑事审判庭主编:《刑事审判参考》(总第44集),法律出版社2006年版,第127页。

三、关联法条

《中华人民共和国刑法》

第三百九十七条 国家机关工作人员滥用职权或者玩忽职守,致使公共财产、国家和人民利益遭受重大损失的,处三年以下有期徒刑或者拘役;情节特别严重的,处三年以上七年以下有期徒刑。本法另有规定的,依照规定。

国家机关工作人员徇私舞弊,犯前款罪的,处五年以下有期徒刑或者拘役;情节特别严重的,处五年以上十年以下有期徒刑。本法另有规定的,依照规定。

四、争议问题

法院判决导致当事人自杀,法官是否构成玩忽职守罪?

五、简要评论

在认定刑法上的因果关系之前,首先需要确定,不履行或不正确履行职务行为是否存在。作为行政犯,玩忽职守的认定与国家行政管理相关领域操作规程的联系特别紧密,有些"操作规定"已经上升为显性知识,为法律、规章所明确规定,有的仍停留在"默会知识","只可意会,不可言传"。查明行业领域的操作知识,对于渎职罪的界定至关重要。被告人作为司法工作人员,审判工作的"操作规定"主要属于显性知识,法律有着明文规定,是否存在制造风险的过失行为,主要取决于是否违反了民事诉讼的法定程序。本案中,被告人依照法定程序履行独任法官的职责,按照民事诉讼证据规则认定案件事实并作出判决,没有不履行或不正确履行工作职责,实施的是正常角色行为,具有业务上的正当性。即使判决结果导致一些负面效应,比如妻离子散、自杀自残,这些均属司法审判运行的成本,只能接受。

不过,不能仅仅从行为人的行为这一视角来考虑符合构成要件的结果,也应该从被害人的行为这一视角来考虑结果归属。这是法律对被害人独立尊严的基本承认。自杀的张坤石夫妇是否对自己的行为负责?只要已经发生的损害结果仍然体现着被害人的任意,处在被害人的行为所能支配的领域之内,就存在着被害人对不发生损害结果的优先负责性,就要由被害人自己对所发生的损害结果予以答责。在这种情形中,即使他人故意或者过失的参与行为导致了损害结果的发生,也不能把所发生的损害结果归属于他人。张坤石夫妇完全估计到自己的行为是条不归路,却任性、轻率地剥夺自己的生命,在整个过程中,被害人支配、决定着自我损害行为的实施,必须对自己的行为结果负责。

尽管传统观点认为,大部分被以滥用职权罪或玩忽职守罪追究刑事责任的行为,其危害行为与危害结果之间的关系明显是"或然的"关系,但是"或然"必须接受规范的限制,不可随意扩张玩忽职守罪的打击范围。

综上,一、二审法院的结论是正确的。

案例20-6 赛跃、韩成武受贿、食品监管渎职案①

一、基本案情

赛跃、韩成武分别系云南省嵩明县质量技术监督局(以下简称嵩明县质监局)局长、副局长。接群众举报,2011年9月,赛跃、韩成武对云南杨林丰瑞公司进行检查,发现该公司无生产许可证,且现场用于生产食用油脂的毛猪油两千多吨不符合食品安全标准,在没有计量、核实毛猪油数量、来源的情况下,仅对毛猪油591.4吨、活性白土30吨、菜油100吨进行封存。10月,赛跃、韩成武决定只将59.143吨毛猪油认定为不符合食品安全标准,并决定对该公司进行立案并作出行政处罚,后嵩明县质监局向杨林丰瑞公司作出销毁不符合食品安全标准的原材料和罚款141万余元的行政处罚告知。在该公司申请从轻、减轻处罚后,赛跃、韩成武擅自决定对该公司减轻处罚,将罚款由141万余元减为20万元。随后质监局对杨林丰瑞公司作出销毁不符合食品安全标准的原材料和罚款20万元的行政处罚,次日解除了封存,致使该公司一直使用已查获的毛猪油无证生产食用猪油并流入社会,对人民群众生命健康造成较大隐患。被告人赛跃、韩成武在查处该案的过程中,先后两次在办公室收受该公司吴庆伟(另案处理)贿赂13万元。

二、诉讼过程及裁判理由

一审法院经审理认为,被告人赛跃、韩成武作为国家工作人员,利用职务上的便利,非法收受他人财物,为他人谋取利益,其行为已构成受贿罪;被告人赛跃、韩成武作为质监局工作人员,在查办杨林丰瑞公司无生产许可证生产有毒、有害食品案件中玩忽职守、滥用职权,致使查获的不符合食品安全标准的原料用于生产,有毒、有害油脂流入社会,造成严重后果,其行为还构成食品监管渎职罪。鉴于杨林丰瑞公司被公安机关查处后,赛跃、韩成武向领导如实汇报受贿事实,且将受贿款以"罚款"上交,属自首,可从轻、减轻处罚。依照刑法相关条款之规定,判决被告人赛跃犯受贿罪和食品监管渎职罪,数罪并罚,判处有期徒刑6年;韩成武犯受贿罪和食品监管渎职罪,数罪并罚,判处有期徒刑2年零6个月。

一审宣判后,赛跃、韩成武提出上诉。

二审法院裁定驳回上诉,维持原判。

三、关联法条

《中华人民共和国刑法》

第三百八十五条 国家工作人员利用职务上的便利,索取他人财物的,或者非法收受他人财物,为他人谋取利益的,是受贿罪。

国家工作人员在经济往来中,违反国家规定,收受各种名义的回扣、手续费,归个人所有

---

① 参见最高人民检察院第四批指导性案例(检例第16号)。

的,以受贿论处。

第四百零八条之一 负有食品安全监督管理职责的国家机关工作人员,滥用职权或者玩忽职守,导致发生重大食品安全事故或者造成其他严重后果的,处五年以下有期徒刑或者拘役;造成特别严重后果的,处五年以上十年以下有期徒刑。

徇私舞弊犯前款罪的,从重处罚。

四、争议问题

本案争议问题是,如何认定食品监管渎职罪?在渎职过程中受贿的,是否应当以食品监管渎职罪和受贿罪实行数罪并罚?

五、简要评论

一般认为,过失存在着普通过失和业务过失之分。玩忽职守罪属于业务过失。尽管我国刑法、理论均未明确承认管理监督过失,但是,实践中基本默认了管理监督过失,食品监管渎职罪可谓适例。玩忽职守,其实属于管理监督过失。管理监督过失,是指监督者与被监督者之间,由于被监督者所实施的造成危害结果的行为,而追究监督过失者的责任。最大的特点在于,不履行法定职责制造风险与结果,具有"间接性",介入了被监督人或第三人的行为,使管理监督过失行为的风险实现认定变得复杂。

就本案而言,确认被告人管理监督过失,首先必须确定被告人负有监督义务。负有监督义务,是监督过失成立的重要条件。根据我国政府多个部门实行切块分段共管的模式,质检部门负责食品加工的抽查、监管,检验检疫证书发放是其重要职能之一。被告人违背法律规定的监督义务,是毫无疑问的。

在违背义务之风险实现判断中,笔者认为,即使管理监督过失行为导致结果发生的危险性并不高,介入因素力量异常,由后者直接引起,也不宜轻易否定结果归属。本案中,被告人作为监管者的合义务举动,直接决定着被监管者违法生产活动是否能够继续、地沟油是否能够流入居民的餐桌。简言之,监管人之合义务举动对其他行为人有着重要影响,最终极大影响着整体上的结果回避,应当认定管理监督过失犯之成立。法院判决被告人构成食品监管渎职罪是合理的。

在渎职过程中受贿的,以食品监管渎职罪和受贿罪实行数罪并罚,是对"并罚说"的正确运用。值得注意的是,随着食品安全问题日益突出,为了避免再次出现过往司法实践中的尴尬,即公诉机关以滥用职权起诉,审判机关却判定为玩忽职守罪,因此立法者设立了一个新罪名——食品监管渎职罪。但是,将不同犯罪"合二为一"不但没有解决问题,而且导致了更多问题,比如,对于共同犯罪的认定,这种"不必区分主观"的暗示,似乎更易鼓励司法机关违反责任主义。如何合理适用本罪,"扬长避短",还需要进一步研究。

案例20-7 翟鲁光受贿、玩忽职守案①

一、基本案情

翟鲁光原系中国银行山东省分行外汇资金处副处长,在代客户经营外汇买卖业务中,在保证金只有670万美元的情况下越权经营,使外汇买卖敞口额达1亿美元,违反了代客户经营外汇买卖中敞口头寸不得超过保证金10倍的规定,使敞口头寸高达保证金的15.3345倍,并出现亏损200万美元。翟鲁光为挽回损失和保护个人名誉,不按总行的有关规定平仓止损,反而继续加大外汇交易的敞口头寸,并对有关领导隐瞒事实真相。1994年12月28日,总行下发《关于暂停外汇按金交易的通知》后,翟鲁光拒不执行,致使损失不断扩大,给国家造成损失1.48亿美元,折合人民币12.44亿余元。

在代客户经营外汇买卖业务中,为济宁康明集团总公司所属分公司多分利润,翟鲁光允许该公司总经理刘延民(另案处理)多次透支保证金,并先后4次收受刘延民送的美元存单4张,共计12万美元,折合人民币102.6万余元。翟鲁光还收受刘延民以"外汇资金处职工集资炒汇分成"名义所送的贿赂款计人民币5.5万元。以上,共计收受贿赂人民币108万余元。

二、诉讼过程及裁判理由

一审法院经审理认为,被告人翟鲁光身为国家工作人员,利用职务之便,为他人谋取利益,非法收受他人贿赂,其行为构成受贿罪,且数额特别巨大,情节特别严重,论罪应当判处死刑,但鉴于其能坦白交代罪行,认罪态度较好,赃款被全部追回,对其判处死刑可不必立即执行。因案件审理时现行《刑法》已对1979年《刑法》作了修改,将玩忽职守罪的主体由国家工作人员修改规定为国家机关工作人员。被告人翟鲁光不是国家机关工作人员,故检察机关关于其犯有玩忽职守罪的指控已不能成立。翟鲁光作为银行外汇资金处的直接负责的主管人员,在代客户经营外汇买卖业务中为了挽回损失和保护个人名誉违规越权经营,给国家造成了重大损失,其行为构成徇私舞弊造成亏损罪,应与受贿罪数罪并罚。判决被告人翟鲁光犯受贿罪,判处死刑,缓期两年执行,剥夺政治权利终身,并处没收财产人民币1.5万元;犯徇私舞弊造成亏损罪,判处有期徒刑3年,决定执行死刑,缓期两年执行,剥夺政治权利终身,并处没收财产人民币1.5万元。

一审宣判后,被告人翟鲁光服判。一审法院根据《中华人民共和国刑事诉讼法》(1996年)第201条的规定,报请高级人民法院核准。

高级人民法院经复核认为,一审判决认定被告人翟鲁光的犯罪事实清楚,证据确实、充分,定罪准确,量刑适当,审判程序合法。

---

① 参见最高人民法院刑事审判庭主编:《刑事审判参考》(总第2辑),法律出版社1999年版,第37页。

三、关联法条

《中华人民共和国刑法》

第十二条 中华人民共和国成立以后本法施行以前的行为,如果当时的法律不认为是犯罪的,适用当时的法律;如果当时的法律认为是犯罪的,依照本法总则第四章第八节的规定应当追诉的,按照当时的法律追究刑事责任,但是如果本法不认为是犯罪或者处刑较轻的,适用本法。

本法施行以前,依照当时的法律已经作出的生效判决,继续有效。

第一百六十八条 国有公司、企业的工作人员,由于严重不负责任或者滥用职权,造成国有公司、企业破产或者严重损失,致使国家利益遭受重大损失的,处三年以下有期徒刑或者拘役;致使国家利益遭受特别重大损失的,处三年以上七年以下有期徒刑。

国有事业单位的工作人员有前款行为,致使国家利益遭受重大损失的,依照前款的规定处罚。

国有公司、企业、事业单位的工作人员,徇私舞弊,犯前两款罪的,依照第一款的规定从重处罚。

四、争议问题

本案争议问题是,银行工作人员玩忽职守应如何定罪?

五、简要评论

修订后的《刑法》在将玩忽职守罪主体限定为国家机关工作人员的同时,对该罪进行了分解,增设了一系列国家工作人员失职和徇私舞弊犯罪。根据《刑法》第168条的规定,徇私舞弊造成亏损罪,主要有以下几个要件——行为主体:只有国有公司、企业直接负责的主管人员才能构成本罪主体;实行行为:为私情、私利、隐瞒真相、弄虚作假,而不履行或不正确履行自己的职责;行为结果:已造成公司、企业严重亏损,致使国家利益遭受重大损失。

翟鲁光系中国银行山东省分行外汇资金处副处长,主管交易科工作,直接从事代客户经营外汇买卖业务,属于国有单位中直接负责的主管人员。其在代客户经营外汇买卖业务时,仅仅为了保护个人名誉,故意违规操作,对上级隐瞒已严重亏损的真相,系徇私舞弊行为,因此,给国有银行造成严重亏损,国家利益遭受重大损失,其行为完全符合徇私舞弊造成亏损罪的构成条件。尽管其行为发生在修订的《刑法》施行以前,但按其行为时的法律规定,已构成玩忽职守罪。本罪在修订后的《刑法》中分解为若干相应罪名。徇私舞弊造成亏损罪的法定最高刑为3年有期徒刑,而1979年《刑法》中玩忽职守罪的法定最高刑为5年有期徒刑。根据《刑法》第12条的规定,一审法院以徇私舞弊造成亏损罪对被告人翟鲁光判处有期徒刑3年是正确的。

值得注意的是,由于新罪名主观方面存在极大争议,实施仅两年左右,1999年12月25日公布的《中华人民共和国刑法修正案》中增加了国有公司、企业、事业单位人员失职罪,国有公司、企业、事业单位人员滥用职权罪,同时取消了原有罪名,即徇私舞弊造成破产、亏损罪。

案例20-8 龚晓玩忽职守案①

一、基本案情

被告人龚晓系某地区公安处交通警察支队车辆管理所警察。1998年该地区车管所下辖某县村民蒋某在其所持驾驶证有效期届满后(蒋某于1994年申请办理准驾B型车辆的正式驾驶证),向该县公安局交警大队申请换证,该交警大队对蒋某的申请初审后,将其报送地区车辆管理所审验换证。1999年,在该车管所负责驾驶员体检工作的被告人龚晓收到蒋某的《机动车驾驶证申请表》后,在既未对蒋某进行体检,也未要求蒋某到指定的医院体检的情况下,违反规定自行在上述申请表的"视力"栏中填写上"5.2",在"有无妨碍驾驶疾病及生理缺陷"栏中填上"无",致使自1995年左眼视力已失明的蒋某换领了准驾B型车辆的驾驶证。2000年、2001年及2002年的年度审验中,蒋某都通过了该县公安局交警大队的年度审验。2002年,蒋某违章超载驾驶,造成乘客30人死亡、5人受伤和车辆报废的特大交通事故,蒋某本人也在此次事故中死亡。

二、诉讼过程及裁判理由

一审法院经审理认为,被告人龚晓在蒋某申请换证时,未能正确履行职责,致使蒋某驾驶证换证手续得以办理,但其效力仅及于当年,此后年审均在县交警大队办理,且现有证据不能确定发生车祸的具体原因,被告人龚晓的行为不构成玩忽职守罪。

一审宣判后,检察机关认为法院认定被告人龚晓的失职行为与蒋某所驾车辆发生的交通事故之间没有刑法上的因果关系是错误的,被告人龚晓应构成玩忽职守罪,遂提出抗诉。

二审法院经审理认为,根据《中华人民共和国机动车驾驶证管理办法》的规定,在对驾驶员审验时及驾驶员申请换领驾驶证时,车辆管理所均负有对驾驶员进行体检的义务。驾驶员蒋某在申请换证时,被告人龚晓未履行对其身体进行检查的职责,其玩忽职守行为客观存在,但其失职行为与"8·20"特大交通事故之间不存在刑法上的因果关系。因此,不能认定被告人龚晓的玩忽职守行为已致使公共财产、国家和人民利益遭受重大损失。进而,不能认定其行为已构成玩忽职守罪。裁定驳回抗诉,维持原判。

三、关联法条

《中华人民共和国刑法》

第三百九十七条 国家机关工作人员滥用职权或者玩忽职守,致使公共财产、国家和人民利益遭受重大损失的,处三年以下有期徒刑或者拘役;情节特别严重的,处三年以上七年以下有期徒刑。本法另有规定的,依照规定。

国家机关工作人员徇私舞弊,犯前款罪的,处五年以下有期徒刑或者拘役;情节特别严

---

① 参见最高人民法院刑事审判庭主编:《刑事审判参考》(总第37集),法律出版社2004年版,第78页。

重的,处五年以上十年以下有期徒刑。本法另有规定的,依照规定。

四、争议问题

本案的争议问题是,被告人龚晓的玩忽职守行为和本案的危害结果之间是否具有刑法上的因果关系?

五、简要评论

从1999年龚晓违反《中华人民共和国机动车驾驶证管理办法》第22条的规定,不履行法定职责,到2002年事故发生,在因果关系流程中,存在不少介入因素,比如其他交警大队人员不履行职责的玩忽职守行为、蒋某超载、事故发生时其他交通参与人的行为。这些因素是否影响了龚晓渎职行为风险的实现?如何评价这些介入因素对因果关系的影响,是追究龚晓玩忽职守罪的关键。

刑法并不追求物理世界的真实还原,而是归责、惩罚的有效性。被告人的行为与结果有自然意义上的因果关系,并不足以构成行为人必须对结果负责的理由。为了稳定社会正常运作赖以存在的规范性预期,刑法通过禁止规范的一般预防效力,防止侵害。因此,只有当结果归属能够放入一般预防的效力装置时,认定行为人对结果负责才有意义。如果禁止规范对于结果发生"使不上劲",将结果归属给行为人也是枉然。总之,行为人与结果之间的因果关系受制于规范考察:两者之间是否符合一般预防关系。

没有异议的是,龚晓不履行或不正确履行职责,制造了法所不容许的风险。不过,在确定行为人违反操作规范后,还必须考虑所有事后所知事实,以理性的旁观者进行判断:刑法要求龚晓正确履行职责的行为规范,是否必须被当做是在刑事政策上防止此类交通肇事结果发生的理性规范?限于判决书的信息,我们无从得知蒋某超载导致重大交通事故,视力因素占有多大比例,如果事故仅如判决所示,源于超载行为,由于要求龚晓正确履行职责的行为规范,不能达到防止他人违反交通法规的一般预防目的,不宜将这一结果归属龚晓。

更为重要的是,龚晓出具的虚假鉴定结论效力止于2001年。如果2001年之前,蒋某因视力问题发生重大交通事故,将结果归属龚晓并无多大问题。但是,事故发生在2002年,由于龚晓不正确履行职责的风险范围只能及于其管辖范围,而事故发生时,已属其他公职人员的管辖范围,即使追究责任,也与龚晓无关。

综上,一、二审法院的判决是合理的。

案例20-9　陆飞荣玩忽职守案[①]

一、基本案情

陆飞荣在其担任国家建筑材料工业局财务与国有资产监督司公司管理办公室副主任、

[①] 参见祝铭山主编:《渎职罪——典型案例与法律适用(刑事类)》(第26辑),中国法制出版社2004年版,第38页。

负责管理局长基金期间,未经请示领导同意,违反1993年国务院办公厅关于禁止行政机关为经济活动提供担保的相关规定,以国家建材局公司管理办公室的名义,擅自将其所保管的、单位存在华夏银行的单位局长基金(300万元定期存款)作为抵押,为其同学吴芝松任法定代表人的北京中非玻璃供销公司与华夏银行200万元贷款合同,提供担保。由于中非玻璃供销公司逾期未能还贷,经国家建材局与华夏银行追索,仅追回贷款利息及本金10万元,其余190万元本金中非玻璃供销公司已无力偿还,华夏银行遂直接从国家建材局存在该行的300万元定期存款中划扣190万元,用以抵偿贷款本金。

二、诉讼过程及裁判理由

一审法院经审理认为,检察机关指控被告人陆飞荣犯玩忽职守罪的事实不清,证据不足,指控的犯罪罪名不能成立。玩忽职守罪在客观上的主要表现之一必须是发生了致使公共财产、国家和人民利益受到重大损失的危害后果。华夏银行明知国家机关不能作为担保人,仍与北京中非玻璃供销公司签订贷款合同时,同意由不具备保证人主体资格的国家建材局公司管理办公室作为担保人,在担保条款无效的情况下,华夏银行作为金融机构,在自身负有一定责任的基础上,不经法律程序即强行划扣国家建材局在该行的190万元定期存款的做法,将经营风险和财产损失完全归责于对方,于法无据。被告人陆飞荣的行为给本单位的公共财产造成多少经济损失不详,判决被告人陆飞荣无罪。

一审宣判后,公诉机关提起抗诉。

二审法院经审理认为,国务院办公厅明令禁止行政机关为经济活动提供担保,陆飞荣在未提供内容相反文件的前提下,不经请示领导,仅凭同学关系,为全民所有实为个体的公司提供担保,致使国家建材局遭受重大损失,陆飞荣对此负有不可推卸的责任。陆飞荣身为国家机关工作人员,为徇私情,利用职务之便,违反规定,将其保管的公款为他人作抵押,造成巨额公共财产损失,其行为已构成玩忽职守罪,依法应予惩处。判决被告人陆飞荣犯玩忽职守罪,判处有期徒刑两年。

三、关联法条

《中华人民共和国刑法》

第十二条 中华人民共和国成立以后本法施行以前的行为,如果当时的法律不认为是犯罪的,适用当时的法律;如果当时的法律认为是犯罪的,依照本法总则第四章第八节的规定应当追诉的,按照当时的法律追究刑事责任,但是如果本法不认为是犯罪或者处刑较轻的,适用本法。

本法施行以前,依照当时的法律已经作出的生效判决,继续有效。

第三百九十七条 国家机关工作人员滥用职权或者玩忽职守,致使公共财产、国家和人民利益遭受重大损失的,处三年以下有期徒刑或者拘役;情节特别严重的,处三年以上七年以下有期徒刑。本法另有规定的,依照规定。

国家机关工作人员徇私舞弊,犯前款罪的,处五年以下有期徒刑或者拘役;情节特别严重的,处五年以上十年以下有期徒刑。本法另有规定的,依照规定。

四、争议问题

本案争议问题是,如何区分玩忽职守与滥用职权?

五、简要评论

修订后的《刑法》将滥用职权行为从玩忽职守行为中分离出来,予以独立规定,主要是考虑到滥用职权行为本身的特殊性。这种特殊性,主要体现在滥用职权与玩忽职守的主观不法存在程度上的差异。故意实施违背职责的行为,属于滥用职权;过失实施违背职责的行为,是玩忽职守。行为人明知自己滥用职权行为会发生侵害人民对国家机关公务人员的信赖结果,而希望或放任这一结果发生,滥用职权罪即告成立。"致使公共财产、国家和人民利益遭受重大损失的"结果,是本罪的构成要素。作为客观超过要素,并不要求行为人希望或放任这种结果的发生,但至少有预见可能性。

在明知国家不允许公务机关为经济活动提供担保的情况下,陆飞荣不请示领导,仅凭私人同学关系,在未了解落实北京中非玻璃供销公司资信偿还能力及财产担保,亦即未采取任何防范措施的情况下,以单位名义为挂靠个体单位银行贷款提供担保。陆飞荣超越职责范围,违规行使职权的行为,已经符合滥用职权罪之客观方面。另外,陆飞荣对其滥用职权及后果(对国家机关工作的公正、合法和公民信赖之损害)显然存在明知、放任的故意不法。对违规担保导致单位财产损失的后果,也存在规范意义上的预见可能性,因此,陆飞荣构成滥用职权罪。

一审法院认为,陆飞荣的超越职权行为与损害结果之间不存在因果关系。实践中,行为人经常辩解,自己虽有渎职行为,但他人履行职责的,结果也不会发生。如果华夏银行不违规签订担保合同,也无损失可言。这种辩解不过是推脱责任。应当认为,在渎职犯罪中,如果可以确定最初的渎职行为严重违反法律法规或操作规程,即使后来介入他人的后续行为,也可以认为后续行为是由最先实施的渎职行为所引发的。如果陆飞荣不违规担保,何来担保合同?更何况华夏银行的担保合同虽然属于介入因素,但该因素出现并不异常,肯定因果关系的相当性仍然存在,从而并不造成因果关系的中断。一审法院的结论显然不妥。

需要注意的是,本案存在一个新、旧《刑法》的选择适用问题。本案行为实施于1994年3月,危害后果发生在1995年9月,如适用修订前的《刑法》,本案当以玩忽职守罪定罪处罚;如适用修订后的《刑法》,本案则应以滥用职权罪定罪处罚。根据《刑法》第12条所规定的从旧兼从轻原则,凡是《刑法》修订之前的滥用职权行为,通常情况下均应适用旧法,以玩忽职守罪定罪处罚。因此,二审判决认定的罪名是正确的,判处两年有期徒刑也并无不当。但是,二审判决引用修订后的《刑法》第397条第1款的规定不妥。

案例20-10 王文强玩忽职守案[①]

一、基本案情

雅安地区群艺馆职工李一都找到王文强(四川省雅安地区雅州宾馆总经理),称自己有一位朋友在成都做酒生意,是逃税的酒,不是歪酒。王文强考虑到从李一都处进酒价格低于糖酒公司,遂派单位职工将李一都送的"五粮液"曲酒交地区工商局打假办鉴定真伪。该单位职工陈某某、李某某到地区工商局,恰遇该局经检所所长魏某某。陈某某、李某某二人将五粮液酒交给魏某某鉴别真伪,魏某某品尝后说:这酒是五粮液酒厂大集体生产的,如果你们要进货来卖,需到工商局备案(备案不是必经程序)。陈某某、李某某二人将上述情况向王文强汇报,但未提备案一事。经王文强决定,雅州宾馆经李一都购进"五粮液"曲酒80件,共计960瓶(后因瓶盖松动退回21瓶)。雅安地区技术监督局接群众举报,对雅州宾馆未销售的"五粮液"曲酒进行封存。经鉴定,该酒系假冒"五粮液"曲酒。雅安地区技术监督局作出行政处罚决定,罚没款、物共计人民币23万余元。

二、诉讼过程及裁判理由

一审法院经审理认为,被告人王文强身为雅州宾馆总经理,违反规章制度,不正确履行职责义务,未经调查核实,擅自决定购进假冒名酒,被地区技术监督局两次罚没款、物共计人民币23万余元,致使公共财产遭受重大损失的事实清楚,证据确实、充分,其行为构成玩忽职守罪。

一审宣判后,王文强不服,以一审判决将罚没款认定为其玩忽职守给企业造成的直接经济损失,没有法律根据,其行为不构成玩忽职守罪为由提出上诉。

二审法院经审理认为,上诉人王文强不正确履行职责,决定从非正当渠道进酒导致购进假冒名酒的事实存在,有一定的渎职行为,但原判将行政罚没数额作为重大经济损失而认定王文强的行为构成玩忽职守罪不当,判定王文强无罪。

三、关联法条

《中华人民共和国刑法》

第三百九十七条 国家机关工作人员滥用职权或者玩忽职守,致使公共财产、国家和人民利益遭受重大损失的,处三年以下有期徒刑或者拘役;情节特别严重的,处三年以上七年以下有期徒刑。本法另有规定的,依照规定。

国家机关工作人员徇私舞弊,犯前款罪的,处五年以下有期徒刑或者拘役;情节特别严重的,处五年以上十年以下有期徒刑。本法另有规定的,依照规定。

四、争议问题

本案争议问题是,行政机关的行政罚没款能否认定为玩忽职守造成的经济损失?

[①] 参见最高人民法院刑事审判庭主编:《刑事审判参考》(总第2辑),法律出版社1999年版,第48页。

五、简要评论

1982年6月20日发布的《关于正确认定和处理玩忽职守罪的意见》第3条第(九)项(74)规定(2012年失效),具有主体资格的人,擅自决定本单位经营、购买国家不允许经营、购买的物资,受到没收、罚款处理的数额,属于行为人玩忽职守致使公共财产造成损失的数额。但是,被告人王文强并未决定购买假冒的"五粮液"曲酒,并不属于"擅自决定本单位经营、购买国家不允许经营、购买的物资",王文强因未从正当渠道进货导致宾馆受罚形成的经济损失,也与该意见的规定无关。这一点,二审法院的认定是正确的。

玩忽职守罪的经济损失,是指玩忽职守行为造成的公共财产的减少或毁损。问题在于,行政罚没数额,是否属于"经济损失"?这里涉及行政处罚与刑罚的衔接问题。违反行政法义务的行为,可能受到行政处罚与刑罚之并罚。并罚,是指行政处罚与刑罚处罚效果不重叠。由于宪法并不禁止不同性质法律责任的评价,学界也是支持并罚的。并罚必须符合比例原则,除非一种处罚不能消除或者预防这一违反行政法义务的行为所产生的社会危害性而必须施以另一种处罚时,并罚才具有正当性。比如,交通肇事行为构成犯罪,除了论以交通肇事罪,公安机关交通管理部门还必须施以吊销机动车驾驶证的行政处罚。因为,对于交通肇事罪犯来说,吊销机动车驾驶证是消除行为人继续实施危害社会行为的手段之一,而法院又无权施加这一处罚。再比如,行为人在产品中掺杂、掺假,以假充真,以次充好,或者以不合格产品冒充合格产品等行为构成犯罪,由于刑罚不能吸收"吊销营业执照"之类的行政处罚,仍然需要行政机关给予"并罚"。本案中,王文强因失误,购买出售假酒的行为,已经承担了行政处罚,根据比例原则,并无进一步予以刑罚的必要,否则有违比例原则。

值得注意的是,在本案二审阶段,1997年修订后《刑法》已经施行,按照该法第12条第1款规定的从旧兼从轻的法律适用原则,本案应适用1997年《刑法》,对王文强不应当再以玩忽职守罪追究刑事责任。但是,修订后《刑法》在将玩忽职守罪主体严格限定为国家机关工作人员的同时,对该罪进行了分解,增设了一系列国家工作人员失职和徇私舞弊犯罪。对国家工作人员因失职或徇私舞弊而给公共财产、国家和人民利益造成重大损失的行为,根据具体主体不同和客观行为的不同,分别规定了相应的罪名。在司法实践中,可以视不同情况,适用不同的法律条文,对国有公司、企业中的国家工作人员失职和徇私舞弊犯罪行为予以追究。王文强决定从李一都处进酒之前,曾派人到地区工商局鉴定真伪,由于该局经检所所长的答复,使王文强认为该酒不是假酒。王文强身为雅州宾馆的总经理,不正确履行职责,违反规定,擅自决定从非正当渠道购买假冒"五粮液"曲酒,予以经销,损害了消费者的利益,具有一定的渎职行为,但尚未达到对工作严重不负责任的程度。王文强的行为也不构成其他犯罪,只能作无罪处理。

图书在版编目(CIP)数据

判例刑法教程. 分则篇/陈兴良主编. —北京：北京大学出版社，2015.10
ISBN 978 – 7 – 301 – 26170 – 5

Ⅰ.①判… Ⅱ.①陈… Ⅲ.①刑法—审判—案例—中国—教材 Ⅳ.①D924.05

中国版本图书馆 CIP 数据核字(2015)第 185140 号

书　　　名	判例刑法教程（分则篇）
	PANLI XINGFA JIAOCHENG（Fenze Pian）
著作责任者	陈兴良　主编
责 任 编 辑	王建君
标 准 书 号	ISBN 978 – 7 – 301 – 26170 – 5
出 版 发 行	北京大学出版社
地　　　址	北京市海淀区成府路 205 号　100871
网　　　址	http://www.pup.cn　http://www.yandayuanzhao.com
电 子 信 箱	yandayuanzhao@163.com
新 浪 微 博	@北京大学出版社　@北大出版社燕大元照法律图书
电　　　话	邮购部 62752015　发行部 62750672　编辑部 62117788
印 刷 者	三河市博文印刷有限公司
经 销 者	新华书店
	787 毫米×1092 毫米　16 开本　28.5 印张　622 千字
	2015 年 10 月第 1 版　2019 年 8 月第 3 次印刷
定　　　价	59.00 元

未经许可，不得以任何方式复制或抄袭本书之部分或全部内容。
版权所有，侵权必究
举报电话：010 – 62752024　电子信箱：fd@pup.pku.edu.cn
图书如有印装质量问题，请与出版部联系，电话：010 – 62756370